高等学校计算机应用规划教材

多媒体 CAI 课件制作基础教程

(第五版)

陈德慧 于冬梅 编著

清华大学出版社

北 京

内 容 简 介

随着计算机多媒体技术的发展，多媒体 CAI 课件辅助教学已经成为教师必须掌握的一项技能。本书除了介绍多媒体 CAI 课件的基础知识外，还着重介绍了使用 Flash CS6、Dreamweaver CS6、PowerPoint 2010 和几何画板这 4 款软件制作多媒体 CAI 课件的方法与技巧，最后一章还通过一些综合实例来拓宽读者的设计思路。本书附有光盘，提供了书中实例制作的全部素材和源文件，以及书中部分实例操作的多媒体演示视频文件。

全书图文并茂，理论与实践相结合，不仅可以作为广大的中小学、大中专教师学习制作多媒体 CAI 课件的自学教材，也可以作为多媒体 CAI 课件制作培训班的教材，以及师范院校的教学参考书。

本书对应的电子教案可以到 http://www.tupwk.com.cn 网站下载。

图书在版编目(CIP)数据

多媒体 CAI 课件制作基础教程 / 陈德慧，于冬梅 编著. —5 版. —北京：清华大学出版社，2015（2022.5重印）

(高等学校计算机应用规划教材)

ISBN 978-7-302-42008-8

I. ① 多… II. ① 陈… ②于… III. ① 多媒体课件—制作—软件工具—高等学校—教材 IV. ① G434

中国版本图书馆 CIP 数据核字(2015)第 257220 号

责任编辑：胡辰浩　袁建华
装帧设计：孔祥峰
责任校对：成凤进
责任印制：刘海龙

出版发行：清华大学出版社
　　网　　址：http://www.tup.com.cn，http://www.wqbook.com
　　地　　址：北京清华大学学研大厦 A 座　　**邮　　编：**100084
　　社 总 机：010-83470000　　**邮　　购：**010-62786544
　　投稿与读者服务：010-62776969，c-service@tup.tsinghua.edu.cn
　　质 量 反 馈：010-62772015，zhiliang@tup.tsinghua.edu.cn
　　课 件 下 载：http://www.tup.com.cn，010-62794504
印 装 者：天津鑫丰华印务有限公司
经　　销：全国新华书店
开　　本：185mm×260mm　　**印　　张：**22.5　　**字　　数：**562 千字
版　　次：2014 年 3 月第 1 版　　2015 年 10 月第 5 版　　**印　　次：**2022 年 5 月第5次印刷
定　　价：69.00元

产品编号：058665-03

前　　言

随着计算机多媒体技术的迅速普及，计算机辅助教学(CAI)技术已广泛应用于学科教学。与此相关的多媒体 CAI 课件以自己独特的优势，在现代教育教学中充当着重要的角色。它不仅一改过去学科界限的呆板划分，而且把获取知识(信息)的方法和意识也带给了学生。因此，在很大程度上提高了学生的兴趣，其形象、直观的教学方式也极大地提高了学生的学习效率，同时这种计算机辅助教学方式也为教师提供了更为广阔的发挥空间。这对于信息时代的教育来说，有着重要的意义。

基于以上情况，我们编写了《多媒体CAI课件制作基础教程(第五版)》这本书，以帮助各类院校的教师将计算机应用到自己的课堂教学中，改善课堂教学效果、提高课堂教学效率。

本书共分为7章，第1章主要介绍多媒体CAI课件的基本原理和开发的一般流程，第2章主要介绍课件素材采集和处理的方法。第3~6章则详细讲述目前4款最新的流行软件制作多媒体CAI课件的方法和技巧，它们分别是Flash CS6、Dreamweaver CS6、PowerPoint 2010和几何画板。最后一章是综合实例，可使读者通过实践进一步熟悉各个软件的使用方法。本书的实例实用性较强，教师稍加修改就可以用于自己的实际教学。教师可以用最短的时间掌握最实用的课件制作技术，快速制作出适合自己课堂使用的多媒体CAI课件。

随书光盘提供了制作书中实例的全部素材和源文件，以及书中部分实例操作的多媒体演示视频文件。用户可以在光盘中对应的章节文件夹中找到书中的源文件，其中每个实例源文件、多媒体演示视频文件都在其名称对应的文件夹中。用户在使用源文件之前，请务必安装相关软件。

全书图文并茂、语言流畅，采用由浅入深、循序渐进的讲述方法，在内容编写上充分考虑到用户的实际阅读需求，通过大量具有代表性的实例，让读者直观、迅速地了解多媒体 CAI 课件制作软件的主要功能。为了对软件的重点、难点进行合理分析，在每一个课件的制作过程中都使用注释文字来讲述该课件的制作要点。通过对这些知识点的描述，使读者能够举一反三。

本书分为 7 章，其中哈尔滨商业大学的陈德慧编写了 1～5 章，河北科技大学的于冬梅编写了 6～7 章。另外，参加本书编写的人员还有陈笑、曹小震、高娟妮、李亮辉、洪妍、孔祥亮、陈跃华、杜思明、熊晓磊、曹汉鸣、陶晓云、王通、方峻、李小凤、曹晓松、蒋晓冬、邱培强等人。由于作者水平所限，本书难免有不足之处，欢迎广大读者批评指正。我们的邮箱是 huchenhao@263.net，电话 010-62796045。

本书对应的电子教案可以到 http://www.tupwk.com.cn 网站下载。

作　者

2015 年 9 月

目　　录

第1章　多媒体CAI课件制作概论

计算机辅助教学(Computer Aided Instruction，简称CAI)指的是在计算机辅助下进行的各种教学活动，以对话方式与学生讨论教学内容、安排教学进程、进行教学训练的方法与技术。随着现代化教学手段的发展和普及，CAI已在课堂教学中得到广泛的运用。多媒体CAI极大地促进了教学水平的发展，提高了教学效果，并在培养学生探索与创新精神、树立辨证观点等方面产生了很大的优越性。

本章首先从多媒体开始，介绍多媒体和多媒体CAI的概念，并引出多媒体CAI课件的概念、特点、分类、信息表达元素以及多媒体CAI课件的设计原则和设计流程等内容，使用户对学习多媒体CAI课件设计有一个初步的了解。

1.1　多媒体CAI课件简介

多媒体CAI可以看做是“多媒体技术+CAI”，即多媒体技术在CAI中的应用。随着计算机技术的发展及CAI实践的深入，人们对CAI的认识也在不断地深化，表现为由局部到整体、由片面到全面的过程。

1.1.1　多媒体的概念与特性

多媒体是当今信息时代伴随着计算机应用日益普及于社会各个领域而迅速流行起来的专业术语，其原本来自于英文multimedia，而multimedia则是由multiple和media复合而成，因此，从语言学的角度来看，它分为两部分：“多”和“媒体”(media的音译)。

随着计算机技术和通信技术的发展，人们有能力把各种非数值媒体信息在计算机内均以数字形式表示，并综合起来形成一种全新的媒体概念——计算机多媒体。由此把原来只能承担数值运算任务的计算机发展成为能对文本(Text)、图形(Graphic)、图像(Image)、音频(Audio)、活动视频(MoveVideo)和动画(Animation)等多种非数值信息进行加工、处理、呈现和传输的综合性工具。因此，在计算机为核心的信息技术领域，“媒体”有两层含义：一是指用来存储信息的物理实体，如磁带、磁盘、光盘和半导体存储器等；二是信息表示和传播的非实物载体，如数字、文本、声音、图形、图像、活动视频和动画等。多媒体技术中的媒体通常是指后者，具体是指文本、声音、图形、图像、活动视频和动画等多种非数值信息的表现形态以及处理、传递和呈现这些信息内容的工具和手段的集成。

多媒体技术是指以计算机为核心，交互地综合处理文本、声音、图形、图像、活动视频和动画等多种媒体信息，并通过计算机进行有效控制，使这些信息建立逻辑连接，以表现出更加丰富、更加复杂信息的信息技术和方法，其主要具有以下 4 个方面的特性。

(1) 集成性：多媒体技术的集成性主要表现在两个方面，即多种信息媒体的集成和处理这些媒体设备的集成。对于前者而言，各种信息媒体应成为一体，而不应分离，这种集成包括信息的多通道统一获取、多媒体信息的统一存储与组织、多媒体信息表现合成等多方面。对于多媒体设备的集成而言，则要求处理多媒体的各种设备应该成为一体。

(2) 可控性：多媒体技术并不是多种设备的简单组合，而是以计算机为控制中心来加工处理来自各种周边设备的多种媒体数据，使其在不同的流程上出现。计算机是整个多媒体系统的控制中枢。多媒体信息可以在时间域上加工处理，如进行信息数据编辑，也可在空间域上加工处理(如开设窗口)。多媒体技术的可控性也体现在其友好的界面技术上，可以充分增强和改善人机界面功能，使其更加形象、直观、友好，并能表达更多的信息。

(3) 交互性：交互性是指用户可以与计算机的多种信息媒体进行交互操作，从而为用户提供更加有效地控制和使用信息的手段。由于交互可以增加对信息的注意力和理解，延长信息保留的时间，因此，借助于交互性，人们不是被动地接受文字、声音、图形、图像、活动视频和动画，而是主动地进行检索、提问和回答。

(4) 数字化：从技术实现的角度来看，多媒体技术只有把各种媒体信息数字化后才能使各种信息融合在统一的多媒体计算机平台上，才能解决多媒体数据类型繁多、数据类型之间差别大的问题，这也是多媒体技术唯一可行的方法。因此，全数字化是多媒体技术发展的基础所在。

1.1.2　多媒体 CAI 课件的概念

多媒体 CAI 即多媒体计算机辅助教学(Multimedia Computer Assisted Instruction，简称 MCAI)，它是将多媒体计算机用作教学工具，为教学提供一个良好的环境，教师和学生利用计算机对各种教学媒体信息(如文本、声音、图形、图像、活动视频和动画等)存储、处理和多形态呈现的功能来支持教学的一种活动方式。

从以上定义可以看出多媒体课件不同于一般的多媒体计算机软件，它是一种表现特定的教学内容，适合于某类教学对象，专门用于辅助某一学科教学的教学媒体，所以人们习惯上称它为多媒体教材(它比较突出的一点是强调了教育性，所以在开发多媒体教材时应注意教育性的体现)。由于多媒体教材教育性的特征，对多媒体 CAI 课件提出以下几个基本要求。

- 正确表达教学内容。
- 反映教学过程和教学策略。
- 具有友好的人机交互界面。
- 具有诊断评价、反馈强化功能。

1.1.3　多媒体 CAI 课件的特点

多媒体 CAI 课件适应了当前教育教学的需要，为教育注入了新的生机与活力，在现代教学中的地位越来越重要。多媒体 CAI 课件具有以下一些特点。

(1) 形象生动：多媒体 CAI 课件通常都是通过电脑屏幕来显示文字、图片、动画和声音等多种媒体信息并向学生传授知识，这比传统的教师在黑板上书写更加直观、形象。如图 1-1 所示为图文并茂的诗歌欣赏课件。

(2) 效率高：多媒体 CAI 课件的高效性是其他教学手段无法比拟的。首先，它展示教学素材的速度特别快，只需要用键盘或鼠标简单地操作几下，就能把教学内容展示出来，从而节约了课堂教学时间，提高效率。其次，它显示的内容丰富、涉及面广、知识量大，并能够跨越时间和空间的界限，做横向或纵向的对比，加强知识之间的联系与沟通，从而形成知识的网络，使学生真正达到融会贯通，学以致用，如图 1-2 所示为内容丰富的网页型课件。

图 1-1　诗歌欣赏课件

图 1-2　丰富的网页型课件

(3) 交互性强：利用多媒体 CAI 课件的交互性，可以克服传统线性结构的缺陷，使得多媒体课件容易根据教学实际效果，对教学内容的学习和使用上提供良好的交互控制，进行动态组织和修改，因而具有很强的针对性。如图 1-3 所示为具有交互性的地理连线题课件。

(4) 强大的集成性：用户可以利用多媒体 CAI 课件将各种影视信息组织在一起。用户可以用计算机制作文档、绘制表格和工程图、创作艺术图画、听音乐等。如图 1-4 所示为使用几何画板绘制的数学型课件。计算机的兼容性是数字化的兼容，其特点是其他非数字化的工具不能相比的，这些都为计算机辅助教学提供了更加广阔的思维空间和素材资源。

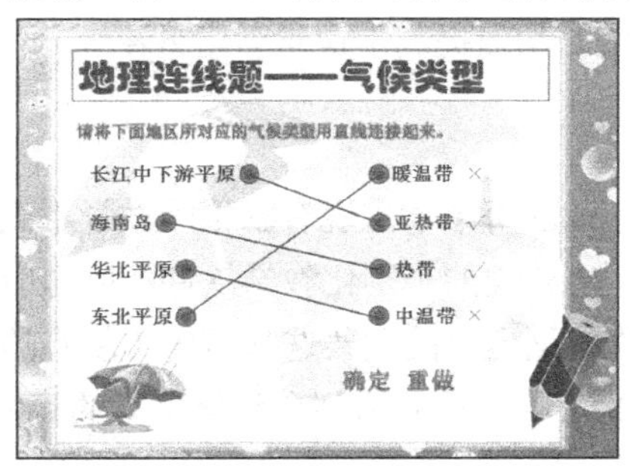

图 1-3　良好的交互性的地理连线题课件

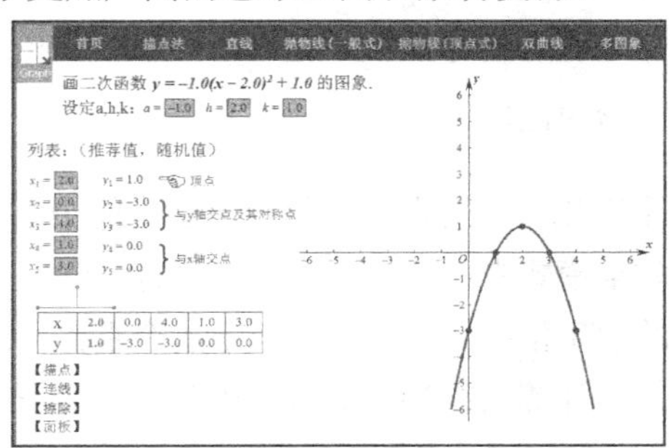

图 1-4　数学型课件

(5) 实现资源共享：互联网的发展使计算机的发展跨入新的历史阶段，它实现了全球的资源共享和信息通信。随着多媒体教学研究的发展，未来的趋势是利用网络资源，采用多机交流的形式进行教学。那时候，教师在教学过程中不仅能通过网络与学生交流信息，而且教学已经不限于一间教师或一所学校，完全打破了传统的班级教学模式，发展到不同地域、不同时间的合作和探索学习，学生可以通过网络即时得到帮助和反馈。

1.1.4 多媒体CAI课件的类型

多媒体CAI课件可以根据具体的教学目标和内容，向学生提供各种各样的教学环境，从而控制各种教学活动。按照CAI课件所进行的教学活动的特点，通常可以将CAI课件分为以下几种类型。

1. 演示型

演示型课件主要应用在课堂教学中，在多媒体教室或网络化CAI环境下，由教师向全体学生播放多媒体教学软件，演示教学过程，或者进行标准示范。这种课件的设计目的是揭示教学内容的内在规律，将抽象的教学内容用形象、具体的形式表现出来。例如，物理学中的分子运动、电磁场、波的传播等概念和运动过程。当然，如果将这种类型的课件应用到教学以外的领域，则通常用于展示新产品或演示产品。

2. 练习型

练习型课件主要是通过练习的形式来训练，通过大量的或反复的练习，使学习者掌握所需的知识和技能，以强化学生某方面的知识或能力。这种类型的课件通常是计算机不断地向学生提出问题并等待学生的回答，当学生输入答案或做出回应后，计算机再判断答案正确与否，并根据学生回答的情况给予相应的反馈。例如，答错时可以给予适当的提示和帮助，让学生再次回答或直接显示正确答案等。

3. 网络教学型

这种教学模式基本达到了人机双向、多向互动式的教学目的，大大提高了教学信息传播的数量、质量、速度，并且通过互动作用提高传播的有效性，使教师在控制教师机的过程中仍能保障有效的课堂教学管理，突出学生的主体作用，从而提高了课堂教学效率。

4. 个别型

个别化教学旨在满足每一个学生的个性化要求，适应每个学生现有水平的教学形式。在这种教学模式中，教师的任务是进行教学设计，编制出合理的个别化教学软件，以适应不同程度的学生使用，从而实现教学的个别化；或者学生根据自己的需要选择市场上现有的教学软件，让计算机担当“家庭教师”或“辅导教师”的角色，从而达到个别化学习的目的。

5. 虚拟仿真型

虚拟仿真型CAI教学是指利用计算机的虚拟仿真技术，对教学环境、教学内容进行教学仿真的学习模式。在这种模式下，学生可以解决许多真实实验中实现不了的困难，进入仿真现象、理论模型、实验过程、野外考察、星空探索等虚拟环境，进行具体操作、感受和体验，接受多感官刺激，更容易调动学生情感参与，将抽象的内容具体化、形象化，能给学生留下深刻的记忆，提高学习效率。

6. 开放学习型

开放学习型教学是指基于局域网、广域网甚至因特网的开放型学习环境的学习模式。由于网络(尤其是因特网)具有信息传播量大、速度快、范围广和双向交互作用等特点，使任何学生都可以通过网络查询相关信息，获取更广泛的知识。任何教师都可以在网络上发布讲稿，并可以通过网络广播给学生，真正体现出一切信息向一切学生开放和教育面向每个人的理想境界。

1.2　多媒体 CAI 课件的信息表达元素

多媒体 CAI 课件是一种用于教学的计算机软件系统，它由多媒体的要素组成。从信息的角度来看，多媒体 CAI 课件的信息表达元素主要有如下几类。

1.2.1　文本表达

在众多教学媒体中，文字一直被认为是最基本、最重要的成分。从整个教育领域来看，文本迄今为止仍占据着核心教材的地位。在多媒体 CAI 课件中，文本依然承担着对教学内容进行表意、说明、概括等作用，但与其他教学媒体相比，多媒体 CAI 课件中的文本有了新的表现方式和地位，它可以随课件设计和使用者的安排呈现出非线性的状态，也就是说文本在课件中扮演着实现课件内容变换、跳转的角色。

由于以文本表达信息不是多媒体计算机的特色，因此，在多媒体 CAI 课件中对文本的设计与制作要有别于文字教材，要做到简洁、准确、并且为其他媒体符号留下表现的空间。

1.2.2　静图表达

静图即静态的图像，它是多媒体 CAI 课件中最重要的教学信息表达元素，也是决定多媒体 CAI 课件视觉效果的关键因素。根据它在计算机内表达与生成的方法不同，多媒体 CAI 课件中的静图元素可分成两类：图形和图像。

图形(矢量图形)指构成一幅图形的所有直线、圆、圆弧、矩形、曲线等几何元素的位置、维数、色彩、大小和形状，其显示时需要专门的软件读取这些指令，并将其转变为所显示的形状和颜色。矢量图形主要用于线型的图画、美术字、统计图和工程制图等。它占据存储空间较小，但不适于表现复杂的图画。

图像通常是指位图(点位图像)，它是由描述图像中各个像素点的强度与颜色的数位集合组成的，即把一幅彩色图像分解成许多的像素，每个像素用若干个二进制位来指定该像素的颜色、亮度和属性。位图适合表现比较细致、层次和色彩比较丰富、包含大量细节的图像，如照片和图画等。位图的特点是显示速度快，但占用的存储空间较大。

1.2.3 动画表达

动画是指连续运动变化的图形、图像、活页和连环图画等，也包括画面的缩放、旋转、切换、淡入/淡出等特殊效果。如图 1-5 所示为连续变化的地球公转演示课件。

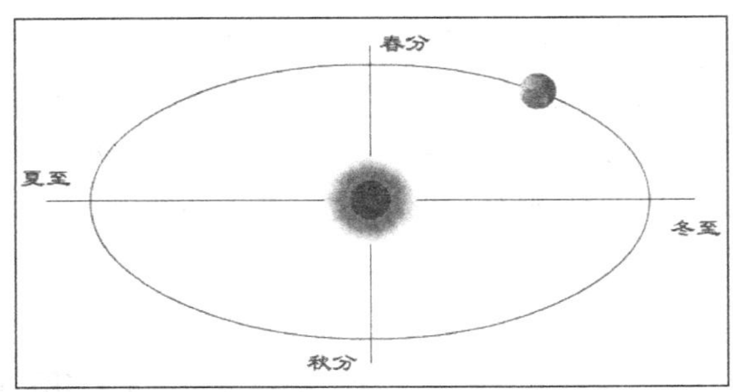

图 1-5 地球公转课件

1.2.4 音频表达

音频在多媒体 CAI 课件中主要是指声音。声音元素是多媒体课件中最容易被人感知到的成分。通常，计算机内表达和处理声音的方式有以下 3 种。

- 波形声音(Waveform Audio)：波形声音就是经过 A/D(模拟/数字)转换，以数值的方式来表示声波的音高、音长等基本参数，通过声卡来录制与播出声音。波形声音文件的数据一般不经压缩处理，因此占据的存储空间较大。用户可以通过专用的音频编辑软件对波形声音进行精细的加工和编辑。
- MIDI 音频(MIDI Audio)：MIDI(Musical Instrument Digital Interface)是乐器数字接口的缩写，MIDI 文件就像乐谱一样，它以某一种乐器的发声为其数据记录的基础，因而重放时也必须要有相应的设备与之对应，否则声音效果就会大打折扣。
- 数字化音频(CD Audio)：数字化的声音也就是经过数字采样得到的声音，每秒对声音进行一次采样并且用位和字节的数字形式存储。数字化音频几乎是对声音的实际表达，其效果具有与播出设备无关的一致性，所以每次重放时都有可能产生最高的音频质量。

1.2.5 活动视频表达

活动的视频图像(Motion Video)能将用户带入真实的世界当中。在多媒体 CAI 课件中加入活动视频成分，便可以更有效地表达出应用程序的内容及所要表现的主题，观看者通过视频的引导可以加深对所看内容的印象。在各种多媒体 CAI 课件的信息表达元素中，活动视频是最新和最具魅力的一种。但它对计算机硬件的工作速度及存储能力要求最高，而且数字化视频在获取、传输、存储、压缩及显示等方面的技术还有待进一步提高。

多媒体 CAI 课件中的信息表达元素种类很多，表现的形式也很多，但并非毫无目标地将不同形式的媒体信息以不同方式拼凑在一起就叫多媒体。必须将多媒体所包含的元素做完善的组织与安排才能发挥各种元素之所长，形成一个完美的多媒体 CAI 课件。

1.3　多媒体 CAI 课件设计的原则

多媒体 CAI 课件有其自身设计的原则，遵循这些原则才能使设计出来的多媒体 CAI 课件切实地为教学服务、提高教学效率和教学质量。另外，课件的设计原则也体现了课件设计制作的质量评估标准，具体表现在科学性与教育性、交互性与多样性、结构性与整体性、美观性与实用性、稳定性与扩充性以及网络化与共享性等方面。

1.3.1　科学性与教育性

制作多媒体 CAI 课件的目的是进行教学和演示，因此多媒体 CAI 课件必须遵循科学性与教育性的原则。具体要求是设计者应根据课程的内容和学生的身心特点来设计多媒体 CAI 课件；不能出现知识技能和专业术语方面的错误；覆盖内容的宽度和深度要恰当；出现的顺序应合乎逻辑；同一课件中所用的专业名词应一致；文字和图片要具有可读性并且难易适中；应充分、恰当、适时地体现教学内容并能引发学生的兴趣。

1.3.2　交互性与多样性

与传统的课件相比，交互性和多样性是多媒体 CAI 课件的一大特色。在制作多媒体 CAI 课件时应充分利用人机交互功能，不断帮助和鼓励学生继续深入学习，给学生以广阔的思维空间，激发学生的创造性。设计者可以在多媒体 CAI 课件中加入对学生学习的评估功能，及时记录学生的学习情况，能够对学生的回答做出正确的判断和进行错误纠正。

1.3.3　结构性与整体性

一个好的课件不但具有丰富的内容和交互功能，还应该有个完整的结构和体系，这样无论对于设计者还是使用者来说都是非常有益的。在设计课件的初期应充分考虑课件主要应分为几个部分，每个部分又有哪些分支，这些分支是否有充分的内容来填充，各个部分之间应该如何联系等。例如，对于常见的课件来说，应分为课件片头、正文内容和课件片尾这 3 大板块，课件内容又可根据具体需求分为复习环节、新课环节、巩固环节和习题环节等。课件各个内容之间应保持既相互独立又相互联系的关系，尤其是既有文字、又有图片和动画的课件，需要设计者从整体出发将课件内容分成几个板块，然后再根据实际需要在各个板块中添加相应的跳转按钮和交互菜单，以方便操作。

1.3.4　美观性与实用性

美观性与实用性也是衡量一个多媒体 CAI 课件质量好坏的标准，既不能华而不实，又不能过于平淡无奇。首先应有丰富的内容，其次还应使画面美观，如果能寓教于乐，那么更是多媒体 CAI 课件中的精品。画面美观性的评价原则可参考以下几条标准。

- 文字简洁、表达流畅、符合阅读习惯。
- 字体选择得当、大小合适、文字颜色和背景颜色对比明显。
- 图形使用得当、效果明显、处理细致、大小适中、排版合理。
- 动画使用得当、表达含义清晰、动作连贯。
- 合理划分边界边框、前后尽量保持一致。
- 提示和帮助信息要使用得当，并能起到好的指引作用。
- 菜单和按钮的设计要美观大方、位置合理、作用明确。

1.3.5 稳定性与扩充性

课件主要用来向听众进行演示，如果一个课件在演示过程中经常出错或者发生非正常退出的现象，那么这个课件无疑是失败的，因此课件在制作完成后要进行反复的测试，以确保其稳定性。另外，时代在进步，知识也在发展，课件的内容应能跟着时代的发展而有所改变，因此设计者在设计课件时，应充分考虑其可扩充性，是否方便增加新的内容。

1.3.6 网络化与共享性

随着互联网技术的发展，多媒体 CAI 课件也顺应网络的发展逐步走向网络化。在全国第六届 CAI 课件评比中，网络型的课件也普遍得到好评。单机型的课件不方便进行交流和共享，而网络型的课件可以方便快捷地进行资源共享和整合。目前制作网络型多媒体 CAI 课件的软件主要有 FrontPage 和 Dreamweaver 等。

1.4 多媒体 CAI 课件的设计流程

制作多媒体课件也像其他产品的开发一样，有着环环相扣的工作流程，它需要事先确定课件的结构与布局、界面的表现形式、素材的选取等方面的内容。开发人员根据课件的目的和要求，设计出程序流程图，进而完成具体的多媒体软件制作。

无论多媒体项目的目的和内容是什么，是大项目还是小项目，多媒体 CAI 课件的开发流程通常要经过需求分析、教学设计、设计制作脚本、选取与加工素材、设计与制作课件、调试与发布课件和维护与更新课件这 7 个阶段，如图 1-6 所示。

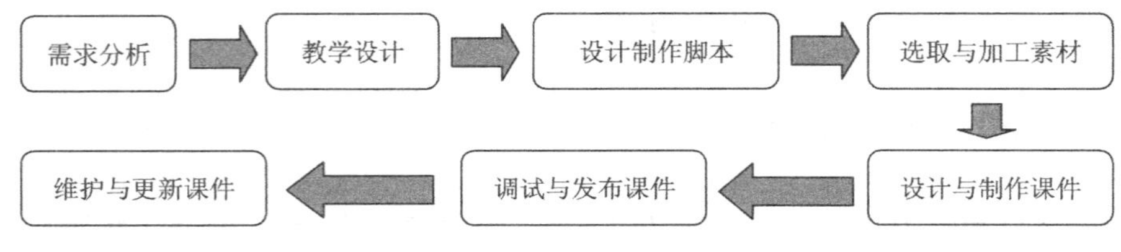

图 1-6 课件制作的一般流程

1.4.1 需求分析

根据课堂的教学需要，首先要策划需要制作 CAI 课件的课题，其目的在于搞清楚设计范围。课件设计者首先要了解课件的使用对象，包括他们的教育水平、年龄和教育类型等，了解课件的运行环境，然后确定课件的学科内容以及所要达到的目的。为了实现预定的目标，应考虑多种可能的解决方案，并选择其中的最优方案。

总的来说需求分析主要包括以下几个方面。

1. 明确教学目标

在制作课件前要明确课件要达到的教学目标是什么，希望课件可以解决什么问题，达到何种要求，并且要考虑采用何种方式才能达到最优效果，教学的重点和难点是什么，如何能利用多媒体 CAI 课件的特性解决传统教学难以解决的问题。

2. 确定教学模式

确定将要设计的课件类型(课堂教学型、课外自学型或练习辅导型)。针对不同教学模式的课件应该有不同的设计方案和表达方式。因此在开始制作课件前要进行明确的界定，这将对课件的整体风格和表现形式起决定性作用。

3. 选择教学内容

教学内容是多媒体 CAI 课件中的主题元素，在选择教学内容时应根据上课老师的教学需要来决定。并不是所有的内容都适合或有必要使用多媒体 CAI 课件来表现，要有重点地进行选择，并且要考虑到充分发挥计算机的优点，克服传统教学的不足。例如，对于一些实际操作有危险的化学实验，可以通过多媒体课件来模拟完成；又例如，对于优美的散文和诗歌可以配上动画效果和背景音乐，以加深学生的印象。

4. 分析使用对象

不同年龄阶段的观看者对于课件的认知能力也会有所不同，设计者应有所区分。例如，对于低年级的学生，可以多使用动画效果和图片，以适应其直觉思维；对于高年级的学生可以在其直觉思维上添加抽象思维形式的过渡；而对于年龄偏大的老者可以使用通俗易懂的语言和比较大的字体，以方便其阅读和理解。

1.4.2 教学设计

教学设计指的是根据学科内容特点，对学生特征进行分析，以确定教学目标，并为达到该教学目标而制定教学策略的过程。

1. 分析学生特征

分析学生特征指的是使用恰当的方法确定学生当前对知识掌握的深度和广度，然后在其原有的基础上确定新的教学内容，以使制作出来的课件更具针对性。

2. 确定教学目标

确定教学目标是教学过程中的首要工作，也是在制作多媒体 CAI 课件时应重点考虑的内容。教学目标是教学活动的导向，也是进行学习评价的依据。

3. 合理选择和设计媒体信息

为了使每个知识点达到预定的教学目标，设计者应根据教学的内容和各类媒体信息的特征，选择合适的表达方式，包括文本、图形、图像、动画和视频等，然后把这些多媒体元素合理地结合起来，以达到最优效果。

4. 确定教学过程

确定教学过程指的是把课件所包含的教学内容分解为若干个知识单元，每个知识单元包含的各部分内容，并找出各个知识点和知识单元之间的联系。不同的联系方式可以形成不同的教学内容结构，然后再针对不同的教学结构实施不同的教学事件，从而构成不同的教学过程。

5. 进行学习评价

在进行多媒体教学时，应及时对学生的情况进行评价，实时掌握学生的学习情况，并对学生进行合理的指导。例如，可根据教学目标和教学内容设计一定的练习题，对学生进行考核，从而掌握学生对知识理解的程度，同时也起到一个强化学习效果与矫正错误的作用。

1.4.3 设计制作脚本

设计制作脚本就是需要设计者依据使用者编写的文字脚本，站在使用者的角度来考虑和分析问题，设计好课件的书面文字表达方式。设计制作脚本时可以与使用者进行商量，决定最好的实现效果和最优的实现方法。课件制作脚本的具体内容包括封面的设计、界面的设计、结构的安排、素材的组织、技术的运用。制作脚本的设计不仅可以使课件设计者在制作课件时做到心中有数，不至于走弯路，也方便以后对课件的重新整理和修改。可见，这一步对设计一个优秀的 CAI 课件是非常必要的。

1.4.4 选取与加工素材

该步骤中主要对文字、颜色、声音、图形图像、动画、视频设计进行加工，使其符合多媒体课件的需求。例如，创建多彩文字，录制声音，截取 VCD 视频等，将这些素材分别保存为单独的文件以便制作课件时使用。如图 1-7 所示为使用 Photoshop 制作多彩文字，图 1-8 为使用 Adobe Audition 录制音频。

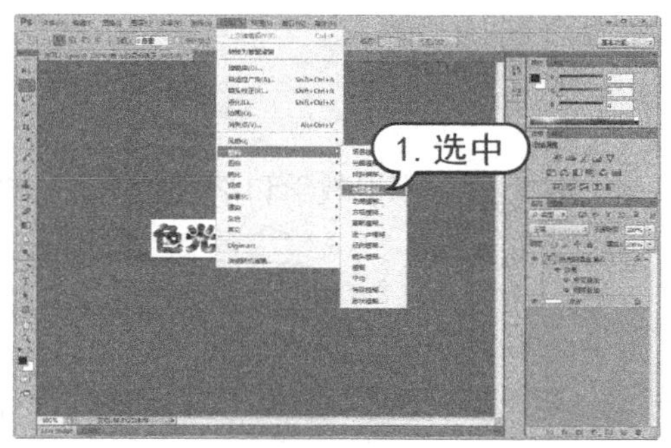

图 1-7　处理文字

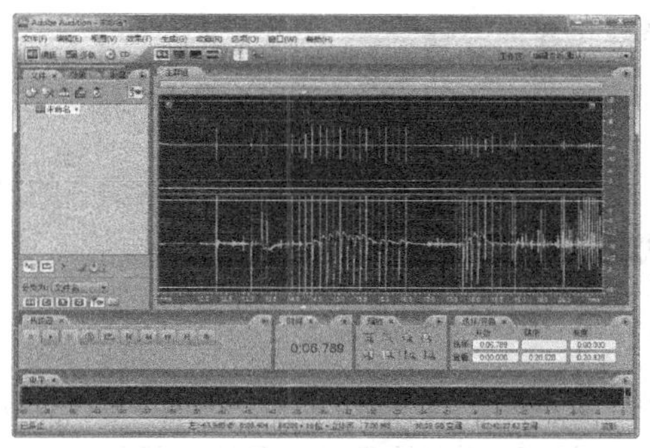

图 1-8　录制音频

1.4.5　设计与制作课件

做好前期所有准备工作后，就可以开始制作课件。首先，选择用于制作的一款合适的多媒体工具。目前可用来开发多媒体课件的软件很多，如 PowerPoint、Flash、Dreamweaver 和几何画板等，都是不错的课件制作工具，如图 1-9 所示分别为 PowerPoint 课件和 Flash 课件。

课件制作者可以根据自己的喜好和课件内容的需要选择合适的制作工具。然后，根据教材利用多媒体制作工具制作出多媒体课件。

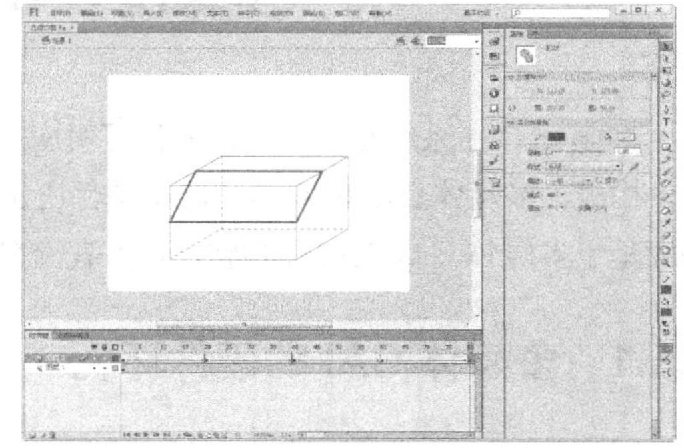

图 1-9　PowerPoint 课件和 Flash 课件

1.4.6　调试与发布课件

课件开发完成后，必须进行调试和修改，检验课件能否达到规定的目标。确定课件不需要任何修改后，就可以打包和发布课件了。用户可以使用以下几种方法调试课件。

1. 分模块调试

对于内容比较多的课件，可以将课件从逻辑上分为几个比较独立的模块进行调试，以保证每个模块都能正常运行。

2. 测试性调试

将课件的不同部分集中起来进行测试，尽量尝试使用不同的操作来调试课件，看是否能经得起各种考验。

3. 模拟性调试

模拟性测试指的是根据实际教学中的“教”和“学”进行模拟教学和学习的过程，来测试课件是否符号设计的初衷。

4. 环境性调试

课件要进行播放，要有一定的硬件和软件环境，用户可以在不同的环境中对课件进行测试，以发现其中的不足并获取其最佳运行环境。

1.4.7 维护与更新课件

对于同一个教学内容，不同的教师对课件的需求也是不尽相同的，设计者应该不断地收集使用者的信息，更新和完善课件内容，以便在教学中发挥更加强大的作用。例如，设计者可以通过网络发布课件，实现课件资源共享，从而获取更多使用者的反馈信息，并综合意见，不断改进。对课件进行完善的过程也是设计者自身设计水平提高的过程。

1.5 多媒体 CAI 课件设计的环境

多媒体 CAI 系统是一套复杂的计算机应用系统，主要由硬件平台、软件平台和课件三大部分构成。多媒体 CAI 的教学功能由课件所决定，硬件、软件是课件设计、运行的环境，课件应基于多媒体 CAI 的硬件和软件，并在充分利用硬件、软件资源的基础上进行设计。

1.5.1 多媒体 CAI 的硬件环境

多媒体 CAI 课件的硬件环境是计算机辅助教学的基础，在多媒体 CAI 教学活动中，是由硬件平台具体地呈现教学内容、接受学生的反应，并执行各种教学信息的处理、分析，对教学过程实施决策判断和控制评价等。

从硬件设备组成的角度看，一套标准的多媒体 CAI 硬件设备主要包括多媒体计算机、扫描仪、数码相机、数码摄像机、刻录机、U 盘和移动硬盘等设备。

1. 多媒体计算机

多媒体计算机是多媒体课件中最基础的设备，是指带有多媒体播放功能的计算机，一般应配备有声音播放设备(如音响)，如图 1-10 所示。

2. 扫描仪

扫描仪是一种光机一体化高科技产品，是一种输入设备，同时也是多媒体 CAI 课件制作中最常用到的设备之一。它可以将课文中的图片、报刊图片、手绘图片、邮票、杂志封面、实物图像以及课文中的文字信息等书面材料或实物的外观扫描后输入到计算机当中并以图片文件格式保存起来，如图 1-11 所示。

图 1-10　多媒体计算机

图 1-11　扫描仪

3. 数码相机

数码相机也是获取多媒体 CAI 课件图像资料的重要工具，与传统的相机相比数码相机具有方便、快捷、无须胶片、成本低廉等优点，如图 1-12 所示。

4. 数码摄像机

数码摄像机又称 DV(Digital Video)，中文意思是“数字视频”。使用数码摄像机可直接将拍摄到的视频画面通过数据线传输到计算机中，然后使用计算机对视频进行加工和处理，数码摄像机的外观如图 1-13 所示。

图 1-12　数码相机

图 1-13　数码摄像机

5. 刻录机

多媒体 CAI 课件中一般都包含有很多图片和视频资料，由于此类文件都比较大，若想转移比较大的课件，就应使用刻录机将其刻录成光盘，然后可进行转移、备份或邮寄。刻录机的外观和光驱类似，只是多了一个刻录功能，如图 1-14 所示。

图 1-14　刻录机

6. U 盘和移动硬盘

U 盘是 USB 闪存盘的简称，是一种常见的移动存储设备，如图 1-15 所示。它的特点是体型小巧、价格低廉、存储容量大、价格便宜。目前常见的 U 盘的容量为 8GB、16GB 和 32GB 等。移动硬盘是以硬盘为存储介质并注重便携性的存储产品，相对于 U 盘来说它的存储容量更大，存取速度更快，但是价格相对昂贵一些，如图 1-16 所示。目前常见移动硬盘的容量为 500GB 到 1TB 左右。使用 U 盘和移动硬盘可方便地将多媒体 CAI 课件进行保存和携带。

图 1-15　U 盘

图 1-16　移动硬盘

1.5.2　多媒体 CAI 的软件环境

多媒体 CAI 的软件环境主要由多媒体系统软件和应用软件组成。

1. 多媒体系统软件

多媒体系统软件是多媒体系统正常运行的环境基础，具有综合使用多媒体、灵活调动多媒体数据的传输和处理功能，主要包括多媒体计算机操作系统、驱动程序、媒体素材处理软件及多媒体库函数、多媒体制作工具等。其中，媒体素材处理软件根据所要处理素材的不同，主要分为以下几类。

(1) 文字软件

文字处理软件可以制作出更多的文字特效和版面，能够弥补多媒体开发软件中文本功能不够强大的缺点。下面是几种专用的文字软件。

- Windows 记事本：Windows 自带的文字工具，简单实用。
- Word：目前最流行的文字软件。可以使用其中的艺术字功能生成表现效果丰富的标题文字，如图 1-17 所示为使用 Word 处理标题文字。
- Cool 3D：Ulead 公司的文字软件。可以生成效果丰富的静态文字和动态文字。

(2) 图像软件

图像软件用于创作和处理图像。在图像软件中，有的侧重于向量图，有的侧重于位图。下面是几种典型的图像软件。

- Photoshop：最流行的图像处理软件，如图 1-18 为使用 Photoshop 处理图像。
- CorelDRAW：最流行的向量图软件。
- Painter：采用仿天然绘画技术的位图软件。

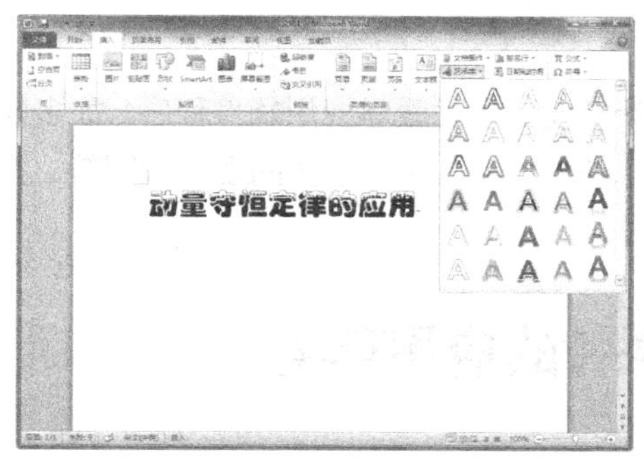

图 1-17　Word 处理标题文字

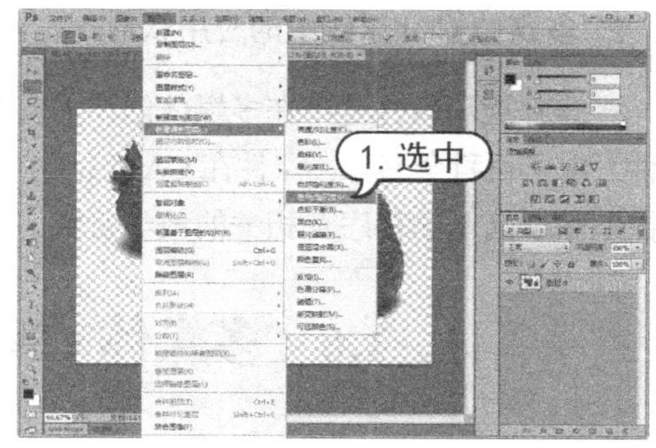

图 1-18　Photoshop 处理图像

(3) 声音软件

声音软件主要分为音频软件和音乐软件。前者是录制和处理声音素材的软件，后者是创建 MIDI 音乐的软件。下面是几种典型的音频软件。

- Windows 录音机：Windows 自带的音频处理软件。
- Adobe Audition：使用简便的音频处理软件。
- Sound foge：功能完善的音频处理软件。

(4) 视频软件

视频软件主要用于创建视频片段，视频片段可包含文字、图像、声音和活动影像。下面是两种典型的视频软件。

- Premiere：最著名的视频编辑软件，如图 1-19 为使用 Premiere 的工作主界面。
- After Effects：功能强大的后期效果软件。

(5) 动画软件

动画软件主要用于创作二维动画和三维动画。下面是几种典型的动画软件。

- Flash：创建基于向量图的动画。
- Director：创建效果丰富的二维动画。
- 3ds Max：创建效果丰富的三维动画。

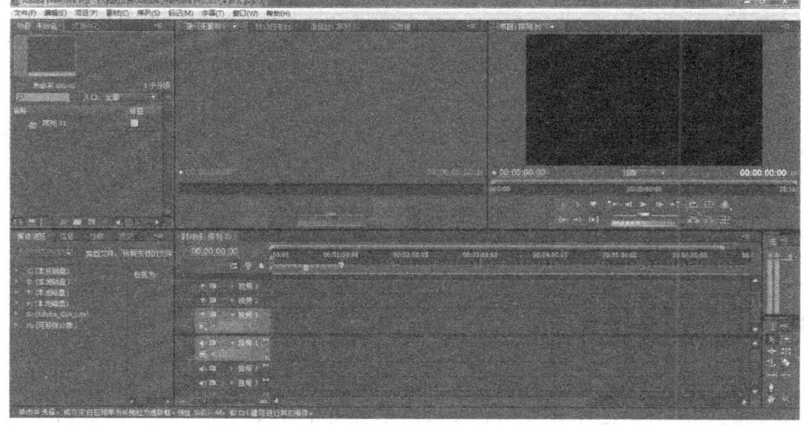
图 1-19　Premiere 工作主界面

2. 多媒体 CAI 系统中的应用软件

多媒体应用软件是指在多媒体创作平台上设计开发的多种教学应用软件程序，如多媒体课件、电子百科全书等。课件在 CAI 活动中，呈现教学内容、接受学生的要求和回答、指导和控制教学活动的程序及相关的教学资料。

1.6　多媒体 CAI 课件的应用环境

在学校内，多功能教室和多媒体网络教室是多媒体 CAI 课件运行的主要环境。

1.6.1　多功能教室

当前大多数的学校都配备多功能教室，如图 1-20 所示。多功能教室是演示型多媒体 CAI 课件运行的最好环境。

图 1-20　多功能教室

一般来说，多功能教室内都有投影仪、大投影屏幕、实物视频展示台、多媒体计算机、音响和中央自控制点系统等设备。通常是以中央控制点设备为中心，将计算机、投影仪、视频展示台、音响等输入/输出设备连接起来，实现对声音、视频信号快速方便的切换。多媒体 CAI 课件就是利用计算机运行后，课件的画面效果通过控制点设备将视频信号输入到投影仪中，然后投影在大屏幕上；同时，课件的声音也通过控制点设备将音频信号输入到音响设备中，然后播放出来，这样就使得所有学生都能够清楚地看见课件的画面，听见课件的音效。

提示：
多功能教室的优点是比较适合使用演示性的多媒体 CAI 课件，能同时结合常规教学手段进行教学，对学生数量没有太大的限制，加之它还具有其他功能，因而在学校中应用较多。缺点是比较难于体现新的教学思想，因投影仪一般固定在天花板上，不方便移动使用。

1.6.2　多媒体网络教室

多媒体网络教室(如图 1-21 所示)内主要包括学生计算机若干台、教室机、服务器、网络交换设备等。在多媒体网络教室内，由于每一个学生都有一台自己控制的计算机，每一台计算机之间都可以互相通信，所以，它是多媒体 CAI 交互型和网络型课件运行的良好环境。

提示：

多媒体网络教室的优点是比较适合使用交互性的 CAI 软件，能进行个别化学习；对环境要求不高，视觉效果好；可同时兼顾计算机教学、语音教学和 CAI 教学，设备利用率高，成本低。缺点是结合黑板等常规教学手段比较困难，课堂纪律不好控制等。另外，在多媒体网络教室中，学生人数受计算机数量限制，当学生数量多于计算机数量时，教学效果将受影响。

图 1-21　多媒体网络教室

另外，网络教室一般都需要购买相应的管理软件，这样就可以使用一台教室机对学生机实现屏幕的锁定、教室屏幕信息广播、远程控制、文件传输、电子举手、语音对话等丰富的交互式功能。

1.7　常用的 CAI 课件制作工具

目前，用于制作多媒体课件的软件很多，并且在功能上各有特色，因此用户应根据自己的实际情况选择合适的软件。

1.7.1　PowerPoint 演示文稿制作工具

PowerPoint 是微软公司出品的 Office 办公套件中的一个组件，是一款制作多媒体演示文稿的专业软件。利用 PowerPoint 软件很容易就可以制作出演示型的多媒体课件。PowerPoint 具有功能强大、简单易用的特点，用它制作的课件直观、明了，设计者不需要掌握高深的编程技巧，只须将要展示的内容插入到一张幻灯片上，然后设置画面的显示、播放控制、切换效果、动画效果等属性，就可以制作出包括文字、图形图像、声音、视频等多媒体 CAI 课件。如图 1-22 所示的是 PowerPoint 2010 的用户界面。

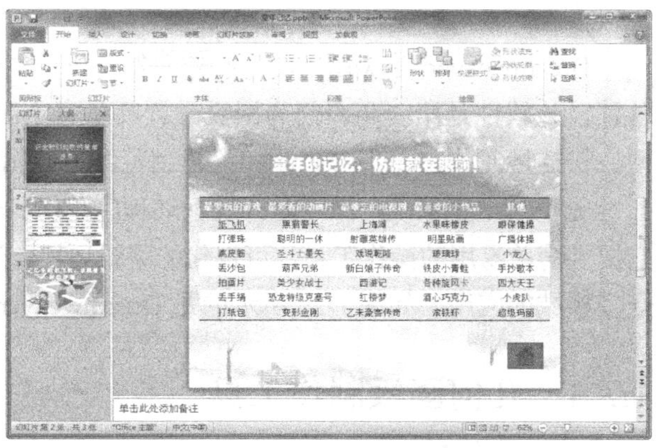

图 1-22　PowerPoint 2010 的用户界面

1.7.2　Flash 动画制作工具

Flash 是美国 Macromedia 公司出品的一款矢量图形编辑和动画创作的专业软件，目前已有很多人使用它来制作多媒体课件。简单地说，Flash 是一个工具软件组和一些相关插件的组合，主要用于制作和播放在互联网或其他多媒体程序中使用的矢量图形和动画素材。使用 Flash 制作出来的作品具有集成性和交互性的特点，因此非常适合制作多媒体 CAI 课件。

Flash 是目前非常流行的二维动画制作软件之一，它是矢量图编辑和动画创作的专业软件，能够将矢量图、位图、音频、动画和深一层的交互动作有机地、灵活地结合在一起，以创建美观、新奇、交互性强的动态网页效果。如图 1-23 所示的是 Flash CS6 的工作界面。

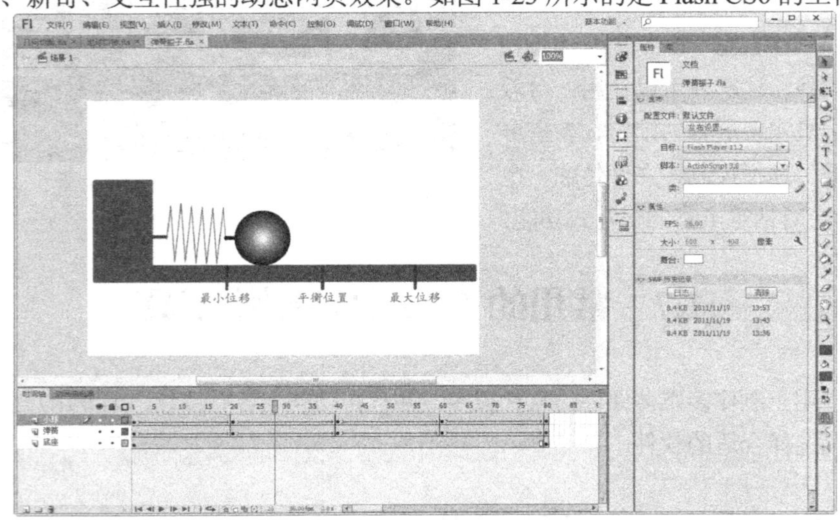

图 1-23　Flash CS6 的工作界面

1.7.3　Dreamweaver 网页制作工具

Dreamweaver 是美国 Macromedia 公司开发的集网页制作和管理网站于一身的网页制作软件。该软件是第一个专门为网页设计师量身定制的可视化网页制作软件，利用它可以方便、快捷地制作出跨平台限制和跨越浏览器限制充满丰富动感的网页。

无论是组建基础网站或是开发互动程序，Dreamweaver 都是用户不可忽略的专业工具，它提供简单易用的操作工具，可视化的编辑环境，适用于从个人主页设计到企业站点开发等众多领域的应用。如图 1-24 所示的是 Dreamweaver CS6 的工作界面。

1.7.4　几何画板制作工具

几何画板是数学教师的首选多媒体 CAI 课件制作工具软件，同时也适合物理学科教师使用。通过该软件制作的课件不仅简单实用、易于教学，而且制作出的课件比较小、便于携带、交互性强。

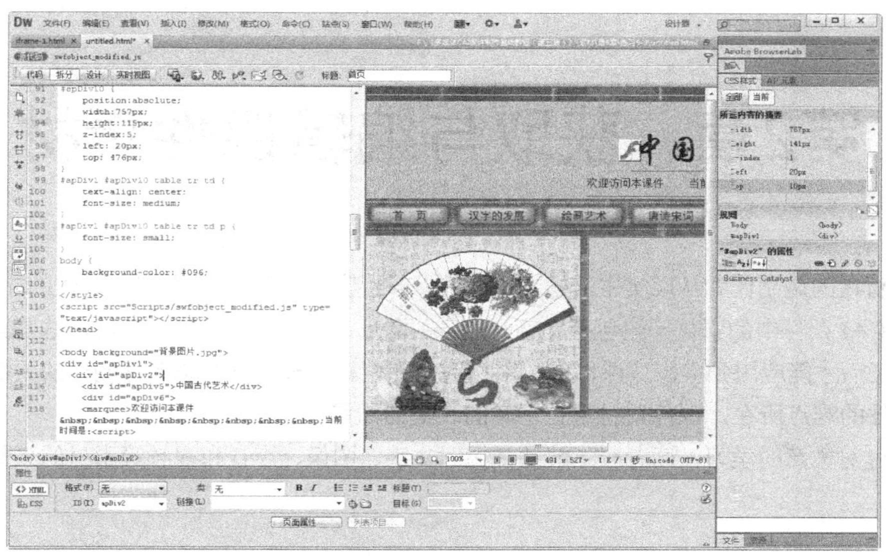

图 1-24 Dreamweaver CS6 的工作界面

几何画板是以点、线、圆为基本元素，并通过对这些基本元素进行变换、构造、测算、计算等操作，然后构造出其他较为复杂的图形。它是一个适用于几何(平面几何、解析几何、射影几何等)教学的软件平台，它为老师和学生提供了一个探索几何图形内在关系的环境。几何画板操作简单，只要用鼠标选取工具栏和菜单栏就可以开发课件。它无须编制任何程序，一切都借助于几何关系来表现，因此它只应用于那些能够用数学模型来进行描述的问题，并且非常适合于几何老师使用。如图 1-25 所示的是几何画板的用户界面。

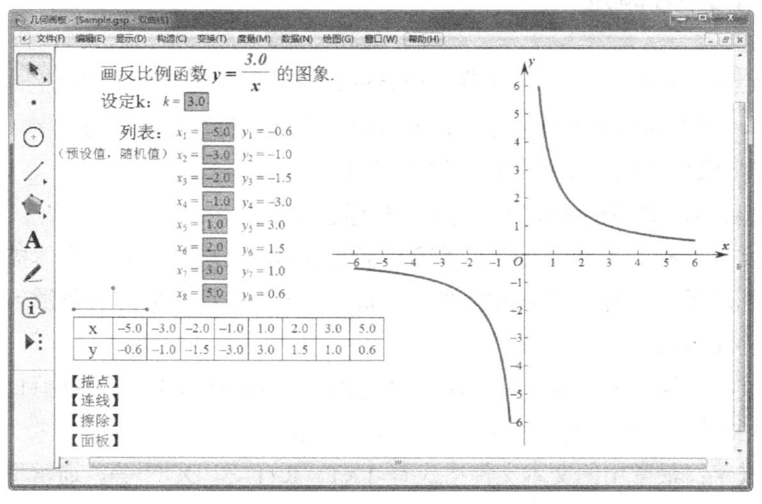

x	−5.0	−3.0	−2.0	−1.0	1.0	2.0	3.0	5.0
y	−0.6	−1.0	−1.5	−3.0	3.0	1.5	1.0	0.6

图 1-25 几何画板的用户界面

第2章　获取与编辑课件素材

素材指的是制作者从现实生活中搜集到的、未经整理加工的、感性的、分散的原始材料。多媒体 CAI 课件中的素材一般包括文字、声音、图形、图像、动画和视频等，这些素材通常需要加工后才能应用到多媒体课件中。素材选择和素材处理的好坏是课件制作的关键，也是制作课件的难点所在，课件素材重在平时的收集与积累。

通过对本章的学习，读者应了解并掌握对文字、图像、声音和视频等素材的采集与处理方式。

2.1　获取与编辑文字素材

文字素材一般都是根据教学需要进行编写的，但是如果作为教学资料的话，文字的数量会很多，用户可以在一些电子书籍或网页中获取。例如，百科全书之类的电子书籍相关的网站页面中，就可以方便地搜索到许多文字素材。

2.1.1　文字素材概述

文字的特点是不直接表现事物本身，而是通过符号引发人对事物的记忆、联想和领悟。需要注意的是，多媒体的文字是通过屏幕观看的，长时间观看屏幕上的文字，眼睛很容易疲劳。因此，在多媒体作品中要避免过长的文字篇幅。

按照使用目的，文字素材分为描述文字和标题文字。

- 描述文字：相对于标题文字，描述文字的篇幅较大。它是为了具体描述所要表现的事物，注重于内容，要求内容准确和简练；至于表现效果，只要做到清晰易读，与背景协调即可。
- 标题文字：为了突出表现标题性质的文字，注重表现效果，要求醒目，具有吸引力。

按照文件格式，文字素材分为文本文字和非文本文字。

- 文本文字：最常用的文本文件格式有 TXT、RTF 和 DOC 等。通常将较大的描述文字保存成文本文字。在课件中可以使用计算机系统中具有的常用字体，也可以在计算机中安装特殊的字体。
- 非文本文字：用图像文件格式、动画文件格式或视频文件格式保存的文字素材是非文本文字。它所表现的虽然还是文字，但已不具有文字属性，需要在相应的素材软件中创建。

2.1.2　文字素材的获取

采集多媒体文字素材有许多途径。录入文字、扫描文字、截取文字和创作文字都是采集文字的途径。

1. 录入文字

在具有文字功能的软件中，通过某种输入方式，可将头脑中的思想或纸张上的文稿输入计算机，生成数字化文字，这就是录入文字。录入文字有以下 3 种方式。

(1) 键盘录入：最常用的方式。

(2) 手写录入：需要配置手写板和相应的软件。

(3) 语音录入：需要配置麦克风和相应的软件。

在不同的具有文字功能软件中录入文字，所得到的结果则不尽相同。

- 在文字软件中录入。例如，在 Windows 记事本、写字板或 Word 中录入文字，通常是描述性文字素材，被保存成相应格式的文本文件。
- 在其他素材软件中录入。例如在图像软件、动画软件或视频软件中录入文字，通常是标题性文字素材，被保存成相应的图像文件、动画文件或视频文件。
- 在合成软件中录入。在合成软件中录入文字，直接成为课件的内容，发行时不需要附带相应的素材文件。效果要求不高的标题文字和篇幅不是很大的描述文字，可以直接在合成软件中录入。

2. 扫描文字

如果印刷品上的文稿字体比较规范，可以通过扫描识别，将其转变成数字化文字，来采集文字素材，从而免除录入文字的操作。扫描文字的具体操作步骤如下所示。

第一步：扫描文稿，采集文稿图像。

第二步：通过文字识别软件，对采集的文稿图像进行文字识别，生成并自动保存为文本文件。

第三步：对识别获得的文本进行修改，并保存为最终文本文件。通常识别获得的文本会有不同程度的错误，需要对照原稿进行修改。

提示：
扫描文字的前提是需要安装扫描仪及其驱动程序，并安装文字识别软件 OCR。

3. 截取文字

使用某些优秀的文字软件如 Word 和 WPS，可以创作具有丰富表现的标题文字。但是，在这些软件中所创作的文字只能保存成文本文字，要在编辑合成软件中引用这些文字时，常常会丢失所需要的表现效果。针对这样的问题，可以采用截图技术，将屏幕上的显示文字截取并保存为图像文件，从而得到图像格式的文字。在编辑合成软件中引用图像格式文字时，就能保持所有的表现效果。

4. 创作文字

为了得到表现效果丰富的标题文字，用户可以使用某些文字软件，特别是图像软件、动画软件和视频软件，来创作美观的文字。个别编辑合成软件(如 Director)，也可以创作出很好的文字效果。

2.1.3 使用 Word 处理文本文字

文本文字的处理工具有很多种，其中以微软公司的 Word 字处理软件较常用。输入文本文字是 Word 中的一项基本操作，当用户定位了插入点的位置后，选择一种输入法，即可开始文本的输入。如图 2-1 所示的就是在 Word 2010 中编辑的一段文字效果，下面将通过介绍具体的字体设置和段落格式设置来了解文本文字的处理操作。

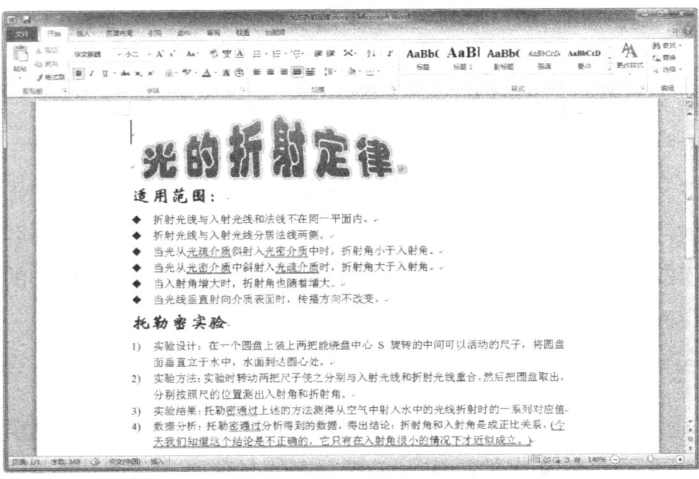

图 2-1　Word 2010 中的文字效果

【练习 2-1】在 Word 2010 中输入一段文本内容，然后对文本的字体和段落格式进行相关设置。

(1) 新建一个 Word 2010 文档，并输入如图 2-2 所示的文字内容。

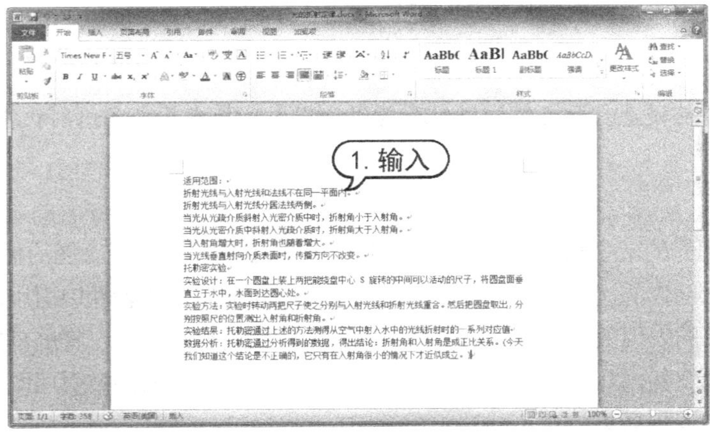

图 2-2　在 Word 2010 文档中输入文字

(2) 选中第一行文字，在“开始”选项卡的“字体”组中，设置其字体为“华文新魏”，字号为“小二”，字形为“加粗”，如图 2-3 所示。

(3) 保持选中第一行文字，单击“开始”选项卡“剪贴板”组中的“格式刷”按钮，将第 8 行文字“刷”成同样的格式，效果如图 2-4 所示。

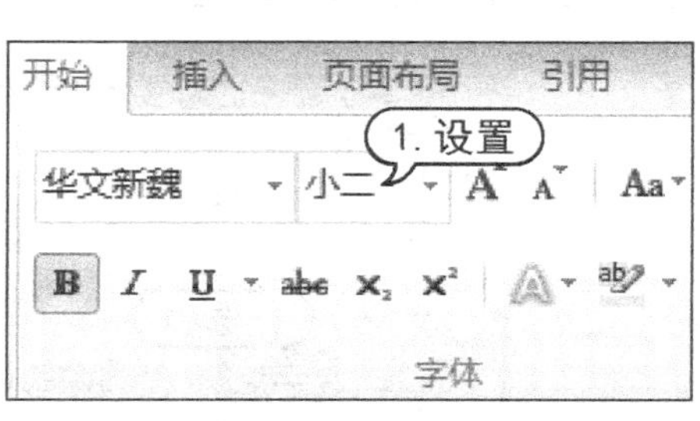

图 2-3　设置字体样式

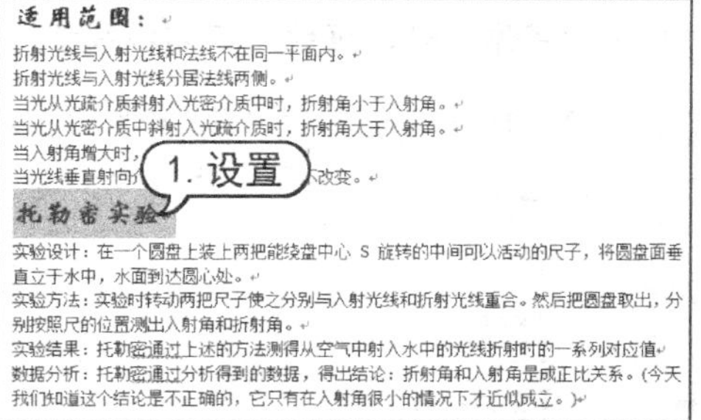

图 2-4　设置后的效果

(4) 选中第 2 到第 7 行文字，在“开始”选项卡的“段落”组中，单击“项目符号”下拉按钮，选择一个项目符号，如图 2-5 所示。

(5) 选中最后 4 段文字，在“开始”选项卡的“段落”组中，单击“编号”下拉按钮，选择一个编号样式，如图 2-6 所示。

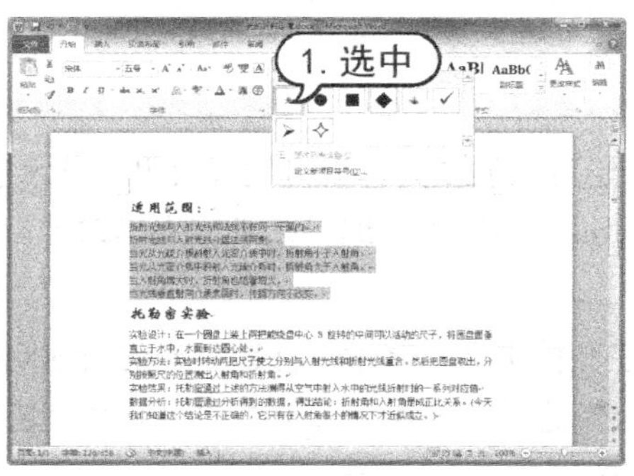

图 2-5　设置项目符号

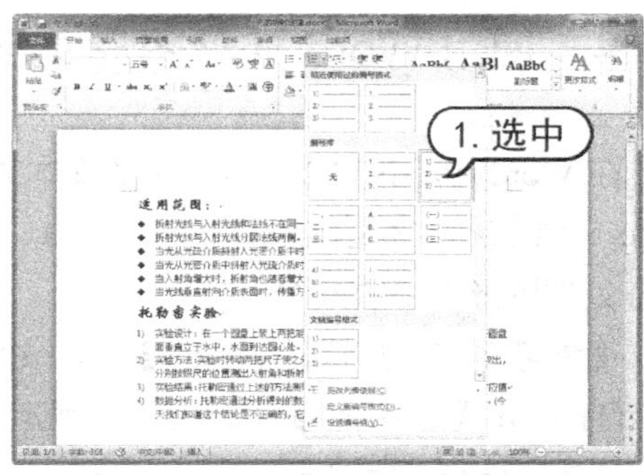

图 2-6　设置编号

(6) 选中文本“光疏介质”和“光密介质”，然后在“开始”选项卡的“字体”组中，单击“下划线”下拉按钮，选择“双下划线”选项，如图 2-7 所示。继续单击“下划线”下拉按钮，选择“下划线颜色”选项，将下划线的颜色设置为“红色”，如图 2-8 所示。

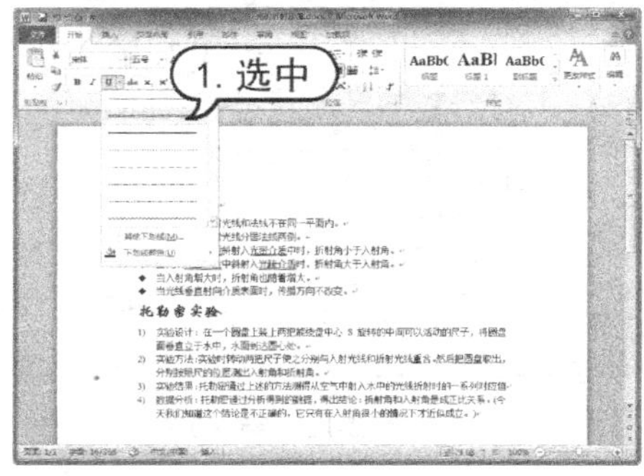

图 2-7　添加下划线

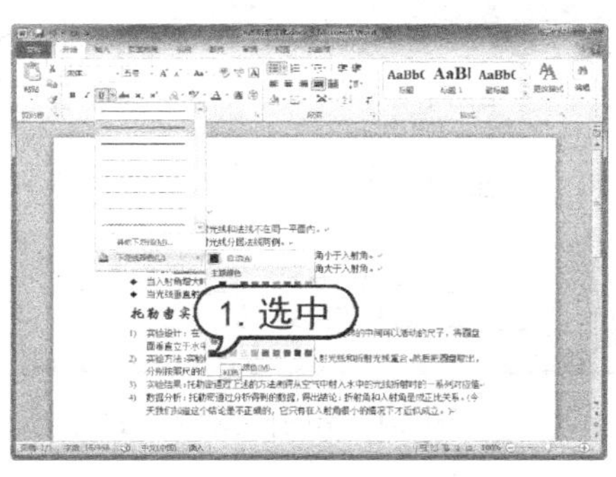

图 2-8　设置下划线颜色

(7) 此时，选中要设置下划线的文本，然后直接单击“下划线”按钮，即可为这些文本添加红色的波浪形下划线，最终效果如图 2-9 所示。

提示：

要添加其他样式的下划线，可以在图 2-7 所示的下拉列表框中选择“其他下划线”命令，在打开的“字体”对话框的“下划线线型”下拉列表框中进行设置，如图 2-10 所示。

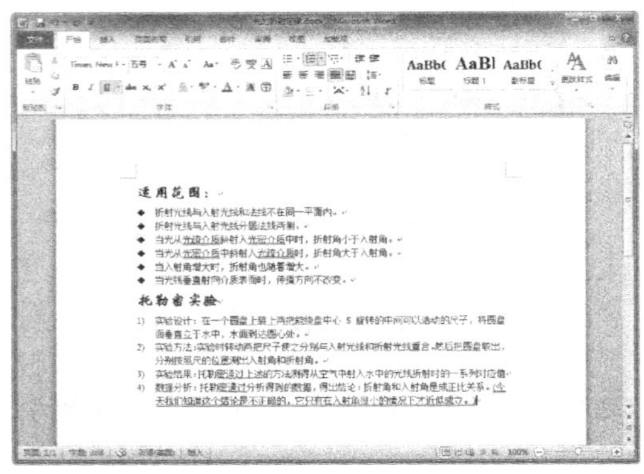

图 2-9　最终效果图

图 2-10　“字体”对话框

2.1.4　使用 Word 处理图形文字

在 Word 中不仅可以处理简单的文本文字，还可以创作具有丰富表现效果的艺术字，在 Word 文档中艺术字是作为图形来显示的。下面通过介绍插入和编辑艺术字来学习使用 Word 2010 处理图形文字的方法。

【练习 2-2】打开【练习 2-1】中的文档，在文档中插入艺术字标题“光的折射定律”。

(1) 打开【练习 2-1】中的文档，打开“插入”选项卡，在“文本”组中单击“艺术字”下拉按钮，选择一种艺术字样式，如图 2-11 所示。

(2) 在打开的“请在此放置您的文字”文本框中，直接输入文本“光的折射定律”，如图 2-12 所示。

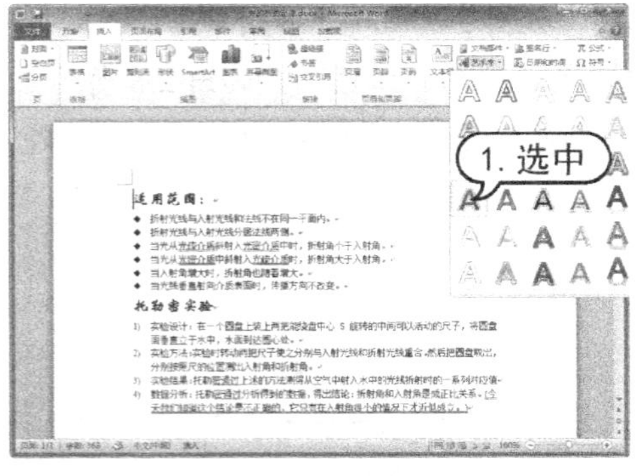

图 2-11　选择艺术字样式

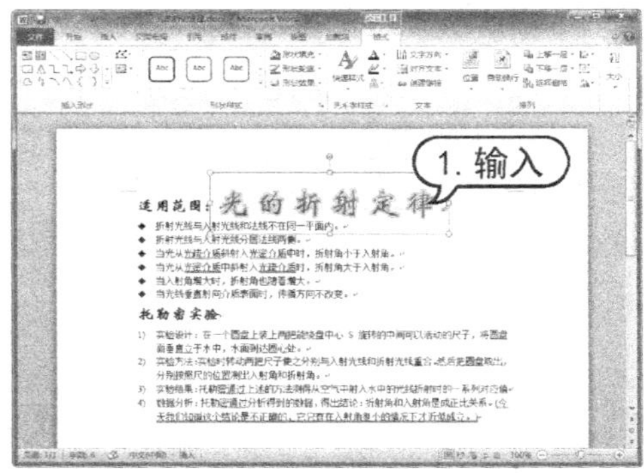

图 2-12　输入文字

(3) 选中艺术字，使用鼠标拖动并配合键盘上的方向键，将艺术字调整到一个合适的位置，如图 2-13 所示。

(4) 选中艺术字，打开“格式”选项卡，在“艺术字样式”组中单击“文字效果”下拉按钮，为艺术字设置一种“透视”效果，如图 2-14 所示。

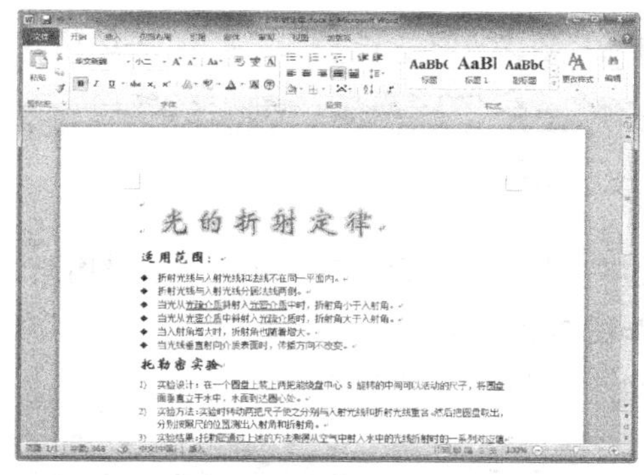
图 2-13　调整艺术字位置

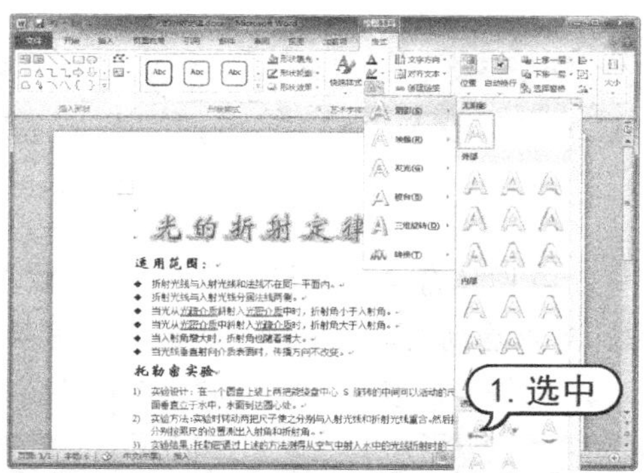

图 2-14　设置文字“透视”效果

(5) 保持艺术字的选中状态，在“艺术字样式”组中继续单击“文字效果”下拉按钮，选择“转换”命令，为艺术字设置一个“弯曲”效果，如图 2-15 所示。

(6) 在“开始”选项卡的“字体”组中，设置其字体为“华文琥珀”，最终效果如图 2-16 所示。

(7) 设置完成后，选择“文件”|“保存”命令，将文档保存。

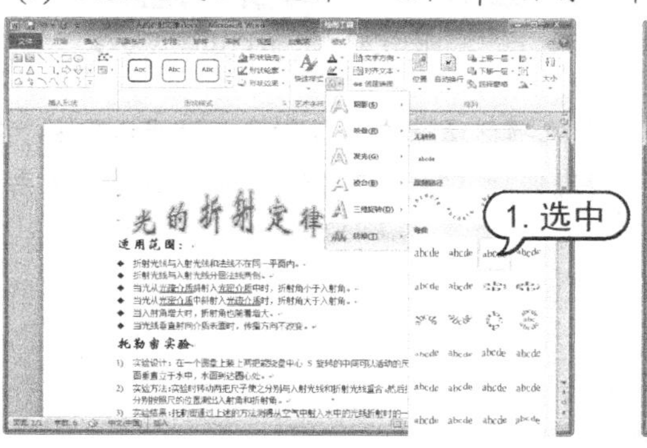

图 2-15　设置“弯曲”样式

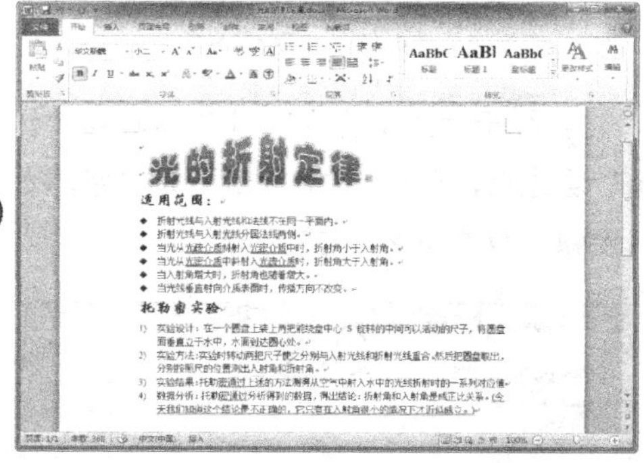
图 2-16　设置字体格式

2.1.5　使用 Photoshop 处理文字

Photoshop 是著名的图像处理软件，使用该软件可以获得具有各种表现效果的标题性文字。本节学习使用 Photoshop 的投影、斜面和浮雕、图案叠加等效果创建文字。

【练习 2-3】 使用 Photoshop CS6 创建标题文字“色彩搭配常识”，如图 2-17 所示。

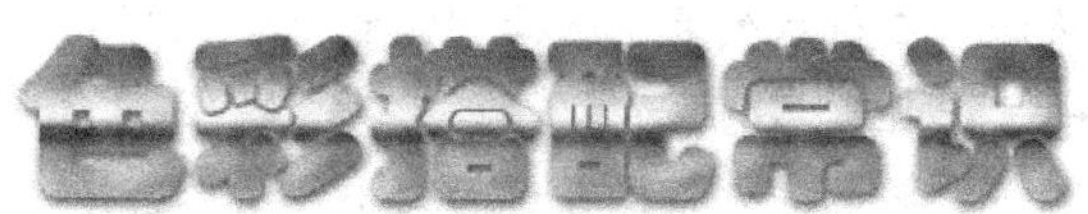

图 2-17　使用 Photoshop 处理文字

(1) 打开 Photoshop CS6，新建一个文档。

(2) 选择工具箱中的“横排文字工具”按钮 T，在属性栏中设置字体为“华文琥珀”，大小为 60 点，如图 2-18 所示。

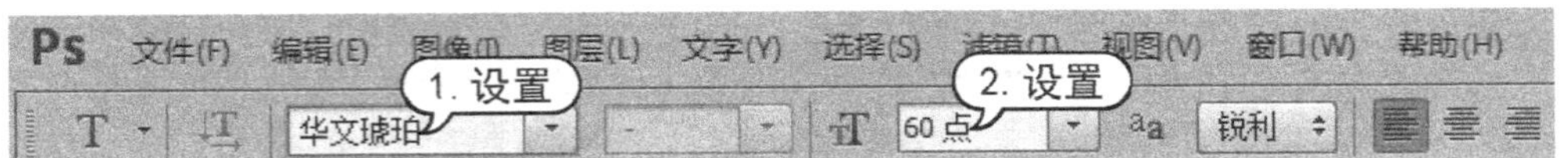

图 2-18　设置文字格式

(3) 在图像窗口中绘制横排文本框并输入文字“色彩搭配常识”，此时，在“图层”面板中，可以看到创建文字后生成的文字图层，如图 2-19 所示。

(4) 选择“图层”|“图层样式”|“投影”命令，如图 2-20 所示。

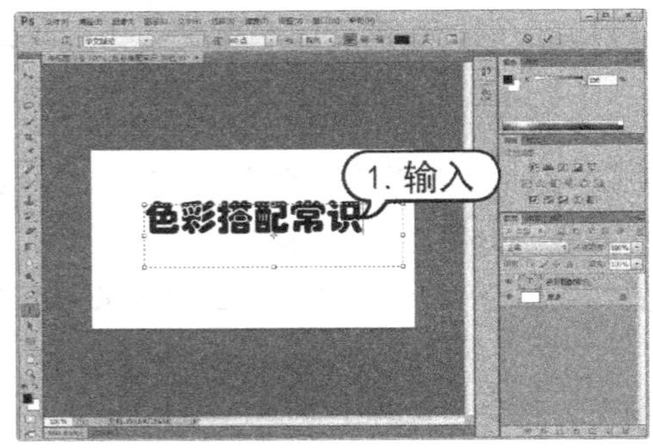

图 2-19　输入文字

图 2-20　在窗口中输入文字

(5) 打开“图层样式”对话框，在“样式”选项区域选中“投影”、“光泽”和“图案叠加”复选框，如图 2-21 所示，为文字添加“投影”、“光泽”和“叠加”效果，单击“确定”按钮，效果如图 2-22 所示。

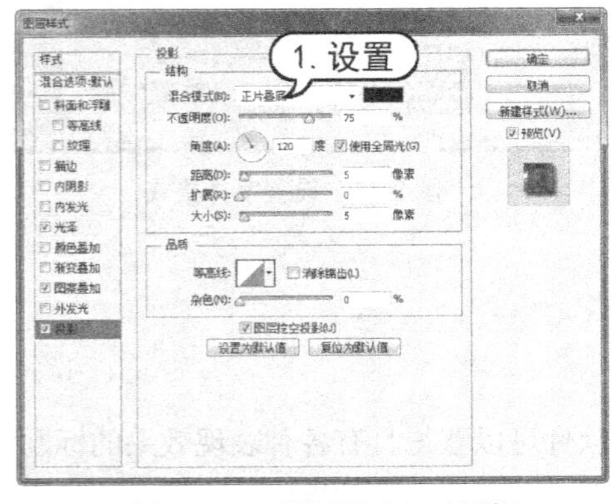

图 2-21　“图层样式”对话框

图 2-22　综合样式效果

(6) 打开“样式”面板，在样式列表中选择“铬金光泽(文字)”选项，如图 2-23 所示。此时文字应用选择的样式，如图 2-24 所示。

(7) 使用“裁剪”工具，将画布裁剪到合适的大小，然后选择“文件”|“存储”命令，将其分别保存为 PSD 格式和 JPEG 格式的文件，以便以后编辑和以图片格式导入到其他多媒

体课件制作工具中。

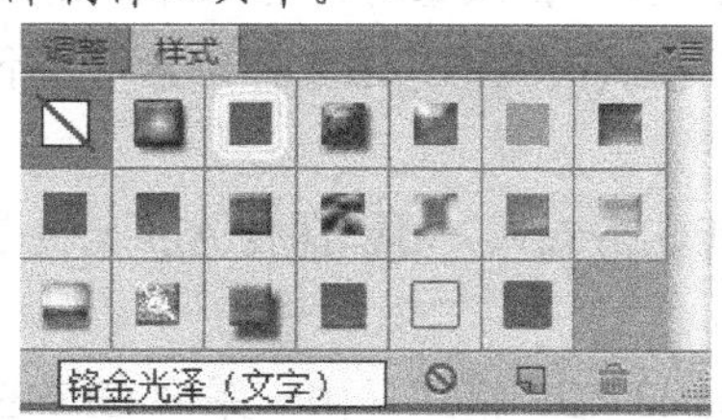

图 2-23　选择应用的样式

图 2-24　显示选择的样式

2.2　获取与编辑图像素材

图像是多媒体 CAI 课件制作中最常用的素材，也是人类获取信息的重要来源之一，它是一种直观的教学媒体。添加到课件中的图像有多种不同的用途，有的图像可用来设置为课件的背景图片，如边框底纹图片；有的可直接用于教学，如历史资料图片；有的则用来点缀课件画面，如花草动物图案。

2.2.1　图像素材概述

图像是静态的视觉媒体，它能直接表现事物，并且获取、创作和处理和动画与视频相比都更为容易，因而在多媒体作品中是使用最多的媒体形式。

1. 图像的类型

位图和矢量图可以用来描述并且记录数字图像。

- 位图：描述和记录图像时，将图像划分成许多栅格，每一个栅格内的图像称为一个像素，描述和记录每一个像素的大小、位置和颜色，就描述和记录了整幅图像。位图的数据量较大，适于表现内容复杂的图像，尤其是现实中的事物。例如，使用基于位图的软件(如 Painter 和 Photoshop)创作的图像，通过扫描仪获取的图像等都是位图图像。
- 矢量图：描述和记录图像时，将图像要素抽象成几何性质的点、线、面、体，并用数字方法描述和记录它们的形状、大小、位置和颜色(包括颜色的过渡变化)。矢量图适于抽象地或模拟地描绘事物，难以达到逼真的程度。矢量图是使用基于矢量图的软件(如 FreeHand 和 CorelDRAW)创作出来的。

2. 图像的格式

图像数据可以压缩，也可以不压缩。如果压缩，还可以采用不同的压缩算法。技术上的一些区别，形成了不同的图像文件格式。

- BMP 格式：Windows 通用的图像格式，无压缩，数据量较大。
- JPG 格式：一种压缩格式，数据量小。在图像软件中保存该格式的图像时，可以选择不同的压缩比。质量等级高，压缩比小，图像损失小；质量等级低，压缩比大，图像损失大。JPG 格式不支持 Alpha 通道，采用该格式的图像，适于背景素材，不适于前景素材。

- TIF 格式：也是一种压缩格式，但压缩比没有 JPG 格式大。可以保存 Alpha 通道，适于作为前景素材。
- GIF 格式：一种压缩的 256 色图像格式。Animated GIF 格式是由一系列 GIF 图像生成的动画格式。GIF 图像和 GIF 动画的特点是数据量小，适用于于网络传输。在多媒体课件中，适当地加入 GIF 图像或 GIF 动画，可以增添生动活泼的效果。
- PSD 格式：图像软件 Photoshop 的专用图像格式，文件容量很大。可保存图像处理过程中的各种编辑信息，如图层、通道和路径等。

3. 图像的参数

数字图像有分辨率、大小和颜色这 3 个基本参数，其各自的作用如下。

- 图像分辨率。图像分辨率指图像沿宽度和高度方向单位长度内所包含的像素数(以“像素/英寸”或“像素/厘米”为单位)。对于同一幅图像，分辨率越高，对图像的描述就越精细，需要的数据量就越大；分辨越低，图像越粗糙，数据量越小。多媒体图像素的图像分辨率通常采用 72ppi。
- 图像大小。图像大小指整幅图像所包含的总像素数，用宽度方向像素数与高度方向像素的乘积表示。多媒体图像素材的大小，通常不超过作品演示窗口的大小。多媒体作品演示窗口大小最常采用 1024×768(标屏)或者 1366×768(宽屏)，如果最求视觉效果的作品，也可采用更大的分辨率。
- 图像颜色。图像中所包含的颜色的多少，与描述颜色所使用的位数(bits)有关。前者称为色深度，后者称为位深度。它们之间的关系是：色深度=2 位深度。图像的位深度越低，数据量越小，显示质量越低；位深度越高，数据量越大，显示质量越高。

4. 图像的采集

用户可以通过以下几种途径采集图像素材。

- 从互联网中寻找图像：互联网是一个巨大的资源库，充分利用互联网可以采集到很多有用的图像用于课件制作。
- 采集 VCD、DVD 图像：用计算机看 VCD、DVD 时，如果发现某些图像与要制作的课件主题相符，可以用“暴风影音”等多媒体播放软件将画面截取下来。
- 扫描印刷品上的图像：课本、照片、杂志、宣传画、教学挂图是一些常见的、传统的承载图像的媒体，可以使用扫描仪将这些图像扫描后保存到计算机中，供课件制作时使用。
- 用数码相机拍摄：用数码相机拍下需要的图像素材后，将数码相机与计算机相连，然后将保存的图像存入计算机后，可以作为课件素材直接使用。
- 通过素材光盘获取图像：目前在市场上有许多专业的素材库光盘，其中有着丰富的图像素材，如中国大百科全书、Flash 资源大全、中国地图大全和牛津百科等。

提示：

目前市场图库光盘品种十分丰富，内容涉及自然风光、名胜古迹、文物、人物、动物、植物和建筑等众多领域，为选择多媒体数字图像素材提供了极大的方便。

【练习 2-4】访问百度网站，查找诗句“故人西辞黄鹤楼，烟花三月下扬州。”中关于“黄鹤楼”的图片，并将图片保存到计算机的素材库中。

(1) 确保计算机可以上网，打开浏览器，在地址栏中输入百度网址 http://image.baidu.com/，进入百度图片搜索页面。

(2) 在“搜索”文本框中输入“黄鹤楼”，如图 2-25 所示。然后单击后面的“百度一下”按钮，即可开始搜索。

(3) 搜索完毕，网页上即显示所有与“黄鹤楼”有关的图片，如图 2-26 所示。如果要保存某一幅图片，可单击该图片，查看原图。

图 2-25　搜索“黄鹤楼”

图 2-26　显示搜索结果

(4) 在原图上右击，选择“图片另存为”命令，如图 2-27 所示，打开“保存图片”对话框，如图 2-28 所示。

(5) 在该对话框中设置图片的保存位置和保存名称，然后单击“保存”按钮，即可将图片保存在指定的位置，供制作课件时使用。

图 2-27　查看原图并保存

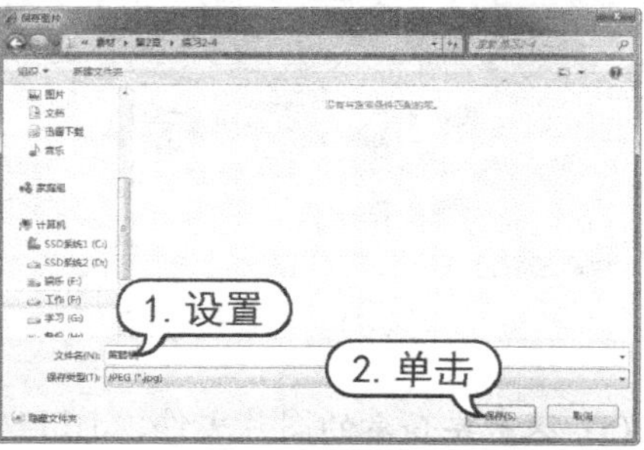

图 2-28　“保存图片”对话框

提示：

如果用户直接在搜索结果的缩略图上右击鼠标来保存图片，那么只会保存到图片的缩略图，因此要保存一个完整的图片，必须要打开原图。

2.2.2　使用 ACDSee 查看图像

ACDSee 是目前最流行的图片浏览与处理工具，广泛应用于图片的获取、管理、浏览和优化等方面。ACDSee 支持超过 50 种常用多媒体格式，它能快速、高质量显示图片。下面通过一个练习来讲述使用 ACDSee 查看图片的方法。

【练习 2-5】使用 ACDSee 来查看 JPEG 格式的图片，并将其图片格式转换为 BMP。

(1) 启动 ACDSee 应用程序，打开如图 2-29 所示的程序界面。

(2) 在“文件夹”窗格中选择图片文件所在的路径，此时中间的窗格显示该路径下所有的图片文件，如图 2-30 所示。

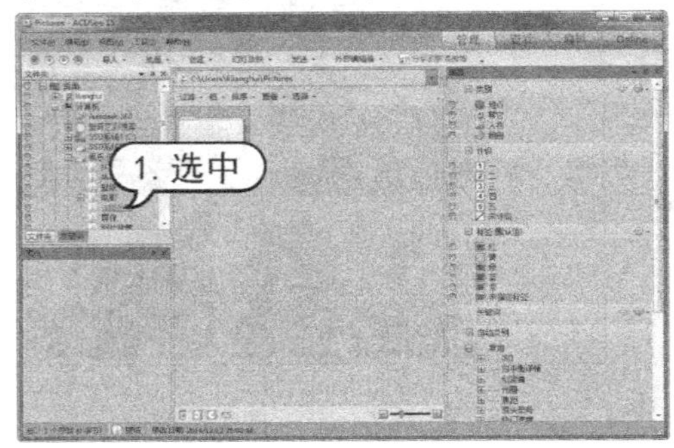

图 2-29　启动 ACDSee 应用程序

图 2-30　显示图片文件

(3) 单击“查看”下拉按钮，在弹出的菜单中选择“胶片”命令，如图 2-31 所示。

(4) 此时，窗格中以幻灯片形式显示路径下的所有图片文件，如图 2-32 所示。

图 2-31　选择查看模式

图 2-32　幻灯片浏览方式

(5) 双击要查看的图片文件，打开 ACDSee 图片浏览器浏览图片，如图 2-33 所示。

(6) 在 ACDSee 图片浏览器中选择“工具”|“修改”|“转换文件格式”命令，打开“批量转换文件格式”对话框，在“格式”选项卡中选择 BMP 选项，如图 2-34 所示。

图 2-33　双击浏览图片

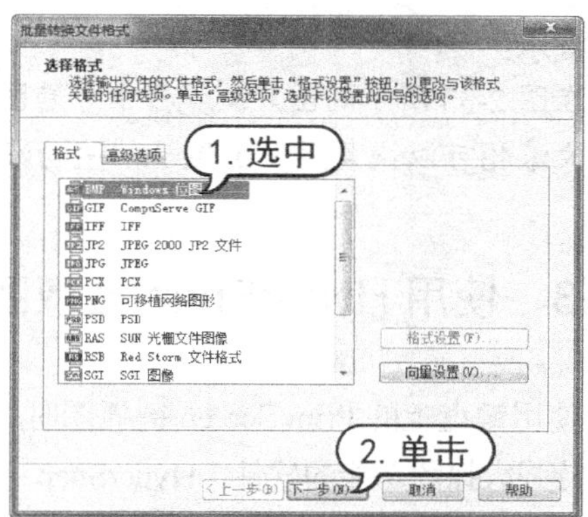

图 2-34　选择要转换的文件格式

(7) 单击“下一步”按钮，打开“设置输出选项”界面。在其中选中“将修改后的图像放入以下文件夹”单选按钮，并单击“浏览”按钮，如图 2-35 所示。

(8) 打开“浏览文件夹”对话框，在对话框中选择图片文件的保存位置，如图 2-36 所示。

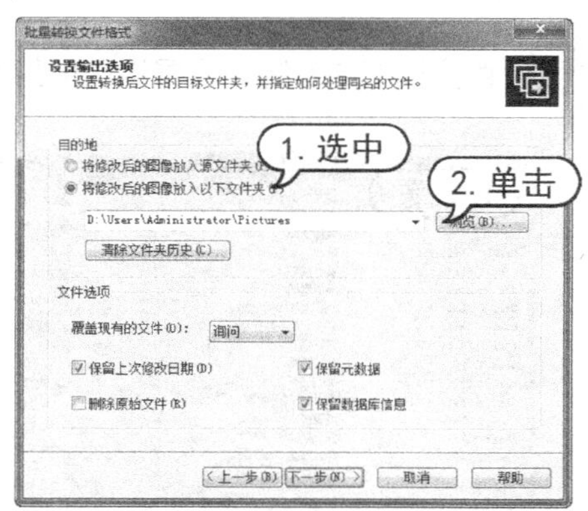

图 2-35　设置输入选项

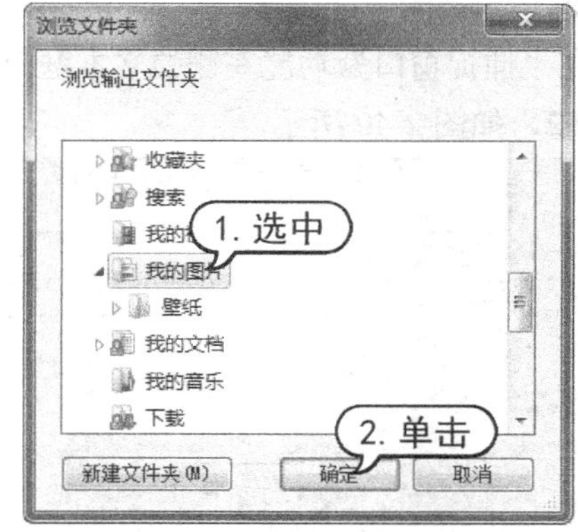

图 2-36　选择图片保存的位置

(9) 单击“确定”按钮，返回到“设置输出选项”界面，单击“下一步”按钮，打开“设置多页选项”界面，如图 2-37 所示。

(10) 单击“开始转换”按钮，此时 ACDSee 自动将图片转换为 BMP 格式。

(11) 单击“完成”按钮，完成图片的转换，如图 2-38 所示。

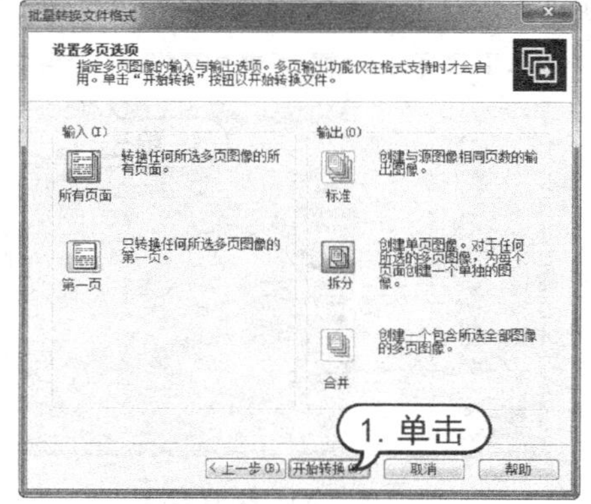

图 2-37　“设置多页选项”界面

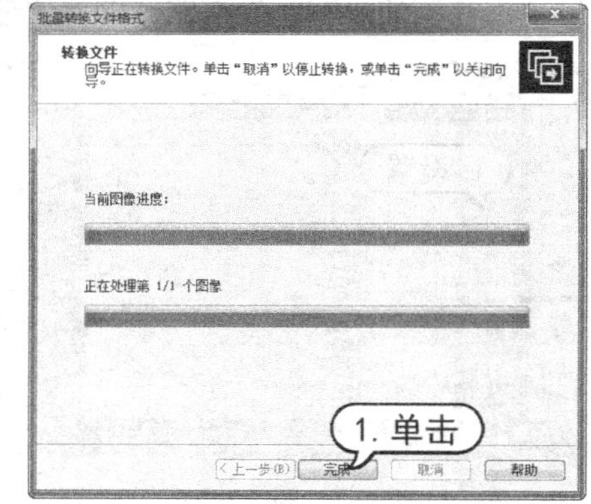

图 2-38　转换格式

提示：

在图 2-33 所示的图片浏览器中查看图片时，只须按一下鼠标滚轮即可全屏欣赏图片，再按一次滚轮可以恢复原大小显示，滚动滚轮可切换图片。

2.2.3 使用 HyperSnap 截取图像

使用键盘上的 Print Screen 键抓图时有很多局限性，为了满足获取图像素材的需要，出现了支持强大抓图功能的软件，HyperSnap 就是其中比较优秀的一款。HyperSnap 不仅能抓住标准桌面程序，还能抓取 DirectX、3Dfx Glide 游戏和视频截图，并且支持 20 多种图形保存格式(包括 BMP、GIF、JPEG 和 TIFF 等)。

1. 配置捕捉热键

启动 HyperSnap，选择“捕捉”|“配置热键”命令，打开“屏幕捕捉热键”对话框，如图 2-39 所示。

在“捕捉窗口”功能左侧的文本框中单击，然后直接按下 F2 键，设置该功能的捕捉热键为 F2，如图 2-40 所示。

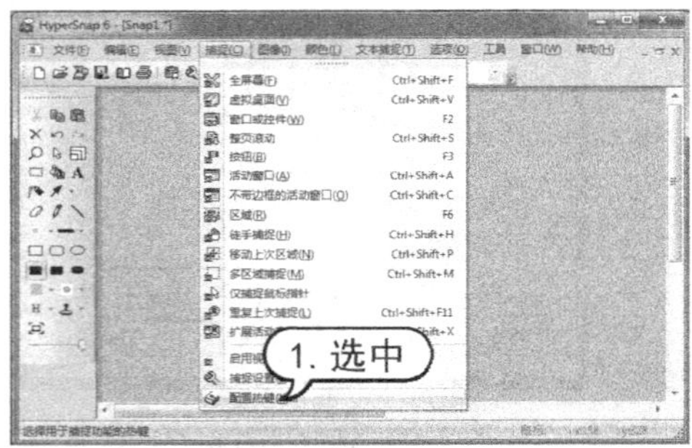

图 2-39　选择“捕捉”|“配置热键”命令

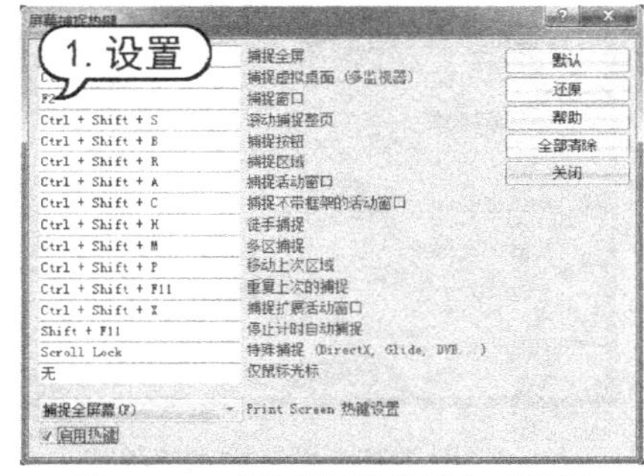

图 2-40　“屏幕捕捉热键”对话框

使用同样的方法，设置“捕捉按钮”功能的热键为 F3、“捕捉区域”的热键为 F6，然后选中底部的“启用热键”复选框，如图 2-41 所示。

单击“关闭”按钮，完成热键的设置。在配置热键的过程中，如果想恢复到初始热键配置，可以单击右侧的“默认”按钮，即可快速恢复为默认热键配置，如图 2-42 所示。

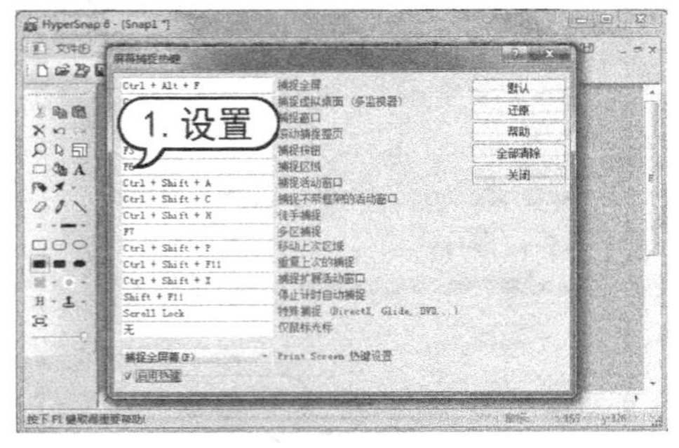

图 2-41　配置热键

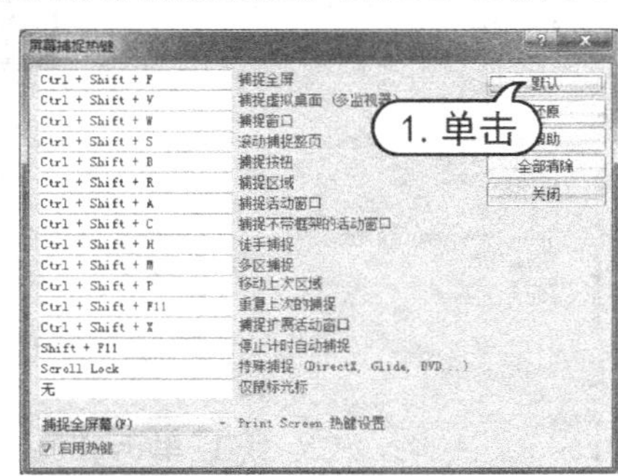

图 2-42　恢复默认

提示：

热键配置完成后，需单击“关闭”按钮，即可保存设置并使设置生效，如果直接单击“屏幕捕捉热键”对话框右上角的关闭按钮 X ，将可能会使设置失效。

2. 截取图片

热键设置完成后，就可以使用 HyperSnap 来截图了。使用 HyperSnap 的各种截图功能，用户可以轻松地截取屏幕上的不同部分。例如，截取全屏、截取窗口、截取对话框、截取某个按钮或截取某个区域等。

【练习 2-6】使用截图软件 HyperSnap，从网上的课件中截取一张需要的图片。

(1) 启动 HyperSnap。

(2) 启动浏览器，打开要截取图片的课件。

(3) 当播放到需要截取的画面时，按下 F6 快捷键(用户自定义)，此时光标会变成十字形，单击即可确定截取图像的起点位置，拖动即可确定选择范围，如图 2-43 所示。

(4) 确定截取的范围后，再次单击，截取的图像即会将显示在 HyperSnap 程序的主窗口中，如图 2-44 所示。

(5) 选择“文件”|“另存为”命令，在“另存为”对话框中设置保存路径和文件名称，将截取的图像保存到指定位置，供课件制作时使用。

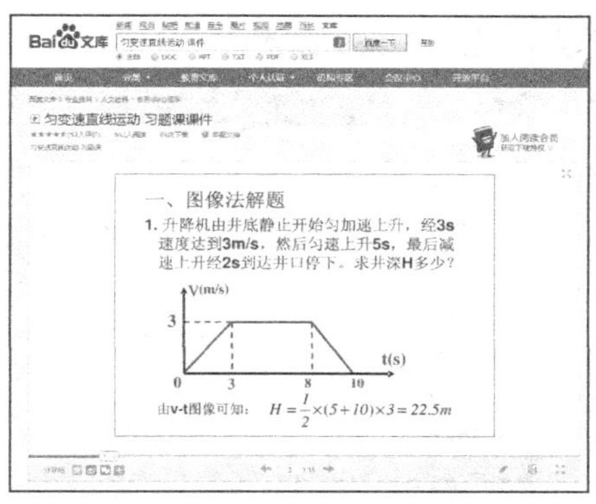

图 2-43　设置截取范围

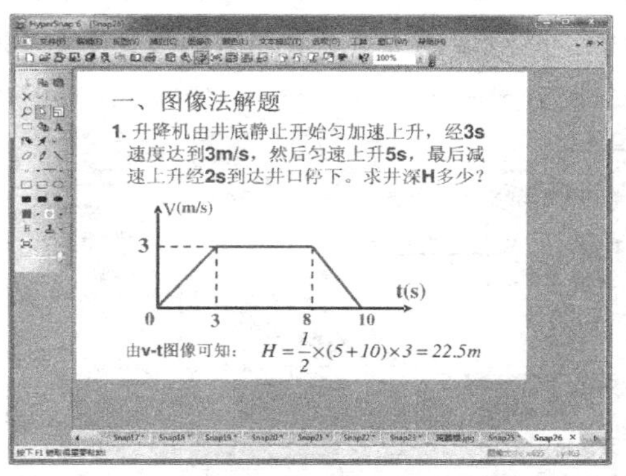

图 2-44　显示截取的图像

2.2.4　使用 Photoshop 处理图像

通过下载、截取、拍摄、扫描等途径采集的图像，通过需要一定的处理加工。例如，调整图像大小和格式、色彩、矫正歪斜、修复图像、创建 Alpha 通道、添加素描效果和渲染效果等，才能在多媒体 CAI 课件中应用。使用 Photoshop 等软件可以轻松完成此类任务。

1. 调整大小和格式

图像文件过大，不仅会超出作品演示窗口，还会造成课件运行速度很慢。例如，当两幅图像连续播放时，图像之间的过渡很不自然。因此，在将图像导入课件前，用户需要查看图像文件的大小，再决定是否要先调整后再使用。

改变图像大小有两种方法：一是设置图像的尺寸或分辨率；二是使用压缩的图像格式，这样可以大大减少文件所占的磁盘空间，从而加快课件的运行速度。

【练习 2-7】使用 Photoshop CS6 调整图像的大小，并保存为 JPEG 图像格式。

(1) 在计算机中安装图像处理软件 Photoshop CS6 中文版，然后启动该软件。

(2) 选择“文件”|“打开”命令，在打开的“打开”对话框中选择要调整大小的图像文件，并单击“打开”按钮，如图 2-45 所示。

图 2-45　选择要调整大小的图像文件

(3) 打开图片，然后选择“图像”|“图像大小”命令，打开如图 2-46 所示的“图像大小”对话框。从对话框上可以看到图像的宽度是 986 像素，高度是 589 像素。

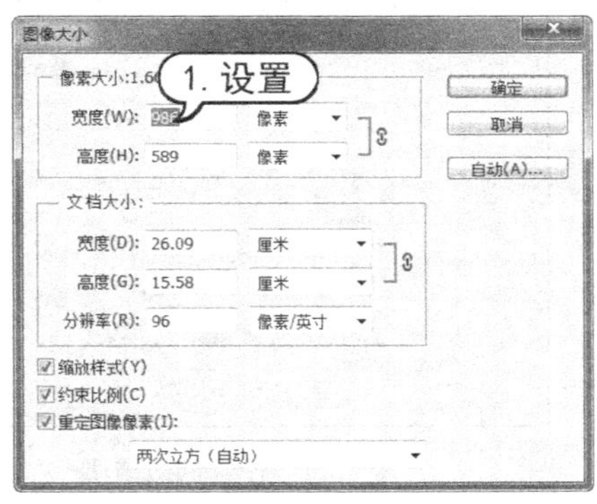

图 2-46　“图像大小”对话框

(4) 如果用户想要将图片等比例调小，可以选择“约束比例”复选框，并在“像素大小”选项组中的“宽度”或“高度”文本框中输入合适的尺寸。例如，在“宽度”文本框中输入 600，此时“高度”文本框中的数值会自动发生变化，如图 2-47 所示。

(5) 单击“确定”按钮，完成图像大小的修改。

(6) 选择“文件”|“存储为”命令，打开如图 2-48 所示的“存储为”对话框，在“格式”下拉列表框中选择 JPEG 选项，在“文件名”文本框中输入文件的名称，然后单击“保存”按钮。

提示：

如果取消选中了“约束比例”复选框，那么在调整图像大小时，可能使图像的长宽比发生变化，从而造成图像失真。

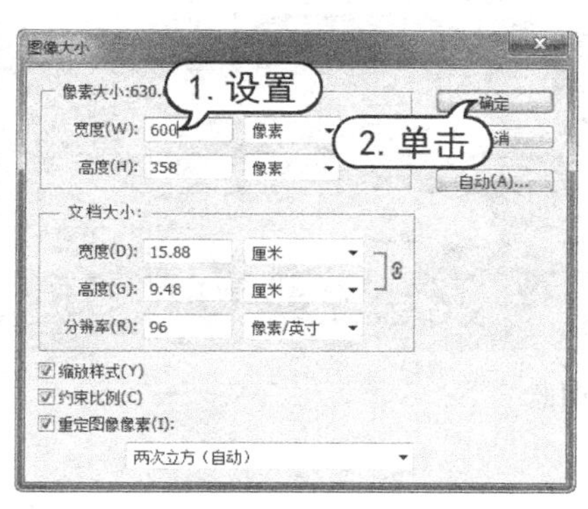

图 2-47　“图像大小”对话框

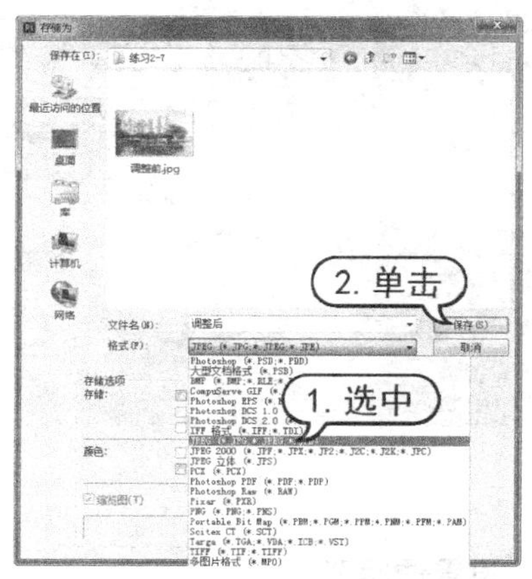

图 2-48　“存储为”对话框

(7) 此时将打开“JPEG 选项”对话框，如图 2-49 所示。在“品质”文本框输入 9，或者拖动下方的滚动条。设置完毕后，单击“确定”按钮，完成图像的压缩保存。

(8) 打开保存文件所在的文件夹，选择缩小后保存的文件，可看到文件的大小发生了变化，即缩小分辨率和更改格式后，文件变小了很多，如图 2-50 所示。

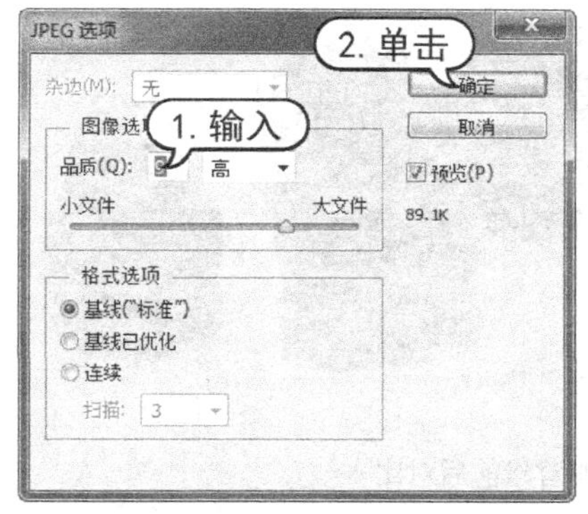

图 2-49　选择保存的图片格式

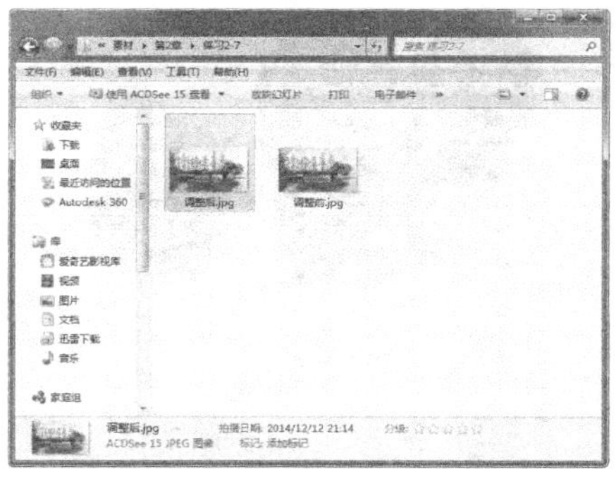

图 2-50　设置图像品质

2. 裁剪图片

在 Photoshop CS6 中，可以使用“裁剪”工具裁剪指定区域外的图像画面。使用种裁剪图像的方式，可以在不改变图像文件分辨率的情况下改变图像画面尺寸。

使用“裁剪”工具可以指定保留区域的同时，裁剪保留区域外的图像区域。选择“工具”调板中“裁剪”工具，然后在图像文件窗口中按下鼠标并拖动，释放鼠标即可创建一个矩形定界框，如图 2-51 所示。

该矩形定界框上有 8 个可供控制手柄，移动光标至手柄位置上，按下鼠标并拖动，即可调整定界框的区域范围；移动光标至定界框外，会变成旋转控制手柄，按下鼠标并拖动，即可围绕定界框的中心点旋转；移动光标至定界框的中心点，按下鼠标并拖动，即可改变定界框的中心点位置。当进行旋转定界框操作时，会以重新设置的中心点进行旋转。调整定界框区域后，按 Enter 键或者在定界框内双击，即可裁剪定界框之外的图像区域。

图 2-51 裁剪图像

3. 设置透明背景

通过网络或扫描采集的图像素材，本身可能带有各种背景色，如果直接将这些素材引入课件中，有时会影响课件的整体色彩效果。因此，在进行课件制作前，要先将其背景设置为透明，以满足课件与图像的色彩搭配需求。

【练习 2-8】使用 Photoshop CS6 将一张图像的背景色调整为透明，效果如图 2-52 所示。

图 2-52　为图片设置透明背景前后对比

(1) 启动 Photoshop CS6，选择“文件”|“打开”命令，在打开的“打开”对话框中选择“草莓.jpeg”图像文件，并单击“打开”按钮，打开的图像文件如图 2-53 所示。

(2) 选择“魔棒工具”，在图像中选择背景区域，如图 2-54 所示。

图 2-53　打开图像文件

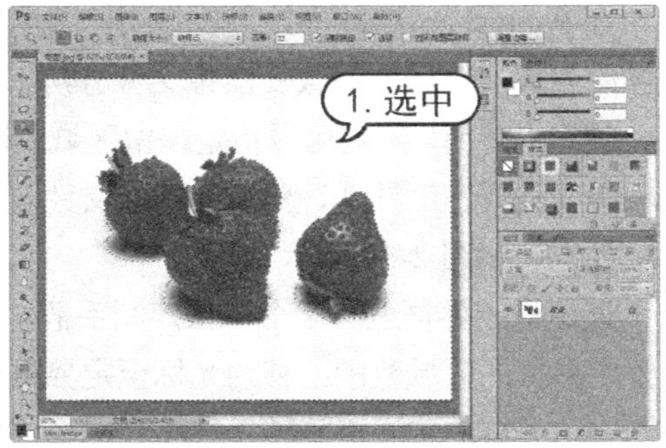

图 2-54　使用魔棒工具选择背景区域

提示:

魔棒工具是根据图像中相近的色素来建立选取范围的，该工具可以用来选择颜色相同或相近的整片色块。在很多情况下，使用魔棒工具可以快速实现不规则选区的创建。

(3) 选择“选择”|“反向”命令，选中除背景以外的图像区域，如图 2-55 所示，并按下 Ctrl+C 组合键将该区域复制到剪切板中。

(4) 选择“文件”|“新建”命令，打开“新建”对话框，在“背景内容”下拉列表框中选择“透明”选项，如图 2-56 所示。

图 2-55　反选图像区域

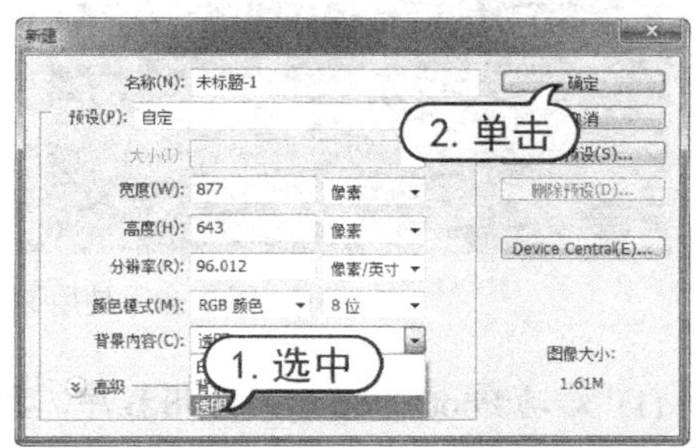

图 2-56　设置新建图层的背景色

(5) 单击“确定”按钮打开新建的透明图层，此时按下 Ctrl+V 组合键将复制的区域粘贴到新建的透明图层中，并使用移动工具调整其位置，如图 2-57 所示。

(6) 选择“文件”|“存储为”命令，打开“存储为”对话框，将文件以 PNG 格式进行保存，如图 2-58 所示。

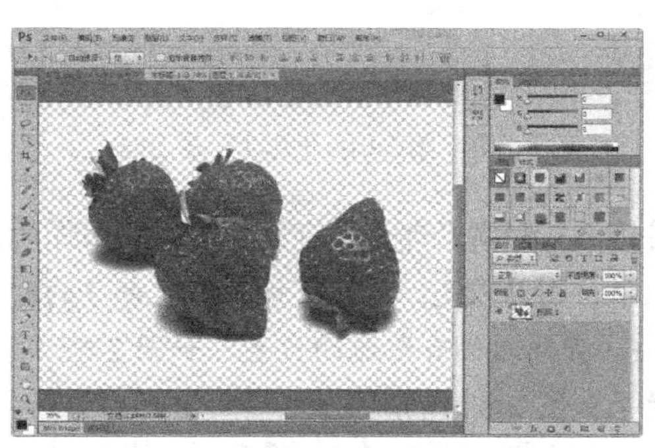

图 2-57　将图像区域粘贴到新图层

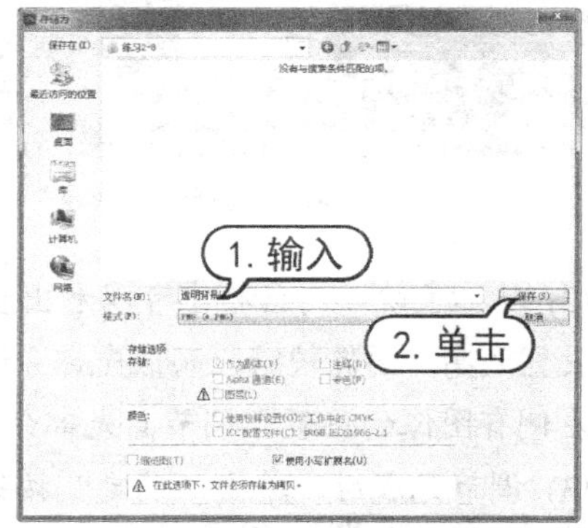

图 2-58　设置图像的保存格式

提示:

在 Photoshop 中只有将图像保存为 GIF、PNG、PSD 格式，才能把背景色保存为透明色，其他图像格式无法将背景色保存为透明色。

4. 调整图像色彩

有时采集的图像和使用数码相机拍摄的图像会呈现曝光过度、曝光不足或色彩不均衡的现象，以致图像看上去太亮、太暗淡或者不清晰。Photoshop CS6 提供了许多调整图像色彩的方法，通过该软件的处理，可以满足课件制作的要求。用户可以通过阴影和高光来调整曝光过度或曝光不足的图像，也可以通过亮度、对比度、色彩平衡等其他工具调整图像色彩。

【练习 2-9】使用 Photoshop CS6 调整一张曝光不足的图像，调整前后的效果对比如图 2-59 所示。

图 2-59　使用 Photoshop CS6 调整图像色彩

(1) 启动 Photoshop CS6 应用程序，打开要修复的图片，如图 2-60 所示。选择“图像”|“调整”|“色阶”命令，打开“色阶”对话框，如图 2-61 所示。

图 2-60　选择色阶命令

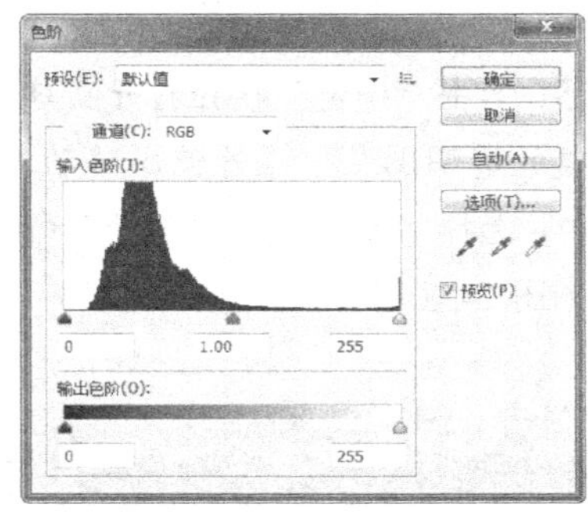

图 2-61　“色阶”对话框

(2) 从“色阶”对话框中可以看出直方图的低光和高光部分没有图像，说明图像的高光部分设置太高，图像较暗，而低光部分设置较低，图像较亮。此时可调节低光部分的滑块，直到左侧有图像的位置，调节高光部分的滑块，直到右侧有图像的位置，如图 2-62 所示。

(3) 调节完成后，单击“确定”按钮，效果如图 2-63 所示。

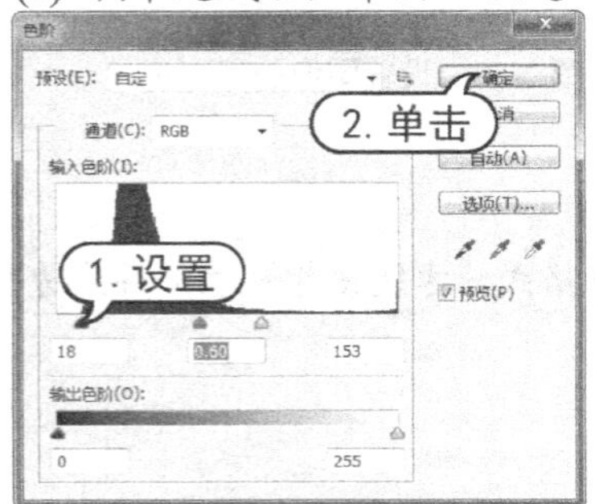

图 2-62　调整亮度

图 2-63　调整后的效果

5. 擦除多余信息

在拍摄图像、扫描图像和冲印照片的过程中，可能会在图像上留下污渍或多余的标注文字。在课件制作前需要将这些污渍或线条去除，如果用户将这些污渍或线条选中后删除，删除的部分将由背景色所填充，达不到修复图像的目的。使用 Photoshop CS6 可以去除这些缺陷，使图像得以修复。

【练习 2-10】使用 Photoshop CS6 将图像中错误的文字标注擦除，并添加正确的文字标注，图像修改前后效果如图 2-64 所示。

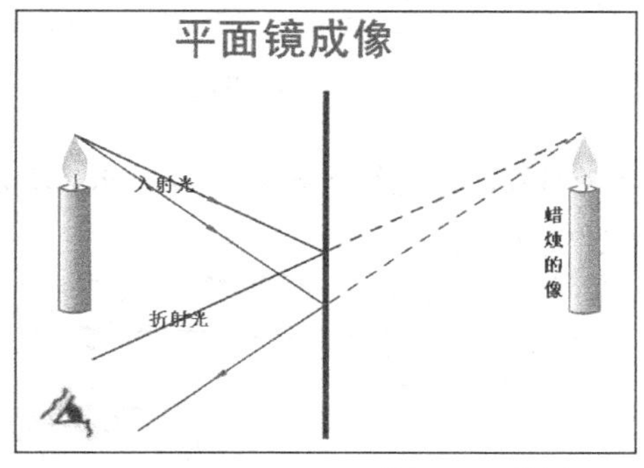

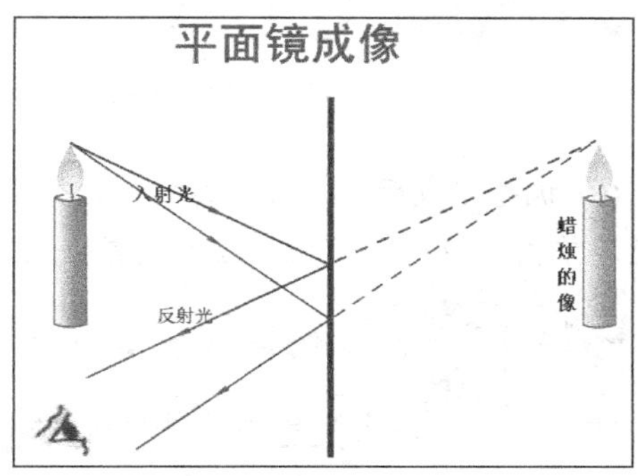

图 2-64 使用 Photoshop CS6 擦除多余信息

(1) 启动 Photoshop CS6，选择“文件”|“打开”命令，在打开的“打开”对话框中选择要修改的图像文件，并单击“打开”按钮，打开该图像，如图 2-65 所示。

(2) 从图中可以看出，标注文字“折射光”属于错误标注，因此应将其擦除。

(3) 选择工具箱中的“矩形选框工具”，在图像中选择如图 2-66 所示的部分，并按下 Ctrl+C 组合键。

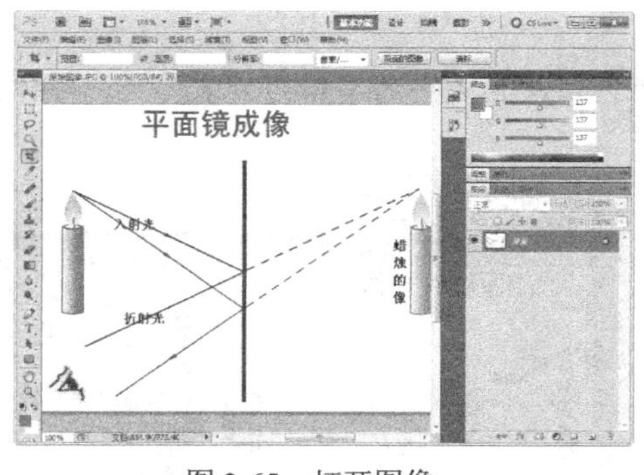

图 2-65 打开图像

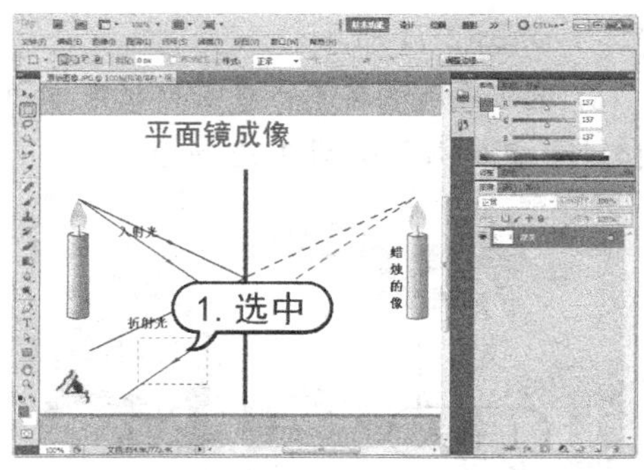

图 2-66 选择选区

(4) 按下 Ctrl+V 组合键，将步骤(3)复制的矩形区域粘贴到当前位置，然后使用“移动工具”，选中刚刚粘贴的图形，并将其拖动到图中错误标注的位置，将错误标注覆盖，如图 2-67 所示。

(5) 将鼠标指针移动至矩形区域的右上角顶点位置，当鼠标指针变为↰的形状时，进行拖动，旋转图形，并结合方向键使其和底图中的“光线”对齐，效果如图 2-68 所示。

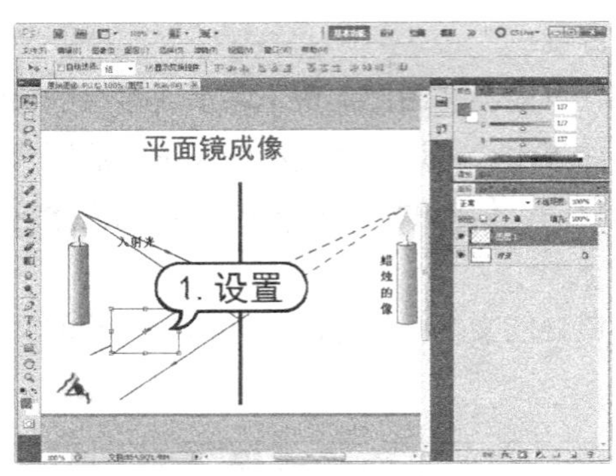

图 2-67　粘贴和移动图形

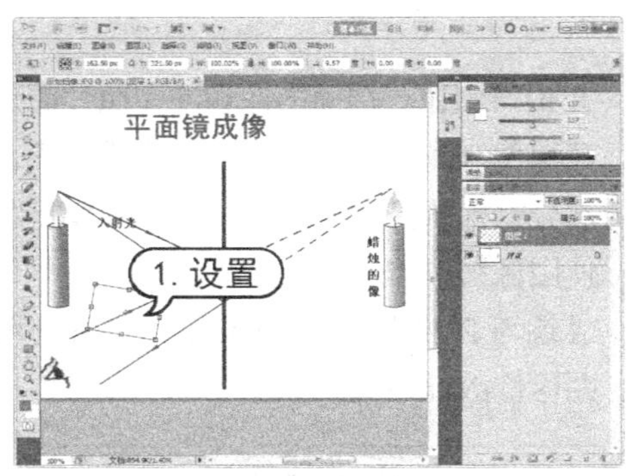

图 2-68　调整图形

(6) 调整完成后，单击工具栏中的“移动工具”图标，自动打开如图 2-69 所示的提示对话框，单击“应用”按钮，应用设置，效果如图 2-70 所示。

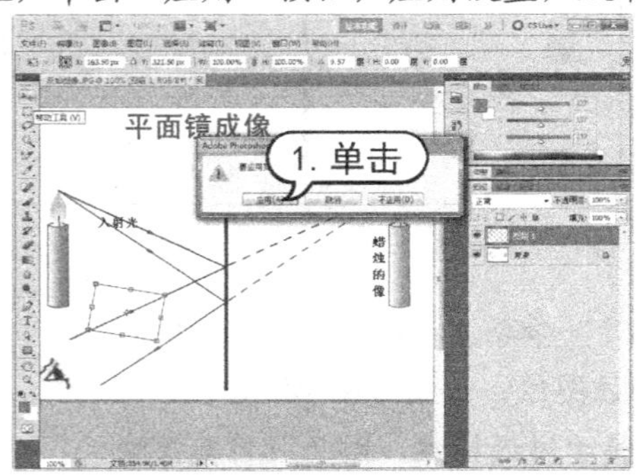

图 2-69　提示对话框

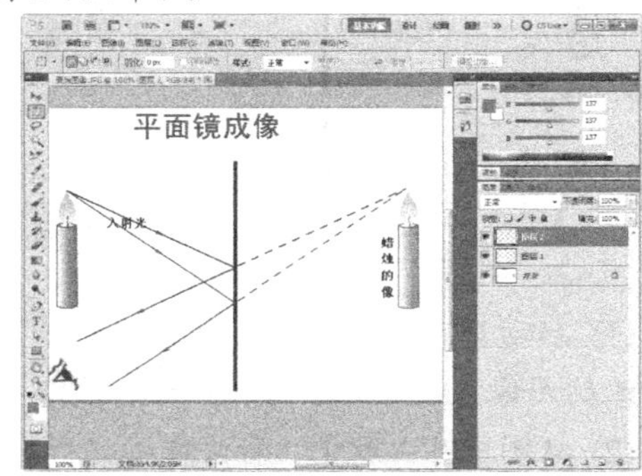

图 2-70　应用后的效果

(7) 单击“横排文字工具”按钮，在图中的适当位置绘制一个文本框，然后输入文本“反射光”，如图 2-71 所示。

(8) 选中输入的文本，在菜单栏下方的属性区域设置文字的字体为“宋体”，字体大小为 14 点，最终效果如图 2-72 所示。

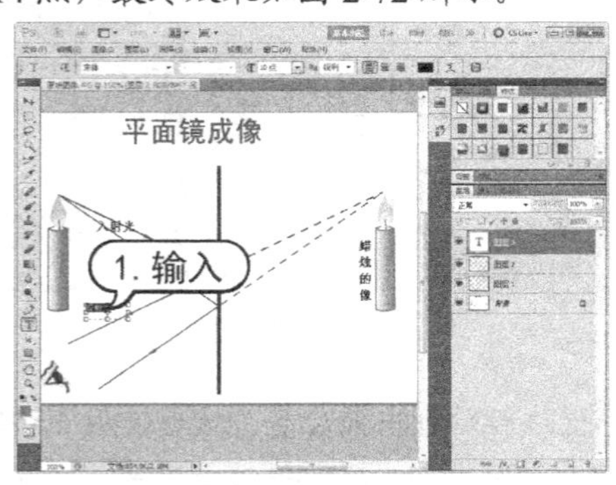

图 2-71　输入文本

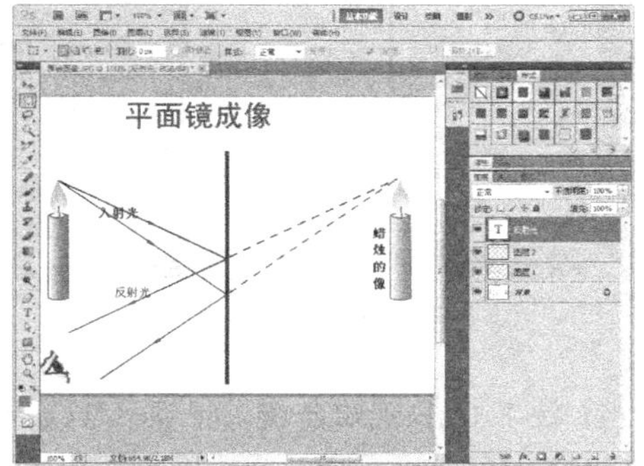

图 2-72　设置文本格式

提示：

使用 Photoshop 制作的图像可以由许多图层组成，用户可以通过修改某一图层上的图像，来达到修改整个图像的目的。在对某个图层的图像进行修改时，必须先将该图层选定为当前图层，否则在复制图像操作时，系统会自动打开一个“不能完成‘拷贝’命令，因为所选区域是空的。”错误提示对话框，如图 2-73 所示。选定图层的方法是在“图层”面板上单击要选定的图层，如图 2-74 所示。

图 2-73　提示对话框

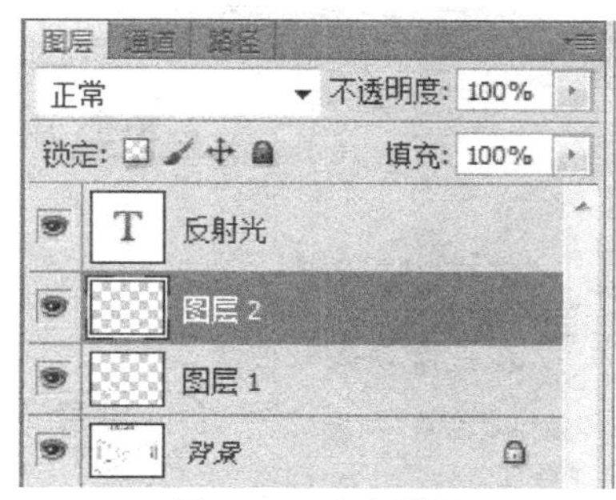

图 2-74　选中图层

6. 使用滤镜设置图像特效

Photoshop 内置了 100 多种滤镜，每个滤镜都有自己特有的效果。根据参数设置的不同，图像的最终效果会产生很大的差异。

【练习 2-11】使用 Photoshop CS6 的滤镜功能，为图片添加下雪效果，如图 2-75 所示。

图 2-75　制作下雪效果

(1) 启动 Photoshop CS6 应用程序并打开需要处理的图片，右击“背景”图层，选择“复制图层”命令，创建一个“背景”图层的副本，如图 2-76 所示。

(2) 选择“滤镜”|“像素化”|“点状化”命令，如图 2-77 所示。

图 2-76　复制“背景”图层

图 2-77　“点状化”命令

(3) 打开“点状化”对话框，在“单元格大小”文本框中设置数值为 3，然后单击“确定”按钮，如图 2-78 所示。

(4) 选择“滤镜”|“模糊”|“动感模糊”命令，打开“动感模糊”对话框，在该对话框中设置“角度”为 60，“距离”为 8，如图 2-79 所示。

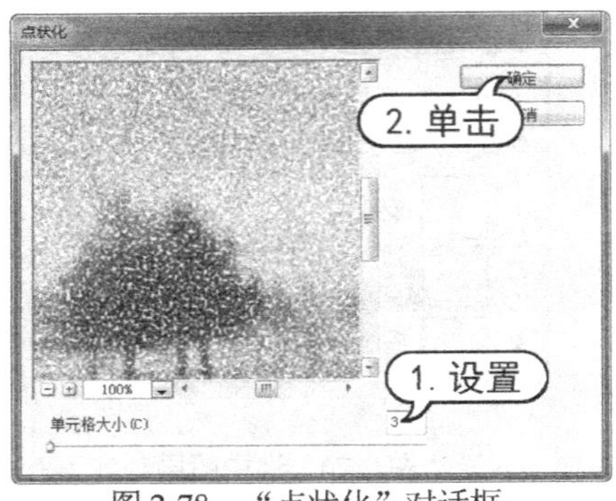

图 2-78　“点状化”对话框

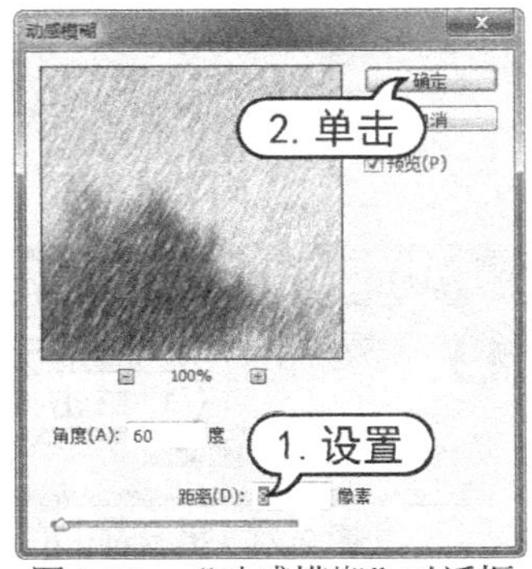

图 2-79　“动感模糊”对话框

(5) 选中背景图层，然后选择“图像”|“调整”|“去色”命令，将图像转化为灰度图像，如图 2-80 所示。

(6) 右击“背景 副本”图层，选择“混合选项”命令，如图 2-81 所示，打开“图层样式”对话框，此时默认打开“混合选项：默认”选项卡，如图 2-82 所示。

图 2-80　去色

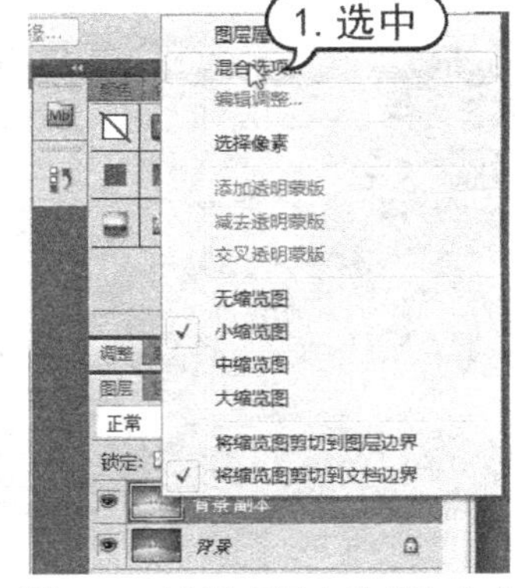

图 2-81　选择“混合选项”命令

(7) 在“混合模式”下拉列表框中设置混合模式为“滤色”，然后单击“确定”按钮，关闭“图层样式”对话框，此时图像效果如图 2-83 所示。

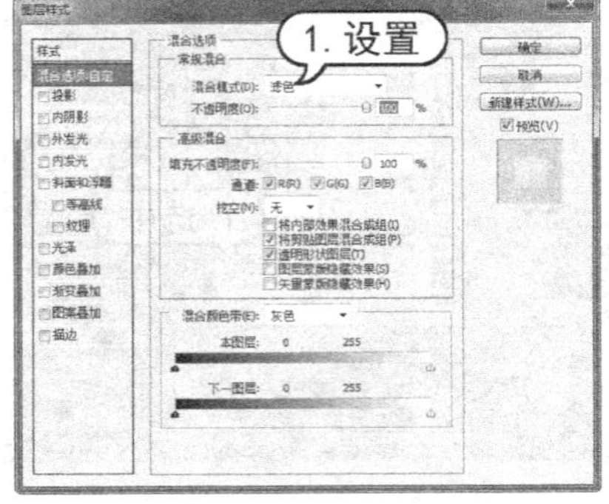

图 2-82　“图层样式”对话框

图 2-83　最终效果

提示：

Photoshop CS6 中的滤镜有很多种，功能也各不相同，不同功能的滤镜叠加到一起，可能会产生许多意想不到的效果。用户可以通过实践进行各种尝试，可能会制作出许多令人叹为观止的效果。

2.3　获取与编辑声音素材

声音在多媒体课件中不仅与文字信息一样，可以用作叙述、说明课件的内容等，还可以用作背景音乐，起到烘托气氛、强调主题的作用。

2.3.1　声音素材概述

空气中的某个物体在外力作用下产生振动，将会引起压力波，这种压力波通过空气或其他介质传播到人耳中，便产生了声音。本节主要介绍声音的类型、格式和播放方法。

1. 声音的类型

根据记录声音的原理和介质，声音分为机械声音、电磁声音和数字声音。机械声音和电磁声音需要转化成数字声音，才能在多媒体中使用。在多媒体中使用的声音有两种类型：数字音频和 MIDI 音乐。

- 数字音频：对连续声波进行定期的测量，将测量结果用二进制进行记录，这样记载的声音称为数字音频。它的数据量相当大，适合记录各种各样的声音，如自然的声音、动物的声音和音乐等。
- MIDI 音乐：记录的不是声波本身的数据，而是乐器、音色、音符和音节等音乐元素，即数字化的乐谱。MIDI 音乐文件的容量比数字音频文件的容量小得多。

提示：

根据机械原理记录在老式唱片上的声音是机械声音；根据电磁原理记录在录音磁带上的声音是电磁声音。

2. 声音的格式

根据记录数字声音的方式和压缩率的不同，声音格式主要有以下几种。

- WAV 格式：Windows 的通用声音格式。许多音频软件和编辑合成软件都支持该格式，但是该格式不经过压缩，声音品质高，但数据量大。对于品质要求高而时间短的声　材，适合采用。
- SWA 格式：一种具有很大压缩比和压缩范围的声音格式。编辑合成软件 Authorware 和 Director 都支持这种声音格式。对于品质要求不高而时间较长的声音素材，适合采用。

- MP3 格式：一种压缩声音格式。数据量较小，而声音品质较高，特别适合网络环境。编辑合成软件 Authorware 和 Director 都支持这种声音格式。
- AIFF 格式：一种多平台声音格式。Authorware 和 Director 等编辑合成软件都支持这种声音格式。
- CAD 格式：CD 唱片采用的声音格式，具有极高的声音品质。多媒体编辑合成软件并不直接支持 CD 音乐的播放，要将 CD 音乐作为多媒体声音素材，需要将 CD 音乐转换为编辑合成软件所支持的声音格式，并适当降低声音参数，减小声音文件的容量。
- MIDI 格式：数据量很小，特别适合网上传播，也适合在多媒体作品中作为背景音乐。

3. 音量控制

在计算机中，控制声音大小的方法通常有两种：一种是在播放软件中控制，另一种是使用系统音量控制。

- 软件控制：声音播放软件中一般都有音量控制装置。它们在外观上有所不同，但是作用都是相同的，一般都是通过拖动滑块来调整音量大小。
- 系统控制：单击任务栏中的音量图标，弹出音量控制面板，如图 2-84 所示。拖动面板中的滑块，可以调整系统音量大小；单击图标，可关闭声音，此时单击图标可重新开启声音。单击“合成器”连接，可以打开“音量合成器”面板，在该面板中，用户可对当前打开的各个程序分别设置不同的音量，如图 2-85 所示。

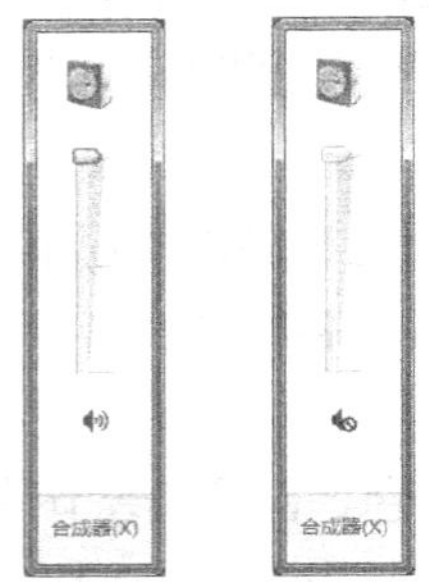

图 2-84　音量控制面板

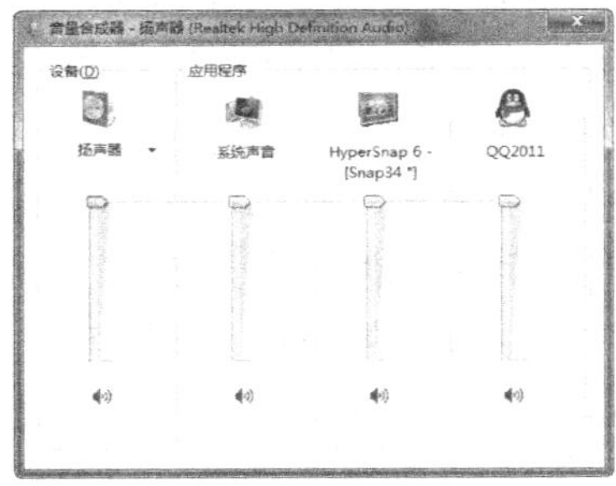

图 2-85　音量合成器

2.3.2　获取声音素材的方法

多媒体音频素材的获取有多种方式，既可以从已有声音文件中选取，也可以自己录制，还可以对声音文件截取并分离出自己所需要的音频部分。

1. 选取法

选取声音，就是从已有的数字音频文件中选择自己所需的多媒体音频素材。这些音频文件可以是从互联网上下载的，也可以是所购买的 CD 光盘中的。选取法是声音采集最常用、最简捷的方法。

【练习 2-12】通过互联网下载音频文件“蓝色多瑙河”以用作课件的背景音乐。

(1) 启动 IE 浏览器，在地址栏中输入网址 www.baidu.com，然后按下 Enter 键打开百度搜索引擎的主页，如图 2-86 所示。

(2) 单击“音乐”链接，打开音乐搜索界面，然后在“百度一下”文本框中输入“蓝色多瑙河”，如图 2-87 所示。

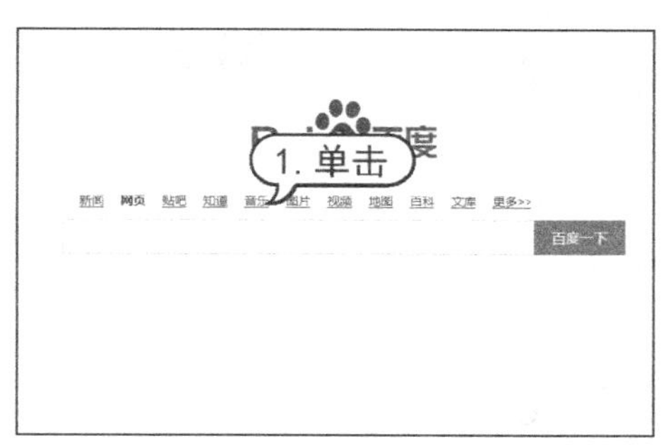

图 2-86　百度主页

图 2-87　MP3 搜索主页

(3) 单击“百度一下”按钮，即可开始搜索关于“蓝色多瑙河”的音频文件，搜索结果如图 2-88 所示，其中显示了文件的大小和格式。

(4) 在“歌曲”列表中选中一首歌曲，然后单击“下载”按钮，打开如图 2-89 所示的页面，该页面中显示了歌曲的来源地址(即下载地址)。

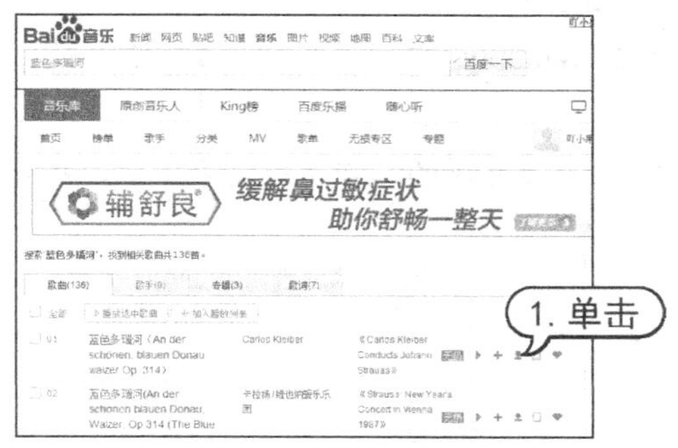

图 2-88　搜索结果

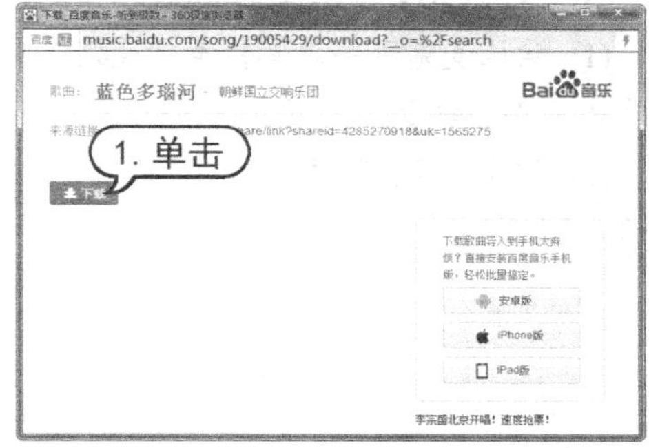

图 2-89　来源地址

(5) 单击“下载”按钮，即可打开文件下载的提示页面，如图 2-90 所示。继续单击“下载”按钮，打开“新建下载任务”对话框，然后设定文件的保存位置和名称，单击“下载”按钮，即可开始下载该音频文件，如图 2-91 所示。

图 2-90　下载提示页面

图 2-91　“新建下载任务”对话框

(6) 下载完成后，单击“在文件夹中显示”按钮，如图 2-92 所示，可打开保存音频文件的文件夹，在该文件夹中可以看到刚刚下载的音频文件，如图 2-93 所示。

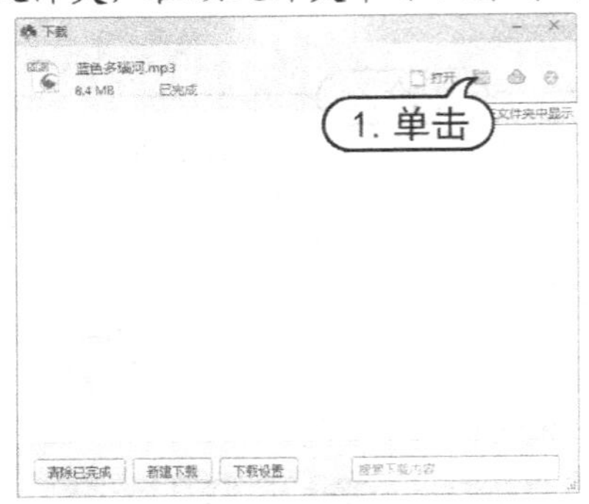

图 2-92　下载完成

图 2-93　查看已下载的文件

2. 录制法

自己制作原创的音乐是一个多媒体作品中最具创新性和成就感的事情。要录制声音，除了要具备声卡外，用户的计算机还需配备有一个话筒，并且连接正确。Windows 系统自带的录音系统能轻松实现声音的录制。

【练习 2-13】使用 Windows 自带的录音机录制声音。

(1) 确认麦克风和计算机声卡连接正确，右击 Windows 右下角的“音量”图标，选择“录音设备”命令，如图 2-94 所示。

(2) 打开“声音”对话框的“录制”选项卡，检查麦克风的工作状态是否正常，如图 2-95 所示。

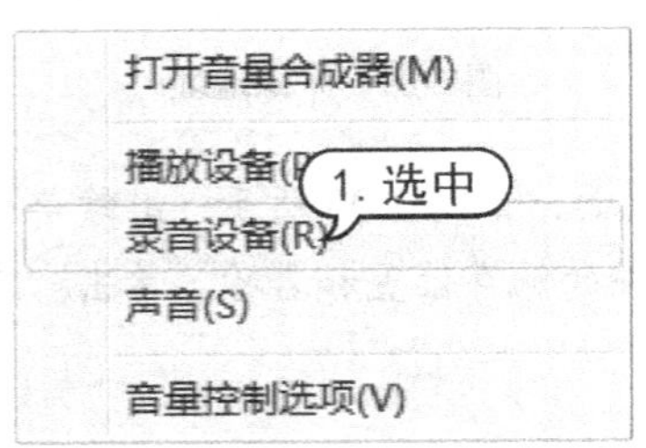

图 2-94　“主音量”对话框

图 2-95　录音机界面

(3) 确定麦克风工作正常后，单击“开始”按钮，选择“所有程序”|“附件”|“录音机”命令，启动 Windows 录音机，使用界面如图 2-96 所示。

(4) 单击“开始录制”按钮，即可开始录制声音。

(5) 声音录制完毕后，单击“停止录制”按钮，停止声音的录制，同时自动打开“另存为”对话框，如图 2-97 所示。

(6) 设置声音文件的保存位置和保存名称，然后单击“保存”按钮，即可保存刚刚录制的声音。

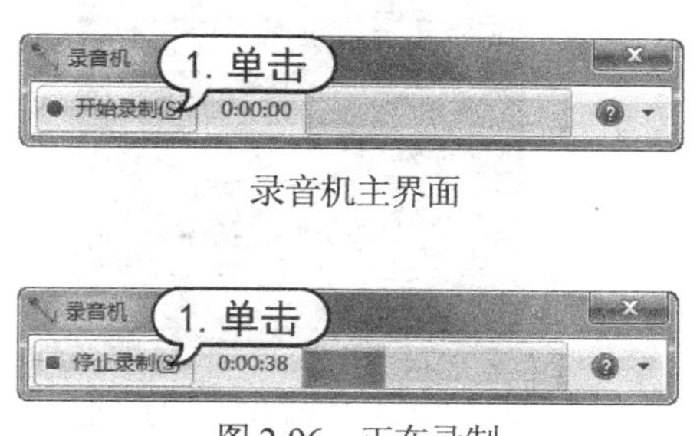

图 2-96　正在录制

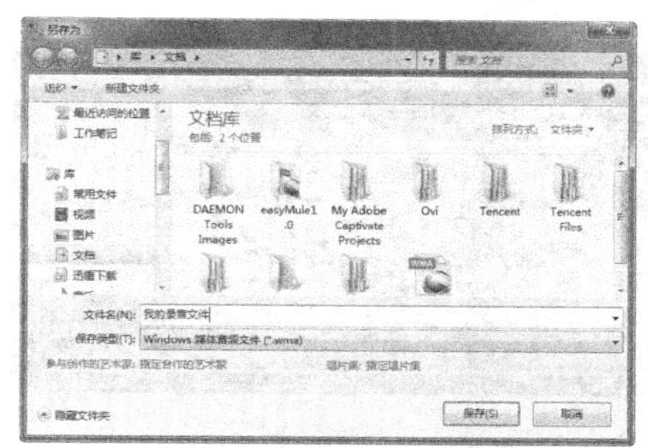

图 2-97　“另存为”对话框

提示：

采用 Windows 录音机进行录制很便捷，但其也有不可避免的缺陷，如不方便回放、效果较差等。如果要制作比较专业的音频，建议还是使用专业的录音工具。

3. 截取法

有些音频文件，可能只需要其中的某一段，这时就需要将这部分声音截取出来并保存为多媒体所支持的文件格式。声音的截取有两种方法，一种是通过 Windows 自带的录音机，另一种是通过专用的音频处理工具。Windows 录音机只能对较小的音频文件进行截取，而且功能有限，大部分情况下，容易采用的是专用处理软件。下面以 MP3 Sound Cutter 为例，介绍声音的截取方法。

【练习 2-14】使用 MP3 Sound Cutter 截取声音片段。

(1) 首先启动 MP3 Sound Cutter，进入其工作界面，如图 2-98 所示。

(2) 单击“加载文件”按钮，打开“打开”对话框，在该对话框中选择要截取片段的声音文件，如选择“蓝色多瑙河”，如图 2-99 所示。

(3) 单击“打开”按钮，即可加载声音文件“蓝色多瑙河”。此时，通过前五个播放控制按钮可以浏览声音文件。

图 2-98　MP3 Sound Cutter 主界面

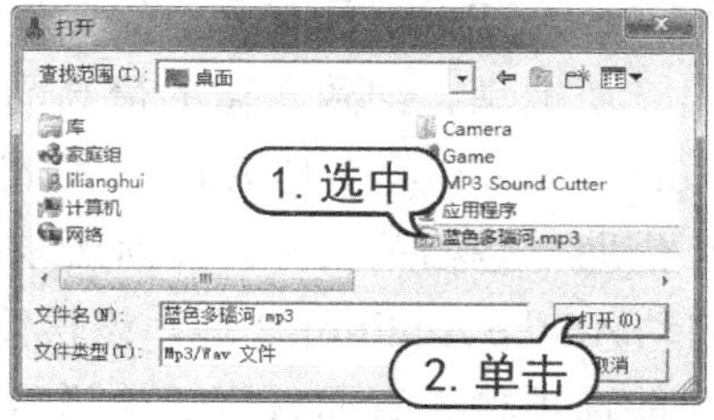

图 2-99　“打开”对话框

(4) 找到需要的声音的起点后，单击向上的手指按钮确定起点，单击向下的手指按钮可以指定结束点，如图 2-100 所示。此时在“所选片段信息”区域可以看到所选片段的起始时间和结束时间。

(5) 片段选取成功后，可单击“截取所选片段”按钮，打开“输出至”对话框，在该对话框中可以设置输出声音片段的属性，如开头和结尾进行淡入和淡出处理等，如图 2-101

所示。

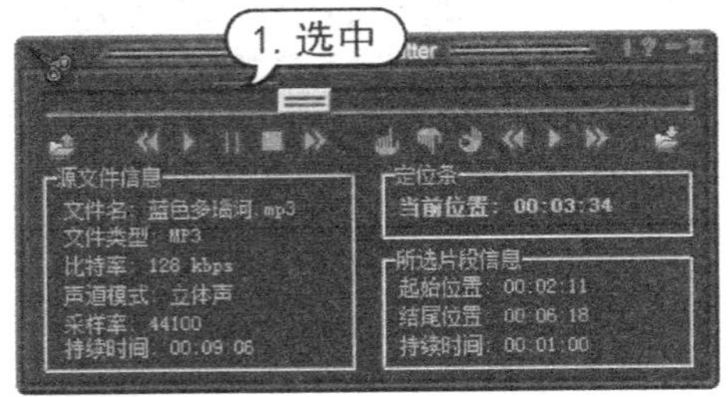

图 2-100　截取声音片段

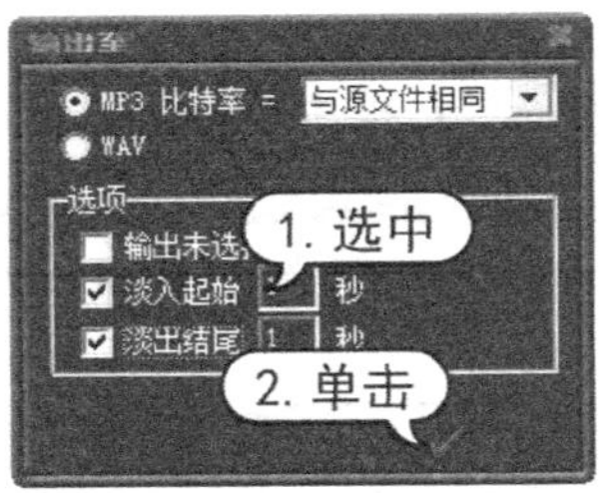

图 2-101　“输出至”对话框

(6) 设置完成后，单击按钮，打开保存文件对话框，如图 2-102 所示。设置文件的保存路径和文件名后，单击“保存”按钮，即可保存截取的声音文件，如图 2-103 所示。

图 2-102　保存对话框

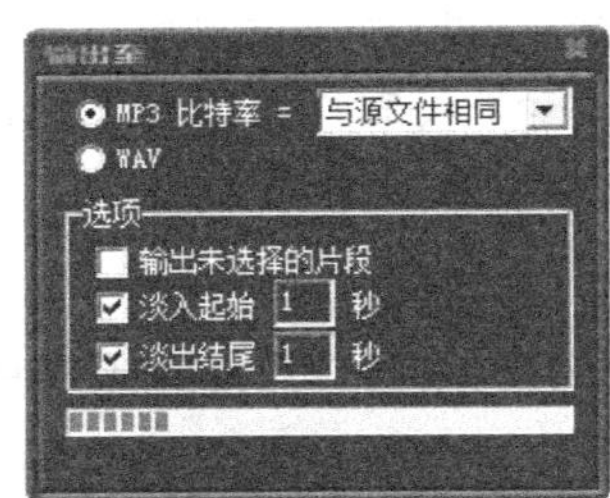

图 2-103　正在保存文件

2.3.3　认识 Adobe Audition 3

Adobe Audition 是一个专业音频编辑和混合环境，原名为 Cool Edit Pro，被 Adobe 公司收购后，改名为 Adobe Audition。

Adobe Audition 软件提供专业化音频编辑环境，它专门为音频和视频专业人员设计，可提供先进的音频混音、编辑和效果处理功能。

Adobe Audition 具有灵活的工作流程，使用非常简单并配有绝佳的工具，可以使制作出音质饱满、细致入微的最高品质音效。

Adobe Audition 3 是 Adobe Audition 的最新版本，它满足了个人录制工作室的需求，可借助一些相关软件，以前所未有的速度和控制能力录制、混合、编辑和控制音频。启动 Adobe Audition 3 后，该软件的主界面如图 2-104 所示。主要由标题栏、菜单栏、功能选项栏、直面板区、轨道区、多种其他功能面板和工程状态栏组成。

- 标题栏：主要显示当前操作的文件的名称，在其最右侧有三个常用的控制按钮，分别是“最小化”、“最大化”和“关闭”按钮。
- 菜单栏：主要显示软件常用的菜单命令，单击其中的一个菜单可打开下拉菜单，其中黑色字体表示当前可用，灰色字体表示当前不可用。
- 功能选项区：在该区域中有三种工程模式来适合不同的工作，其中编辑模式主要进行音频文件的破坏性编辑处理；多轨模式主要进行录音和多轨混音的操作；CD 模式主要进行 CD 烧录前的曲目安排。

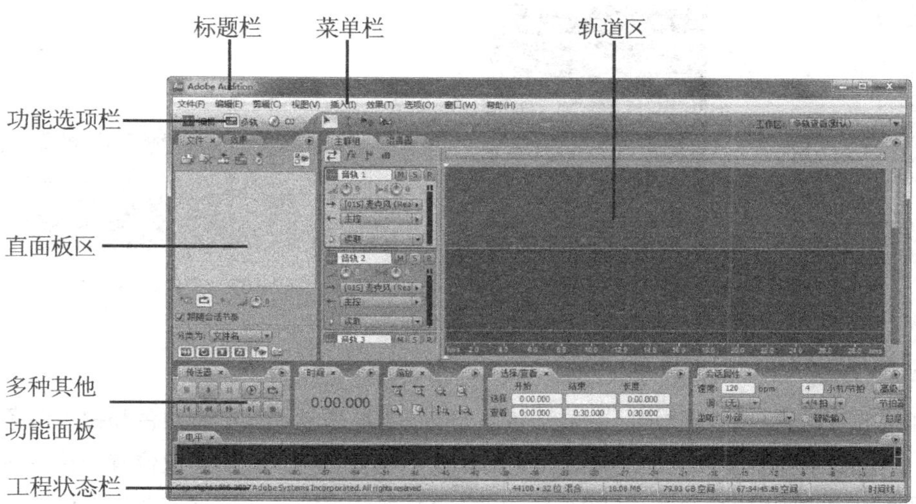

图 2-104　Adobe Audition 3 主界面

- 直面板区：该面板中包括“文件”面板、“效果”面板和“收藏夹”面板。单击面板的标签即可打开相应的面板并使用面板中的命令。
- 轨道区：主要承载音频、视频处理和 MIDI 音乐的轨道。
- 多种其他功能面板区：该区包含多种面板，如“传送器”、“时间”、“缩放”和“电平”等。选择不同的功能模式，出现的面板也会有所不同。
- 工程状态栏：显示各种正在编辑的音频文件的及时信息，如图 2-105 所示。

图 2-105　工程状态栏

2.3.4　Adobe Audition 3 的基本操作

在认识了 Adobe Audition 3 软件界面后，就可以用它来编辑音频文件了，在编辑音频文件前，首先要了解 Adobe Audition 3 的基本操作。

1. 音频文件的打开

要打开音频文件，用户可选择“文件”|“打开”命令，或者在“直面板区”单击按钮，导入文件即可，如图 2-106 所示。

2. 音频文件的播放

音频文件打开后，在“传送器”面板中单击播放按钮，即可在轨道区显示该音频文件的波形图。如果播放的音频是立体声则显示两个波形，如果是单声道则只有一个波形。在播放音频文件时，对音频文件的控制可以由“传送器”面板完成，如图 2-107 所示。

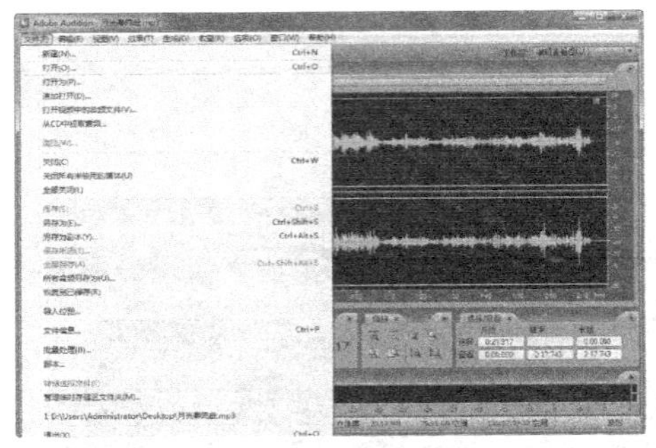

图 2-106　选择“打开”命令

图 2-107　“传送器”面板

3. 播放音频文件时的设置

在播放音频文件时，轨道区的显示状态如图 2-108 所示。其中有黄色和白色两条纵向的线条，白色线条随着音频文件的播放而走动，表示当前音频文件的播放位置。黄色线条表示音频要播放的起始位置，可由用户随意控制。具体操作方法是将鼠标放在目的位置上单击，即可将黄色线条放在所指向的位置，当下次开始播放音频时，将从黄色线条处开始播放。

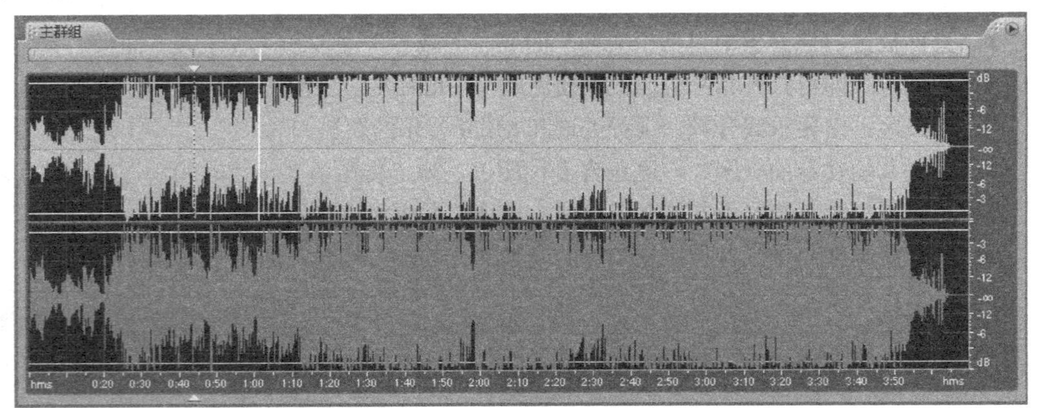

图 2-108　轨道区图示

提示：

轨道区上方的绿色滑块为“显示范围棒”，其大小可以随意调节，用户可使用键盘上的+或–两个键进行放大或缩小调节。

2.3.5　录制音频

数字音频的录制通过声卡实现，将话筒、录音机、CD 播放机等设备与声卡连接好，就可以录音了。【练习 2-13】节介绍了如何使用 Windows 自带的“录音机”来录制音频，但由于它的局限性，其应用并不广泛，本节将介绍如何使用软件 Adobe Audition 3 的强大录音功能。

【练习 2-15】使用 Adobe Audition 3 录制音频。

(1) 将麦克风接口插入计算机声卡的麦克风插孔，并检查麦克风是否工作正常。

(2) 确定麦克风工作正常后，启动 Adobe Audition 3 软件，选择“文件”|“新建”命令，如图 2-109 所示，打开如图 2-110 所示的“新建波形”对话框，在该对话框中设置适当的“采样率”、“通道”和“分辨率”后，单击“确定”按钮，返回到波形编辑界面。

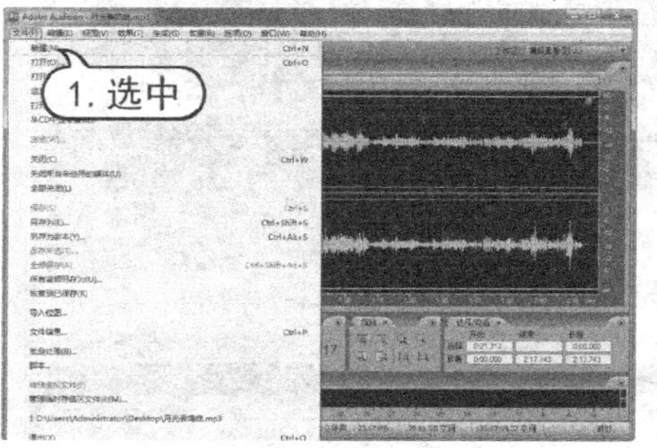

图 2-109　选择“新建”命令

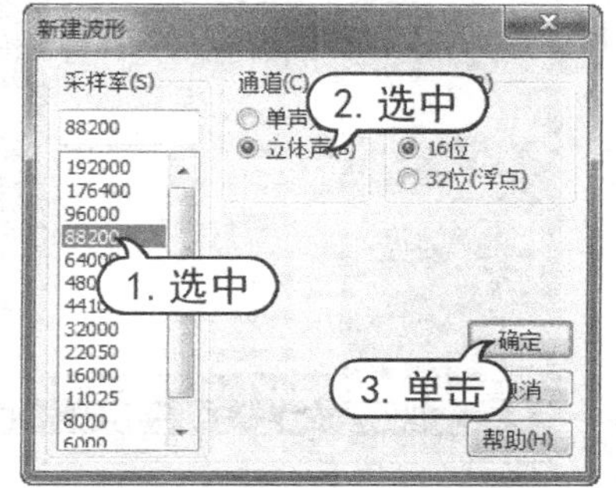

图 2-110　“新建波形”对话框

(3) 保持录制环境的安静，单击“传送器”面板中的按钮，开始录音，如图 2-111 所示。录音完成后，单击按钮，停止录音。

(4) 单击按钮，试听所录制的声音效果。选择“文件”|“另存为”命令对录音文件进行保存(保存时可以选择不同的文件类型)，如图 2-112 所示。

图 2-111　正在录音

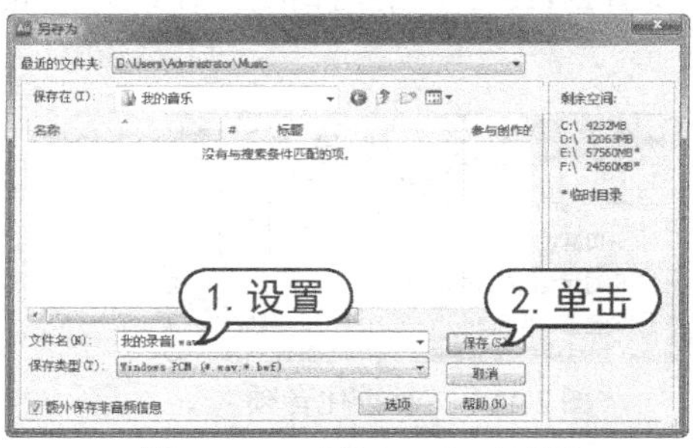

图 2-112　“另存为”对话框

提示：

在多媒体开发与制作中，声音文件一般推荐质量是 22.050kHz、16bit。它的数据量是 44.1 kHz 声音的一半，但音质却很相似。录制的声音在重放时可能会有明显的噪音存在，需要使用音频处理软件进行降噪处理(本书将在以后的章节中进行详细介绍)。

2.3.6　音频的后期编辑处理

音频录制完成后，一般都不能达到用户要求的理想效果，此时可以使用 Adobe Audition 3 软件对声音进行后期处理，以使音频文件达到一个最佳效果。

1. 倒转

选择“效果”|“倒转(进程)”命令，可以把声波调节成为从后往前反向播放的特殊效果。

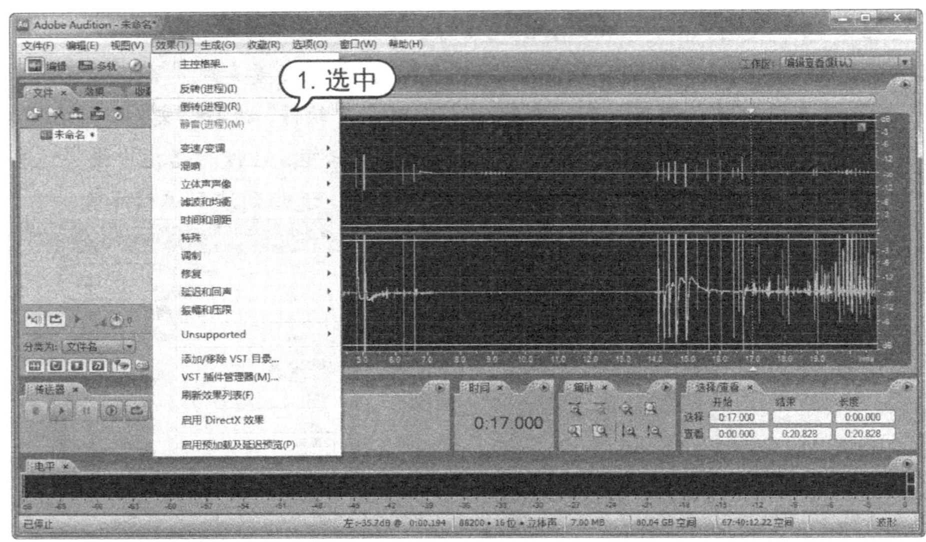

图 2-113　倒转音频

2. 音量调节

选择“效果” | “振幅和压限” | “标准化(进程)” 命令，可以将音频的音量进行标准化设置，如图 2-114 所示。如果想要放大音量，可选择“效果” | “振幅和压限” | “放大” 命令，打开如图 2-115 所示的对话框，在该对话框中拖动相应的滑块可改变音的大小。

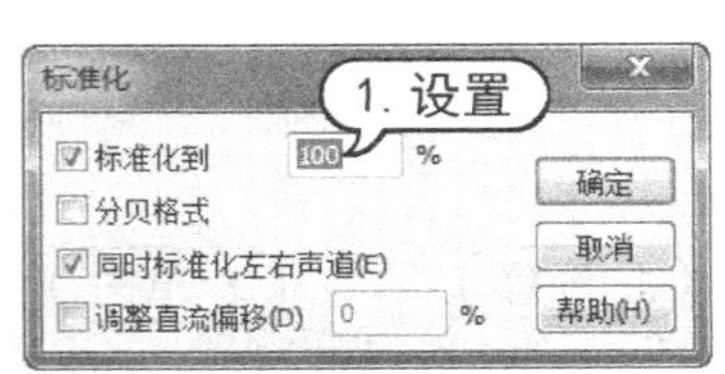

图 2-114　标准化音频

图 2-115　调节音量大小

3. 降噪处理

在实际工作中，有时虽然在录制时保持了环境安静，但录制的声音还是存在很多杂音，必须对音频进行降噪处理。下面通过具体实例来介绍如何利用 Adobe Audition 3 对声音进行降噪处理。

【练习 2-16】 使用 Adobe Audition 3 对录制的音频进行降噪处理。

(1) 启动 Adobe Audition 3 软件后，选择“文件” | “打开” 命令，打开录制的音频文件，然后单击“水平放大”按钮，将音频波形放大。

(2) 选取波形前端无声部分作为噪声采样，如图 2-116 所示。

(3) 选择“效果” | “修复” | “降噪器” 命令，在打开的“降噪器”对话框，然后单击“获取特性”按钮，采集当前噪声，如图 2-117 所示。

(4) 单击“确定”按钮，进行降噪。然后选取波形前端无声部分，右击，选择“剪切”命令，删除无声部分的声音，如图 2-118。

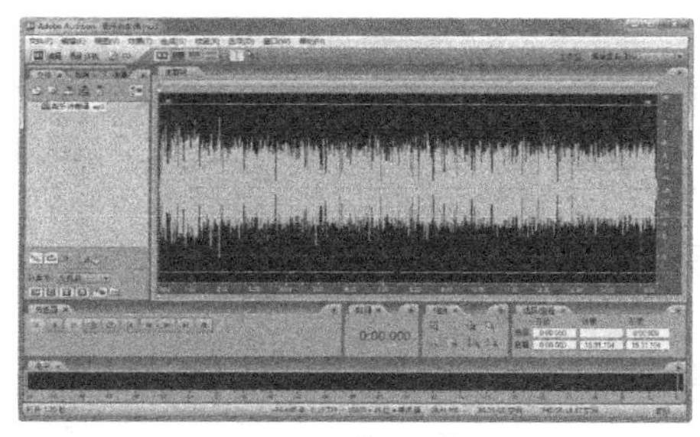

(a) 原始波形

(b) 放大选取

图 2-116　采集噪声

(5) 选择“文件”|“保存”命令，将经过降噪处理后的文件进行保存，完成音频文件的降噪处理。

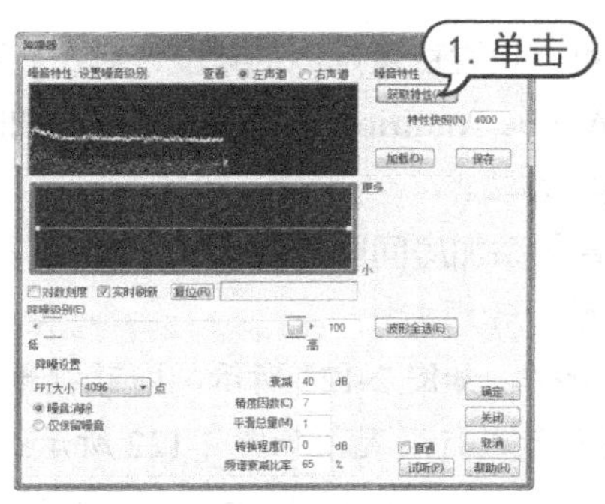

图 2-117　采样前

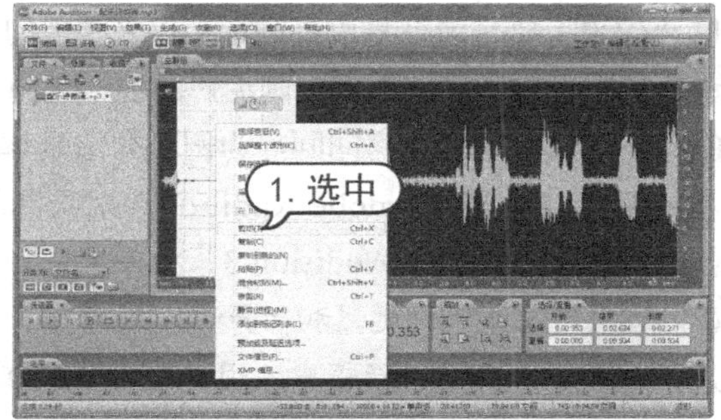

图 2-118　采样后

2.3.7　声音的特殊效果

声音特殊效果的添加与图形设计软件中的滤镜同样重要，一个好的声音效果会为多媒体作品增色不少，如火车由远及近的声音效果和多人合唱的效果等。本节就来介绍一下如何使用 Adobe Audition 3 为声音添加特殊效果。

1. 声音的混响效果

对于录制的音频，听起来总是干巴巴的，总是不如磁带或是 CD 里的音乐那么“圆润”，究其原因，除了设备不专业，录音环境不好外，采声效果差也是重要因素。通过 Adobe Audition 3 的混响工具，可以对原始音频进行调节，补偿专业上的不足。

【练习 2-17】使用 Adobe Audition 3 对录制的音频添加混响效果。

(1) 首先启动 Adobe Audition 3，打开录制好的原始音频文件。

(2) 选择“效果”|“混响”|“房间混响”命令，如图 2-119 所示，即可打开“房间混响”对话框，在该对话框中，用户可对各项相关参数进行设置，如图 2-120 所示。

(3) 单击“预览”按钮▶对混响效果进行测试，然后对不满意的地方进行调节，并单击“确定”按钮，为音频文件添加混响效果。

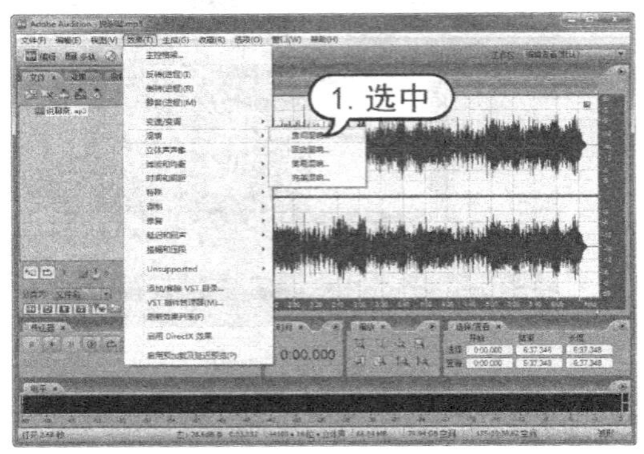

图 2-119　设置混响效果

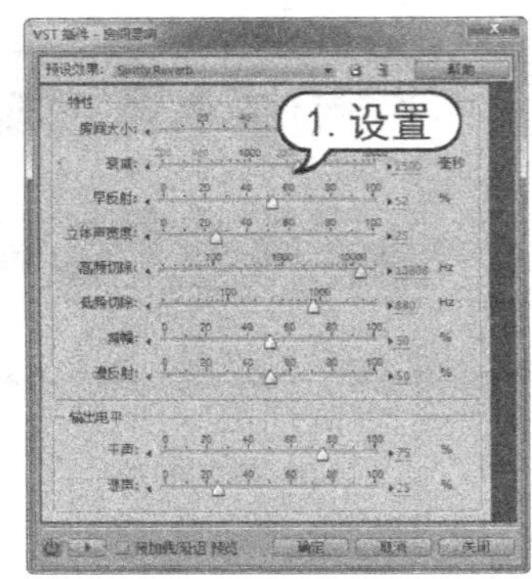

图 2-120　设置混响参数

2. 声音的回声效果

回声效果主要是通过将声音进行延迟来实现的，可以设置声音延迟的长度，对左右声道分别进行参数设置和确定原声与延迟声的混合比例。Adobe Audition 3 提供了多种添加回声效果的命令工具，下面以房间回声为例，介绍具体使用方法。

【练习 2-18】使用 Adobe Audition 3 对录制的音频添加房间回声效果。

(1) 首先启动 Adobe Audition 3，打开录制好的原始音频文件。

(2) 选择“效果”|“延迟和回声”|“房间回声”命令，如图 2-121 所示，即可打开“房间回声”对话框，在该对话框中，用户可对各项相关参数进行设置，如图 2-122 所示。

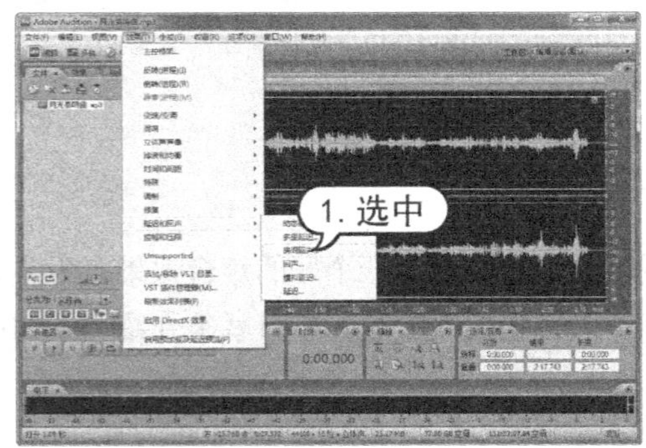

图 2-121　设置回声效果

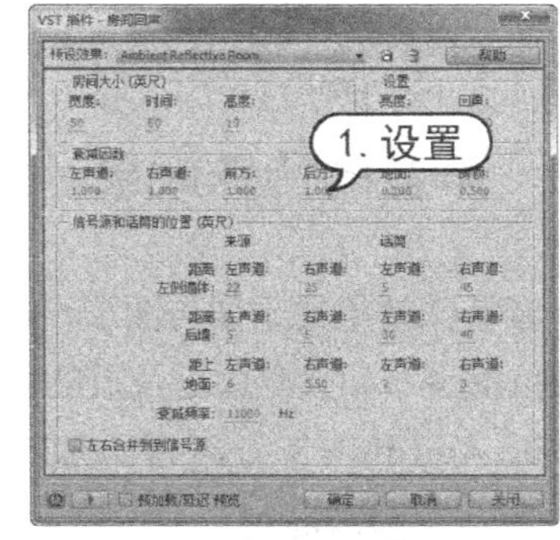

图 2-122　设置回声参数

(3) 单击“预览”按钮对回声效果进行测试，然后对不满意的地方进行调节，并单击“确定”按钮，为音频文件添加回声效果。

3. 声音的淡入淡出处理

对于通过连接生成的音频素材，在不同声音的连接处往往会出现突然开始或突然结束的现象，这将使声音的效果大打折扣。可以对声音连接处进行淡入淡出处理，使播放即将结束的音频音量由大到小，而使声音即将开始的音频音量由小到大，从而使衔接处更为圆润。

声音的淡入淡出处理需要使用专门的软件，比较常用的是 Adobe Audition 3，它是顶级的数字音频处理程序，具有最完备的音效，同时也支持相当多的音乐，操作简单，使用方便。下面将介绍该软件具体处理声音淡入淡出的方法。

【练习 2-19】使用 Adobe Audition 3 对录制的音频进行淡入淡出处理。

(1) 首先启动 Adobe Audition 3，打开录制好的原始音频文件。

(2) 选择“效果”|“振幅和压限”|“振幅/淡化”命令，如图 2-123 所示，即可打开“振幅/淡化”对话框。在该对话框中，用户可拖动其中的滑块，对各项相关参数进行相应的设置，如图 2-124 所示。

图 2-123　设置淡入淡出效果

图 2-124　“振幅/淡化”对话框

2.4　获取与编辑视频素材

数字化视频可以同时包含画面和声音，也可以只包含画面，而不包含声音。视频的画面可以包含文字、图像和活动影像，并且主要表现这些视觉对象的动态效果。视频不具有交互性，因此，它本身不是多媒体，而是多媒体的一种素材形式。

2.4.1　视频素材的概述

数字视频格式很多，课件制作中常用的有 AVI 格式和 MPG 格式，因为这两种格式的文件素材容易获得，兼容性好，可以直接导入到 Authorware、Flash 和 PowerPoint 中使用。

- AVI 格式：AVI 是一种包含音频、视频信息的数字视频文件格式。在 AVI 文件中，运动图像和伴音数据以交织的方式存储，并独立于硬件设备。这种按交替方式组织音频和视频数据的方式可以在读取视频数据流时更有效地从存储媒介中得到连续的信息。
- MPG 格式：PC 机上的全屏幕活动视频的标准文件为 MPG 格式文件。MPG 文件是使用 MPEG 方法进行压缩的全运动视频图像，在 1024×768 像素的分辨率下可以每秒 24、25 或 30 帧的速率同步播放有 128 000 种颜色的全运动视频图像和 CD 音质的伴音。MPG 格式文件可以用暴风影音将 DVD 光盘影像素材转换后获得。

能够播放视频的软件有很多，大体上可以分为 3 类：一类是 Windows 系统自带的视频播放软件，如 Windows Media Player；一类是专用的视频播放软件，如网络播放器 Real Player、超级解霸等；第 3 类就是多媒体制作素材专用软件和平台软件，它们也能够播放数字视频，如 Premiere、Authorware 等。

- Windows Media Player：Windows Media Player 是 Windows 系统自带的媒体播放器，它不仅可以播放音频文件，也可以播放视频文件，能够支持诸如 AVI、MPG、AIFF、MIDI、DVD 等多种视频文件格式的播放。
- Real Player：Real Player 是目前最为流行的网上音频、视频播放器之一。它能够很好地支持多种音频、视频文件格式，如 RM 格式、DAT 格式等，能够在网上实时地收看 Audio、Video 和 Flash。
- 超级解霸：超级解霸是一款功能强大的视频播放软件。它支持多种视频格式文件，不仅能够在播放过程中对播放速度、画面颜色、声道进行控制，而且可以对视频文件进行裁剪、压缩处理。
- Quick Time 播放器：Quick Time 播放器是苹果公司推出的用于播放 Macintosh 计算机视频文件的软件，具有过渡、叠加、运动、镜像等功能，能够将 MOV 视频文件中的文字、图像、音乐等各类素材进行巧妙结合，生成绚丽的视觉效果，并可以添加各种背景音乐，堪称技术和艺术的完美结合。
- Premiere：Premiere 是 Adobe 公司开发的一款集影像采集、编辑、创作于一体的专业级数字视频软件工具。它不仅能对 AVI 和 MPG 格式的影视素材进行创建、录制、非线性编辑与合成，而且可以增加各种字幕、音效和特技效果。

采集多媒体视频素的途径有许多种，如选择视频、拍摄视频和截取视频等。

- 选择视频：用户可以在互联网上下载大量的视频素材文件，其方法与下载图像和声音素材相似，这里就不再详细介绍。另外 DVD 是重要的影像文件素材库，但是它们中的视频文件在课件制作中不能直接使用，必须用超级解霸等软件将其转换为 AVI、MPG 格式后才能导入到 Authorware、Flash 等课件制作工具中使用。
- 拍摄视频：需要记录真实事物的音像信息可以使用拍摄方法。拍摄时如果采用传统摄像方法，所采集的视频是非数字模拟信息，需要转换成数字信息，才能应用于多媒体 CAI 课件中；如果采用数字摄像方法，所采集的视频是数字信息，传入计算机后就可以应用于多媒体 CAI 课件中。随着数字摄像技术的发展和普及，提倡采用数字摄像方法采集多媒体视频素材。
- 截取视频：使用视频软件如超级解霸，将 DVD 视频截取成可以为视频编辑软件和多媒体合成软件引用的视频文件。

2.4.2　视频处理中的常用术语

在视频处理中经常会用到一些专业的术语，如联机方式与脱机方式、转场效果等。本节来介绍这些专业术语的含义。

1. 联机方式与脱机方式

联机方式与脱机方式是在声音和图像处理上的两种不同的编辑方法。

- 联机方式指的是在同一台计算机上，从对素材的粗糙编辑到生成最后影片所需要的所有工作。一般来说就是，对硬盘上的素材进行直接编辑。拥有高级计算机终端的多媒体创作者可以使用联机方式进行广播电视或动画片等多媒体项目的制作。需要注意的是，联机方式编辑数字化文件，所有的编辑都要保证计算机正常运行，才能实现真正的联机。

- 脱机方式指的是在编辑过程中所使用的都是原始文件的副本，最后使用高级终端设备输出最终制成的作品。可以先用 Premiere 对视频文件进行脱机编辑，然后移入到一个拥有高级终端的编辑器中，用该编辑器再对该视频文件进行编辑处理，输出高质量的影视作品。需要注意的是脱机编辑强调的是编辑速度而不是画面质量，画面质量和原始素材的质量有关，与最后的高级终端编辑器也有关。

除了联机编辑和脱机编辑以外，替代编辑和联合编辑也是比较常用的编辑方法。替代编辑是在原有的胶片节目上，改变其中的内容，即将新编好的内容换掉原来的内容。联合编辑是将视频的画面和音频的声音对应进行组接，即合成音频视频。

2. 转场效果

转场也就是场面转换，不同的场面转换可以产生不同的艺术效果，几乎所有的视频都会有从一个场景切换到另一个场景的操作，这是一门技术。Premiere 中实现转场功能的是过渡效果，它提供了多种特效，如淡入淡出、划等，通过它们可以轻松制作出许多转场效果。

- 淡入淡出：淡入，也称“显”，指的是影片从全黑的背景中逐渐显示出画面的下一个镜头，这个过程一般需 2 到 3 秒的时间。在 Premiere 中可以扩大或缩短淡入的长度，也可以控制它的程度。淡出，也称“隐”，指的是影片镜头由明晰逐渐隐去，变成全黑的一个镜头。淡入淡出是 Premiere 中常用的转场效果。
- 划：也称“划变”，即前一个镜头渐渐划去的同时，空着的位置上出现下一个镜头。这也是前后两个镜头交替的过程，它是通过“划”来实现的，与淡入淡出不同。“划变”按方式划分，可分为圈入圈出和帘入帘出等。所谓圈入圈出就是指前一个镜头画面由一个整圈渐变成一个点后，下一个画面由这个点，以圆的形式逐渐变成整张画面，如图 2-125 所示。如果不以圆的形式，而以卷帘放帘的形式，实现前后两个镜头画面的交替的划变，就称为帘入帘出，如图 2-126 所示。很多视频中都运用划变，以使影片效果更加生动。

图 2-125　圈入圈出效果

图 2-126　帘入帘出效果

- 叠加：叠加实际上是指两个镜头的重叠效果。例如，静态画面飞入屏幕的效果，静态图片和背景的帧画面重叠在一起。在 Premiere 中进行叠加时，必须对附加轨道上的素材进行透明度设定，同时为它选择合适的颜色通道。例如，在视频中要重叠两个或两个以上的画面，如果不选择合适的通道并保证一定的透明度，附加轨道中的画面将会完全覆盖主要显示的帧画面，这是人们不希望出现的。叠加也会出现一些问题。例如，一个透明的水杯，在彩色和黑色的背景下就会出现不同的效果，尤其是它和背景重叠的边缘部分，会有微小的视觉差别。

- 摇镜头：摇镜头指的是摄影机放在固定位置进行原地转动，通过摇动镜头进行拍摄，或者跟着拍摄对象进行移动式摇摄。摇镜头产生的素材在视频中常用于介绍环境或突出人物行动的意义和目的，一般分左右平摇、垂直摇镜头、快摇和慢摇等。在 Adobe Premiere 中，常使用左右平摇和垂直摇镜头这两种技巧。
- 推拉镜头：拉镜头是指人物位置不动，摄像机从特写处或其他景物处移向人物的远处从而变成中景或全景，以表现人物进行的活动或对象与人物和环境的关系。推镜头是指人物位置不动，摄像机从特写处或其他景物处移向人物的近处从而变成近景或特写，其效果使观众能从拍摄到的素材中深刻感受到人物的内心活动。
- 跟甩镜头：跟甩也是摄影常用的技巧，跟镜头指的是摄影机空间的各个方面始终跟随着拍摄行动中的某个表现对象，甩镜头指的是镜头突然从摄影对象身上甩开。此外，还有晃镜头和使镜头变“虚”，变模糊等技巧。

2.4.3　Adobe Premiere Pro 简介

在了解了视频处理的相关基础知识后，接下来介绍如何对数字视频进行后期的编辑处理。要对数字视频影像进行处理需要借助专门的计算机软件来进行，Adobe Premiere Pro 是 Adobe Systems 公司推出的优秀视频编辑软件，它融视频、音频处理功能于一体，无论对于专业人士还是新手都是一个得力助手。

安装完 Premiere Pro，用户就可以启动 Premiere Pro 来创作影片了。双击 Premiere Pro 的启动图标，将出现 Premiere Pro 启动画面。稍后会出现如图 2-127 所示的欢迎窗口。

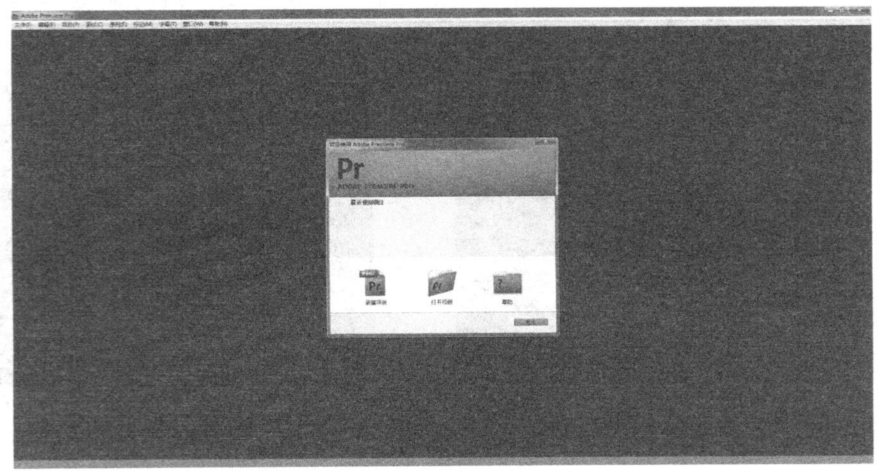

图 2-127　欢迎使用界面

单击“新建项目”按钮，弹出“新建项目”对话框，如图 2-128 所示。默认打开的是“常规”项目选项卡，用户可以在此选项卡中设置相关参数。单击“暂存盘”标签，打开“暂存盘”选项卡，用户可在该选项卡中设置各种媒体资料的保存路径，如图 2-129 所示。

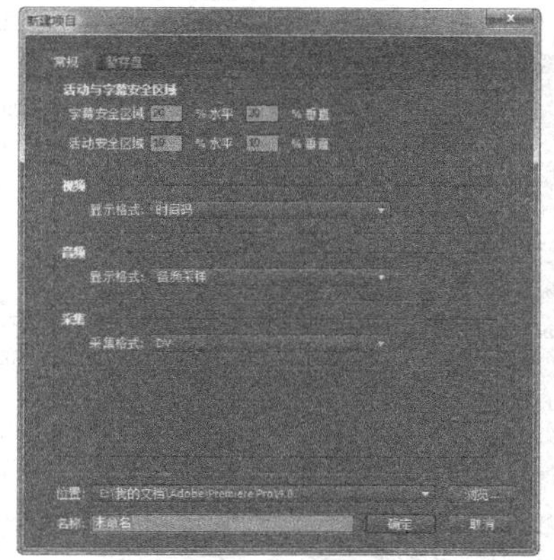

图 2-128　“新建项目”对话框

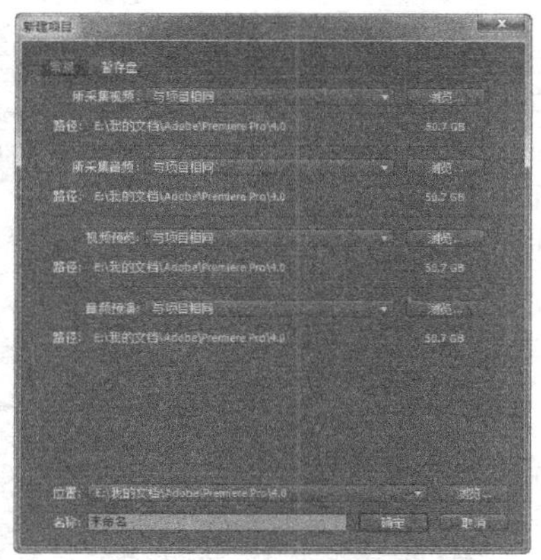

图 2-129　“暂存盘”选项卡

单击“确定”按钮，打开“新建序列”对话框，用户可通过“序列预置”、“常规”和“轨道”选项卡进行详细的设置，如图 2-130 所示。

设置完成后，单击“确定”按钮，如图 2-131 所示，新建视频项目并进入到 Premiere Pro 的工作界面中。

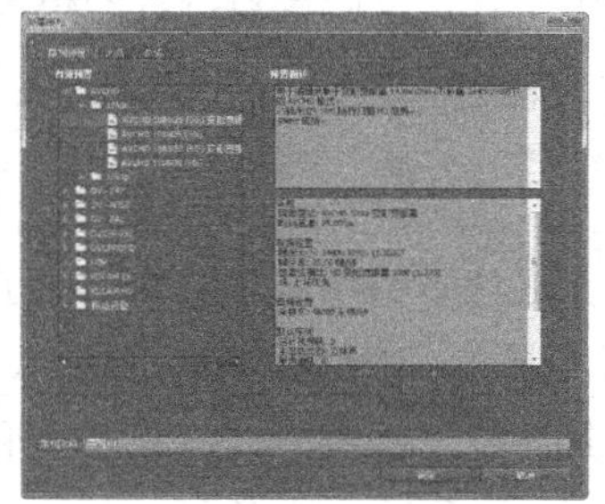

图 2-130　“新建序列”对话框

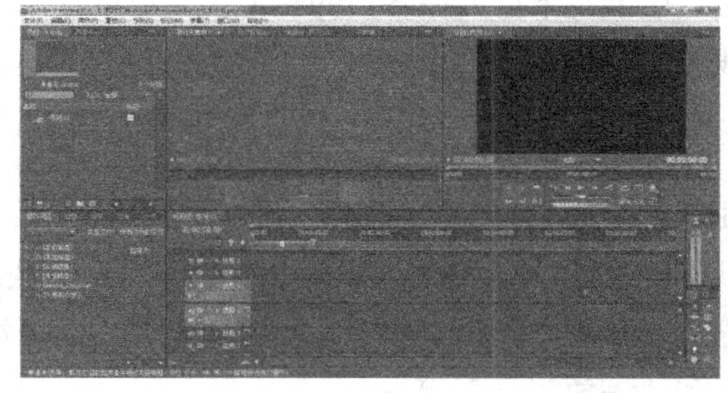

图 2-131　Premiere Pro 的主界面

Premiere Pro 的工作界面主要有标题栏、菜单栏、项目窗口、监视器窗口、时间线窗口、工具箱、主声道电平面板和综合面板组组成，如图 2-132 所示。其中，标题栏和菜单栏与其他常用软件相似在此不做详细介绍。

1. 项目窗口

项目窗口主要用于导入、存放和管理素材。编辑影片所用的全部素材应事先存放于项目窗口里，然后再调出使用。项目窗口的素材可以用列表和图标两种视图方式来显示，包括素材的缩略图、名称、格式、出入点等信息。另外也可以为素材进行分类、重命名或新建一些类型的素材。

2. 监视器窗口

监视器窗口分左右两个视窗(监视器)。左边是“素材源”监视器，主要用来预览或剪裁项目窗口中选中的某一原始素材。右边是“节目”监视器，主要用来预览时间线窗口序列中已经编辑的素材(影片)，也是最终输出视频效果的预览窗口。

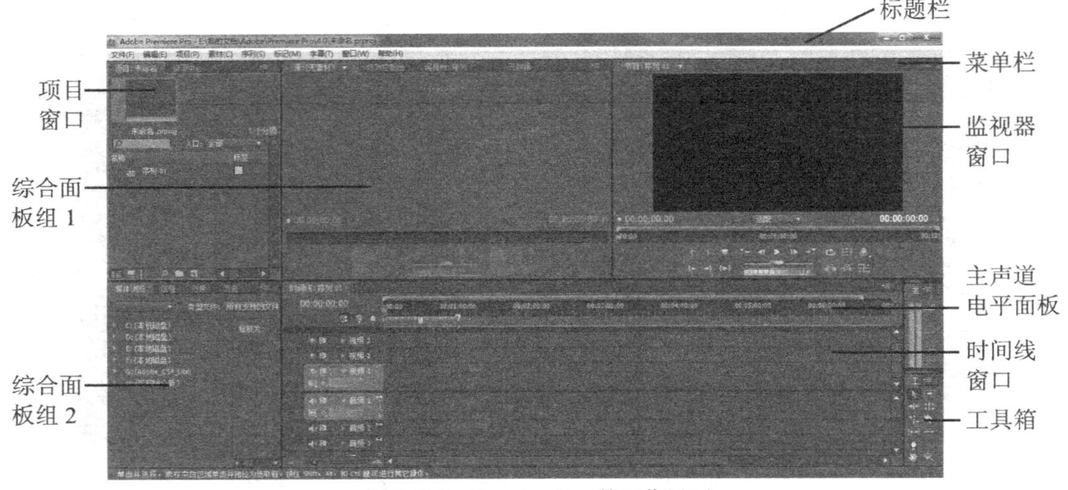

图 2-132　Premiere Pro 的工作界面

3. 时间线窗口

时间线窗口是以轨道的方式实施视频音频组接编辑素材的阵地，用户的编辑工作都需要在时间线窗口中完成。素材片段按照播放时间的先后顺序及合成的先后层顺序在时间线上从左至右、由上及下排列在各自的轨道上，可以使用各种编辑工具对这些素材进行编辑操作。时间线窗口分为上下两个区域，上方为时间显示区，下方为轨道区。

4. 工具箱

工具箱是视频与音频编辑工作的重要编辑工具，可以完成许多特殊编辑操作。除了默认的 “选择工具”外，还有“轨道选择工具”、“波纹编辑工具”、“滚动编辑工具”、“速率伸缩工具”、“剃刀工具”、“错落工具”、“滑动工具”、“钢笔工具”、“手形把握工具”和“缩放工具”等。

5. 主声道电平面板

主声道面板是显示混合声道输出音量大小。当音量超出了安全范围时，在柱状顶端会显示红色警告，用户可以及时调整音频的增益，以免损伤音频设备。

6. 综合面板组 1

综合面板组 1 主要有“媒体浏览”面板、“信息”面板、“效果”面板和“历史”面板组成，它们各自的功用如下。

- “媒体浏览”面板：可以查找或浏览用户电脑中各磁盘的文件。
- “信息”面板：用于显示在项目窗口中所选中素材的相关信息。包括素材名称、类型、大小、开始及结束点等信息。
- “效果”面板：存放了 Premiere Pro CS4 自带的各种音频、视频特效和视频切换效果，以及预置的效果。用户可以方便地为时间线窗口中的各种素材片段添加特效。

- “历史”面板：能对创作者的编辑进行记录，可以返回到记录中的任意一步，然后对不合适的地方重新进行编辑。

7. 综合面板组 2

综合面板组 2 主要有“特效控制台”面板和“调音台”面板等组成，它们的功用如下。

- “特效控制台”面板：当为某一段素材添加了音频、视频特效之后，还需要在特效控制台面板中进行相应的参数设置和添加关键帧。制作画面的运动或透明度效果也需要在这里进行设置。
- “调音台”面板：调音台面板主要用于完成对音频素材的各种加工和处理工作，如混合音频轨道、调整各声道音量平衡或录音等。

2.4.4　为视频添加字幕

字幕是视频中的一种重要的视觉元素，包括文字和图形两部分，常常作为标题或注释。漂亮的字幕，可以为视频增色不少。

Adobe Premiere Pro 中专门提供了“字幕设计”编辑器，用来制作多姿多彩的字幕。选择“文件”|“新建”|“字幕”命令，即可打开“新建字幕”对话框，如图 2-133 所示，在该对话框中可对字幕窗口做基本的设置。单击“确定”按钮，可打开字幕编辑器窗口，如图 2-134 所示。

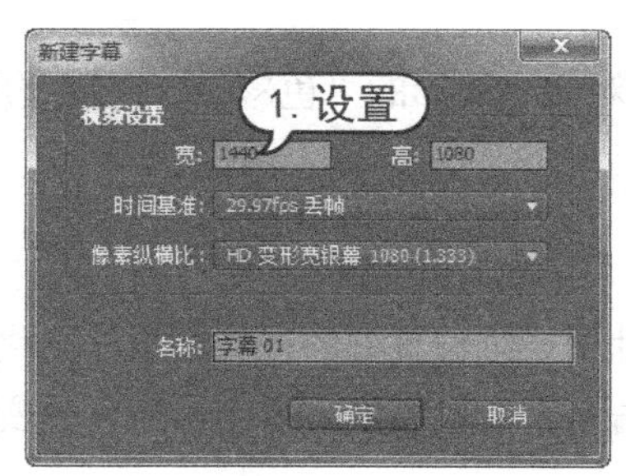

图 2-133　“新建字幕”对话框

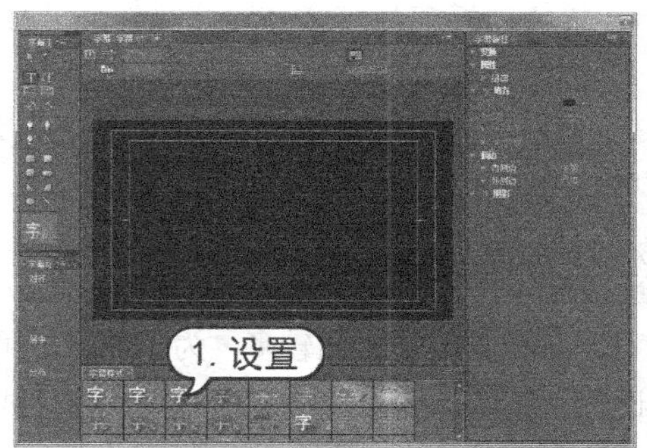

图 2-134　字幕编辑窗口

在字幕设计窗口中，正中间的是编辑区，字幕的制作就是在编辑区域里完成。左边是工具箱，里面有制作字幕、图形的 20 种工具按钮以及对字幕、图形进行的排列和分布的相关按钮。窗口下方是“字幕样式”区，样式库中有系统设置好的多种文字样式，也可以将自己设置好的文字样式存入样式库中。右边是“字幕属性”区，里面有对字幕、图形设置的属性、填充、描边、阴影等栏目。其中在属性栏目里，用户可以设置字幕文字的字体、大小、字间距等；在填充栏目里，可以设置文字的颜色、透明度、光效等；在描边栏目里，可以设置文字内部、外部描边；在阴影栏目里，可以设置文字阴影的颜色、透明度、角度和距离等。

1. 输入文字

在字幕设计窗口的工具箱中，点击“文字工具”按钮，在编辑区中单击，在“字幕属性”

区里展开“属性”栏。在“字体”下拉列表框中选择所需要的字体后，用户就可以利用输入法在编辑区直接输入文字了。

若要改变字体，用户可选中文字，然后在“字幕属性”区域中展开“属性”栏，然后在“字体”下拉列表框中进行修改即可。

2. 属性设置

对文字的大小或位置的设置，可以直接点击“选择工具”按钮，编辑区刚才输入的文字被 8 个小方块包围。拖动小方块，可以改变文字大小；在包围区拖动鼠标，可以改变文字在屏幕中的位置。

对文字更具体的设置应该在属性栏里进行：在相关数值中，进行拖动，可以改变“字体大小”、“纵横比”、“行距”、“字距”、“跟踪”、“基线位移”、“倾斜”等参数。选中“小型大写字母”或“下划线”，可以对字母进行大写或下划线设置。展开“扭曲”下拉菜单，还可以对文字进行 X、Y 轴的扭曲变形参数进行设置。

3. 效果设置

- 填充：填充是对文字的颜色或透明度进行设置。选中并展开“填充”栏，可以对文字的“填充类型”、“色彩”、“透明度”参数进行设置。选中并展开“光泽”或“纹理”下拉菜单，可以对文字进行添加光晕，产生金属的光泽，或对文字填充纹理图案。
- 描边：描边是对文字内部或外部进行钩边。展开“描边”栏，可以分别对文字“内侧边”和“外侧边”参数进行设置。
- 阴影：选中并展开“阴影”栏下拉菜单，可以对文字阴影的“色彩”、“透明度”、“角度”等参数进行设置。

4. 使用样式模板

对字幕设置的项目比较多，为了简便，可以直接使用系统设置好的样式模板，简化对字幕的设置。在编辑区中选中文字对象，在样式区中点击某个样式模板，文字对象便改变成这个模板的样式。

提示：

当使用样式模板后，有些汉字会出现空缺现象，这时用户只需要在“字体”下拉列表框中重新选择中文字体即可。

5. 字幕保存与修改

当用户对字幕设置完成后，单击关闭字幕设计窗口，系统会自动将字幕保存，并将它作为一个素材出现在项目窗口中。

当用户需要对已做好的字幕进行修改时，只需要双击这个字幕素材，就可以重新打开这个字幕的字幕设计窗口，再次对这个字幕进行修改。修改后，同样需要对修改后的字幕进行保存。

2.4.5　视频图像的叠加

当多媒体中出现多个字幕、图像、动画或视频时，就需要对它们进行叠加处理。在 Premiere 中，每个视频片段都有一定的不透明度，在不透明度为 0%时，图像完全透明；在不透明度为 100%时，图像完全不透明；介于两者之间的不透明度，图像呈半透明。叠加是将一个片段部分地显示在另一个片段之上，它所利用的就是片段的不透明度，通过对不透明度的设置，制作透明叠加混合效果。

叠加画面可以提高视频效果，增强表现力，是视频处理经常采用的方法。Premiere 中建立叠加的效果，是在视轨道 1A 与视频轨道 1B 上的片段实现切换之后，再将视频轨道上的片段叠加到底层的片段上，视频轨道编号高的片段，会叠加在编号低的视频轨道片段上。

Premiere Pro 中视频叠加方式有很多，如"蓝屏抠像"、"绿屏抠像"、"色键透明"和"混合透明"等，用户可根据想要获得的视频效果来选择相应的透明叠加方式。

- 蓝屏抠像：用在纯蓝色为背景的画面上，创建透明叠加时，屏幕上的蓝色变为透明，所谓纯蓝是不含有任何红色和绿色，极其接近 Pantone2735 的颜色。
- 绿屏抠像：用在背景颜色是纯绿色的画面上，创建透明的时候，画面上的纯绿色变得透明，从而将底层轨道上的素材显露出来。
- 色键透明："色键透明"是最常用的透明叠加方式，色键技术通过对在一个颜色背景上拍摄的数字化素材进行键控，指定一种颜色，系统会将图像中所有与其近似的像素键出，使其透明。
- 混合透明："混合透明"的叠加方式来源于 Photoshop 中的层模式，这种叠加方式可以对比叠加对象及其混合背景的像素，以确定透明区域，产生混合的效果。一般情况下，这种键控效果用于两轨影像的互相融合，Premiere 提供了 2 种混合透明方式，分别是增浓和增淡两种方式，它们的效果如图 2-135 所示。

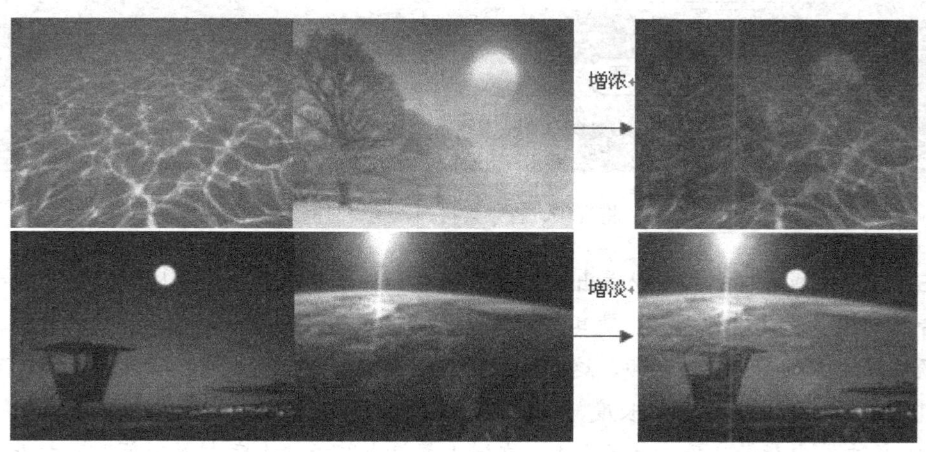

图 2-135　视频的混合效果

Premiere Pro 中视频叠加方式还有很多，这里不再一一介绍，制作电影的过程中，可以根据需要选择恰当的叠加效果。值得一提的是，如何合理使用叠加效果中的淡入淡出效果很关键，如果能够在片段叠加中很好地使用的话，会有意想不到的效果。

2.4.6 导入并处理声音

视频是画面与声音的综合媒体，一部好的视频片段，离不开一段美妙的背景音乐。使用 Premiere Pro 可以轻松实现画面与背景音乐的合成，可以根据剧情的发展配上不同的声音效果。此外，Premiere Pro 还提供了一些较好的声音处理方法，如声音的摇移、渐变等。

从“时间线”窗口可以看出，所有的音频轨道都包含两个通道：左通道和右通道。如果一个音频文件使用的是单声道，则 Premiere 可以改变一个声道的效果，如果使用的是立体声，Premiere 可以在两个声道间实现音频的特有效果。Premiere 处理音频有一定的顺序，添加音频效果的时候需要考虑添加的次序。Premiere 首先对应用的音频滤镜进行处理，然后处理在 Timeline 的音频轨道中添加的任何摇移或者增益调整，从而得到最后的效果。

下面将通过两个例题来学习在 Premiere 中编辑声音文件的方法，包括音频持续时间、速度的调整，两个音频的交叉渐变、音频的摇移等内容。

【练习 2-20】在视频中添加声音并进行相应处理。

(1) 首先启动 Premiere Pro，新建一个项目“序列 01”，导入一个视频文件和两个音频文件，其中的音频文件一个是背景音乐，一个是特效音乐。许多视频在片头或在结尾处都会使用一种特殊音效，本例中的特效音乐用于模拟这种效果。

(2) 将“背景音乐”拖动到“时间线：序列 01”的窗口“音频 2”前部，将“特效音乐”拖动到“音频 3”前部，将视频片段拖动到“视频 2”前部。如图 2-136 所示。

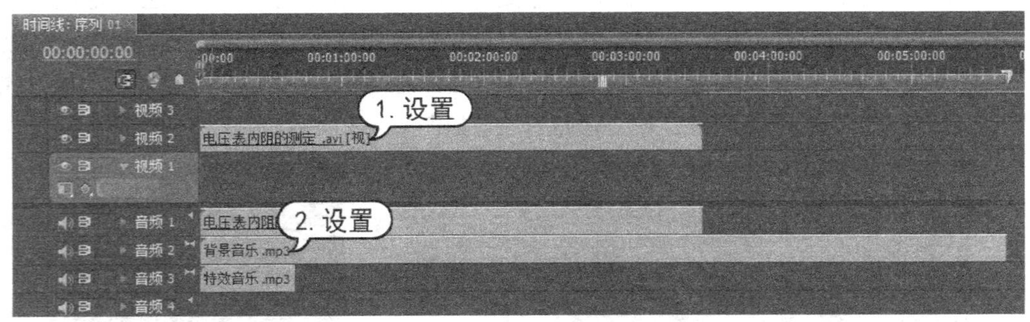

图 2-136 将视频、音频素材拖入到“时间线”窗口

(3) 从时间线窗口中，可以看出视频片段长度和背景音乐长度是不同的。因而，必须对背景音乐的播放速度进行调节，使其与视频播放同步。可以通过背景音乐片段的边缘，使其与视频片段边缘对齐，实现同步，这种方法简单快捷。如果要实现它们的精确同步，可以先通过“信息面板”察看视频的长度，如图 2-137 所示。

(4) 单击选中背景音乐，然后右击，在弹出菜单中选择“速度/持续时间”，打开“素材速度/持续时间”对话框，在“持续时间”右侧重新输入以设置音频的长度，然后选中“保持音调不变”复选框，如图 2-138 所示。通过该对话框，还可以控制音频播放的速度。

提示：

在“素材速度/持续时间”对话框中，单击按钮，可取消音频播放“速度”和“持续时间”的关联。

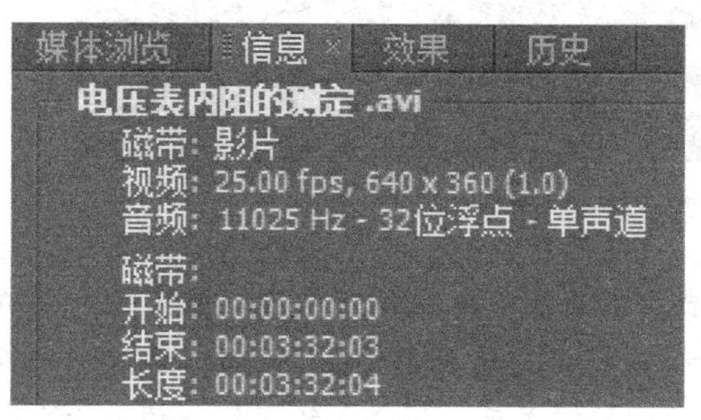

图 2-137　查看“信息”面板

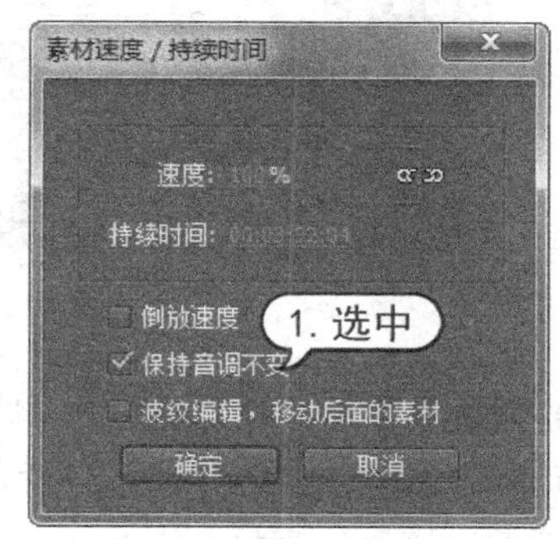

图 2-138　“素材速度/持续时间”对话框

(5) 本例特效音乐是放置在视频的最后播放的，如果保持在前部，就会与背景音乐在一开始就播放出来。因而，需要对特效音乐的位置进行调整，拖动特效音乐片段，使其与视频片段结尾处对齐。此时，时间线窗口中各种素材位置如图 2-139 所示。

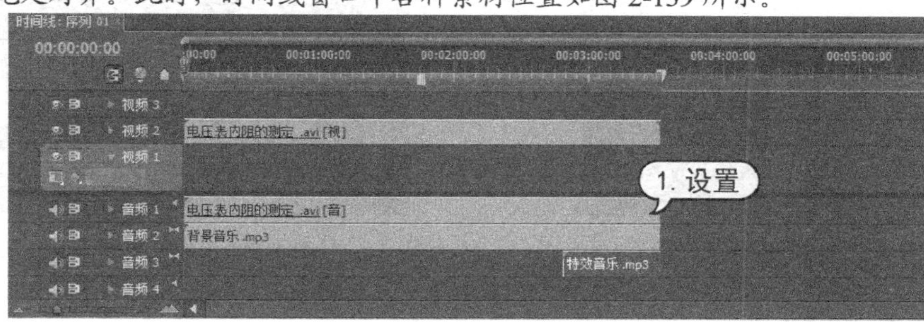

图 2-139　调整素材播放次序

(6) 在视频片头结束时，需要将背景音乐音量逐渐减小，以突出特效音乐效果。拖动“时间线”窗口左下角的缩放滑竿，将视频音频波形放大，以便于编辑。

(7) 展开“音频 2”轨道，显示出背景音乐的波形。单击“显示关键帧”按钮下的小三角，在弹出菜单中选择“显示轨道关键帧”命令，如图 2-140 所示，将时间线移动到特效音乐开始处，单击“显示关键帧”按钮右侧的“添加/删除关键帧”按钮，在背景音乐的该时间点创建一个关键帧，同理，在背景音乐结尾处，添加一个关键帧，如图 2-141 所示。

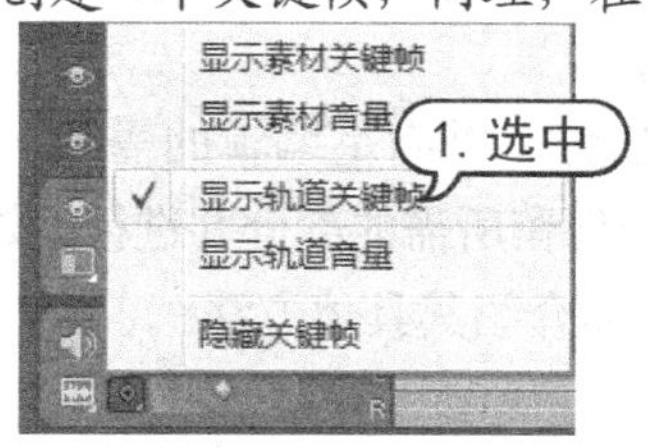

图 2-140　选择相应命令

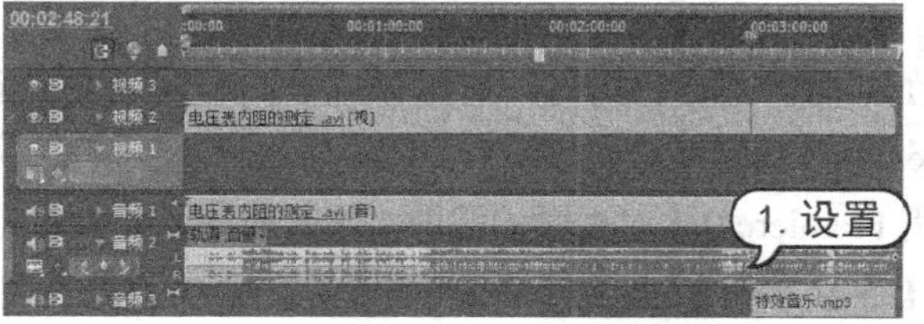

图 2-141　在背景音乐结尾处添加关键帧

(8) 下面来减小背景音乐在结尾处的音量，使其逐渐减小。单击选择结尾处的关键帧，将其拖动至最下方，使其音量为 0，如图 2-142 所示。

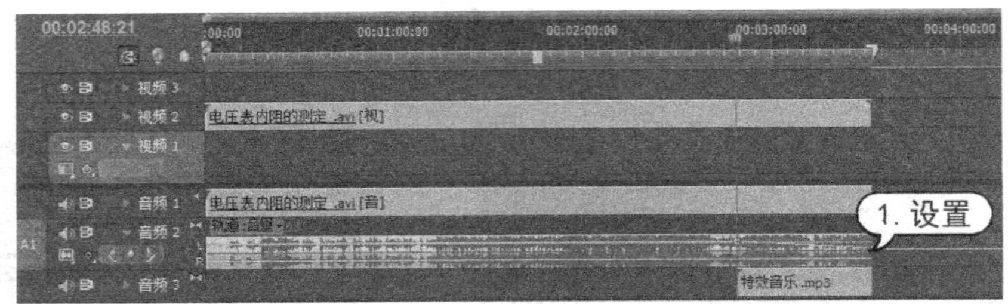

图 2-142　降低背景音乐结尾处音量

(9) 调整音频整体的音量大小，使其与视频相匹配，也是视频处理过程中经常要解决的问题。选择“窗口”|“工作区”|“音频”命令，将会打开“调音台”面板，通过该面板可以对各个音频轨道上的音频文件进行音量控制。调整完成后，将合成的视频音频进行输出，并注意保存原始文件。

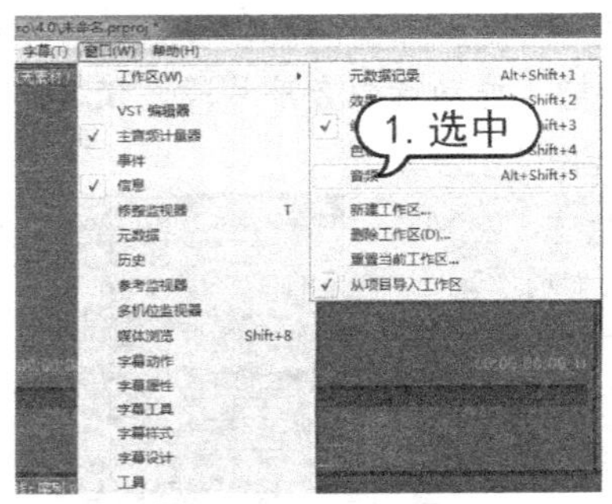

图 2-143　选择“音频”命令

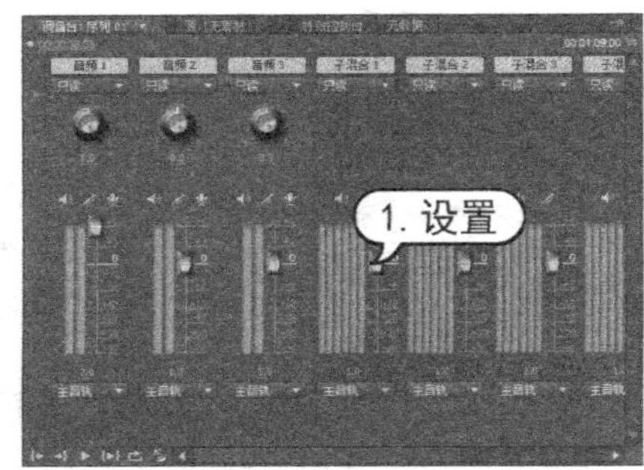

图 2-144　“调音台”面板

提示：

当视频中要合成多个音频时，就要平衡几个素材的增益。否则一个素材的音频信号或低或高，都会影响最终效果。可为多个音频剪辑设置整体的增益。尽管音频增益的调整在音量、摇摆/平衡和音频效果调整之后，但它并不会删除这些设置。增益设置对于平衡几个剪辑的增益级别、或者调节一个剪辑太高或太低的音频信号是十分有用的。

2.4.7　视频的裁剪

在对视频进行编辑时，有时候需要对视频素材进行裁剪，以满足编辑的需要。使用 Premiere Pro 既可以对创建或引入的视频素材进行裁剪，从而保留所需的部分并进行编辑。同时使用 Premiere Pro 对视频的裁剪时不会影响原始素材，下面介绍其具体方法。

【练习 2-21】使用 Premiere Pro 裁剪视频片段。

(1) 首先启动 Premiere Pro，新建一个项目，导入一个视频文件，将其放置到“视频 2”轨道上，为便于编辑处理，在“时间线”窗口将该视频片段放大。

(2) 在“监视器”窗口播放该视频片段，可以看到，这是一个动画电影。电影中有两个主人公，有单个主人公出现的场景，也有两个主人公同时出现的场景，如图 2-145 所示。现在需要将视频中两个主人公同时出现的片段抠取出来。

图 2-145　视频片段中的镜头

(3) 要抠取两个主人公同时出现的片段，首先必须找到该片段出现和消失的时间点。通过观察得知，在第 22 分 31 秒处开始两个主人公同时出现在屏幕上，在第 23 分 28 秒时该视频片段结束。

(4) 在“时间线”窗口中，将时间线放置到第 22 分 31 秒的位置。单击工具箱中的“剃刀工具”按钮，放置到视频片段中第 22 分 31 秒的位置，使其与时间线重合并单击，将视频片段切为两个部分，使用同样的方法在“时间线”窗口中，将时间线放置到第 23 分 28 秒的位置。单击工具箱中的“剃刀工具”按钮，放置到视频片段中第 23 分 28 秒的位置，使其与时间线重合并单击，再次切割视频，此时视频被分为 3 个部分，效果如图 2-146 所示。

(5) 单击工具箱的“选择工具”按钮，在“视频 2”中选择前面和后面的视频片段，按 Delete 键即可将其删除，仅保留中间的片段，效果如图 2-147 所示。切割完成后选择“文件”|“保存”命令，将裁切结果进行保存即可。

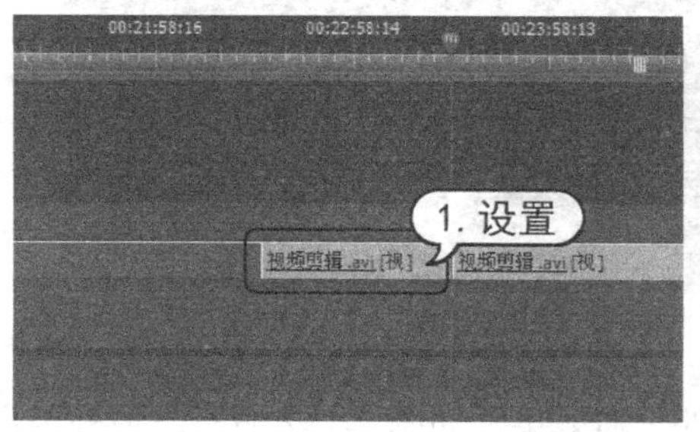

图 2-146　切割视频片段

图 2-147　删除不要的部分

2.4.8　视频的特殊效果

在视频处理中，一段视频结束，另一段视频紧接着开始，这就是镜头切换。为了使切换衔接得自然或更加有趣，可以使用各种赏心悦目的过渡效果，来增强视频作品的艺术感染力。

在 Premiere Pro 的“综合面板组 1”中，打开“效果”选项卡，其中提供了 5 类效果，分别是“预置”、“音频特效”、“音频过渡”、“视频特效”、“视频切换”，如图 2-148 所示。在前面内容中，曾介绍和使用过一些视频和音频效果；在本节中，将较为系统地介绍一下使用 Premiere 为视频添加过渡效果的方法与技巧。

虽然每个过渡效果切换都是唯一的，但是控制视频切换过渡效果的方式却有多种。它们都位于“效果”选项卡下的“视频切换”下拉列表中，如图 2-149 所示。在使用各种过渡效果之前，需要对每一种效果的特点和用途有一个全面的了解，这样才能根据需要进行选择。下面来介绍添加视频过渡效果的方法。

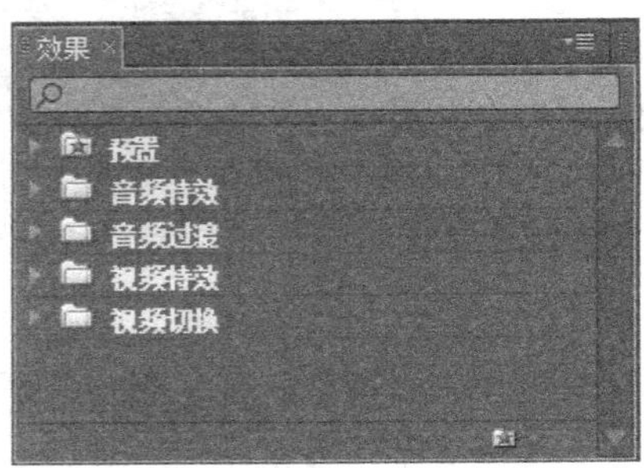

图 2-148　“效果”面板

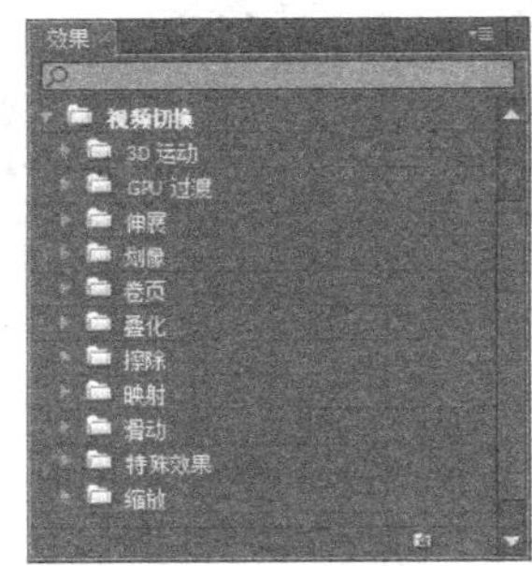

图 2-149　“视频切换”下拉列表

打开要处理的视频素材，在“叠化”下选择“抖动溶解”选项，如图 2-150 所示。然后将其拖动到视频片段中要添加过渡效果的位置。

在“时间线”窗口的视频轨道中单击过渡片段，在“监视器”窗口中打开“特效控制台”选项卡，会出现该过渡效果的控制参数。将“持续时间”设置为 3 秒，然后选中“显示实际来源”复选框，可以显示过渡素材作用的素材画面，如图 2-151 所示。

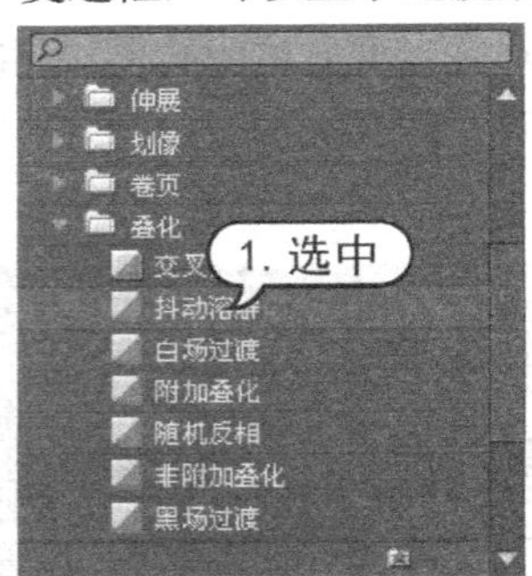

图 2-150　选择特效

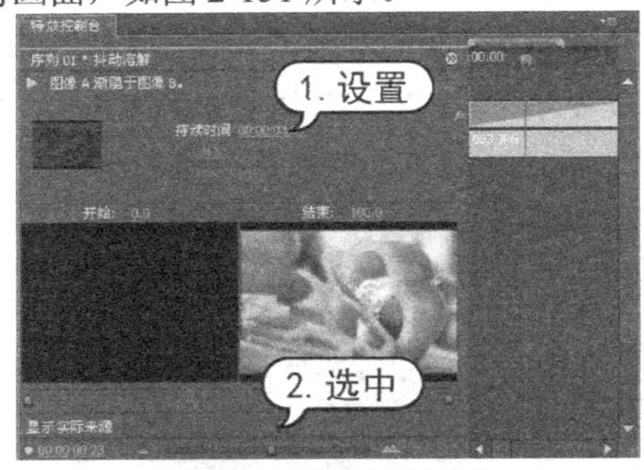

图 2-151　设置特效参数

设置完成后，在监视器中播放“抖动溶解”的过渡效果，如图 2-152 所示。另外用户还可为视频添加更多的切换效果，限于篇幅原因，本小节不再一一介绍。

 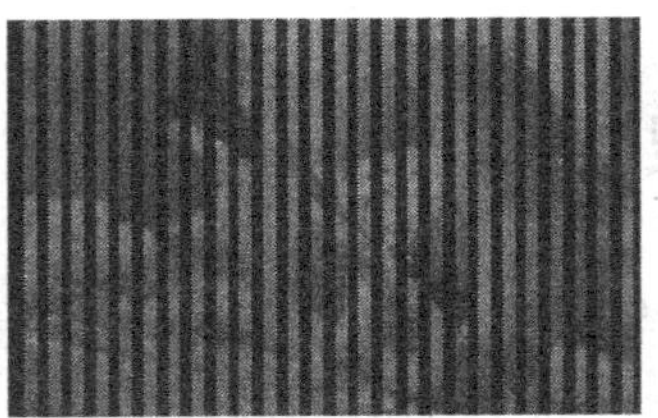 

图 2-152　播放效果展示

2.4.9　视频的后期处理

多媒体素材进行合成处理后，在输出视频或图像之前，需要进行一些后期处理，包括视频画面亮度、对比度的调整、颜色的调整、视频输出设置等操作。

1. 调整视频的亮度与对比度

Premiere Pro 自身合成或通过引用的素材，由于受原始素材的影响，画面的亮度和对比度可能不是很完美，通过“亮度与对比度”功能，可以对这些缺陷进行修正。

首先新建一个项目，导入要进行调整是视频片段。将该视频片段拖动放置到“视频 2”上，在“监视器”窗口中播放该视频片段，发现背景图像光线有些暗淡，这可能是背景图像在拍摄时环境光线过暗的原因。

打开“效果”选项卡，在“视频特效”的“色彩校正”下选择“亮度与对比度”选项，并将其拖动到视频片段上，如图 2-153 所示。在“监视器”窗口中，打开“特效控制台”选项卡，展开“亮度与对比度”下的参数。然后将“亮度”的值设置为 30，如图 2-154 所示。

在“监视器”右侧窗口中播放视频片段观看效果，显然，经过亮度和对比度调整后的图像品质更好一些。

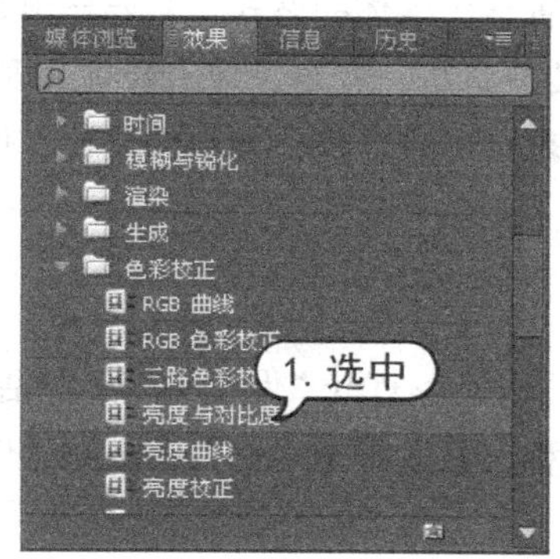

图 2-153　拖动“亮度与对比度”选项

图 2-154　设置亮度的参数值

2. 视频角度的转换

在影视作品中，有时为了突出人物的某一造型或是场景的某一部位，需要在拍摄时通过摄影机的推拉、角度的转换，来实现不同的视觉效果。同样在多媒体作品中，有时也需要进行视频角度转换，在视频的后期加工中，可以通过“摄像机视图”功能来完成。

首先在视频项目中引入要添加“摄像机视图”效果的视频片段，并将其拖动到视频轨道上相应的位置。

在“视频特效”下的“变换”选项中选择“摄像机视图”选项，将其拖动到视频片段中。在“监视器”窗口中打开“特效控制台”选项卡，对“摄像机视图”滤镜参数进行设置，将“经度”设置为 50，将“距离”设置为 50，将“缩放”设置为 10，将“填充颜色”设置为蓝色，如图 2-155 所示。

在“监视器”右窗口中播放视频片段，前后效果对比如图 2-156 所示。

图 2-155　设置参数

图 2-156　播放效果对比图

2.4.10　视频的导出

多媒体素材在 Premier 中经过合成后，可以输出不同的结果，既可以输出图像，也可以输出视频，还可以单独输出音频。

1. 导出媒体

视频加工处理完成后，选择“文件”|“导出”|“媒体”命令，将会打开“导出设置”对话框，如图 2-157 所示。在“格式”下拉列表框中可以设置导出媒体的格式。若要导出媒体中的视频和声音，可同时选中“导出视频”和“导出音频”复选框，若要仅导出音频或视频，取消选中相应的复选框即可。另外，单击“输出名称”选项，可设置媒体导出的位置。设置完成后，单击“确定”按钮，即可导出媒体文件。

2. 导出字幕

若要导出字幕，用户可选择“文件”|“导出”|“字幕”命令，打开“保存字幕”对话框，如图 2-158 所示，在该对话框中设置字幕保存的位置和名称，然后单击“保存”按钮，即可导出项目中的字幕。

图 2-157　“导出设置”对话框

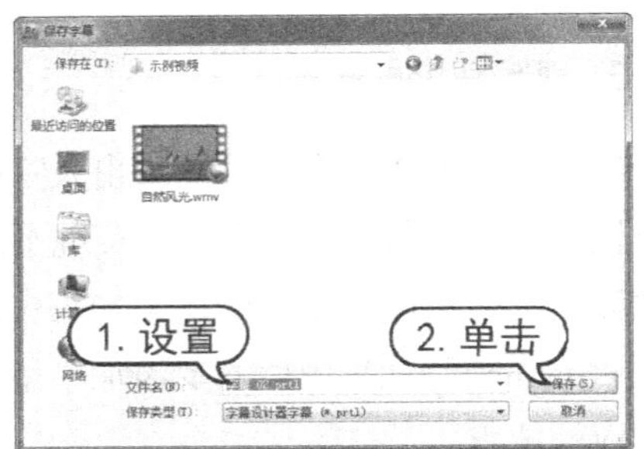

图 2-158　“保存字幕”对话框

第3章 使用Flash CS6制作课件

Flash 是目前非常流行的二维动画制作软件，它是矢量图编辑和动画创作的专业软件。使用该软件制作的多媒体CAI课件不仅界面美观、动静结合、声情并茂，而且极大地方便了老师与学生之间的相互交流。相对于其他课件制作软件而言，Flash CS6 具有简单易学、操作方便，适用于网络发布等优点，同时使用该软件所制作的动画有着良好的兼容性，能够很方便地被 Dreamweaver、PowerPoint 等课件制作软件调用，因此受到广大教师的青睐。

通过对本章的学习，读者应了解并掌握 Flash CS6 的功能特点和基本使用方法，并且能够应用该软件制作出图文并茂的多媒体 CAI 课件。

3.1 认识 Flash CS6

Flash 课件通过大量采用影音动画类的多媒体素材，以生动直观的形式和人机交互手段，给用户提供最佳的学习体验，提高其学习的兴趣和效率。

Flash CS6 是目前 Flash 的最新版本，和以往版本相比，其功能和界面都有了一定的变化，为了能尽快熟悉和使用 Flash CS6 制作多媒体课件，需要首先来了解一下 Flash CS6 的工作环境。

3.1.1 Flash CS6 的开始界面

要正确高效地运用 Flash CS6 软件制作课件，就必须先熟悉 Flash CS6 的工作界面并了解工作界面中各部分的功能。包括学习 Flash CS6 中的菜单命令、工具、面板的使用方法，并熟悉专业术语。启动 Flash CS6 后，程序将打开其默认的开始页面，如图 3-1 所示。该开始页面将常用的任务都集中放在一起，供用户随时调用。

使用该页面，用户可以方便地打开最近创建的 Flash 文档，创建一个新文档或项目文件，或者选择从任意一个模板创建 Flash 文档。另外，用户还可以在学习区域中单击学习内容选项，获取 Flash CS6 官方学习支持。

提示：

默认情况每次启动 Flash CS6 时都要进入开始页面，但用户也可以在开始页面中选中“不再显示”复选框，则下次启动 Flash CS6 时，将跳过开始页面直接进入 Flash 工作界面。

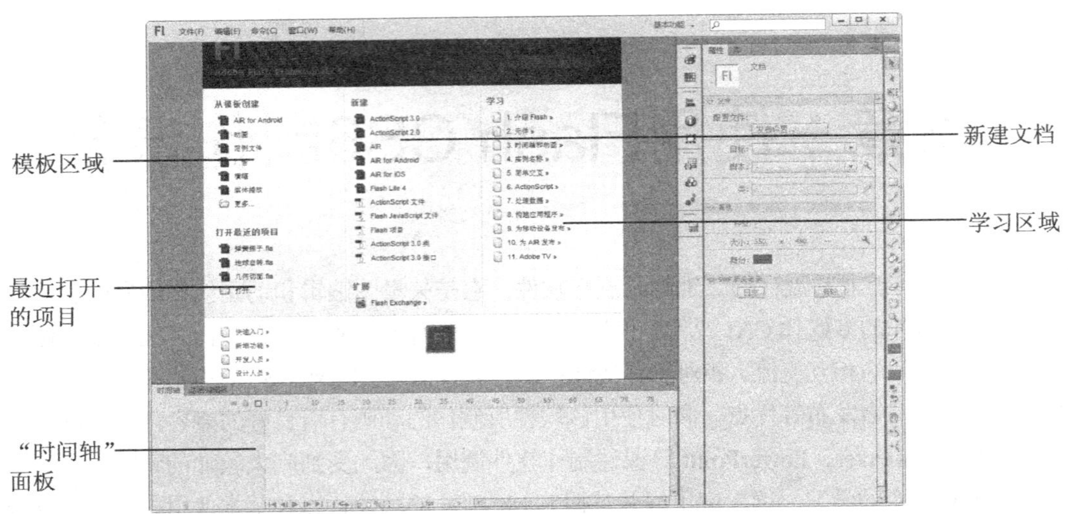

图 3-1　Flash CS6 默认的开始页面

3.1.2　Flash CS6 的工作界面

Flash CS6 的工作界面中包括"菜单栏"、"工具箱"、"时间轴"面板、"舞台"、"属性"面板及面板集等界面元素，如图 3-2 所示。

Flash CS6 提供了 6 种界面布局以方便完成不同的任务，分别是动画、传统、调试、设计人员、开发人员和基本功能。用户可通过"窗口" | "工作区"菜单下的相应命令进行切换。图 3-2 显示的是"设计人员"布局。下面详细介绍它们的特点和作用。

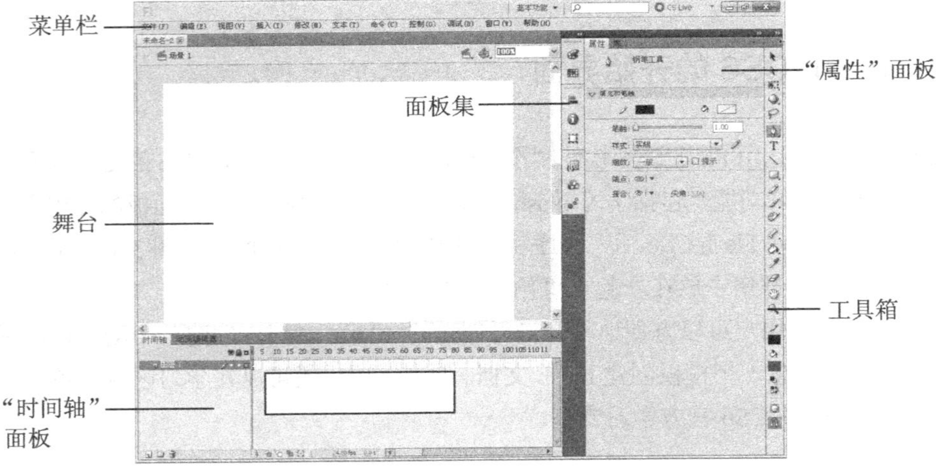

图 3-2　Flash CS6 的工作界面

1. 菜单栏

Flash CS6 的菜单栏包括"文件"、"编辑"、"视图"、"插入"、"修改"、"文本"、"命令"、"控制"、"调试"、"窗口"和"帮助"共 11 个下拉菜单。用户在使用菜单命令时，应注意以下几点。

- 菜单命令呈现灰色：表示该菜单命令在当前状态下不能使用。
- 菜单命令后标有黑色小三角按钮符号▸：表示该菜单命令下还有级联菜单。
- 菜单命令后标有快捷键：表示该菜单命令也可以通过所标识的快捷键来执行。
- 菜单命令后标有省略号：表示执行该菜单命令，会打开一个对话框。

2. 工具箱

默认情况下，工具箱以面板的形式置于 Flash CS6 工作界面的左上侧，如图 3-3 所示。单击工具箱面板所在面板组顶端的 按钮后，工具箱会以图标形式显示，如图 3-4 所示，单击该图标即可在右侧将工具箱再次展开。

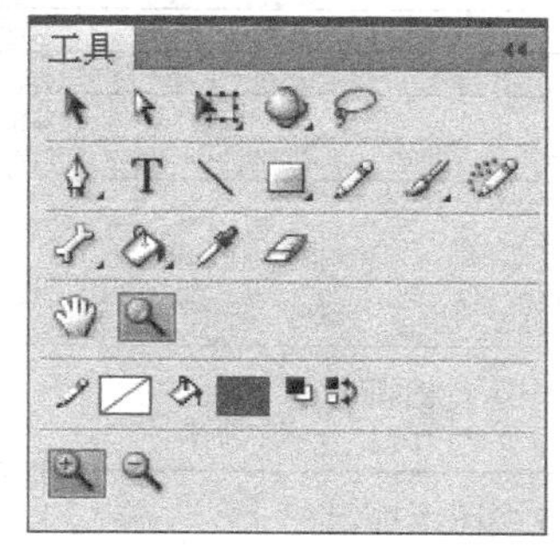

图 3-3　工具箱以单列的形式显示

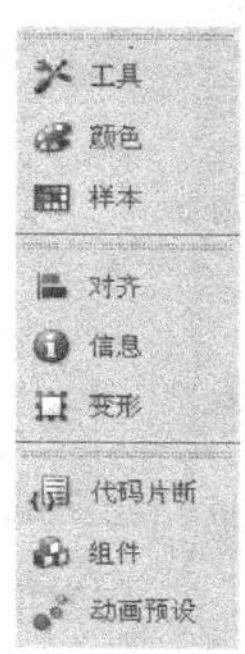

图 3-4　工具箱以图标的形式显示

用户可以选择“窗口”|“工具”命令来显示或隐藏工具箱；将鼠标指向工具箱面板的名称标签“工具”，单击并拖动鼠标，即可改变工具箱在工作界面中的位置。

工具箱中包含了 10 多种工具，有些工具按钮的右下角有◢图标，表示其包含一组工具，如图 3-5 所示。

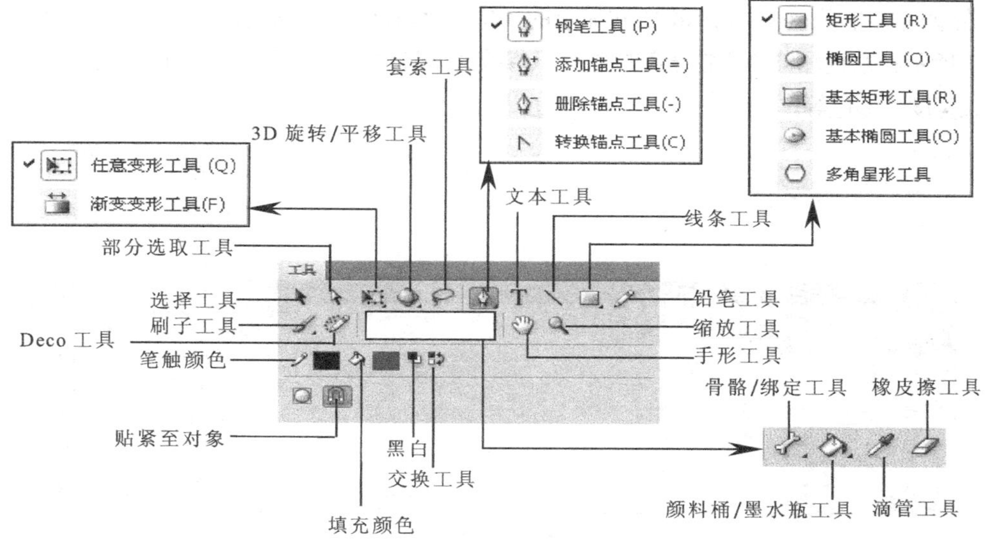

图 3-5　工具箱

3. “时间轴”面板

时间轴用于组织和控制影片内容在一定时间内播放的层数和帧数。与电影胶片一样，Flash 影片也将时间长度划分为帧。图层相当于层叠在一起的幻灯片，每个图层都包含一个显示在舞台中的不同图像。时间轴的主要组件是图层、帧和播放头，如图 3-6 所示。

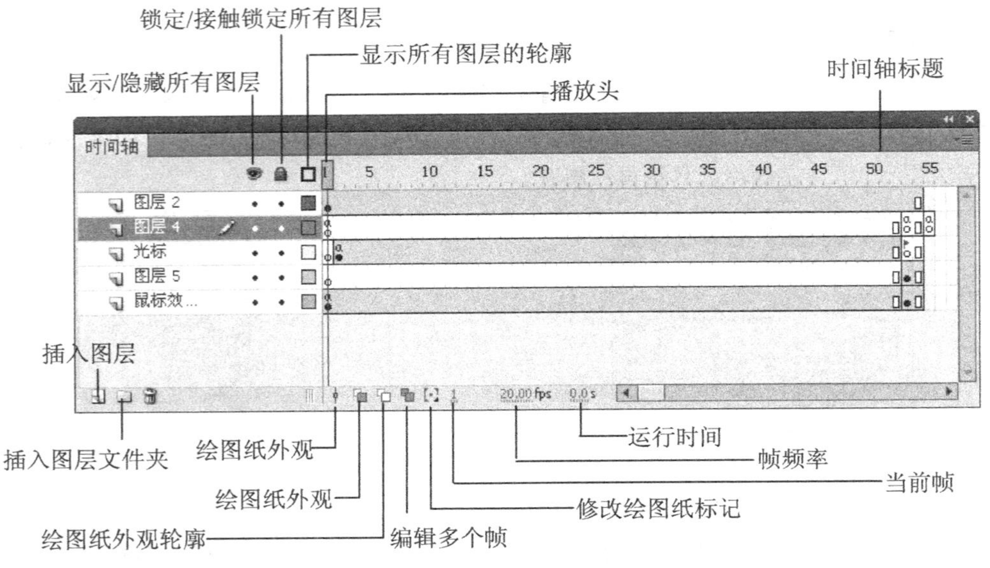

图 3-6　“时间轴”面板

文档中的图层显示在时间轴左侧区域中，每个图层中包含的帧显示在该图层名称右侧的区域中，时间轴顶部的时间轴标题显示帧编号，播放头指示舞台中当前显示的帧。时间轴状态显示在时间轴的底部，它指示所选的帧编号、当前的帧频以及到当前帧为止的运行时间。

在默认状态下，帧是以标准方式显示的，单击“时间轴”面板右上角的按钮，将打开图 3-7 所示的帧视图菜单。在该菜单中可以修改时间轴中帧的显示方式，如控制帧单元格的高度、宽度、颜色等。

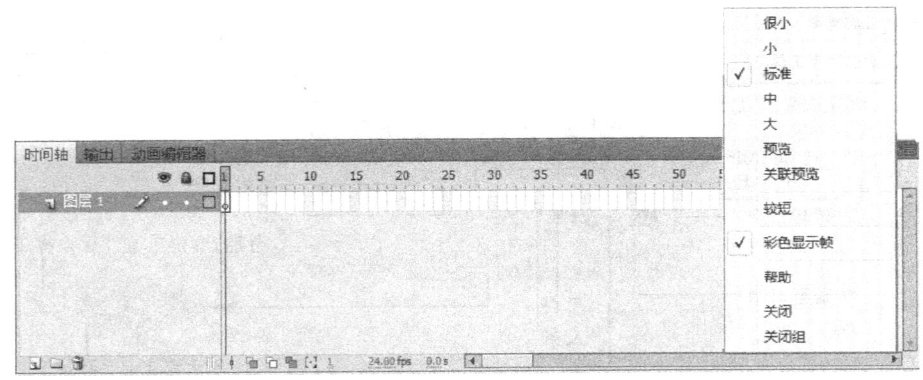

图 3-7　帧视图菜单

提示：

在 Flash CS6 的默认状态下，与时间轴并列的还有“动画编辑器”选项卡，使用它可以查看补间范围的每个帧的属性。

4. 舞台

在 Flash CS6 中，舞台就是设计者进行动画创作的区域，设计者可以在其中直接绘制插图，也可以在舞台中导入需要的插图、媒体文件等。要修改舞台的属性，可以选择“修改”|“文档”命令，打开“文档设置”对话框，如图 3-8 所示。然后在根据需要修改了舞台的尺寸大小、背景、帧频等信息后，单击“确定”按钮即可。

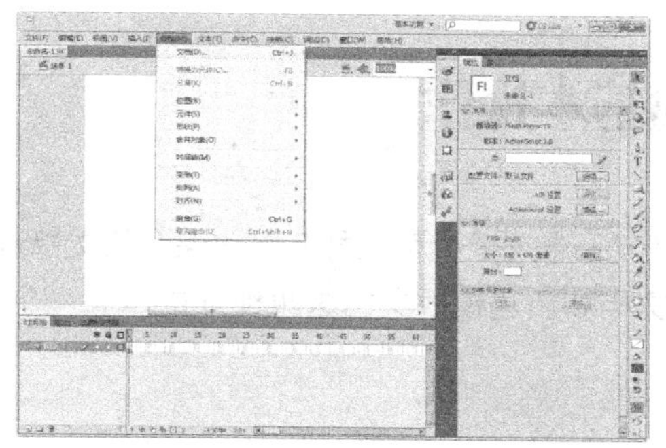

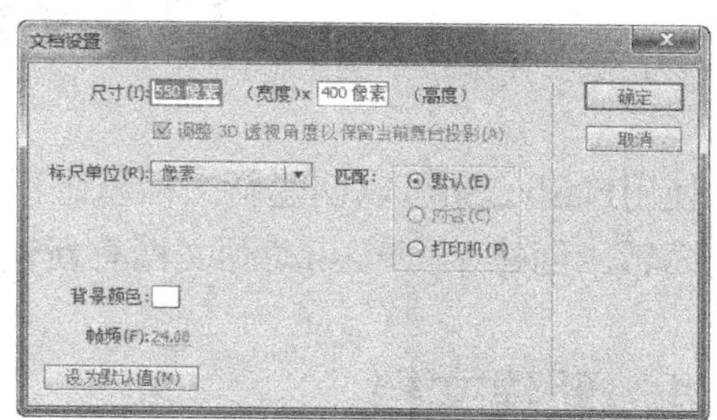

图 3-8　打开“文档设置”对话框

提示：

默认情况下，在“文档设置”对话框中以像素为标尺单位显示舞台尺寸，用户也可以根据需要按照英寸、厘米、毫米或点等标尺单位进行计量和设置。

5. 面板集

面板集用于管理 Flash 面板，通过面板集，用户可以对工作界面的面板布局进行重新组合，以适应不同的工作需要。

Flash CS6 提供了 7 种工作区面板集的布局方式，选择“窗口”|“工作区”子菜单下的相应命令，可以在这 7 种布局方式间切换，如图 3-9 所示。

除了使用预设的 6 种布局方式以外，还可以对整个工作区进行手动调整，使工作区更加符合个人的使用习惯。

拖动任意面板进行移动时，该面板将以半透明的方式显示，当被拖动的面板停靠在其他面板旁边时，会在其边界出现一个蓝边的半透明条，表示如果此时释放鼠标，则被拖动的面板将停放在半透明条的位置，如图 3-10 所示。

当面板处于集中状态时，单击面板集顶端的“折叠为图标”按钮，可以将整个面板集中的面板以图标方式显示，再次单击该按钮则恢复面板的显示。在默认设置下，按下 F4 快捷键可以显示或隐藏所有面板而只显示舞台。

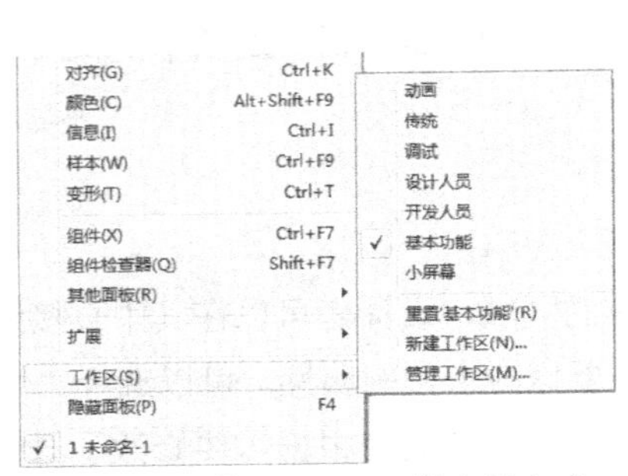

图 3-9　切换 Flash CS6 的布局方式

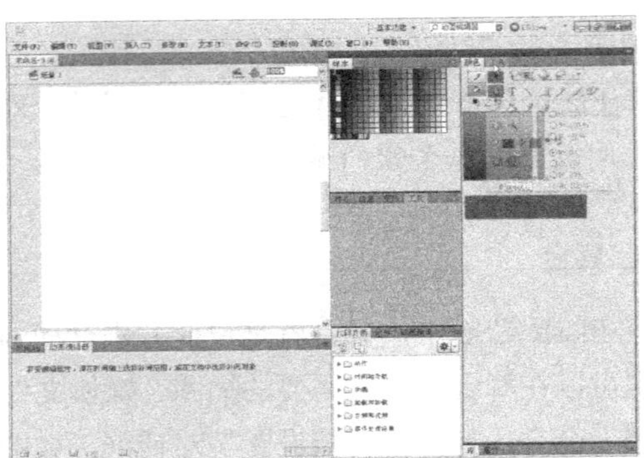

图 3-10　停放面板的位置

3.2　文档的基本操作

使用Flash CS6可以创建新文档以进行全新的动画制作，也可以打开以前保存的文档进行再次编辑。创建一个Flash动画文档有新建空白文档和新建模板文档这两种方式。

3.2.1　新建文档

使用 Flash CS6 可以创建新的文档或打开以前保存的文档，也可以在工作时打开新的窗口并且设置新建文档或现有文档的属性。新建文档有两种方法，一种是新建空白文档，另一种是新建模板文档。

1. 新建空白文档

选择“文件”|“新建”命令，打开“新建文档”对话框，如图 3-11 所示。默认打开的是“常规”选项卡对话框，在“类型”列表框中可以选择需要新建文档类型，在右侧的“描述”列表框中会显示该类型的说明内容，单击“确定”按钮，即可创建一个名称为“未命名-1”的空白文档。

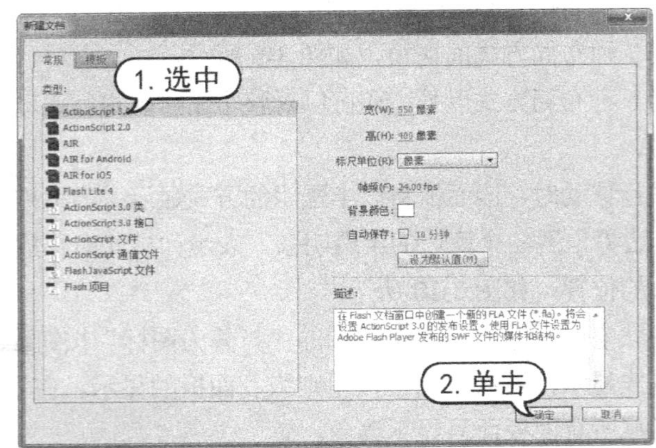

图 3-11　“新建文档”对话框

提示：

默认第一次创建的文档名称为“未命名-1”，最后的数字符号是文档的序号，它是根据创建的顺序依次命名的。例如，再次创建文档时，默认的文档名称为“未命名-2”，依此类推。

除了使用菜单命令新建 Flash 文档外，也可以单击“主工具栏”上的“新建”按钮新建一个空白 Flash 文档，选择“窗口”|“工具栏”|“主工具栏”命令，打开主工具栏，如图 3-12 所示。但要注意的是，使用此方法只能创建与上次创建文档的类型相同的空白文档。

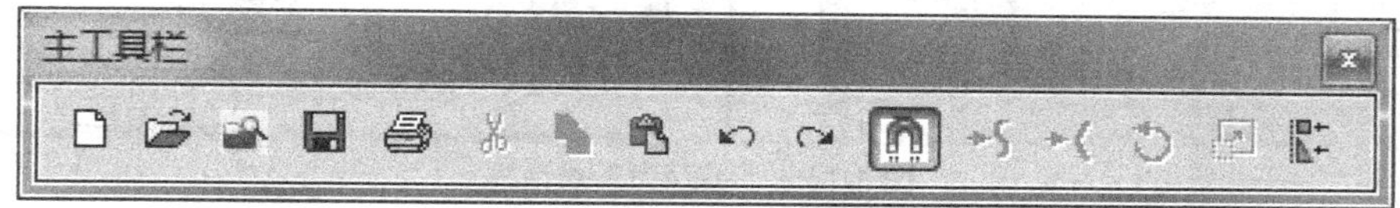

图 3-12　主工具栏

2. 新建模板文档

选择“文件”|“新建”命令，打开“新建文档”对话框后，单击“模板”选项卡，打开“从模板新建”对话框，如图 3-13 所示。在“类别”列表框中选择创建的模板文档类别，在“模板”列表框中选择“模板”样式，单击“确定”按钮，即可新建一个模板文档。

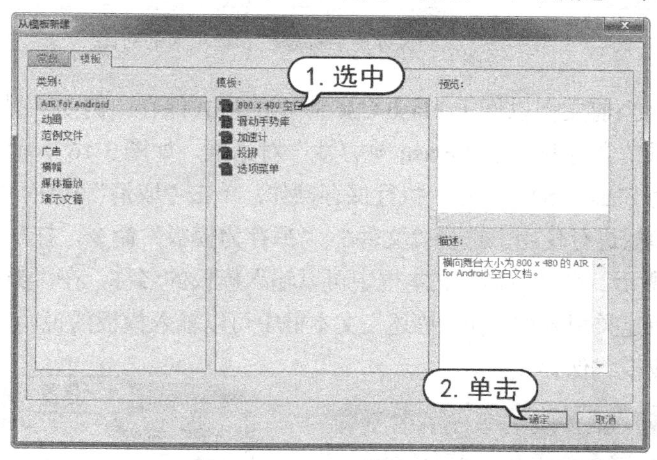

图 3-13　“从模板新建”对话框

3.2.2　保存文档

在完成对 Flash 文档的编辑和修改后，需要对其进行保存操作。可选择“文件”|“保存”命令，也可单击主工具栏上的“保存”按钮，打开“另存为”对话框，如图 3-14 所示。在该对话框中设置文件的保存路径、文件名和文件类型后，单击“保存”按钮即可。

提示：

Flash 中有两种文件格式，分别是 fla 源文件格式和 swf 动画格式，其中只有 fla 格式才可以被编辑。

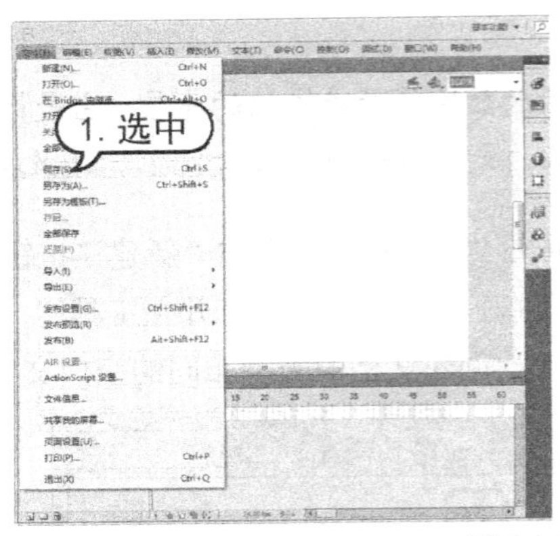

图3-14 “另存为”对话框

未保存文档的文档标签中的文档名称后会显示一个*号，而当文档被保存后*号会消失。如图3-15所示。其中，“未命名-2”和“未命名-3”文档都是已保存的文档，其余文档为未保存的文档。

图3-15 文档保存前后标题栏和选项卡的对比

此外，如果将当前文档以低于Flash CS6版本的格式保存。例如，另存为Flash CS4格式的文档，那么系统会打开一个“Flash兼容性”对话框，如图3-16所示。

单击“另存为Flash CS4”按钮，执行保存操作；单击“取消”按钮，将退出保存。还可以将文档保存为模板进行使用。选择“文件”|“另存为模板”命令，打开“另存为模板”对话框，如图3-17所示。在“名称”文本框中可以输入模板的名称，在“类别”下拉列表框中可以选择类别或新建类别名称，在“描述”文本框中可以输入模板的说明，然后单击“保存”按钮，即可以模板模式保存文档。

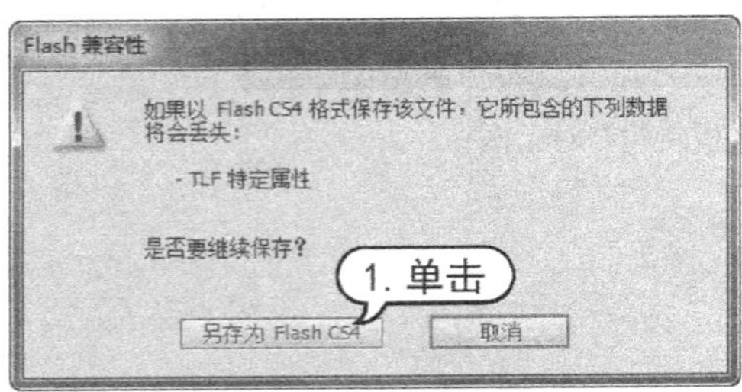

图3-16 “Flash兼容性”对话框

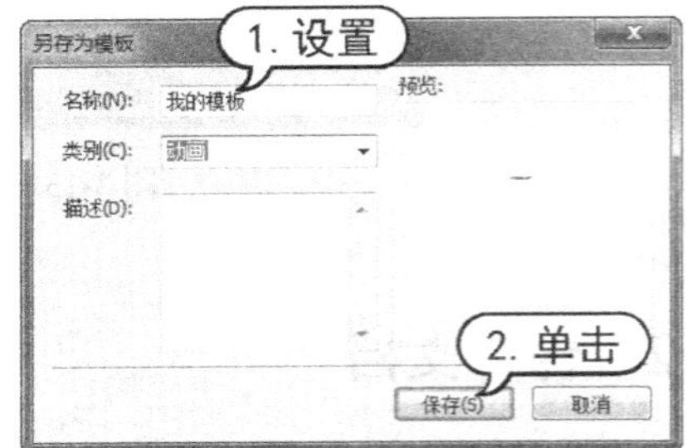

图3-17 “另存为模板”对话框

3.2.3 打开文档

选择“文件”|“打开”命令，或者单击“主工具栏”上的“打开”按钮，打开“打开”对话框，如图3-18所示。然后，选择要打开的文件，单击“打开”按钮，即可打开选中的文件。

如果要同时打开了多个文档，可以单击文档标签的，轻松地在多个文档之间切换，如图 3-19 所示。默认情况下，各文档的标签是按创建先后顺序排列的，而且各文档的标签顺序无法通过拖动进行更改。

图 3-18 “打开”对话框

图 3-19 在多个标签之间进行切换

提示：

在“打开”对话框中，显示了 fla 和 swf 两种格式的文件，如果打开的是 swf 文件，将自动打开 SWF 播放器播放打开的文件。

3.3 Flash CS6 图形绘制基础

在 Flash CS6 中，教师可以使用线条、椭圆、矩形和五角星形等基本图形绘制工具绘制基本图形，可以使用钢笔、铅笔等工具进行精细图形的绘制，还可以对已经绘制的图形进行旋转、缩放、扭曲等变形操作。另外，使用 Deco 绘图工具可以使教师的绘图工作效率更高。

3.3.1 绘制简单图形

Flash 动画是由基本的图形组成，若想制作出高质量的动画效果，就必须能够熟练掌握 Flash CS6 中各种绘图工具的使用。每一个 Flash 形状都有其各自的构成元素，其中基本的构成元素包括线条、椭圆、矩形和多角星形等。

1. 使用“线条”工具

在 Flash CS6 中，“线条”工具主要用于绘制不同角度的矢量直线。在“工具”面板中选择“线条”工具，将光标移动到舞台上，会显示为十字形状，按住鼠标左键向任意方向拖动，即可绘制出一条直线。要绘制垂直或水平直线，按住 Shift 键，然后按住鼠标左键拖动即可，并且还可以绘制以 45° 为角度增量倍数的直线。

如果绘制的是一条垂直或水平直线，光标中会显示一个较大的圆圈，如图 3-20 所示，则表示正在绘制的是垂直或水平线条；如果绘制的是一条斜线，光标中会显示一个较小的圆圈，如图 3-21 所示，表示正在绘制的斜线，通过这种方式可以很方便地确定绘制的是水平、垂直或倾斜直线。

图 3-20　绘制水平直线时的光标显示的圆圈较大　　图 3-21　绘制倾斜直线时的光标显示的圆圈较小

2. 使用“矩形”和“基本矩形”工具

选择“工具”面板中的“矩形”工具，在设计区中按住鼠标左键拖动，即可开始绘制矩形。如果按住 Shift 键，可以绘制正方形图形。

选择“矩形”工具后，打开“属性”面板，如图 3-22 所示。在该面板中的主要参数选项的具体作用与“椭圆”工具属性面板相同，其中的“矩形选项”选项卡中的参数可以用来设置矩形的 4 个直角半径，正值为正半径，负值为反半径，如图 3-23 所示。

单击“属性”面板中的“将边角半径控件锁定为一个控件”按钮，可以设置矩形的 4 个角设置不同的角度值。单击“重置”按钮将重置所有数值，即角度值还原为默认值 0。

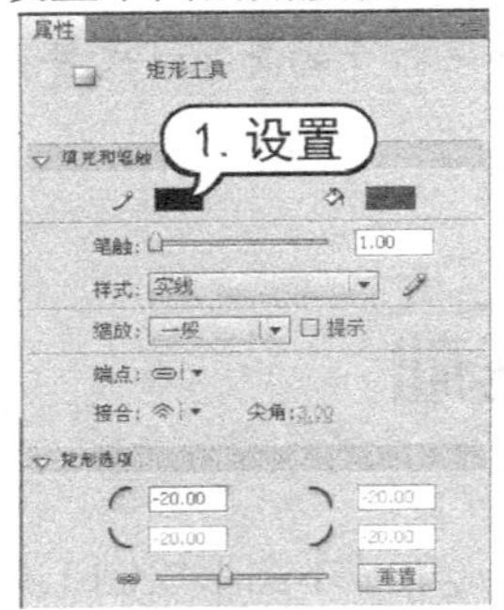

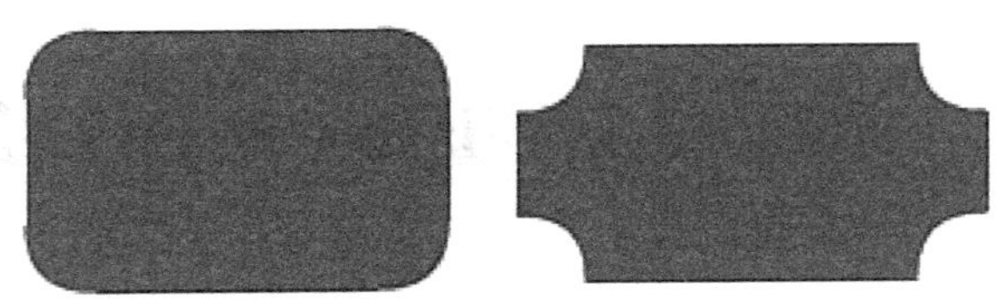

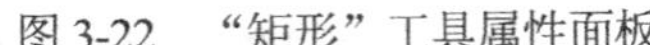

图 3-22　“矩形”工具属性面板　　图 3-23　绘制正半径和反半径矩形

3. 使用“椭圆”和“基本椭圆”工具

选择“工具”面板中的“椭圆”工具，在设计区中按住鼠标拖动，即可绘制出椭圆。按住 Shift 键，可以绘制一个正圆图形。如图 3-24 所示，是使用“椭圆”工具绘制的椭圆和正圆图形。选择“椭圆”工具后，打开“属性”面板，如图 3-25 所示。在“椭圆”工具属性面板中，一些参数选项的作用与“线条”工具属性面板中类似，可以参考前文内容设置。

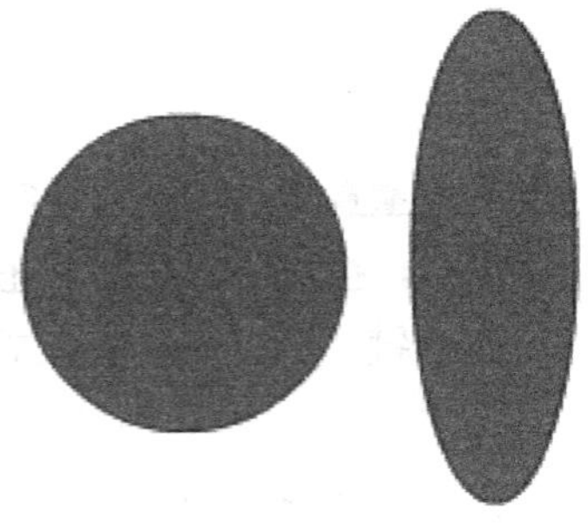

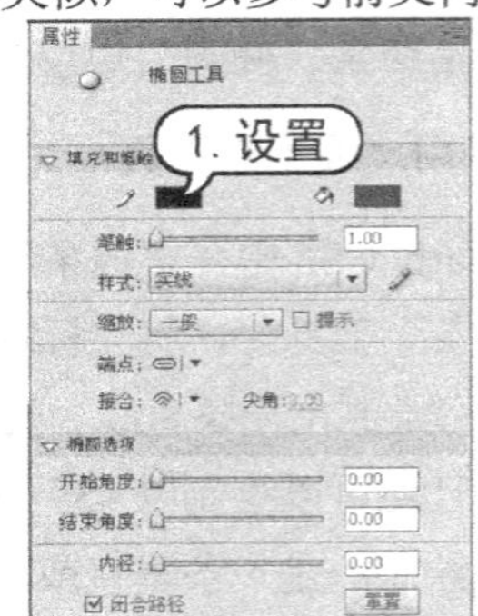

图 3-24　绘制椭圆和正圆图形　　图 3-25　“椭圆”工具属性面板

4. 使用“多角星形”工具

绘制几何图形时，“多角星形”工具也是常用工具。使用“多角星形”工具可以绘制多边形图形和多角星形图形，在实际动画制作过程中，这些图形是较多应用到的。如图 3-26 和图 3-27 所示为使用多角星形工具绘制的正五边形和正五角星。

图 3-26　绘制正五边形

图 3-27　绘制正五角星

3.3.2　绘制复杂图形

在使用 Flash CS6 绘制动画对象时，大多数情况下动画对象不会是规则图形，这时候就需要“钢笔”工具和“铅笔”工具进行图形的自由绘制。使用“部分选取”工具可以对图形的节点进行调整，从而达到图形的创建和编辑。使用“橡皮擦”工具不仅可以帮助教师修改绘制错误，还可以起到编辑图形的作用。

1. 使用“钢笔”工具

“钢笔”工具常用于绘制比较复杂、精确的曲线。在 Flash CS6 中的“钢笔”工具分为“钢笔”、“添加锚点”、“删除锚点”和“转换锚点”工具，如图 3-28 所示。

选择工具箱中的“钢笔”工具，当光标变为形状时，在设计区中单击确定起始锚点，再选择合适的位置单击确定第 2 个锚点，这时系统会在起点和第 2 个锚点之间自动连接一条直线。如果在创建第 2 个锚点时按下鼠标左键并拖动，会改变连接两锚点直线的曲率，使直线变为曲线，如图 3-29 所示。重复上述步骤，即可创建带有多个锚点的连续曲线。

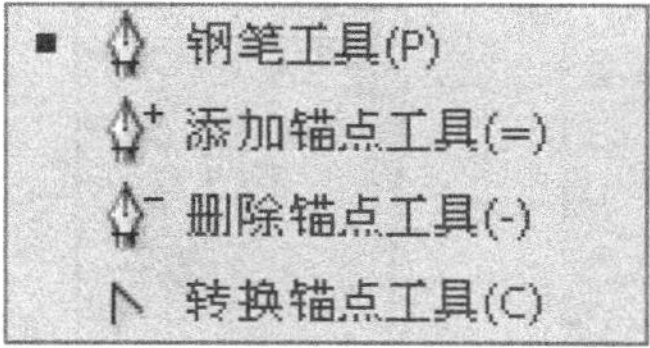

图 3-28　钢笔工具组的菜单

图 3-29　使用“钢笔”工具绘制曲线

提示：

要结束开放曲线的绘制，可以双击最后一个绘制的锚点或单击工具箱中的“钢笔”工具，也可以按住 Ctrl 键单击舞台中的任意位置；要结束闭合曲线的绘制，可以移动光标至起始锚点位置上，当光标显示为形状时在该位置单击，即可闭合曲线并结束绘制操作。

在使用“钢笔”工具绘制曲线后，还可以对其进行简单编辑，如增加或删除曲线上的锚点。要在曲线上添加锚点，可以在工具箱中选择“添加锚点”工具，直接在曲线上单击即可，如图 3-30 所示。

使用“锚点转换”工具，可以将曲线上的锚点类型进行转换。在工具箱中选择“转换锚点”工具后，当光标变为形状时，移动光标至曲线上需操作的锚点位置单击，会将该锚点两边的曲线转换为直线，如图 3-31 所示。

图 3-30　增加曲线锚点　　　　图 3-31　转换锚点

2. 使用“部分选取”工具

“部分选取”工具主要用于选择线条、移动线条和编辑节点以及节点方向等。它的使用方法和作用与“选择”工具类似，区别在于，使用“部分选取”工具选中一个对象后，对象的轮廓线上将出现多个控制点，如图 3-32 所示，表示该对象已经被选中。在使用“部分选取”工具选中路径之后，可对其中的控制点进行拉伸或修改曲线，具体操作如下。

- 移动控制点：选择的图形对象周围将显示出由一些控制点围成的边框，用户可以选择其中的一个控制点，此时光标右下角会出现一个空白方块，拖动该控制点，可以改变图形轮廓，如图 3-33 所示。
- 改控制点曲度：可以选择其中一个控制点来设置图形在该点的曲度。选择某个控制点之后，该点附近将出现两个在此点调节曲形曲度的控制柄，此时空心的控制点将变为实心，可以拖动这两个控制柄，改变长度或者位置以实现对该控制点的曲度控制。如图 3-34 所示。
- 移动对象：使用“部分选取”工具靠近对象，当光标显示黑色实心方块时，即可将对象拖动到所需位置，如图 3-35 所示。

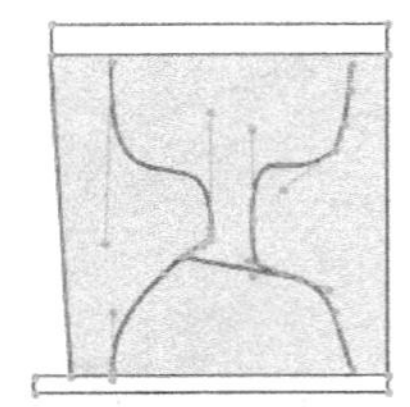
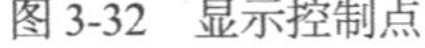

图 3-32　显示控制点

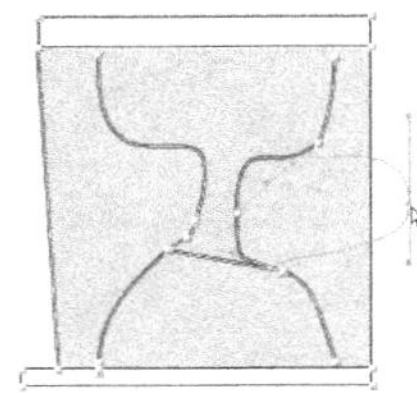

图 3-33　移动控制点

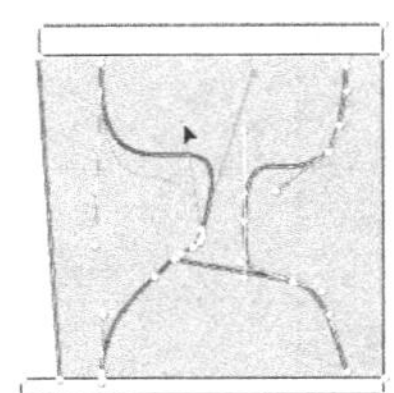

图 3-34　修改曲度

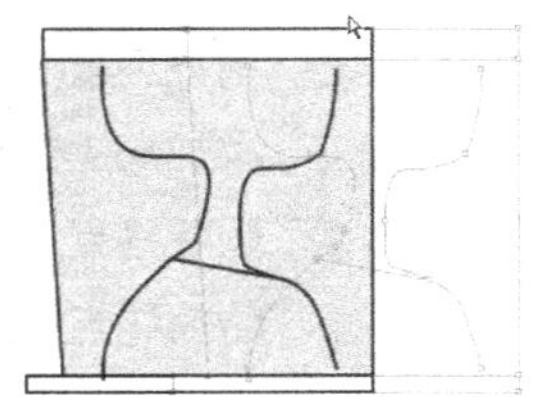

图 3-35　移动对象

3. 使用“铅笔”工具

在 Flash CS6 中，使用“铅笔”工具可以绘制任意线条。在工具箱中选择“铅笔”工具后，在所需位置按下鼠标左键拖动即可。在使用“铅笔”工具绘制线条时，按住 Shift 键，可以绘制出水平或垂直方向的线条。

选择“铅笔”工具后，在“工具”面板中会显示“铅笔模式”按钮。单击该按钮，会打开模式选择菜单。在该菜单中，可以选择“铅笔”工具的绘图模式，如图 3-36 所示。

在“铅笔模式”选择菜单中的 3 个选项具体作用如下。

- “伸直”：可以使绘制的线条尽可能地规整为几何图形。如图 3-37 所示为使用该模式绘制图形的效果。

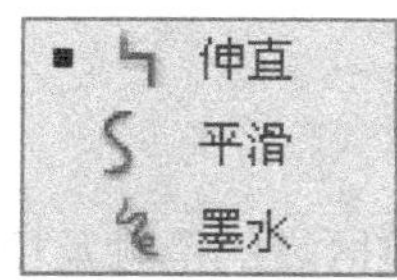

图 3-36　“铅笔模式”选择菜单

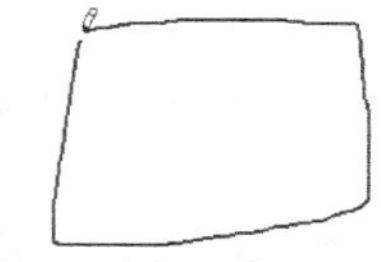

“伸直”模式绘制过程

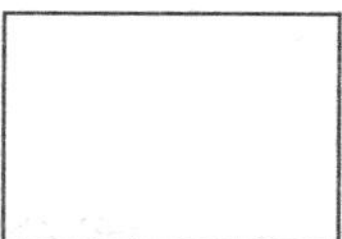

绘制效果

图 3-37　“伸直”模式绘制效果

- “平滑”：可以使绘制的线条尽可能地消除线条边缘的棱角，使绘制的线条更加光滑。如图 3-38 所示为使用该模式绘制图形的效果。
- “墨水”：可以使绘制的线条更接近手写的感觉，在舞台上可以任意勾画。如图 3-39 所示为使用该模式绘制图形的效果。

图 3-38　使用“平滑”模式绘制效果

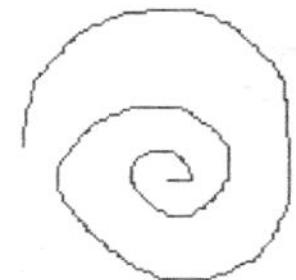

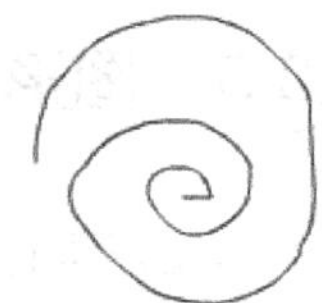

图 3-39　使用“墨水”模式绘制效果

4. 使用“橡皮擦”工具

使用“橡皮擦”工具，可以快速擦除舞台中的任何矢量对象，包括笔触和填充区域。在使用该工具时，可以在工具箱中自定义擦除模式，以便只擦除笔触、多个填充区域或单个填充区域；还可以在工具箱中选择不同的橡皮擦形状。

选择“橡皮擦”工具后，在工具箱中，可以设置“橡皮擦”工具属性，如图 3-40 所示。单击“橡皮擦模式”按钮，可以在打开的“模式选择”菜单中选择橡皮擦模式，如图 3-41 所示。

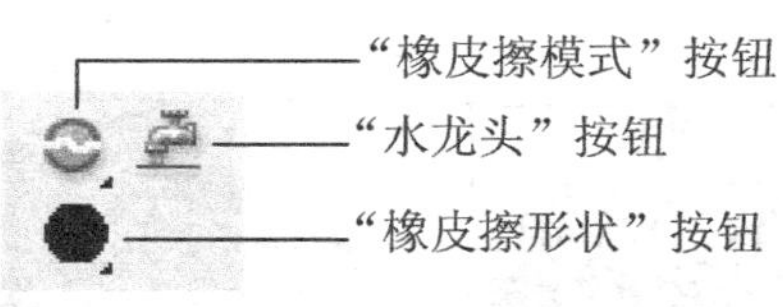

图 3-40　“橡皮擦”工具属性

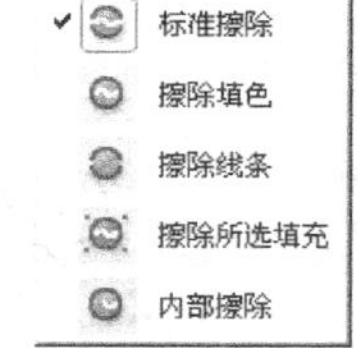

图 3-41　“橡皮擦”工具的模式菜单

在“橡皮擦模式”选择菜单中，有 5 种刷子模式，使用不同刷子模式的擦除效果如图 3-42 所示。

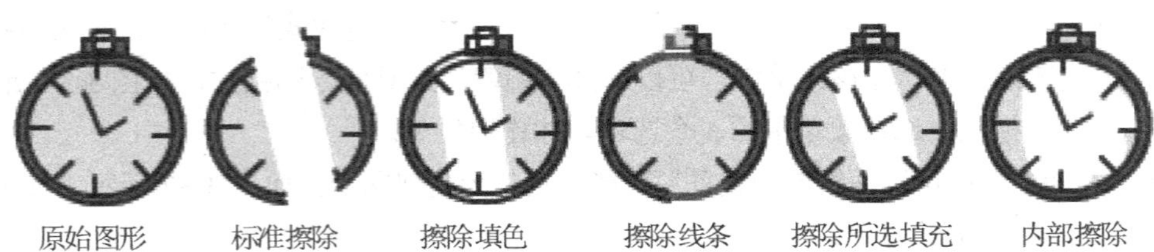

图 3-42　橡皮擦的 5 种擦除抹效果

- “标准擦除”模式：可以擦除同一图层中擦除操作经过区域的笔触及填充。
- “擦除填色”模式：只擦除对象的填充，而对笔触没有任何影响。
- “擦除线条”模式：只擦除对象的笔触，而不会影响到其填充部分。
- “擦除所选填充”模式：只擦除当前对象中选定的填充部分，对未选中的填充及笔触没有影响。
- “内部擦除”模式：只擦除“橡皮擦”工具开始处的填充，如果从空白点处开始擦除，则不会擦除任何内容。选择该种擦除模式，同样不会对笔触产生影响。

3.3.3　图形变形

对图形进行变形，可以调整图形在设计区中的比例，或者协调其与其他设计区中的元素关系。对图形对象的变形主要包括翻转对象、缩放对象、任意变形对象、扭曲对象和封套对象等操作。

1. 使用“变形”菜单命令

选择了舞台上的图形对象以后，可以选择“修改”|“变形”命令打开“变形”子菜单，在该子菜单中选择需要的变形命令进行图形的变形，如图 3-43 所示。这里的命令选项，大多与“变形”面板中的按钮命令或“任意变形”工具相同。

值得一提的是，在Flash CS6中，在对图形进行变形操作时，图形的周围会显示一个淡蓝色的矩形边框，矩形边框的边缘最初与舞台的边缘平行对齐，该功能是为了用户在图形变形时可以进行比较和参照，如图3-44所示。

图 3-43　“变形”菜单命令

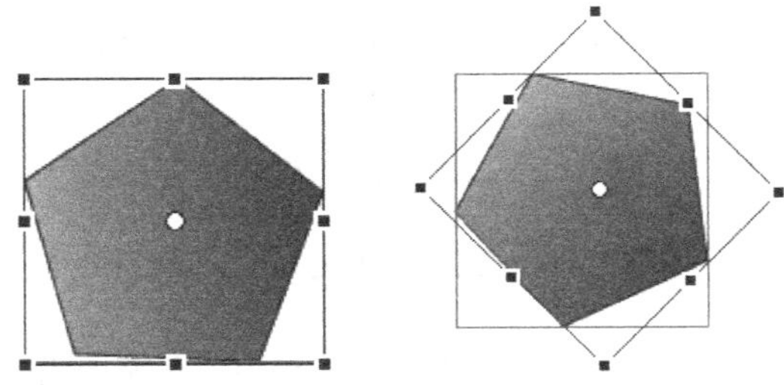

图 3-44　图形的变形

2. 使用“变形”面板

选择对象后，选择“窗口”|“变形”命令，可以打开“变形”面板，如图 3-45 所示。使用“变形”面板不仅可以对图形对象进行较为精准的变形操作，还可以利用其“重制选区和变形”的功能，依靠单一图形对象，创建出复合变形效果的图形。在“变形”面板中可以设置了旋转或倾斜的角度，单击“重制选区和变形”按钮即可复制对象。图 3-46 所示为一个矩形以 30° 角进行旋转，单击“重制选区和变形”按钮后所创建的图形。

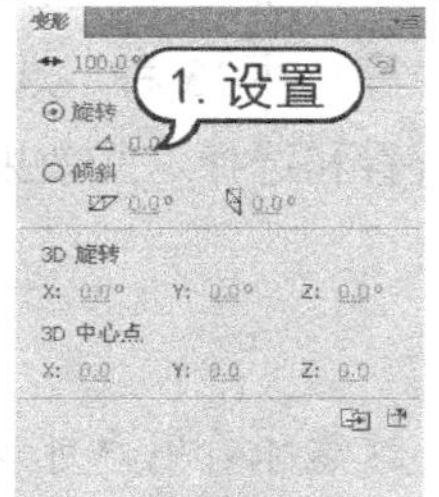

图 3-45　“变形”面板

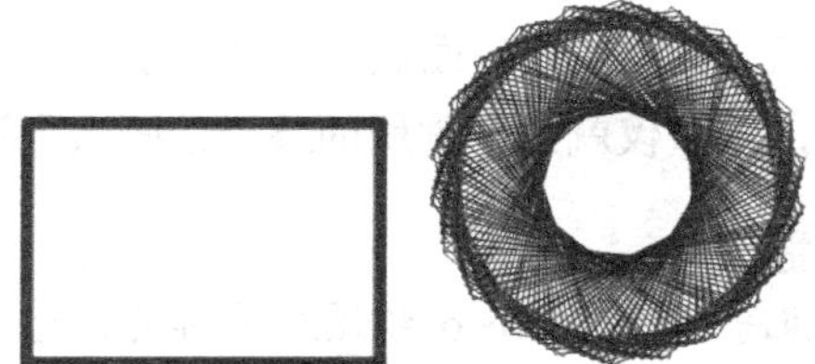

图 3-46　重制选区和变形

3. 使用“任意变形”工具

“任意变形”工具可以用来对对象进行旋转、扭曲、封套等操作。选择“工具”面板中的“任意变形”工具，在“工具”面板中会显示“贴紧至对象”、“旋转和倾斜”、“缩放”、“扭曲”和“封套”按钮，如图 3-47 所示。选中对象，在对象的四周会显示 8 个控制点■，在中心位置会显示 1 个变形点○，如图 3-48 所示。

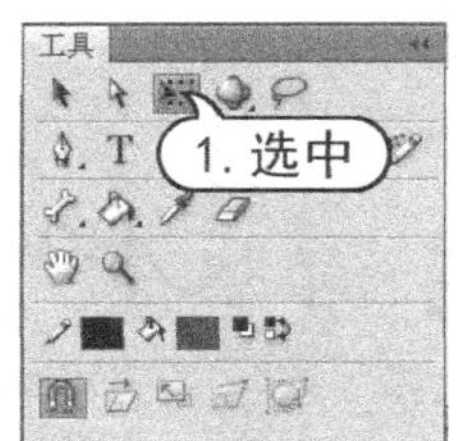

图 3-47　“工具”面板

图 3-48　选择对象

其中，旋转与倾斜对象可以垂直或水平方向上缩放，还可以在垂直和水平方向上同时缩放。选择“工具”面板中的“任意变形”工具，然后单击“旋转与倾斜”按钮，选中对象，当光标显示为形状时，可以旋转对象；当光标显示为形状时，可以水平方向倾斜对象；当光标显示形状时，可以垂直方向倾斜对象，如图 3-49 所示。

原图

旋转

水平倾斜

垂直倾斜

图 3-49　旋转与倾斜对象

3.3.4　Deco 装饰性绘画工具

Deco 工具是装饰性绘画工具，可以将创建的图形形状转变为复杂的几何图案。Deco 工具使用算术计算(称为过程绘图)。这些计算将应用于“库”面板中创建的“影片剪辑”或“图形”元件。Flash CS6 的 Deco 工具较之前版本有了很大的扩展，其绘制效果在原来的“藤蔓式填充”、“网格填充”和“对称刷子”这 3 个基础效果之上，又添加了“3D 刷子”、“建筑物刷子”、“装饰性刷子”、“火焰动画”和“火焰刷子”等一共 13 种。选择 Deco 工具后，在“属性”面板中打开“绘制效果”下拉列表框，可以查看和选择这些效果。限于篇幅，本节仅就几个常用的装饰绘画效果进行介绍。

提示：

几乎所有的 Deco 绘图效果都支持元件替换填充元素的功能，这意味着用户可以用自己喜欢的元件图案来进行效果填充，否则系统将会采用默认形状填充。

1. 藤蔓式填充

选择“藤蔓式填充”效果，可以用藤蔓式图案填充设计区、元件或封闭区域。用户还可以选择“库”中的元件替换叶子和花朵的插图，生成的图案将包含在影片剪辑中，而影片剪辑本身包含组成图案的元件。该效果的“属性”面板显示如图 3-50 所示，在“属性”面板中设置完毕后，在舞台中单击，即可应用藤蔓效果了，默认情况下的绘制效果如图 3-51 所示。

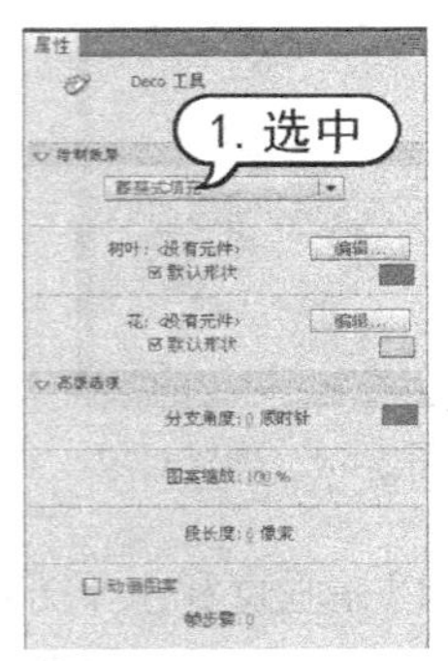

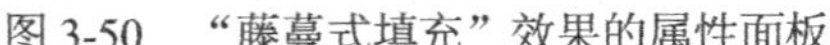

图 3-50　“藤蔓式填充”效果的属性面板

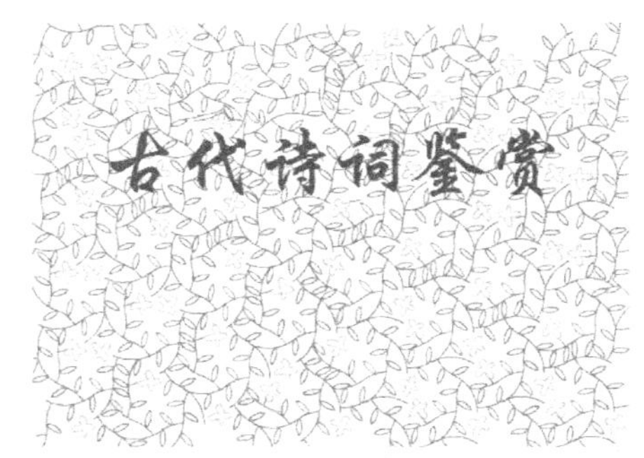

图 3-51　“藤蔓式填充”效果

在“藤蔓式填充”效果“属性”面板中，主要参数选项的具体作用如下。

- “分支角度”选项：设置分支图案的角度。
- “分支颜色”选项：设置用于分支的颜色。
- “图案缩放”选项：缩放操作会使对象同时沿水平方向和垂直方向放大或缩小。
- “段长度”选项：设置花朵节点之间的段的长度。
- “动画图案”选项：设置的每次迭代都绘制到时间轴中的新帧。在绘制花朵图案时，此选项将创建花朵图案的逐帧动画序列。
- “步骤”选项：设置效果时每秒要横跨的帧数。

2. 网格式填充

选择“网格填充”效果，可以以元件填充设计区、元件或封闭区域。将网格填充绘制到设计区中，如果移动填充元件或调整其大小，则网格填充将随之移动或调整大小。使用“网格填充”效果，可以创建棋盘图案、平铺背景或自定义图案填充的区域或形状。对称效果的默认元件大小为 25×25 像素、无笔触的黑色矩形形状。

选择“Deco”工具，在“属性”面板中选择“网格填充”效果，打开该效果“属性”面板，如图 3-52 所示。可以看到，在“网格填充”效果下，用户可以添加多达 4 种元件，打开“高级选项”下拉列表框，还可以使用“平铺图案”、“砖形图案”和“楼层模式”这 3 种网格填充效果，如图 3-53 所示。

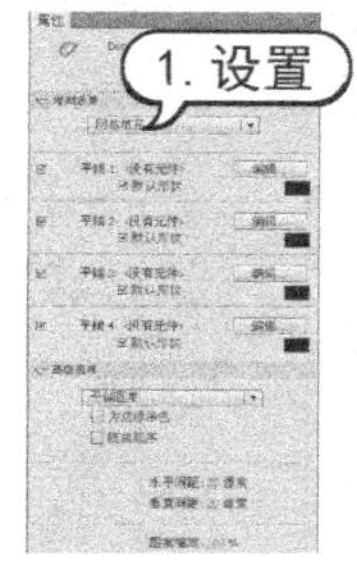

图 3-52　“网格填充”效果的属性面板

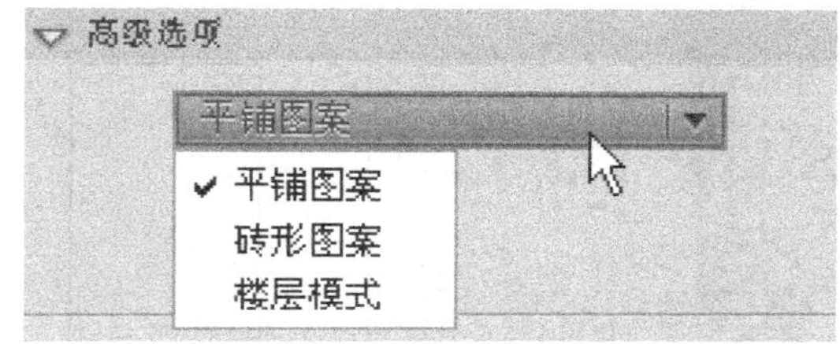

图 3-53　多种平铺效果

在该面板中主要参数选项的具体作用如下。

- “水平间距”选项：设置网格填充中所用形状之间的水平距离(以像素为单位)。
- “垂直间距”选项：设置网格填充中所用形状之间的垂直距离(以像素为单位)。
- “图案缩放”选项：使对象同时沿水平方向和垂直方向放大或缩小。

3. 对称刷子效果

选择对称效果，可以围绕中心点对称排列元件。在设计区中绘制元件时，将显示一组手柄。可以使用手柄通过增加元件数、添加对称内容或者编辑和修改效果的方式来控制对称效果。使用对称效果，可以创建圆形界面元素(如模拟钟面或刻度盘仪表)和旋涡图案。对称效果的默认元件大小为 25×25 像素、无笔触的黑色矩形形状。

选择 Deco 工具，在“属性”面板中选择“对称刷子”效果，打开该效果“属性”面板，如图 3-54 所示。在“对称刷子”效果“属性”面板中显示了该效果的高级选项，可以设置“旋转”、“跨线反射”、“跨点反射”和“网格平移”这 4 个选项，如图 3-55 所示。

- “旋转”选项：围绕指定的固定点旋转对称中的形状。默认参考点是对称的中心点。若要围绕对象的中心点旋转对象，请按圆形运动进行拖动。
- “跨线反射”选项：围绕指定的不可见线条等距离翻转形状。
- “跨点反射”选项：围绕指定的固定点等距离放置两个形状。
- “网格平移”选项：使用按对称效果绘制的形状创建网格。每次在舞台上单击 Deco 工具，都会创建形状网格。使用由对称刷子手柄定义的 x 和 y 轴坐标调整这些形状的高度和宽度。

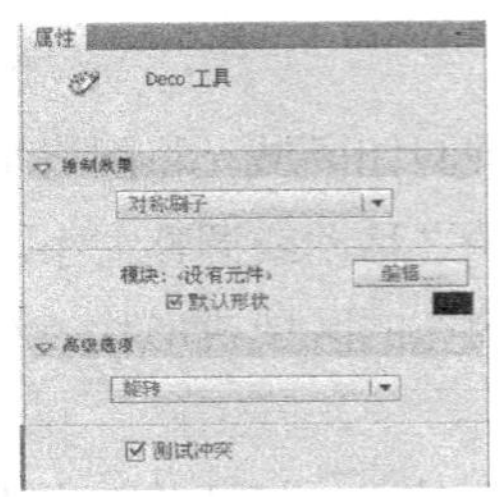

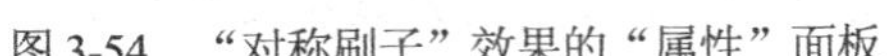

图 3-54　“对称刷子”效果的“属性”面板

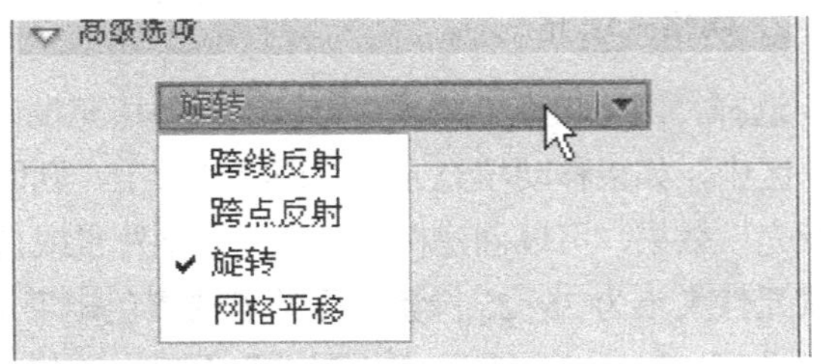

图 3-55　“对称刷子”效果的高级选项

4. 装饰性刷子效果

装饰性刷子效果在进行 Flash 绘图时很有用，教师可以通过应用装饰性刷效果，绘制出多种装饰线，如梯形图案、绳形、星形、波浪线等，如图 3-56 所示。

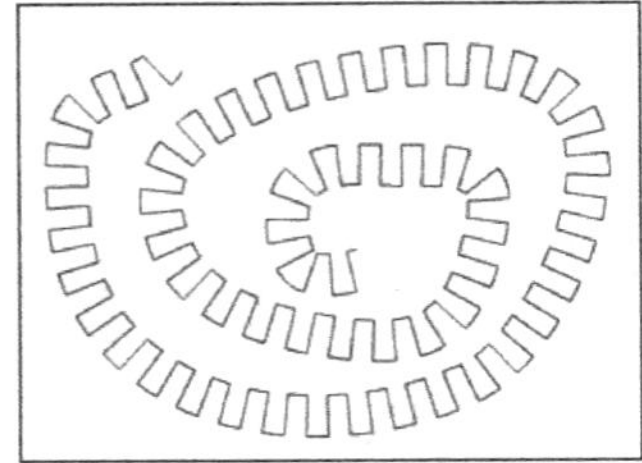
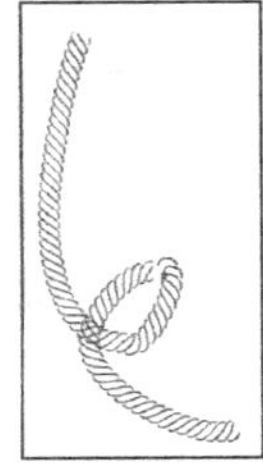
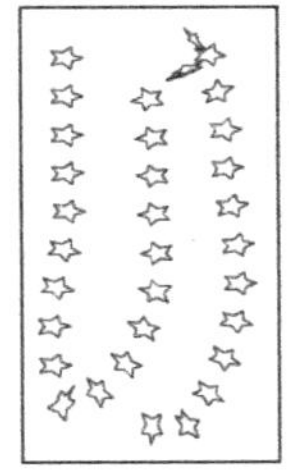

图 3-56　绘制多种线条效果

默认情况下，Flash CS6 提供了 20 种线条效果以供用户选择，选择 Deco 工具后，在“属性”面板中选择“装饰性刷子”效果，可打开该效果“属性”面板，如图 3-57 所示。在“高级选项”下拉列表框中，用户可以选择各种线条效果，如图 3-58 所示。

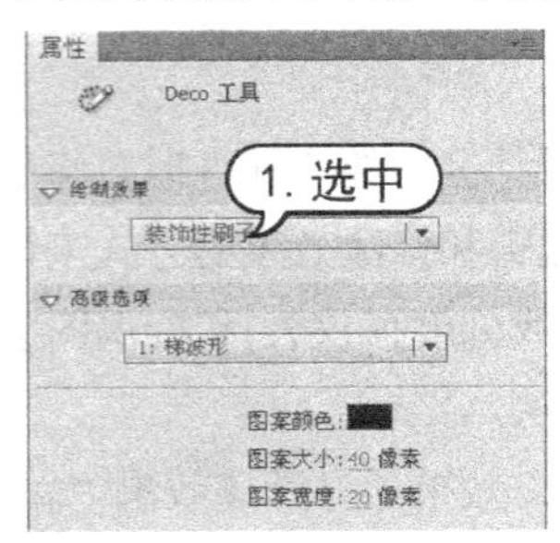

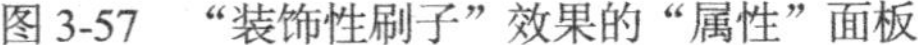

图 3-57　“装饰性刷子”效果的“属性”面板

图 3-58　“装饰性刷子”效果的高级选项

3.4　在 Flash 中编辑文本

文本是 Flash 课件中重要的组成元素之一，它不仅可以帮助影片表述内容，也可以对影片起到一定的美化作用。Flash CS6 对“文本”工具有了很大的改变和加强，在丰富原有传统文本模式的基础上，又新增了 TLF 文本模式，可以使用户更有效地加强对文本的控制。

3.4.1　TLF 文本

TLF 文本是 Flash CS6 中的默认文本类型，TLF 文本的出现，使得 Flash 在文字排版方面的能力大大加强。在工具栏上选中“文本”工具T，即可在舞台上创建 TLF 文本。下面通过一个实例，来说明 TLF 文本的特点，并介绍不同 TLF 文本类型的区别。

【练习 3-1】打开一个 Flash 文档，创建 TLF 文本框并输入文字，然后对文字进行排版设置，最后调整不同的 TLF 文本类型进行发布测试。

(1) 启动 Flash CS6 程序，选择“文件” | “打开”命令，打开一个 Flash 文档。

(2) 在工具箱中选择“文本”工具，在“属性”面板中选择“TLF 文本”选项，并选择“可选”选项，如图 3-59 所示。

(3) 在舞台中进行拖动绘制一个文本框，然后填入一段文字，如图 3-60 所示。

图 3-59　创建 TLF 文本

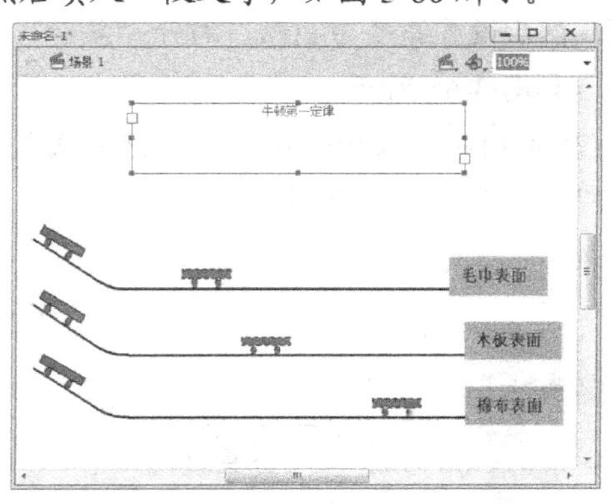

图 3-60　创建 TLF 文本框

(4) 在“属性”面板中打开“字符”选项组，设置字体为“华文行楷”，文字大小为 60 点，行距为 120，文字颜色为红色，加亮显示为黄色，字距调整为 0，如图 3-61 所示。此时舞台上文字的效果如图 3-62 所示。

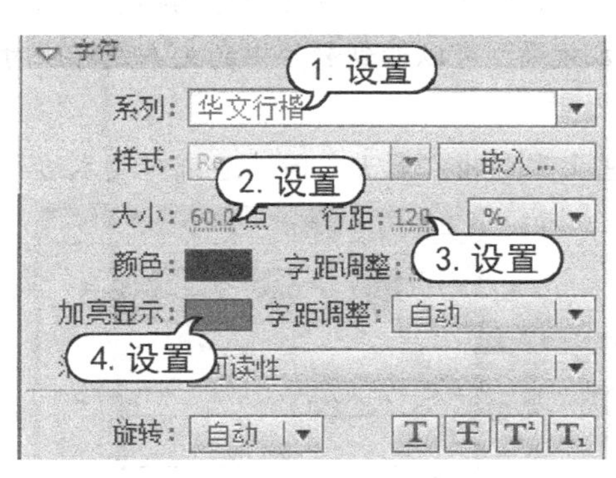

图 3-61　设置文本属性

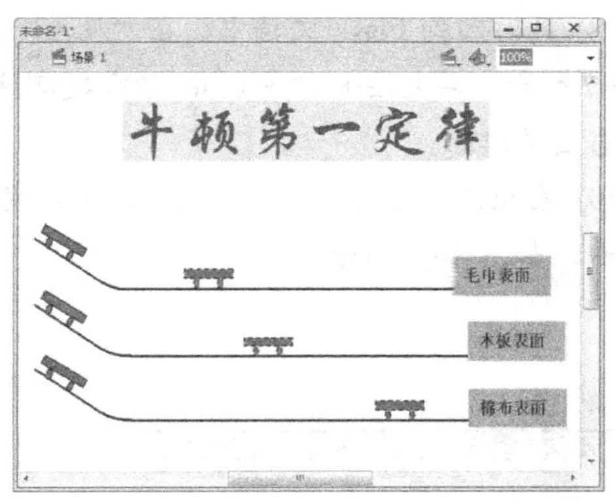

图 3-62　文字效果

(5) 在“属性”面板中打开“容器和流”选项组，设置“容器边框颜色”为紫色，设置“容器背景颜色”为蓝色，“区域设置”下拉列表框中设置为“简体中文”，如图 3-63 所示。此时的舞台效果如图 3-64 所示。

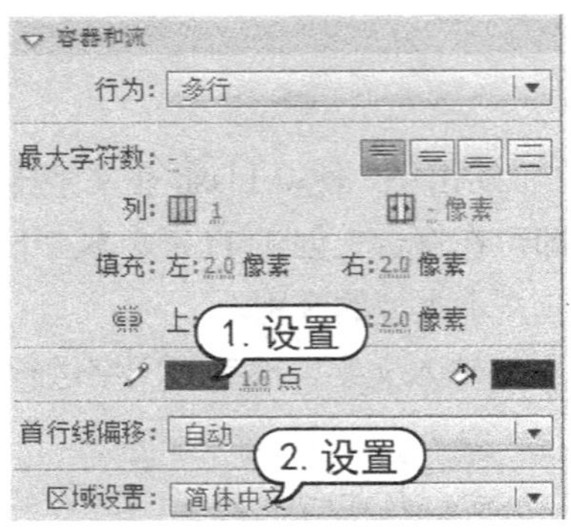

图 3-63　设置“容器和流”选项组

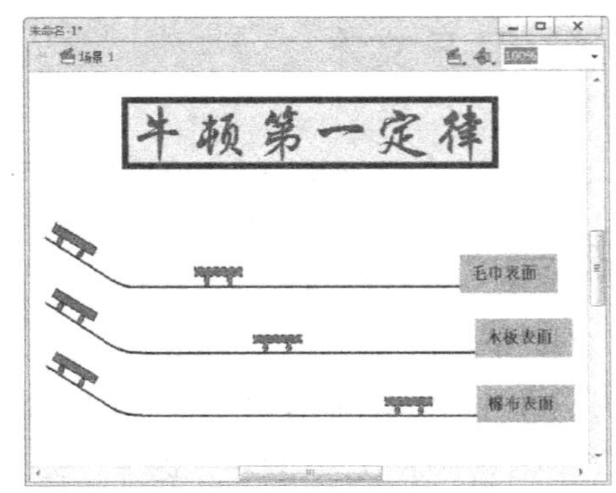

图 3-64　舞台效果

(6) 在“属性”面板中打开“色彩效果”选项组，在“样式”下拉列表框中选择“亮度”选项，然后设置亮度为 20%，打开“显示”选项组，在“混合”下拉列表框中选择“一般”选项，如图 3-65 所示。

(7) 此时按下 Ctrl+Enter 组合键测试文本效果，可以看到影片中的文字可以被选中、复制和粘贴，如图 3-66 所示。

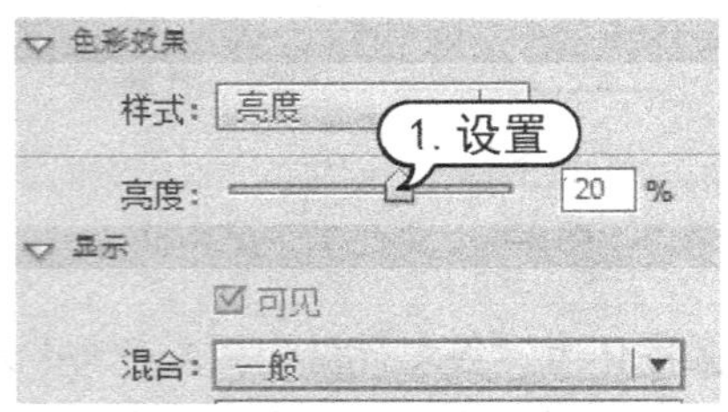

图 3-65　设置“色彩效果”和“显示”选项组

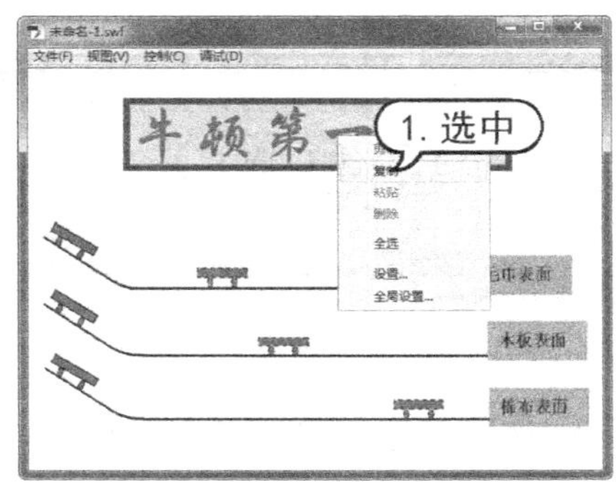

图 3-66　文本可被复制和粘贴

(8) 此时回到 Flash 文档中，在“属性”面板中将 TLF 文本设置为“可编辑”选项，如图 3-67 所示，再次按下 Ctrl+Enter 组合键测试文本效果，可以看到影片中的文本是可以对其进行自由编辑的。

(9) 在原文本后面添加一些文字，可以发现当文本超出容器大小时，还可对文本进行滚动查看，如图 3-68 所示。

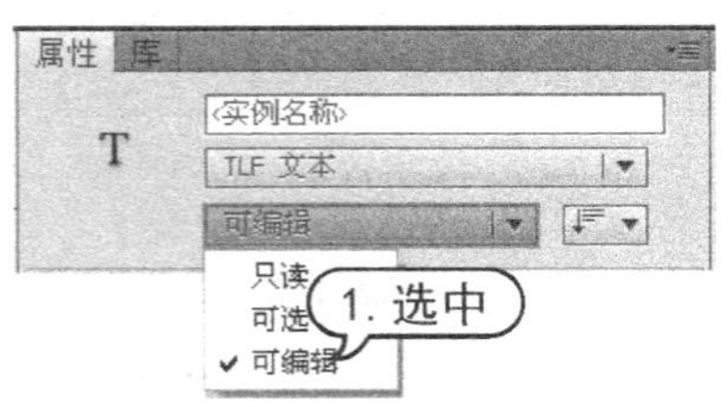

图 3-67　选择“可编辑”选项

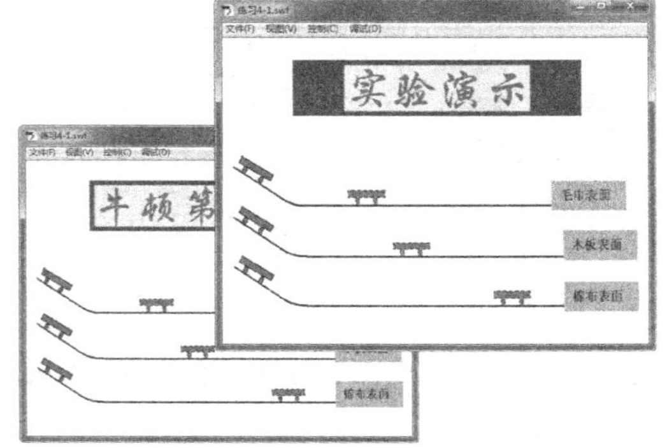

图 3-68　直接在导出的影片中进行滚动查看

提示：

如果将 TLF 文本设置为“只读”选项，那么在导出的影片内用户无法进行任何操作，包括文本框的滚动、复制粘贴以及编辑。用户还可以在“属性”面板中将 TLF 转换为传统文本，但转换后 TLF 文本的专属设置将会丢失，而只保留文字字体、颜色、大小等基本设置。

3.4.2　传统文本

传统文本是 Flash 课件中的基础文本模式，它在图文制作方面发挥着重要的作用，是需要重点学习的知识点。

1. 静态文本

创建静态水平文本，选择“工具”面板中的“文本”工具T，当光标变为+形状时，单击创建一个可扩展的静态水平文本框，该文本框的右上角具有圆形手柄标识，输入文本区域可随需要自动横向延长，如图 3-69 所示。

选择“文本”工具T，可以拖动创建一个具有固定宽度的静态水平文本框，该文本框的右上角具有方型手柄标识，输入文本区域宽度是固定的，当输入文本超出宽度时将自动换行，如图 3-70 所示。

中国近代现代史

图 3-69　可扩展的静态水平文本框

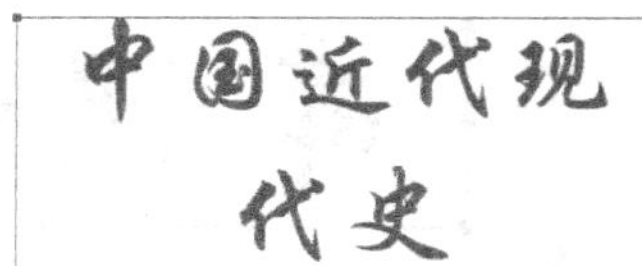

图 3-70　具有固定宽度的静态水平文本框

使用“文本”工具还可以创建静态垂直文本，选择“文本”工具，打开“属性”面板，单击该面板的“段落”选项卡中的“方向”按钮，在弹出的快捷菜单中可以选择“水平”、“垂直”和“垂直，从左向右”这 3 个选项，如图 3-71 所示。

2. 动态文本

要创建动态文本，选择“文本”工具T，打开“属性”面板，单击“静态文本”按钮，在弹出的菜单中可以选择文本类型，如图 3-72 所示。

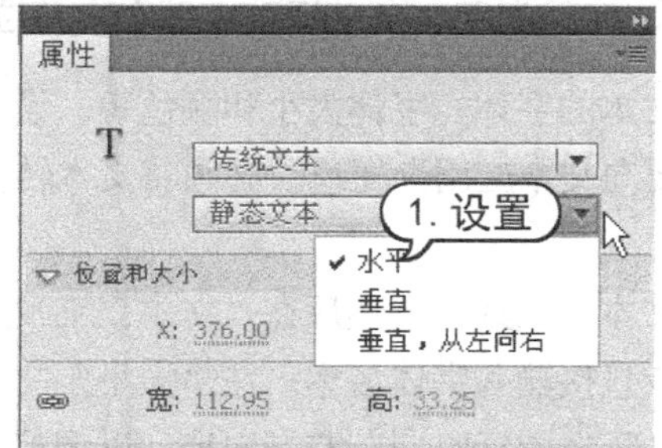

图 3-71　选择文本输入方向

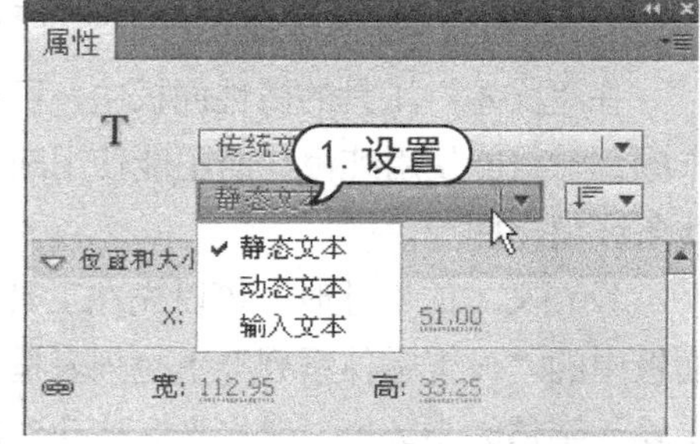

图 3-72　选择文本类型

选择动态文本类型后，单击设计区，可以创建一个默认宽度为 104 像素、高度为 27.4 像素的具有固定宽度和高度的动态水平文本框；拖动可以创建一个自定义固定宽度的动态水平文本框；在文本框中输入文字，即可创建动态文本。

3. 输入文本

输入文本可以在动画中创建一个允许用户填充的文本区域，因此它主要出现在一些交互性比较强的动画中。例如，有些动画需要用到内容填写、用户名或者密码输入等操作，就都需要添加输入文本。

选择“文本”工具T，在“属性”面板中选择输入文本后，单击设计区，可以创建一个具有固定宽度和高度的动态水平文本框；拖动可以创建一个自定义固定宽度的动态水平文本框。

此外，教师可以利用输入文本创建动态可滚动文本框，该文本框的特点是：可以在指定大小的文本框内显示超过该范围的文本内容。在 Flash CS6 中，创建动态可滚动文本可以使用以下几种方法。

- 按住 Shift 键的同时双击动态文本框的圆形或方形手柄。
- 使用“选择”工具选中动态文本框，然后选择“文本”|“可滚动”命令。
- 使用“选择”工具选中动态文本框，右击该动态文本框，在打开的快捷菜单中选择“可滚动”命令。

创建滚动文本框后，其文本框的右下方会显示一个黑色的实心矩形手柄，如图 3-73 所示。

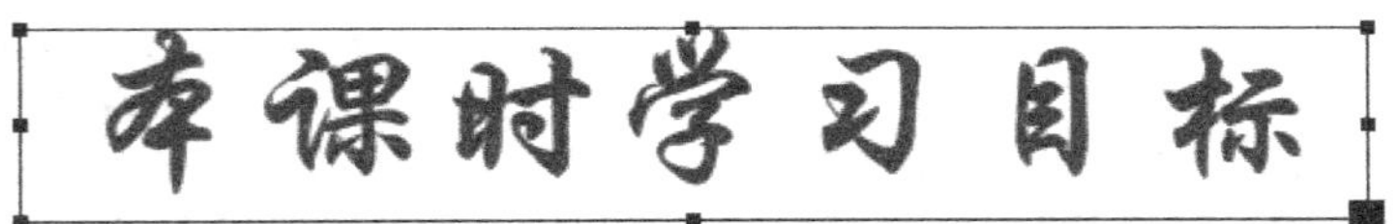

图 3-73　动态可滚动文本框

3.4.3　设置文本属性

为了使 Flash 动画中的文字更加灵活，用户可以使用“文本”工具的属性面板对文本的字体和段落属性进行设置。其中，文本的字符属性包括字体、字体大小、字体样式、文本颜色、字符间距、自动调整字距和字符位置等；段落属性包括对齐方式、边距、缩进和行距等。

1. 设置字体、字体大小、字体样式、文本颜色、字母间距、自动调整字距和字符位置

在“文本”工具的属性面板中，可以设置选定文本的字体、字体大小和颜色等。设置文本颜色时只能使用纯色，而不能使用渐变色。如果要向文本应用渐变色，必须将文本转换为线条或填充图形。

设置文本的属性时，可以先在工具箱中选择“文本”工具T，然后在“文本”工具属性面板中的“设置字体系列”下拉列表框中选择字体或直接输入字体名称；在“大小”文本框中输入字体大小数值，或将光标移动到数值上，当出现图标时向左右方向拖动以调整字体的大小数值；单击“文本(填充)颜色”按钮，在打开的调色板中选择文本的颜色。如果要对文本应用样式，可以打开“样式”下拉列表框将字体调整为粗体、斜体等样式。单击“嵌入”

按钮，可以打开“字符嵌入”对话框。在该对话框中，可以选择嵌入字体轮廓的字符。

要设置字母间距，可以在“字母间距”文本框中进行数值的设定。值得一提的是，在 Flash CS6 中，字母间距的可调范围是 0~60 磅。如果要使用字体的内置字距微调，可以在选择文本框后，在“文本”工具属性面板中选中“自动调整字距”复选框。对于水平文本，间距和字距微调设置了字符间的水平距离；对于垂直文本，间距和字距可以设置字符间的垂直距离。

另外，在“文本”工具属性面板中单击“切换上标”或“切换下标”按钮，可将选中的字符以上标或下标形式显示。

2. 设置对齐方式、边距、缩进和行距

文本框的左侧和右侧边缘对齐；垂直文本相对于文本框的顶部和底部边缘对齐。文本可以与文本框的一侧边缘对齐、与文本框的中心对齐或者与文本框的两侧边缘对齐(即两端对齐)。图 3-74 所示为文本的不同对齐方式。

公理和定理

左对齐

公理和定理

居中对齐

公理和定理

右对齐

公理和定理

两端对齐

图 3-74　文本的不同对齐方式

边距确定了文本框的边框和文本段落之间的间隔；缩进确定了段落边界和首行开头之间的距离；行距确定了段落中相邻行之间的距离。

要设置文本的边距、缩进和行距，可先选择需要设置文本边距、缩进和行距的段落或文本框，然后在“文本工具”属性面板中展开“段落”选项组，然后在其中进行相应的设置，如图 3-75 所示。在“行为”下拉列表框中，还可以设置“单行”、“多行”和“多行不换行”选项，如图 3-76 所示。

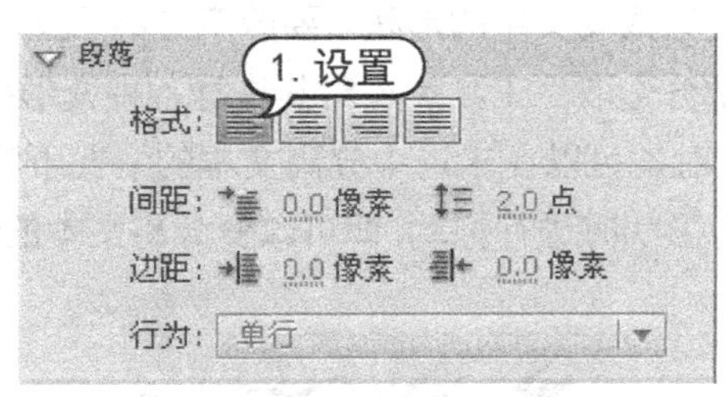

图 3-75　设置段落参数

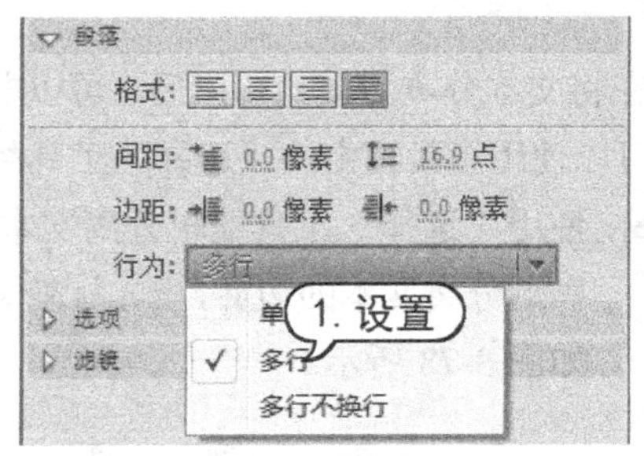

图 3-76　“行为”下拉列表框

各参数选项的作用如下：

- “缩进”文本框：用于设置文本的缩进数值。文本是右缩进或左缩进，取决于文本方向是从左向右还是从右向左。
- “行距”文本框：用于设置文本的行距大小。
- “左边距”和“右边距”文本框：用于设置文本的边距大小。

提示：

只有文本框为“动态文本”和“输入文本”，才可以打开“行为”下拉列表框，“静态文本”无法进行设置。

3.4.4　文本的分离与变形

Flash 动画需要丰富多彩的文本效果。因此，在对文本进行基础排版之后，用户经常还要对其进行更进一步的加工。这时就需要用到文本的分离与变形功能。

1. 分离文本

在 Flash CS6 中，文本的分离方法和分离原理与之前介绍到的组合对象相类似。选中文本后，选择“修改”|“分离”命令将文本分离 1 次可以使其中的文字成为单个的字符，分离 2 次可以使其成为填充图形，如图 3-77 所示。值得注意的是，文本一旦被分离为填充图形后就不再具有文本的属性，而是拥有了填充图形的属性。也就是说，对于分离为填充图形的文本，用户不能再更改其字体、字符间距等文本属性，但可以对其应用渐变填充或位图填充等填充属性。

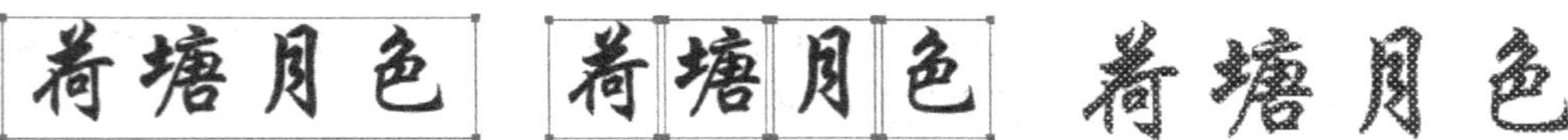

原始文本　　第 1 次分离　　第 2 次分离

图 3-77　将文本分离为填充图形的过程

2. 文本变形

在将文本分离为填充图形后，可以非常方便地改变文字的形状。要改变分离后文本的形状，可以使用工具箱中的“选择”工具或“部分选取”工具，对其进行各种变形操作。

- 使用“选择”工具编辑分离文本的形状时，可以在未选中分离文本的情况下将光标靠近分离文本的边界，当光标变为或形状时进行拖动，即可改变分离文本的形状，如图 3-78 所示。

图 3-78　使用“选择”工具变形文本

- 使用“部分选取”工具对分离文本进行编辑操作时，可以先使用“部分选取”工具选中要修改的分离文本，使其显示出节点。然后选中节点进行拖动或编辑其曲线调整柄，如图 3-79 所示。

图 3-79　使用“部分选取”工具变形文本

【练习 3-2】在 Flash CS6 中新建一个文档，创建文本框，使用分离命令和变形工具制作倒影文字效果。

(1) 启动 Flash CS6 程序，选择“文件” | “新建”命令，新建一个 Flash 文档。

(2) 选择“修改” | “文档”命令，打开“文档设置”对话框，将“背景颜色”设置为淡蓝色，如图 3-80 所示。

(3) 返回舞台后，在工具箱中选择“文本”工具，在其“属性”面板中设置传统静态文本，设置字体为“华文行楷”、字号为 70 点，颜色为“暗红色”，如图 3-81 所示。

图 3-80　设置文档属性

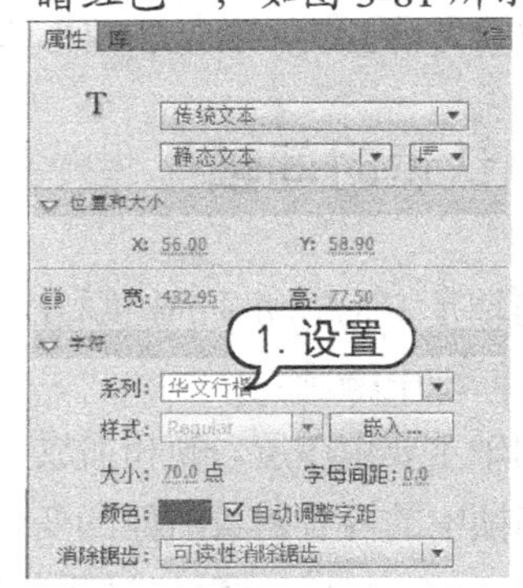

图 3-81　设置文本工具属性

(4) 在舞台中创建一个文本框，然后输入文字“水光潋滟晴方好”，如图 3-82 所示。选中文本框后，按下 Ctrl+D 组合键将其复制一份到舞台。

(5) 在工具箱中选择“任意变形”工具，选择复制的文本框后，将其翻转并调整位置和大小，如图 3-83 所示。

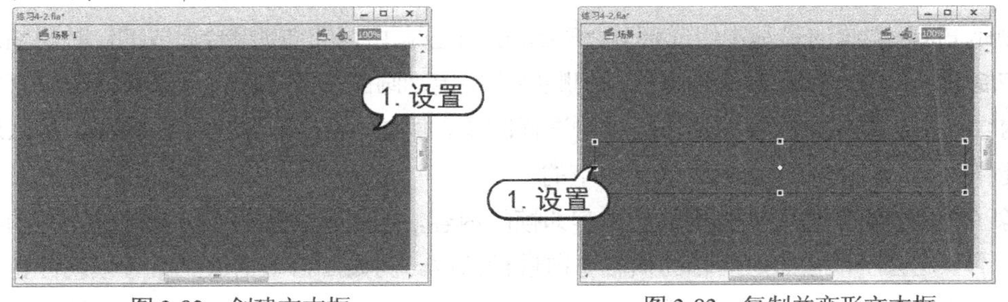

图 3-82　创建文本框　　图 3-83　复制并变形文本框

(6) 选中下方的文本框，连续按下两次 Ctrl+B 组合键，将其分离，如图 3-84 所示。

(7) 在工具箱中选择“椭圆”工具，设置其笔触颜色为背景色(淡蓝色)，设置填充颜色为透明，在文字上由内向外绘制多个椭圆形状，并逐渐增大该椭圆形状的大小和笔触高度(每次增量为 1)，最终效果如图 3-85 所示。

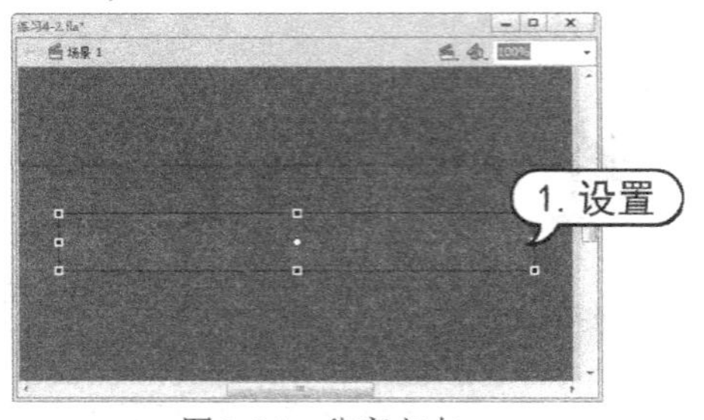

图 3-84　分离文本

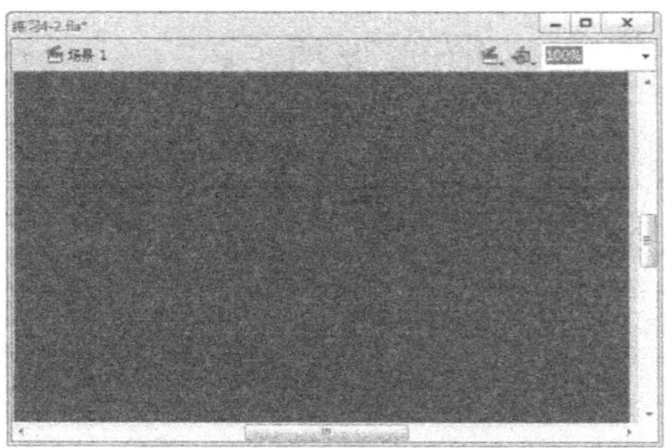

图 3-85　倒影文本效果

3.5　时间轴与帧的概念

时间轴是用于组织和控制动画内容在一定时间内播放的图层数与帧数。动画播放的长度不是以时间为单位的，而是以帧为单位，创建 Flash 动画，实际上就是创建连续帧上的内容。

3.5.1　认识时间轴

时间轴是 Flash 动画的控制台，所有关于动画的播放顺序、动作行为以及控制命令等工作都在时间轴中编排。

时间轴主要由图层、帧和播放头组成，在播放 Flash 动画时，播放头沿时间轴向后滑动，而图层和帧中的内容随着时间的变化而变化。

Flash CS6 中时间轴默认显示在工作界面的下部，位于编辑区的下方。用户也可以根据个人习惯，将时间轴放置在主窗口的下部或两边，或者将其作为一个单独的窗口显示甚至隐藏起来。

3.5.2　认识帧

帧是 Flash 动画的最基本组成部分，Flash 动画正是由不同的帧组合而成的。时间轴是摆放和控制帧的地方，帧在时间轴上的排列顺序将决定动画的播放顺序，至于每一帧中有什么具体内容，则需在相应的帧的工作区域内进行制作。例如，在第一帧绘了一幅图，那么这幅图只能作为第一帧的内容，第二帧还是空的。

除了帧的排列顺序，动画播放的内容即帧的内容，也是至关紧要不可或缺的。帧的播放顺序，不一定会严格按照时间轴的横轴方向进行播放。例如，自动播放到某一帧就停止下来接受用户的输入或回到起点重新播放，直到某个事件被激活后才能继续播放下去等，对于这种互动式 Flash 将涉及到 Flash 的动作脚本语言。

在 Flash CS6 中用来控制动画播放的帧具有不同的类型，选择“插入” | “时间轴”命令，

在弹出的子菜单中显示了普通帧、关键帧和空白关键帧这 3 种类型帧。不同类型的帧在动画中发挥的作用也不同，这 3 种类型的帧的具体作用如下。

- 普通帧：Flash CS6 中连续的普通帧在时间轴上用灰色显示，并且在连续普通帧的最后一帧中有一个空心矩形块，如图 3-86 所示。连续普通帧的内容都相同，在修改其中的某一帧时其他帧的内容也同时被更新。由于普通帧的这个特性，通常用它来放置动画中静止不变的对象(如背景和静态文字)。
- 关键帧：关键帧在时间轴中是含有黑色实心圆点的帧，如图 3-87 所示。关键帧是用来定义动画变化的帧，在动画制作过程中是最重要的帧类型。在使用关键帧时不能太频繁，过多的关键帧会增大文件的大小。补间动画的制作就是通过关键帧内插的方法实现的。

图 3-86　时间轴中的连续普通帧

图 3-87　时间轴中的关键帧

- 空白关键帧：在时间轴中插入关键帧后，左侧相邻帧的内容就会自动复制到该关键帧中，如果不想让新关键帧继承相邻左侧帧的内容，可以采用插入空白关键帧的方法。在每一个新建的 Flash 文档中都有一个空白关键帧。空白关键帧在时间轴中是含有空心小圆圈的帧，如图 3-88 所示。

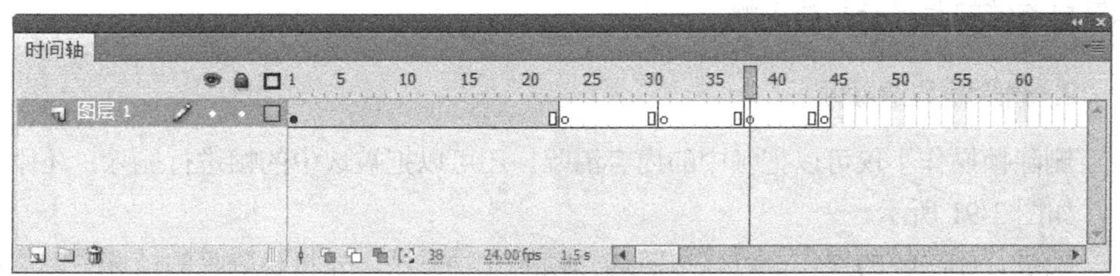

图 3-88　时间轴中的空白关键帧

3.5.3　帧的基本操作

在制作动画时，可以根据需要对帧进行一些基本操作，如插入、选择、删除、清除、复制、移动和翻转帧等。

1. 插入与选择帧

要在时间轴上插入帧，可以通过以下几种方法实现。

- 在时间轴上选中要创建关键帧的帧位置，按下 F5 键，可以插入帧，按下 F6 键，可以插入关键帧，按下 F7 键，可以插入空白关键帧。

- 右击时间轴上要创建关键帧的帧位置，在弹出的快捷菜单中选择“插入帧”、“插入关键帧”或“插入空白关键帧”命令，可以插入帧、关键帧或空白关键帧。
- 在时间轴上选中要创建关键帧的帧位置，选择“插入”|“时间轴”命令，在弹出的子菜单中选择相应命令，可插入帧、关键帧和空白关键帧。

帧的选择是对帧以及帧中内容进行操作的前提条件。要对帧进行操作，首先必须选择“窗口”|“时间轴”命令，打开“时间轴”面板，选择帧可以通过以下几种方法实现。

- 选择单个帧：把光标移到需要的帧上，单击即可。
- 选择多个不连续的帧：按住 Ctrl 键，然后单击需要选择的帧，如图 3-89 所示。
- 选择多个连续的帧：按住 Shift 键，单击需要选中的该范围内的开始帧和结束帧，如图 3-90 所示。

图 3-89　选择多个不连续的帧

图 3-90　选择多个连续的帧

- 选择所有的帧：在任意一个帧上右击，从弹出的快捷菜单中选择“选择所有帧”命令，或者选择“编辑”|“时间轴”|“选择所有帧”命令，同样可以选择所有的帧。

提示：

在插入了关键帧或空白关键帧之后，可以直接按下 F5 键，进行扩展，每按一次关键帧或空白关键帧长度将扩展 1 帧。

2. 删除帧与清除帧

删除帧操作不仅可以把帧中的内容清除，还可以把被选中的帧进行删除，还原为初始状态，如图 3-91 所示。

要进行删除帧的操作，可以按照选择帧的几种方法，先将要删除的帧选中，然后在选中的帧中的任意一帧上右击，从弹出的快捷菜单中选择“删除帧”命令；或者在选中帧以后选择“编辑”|“时间轴”|“删除帧”命令即可。

清除帧与删除帧的区别在于，清除帧仅把被选中的帧上的内容清除，并将这些帧自动转换为空白关键帧状态，如图 3-92 所示。

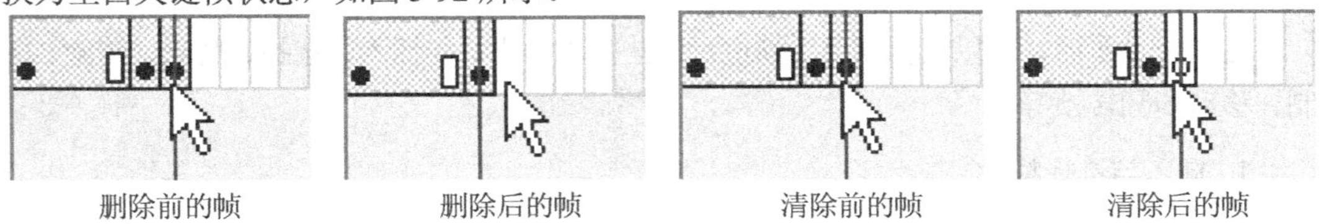

删除前的帧　删除后的帧　清除前的帧　清除后的帧

图 3-91　删除帧　　图 3-92　清除前后的帧

要进行清除帧的操作，可以按照选择帧的几种方法，先将要清除的帧选中，然后在被选中帧中的任意一帧上右击，从弹出的快捷菜单中选择“清除帧”命令；或者在选中帧后，选择“编辑”|“时间轴”|“清除帧”命令。

3. 复制帧与移动帧

复制帧操作可以将同一个文档中的某些帧复制到该文档的其他帧位置，也可以将一个文档中的某些帧复制到另外一个文档的特定帧位置。

要进行复制帧的操作，可以按照选择帧的几种方法，先将要清除的帧选中，然后在被选中帧中的任意一帧上右击，从弹出的快捷菜单中选择“复制帧”命令；或者在选中帧以后选择“编辑”|“时间轴”|“复制帧”命令。最后把光标移动到需要粘贴的帧上右击，从弹出的快捷菜单中选择“粘贴帧”命令；或者在选中帧以后选择“编辑”|“时间轴”|“粘贴帧”命令即可。

在 Flash CS6 中经常需要移动帧的位置，进行帧的移动操作主要有下面两种方法。

- 选中要移动的帧，然后拖动选中的帧，移动到目标帧位置以后释放鼠标。此时的时间轴如图 3-93 所示。
- 选中需要移动的帧并右击，从打开的快捷菜单中选择“剪切帧”命令，然后用鼠标选中帧移动的目的地并右击，从打开的快捷菜单中选择“粘贴帧”命令，此时时间轴如图 3-94 所示。

图 3-93　直接移动帧

图 3-94　粘贴帧

4. 翻转帧

翻转帧功能可以使选定的一组帧按照顺序翻转过来，使原来的最后一帧变为第 1 帧，原来的第 1 帧变为最后一帧。

要进行翻转帧操作，首先在时间轴上将所有需要翻转的帧选中，然后右击被选中的帧，从弹出的快捷菜单中选择“翻转帧”命令，最后选择“控制”|“测试影片”命令，会发现播放顺序与翻转前相反。

3.6　课件的逐帧动画效果

对于大多数 Flash 动画的初学者而言，逐帧动画是最简单易懂的一种动画形式，学习起来也比较简单，本节将介绍如何在课件中使用逐帧动画效果。

3.6.1　逐帧动画的原理

逐帧动画，也叫“帧帧动画”，是最常见的动画形式，最适合于图像在每一帧中都在变化而不是在舞台上移动的复杂动画。

逐帧动画的原理是在“连续的关键帧”中分解动画动作，也就是要创建每一帧的内容，才能连续播放而形成动画。逐帧动画的帧序列内容不一样，不仅增加制作负担，而且最终输出的文件量也很大。但它的优势也很明显，因为它与电影播放模式相似，适合于表演很细腻的动画，通常在网络上看到的行走、头发的飘动等动画，很多都是使用逐帧动画实现的。

逐帧动画在时间轴上表现为连续出现的关键帧。要创建逐帧动画，就要给每一个帧都定义为关键帧，给每个帧创建不同的对象。通常创建逐帧动画有以下几种方法。

- 用导入的静态图片建立逐帧动画。
- 将 jpg、png 等格式的静态图片连续导入到 Flash 中，就会建立一段逐帧动画。
- 绘制矢量逐帧动画，用鼠标或压感笔在场景中一帧帧地画出帧内容。
- 文字逐帧动画，用文字作帧中的元件，实现文字跳跃、旋转等特效。
- 指令逐帧动画，在时间帧面板上，逐帧写入动作脚本语句来完成元件的变化。
- 导入序列图像，可以导入 gif 序列图像、swf 动画文件或者利用第 3 方软件(如 swish、swift 3D 等)产生的动画序列。

3.6.2　制作倒计时效果

本节通过实例介绍逐帧动画的制作过程。

【练习 3-3】在 Flash CS6 中新建一个文档，制作一个“倒计时”的逐帧动画效果，该效果可用于课件的开始部分或者是某些需要计时的场景。

(1) 启动 Flash CS6 程序，选择“文件”|“新建”命令，新建一个 Flash 文档，并将文件的背景设置为黑色。

(2) 选择“视图”|“标尺”命令，调出标尺工具，然后在标尺上拖出两条参考线，以确定图形的中心点位置，如图 3-95 所示。

(3) 选择“椭圆”工具，按住 Alt+Shift 组合键，以中心点为圆心，绘制一个正圆，并将该图层命名为“圆”，如图 3-96 所示。然后单击“圆”图层上面的加锁标记，锁定“圆”图层。

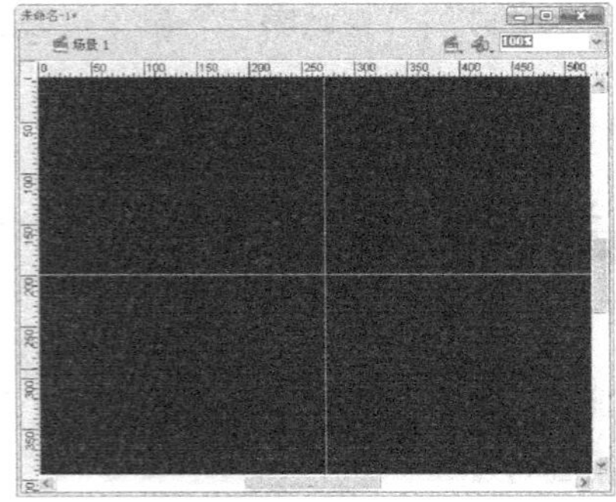

图 3-95　确定中心点

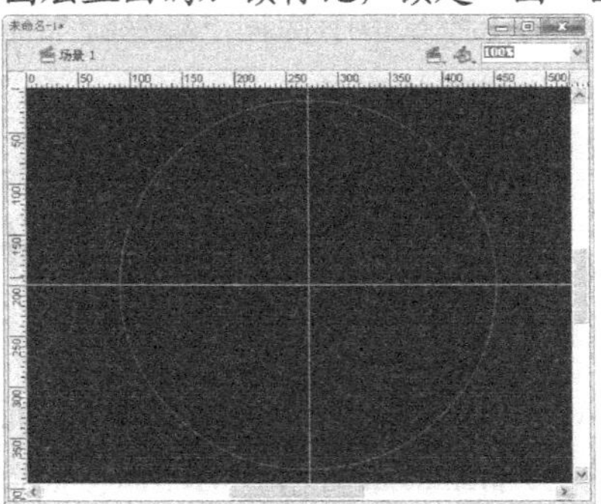

图 3-96　绘制正圆

(4) 创建图层 2 并将其命名“数字”，然后为选择“文本”工具，在“属性”面板中设置其为传统静态文本，字体为“华文彩云”，大小为 200 点，如图 3-97 所示。

(5) 设置完成后在图层 2 中使用文本工具输入数字 10，并将数字的颜色设置为红色，然后将其调整到舞台的中央位置，如图 3-98 所示。

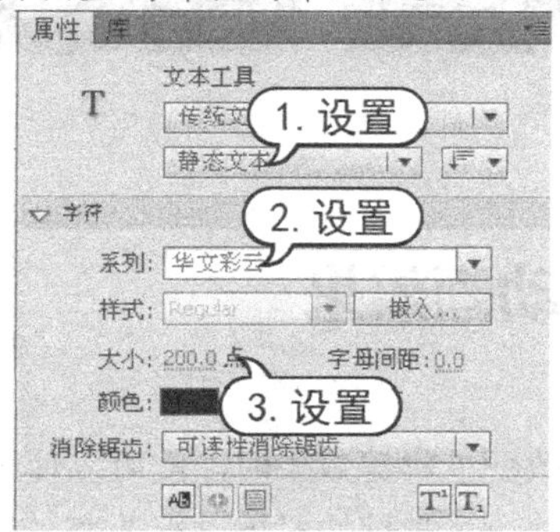

图 3-97　设置文本属性

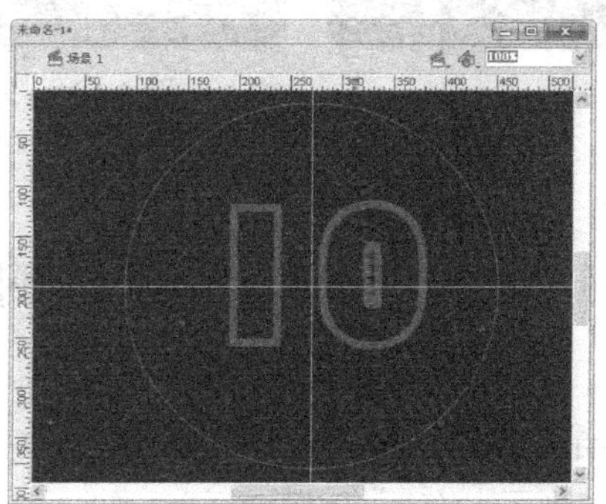
图 3-98　输入数字

(6) 在数字层中，依次在第 5、10、15、20、25、30、35、40、45、50 帧处插入关键帧，在第 55 帧处插入帧，如图 3-99 所示。

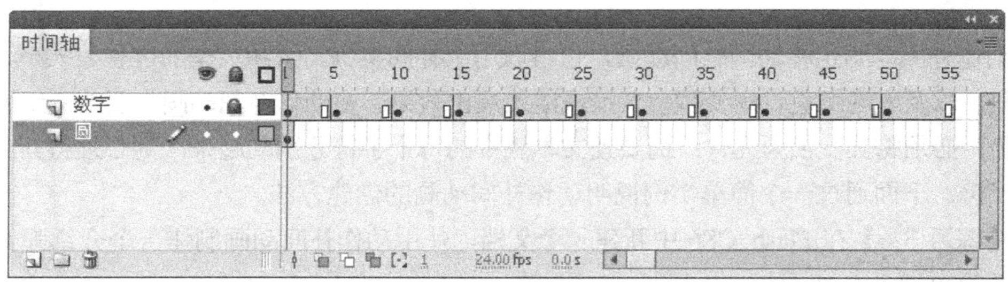

图 3-99　插入关键帧

(7) 插入完成后，然别将各帧处的数字改为 9、8、7、6、5、4、3、2、1、0，并使每一个数字都位于舞台的中央。另外用户还可对每个数字进行颜色调整，获得更好的效果。

(8) 将数字图层锁定，然后解开圆图层，使用直线工具，在圆的内部分别绘制一条水平和一条垂直的直线。绘制完成后，在第 55 帧处插入帧，然后将“帧速率”设置为 10.00fps，如图 3-100 所示。

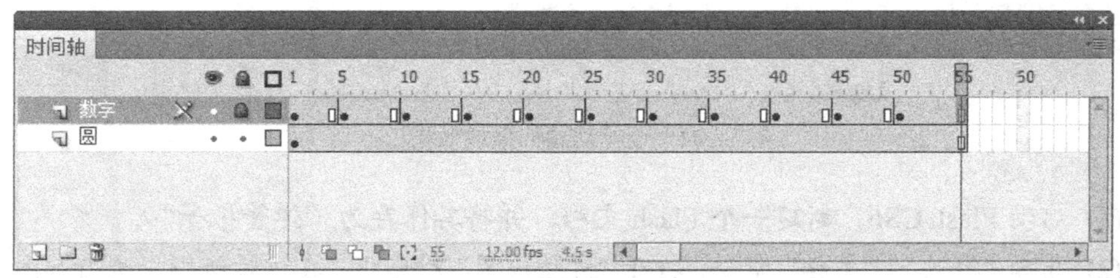

图 3-100　插入帧并设置帧速率

(9) 选择“文件”|“保存”命令，保存文档，然后按下 Ctrl+Enter 组合键对动画进行测试，效果如图 3-101 所示。

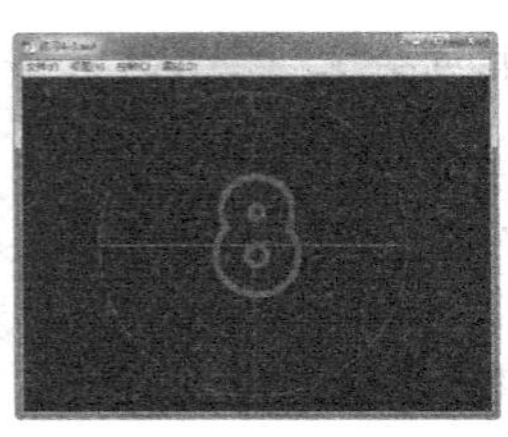

图 3-101　逐帧动画的播放效果

3.7　课件的动作补间动画效果

当需要在课件中展示移动位置、改变大小、旋转、改变色彩等效果时，就可以使用动作补间动画了。在制作动作补间动画时，用户只须对最后一个关键帧的对象进行改变，其中间的变化过程即可自动形成，因此大大减少了工作量。

3.7.1　制作弹簧振子

动作补间动画也称动画补间动画，它可以用于补间实例、组和类型的位置、大小、旋转和倾斜，以及表现颜色、渐变颜色切换或淡入淡出效果。在动作补间动画中要改变组或文字的颜色，必须将其变换为元件；而要使文本块中的每个字符分别动起来，则必须将其分离为单个字符。下面通过一个简单实例说明动作补间动画的创建方法。

【练习 3-4】 在 Flash CS6 中新建一个文档，使用动作补间动画制作一个介绍弹簧振子运动的简单课件，如图 3-102 所示。

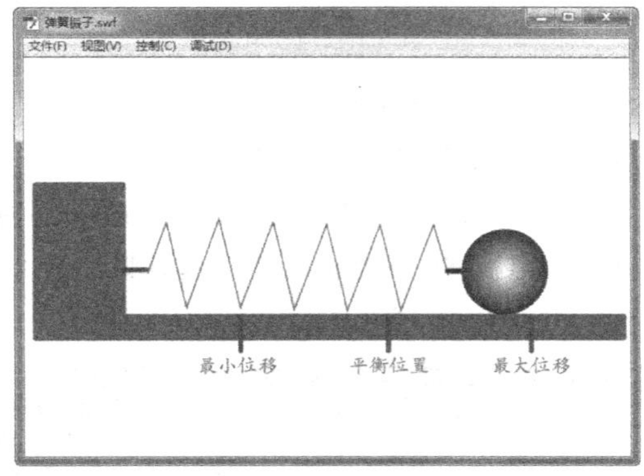

图 3-102　逐帧动画的播放效果

(1) 启动 Flash CS6，新建一个 Flash 文档，并将其保存为“弹簧振子”。

(2) 选择“修改”|“文档”命令，打开“文档设置”对话框，在该对话框中进行如图 3-103 的设置。

(3) 选择“插入”|“新建元件”命令，打开“创建新元件”对话框，在“名称”文本框中输入文字“弹簧”；在“类型”下拉列表框中选中“图形”选项，如图 3-104 所示。然后单

击“确定”按钮，进入名为“弹簧”的图形元件的编辑状态。

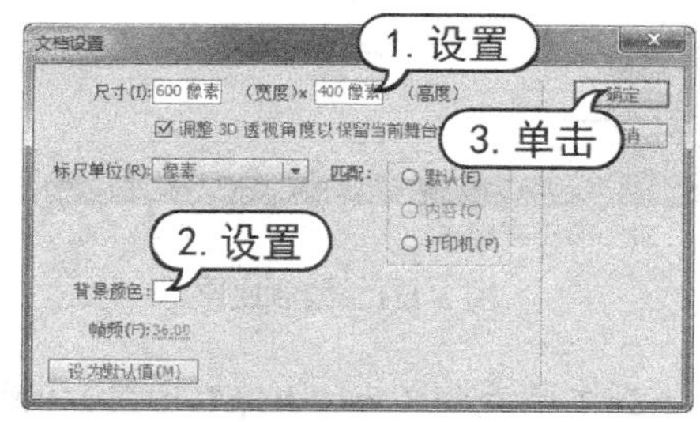

图 3-103　“文档设置”对话框

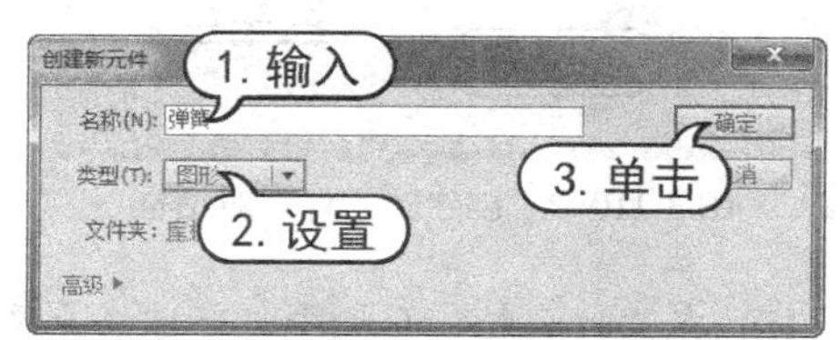

图 3-104　“创建新元件”对话框

(4) 在工具栏中选择“椭圆工具”，绘制一系列的折线，近似地模拟弹簧的形状，如图 3-105 所示。单击舞台上方的“场景 1”按钮场景 1，返回“场景 1”的编辑状态。

(5) 选择“插入”|“新建元件”命令，打开“创建新元件”对话框，在“名称”文本框中输入文字“小球”；在“类型”下拉列表框中选中“图形”选项，如图 3-106 所示。然后单击“确定”按钮，进入名为“小球”的图形元件编辑状态。

图 3-105　绘制弹簧

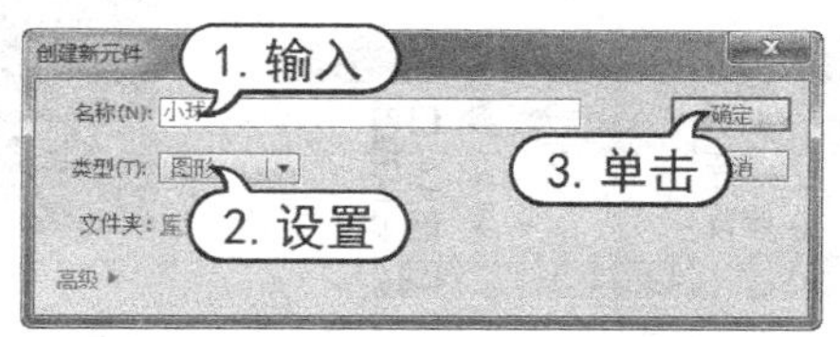

图 3-106　“创建新元件”对话框

(6) 在工具栏中选择“椭圆工具”，在“属性”面板中，设置“笔触颜色”为“无色”，“填充颜色”为“黑到白”的“放射渐变”，绘制一个 75×75 的小球，如图 3-107 和图 3-108 所示。

(7) 在工具栏中选择“线条工具”，设置“笔触颜色”为“黑色”，绘制小球与弹簧的连接杆，如图 3-109 所示。然后单击舞台上方的“场景 1”按钮场景 1，返回“场景 1”的编辑状态。

图 3-107　设置椭圆工具属性

图 3-108　绘制椭圆

图 3-109　绘制连接杆

(8) 选择“插入”|“新建元件”命令，打开“创建新元件”对话框，在“名称”文本框中输入文字“底座”；在“类型”下拉列表框中选中“图形”选项，如图 3-110 所示。然后单击“确定”按钮，进入名为“底座”的图形元件编辑状态。

(9) 在工具栏中选择“矩形工具”，在“属性”面板中，设置“笔触颜色”和“填充颜色”均为“褐色”，绘制弹簧振子的底座，并使用“文本工具”标出小球运动的三个关键点，效果如图 3-111 所示。然后单击舞台上方的“场景 1”按钮场景 1，返回“场景 1”的编辑状态。

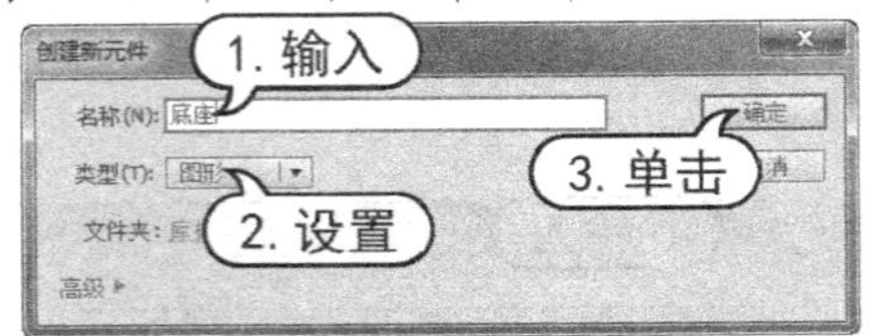

图 3-110　“创建新元件”对话框

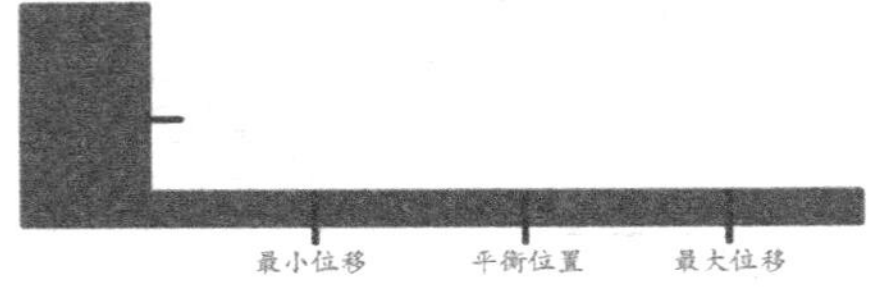

图 3-111　绘制底座

(10) 在“时间轴”面板中，新建 2 个图层，从上到下依次命名为“小球”图层、“弹簧”图层和“底座”图层，如图 3-112 所示。

(11) 选择“窗口”|“库”命令，打开“库”面板；分别选择各图层的第 1 帧，从“库”面板中拖动与图层名称对应的元件到舞台中生成实例，然后配合工具栏中的“选择工具”和“任意变形工具”，对各个元件进行调整，并将“弹簧”实例的变形基点调整为左边的中点，效果如图 3-113 所示。。

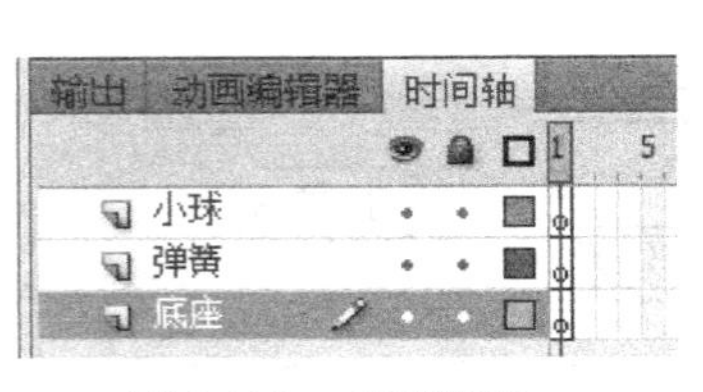

图 3-112　新建图层

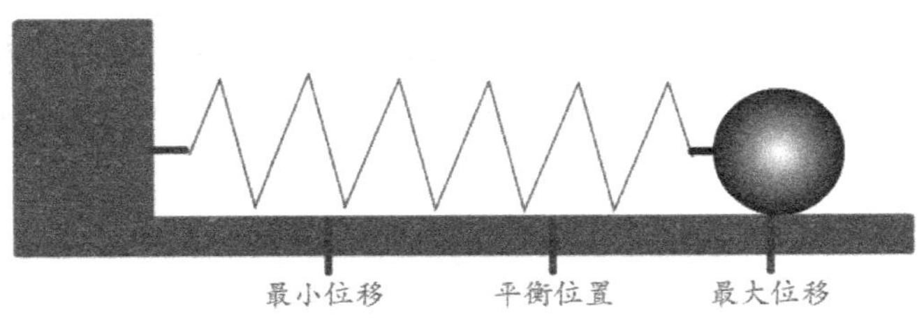

图 3-113　生产实例

(12) 分别右击“小球”和“弹簧”图层的第 20 帧，在弹出的快捷菜单中选择“插入空白关键帧”命令；右击“底座”图层的第 80 帧，在弹出的快捷菜单中选择“插入关键帧”命令，此时的“时间轴”面板如图 3-114 所示。

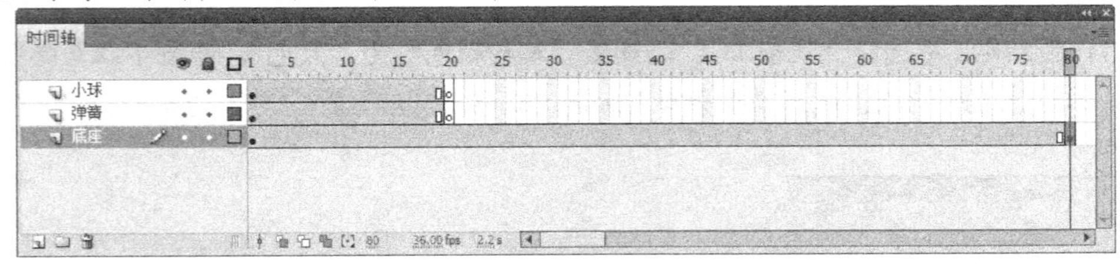

图 3-114　“时间轴”面板

(13) 选择“小球”图层的第 20 帧，从“库”面板中拖动“小球”元件到舞台中标有“平衡位置”的位置生成实例；在“属性”面板的 Y 文本框中，设置该实例与第 1 帧中的实例有相同的 Y 坐标。如图 3-115 所示。

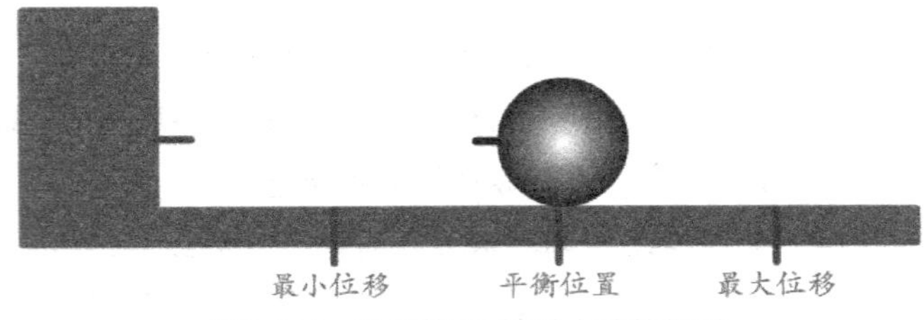

图 3-115　设置第 20 帧时小球的位置

(14) 选择“弹簧”图层的第 20 帧，从“库”面板中拖动“弹簧”元件到舞台中生成实例；在工具栏中选择“任意变形”工具，调整改实例变形的基点为左边的中点，在水平方向缩小该实例；在“属性”面板的 Y 文本框中，设置该实例与第 1 帧中的实例有相同的 Y 坐标。如图 3-116 所示。

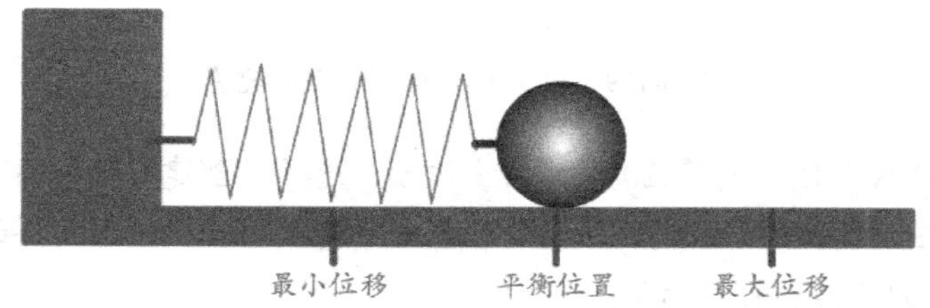

图 3-116　设置第 20 帧时弹簧的位置

(15) 选择“小球”图层的第 1 帧，右击该帧，选择“创建传统补间”命令，创建传统补间动画，然后在“属性”面板的“缓动”文本框中输入-100。使用同样的方法为“弹簧”图层创建传统补间动画，此时的“时间轴”面板如图 3-117 所示。

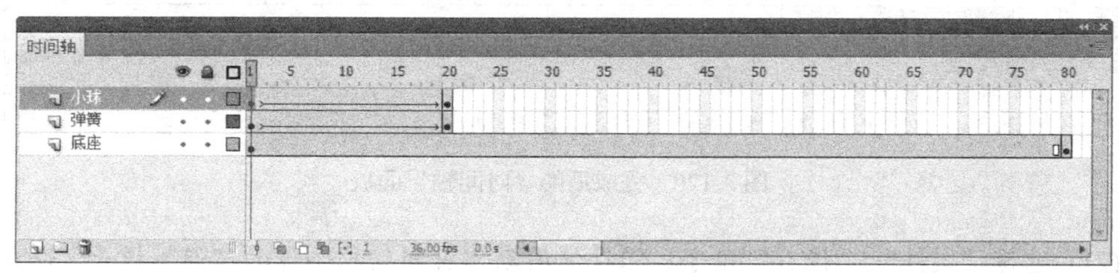

图 3-117　设置传统补间后的“时间轴”面板

(16) 分别右击“小球”和“弹簧”图层的第 40 帧，在弹出的快捷菜单中选择“插入空白关键帧”命令。

(17) 选择“小球”图层的第 40 帧，从“库”面板中拖动“小球”元件到舞台中标有“平衡位置”的位置生成实例；在“属性”面板的 Y 文本框中，设置该实例与第 1 帧中的实例有相同的 Y 坐标。如图 3-118 所示。

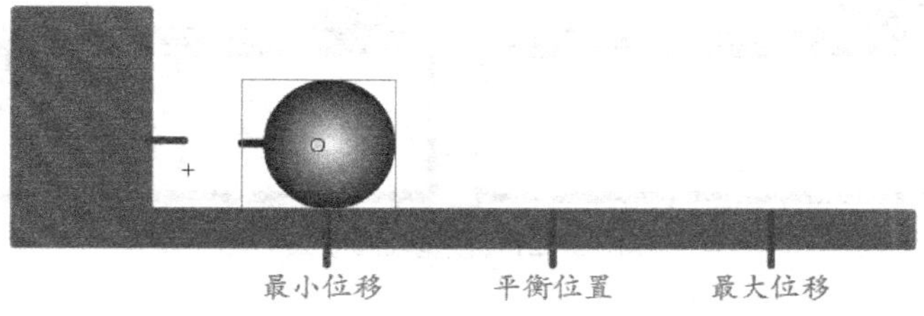

图 3-118　设置第 40 帧时小球的位置

(18) 选择“弹簧”图层的第 40 帧，从“库”面板中拖动“弹簧”元件到舞台中生成实例；在工具栏中选择“任意变形工具”，调整改实例变形的基点为左边的中点，在水平方向缩小该实例；在“属性”面板的 Y 文本框中，设置该实例与第 1 帧中的实例有相同的 Y 坐标。如图 3-119 所示。

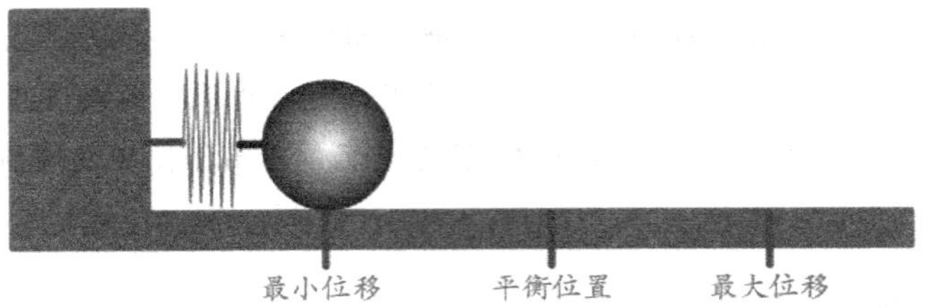

图 3-119　设置第 40 帧时弹簧的位置

(19) 选择“小球”图层的第 20 帧，右击该帧，选择“创建传统补间”命令，创建传统补间动画，然后在“属性”面板的“缓动”文本框中输入 100。使用同样的方法为“弹簧”图层的第 20 帧处创建传统补间动画。

(20) 使用与步骤(12) ~(19)类似的方法设置在第 60、80 帧时的小球和弹簧的位置，以及“动画”补间的参数，完成后的“时间轴”面板如图 3-120 所示。

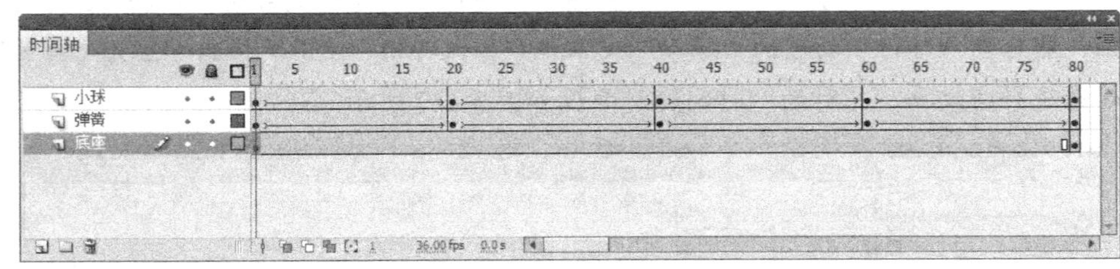

图 3-120　完成后的“时间轴”面板

(21) 选择“文件”|“保存”命令，保存使用动作补间动画制作的“弹簧振子”课件。直接按下 Ctrl+Enter 组合键，可预览动画效果，如图 3-121 所示。

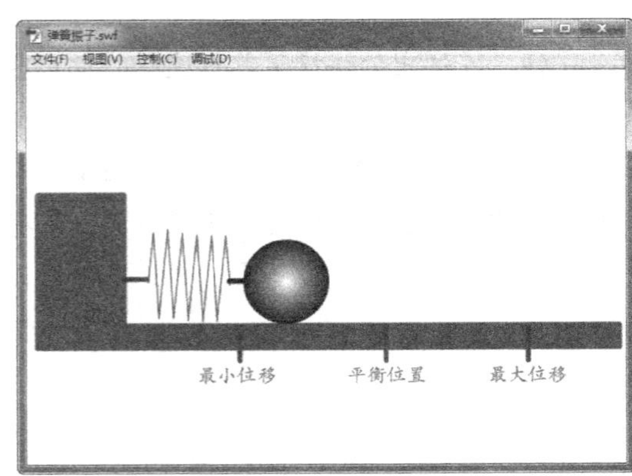

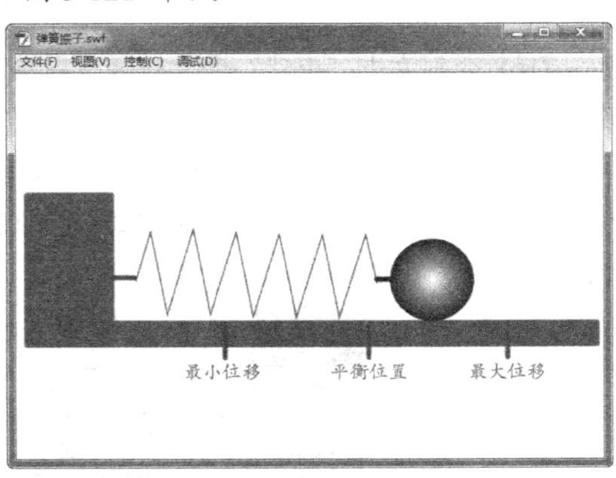

图 3-121　预览动画效果

提示：

为了使得小球的运动更符合振动的规律，即到达平衡位置时速度加快，离开平衡位置时速度减慢，必须在几个特殊位置处设置不同的“缓动”参数。本例中第 1 帧和第 40 帧设置“缓动”参数为-100；第 20 帧和第 60 帧设置“缓动”参数为 100。

3.7.2　编辑动作补间动画

在设置了动画补间动画之后，可以通过“属性”面板，对动作补间动画进行进一步的加工编辑。选中创建动作补间动画的任意一帧，打开“属性”面板，如图 3-122 所示。在该“属性”面板中各选项的具体作用如下。

- “缓动”选项：可以设置补间动画的缓动速度。如果该文本框中的值为正，则动画越来越慢；如果为负，则越来越快。
- “旋转”下拉按钮：单击该按钮，在下拉列表中可以选择对象在运动的同时产生旋转效果，在后面的文本框中可以设置旋转的次数，如图 3-123 所示。
- “贴紧”复选框：选中该复选框，可以将对象自动对齐到路径上。
- “调整到路径”复选框：选择该复选框，可以使动画元素沿路径改变方向。
- “同步”复选框：选中该复选框，可以对实例进行同步校准。
- “缩放”复选框：选中该复选框，可以将对象缩放显示。

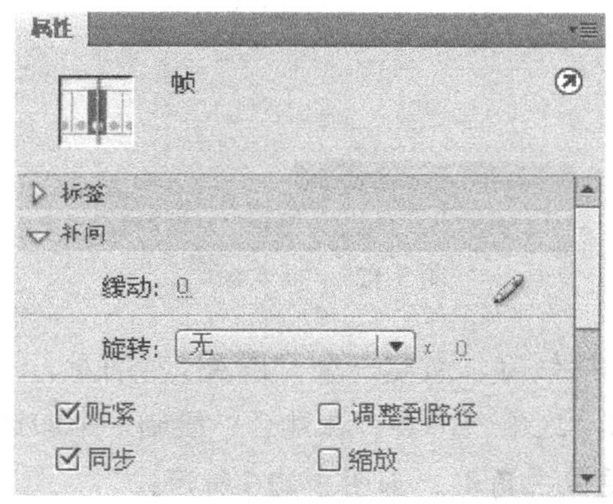

图 3-122　“属性”面板

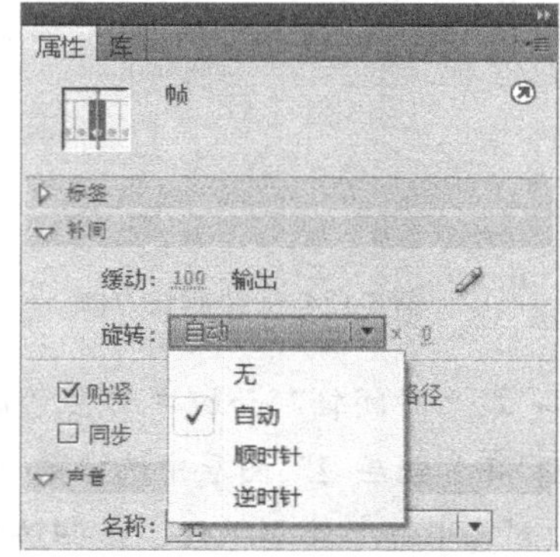

图 3-123　设置旋转方式

3.8　课件的形状补间动画效果

形状补间是一种在制作对象形状变化时经常被使用到的动画形式，它的制作原理是通过在两个具有不同形状的关键帧之间指定形状补间，以表现中间变化过程的方法形成动画。

3.8.1　制作几何切面

形状补间动画是通过在时间轴的某个帧中绘制一个对象，在另一个帧中修改该对象或重新绘制其他对象；然后由 Flash 计算出两帧之间的差距并插入过度帧，从而创建出动画的效果。要在不同的形状之间形成形状补间动画，对象就不能是元件实例，对于图形元件和文字等，必须先进行“分离”操作，然后才能创建形状补间动画。

最简单的完整形状补间动画至少应该包括两个帧，一个起始帧和一个结束帧，在起始帧和结束帧上至少各有一个不同的形状，系统根据两形状之间的差别生成形状补间动画。

【练习 3-5】在 Flash CS6 中新建一个文档，使用形状补间动画制作一个介绍几何切面的简单课件。

(1) 启动 Flash CS6，新建一个 Flash 文档，并将其保存为“几何切面”。

(2) 在“时间轴”面板中的“图层 1”图层中选中第 1 帧，使用“矩形工具”和“线条工具”，在舞台中绘制一个长方体，并在“属性”面板中设置矩形和线条的笔触样式、颜色和笔触高度，如图 3-124 所示。

(3) 在“图层 1”图层的第 100 帧处右击，在弹出的快捷菜单中，选择“插入帧”命令，使得长方体在时间轴中存在第 100 帧，如图 3-125 所示。

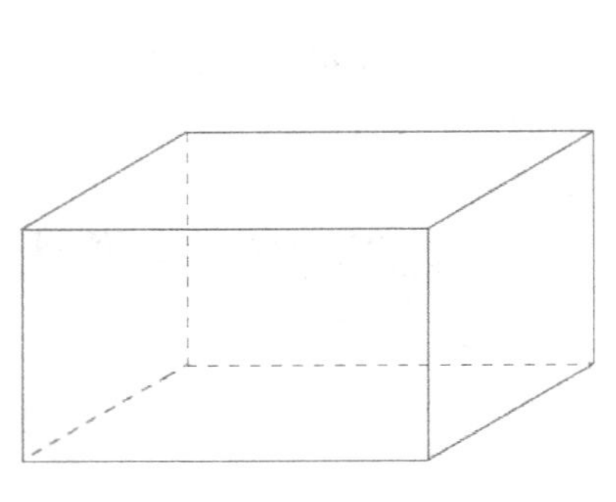

图 3-124　绘制长方体

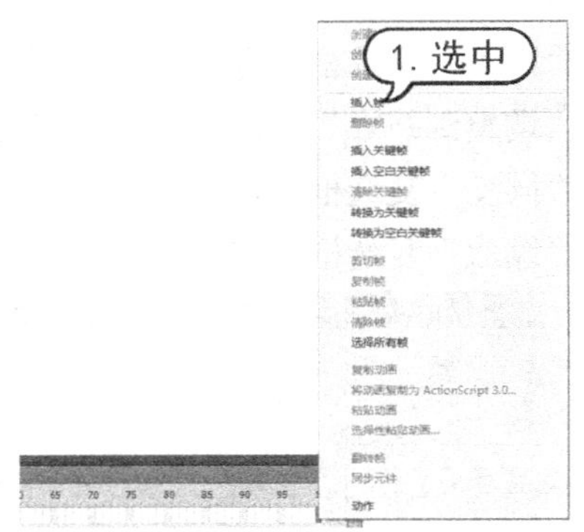

图 3-125　插入帧

(4) 在“时间轴”面板中单击“插入图层”按钮，新建一个“图层 2”图层。

(5) 在“图层 2”图层中选中第 1 帧，使用“线条”工具，在舞台中绘制一个四边形，注意控制其中一条边要很短，使四边形看起来更像三角形，如图 3-126 所示。

(6) 在“图层 2”图层中右击第 15 帧，在弹出的快捷菜单中选择“插入空白关键帧”命令，插入一个空白关键帧。

(7) 在“图层 2”图层中选中第 20 帧，使用“线条”工具，在舞台中绘制一个平行四边形，如图 3-128 所示(注意：平行四边形四条边的绘制顺序应和步骤 5 中四边形四条边的绘制顺序保持一致)。

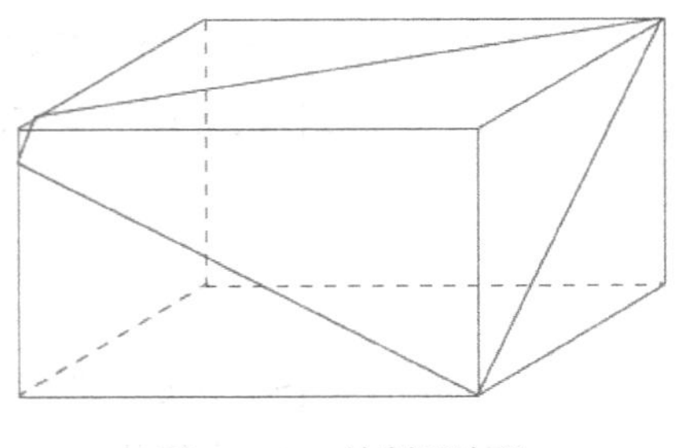

图 3-126　绘制四边形

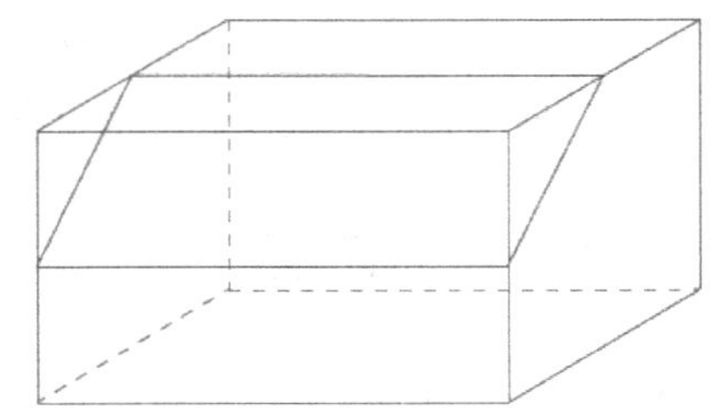

图 3-127　组合图形

(8) 选中“图层 2”图层中的第 1 帧，右击该帧，选择“创建补间形状”命令，创建第 1 帧到第 20 帧之间的形状补间动画，如图 3-128 所示。此时的时间轴如图 3-129 所示。

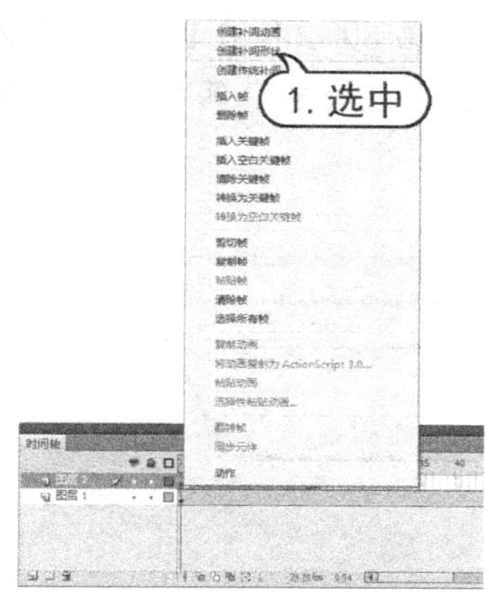

图 3-128　创建形状补间动画

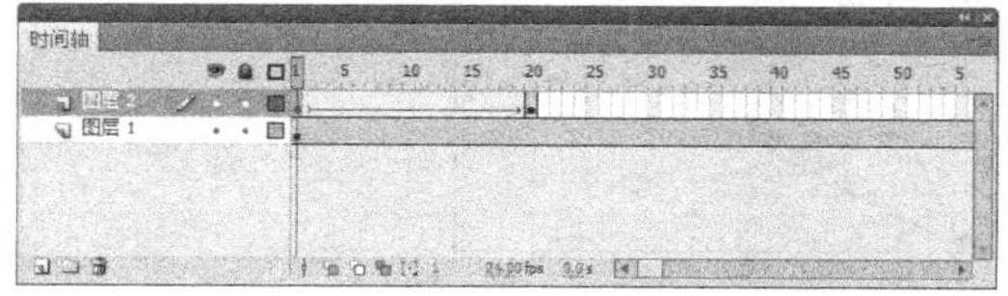

图 3-129　时间轴

(9) 选中“图层 2”图层中的第 1 帧，选择 4 次“修改”|“形状”|“添加形状提示”命令，为四边形添加 4 个形状提示点。按字母顺序，顺时针方向，依次移动各形状提示点到四边形的四个顶点，如图 3-130 所示。

(10) 选中“图层 2”图层中的第 20 帧，按照第 1 帧同样的字母顺序和方向，依次移动各形状提示点到平行四边形对应的各顶点上，如图 3-131 所示。

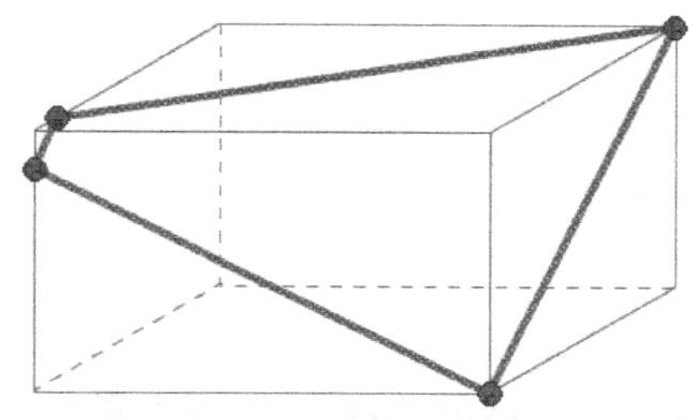

图 3-130　添加形状提示点

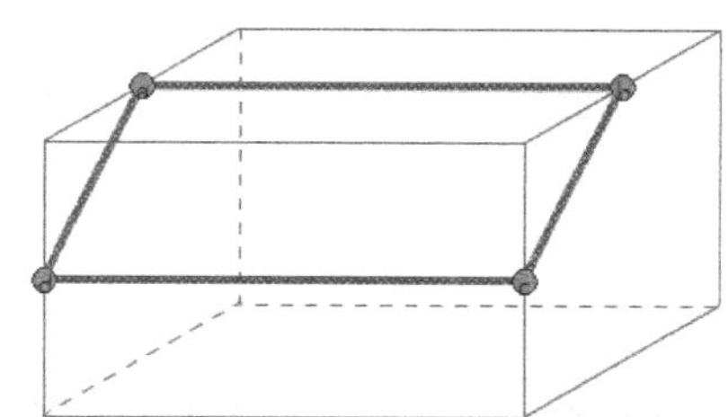

图 3-131　移动第 20 帧形状提示点

(11) 在“图层 2”图层的第 40 帧处右击，在弹出的快捷菜单中，选择“插入空白关键帧”命令，添加一个插入空白关键帧。

(12) 选中“图层 2”图层中的第 40 帧，绘制一个如图 3-132 所示的四边形。

(13) 选中“图层 2”图层中的第 20 帧，右击该帧，选择“创建补间形状”命令，创建第 20 帧到第 40 帧之间的形状补间动画，此时的时间轴如图 3-133 所示。

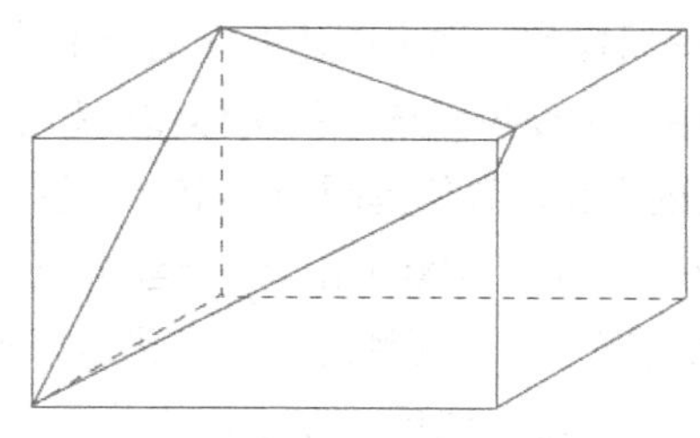

图 3-132　绘制四边形

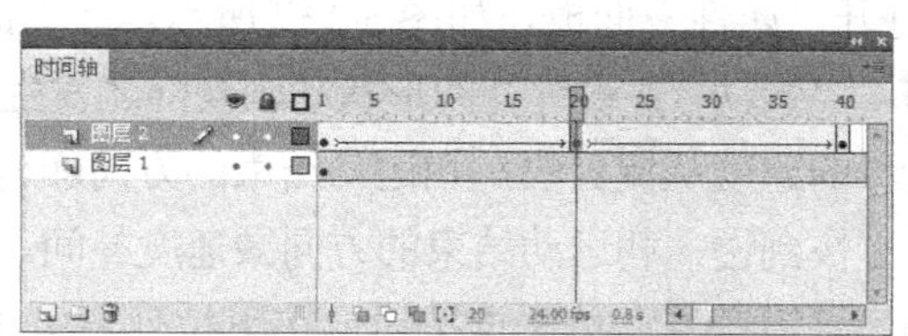

图 3-133　创建第 20 帧~第 40 帧的形状补间动画

(14) 参照步骤(9)、(10)为第 40 帧中的图形添加形状提示点，如图 3-134 所示。

(15) 参照步骤(11)~(14)的方法，分别在图层 2 的第 60 帧、第 80 帧和第 100 帧处插入空白关键帧并绘制四边形和添加形状提示点(四边形的形状由用户自己确定)，第 80 帧处的图形形状如图 3-135 所示。

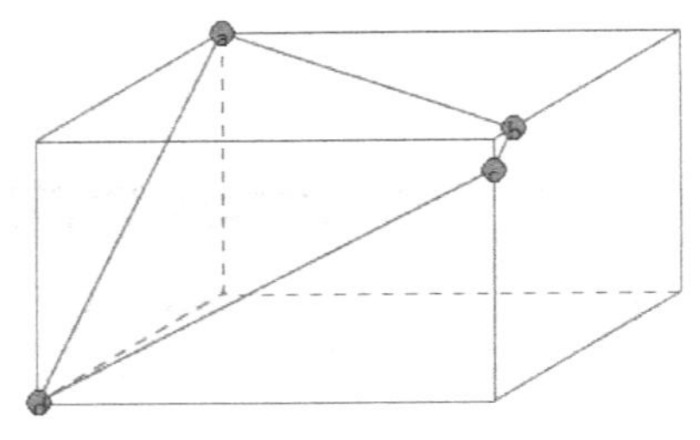

图 3-134　添加第 40 帧的形状提示点

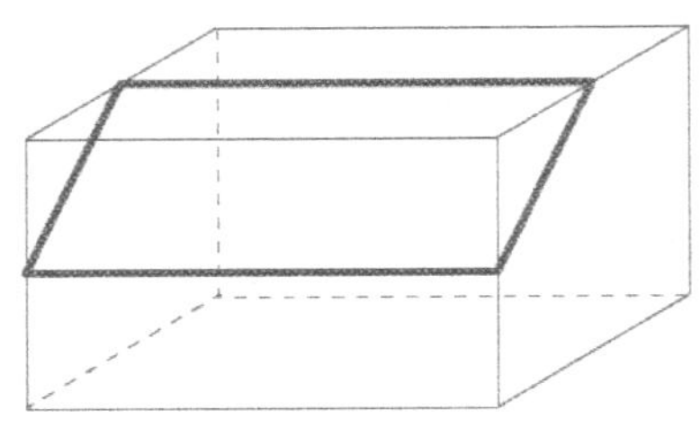

图 3-135　第 80 帧处的图形

(16) 选择“文件”|“保存”命令，保存使用形状补间动画制作的“几何切面”课件。直接按下 Ctrl+Enter 组合键，可预览动画效果，如图 3-136 所示。

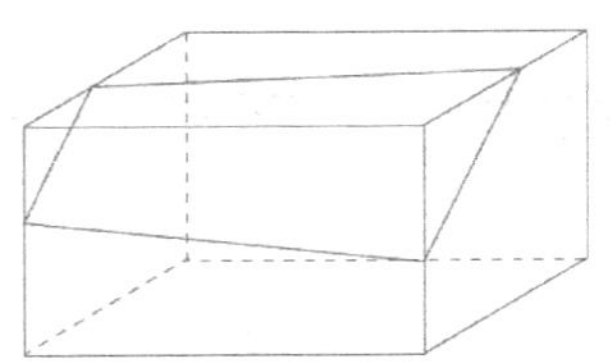

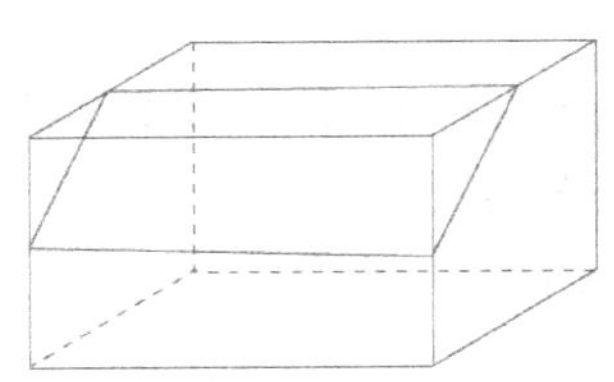

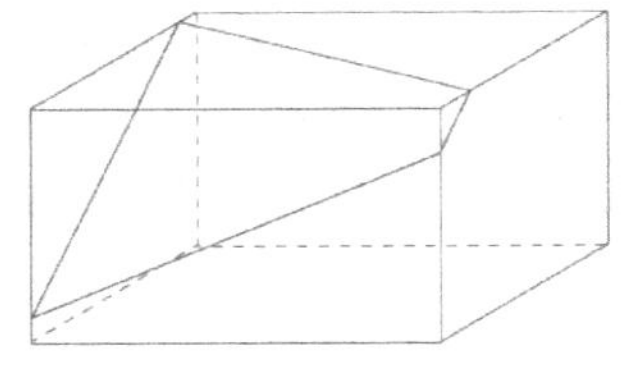

图 3-136　动画播放效果

提示：

用户在使用形状提示时，如果要隐藏所有的形状提示，可取消“视图”|“显示形状提示”命令的选中状态；再次选择该命令可显示所有的形状提示。如果要删除某个形状提示，可将其从舞台中拖出；如果要删除所有的形状提示，可选择“修改”|“形状”|“删除所有提示”命令。

3.8.2　编辑形状补间动画

当建立了一个形状补间动画后，可以进行适当的编辑操作。选中创建补间动画中的某一帧，打开“属性”面板，如图 3-137 所示。在该面板中，主要参数选项的具体作用如下。

- “缓动”：设置补间形状动画会随之发生相应的变化。数值范围为 1~100，动画运动的速度从慢到快，朝运动结束的方向加速度补间；在 1~100 间，动画运动的速度从快到慢，朝运动结束的方向减速度补间。默认情况下，补间帧之间的变化速率不变。
- “混合”：单击该按钮，在下拉列表中选择“三角形”选项，在创建的动画中间形状会保留有明显的角和直线，适合于具有锐化转角和直线的混合形状；选择“分布式”选项，创建的动画中间形状比较平滑和不规则，如图 3-138 所示。

此外，在创建补间形状动画时，如果要控制较为复杂的形状变化，可使用形状提示。形状提示会标识起始形状和结束形状中相对应的点，以控制形状的变化，从而达到更加精确的动画效果。形状提示包含 26 个字母(从 a 到 z)，用于识别起始形状和结束形状中相对应的点。其中，起始关键帧的形状提示是黄色的，结束关键帧的形状提示是绿色的，而当形状提示不在一条曲线上时则为红色。在显示形状提示时，只有包含形状提示的层和关键帧处于当前状态下时，“显示形状提示”命令才可使用。

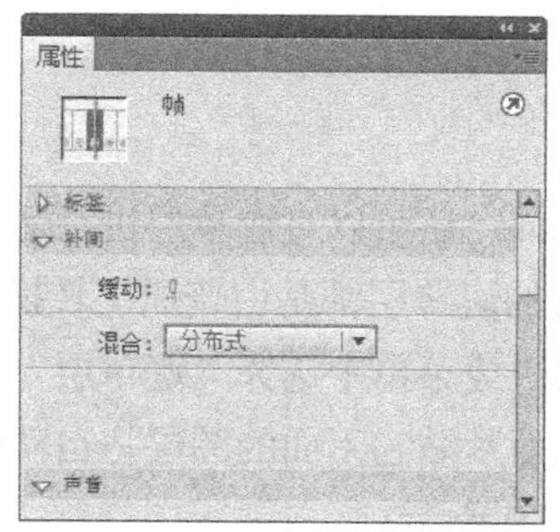

图 3-137　“属性”面板

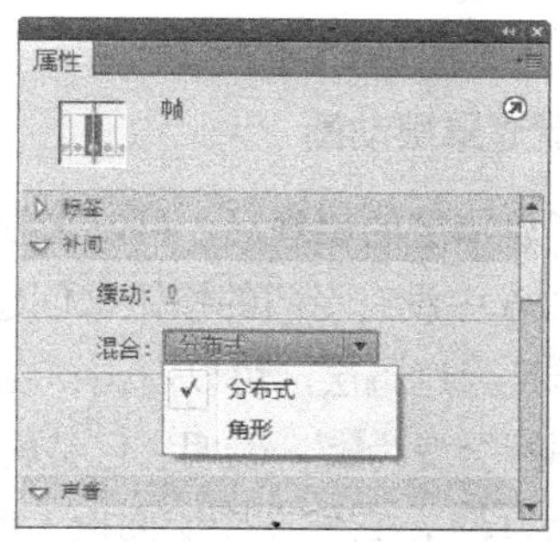

图 3-138　选择“混合”选项

在补间形状动画中遵循以下原则，可获得最佳的变形效果。

- 在复杂的补间形状中，最好先创建中间形状然后再进行补间，而不是只定义起始和结束的形状。
- 使用形状提示时要确保形状提示是符合逻辑的。例如，如果在一个三角形中使用 3 个形状提示，则在原始三角形和要补间的三角形中它们的顺序必须是一致的，而不是在第一个关键帧中是 abc，而在第二个关键帧中是 acb。

3.9　课件的高级动画制作

使用图层可以制作比较高级的动画，Flash CS6 中使用不同的图层种类也可以制作不同动画。例如，比较传统的引导层动画和遮罩层动画等传统动画方式，另外还包括了骨骼反向动画的新型动画种类。

3.9.1　遮罩层动画——地球自转

Flash 的遮罩层功能是一个强大的动画制作工具，利用的遮罩层功能，在动画中只需要设置一个遮罩层，就能遮掩一些对象，可以制作出灯光移动或其他复杂的动画效果。

1. 遮罩层动画原理

Flash 中的遮罩层是制作动画时非常有用的一种特殊图层，它的作用就是可以通过遮罩层内的图形看到被遮罩层中的内容，利用这一原理，制作者可以使用遮罩层制作出多种复杂的动画效果。

在遮罩层中，与遮罩层相关联图层中的实心对象将被视作一个透明的区域，透过这个区域可以看到遮罩层下面一层的内容；而与遮罩层没有关联的图层，则不会被看到。其中，遮罩层中的实心对象可以是填充的形状、文字对象、图形元件的实例或影片剪辑等，但是，线条不能作为与遮罩层相关联的图层中实心对象。

此外，设计者还可以创建遮罩层动态效果。对于用作遮罩的填充形状，可以使用补间形状；对于对象、图形实例或影片剪辑，可以使用补间动画。当使用影片剪辑实例作为遮罩时，可以使遮罩沿着运动路径运动。

2. 创建遮罩层动画

了解了遮罩层的原理后，可以来创建遮罩层，此外，还可以对遮罩层进行适当的编辑操作。Flash CS6 中没有专门的按钮来创建遮罩层，所有的遮罩层都是由普通层转换过来的。要将普通层转换为遮罩层，可以右击该图层，在弹出的快捷菜单中选择“遮罩层”命令，此时该图层的图标会变为，表明它已被转换为遮罩层；而紧贴它下面的图层将自动转换为被遮罩层，图标为，它们在图层面板上的表示如图 3-139 所示。

在创建遮罩层后，通常遮罩层下方的一个图层会自动设置为被遮罩图层，若要创建遮罩层与普通图层的关联，使遮罩层能够同时遮罩多个图层，可以通过下列方法来实现。

- 在时间轴上的“图层”面板中，将现有的图层直接拖到遮罩层下面。
- 在遮罩层的下方创建新的图层。
- 选择“修改”|“时间轴”|“图层属性”命令，打开“图层属性”对话框，在“类型”选项区域中选中“被遮罩”单选按钮即可，如图 3-140 所示。

如果要断开某个被遮罩图层与遮罩层的关联，可先选择要断开关联的图层，然后将该图层拖到遮罩层的上面；或选择“修改”|“时间轴”|“图层属性”命令，在打开的“图层属性”对话框中的“类型”选项区域中选中“一般”单选按钮。

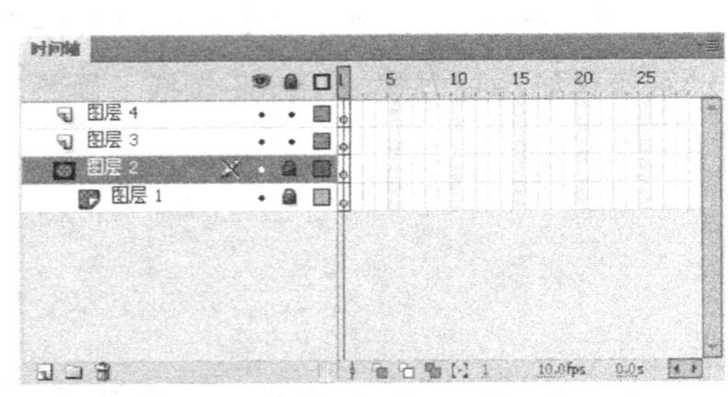

图 3-139　创建遮罩层

图 3-140　“图层属性”对话框

【练习 3-6】在 Flash CS6 中新建一个文档，使用遮罩层动画制作一个介绍地球自转的简单课件。

(1) 启动 Flash CS6，新建一个像素为 400 × 400 的 Flash 文档，并将其保存为“地球自转”。

(2) 选择“插入”|“新建元件”命令，打开“创建新元件”对话框，设置元件“名称”为“地图”，“类型”为“图形”，如图 3-141 和图 3-142 所示。

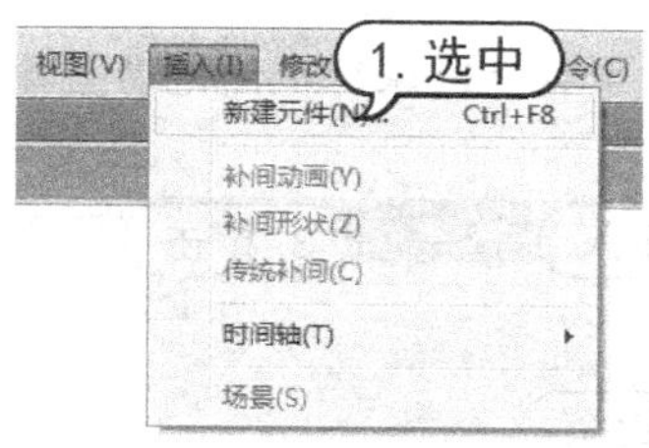

图 3-141　选择“新建元件”命令

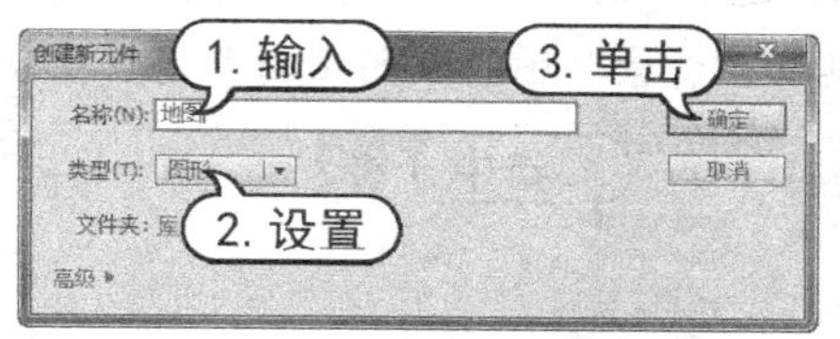

图 3-142　“创建新元件”对话框

(3) 单击“确定”按钮，进入元件编辑模式，在元件中导入一幅世界地图，然后将该地图复制一份并调整位置，使两幅地图首位相接，效果如图 3-143 所示。

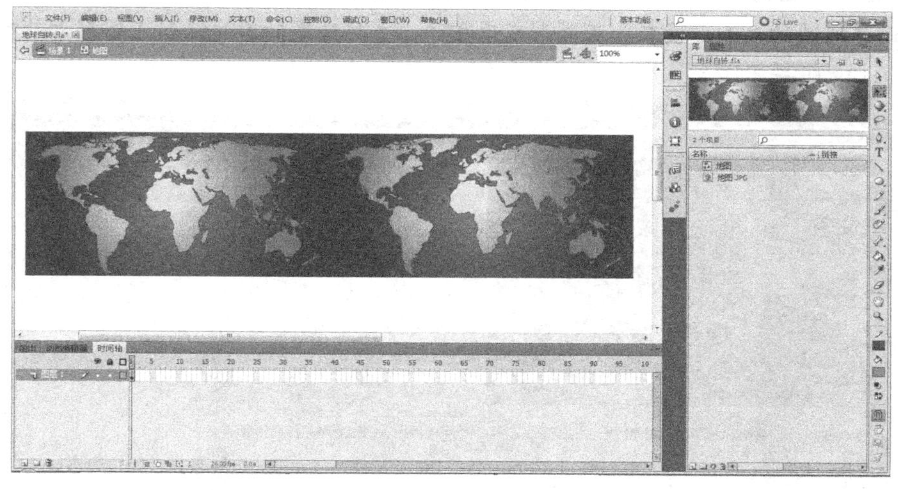

图 3-143　编辑好的元件效果

(4) 切换至“场景 1”，在时间轴面板中新建两个图层，从上到下依次为“遮罩”、“地图”、“背景”，如图 3-144 所示。

(5) 选中“背景”图层的第 1 帧，使用椭圆工具，在舞台中央绘制一个正圆形，使其充满舞台，并设置其笔触颜色为“无色”，如图 3-145 所示。

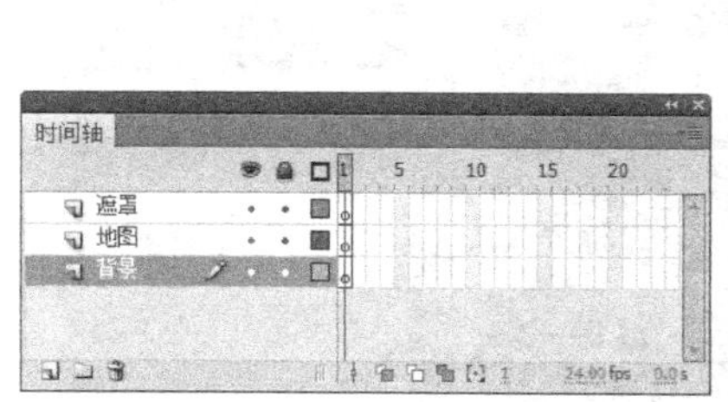

图 3-144　时间轴

图 3-145　绘制正圆

(6) 选中绘制的正圆，选择“修改”|“转换为元件”命令，打开“转换为元件”对话框，设置元件“名称”为“地球”，“类型”为“图形”，如图 3-146 所示，然后单击“确定”按钮，将其转换为图形元件。

(7) 选中“遮罩”图层的第 1 帧，然后从“库”面板中将“地球”元件拖动至舞台中央，并使其和“背景”图层中的正圆形完全重合。

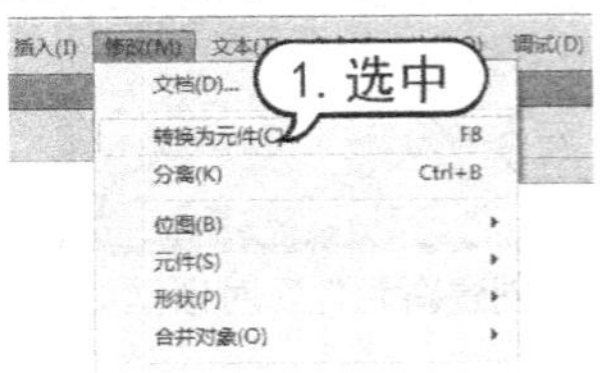

图 3-146 选择“转换为元件”命令

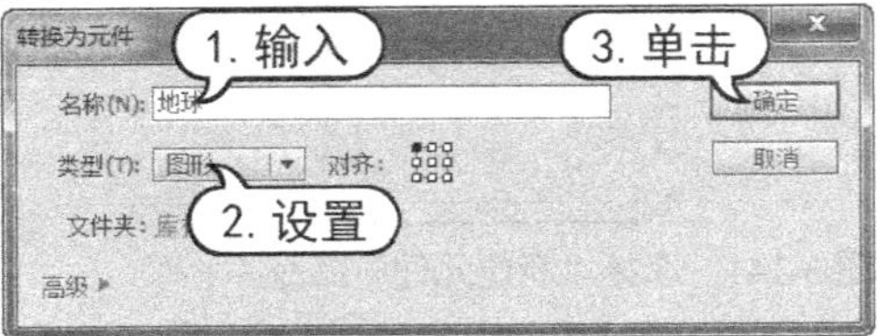

图 3-147 “转换为元件”对话框

(8) 选中“地图”图层的第一帧，将“地图”元件拖动至舞台中，然后使用“任意变形工具”调整地图的大小，使其和正圆形高度相等，并将地图的右边缘和正圆形右侧对齐，效果如图 3-148 所示。

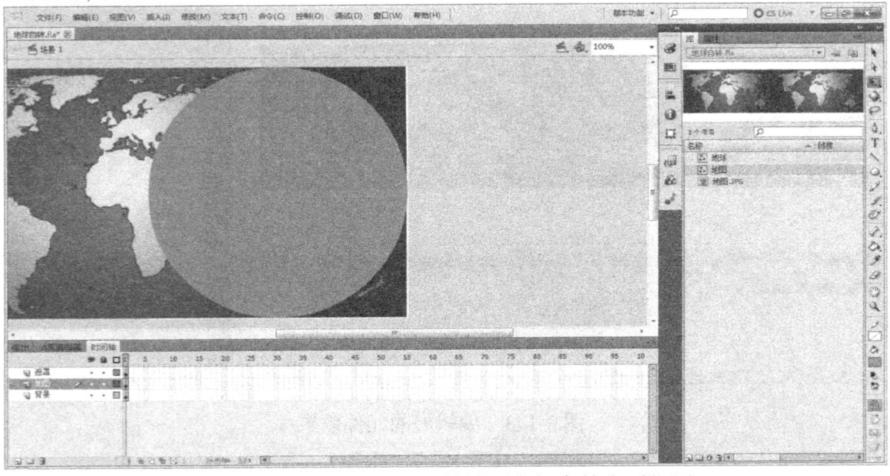

图 3-148 将“地图”元件放置在舞台的合适位置

(9) 分别在三个图层的第 60 帧处插入关键帧，然后选中“地图”层的第 60 帧，在按住 Shift 键的同时移动“地图”元件，使其水平移动，并使地图的中心线(也就是两幅地图的衔接位置)和正圆形的右边缘重合，效果如图 3-149 所示。

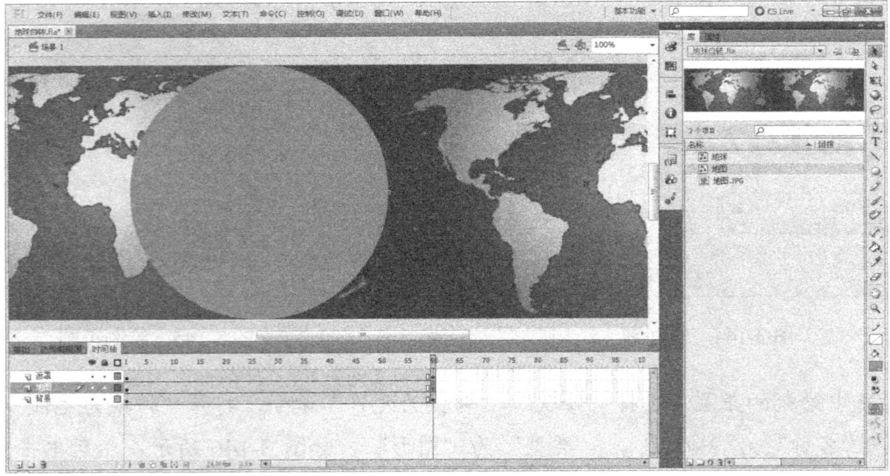

图 3-149 第 60 帧处的效果

(10) 在“地图”图层的第 1 帧处右击，选择“创建传统补间”命令，在第 1 帧到第 60 帧之间创建动作补间动画。

(11) 右击“遮罩”图层，选择“遮罩层”命令，将“遮罩”图层设置为“地图”图层的遮罩层，此时的时间轴如图 3-150 所示。

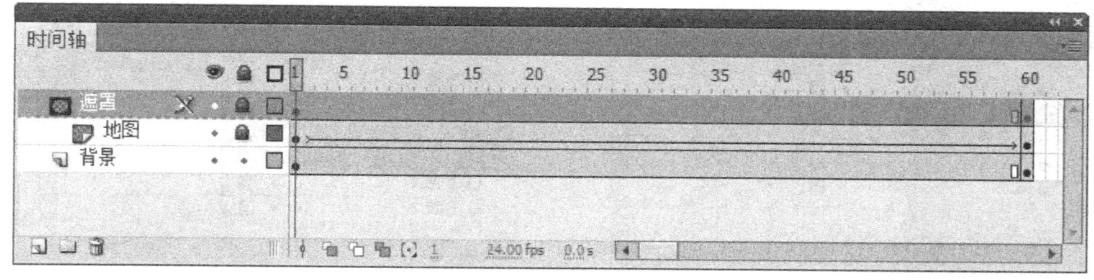

图 3-150　时间轴

(12) 选择“文件”|“保存”命令，保存使用遮罩层动画制作的“地球自转”课件。直接按下 Ctrl+Enter 组合键，可预览动画效果，如图 3-151 所示。

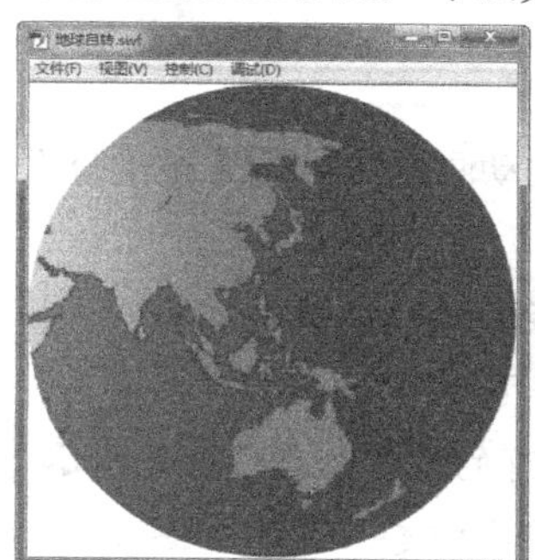

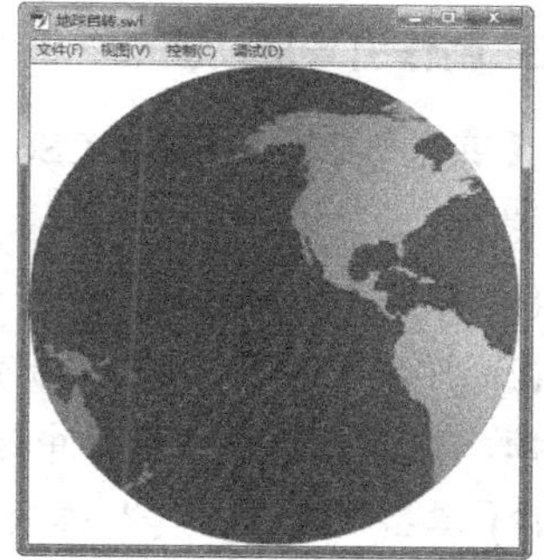

图 3-151　动画播放效果

3.9.2　引导层动画——地球公转

引导层是一种特殊的图层，在该图层中，同样可以导入图形和引入元件，但是最终发布动画时引导层中的对象不会被显示出来。按照引导层发挥的功能不同，可以将分为普通引导层和运动引导层两种类型。

1. 普通引导层

普通引导层在“时间轴”面板的图层名称前方会显示 图标，该图层主要用于辅助静态对象定位，并且可以不使用被引导层而单独使用。

创建普通引导层的方法与创建普通图层方法相似，右击要创建普通引导层的图层，在弹出的菜单中选择“引导层”命令，即可创建普通引导层，如图 3-152 所示。重复操作，右击普通引导层，在弹出的快捷菜单中选择“引导层”命令，可以转换为普通图层。

2. 传统运动引导层

传统运动引导层在时间轴上以 按钮表示，该图层主要用于绘制对象的运动路径，可以将图层链接到同一个运动引导层中，使图层中的对象沿引导层中的路径运动，这时该图层将位于运动引导层下方并成为被引导层。

右击要创建传统运动引导层的图层，在弹出的菜单中选择“添加传统运动引导层”命令，即可创建传统运动引导层，而该引导层下方的图层会自动转换为被引导层，如图 3-153 所示。

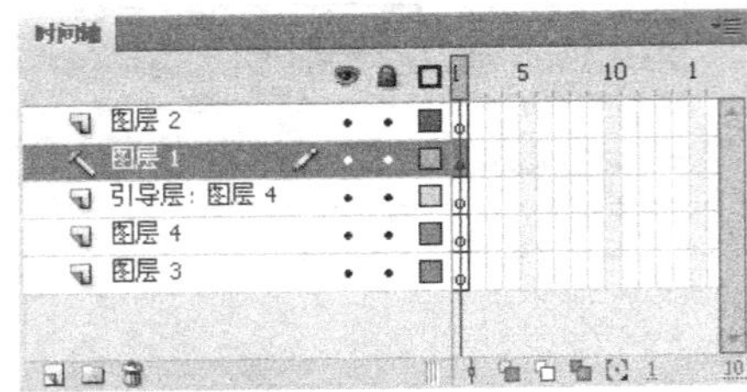

图 3-152　创建普通引导层

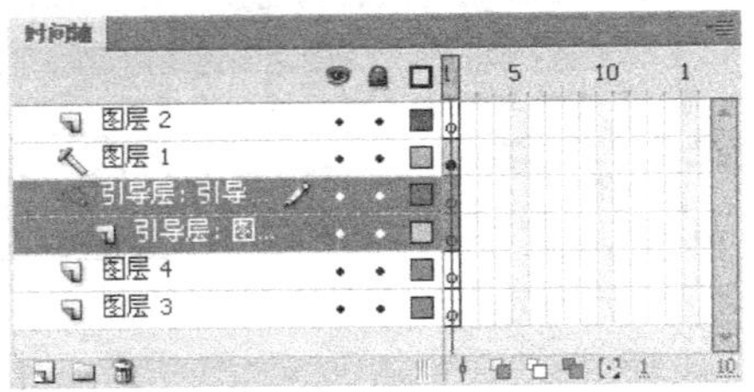

图 3-153　创建传统运动引导层

重复操作，右击传统运动引导层，在弹出的快捷菜单中选择“引导层”命令，可以转换为普通图层。

3. 制作引导层动画

【练习 3-7】在 Flash CS6 中新建一个文档，使用引导层动画制作一个介绍地球公转的简单课件。

(1) 启动 Flash CS6，新建一个 Flash 文档，并将其文档名保存为“地球公转”。

(2) 打开【练习 3-6】中制作的“地球自转.fla”，选中该 flash 中的所有帧，右击任意选中的帧，在弹出的快捷菜单中选择“复制帧”命令，复制所有的帧，如图 3-154 所示。

(3) 单击“地球公转”选项卡，进入“地球公转.fla”的编辑状态。选择“插入”|“新建元件”命令，打开“创建新元件”对话框，在“名称”文本框中输入文字“地球 1”；在“类型”下拉列表中“影片剪辑”选项，如图 3-155 所示。

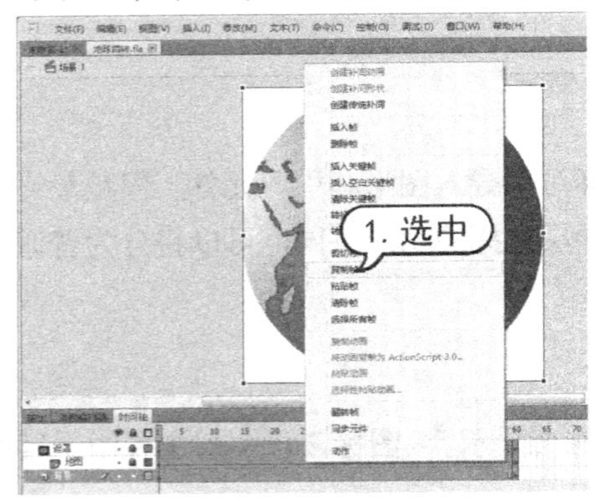

图 3-154　复制帧

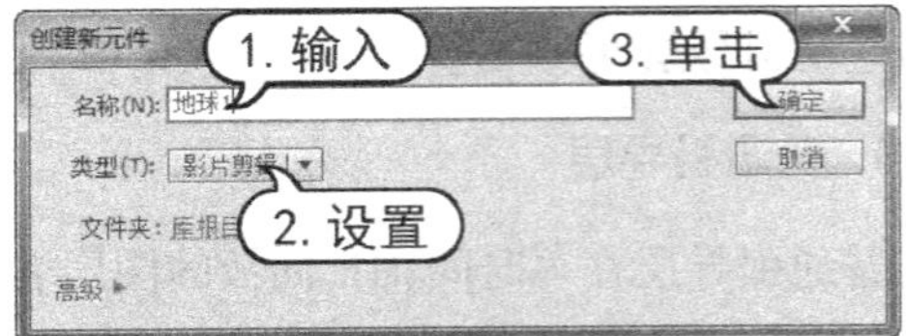

图 3-155　“创建新元件”对话框

(4) 单击“确定”按钮，进入“地球 1”影片剪辑元件的编辑环境。右击“图层 1”图层的第 1 帧，在弹出的快捷菜单中选择“粘贴帧”命令，完成编辑“地球 1”影片剪辑元件。

(5) 返回“场景 1”，选择“文件”|“导入”|“导入到库”命令，导入一张“太阳”图片到库中，如图 3-156 和图 3-157 所示。

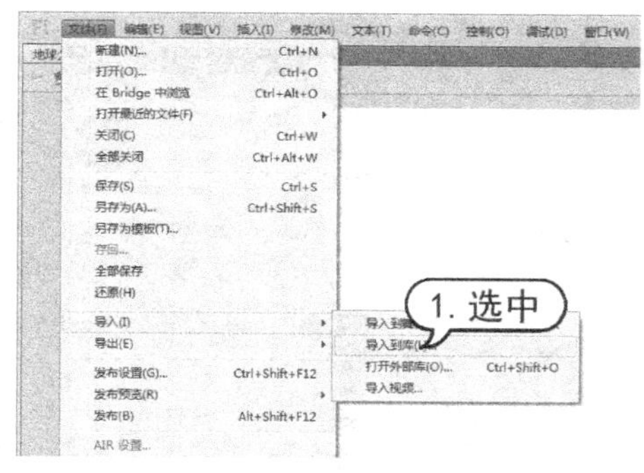

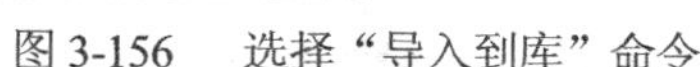

图 3-156　选择“导入到库”命令

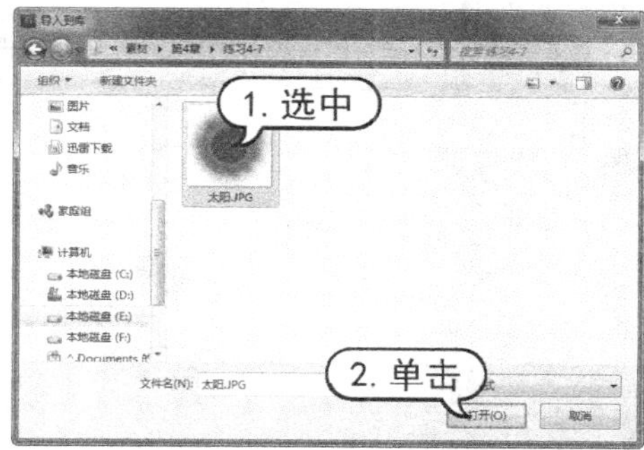

图 3-157　“导入到库”对话框

(6) 双击“图层 1”图层的名称，将该图层重命名为“太阳”；然后从库中将“太阳”元件拖动到舞台中，并使用“任意变形工具”调整其大小和位置，效果如图 3-158 所示。

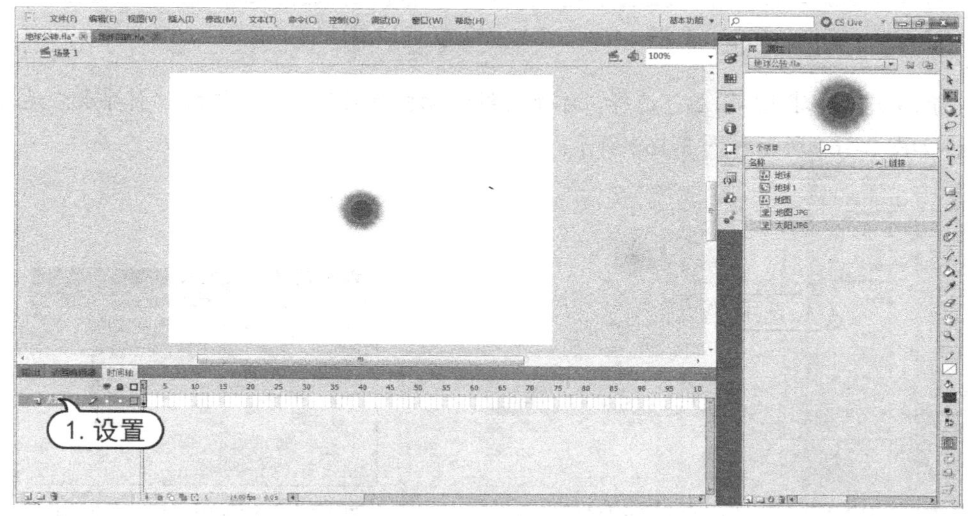

图 3-158　将“太阳”元件拖动至舞台中央

(7) 在“时间轴”面板中单击 2 次“新建图层”按钮，新建两个图层，分别命名为“地球 1”图层和“公转轨道”图层，此时的时间轴如图 3-159 所示。

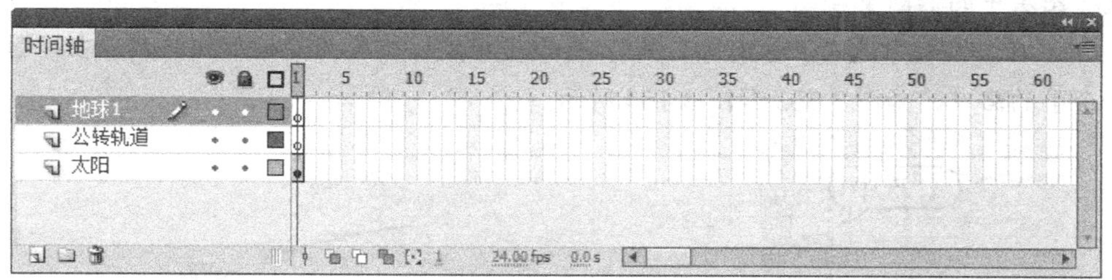

图 3-159　时间轴

(8) 在“公转轨道”图层中绘制一个围绕太阳的椭圆，作为地球的公转轨道；在“地球 1”图层中，从库中拖动“地球”影片剪辑元件到舞台中生成实例，并使用“任意变形工具”调整其大小，效果如图 3-160 所示。

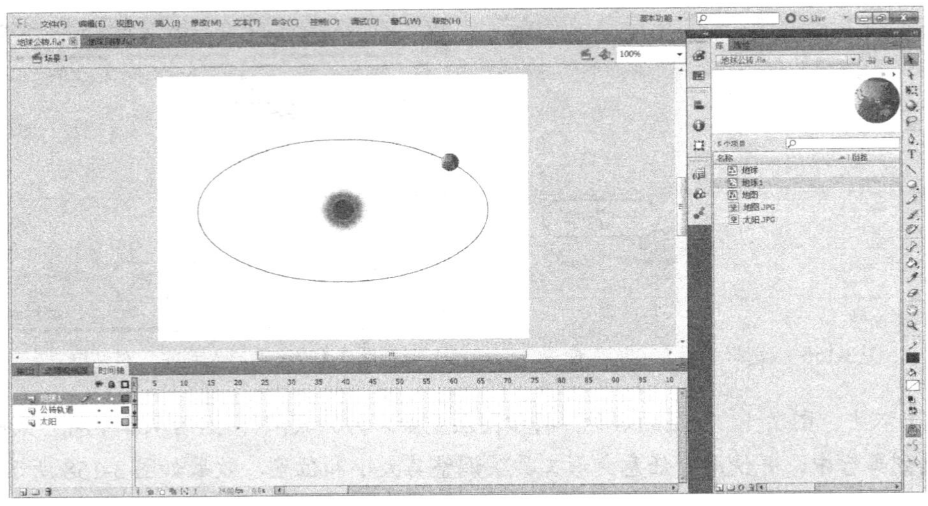

图 3-160　添加“轨道”和“地球”

(9) 右击“地球 1”图层，选择“添加传统运动引导层”命令，添加“引导层：地球 1”图层，如图 3-161 所示和图 3-162 所示。

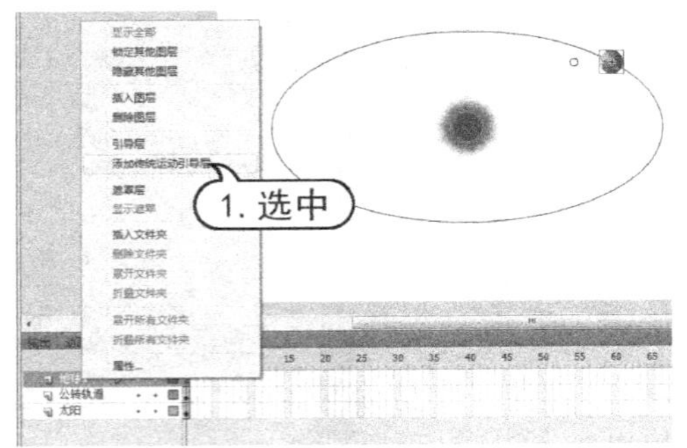

图 3-161　添加传统运动引导层

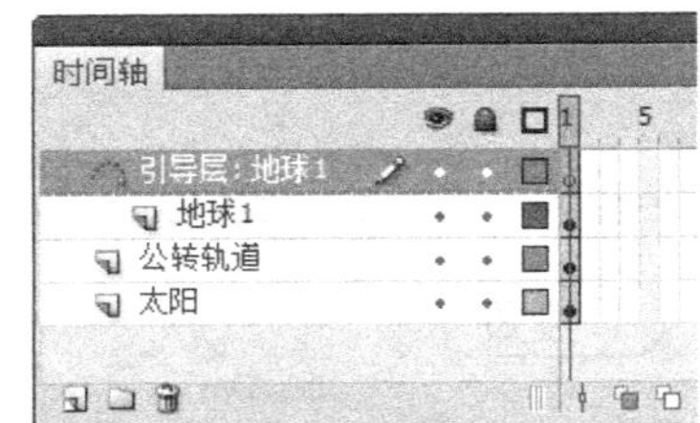

图 3-162　添加引导层后的时间轴

(10) 单击“引导层：地球 1”图层，在该图层中绘制一个椭圆，在其“属性”面板中，设置该椭圆的大小与“公转轨道”图层中椭圆的大小相同；移动椭圆的位置，使其与“公转轨道”图层中的椭圆重合。

(11) 在工具栏中选择“橡皮擦工具”，并设置橡皮擦工具为最小形状，然后在椭圆上擦出一个小的豁口，如图 3-163 和图 3-164 所示。

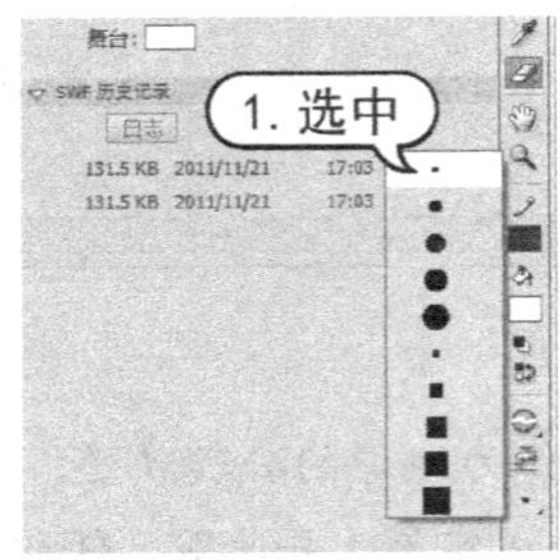

图 3-163　选择橡皮擦大小

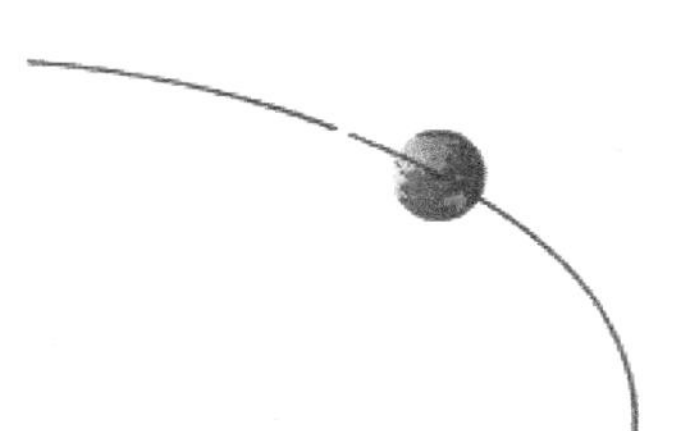

图 3-164　在椭圆上擦出一个小的豁口

(12) 在“时间轴”面板中选中“引导层：地球 1”图层、“太阳”图层和“公转轨道”图层的第 100 帧，按 F5 键插入帧；选择“地球 1”图层的第 100 帧，按 F6 键插入一个关键帧。

(13) 在“地球 1”图层的第 1~100 帧中的任意一帧上右击，在弹出的快捷菜单中选择“创建传统补间”命令，创建其动画补间动画，此时的“时间轴”面板如图 3-165 所示。

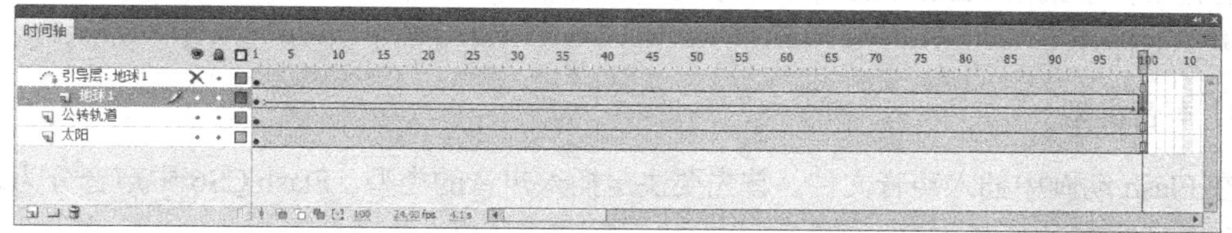

图 3-165　完成后的“时间轴”面板

(14) 在工具栏中选择“选择”工具，并单击“贴紧至对象”按钮，分别调整“地球”图层中第 1 帧和第 100 帧处的地球的位置，使其中心点分别与豁口的左右两个端点对齐。

(15) 直接按下 Ctrl+Enter 组合键，测试动画，可以看到地球开始沿椭圆轨道运动。

(16) 在“时间轴”面板中单击“新建图层”按钮，新建一个图层，并重命名为“文字”图层，然后将该图层至于最底层。

(17) 在工具栏中使用“直线工具”和“文本工具”，在文字图层中添加相应的内容，效果如图 3-166 所示。

(18) 选择“文件”|“保存”命令，保存使引导层动画制作的地球一边自转一边围绕太阳公转的课件。

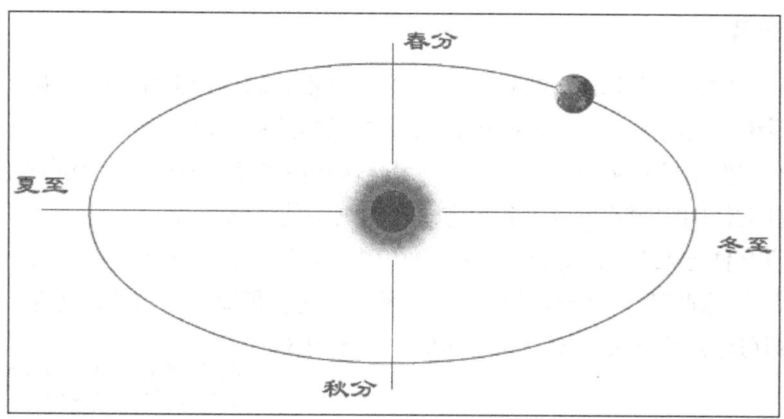

图 3-166　最终效果展示

3.10　Flash 中的声音和视频

在 Flash 中加入声音和视频可以使动画效果更加生动形象，提高动画的可观赏性。本节来介绍在 Flash 中加入声音和视频信息的技巧。

3.10.1　导入声音文件

Flash 在导入声音时，可以给按钮添加音效，也可以将声音导入到时间轴上，作为整个动画的背景音乐。在 Flash CS6 中，可以导入外部的声音文件到动画中，也可以使用共享库中的声音文件。

1. 声音类型

在 Flash 动画中插入声音文件，首先要决定插入声音的类型。Flash CS6 中声音分为事件声音和音频流两种类型。

- 事件声音：事件声音必须在动画全部下载完后才可以播放，如果没有明确的停止命令，它将连续播放。在 Flash 动画中，事件声音常用于设置单击按钮时的音效，或者用来表现动画中某些短暂动画时的音效。因为事件声音在播放前必须全部下载才能播放，因此此类声音文件不能过大，以减少下载动画时间。在运用事件声音时要注意无论什么情况下，事件声音都是从头开始播放的且无论声音的长短都只能插入到一个帧中。
- 音频流：音频流在前几帧下载了足够的数据后就开始播放，通过和时间轴同步可以使其更好地在网站上播放，可以边看边下载。此类声音较多应用于动画的背景音乐。

在实际制作动画过程中，绝大多数是结合事件声音和音频流两种类型声音的方法来插入音频的。

2. 导入声音

在 Flash CS6 中，可以导入 WAV、MP3 等文件格式的声音文件，但不能直接导入 MIDI 文件。如果系统上已经安装了 QuickTime4 或更高版本的播放器，还可以导入 AIFF、Sun AU 等格式的声音文件。导入文档的声音文件一般会保存在“库”面板中，因此与元件一样，只需要创建声音文件的实例就可以以各种方式在动画中使用该声音。

要将声音文件导入 Flash 文档的“库”面板中，可以选择“文件”|“导入”|“导入到库”命令，打开“导入到库”对话框，如图 3-167 所示。选择需要导入的声音文件，单击“打开”按钮确定，即可添加声音文件至“库”面板中，如图 3-168 所示。

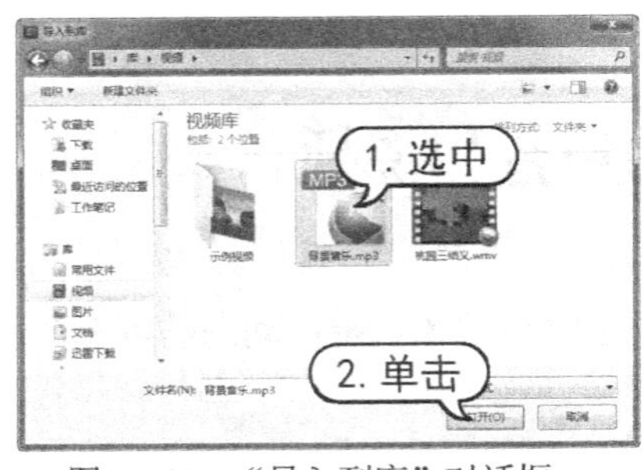

图 3-167　“导入到库”对话框

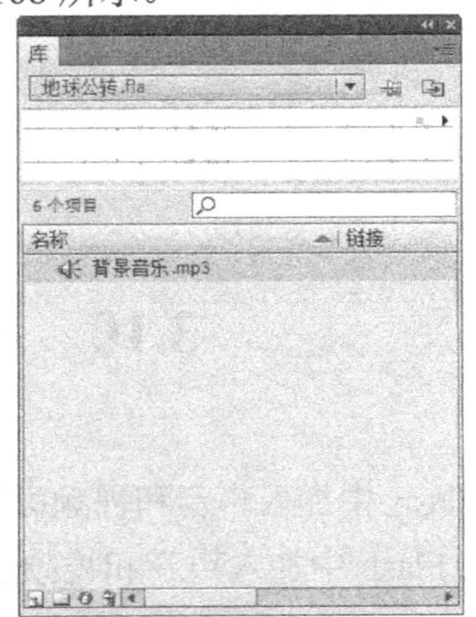

图 3-168　添加声音文件至“库”面板

3. 添加文档声音

导入声音文件后，可以将声音文件添加到文档中。

要在文档中添加声音，从“库”面板中拖动声音文件到设计区中，即可将其添加至当前文档中。选择“窗口”|“时间轴”命令，打开“时间轴”面板，在该面板中显示了声音文件的波形，如图 3-169 所示。

用户可以把多个声音放在同一图层上，或放在包含其他对象的图层上。不过，尽量将每个声音放在独立的图层上。这样每个图层可以作为一个独立的声音通道。当回放 swf 文件时，所有图层上的声音就可以混合在一起。

要测试添加到文档中的声音，可以使用与预览帧或测试 SWF 文件相同的方法，在包含声音的帧上面拖动播放头，或使用在面板或“控制”菜单中的命令。

选择时间轴中包含声音波形的帧，打开“属性”面板，如图 3-170 所示。

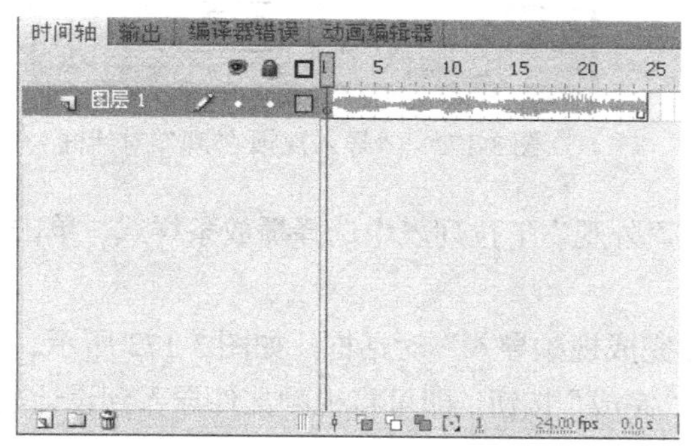

图 3-169　“时间轴”面板

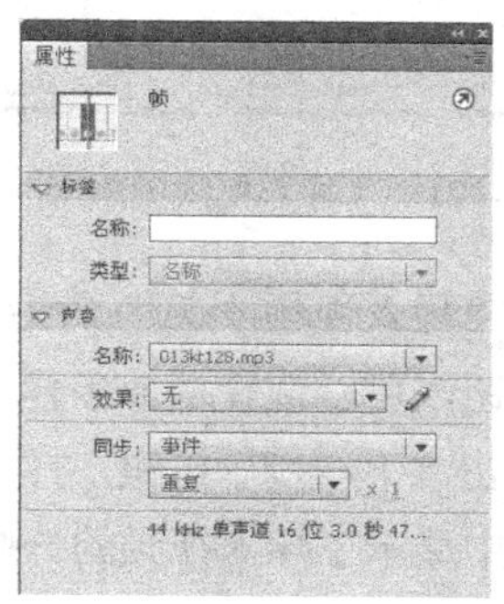

图 3-170　帧“属性”面板

在帧“属性”面板中，“声音”选项卡的主要参数选项的具体作用如下。

- “名称”选项：选择导入的一个或多个声音文件名称。
- “效果”选项：设置声音的播放效果。
- “同步”选项：设置声音的同步方式。
- “重复”选项：单击该按钮，在下拉列表中可以选择“重复”和“循环”两个选项，选择“重复”选项，可以在右侧的“循环次数”文本框中输入声音外部循环播放次数；选择“循环”选项，声音文件将循环播放。

3.10.2　导入视频文件

在 Flash CS6 中，可以将视频剪辑导入到 Flash 文档中。根据视频格式和所选导入方法的不同，可以将具有视频的影片发布为 Flash 影片(SWF 文件)或 QuickTime 影片(MOV 文件)。在导入视频剪辑时，可以将其设置为嵌入文件或链接文件。

1. 视频文件的导入

导入视频文件时，该视频文件将成为影片的一部分，就如同导入位图或矢量图文件一样，而导入的视频文件将会被转换为 FLV 格式以供 Flash 播放。

如果要将视频文件直接导入到 Flash 文档的舞台中，可以选择“文件”|“导入”|“导入视频”命令。打开“导入视频-选择视频”对话框，如图 3-171 所示。

单击“浏览”按钮，打开“打开”对话框，选择要导入的视频文件，单击“打开”按钮，“导入视频”对话框。

单击“下一步”按钮，打开“导入视频-外观”对话框，如图 3-172 所示。

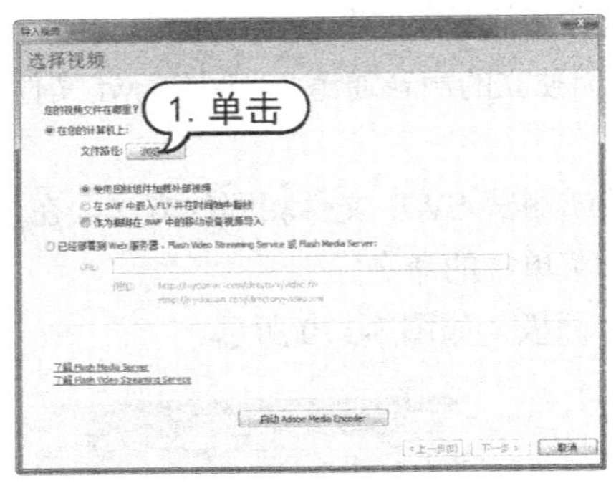

图 3-171　“导入视频-选择视频”对话框

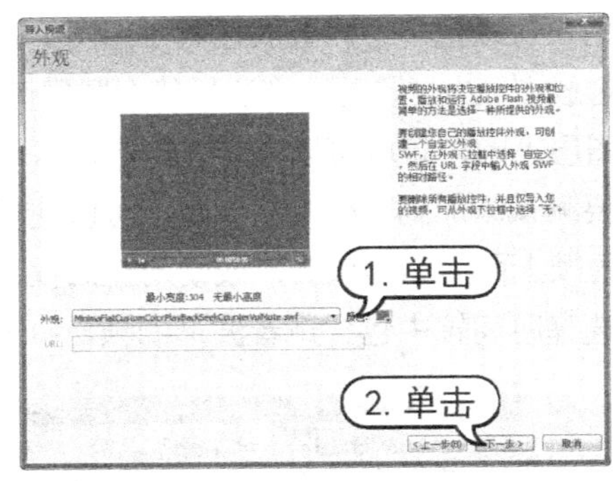

图 3-172　“导入视频-外观”对话框

在“导入视频-外观”对话框中，可以在“外观”下拉列表中选择播放条样式，单击“颜色”按钮，可以选择播放条样式颜色。

单击“下一步”按钮，打开“导入视频-完成视频导入”对话框，如图 3-173 所示。在该对话框中显示了导入视频的一些信息，单击“完成”按钮，即可将视频文件导入到设计区中，如图 3-174 所示。

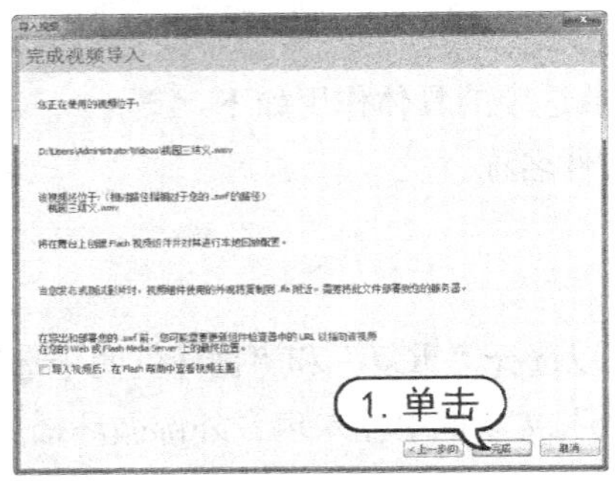

图 3-173　“导入视频-完成视频导入”对话框

图 3-174　导入视频

2. 编辑导入的视频文件

在 Flash 文档中选择嵌入的视频剪辑后，可以进行一些编辑操作。选中导入的视频文件，打开“属性”面板，如图 3-175 所示。

在“属性”面板中的“实例名称”文本框中，可以为该视频剪辑指定一个实例名称；在“宽”、“高”、X 和 Y 文本框中可以设置影片剪辑在舞台中的位置及大小。打开“组件参数”选项组，可以设置视频组件播放器的相关参数，如图 3-176 所示。

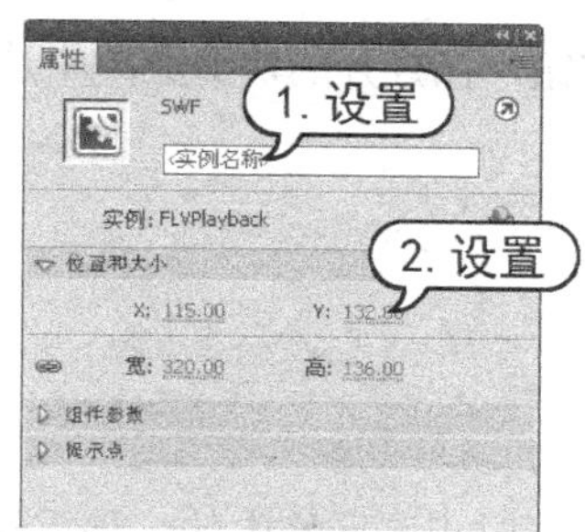

图 3-175　视频文件“属性”面板

图 3-176　“组件参数”选项组

3.11　Flash 课件中的交互设计

Flash 不仅可以制作出形象生动的动画，还可以通过交互设置来控制动画的播放，使课件具有更强的可操作性和互动性。

3.11.1　交互设计的基本知识

Flash CS6 中的交互效果主要是通过 Action Script 语言来实现的，它是 Flash CS6 强大的交互功能的灵魂，通过它可以给帧、影片剪辑实例和按钮赋予动作，从而实现对动画的控制。

1. “动作-帧”面板

Action Script 语言的编辑环境是“动作-帧”面板，选择“窗口”|“动作”命令，可打开“动作-帧”面板，如图 3-177 所示。

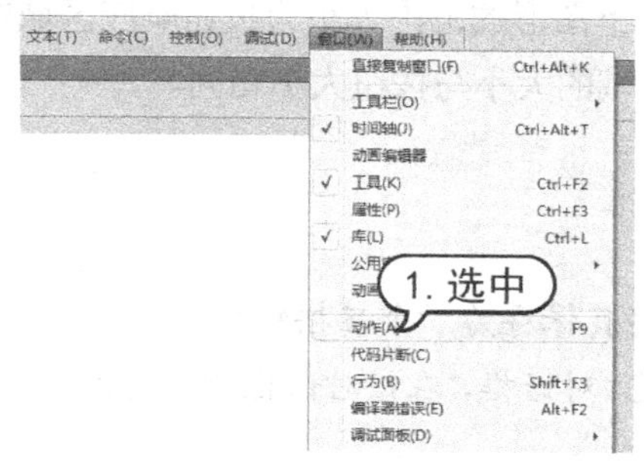

图 3-177　打开“动作-帧”面板

2. 在“动作-帧”面板中添加动作

在“动作-帧”面板中，用户可以使用以下几种方法添加动作，添加的动作将会显示在面板右边的命令列表框中，添加后可设置相关参数。

方法一：双击“动作-帧”面板左侧列表中的动作代码，如 go to。

方法二：选择要添加的动作代码，然后将其拖动至右侧的编辑区域。

方法三：右击要添加的动作代码，选择“添加到脚本”命令。

方法四：单击“动作-帧”面板上方工具栏中的[按钮图标]按钮，在打开的快捷菜单中选择加入到脚本的命令。

方法五：直接在编辑区域输入动作语句。

3.11.2 创建个性化的按钮元件

在具有交互功能的课件中，按钮是必不可少的主角，同时也是元件中的一种重要类型。在 Flash CS6 的公用库中有系统自带的按钮元件，另外用户还可根据需要自己创建按钮元件。

按钮的外观有 4 种状态，每种状态都有特定的名称与之对应。选择“插入”|“新建元件”命令，打开“创建新元件”对话框，在“类型”下拉列表框中选择“按钮”选项，然后单击“确定”按钮，即可创建一个按钮元件，如图 3-178 所示。创建一个按钮元件后，其时间轴窗口如图 3-179 所示。

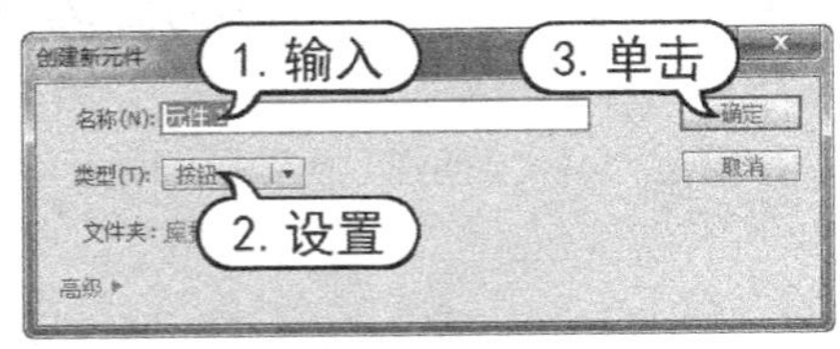

图 3-178　“创建新元件”对话框

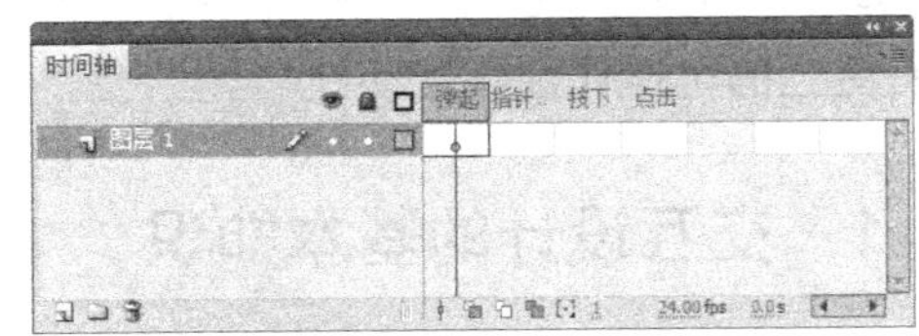

图 3-179　时间轴窗口

下面是按钮所呈现的几种状态。

- 弹起：当鼠标指针没有进入按钮区域时，按钮所呈现的状态。
- 指针：当鼠标移动到按钮上面，但没有按下时，按钮所呈现的状态。
- 按下：按钮在被按下时呈现的状态。
- 点击：用于设置按响应区域的大小，该状态下图形的范围大小为按钮响应区域的大小，如果该帧内没有任何内容，那么响应区域的大小与按钮大小相同。

1. 创建按钮元件

【练习 3-8】在 Flash CS6 中创建一个按钮。

(1) 启动 Flash CS6，新建一个 Flash 文档，并将其保存为“个性按钮”。

(2) 选择“修改”|“文档”命令，打开“文档设置”对话框，在该对话框中进行如图 3-180 所示的设置(背景颜色为“黄色”)。

(3) 设置完成后，单击“确定”按钮，关闭“文档设置”对话框，然后选择“视图”|“网格”|“编辑网格”命令，打开“网格”对话框，并进行如图 3-181 所示的设置。

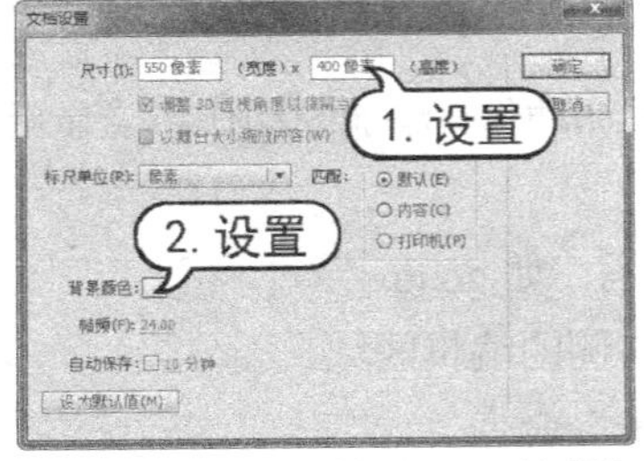

图 3-180　“文档设置”对话框

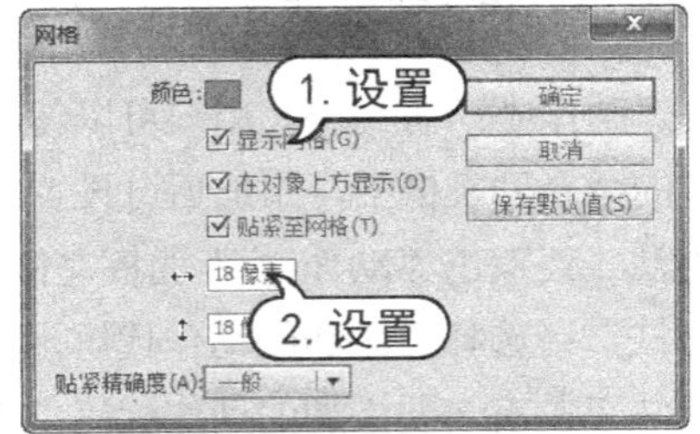

图 3-181　“网格”对话框

(4) 单击“确定”按钮，关闭“网格”对话框。选择“插入”|“新建元件”命令，打开“创建新元件”对话框，在“名称”文本框中输入“按钮”，在“类型”下拉列表框中选择“按钮”选项，如图 3-182 所示，然后单击“确定”按钮，创建一个按钮元件。

(5) 此时进入“按钮”元件的编辑状态，在工具栏中选择“椭圆工具”，在舞台中绘制一个椭圆，并将该椭圆的“笔触”颜色设置为“黑色”，“填充”颜色设置为“橙色”，如图 3-183 所示。

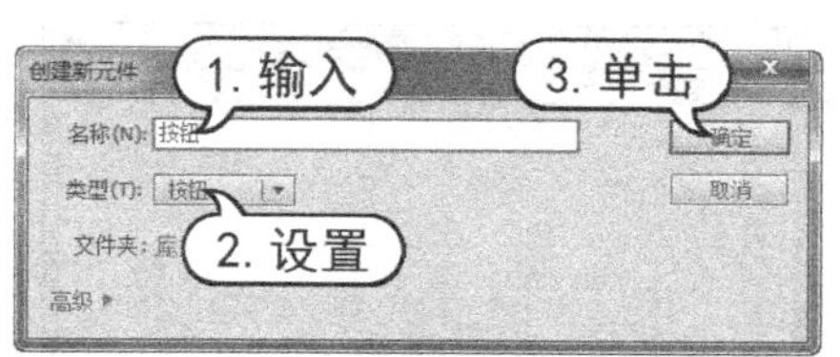

图 3-182　“创建新元件”对话框

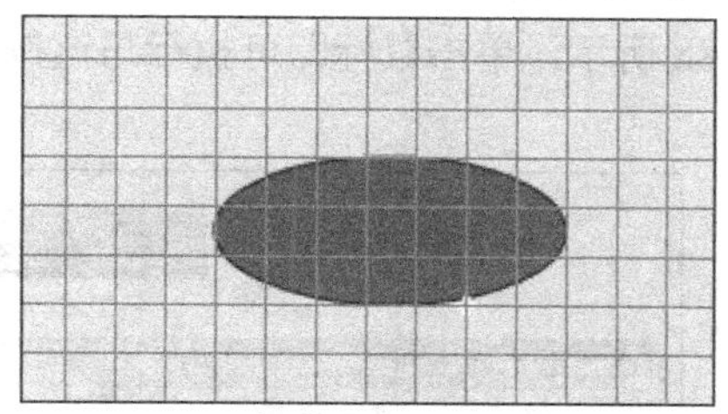

图 3-183　绘制矩形

(6) 选中椭圆的外边框，在属性面板中将其颜色设置为“白色”，如图 3-184 所示。

(7) 在“指针”帧中插入关键帧，然后在属性面板中设置椭圆的“填充颜色”为“淡蓝色”，如图 3-185 所示。

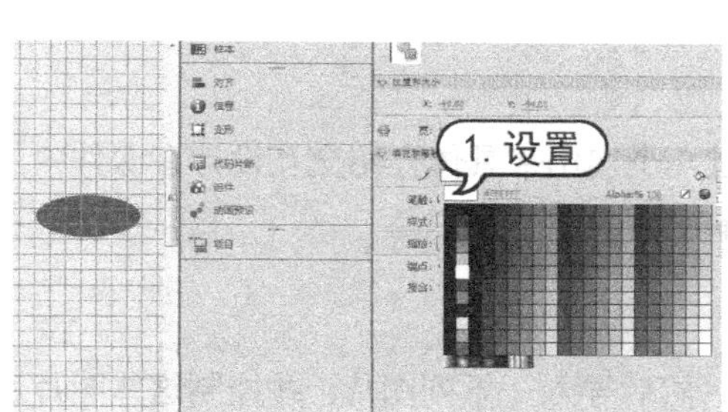

图 3-184　设置边框颜色

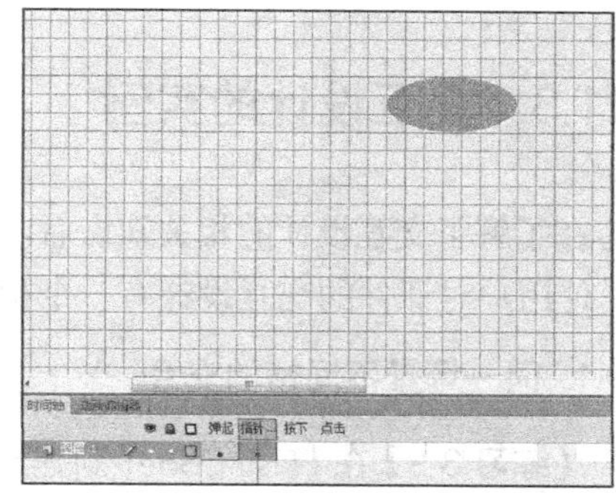

图 3-185　设置填充颜色

(8) 在“按下”帧中插入关键帧，将椭圆的“填充颜色”设置为“红色”。

(9) 返回“场景 1”的编辑窗口，在库中将刚刚创建的按钮元件拖动至舞台中，然后按下 Ctrl+Enter 组合键，预览动画效果，分别观察按钮的正常状态、鼠标指针经过时和单击按钮时按钮的反应，如图 3-186 所示。

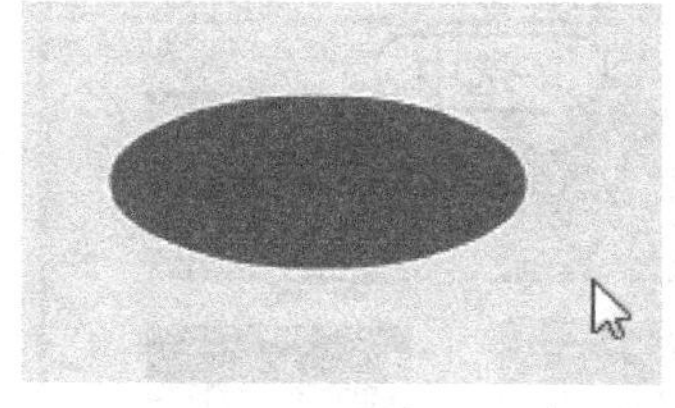

正常状态

鼠标指针经过时

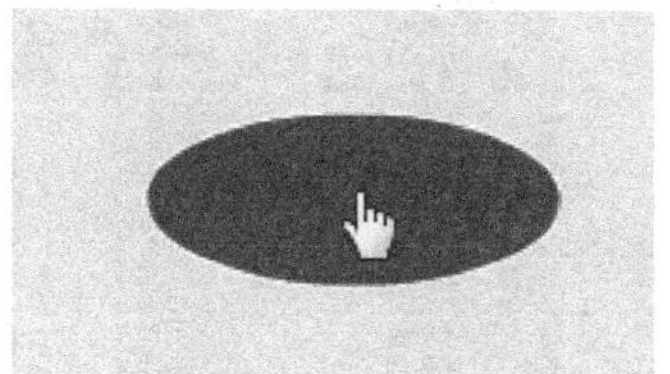

单击按钮时

图 3-186　观察按钮的变化

2. 隐形按钮的创建

在制作课件时，常常会需要用到一些看不见的按钮，这些按钮在课件中虽然看不清其形状，但是仍然可以起到一般按钮的作用。

隐形按钮的原理很简单，创建了一个按钮元件后，在时间轴面板中只须在“点击”帧中插入一个关键帧，并绘制一个按钮的点击热区即可，如图 3-187 所示。该按钮生成实例后，在运行过程中是看不到的，但是当鼠标指针移至该按钮区域时，指针将变成👆的形状，如图 3-188 所示，单击鼠标即可执行与该按钮相关的操作。

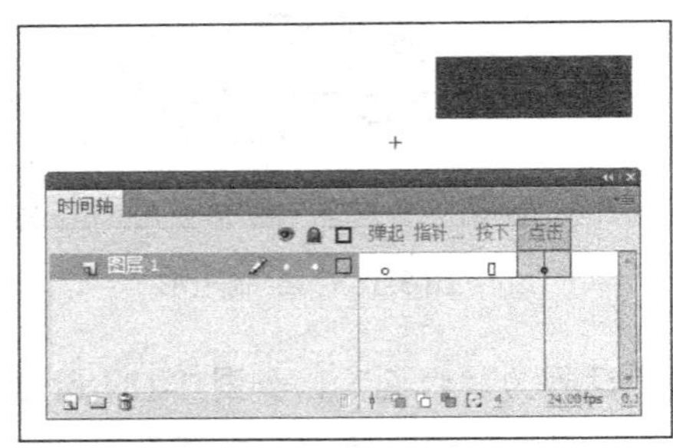

图 3-187　绘制热区

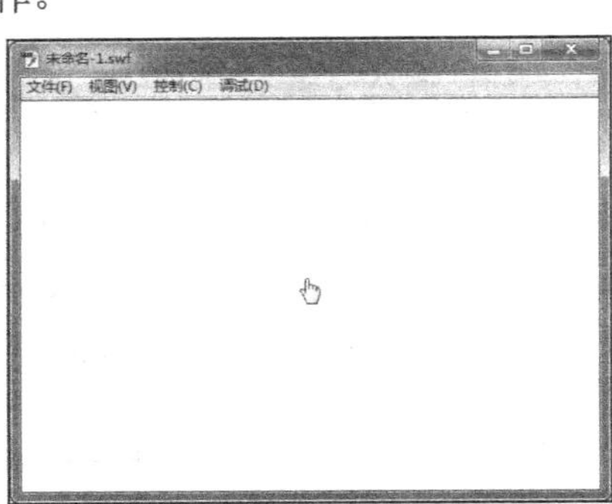

图 3-188　运行效果

3.11.3　交互设计的实例

在了解了交互设计的相关知识后，本节通过几个实例来具体介绍交互设计在课件中的应用，使用户对课件的交互设计有一个初步的了解。

1. 同一场景不同帧的交互

【练习 3-9】在 Flash CS6 中新建一个文档，然后导入一系列图片，并控制这些图片逐帧播放。

(1) 启动 Flash CS6，新建一个 ActionScript 2.0 类型的 Flash 文档，并将其保存为“同一场景不同帧之间的交互”。

(2) 选中“图层 1”的第 1 帧，选择“文件”|“导入”|“导入到舞台”命令，打开“导入”对话框，在该对话框中选择一幅图片，如图 3-189 和图 3-190 所示。

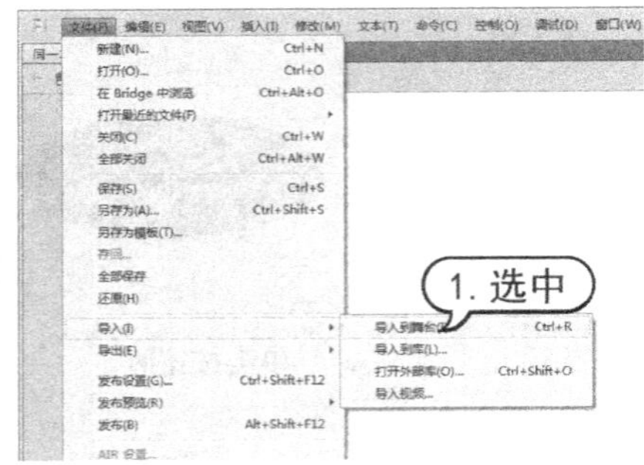

图 3-189　选择“导入到舞台”命令

图 3-190　“导入”对话框

(3) 单击“打开”按钮，导入图片，在第 2 帧处插入空白关键帧，然后按照同样的方法在“图层 1”的第 2 帧到第 6 帧中都导入图片，并将这些图片调整至合适大小，此时的时间轴如图 3-191 所示。

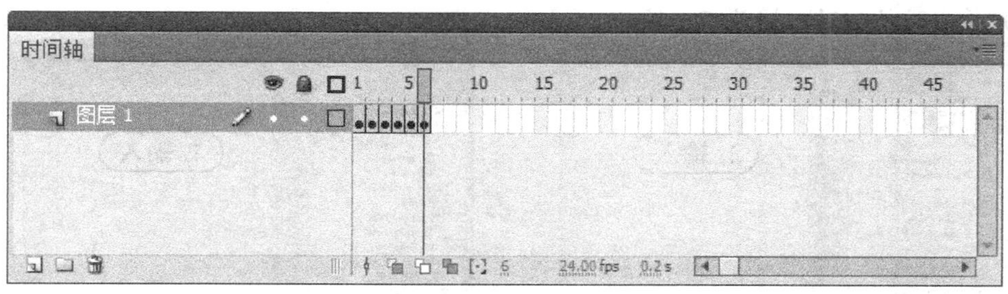

图 3-191　时间轴

(4) 右击“图层 1”的第 1 帧，选择“动作”命令，打开“动作-帧”面板，在该面板左侧的列表中展开“全局函数”|“时间轴控制”列表，然后双击其中的 stop 选项，为该帧添加一个停止动作，如图 3-192 所示。此时当第 1 帧动画播放完后将自动停止播放。

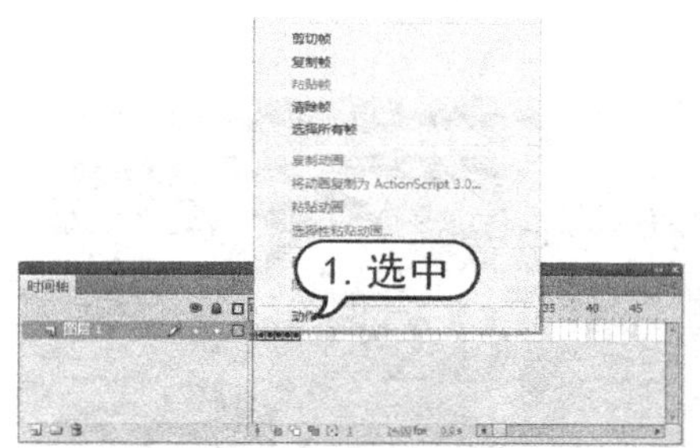

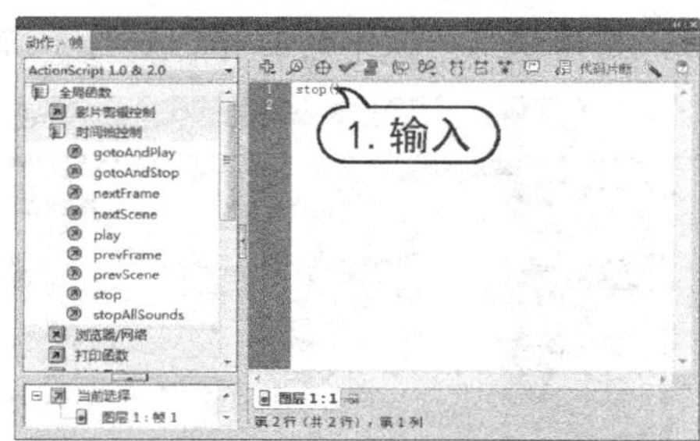

图 3-192　打开“动作-帧”面板并添加动作

(5) 打开【练习 3-8】中制作的“个性按钮”文档，复制其中的按钮，返回本例中的文档，然后新建一个“图层 2”，在“图层 2”中按下两次 Ctrl+V 组合键，粘贴两个按钮，在两个按钮上添加文本并调整其位置，效果如图 3-193 所示。

(6) 右击“上一张”按钮，选择“动作”命令，如图 3-194 所示。

图 3-193　添加按钮

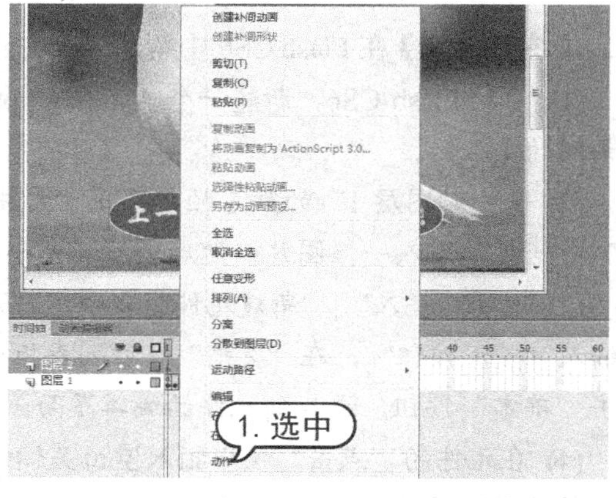

图 3-194　选择“动作”命令

(7) 打开“动作-按钮”面板，在该面板中输入如图 3-195 所示的代码。该代码的含义是：当用户单击该按钮时，播放上一帧。

(8) 使用同样的方法，为“下一张”按钮添加如图 3-196 所示的代码。该代码的含义是：当用户单击该按钮时，播放下一帧。

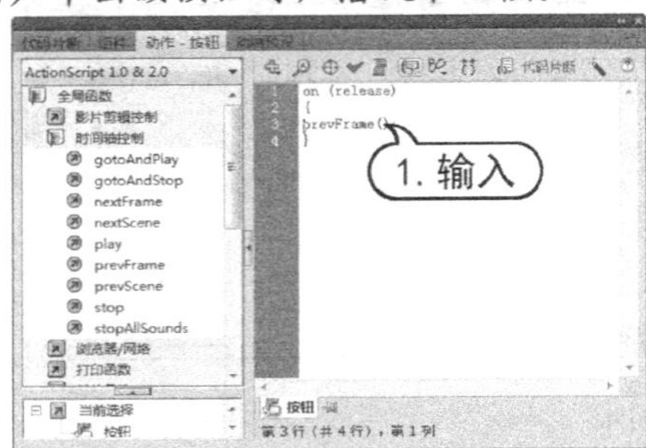

图 3-195　添加代码

图 3-196　添加代码

(9) 到此为止，“同一场景不同帧之间的交互”动画制作完毕，按下 Ctrl+Enter 组合键预览动画效果，当用户单击“下一张”按钮时，将播放下一帧中的图片；单击“上一张”按钮时，将播放上一帧中的图片；如图 3-197 所示。

图 3-197　预览“同一场景不同帧之间的交互”动画效果

2. 不同场景间的交互

【练习 3-10】在 Flash CS6 中新建一个文档，添加多个场景，并控制这些场景间的切换。

(1) 启动 Flash CS6，新建一个 ActionScript 2.0 类型的 Flash 文档，并将其保存为“不同场景间的交互”。

(2) 选中“图层 1”的第 1 帧，选择“文件”|“导入”|“导入到舞台”命令，打开“导入”对话框，导入一幅图片。然后调整其大小并添加文字说明，效果如图 3-198 所示。

(3) 选择“插入”|“新建元件”命令，打开“创建新元件”对话框，在“名称”文本框中输入“隐形按钮”，在“类型”下拉列表框中选择“按钮”选项，如图 3-199 所示。然后单击“确定”按钮，进入到元件的编辑界面。

(4) 在元件的“点击”帧中插入空白关键帧，然后绘制一个和“场景 1”中的舞台大小相同的热区，效果如图 3-200 所示。

图 3-198　导入图片并添加文字

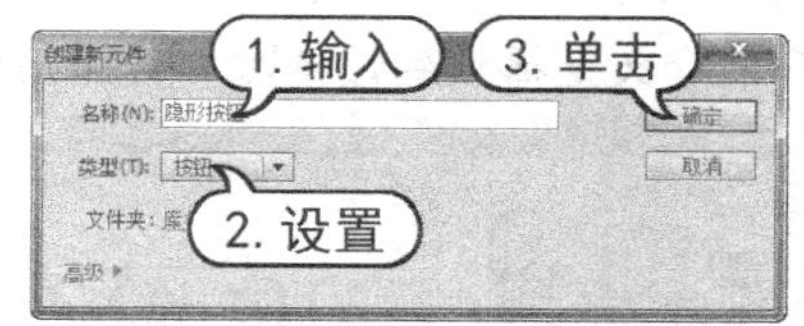

图 3-199　“创建新元件”对话框

(5) 返回“场景 1”，新建一个“图层 2”，从“库”中将“隐形按钮”元件拖动至“图层 2”中，并使其大小完全覆盖舞台，效果如图 3-201 所示。

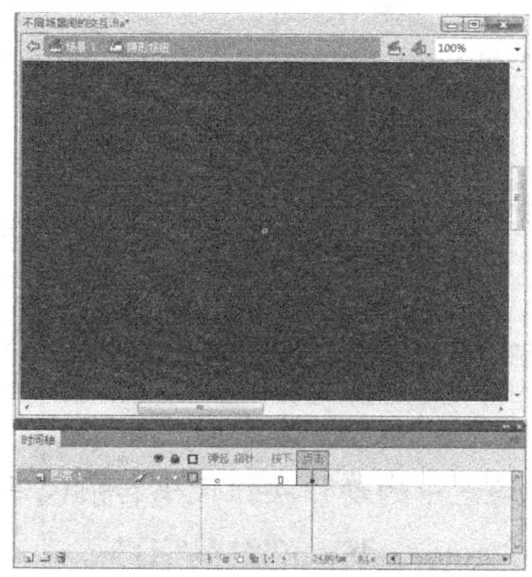

图 3-200　绘制按钮热区

图 3-201　将按钮拖动至舞台

(6) 选择“窗口”|“其他面板”|“场景”命令，打开“场景”面板，在该面板的下方单击 3 次“重制场景”按钮，复制 3 个“场景 1”的副本，如图 3-202 所示。

(7) 在“场景”面板中，将 4 个场景分别命名为“麻雀”、“燕子”、“鹦鹉”和“啄木鸟”，效果如图 3-203 所示。

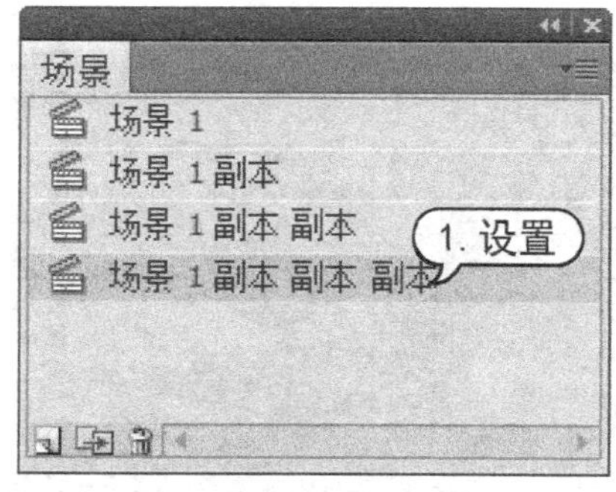

图 3-202　复制场景

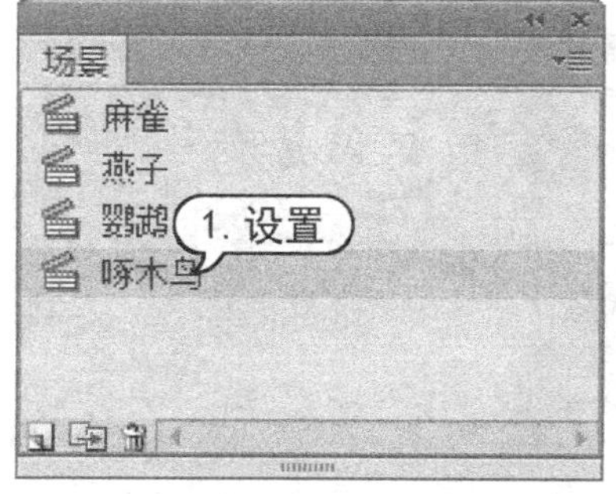

图 3-203　重命名场景

(8) 分别单击“场景”面板中的“麻雀”、“燕子”、“鹦鹉”和“啄木鸟”场景，进入对应场景，然后删除原图像和文字并导入新的图像和输入新的文字(注意：操作时应将含有按钮的“图层2”隐藏)。

(9) 打开“麻雀”场景，打开隐形按钮的“动作-按钮”面板，添加如图3-204所示的代码。

(10) 选中“图层1”的第1帧，然后在“动作-按钮”面板中添加如图3-205所示的代码。改代码的含义是播放到该帧时，停止播放。

图3-204　添加按钮动作代码

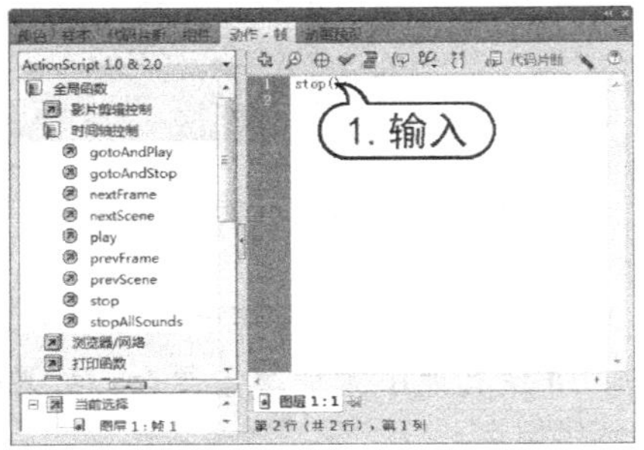

图3-205　添加帧动作代码

按钮动作代码的含义如下。

```
on (release)                          /单击按钮
{
    gotoAndStop("燕子",1);        /跳转到“燕子”场景的第1帧并停留在该帧
}
```

(11) 根据步骤(9)和步骤(10)的方法，编辑“燕子”场景中的动作按钮代码和帧代码，注意：需将动作代码中的“gotoAndStop("燕子",1)”改为“gotoAndStop("鹦鹉",1)”。

(12) 根据步骤(9)和步骤(10)的方法，编辑“鹦鹉”场景中的动作按钮代码和帧代码，注意：需将动作代码中的“gotoAndStop("燕子",1)”改为“gotoAndStop("啄木鸟",1)”。

(13) 根据步骤(9)和步骤(10)的方法，编辑“啄木鸟”场景中的动作按钮代码和帧代码，注意：需将动作代码中的“gotoAndStop("燕子",1)”改为“gotoAndStop("麻雀",1)”。

(14) 动画制作完成后，按下Ctrl+Enter组合键运行动画。单击鼠标，即可切换至下一个场景，如图3-206所示。

图3-206　预览动画效果

第4章　使用Dreamweaver CS6制作课件

网页型课件与传统课件相比，具有占用存储空间小、易于在网上传输、易于共享等特点。网页型课件能够容纳大量信息，能兼容多种素材的文件格式，并且是一个开放的体系，有利于教师对课件进行修改、增添和删除。目前比较流行的网页制作软件是 Adobe Dreamweaver CS6，该软件是集网页制作和网站管理于一身的网页制作软件。

通过对本章的学习，读者应了解并掌握 Adobe Dreamweaver CS6 的功能特点和基本使用方法，并且能够应用该软件制作出图文并茂的多媒体 CAI 课件。

4.1　网页型课件概述

随着课堂教学的不断变革，传统的理论讲述已经不能适应现代的课堂教学。网络课件的出现，摆脱了教材生硬的面孔，这种由文本、图形、动画、声音、视频等多种媒体信息组合在一起，经过加工和处理所形成的教学系统，图文声像并茂，表现力和感染力极强， 使学习过程变得轻松愉快。

目前，关于网络课件的定义非常多，比较容易被大家接受的定义是：网络课件是基于浏览器/服务器模式开发的、能在互联网或局域网中发布的课件。它有两个方面的含义：在网上执行和通过浏览器执行。网络课件具有以下优点。

- 共享性：一个网络课件可以同时供很多人使用。例如，学校可以将网络课件放到校园网上，这样所有连接校园网的教室都可以同时使用这些课件。
- 易用性：通过浏览器直接使用，方式简单统一。
- 交互性：人机交互、人与人即学习者与学习者、学习者与教师之间的交互，还可以通过论坛、留言本、电子信箱、新闻组、博客等手段进行交互。
- 开放性：设计几种情境模式，让不同水平的学生按各自的要求，进行相应的学习。
- 方便性：通过动态的后台管理，教师增减内容，调用资源方便、快捷。

4.2　Dreamweaver CS6 的工作界面

Dreamweaver CS6 作为 Dreamweaver 系列中的最新版本，在增强了面向专业人士的基本工具和可视技术外，同时提供了功能强大、开放式且基于标准的开发模式，用户可以轻而易举地制作出跨平台和浏览器的动感效果网页型课件。

Dreamweaver CS6 的工作界面秉承了 Dreamweaver 系列产品一贯的简洁、高效和易用性，多数功能都能在工作界面中很方便地找到。工作界面主要由“文档”窗口(设计区)、菜单栏、状态栏、面板组和“属性”面板组成，如图 4-1 所示。

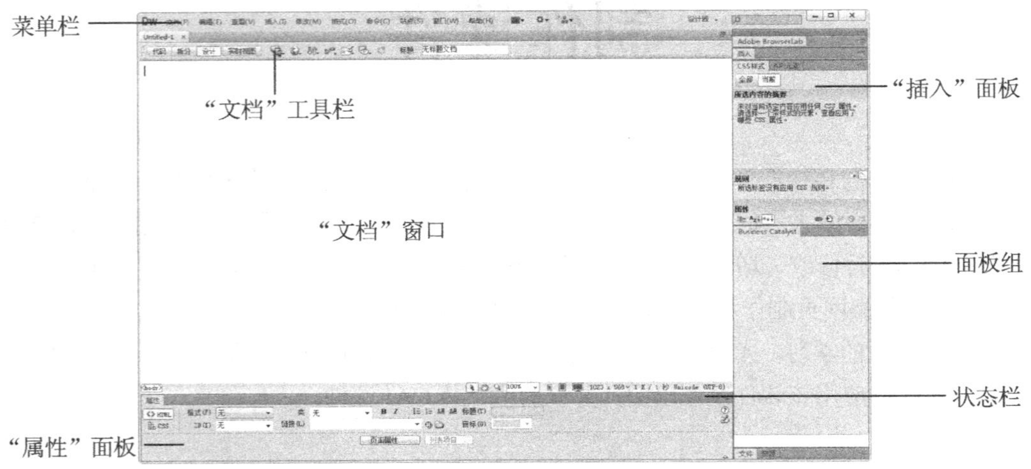

图 4-1　Dreamweaver CS6 的工作界面

提示：

与先前的产品相比，Dreamweaver CS6 的工作界面更加简洁，并且将常用的一些元素都集合在“插入”面板中。对于工作界面，可以自行进行定义，并且可以保存和删除已经定义的工作界面。

4.2.1　菜单栏

菜单栏提供了各种操作的标准菜单命令，它由“文件”、“编辑”、“查看”、“插入”、“修改”、“格式”、“命令”、“站点”、“窗口”和“帮助”这 10 个菜单命令组成，如图 4-2 所示。

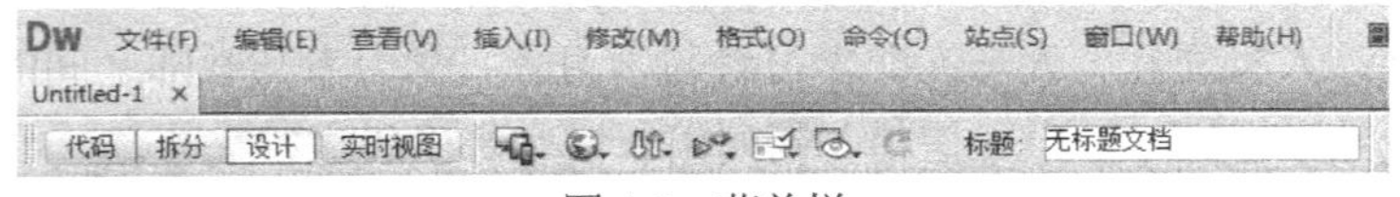

图 4-2　菜单栏

菜单命令的说明如下。

- “文件”菜单：用于文件操作的标准菜单选项，如“新建”和“打开”等。
- “编辑”菜单：用于基本编辑操作的标准菜单选项，如“复制”和“粘贴”等命令。
- “查看”菜单：用于查看文件的各种视图。
- “插入”菜单：用于将各种对象插入到页面中的各种菜单选项，如表格元素。

- “修改”菜单：用于编辑标签、表格、库和模板的标准菜单选项。
- “格式”菜单：用于文本设置的各种标准菜单选项。
- “命令”菜单：用于各种命令访问的标准菜单选项。
- “站点”菜单：用于站点编辑和管理的各种标准菜单选项。
- “窗口”菜单：用于打开或关闭各种面板、检查器的标准菜单选项。
- “帮助”菜单：用于了解并使用 Dreamweaver CS6 的软件和相关网站链接菜单选项。

4.2.2　“插入”面板

在“插入”面板中包含了可以向网页文档添加的各种元素，如文字、图像、表格、按钮、导航和程序等。

单击“插入”面板中的下拉按钮，在下拉列表中显示了所有的类别，根据类别不同，“插入”面板由“常用”、“布局”、“表单”、“数据”、Spry、InContext Editing、“文本”和“收藏夹”组成，如图 4-3 所示。

- “常用”类别：包括网页中最常用的元素对象，如插入超链接、插入表格、插入时间日期等，如图 4-4 所示。

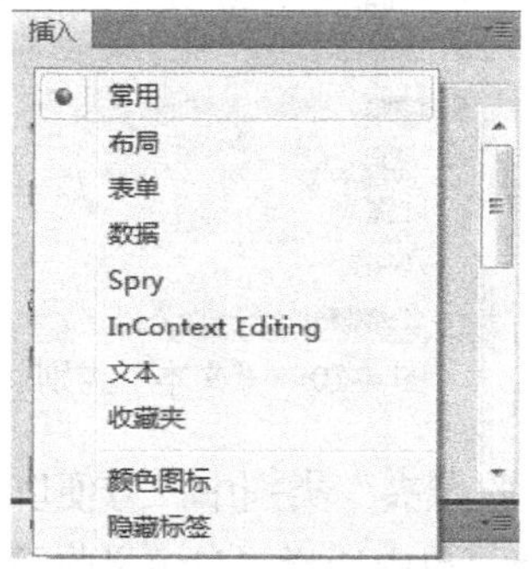

图 4-3　“插入”面板类别

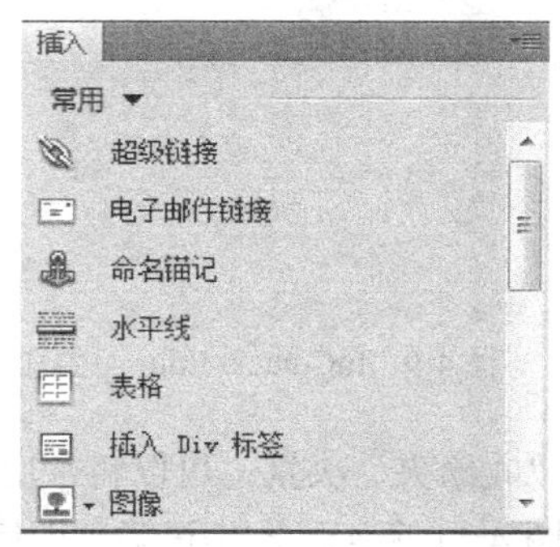

图 4-4　“常用”类别

- “布局”类别：整合了表格、层 Spry 菜单栏布局工具，还可以在“标准”和“扩展”模式之间进行切换，如图 4-5 所示。
- “表单”类别：是动态网页中最重要的元素对象之一，可以定义表单和插入表单对象，如图 4-6 所示。

图 4-5　“布局”类别

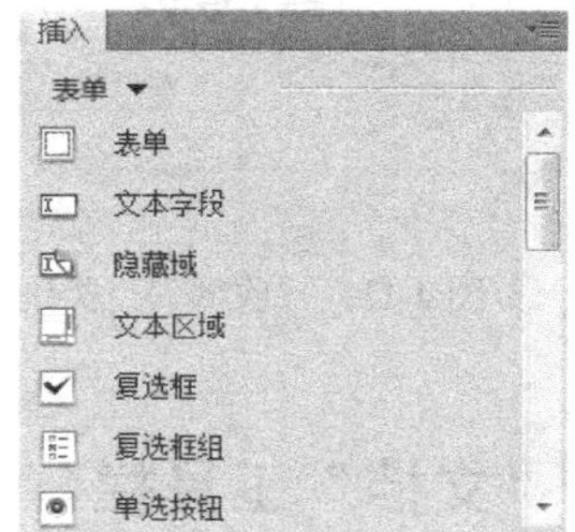

图 4-6　“表单”类别

- “数据”类别：用于创建应用程序，如图 4-7 所示。
- Spry 类别：使用 Spry 工具栏，可以更快捷地构建 Ajax 页面，包括 Spry XML 数据集、Spry 重复项和 Spry 表等。对于不擅长编程的用户，可以通过修正它们来制作页面，如图 4-8 所示。

图 4-7　“数据”类别

图 4-8　Spry 类别

- InContext Editing 类别：用于定义模板区域和管理可用的 CSS 类，如图 4-9 所示。
- “文本”类别：用于对文本对象进行编辑，如图 4-10 所示。

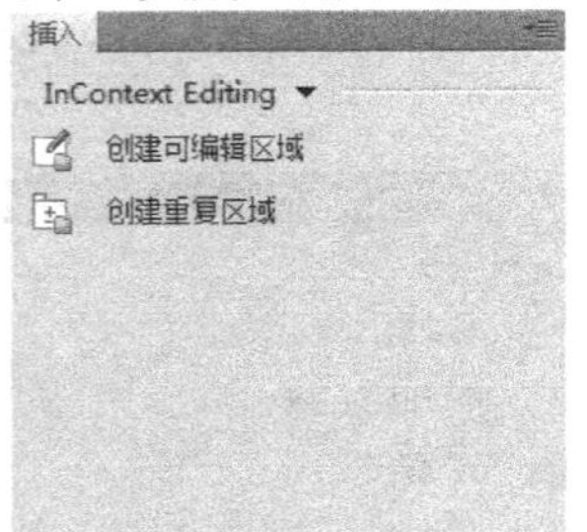

图 4-9　InContext Editing 类别

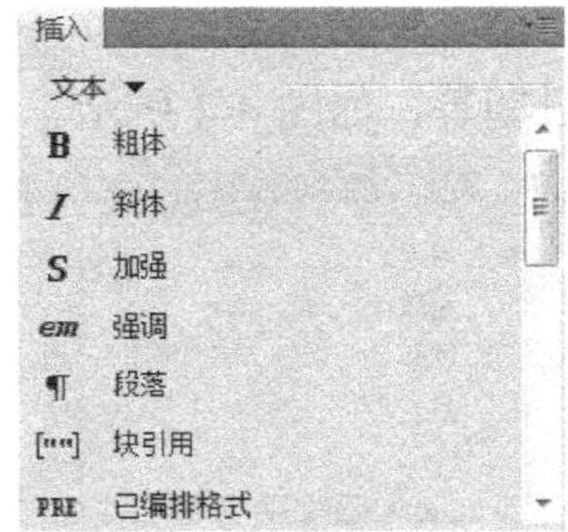

图 4-10　“文本”类别

- “收藏夹”类别：可以将常用的按钮添加到“收藏夹”类别中，方便以后使用，如图 4-11 所示。右击该类别面板，在弹出的快捷菜单中选择“自定义收藏夹”命令，可以打开“自定义收藏夹对象”对话框，如图 4-12 所示，可以在该对话框中添加收藏夹类别。

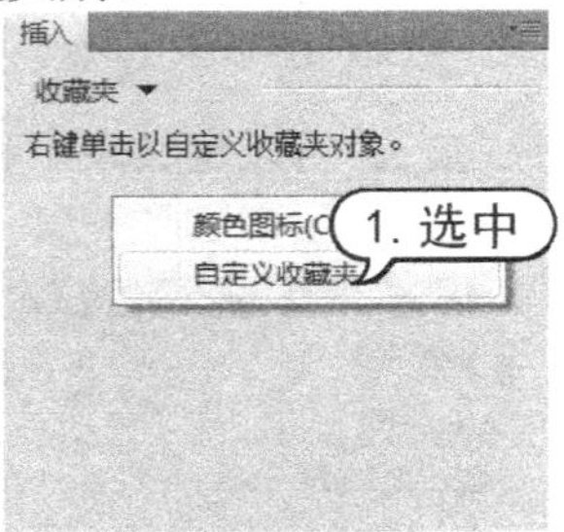

图 4-11　“收藏夹”类别

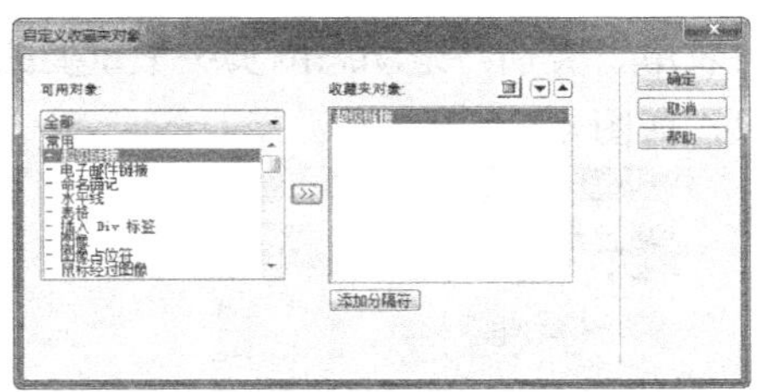

图 4-12　“自定义收藏夹对象”对话框

4.2.3　“文档”工具栏

“文档”工具栏主要包含了一些对文档进行常用操作的功能按钮，通过单击这些按钮可以在文档的不同视图模式间进行快速切换，如图 4-13 所示。

图 4-13　“文档”工具栏

在“文档”工具栏中部分按钮和选项的具体作用如下。

- “代码”按钮：在文档窗口中显示 HTML 源代码视图。
- “拆分”按钮：在文档窗口中同时显示 HTML 源代码和设计视图。
- “设计”按钮：系统默认的文档窗口视图模式，显示设计视图。
- “实时代码”按钮：可以在代码视图中设计网页。
- “检查浏览器兼容性”按钮：检查所设计的页面对不同类型的浏览器的兼容性。单击该按钮，在弹出的菜单中可以选择相应的命令检查对应的兼容性。
- “实时视图”按钮：可以在实际的浏览器条件下设计网页。
- “在浏览器中预览/调试”按钮：该按钮通过指定浏览器预览网页文档。可以在文档中存在 JavaScript 错误时查找错误。
- “可视化助理”按钮：在文档窗口中显示各种可视化助理。
- “刷新设计视图”按钮：在代码视图中修改网页内容后，可以使用该按钮刷新文档窗口。
- “标题”文本框：可以输入要在网页浏览器上显示的文档标题。
- “文件管理”按钮：当很多用户同时操作一个网页时，使用该按钮进行打开文件、导出和设计附注等操作。

4.2.4　“文档”窗口

“文档”窗口也就是设计区，是 Dreamweaver CS6 进行可视化编辑网页的主要区域，可以显示当前文档的所有操作效果，如插入文本、图像和动画等，如图 4-14 所示。

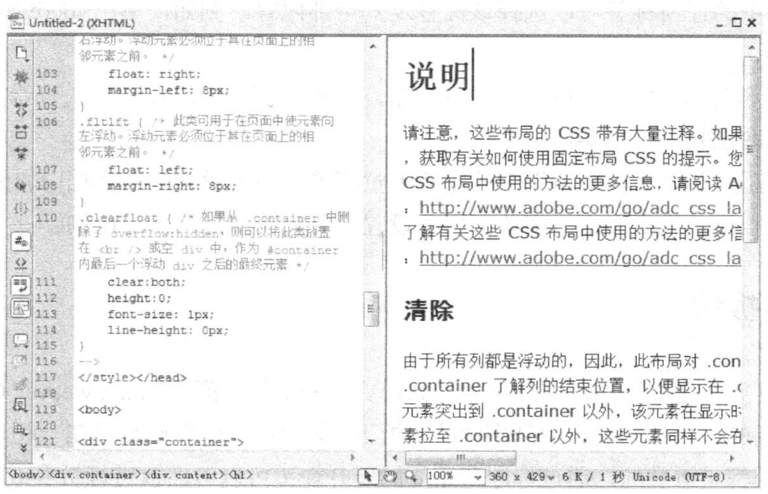

图 4-14　“文档”窗口

4.2.5 “属性”面板

在“属性”面板中可以查看并编辑页面上文本或对象的属性，如图 4-15 所示。该面板中显示的属性通常对应于标签的属性，更改属性通常与在“代码”视图中更改相应的属性具有相同的效果。

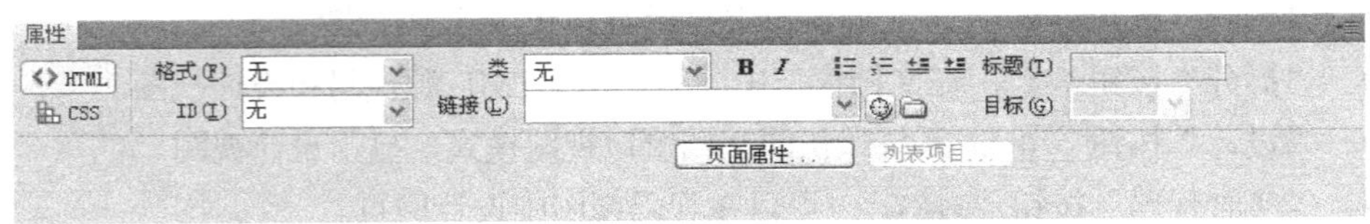

图 4-15　“属性”面板

4.2.6 状态栏

Dreamweaver CS6 中的状态栏位于文档窗口的底部，它的作用是显示当前正在编辑文档的相关信息，如当前窗口大小、文档大小和估计下载时间等，如图 4-16 所示。

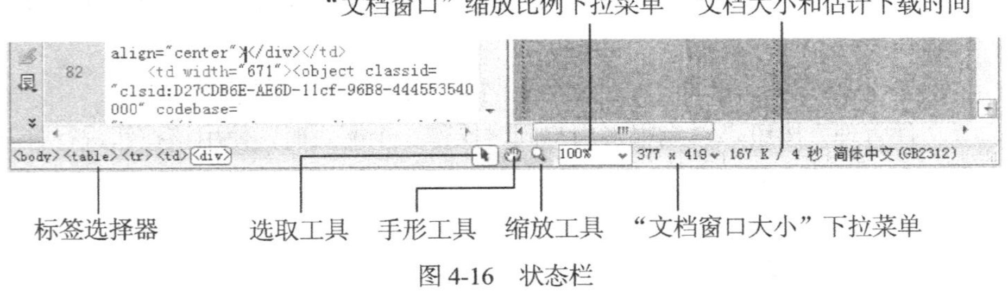

图 4-16　状态栏

状态栏相关区域及选项的说明如下。

- “标签选择器”区域：用于显示环绕当前选定内容的标签的层次结构。单击该层次结构中的任何标签可以选择该标签及其全部内容。例如，单击<body>可以选择整个文档。
- “手形工具”按钮：单击该工具按钮，在文档窗口中以拖动方式查看文档内容。单击选取工具可禁用手形工具。
- 缩放工具和“文档窗口”缩放比例下拉菜单：用于设置当前文档内容的显示比例。
- “文档窗口大小”下拉菜单：用于设置当前文档窗口的大小比例。

4.2.7 面板组

为使设计界面更加简洁，同时也为了获得更大的操作空间，Dreamweaver CS6 中类型相同或功能相近的面板分别被组织到不同的面板下，然后这些面板被组织在一起，构成面板组。

这些面板都是折叠的，通过标题左角处的展开箭头可以对面板进行折叠或展开，并且可以和其他面板组停靠在一起。面板组还可以停靠到集成的应用程序窗口中。

4.3　创建站点

一个网页型的课件，就相当于一个简易的网站，在制作课件也就是建立网站之前，首先要设计并规划好整个站点需要有哪些页面，有哪些功能，继而才能进行具体的网页制作过程。创建好一个本地站点后，可以进行管理站点操作，还可以创建文档并将其保存在站点文件夹中。本节将主要介绍在 Dreamweaver 中创建站点的方法。

在 Dreamweaver CS6 中创建本地站点，也就是在本地计算机中创建站点，所有的站点内容都保存在本地计算机中，本地计算机可以看成是网络中的站点服务器。简单地说，网站建立在互联网基础之上，是以计算机、网络和通信技术为依托，通过一台或多台安装了系统程序、服务程序及相关应用程序的计算机，向访问者提供相应的服务。

4.3.1　使用向导创建本地站点

使用向导创建本地站点的方法很简单，通过“菜单栏”中的“站点”|“新建站点”命令即可实现。

【练习 4-1】使用向导创建本地站点。

(1) 启动 Dreamweaver CS6，选择“站点”|“新建站点”命令，打开“站点设置对象 我的课件”对话框，如图 4-17 所示。

(2) 默认打开的是“站点”选项卡，在“站点名称”文本框中输入站点名称，在“本地站点文件夹”文本框中设置站点保存的路径，如图 4-18 所示。

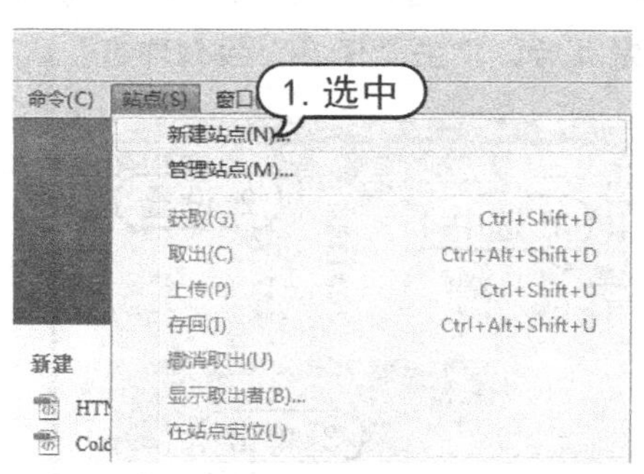

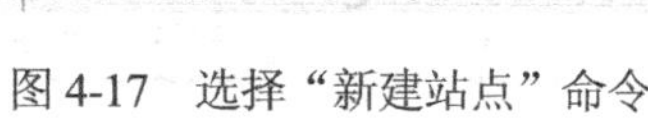
图 4-17　选择“新建站点”命令

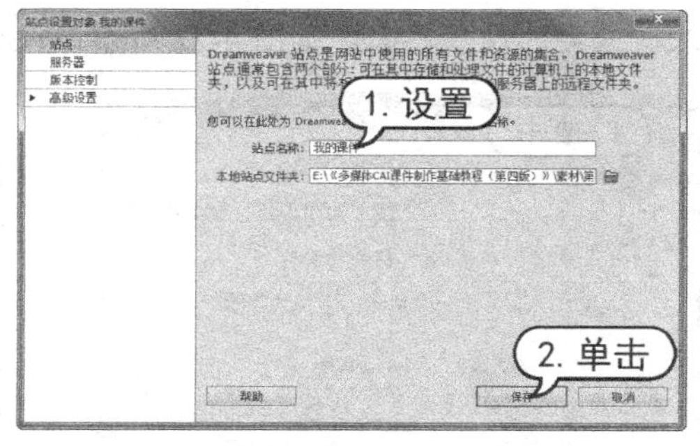

图 4-18　设置站点名称和存储路径

(3) 单击“服务器”标签，在该选项卡中可以选择服务器，在此建议初学者可以不选择，然后单击“保存”按钮，如图 4-19 所示。

(4) 此时站点创建完毕，在“文件”面板中可以看到新创建的本地文件夹(绿色的文件夹)，如图 4-20 所示。

提示：

在 Dreamweaver CS6 的启动界面中，单击“新建”组中的“Dreamweaver 站点”按钮，也可以打开图 4-18 所示的对话框来创建站点。

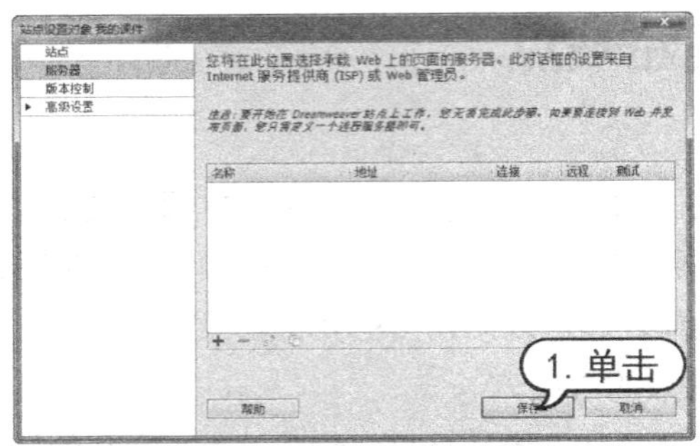

图 4-19　单击“保存”按钮

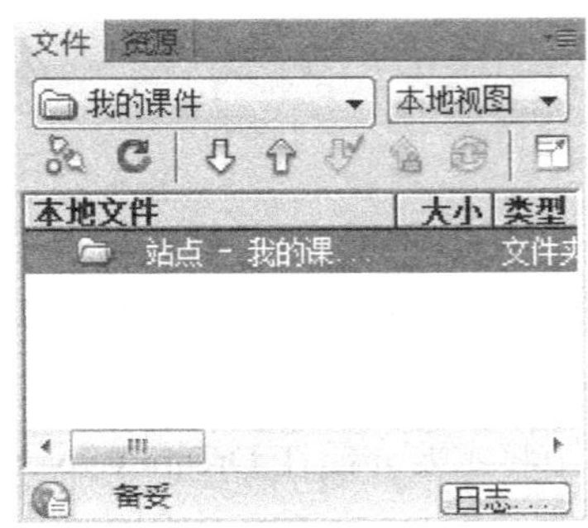

图 4-20　“文件”面板

4.3.2　使用高级模式创建本地站点

在图 4-18 中，有一个“高级设置”标签，用户可通过该标签下的选项对站点的具体参数进行设置。

【练习 4-2】使用“高级模式”创建本地站点。

(1) 启动 Dreamweaver CS6，选择“站点”|“新建站点”命令，打开“站点设置对象 未命名站点 2”对话框。

(2) 单击“高级设置”标签。打开“高级设置”选项卡，在该选项卡中共有 7 个分类，分别是“本地信息”、“遮盖”、“设计备注”、“文件视图列”、Contribute、“模板”和 Spry，如图 4-21 所示。

(3) 选择左侧的某一分类，即可进入其设置界面。例如，选择“文件视图列”分类，即可进入该分类的设置界面，如图 4-22 所示，设置完成后，单击“保存”按钮即可。

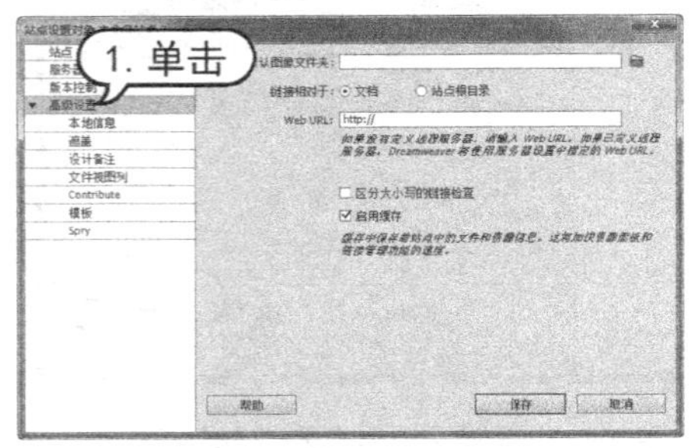

图 4-21　“高级设置”选项卡

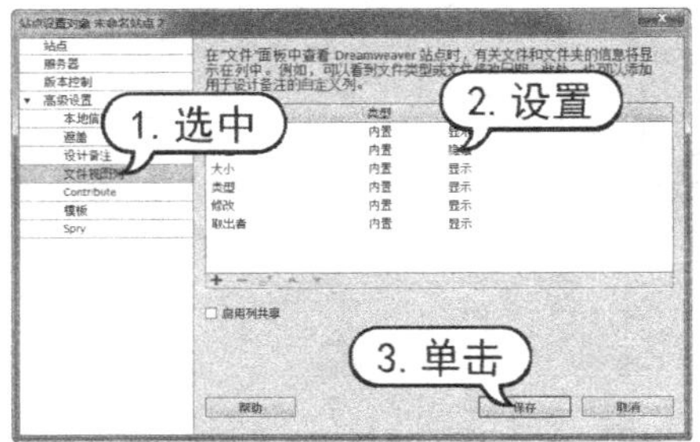

图 4-22　“文件视图列”选项卡

4.4　管理站点

创建好本地站点后，可以进行一些基本的编辑操作，主要包括打开站点、管理站点、创建与管理站点文件等。

4.4.1　打开站点

选择“窗口”|“文件”命令，打开“文件”面板，显示了当前站点中的所有文件。单击面板右侧的“展开/折叠以显示本地和远端站点”按钮，如图 4-23 所示，展开“文件”面板。在右侧显示了站点或远程服务器站点上的文件，右侧则显示了本地站点的所有文件，如图 4-24 所示。

图 4-23　展开“文件”面板

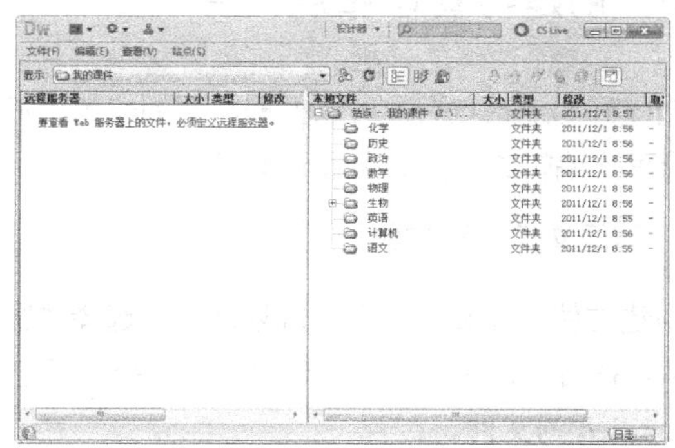

图 4-24　显示本地站点的所有文件

4.4.2　“管理站点”对话框

“管理站点”对话框主要是对本地站点进行管理操作，选择“站点”|“管理站点”命令，打开“管理站点”对话框，如图 4-25 和图 4-26 所示，在该对话框中显示了创建的本地站点。

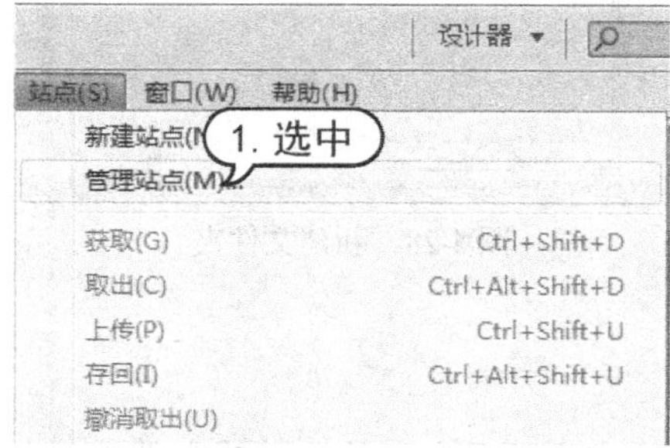

图 4-25　选择“管理站点”命令

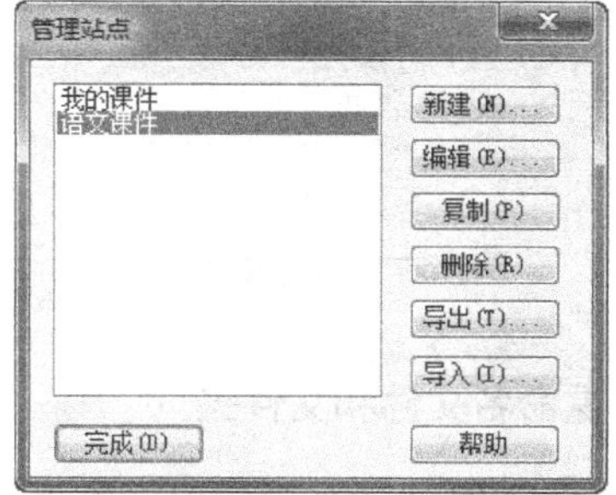

图 4-26　“管理站点”对话框

提示

删除站点操作是删除站点与 Dreamweaver 的关联，站点中的文件仍然保存在硬盘中，要彻底删除站点中的文件，需要在硬盘中删除。

有关“管理站点”对话框中的主要参数选项的具体作用如下。

- “新建”按钮：单击该按钮，可以打开“站点定义为”对话框，新建站点。
- “编辑”按钮：单击该按钮，可以打开“站点定义为”对话框，对选中站点进行站点编辑操作。

- “复制”按钮：单击该按钮，可以复制选中的站点。
- “删除”按钮：单击该按钮，可以删除选中的站点。
- “导出”按钮：单击该按钮，打开“导出站点”对话框，可以将选中站点导出为 XML 文件。
- “导入”按钮：单击该按钮，打开“导入站点”对话框，可以导入站点文件。

4.4.3　创建与管理站点文件

创建好本地站点后，可以根据需要创建各栏目文件夹和文件，对于创建好的站点，也可以进行再次编辑或删除和复制这些站点。

1. 创建文件夹和文件

创建文件夹和文件相当于规划站点。选择“窗口”|“文件”命令，打开“文件”面板。右击站点根目录，在弹出的快捷菜单中选择“新建文件”命令，如图 4-27 所示，即可新建名称为 untitled 的文件。

选择“新建文件夹”命令，可以新建名称为 untitled 的文件夹，如图 4-28 所示。

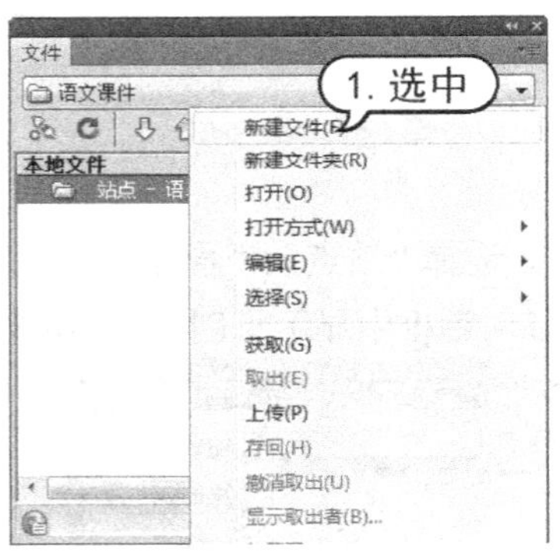

图 4-27　新建文件

图 4-28　新建文件夹

2. 重命名文件和文件夹

重命名文件或文件夹可以更清晰地管理站点。右击所要重命名的文件或文件夹，在弹出的快捷菜单中选择“编辑”|“重命名”命令，如图 4-29 所示。然后输入重命名的名称，按 Enter 键即可。也可以选中所要重命名的文件或文件夹，按 F2 键，然后输入重命名的名称，然后按 Enter 键。还可以选中所需重命名的文件或文件夹，单击文件或文件夹名称，输入重命名的名称，按 Enter 键即可。

3. 删除文件和文件夹

在站点中创建的文件和文件夹，如果不需要使用，可以删除它们。右击所要删除的文件或文件夹，在弹出的快捷菜单中选择“编辑”|“删除”命令，系统会打开一个信息提示框，单击“是”按钮，即可删除该文件或文件夹，如图 4-30 所示。

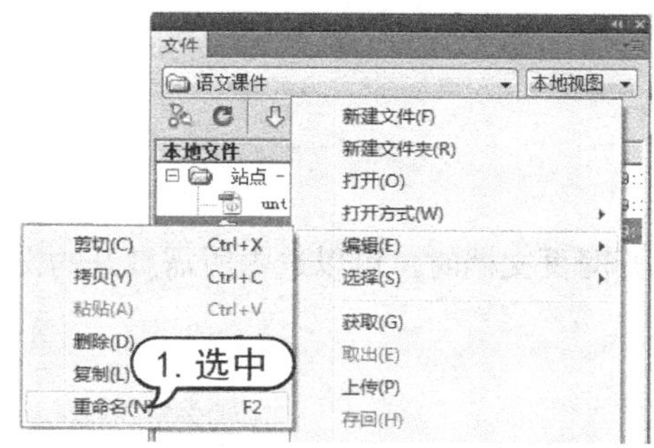

图 4-29　删除文件

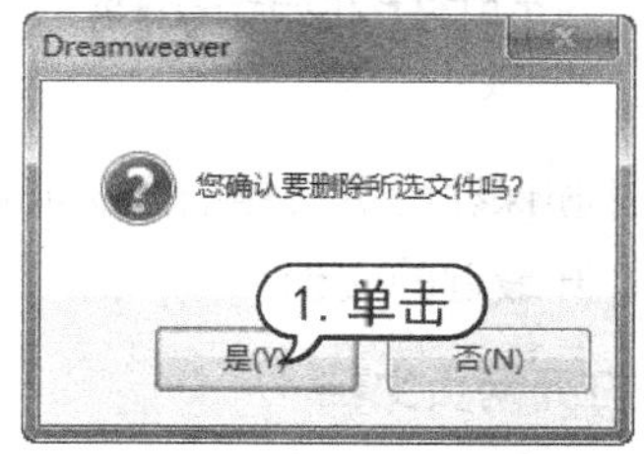

图 4-30　信息提示框

4.5　文档的基本操作

Dreamweaver CS6 提供了多种创建文档的方法，可以创建一个新的空白 HTML 文档，或使用模板创建新文档。

4.5.1　创建空白网页文档

空白网页文档是 Dreamweaver CS6 最常用的文档。选择“文件”|“新建”命令，或按 Ctrl+N 组合键，即可打开“新建文档”对话框，如图 4-31 所示。

在左侧的列表框中选择“空白页”选项，在“页面类型”列表框中选择 HTML 选项，在“布局”列表框中选择“无”选项，单击“创建”按钮，即可创建一个空白网页文档。

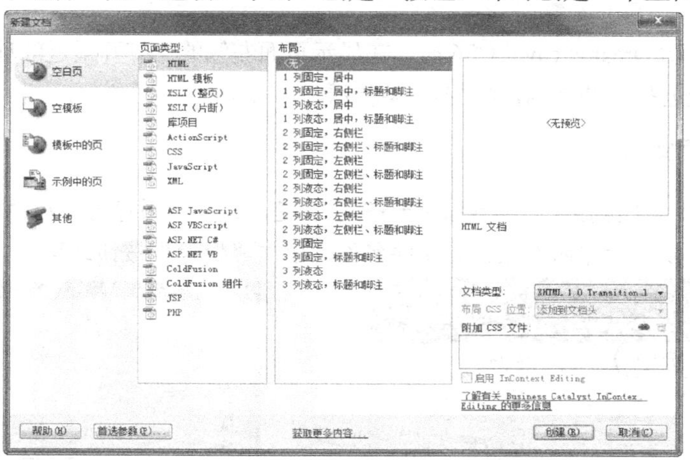

图 4-31　“新建文档”对话框

在“新建文档”对话框中，除了可以新建 HTML 类型空白网页文栏外，还可以在“页面类型”列表框中选择其他类型的空白网页，如 CSS、XML、JSP 等类型空白网页。在选择创建的空白网页类型后，在“布局”列表框中可以选择网页布局，选择的网页布局会在右侧的预览框中显示。

4.5.2　打开和保存文档

打开和保存网页文档的方法非常简单。在打开网页文档时，可以选中所需打开的文档，也可以打开最近的文档。

1. 打开网页文档

选择“文件”|“打开”命令或按 Ctrl+O 组合键，打开“打开”对话框。选择所需打开的网页文档，单击“打开”按钮即可，如图 4-32 所示。

2. 打开最近打开的文档

选择“文件”|“最近打开的文件”命令，在弹出的子菜单中可以选择最近打开的文档，如图 4-33 所示。

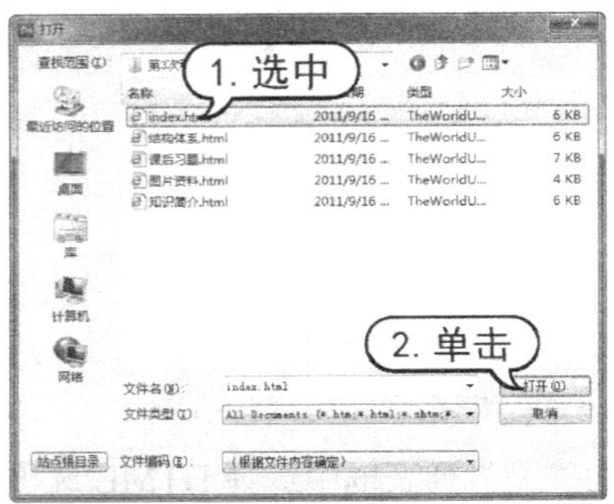

图 4-32　打开网页文档

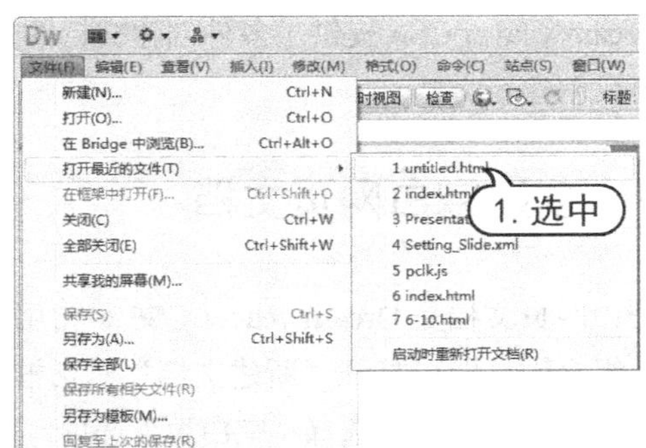

图 4-33　选择最近打开的文档

此外，在启动 Dreamweaver CS6 时，在显示页面左侧的“打开最近的项目”列表中，也可以选择打开最近打开的文档，如图 4-34 所示。

3. 保存网页文档

选择“文件”|“保存”命令或按 Ctrl+S 组合键，打开“另存为”对话框，如图 4-35 所示。选择文档存放位置并输入保存的文件名称，单击“保存”按钮即可。

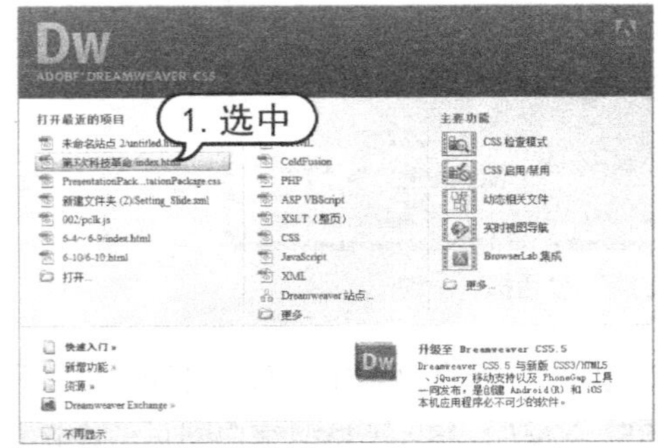

图 4-34　选择打开最近打开的文档

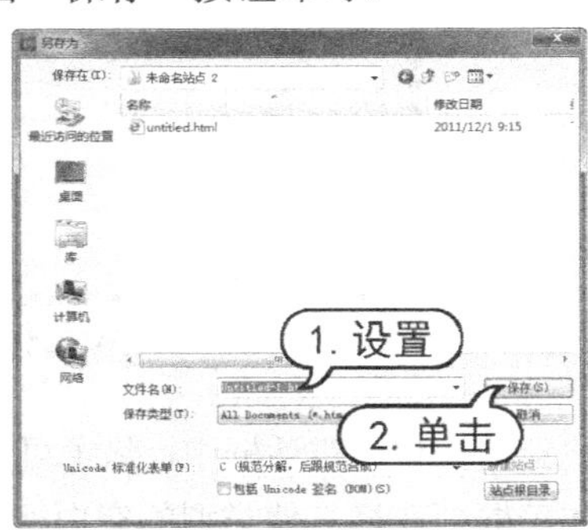

图 4-35　“另存为”对话框

提示：

在保存文档时，不能在文件名和文件夹名中使用空格和特殊符号(如@、#、$等)，因为很多服务器在上传文件时会更改这些符号，将导致与这些文件的链接中断。而且，文件名最好不要以数字开头。

4.5.3　设置文档属性

网页文档的属性主要包括页面标题、背景图像、背景颜色、文本和链接颜色、边距等。选择“修改”|“页面属性”命令，打开“页面属性”对话框，如图 4-36 所示，可以设置有关网页文档的所有属性。

其中，“标题”确定和命名了文档的名称，“背景图像”和“背景颜色”决定了文档显示的外观，“文本颜色”和“链接颜色”帮助站点访问者区别文本和超文本链接等。

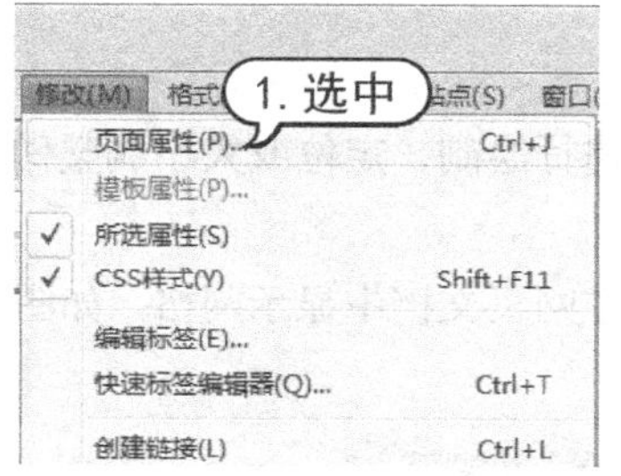

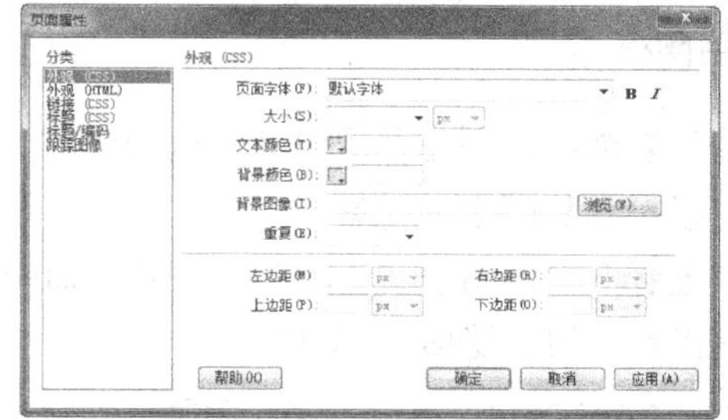

图 4-36　打开“页面属性”对话框

在对话框的“分类”列表框中显示了可以设置的网页文档分类，包括“外观(CSS)”、“外观(HTML)”、“链接(CSS)”、“标题(CSS)”、“标题/编码”和“跟踪图像”这 6 个分类，这些分类的具体作用如下。

- “外观(CSS)”分类：设置网页默认的字体、字号、文本颜色、背景颜色、背景图像以及 4 个边距的距离等属性，会生成 CSS 格式。
- “外观(HTML)” 分类：设置网页中文本字号、各种颜色等属性，会生成 HTML 格式。
- “链接(CSS)” 分类：设置网页文档的链接，会生成 CSS 格式。
- “标题(CSS)” 分类：设置网页文档的标题，会生成 CSS 格式。
- “标题/编码”分类：设置网页的标题及编码方式。
- “跟踪图像”分类：指定一幅图像作为网页创作时的草稿图，它显示在文档的背景上，便于在网页创作时进行定位和放置其他对象。在实际生成网页时，并不会显示在网页中。

4.6　规划网页型课件布局

表格和框架是 Dreamweaver CS6 中最常用的布局工具，表格在网页中不仅可以排列数据，还可以对页面中的图像、文本、动画等元素进行准确的定位，使页面显得整齐有序、分类明确，便于浏览。使用框架规划网页，可以把网页分成几个部分，每个部分都是一个独立的 HTML 页。本章主要介绍使用表格和利用框架规划网页布局。

4.6.1　可视化助理

Dreamweaver CS6 提供了“标尺”和“网格”功能，用于辅助设计网页文档。“标尺”功能可以辅助测量、组织和规划布局。“网格”功能可以使绝对定位的网页元素在移动时自动靠齐网格，还可以通过指定网格设置更改网格或控制靠齐行为。

1. 使用标尺

在设计页面时需要设置页面元素的位置，可以使用“标尺”功能。选择“查看”|“标尺”|“显示”命令，可以在文档中显示标尺，如图4-37所示。重复操作，可以隐藏显示标尺。

2. 使用网格

“网格”功能的作用是在“设计”视图中对 AP Div 进行绘制、定位或大小调整做可视化向导，可以对齐页面中的元素。

选择“查看”|“网格设置”|“显示网格”命令，可以在网页文档中显示网格，如图 4-38 所示。重复操作，可以隐藏显示网格。

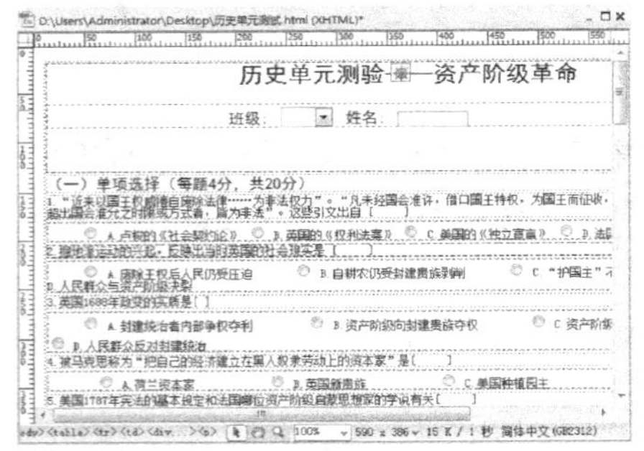

图 4-37　显示标尺

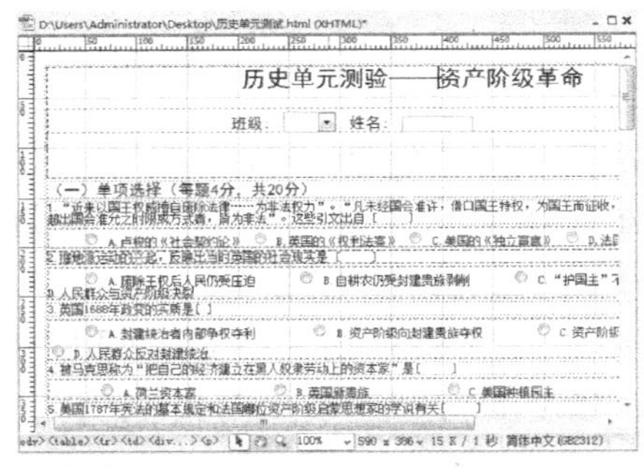

图 4-38　显示网格

3. 使用跟踪图像功能

使用“跟踪图像”功能，只须载入某个网页的布局(或图片)，然后借助该网页的布局来安排正在制作的网页布局。选择“查看”|“跟踪图像”|“载入”命令，打开“选择图像源文件”对话框，如图 4-39 和图 4-40 所示，选择要载入的图片文件，单击“确定”按钮。

打开“页面属性”对话框，默认打开的是“跟踪图像”选项卡对话框，如图 4-41 所示，在“跟踪图像”选项卡对话框中，可以设置跟踪图像的“透明度”值。

提示：

在使用跟踪图像布局网页时，建议设置跟踪图像适当的是透明度，以直观显示布局效果，方便编辑。

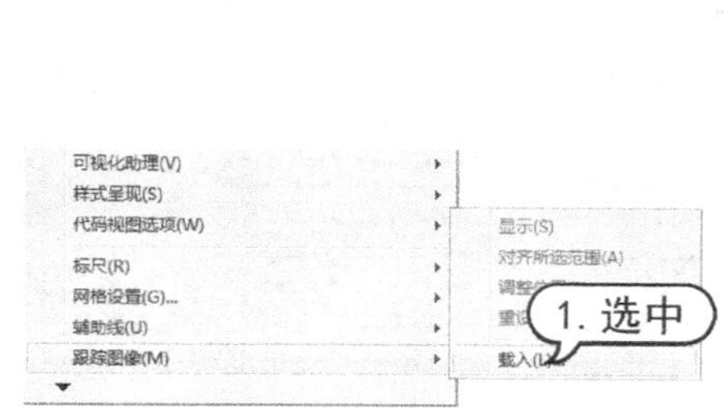

图 4-39　选择"载入"命令

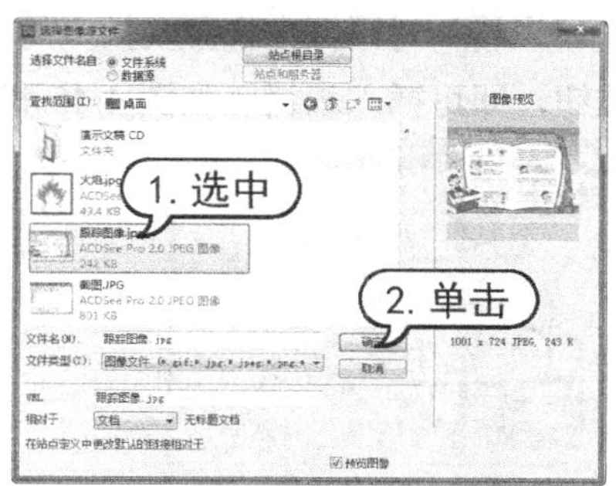

图 4-40　"选择图像源文件"对话框

设置完成后，单击"确定"按钮，即可将图像载入到"文档"窗口中，如图 4-42 所示。

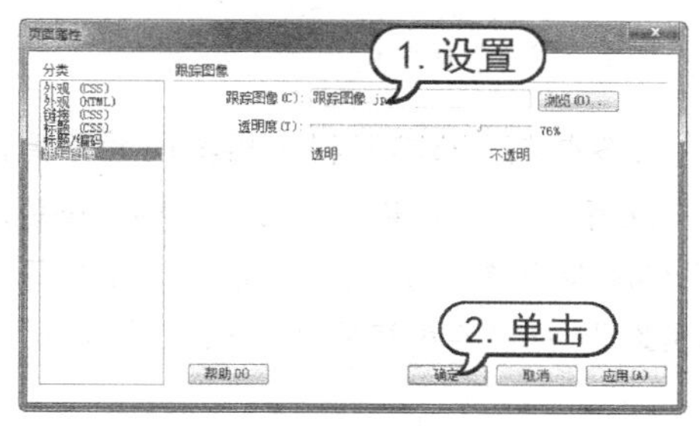

图 4-41　"页面属性"对话框

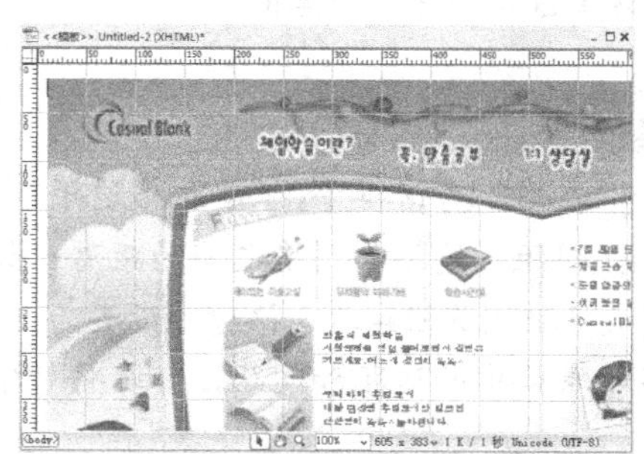

图 4-42　载入图像后的效果

4.6.2　使用表格

表格是网页中非常重要的元素，是网页排版的主要手段，可以帮助设计者高效、准确地定位各种网页数据，直观、鲜明地表达设计者的思想，向浏览者提供条理清晰的多样化信息。

1. 插入表格

Dreamweaver CS6 提供了极为方便的插入表格的方法，并且可以设置插入表格的相关属性，如边距、间距、宽度等。

选择"插入"|"表格"命令，如图 4-43 所示，或者单击"插入"面板"常用"类别中的"表格"按钮，打开"表格"对话框，如图 4-44 所示。

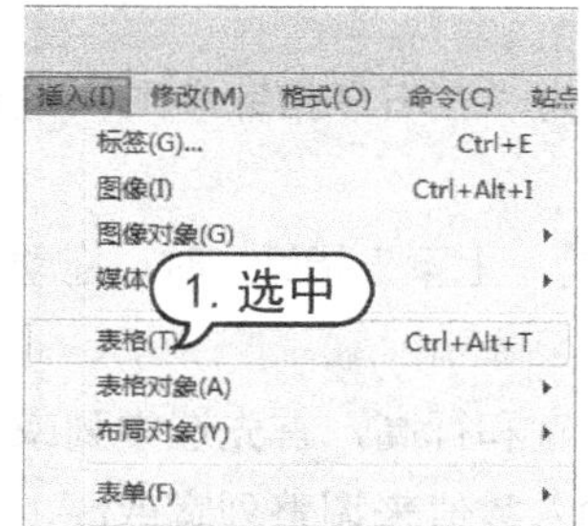

图 4-43　选择"插入"|"表格"命令

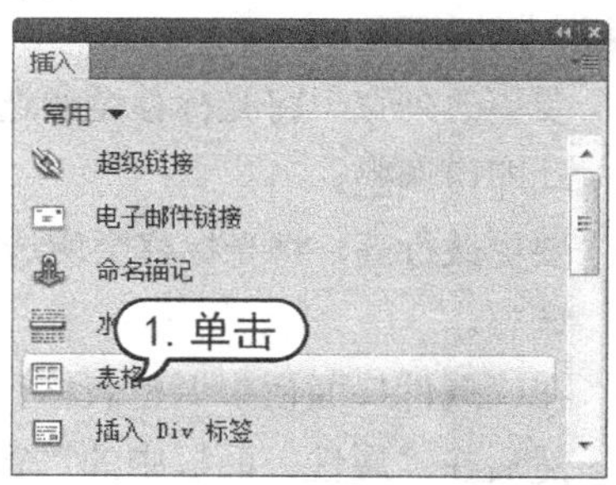

图 4-44　单击"表格"按钮

在“表格”对话框中设置要插入的表格的行数和列数以及其他相关参数，然后单击“确定”按钮，即可插入表格，如图 4-45 和图 4-46 所示。

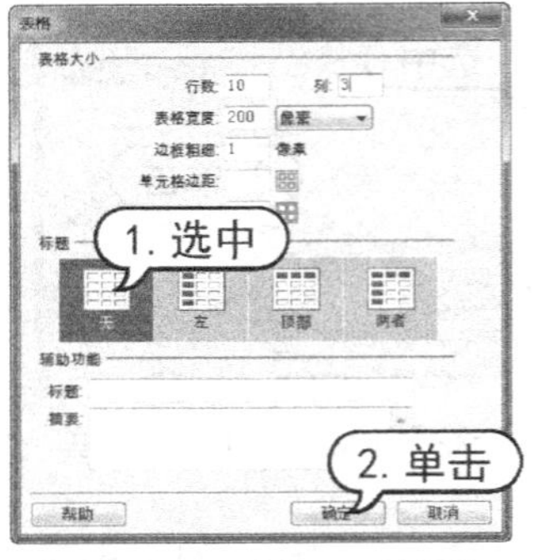

图 4-45　“表格”对话框

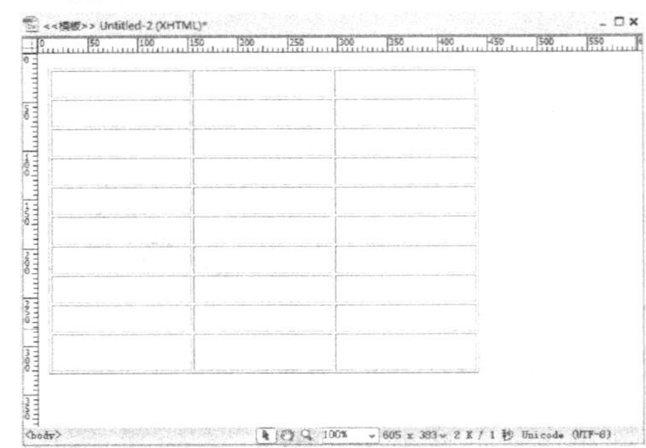

图 4-46　插入后的表格

提示：

在“表格”对话框中，“单元格边距”是指单元格中文本与单元格边框之间的距离，而“单元格间距”是指单元格之间的距离。如果用户没有明确指定单元格间距和单元格边距的值，则大多数浏览器按单元格边距设置为 1，单元格间距设置为 2 显示表格。为了确保浏览器不显示表格中的边距和间距，可以将“单元格边距”和“单元格间距”设置为 0。

2. 调整表格合适大小

要调整表格的大小，首先要选中表格，此时表格上会出现 3 个控制点，拖动控制点可以调整表格的大小，方法如下。

- 拖动右边的选择控制点，光标显示为水平调整指针，进行拖动即可以在水平方向上调整表格的大小；拖动底部的选择控制点，光标显示为垂直调整指针，进行拖动即可以在垂直方向上调整表格的大小。
- 拖动右下角的选择控制点，光标显示为水平调整指针沿对角线调整指针，进行拖动即可以在水平和垂直两个方向调整表格的大小。

3. 更改列宽和行高

要更改表格或单元格的列宽和行高，可以在“属性”面板中或拖动列或行的边框来更改表格的列宽或行高，也可以在“代码”视图中修改 HTML 代码来更改单元格的宽度和高度。具体操作方法如下。

- 要更改列宽，将光标移至所选列的右边框，光标显示为“左右”指针⟺时，进行拖动即可调整。
- 要更改行高，将光标移至所选行的下边框，光标显示为“上下”指针÷时，拖动即可调整。
- 在“属性”面板中调整表格行和高的数值可以改变列宽和行高，首先选中列或行，然后在“属性”面板中的“宽”或“高”文本框中输入数值来调整列宽或高，如图 4-47 所示。

图 4-47　“属性”面板

4. 添加和删除行、列

表格空白的单元格也会占据页面位置，所有多余的行或列都可以删除，也可以在特定行或列上方或左侧添加行或列，具体操作方法如下。

- 要在当前单元格的上面添加一行，选择“修改”|“表格”|“插入行”命令即可。
- 要在当前单元格的左边添加一列，选择“修改”|“表格”|“插入列”命令即可。
- 单击“插入”面板的“常用”按钮右侧的下拉按钮，在下拉列表中选择“布局”选项，打开“布局”类别，如图 4-48 所示。分别单击“在上面插入行”按钮、“在下面插入行”按钮、“在左边插入列”按钮和“在右边插入列”按钮，可以分别实现单元格上面插入行、下面插入行及左边插入列、右边插入列的功能。
- 要一次添加多行或多列，或者在当前单元格的下面添加行或在其右边添加列，可以选择“修改”|“表格”|“插入行或列”命令，打开“插入行或列”对话框，选择插入行或列、插入的行数和列数以及插入的位置，然后单击“确定”按钮即可，如图 4-49 所示。

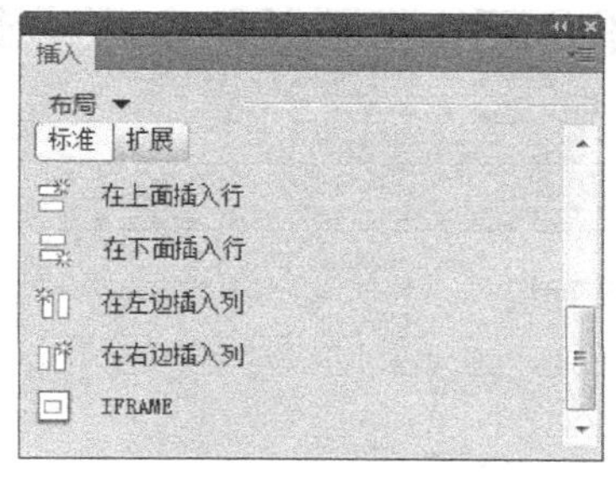

图 4-48　布局类别

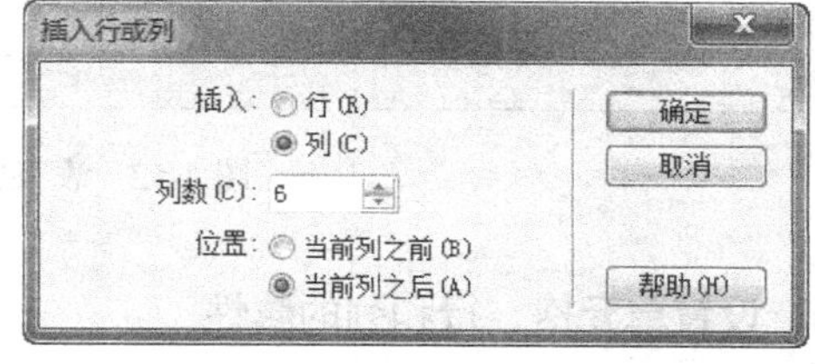

图 4-49　“插入行或列”对话框

- 要删除行或列，选择要删除的行或列，选择“修改”|“表格”|“删除行”命令或按 Delete 键，可以删除整行；选择“修改”|“表格”|“删除列”命令或按下 Delete 键，可以删除整列。
- 要删除单元格里面的内容，选择要删除内容的单元格，然后选择“编辑”|“清除”命令，或是按 Delete 键。

5. 拆分和合并单元格

在制作页面时，如果插入的表格与实际效果不相符，有缺少或多余单元格的情况，根据需要，进行拆分和合并单元格操作。

- 选中要合并的单元格，选择“修改”|“表格”|“合并单元格”命令，即可合并选择的单元格，如图 4-50 所示。

- 选择需要拆分的单元格，然后选择“修改”|“表格”|“拆分单元格”命令，或单击“属性”面板中的合并按钮，打开“拆分单元格”对话框，如图 4-51 所示，选择要把单元格拆分成行或列，然后再设置要拆分的行数或列数，单击“确定”按钮即可拆分单元格。

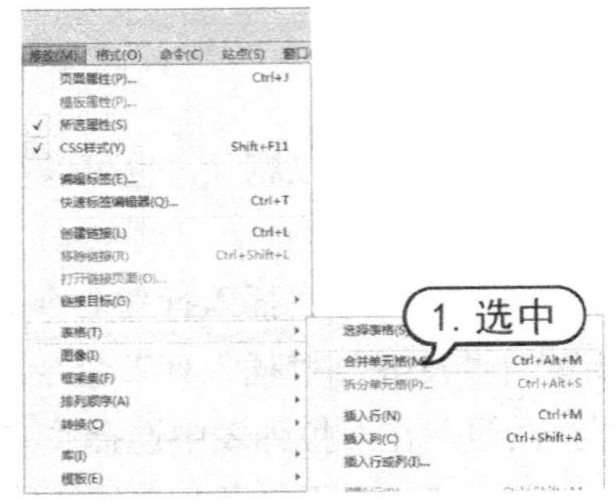

图 4-50　合并单元格

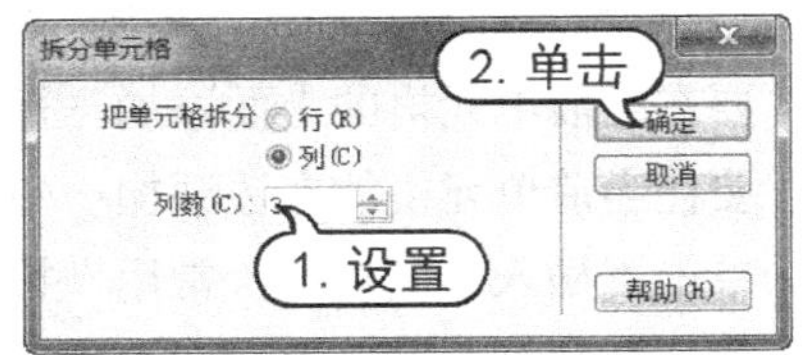

图 4-51　“拆分单元格”对话框

6. 设置表格属性

元素在网页文档中是一个小的独立个体，表格也相同，可以设置表格的属性，如表格的背景、背景颜色、边距等。

选中表格，打开“属性”面板，如图 4-52 所示。

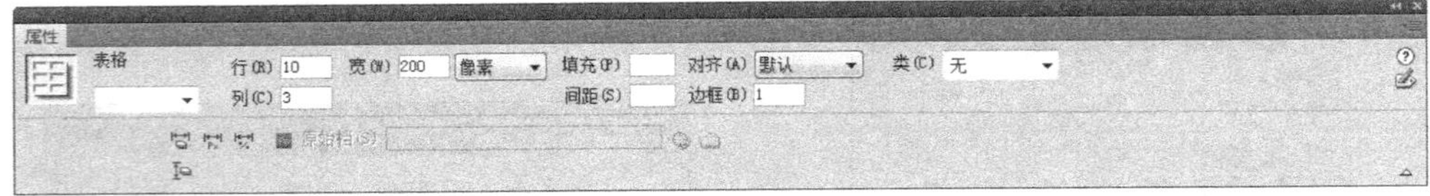

图 4-52　表格的“属性”面板

7. 设置单元格、行和列的属性

除了设置表格属性外，还可以设置单元格、行或列的属性。首先选中一个或一组单元格，打开“属性”面板，如图 4-53 所示。在该面板中可对单元格、行和列的各个属性进行设置。

图 4-53　单元格的“属性”面板

4.6.3　使用框架

框架是将浏览器窗口划分为多个区域，每个区域可以分别显示不同的网页，并且各个框架之间不存在干扰。在网页模板出现之前，框架技术是最常用的布局网页工具之一。

1. 框架的概念

框架页面通过框架将网页分成多个独立的区域，在每个区域可以单独显示不同的网页，每个区域可以独立翻滚。正是基于框架页面的这种特点，使用框架可以极大丰富网页设计的自由度，在不同的页面部分设置不同的网页属性，尤其是对于页面间的链接，可以使页面的结构变化自如。

框架由框架和框架集组成，框架就是网页中被分隔开的各个部分，每部分都是一个完整的网页，这些网页共同组成了框架集，框架集实际上也是一个网页文件，用于定义框架的结构、数量和尺寸等属性。

2. 创建框架网页

要创建框架网页文档，选择“文件”|“新建”命令，打开“新建文档”对话框，设置选中框架样式后，单击“创建”按钮即可。

【练习 4-3】创建一个“上方固定，左侧嵌套”的框架网页文档。

(1) 选择“文件”|“新建”命令，打开“新建文档”对话框，如图 4-54 所示。

(2) 在左侧的列表框中选中“示例中的页”选项，在“示例文件夹”列表框中选中“框架页”选项，在“示例页”列表框中选中“上方固定，左侧嵌套”选项，如图 4-55 所示。

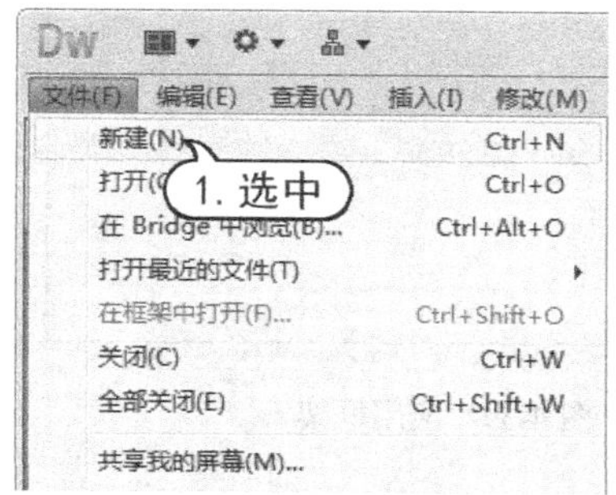

图 4-54　选择“文件”|“新建”命令

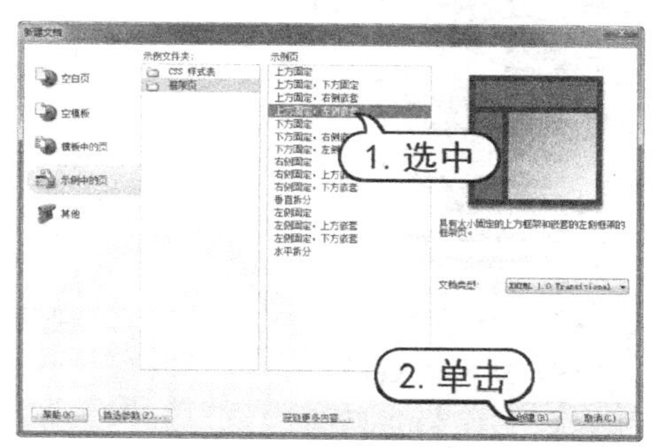

图 4-55　“新建文档”对话框

(3) 单击“创建”按钮，创建框架网页，如图 4-56 所示。在创建网页文档时，系统会自动打开“框架标签辅助功能属性”对话框，如图 4-57 所示。在“框架”下拉列表框中选择框架，在“标题”文本框中可以输入框架标题，单击“确定”按钮即可。

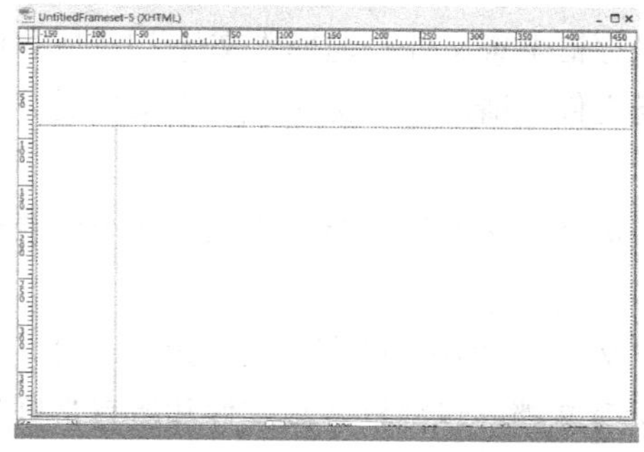

图 4-56　新建框架网页

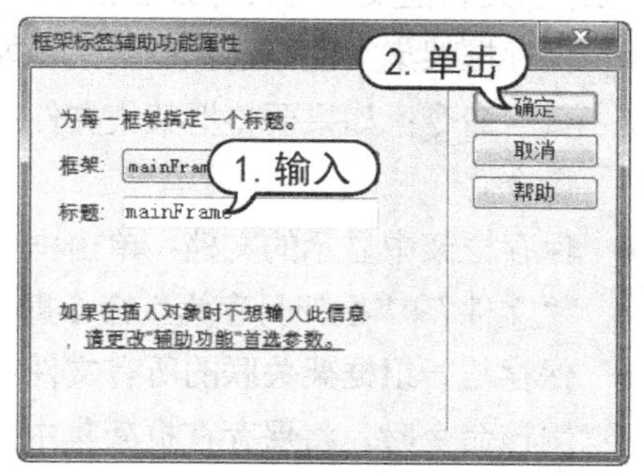

图 4-57　“框架标签辅助功能属性”对话框

提示：

因为框架页是一个独立的 HTML 页面，所以在保存框架页时也是单独保存的，因此在“框架标签辅助功能属性”对话框中设置框架标题名称可以方便今后打开框架页。

3. 在 HTML 网页文档中应用框架

如果已经创建了网页文档，也可以在文档中应用框架。打开“插入”面板，单击“常用”类别右侧的下拉按钮，在下拉列表中选择“布局”选项，打开该类别，单击“框架”按钮，在下拉列表中显示了可以应用的框架结构，如图 4-58 所示。选择所需的框架结构后即可应用该框架。

使用这种方法，可以方便、直观地布局网页文档，并且可以插入多个框架。例如，可以先应用“顶部框架”后，再应用“左侧框架”和“右侧框架”，如图 4-59 所示。

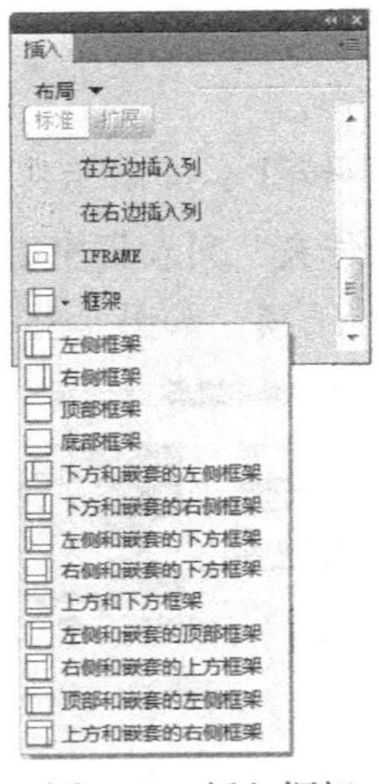

图 4-58　插入框架

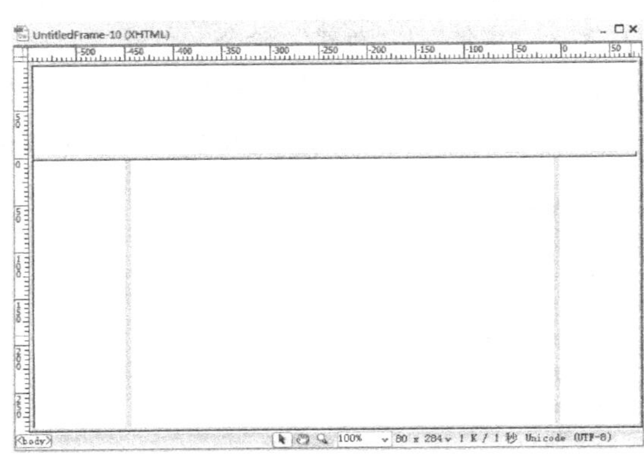

图 4-59　应用框架

4. 保存框架

在浏览器中预览包含框架或框架集的网页文档之前，必须保存框架集文件以及要在框架中显示的所有文档。可以单独保存每个框架集文件和带框架的文档，也可以同时保存框架集文件和框架中出现的所有文档。

保存框架和框架集的具体方法如下。

- 保存框架集文件：选择框架集，如果要保存框架集文件，选择“文件”|“保存框架页”命令；如果要将框架集文件另存为新文件，请选择“文件”|“框架集另存为”命令。
- 保存框架中显示的文档：单击框架，然后选择“文件”|“保存框架”命令或者选择“文件”|“框架另存为”命令即可。
- 保存与一组框架关联的所有文件：选择“文件”|“保存所有框架”命令即可。在使用该命令时，将保存在框架集中打开的所有文档，包括框架集文件和所有带框架的文档。如果未保存该框架集文件，则在“设计”视图中的框架集或未保存的框架集的周围出现粗边框，可以选择文件名。

4.7　在课件中插入媒体元素

在对 Dreamweaver CS6 有了一定的认识并掌握了网页的布局方法后，就可以在网页型课件中插入各种媒体元素了，包括文本、动画、视频和声音等。

4.7.1　插入文本

文本是网页中最常见也是运用最广泛的元素之一，是网页内容的核心部分。在 Dreamweaver CS6 中可以直接输入文本，也可以从其他文档中复制文本或导入文本。

1. 插入文本

【练习 4-4】新建一个 HTML 空白网页，并在其中输入文本。

(1) 启动 Dreamweaver CS6，选择“文件”|“新建”命令，打开“新建文档”对话框，如图 4-60 所示。

(2) 在左侧的列表框中选择“空白页”选项，在“页面类型”列表框中选择 HTML 选项，在“布局”列表框中选择“无”选项，单击“创建”按钮，创建一个空白网页文档。

(3) 将光标定位在空白网页中，然后输入如图 4-61 所示的文本。

(4) 选择“文件”|“保存”命令，将该网页保存为“维也纳春天的三个画面”。

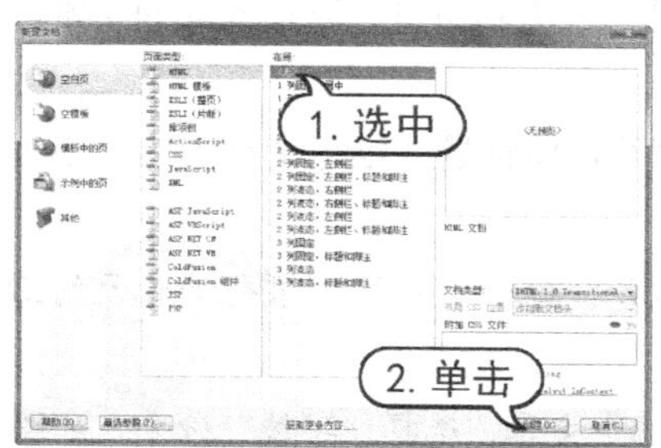

图 4-60　“新建文档”对话框

图 4-61　输入文本

2. 插入水平线

当网页中的元素较多时，可以用水平线对信息进行组织。在网页中，可以使用一条或多条水平线来可视化分隔文本和对象，使段落更加分明和更具层次感。插入日期对象，可以以任何格式插入当前的日期(可以包括时间)，并且在每次保存文件时都会自动更新该日期。

【练习 4-5】打开“维也纳春天的三个画面”网页，插入水平线。

(1) 启动 Dreamweaver CS6，选择“文件”|“打开”命令，打开“维也纳春天的三个画面”网页。

(2) 将光标定位在文本“冯骥才”的下方，然后选择“插入”|HTML|“水平线”命令，如图 4-62 所示。

(3) 随后即可插入一条水平线，如图 4-63 所示。

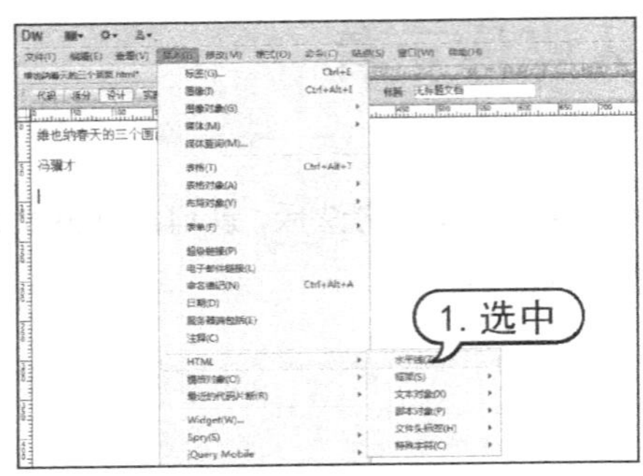

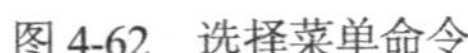
图 4-62　选择菜单命令

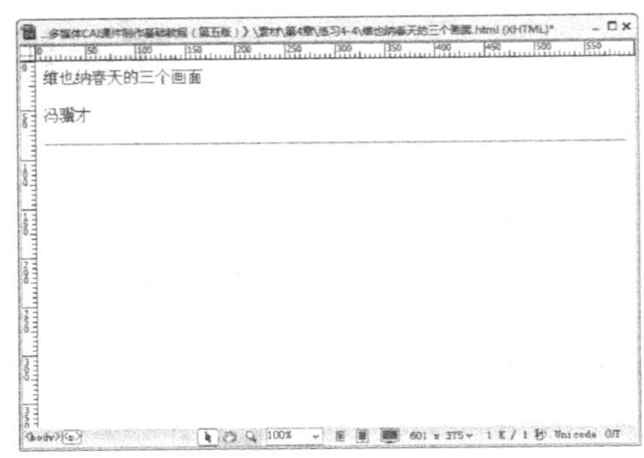

图 4-63　插入水平线

(4) 选中水平线，在“属性”面板中可设置水平线的“宽”和“高”等参数，如图 4-64 所示。设置完成后，选择“文件”|“保存”命令，保存该网页。

图 4-64　“属性”面板

3. 设置文本格式

通过对文本格式的设置，可以将网页中的文本设置成色彩纷呈、样式各异的文本，使枯燥的文本更显生动。

【练习 4-6】打开“维也纳春天的三个画面”网页，将标题“维也纳春天的三个画面”设置字体为“华文行楷”，对齐方式为“居中对齐”。

(1) 启动 Dreamweaver CS6，选择“文件”|“打开”命令，打开“维也纳春天的三个画面”网页。

(2) 选中文本“维也纳春天的三个画面”，右击选中文本，选择“字体”命令，如图 4-65 所示，可以看到默认设置下，“字体”命令菜单中没有“华文行楷”选项，因此选择“编辑字体列表”命令。

(3) 打开“编辑字体列表”对话框，在“可用字体列表”中选择“华文行楷”选项，然后单击<<按钮，将该字体加入到“选择的字体”列表中，然后单击+按钮，即可添加该字体，如图 4-66 所示。

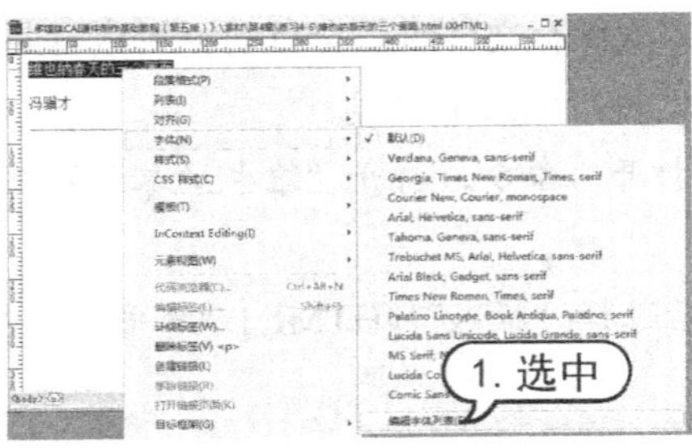

图 4-65　选择字体

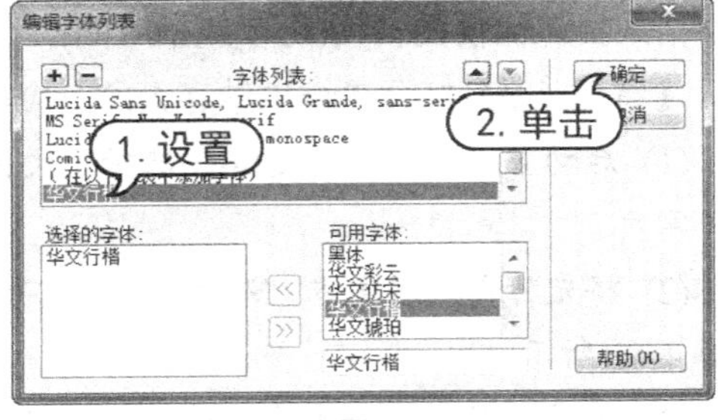

图 4-66　“编辑字体列表”对话框

提示：

使用步骤(2)和(3)的方法可以添加其他字体，本例不再累述，在本书以后的实例中用到的所有字体，都将默认已添加。

(4) 再次选中文本“维也纳春天的三个画面”，右击选中文本，选择“字体”|“华文行楷”命令，如图 4-67 所示。

(5) 打开“新建 CSS 规则”对话框，在“选择或输入选择器名称”文本框中输入类名称，然后单击“确定”按钮，即可应用该字体样式，如图 4-68 所示。

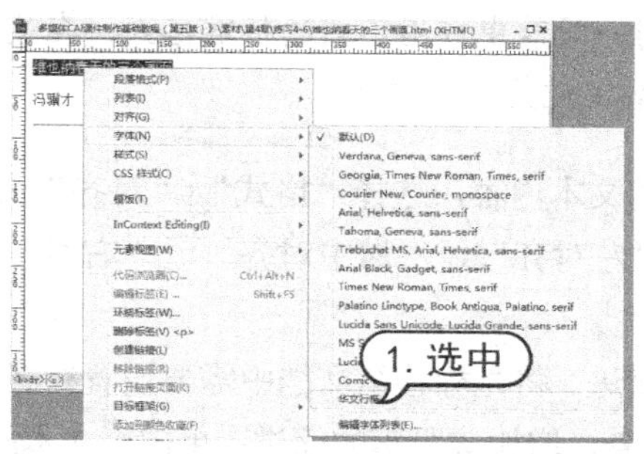

图 4-67　选择字体

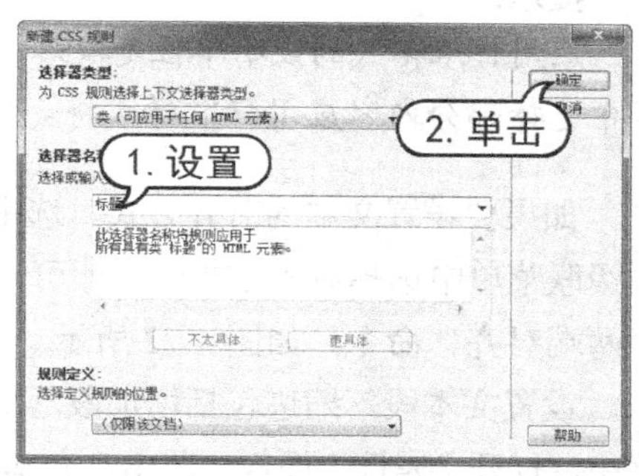

图 4-68　“新建 CSS 规则”对话框

(6) 继续选中文本“维也纳春天的三个画面”，在“属性”面板中单击 CSS 按钮，然后设置文本“维也纳春天的三个画面”的对齐方式为“居中对齐”，字体“大小”为 xx-large，如图 4-69 所示。

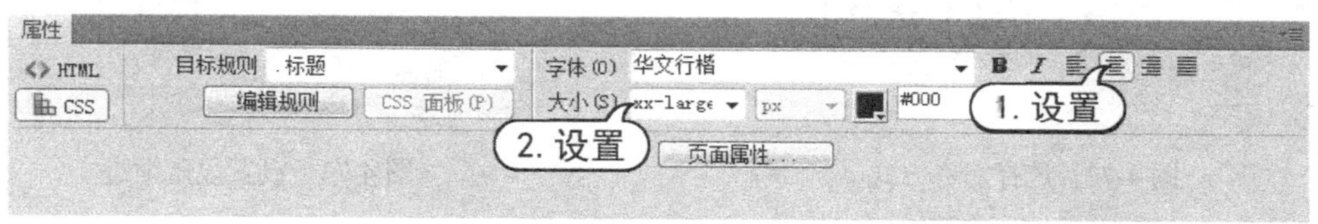

图 4-69　设置字体大小和对齐方式

(7) 参照以上步骤，设置文本“冯骥才”的格式，最终效果如图 4-70 所示。

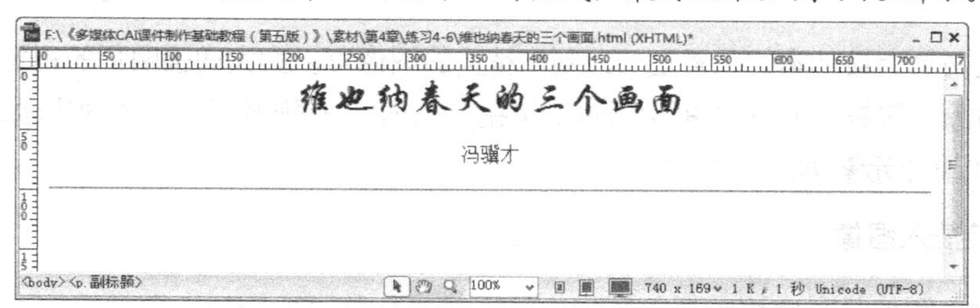

图 4-70　设置字体格式后的效果

4. 设置段落格式

文本的段落格式主要包括缩进方式、对齐方式和设置列表项等。Dreamweaver CS6 定义了多种标准文本格式，可以将光标定义在段落内或选定段落中的全部或部分文本，使用属性检查器中的“格式”下拉列表框应用标准文本格式，如图 4-71 所示。

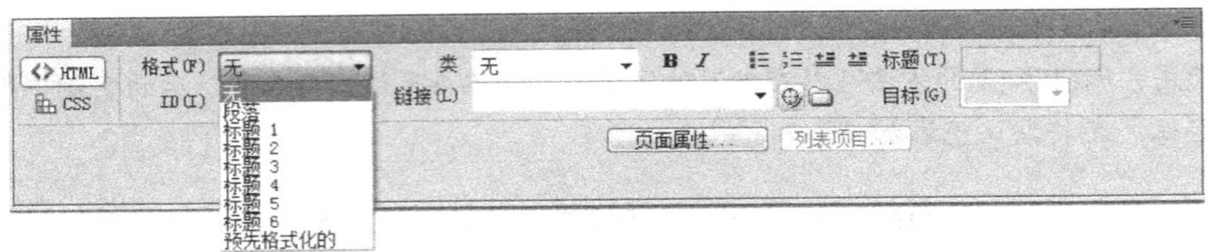

图 4-71　“格式”下拉列表框

提示：

应用标准格式的最小单位是段落，但无法在同一段落中应用不同的标准格式，在某一段落中选择部分内容应用标准样式将会使整个段落格式化为同一样式。

如果要设置文本的对齐方式，选中所需对齐的文本内容，选择“格式”|“对齐”命令，在级联菜单中选择对齐方式命令即可，可以选择“左对齐”、“居中对齐”、“右对齐”和“两端对齐”命令，如图 4-72 所示。

设置文本段落缩进包括增加段落缩进和减少缩进。将光标移至文档中需要设置格式的段落中，打开“属性”面板，单击“文本缩进”按钮，增加该段落的缩进；单击“文本凸出”按钮，减少段落的缩进，如图 4-73 所示。

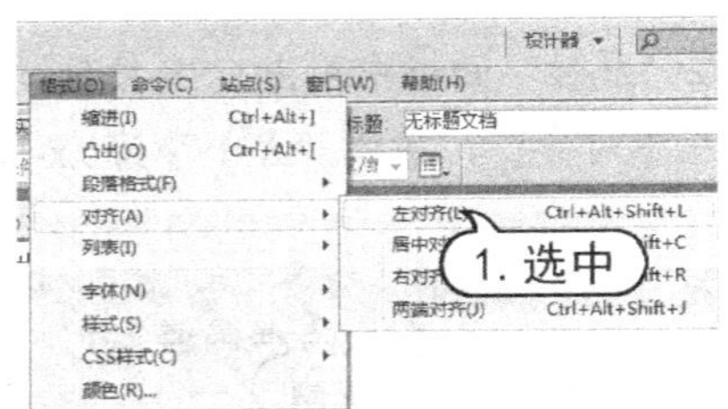

图 4-72　选择对齐方式

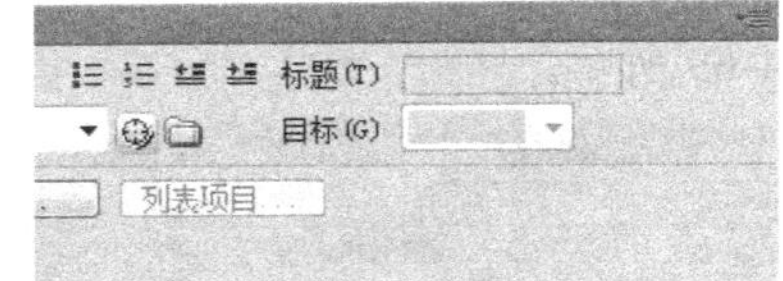

图 4-73　设置段落缩进

4.7.2　插入图像

图像是网页上最基本的元素之一，制作精美的图像可以大大增强网页的视觉效果。在网页中插入图像通常是用于添加图形界面(如按钮)、创建具有视觉感染力的内容(如照片、背景等)或交互式设计元素(如鼠标指针经过图像)。

1. 直接插入图像

直接插入图像是最常用的插入图像方法。将光标移至所需插入图像的位置，选择“插入”|“图像”命令，打开“选择图像源文件”对话框。在“选择图像源文件”对话框中，选中“文件系统”单选按钮可以选择一个图片文件；选中“数据源”单选按钮可以选择一个动态图像源文件；在 URL 文本框中可直接输入要插入图像的路径和名称，单击“确定”按钮，即可插入图像。

【练习 4-7】 新建一个网页文档，在文档中插入表格，然后在表格的单元格内插入图像和文本内容，制作一个基本网页型课件。

(1) 新建一个空白网页文档，选择“插入” | “表格”命令，打开“表格”对话框，插入一个 1 行 2 列的表格。

(2) 将光标移至表格的 1 行 1 列单元格中，选择“插入” | “表格”命令，插入一个 4 行 1 列的嵌套表格。重复操作，在表格的 1 行 2 列单元格中插入一个 2 行 1 列的嵌套表格，并调整表格的大小，效果如图 4-74 所示。

(3) 在插入的 2 个嵌套表格中输入合适的文本内容，并设置文本格式，如图 4-75 所示。

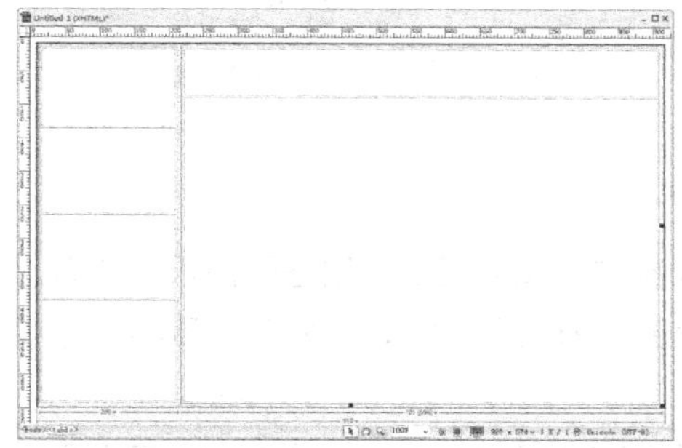

图 4-74　插入嵌套表格

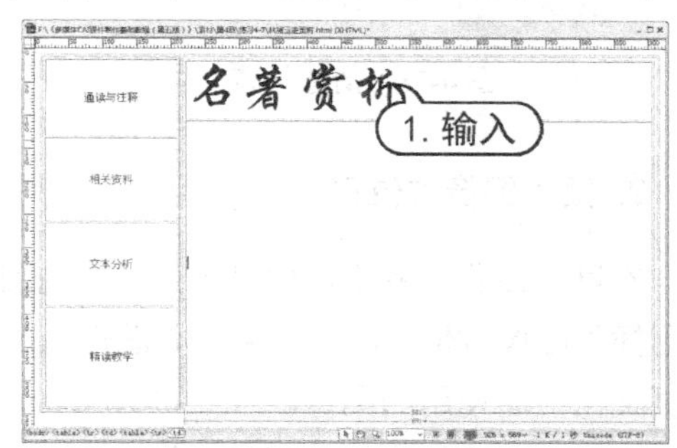

图 4-75　输入文本

(4) 将光标移至右侧嵌套表格的 2 行 1 列单元格中，选择“插入” | “图像”命令，打开“选择图像源文件”对话框。选择要插入的图像，单击“确定”按钮，如图 4-76 所示。

(5) 打开“图像标签辅助功能属性”对话框，如图 4-77 所示。然后直接单击“确定”按钮，即可插入图像。

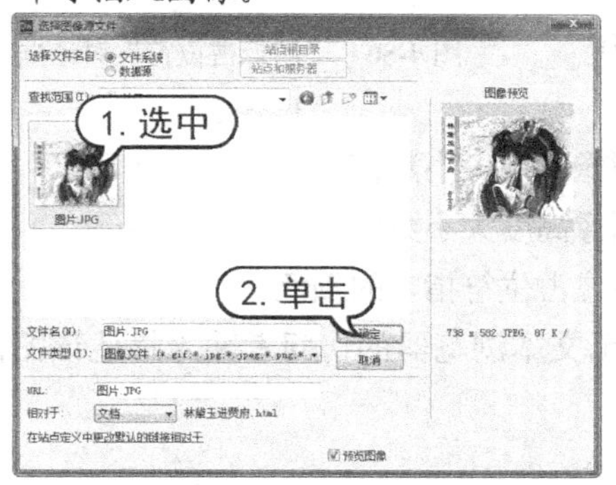

图 4-76　插入图像

图 4-77　“图像标签辅助功能属性”对话框

提示：

“替换文本”是在浏览网页时，当光标移至图像上会自动显示该图像的说明；当图片无法显示时，也会在图像所在位置显示图像说明。插入图像后，在图像的“属性”面板中的“替换”下拉列表中也可设置替换文本内容。

(6) 选中右侧嵌套表格，在“属性”面板中单击“清除行高”按钮，清除默认的行高固定值，如图 4-78 所示。

(7) 使用鼠标拖动的方法调整图片和表格的大小，最终效果如图 4-79 所示。

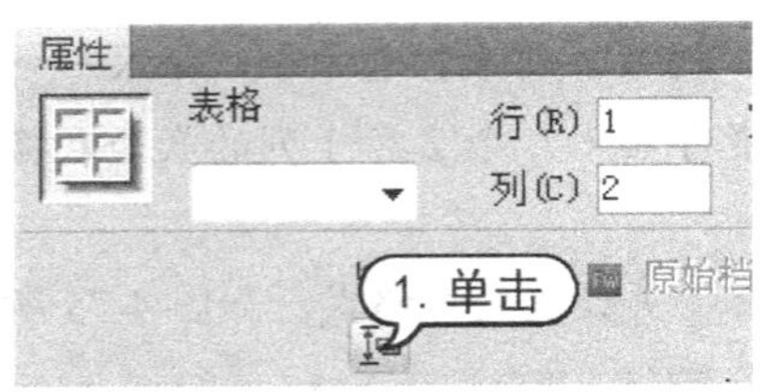

图 4-78　清除行高

图 4-79　最终效果

2. 插入图像占位符

在网页制作过程中，如果所需插入的图像未制作完成或还未计划好要插入的图像，可以使用插入图像占位符的方式来插入图像。简单地说，图像占位符是在准备将最终图像添加到网页文档前而使用的图像。

要在网页文档中插入图像占位符，选择“插入”|“图像对象”|“图像占位符”命令，打开“图像占位符”对话框，如图 4-80 所示。

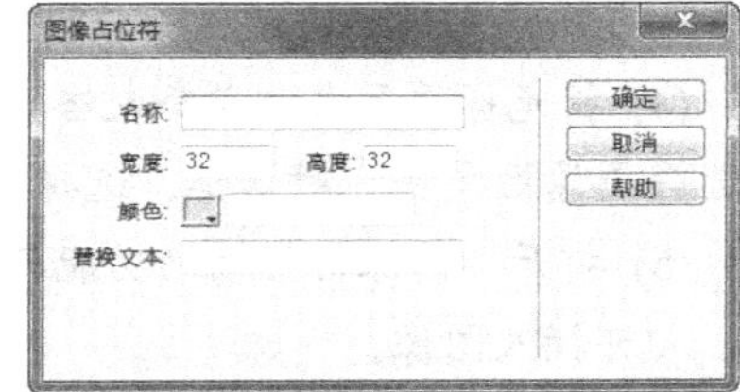

图 4-80　“图像占位符”对话框

在“图像占位符”对话框中，主要参数选项的具体作用如下。

- “名称”文本框：可以在文本框中输入要作为图像占位符的标签文字显示的文本(该文本框只能包含字母与数字，不允许使用空格和高位 ASCII 字符)。
- “宽度”文本框：可以在文本框中输入图像宽度大小数值。
- “高度”文本框：可以在文本框中输入图像高度大小数值。
- “颜色”文本框：可以在文本框中输入图像占位符指定的颜色。
- “替换文本”文本框：可以为使用只显示文本浏览器的访问者输入描述该图像的文本。

3. 应用鼠标经过图像

鼠标经过图像是由原始图像和鼠标经过图像组成，简单来说就是当鼠标经过图像时，原始图像会变成另一张图像。因此，组成鼠标经过图像的两张图像必须是相同的大小。如果两张图像大小不同，系统会自动将第 2 张图像大小调整为与第 1 张图像同样大小。

选择“插入”|“图像对象”|“鼠标经过图像”命令，打开“插入鼠标经过图像”对话框，如图 4-81 所示。

在“插入鼠标经过图像”对话框中(如图 4-82 所示)，主要参数选项的具体作用如下。

- “图像名称”文本框：在文本框中输入图像名称。
- “原始图像”文本框：单击“浏览”按钮，可在打开的对话框中选择原始图像。

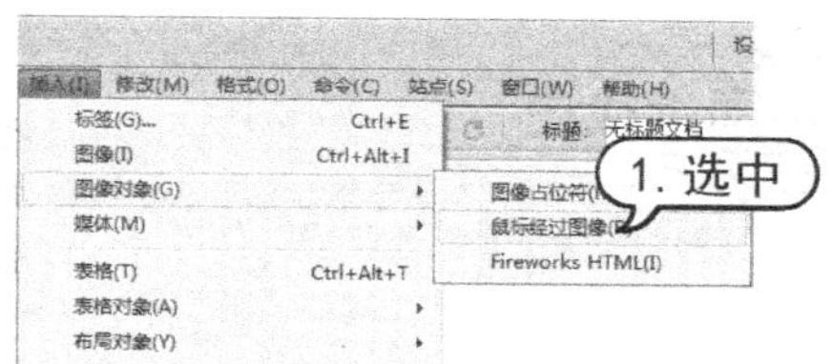

图 4-81　选择命令

图 4-82　“插入鼠标经过图像”对话框

- “鼠标经过图像”文本框：选择鼠标经过时的图像。
- “预载鼠标经过图像”复选框：选中该复选框，可以预先加载图像到浏览器的缓存中，加快图像显示速度。
- “按下时，前往的 URL” 文本框：设置鼠标经过图像时打开的 URL 路径，如果没有设置 URL 路径，鼠标经过图像将无法应用。

4.7.3　应用导航条

导航条是由一个或多个图像组成，它的显示随着动作的改变而改变。它就像图书目录一样，在浏览网站时起到指引方向的作用，能够快速地找到所需的内容。

【练习 4-8】新建一个网页文档，在文档中插入导航条。

(1) 新建一个空白网页文档，选择“插入”|“表格”命令，打开“表格”对话框，插入一个 3 行 1 列的表格，然后调整表格的大小并输入文本，效果如图 4-83 所示。

(2) 将光标移至表格的第 2 行，选择“插入”| Spry |“Spry 菜单栏”命令，如图 4-84 所示。

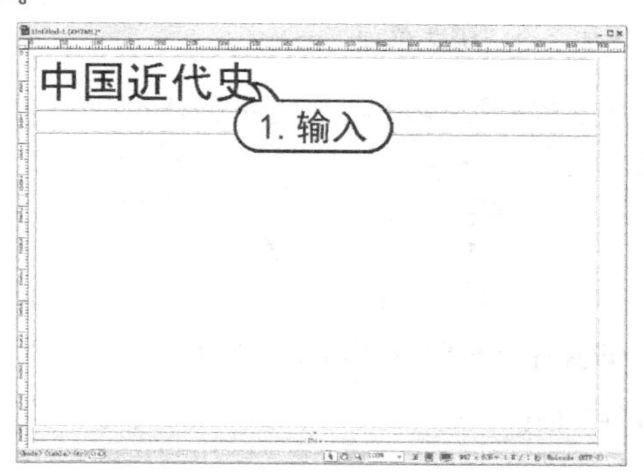

图 4-83　插入表格并输入文本

图 4-84　插入导航条

(3) 打开“Spry 菜单栏”对话框，选中“水平”单选按钮，然后单击“确定”按钮，如图 4-85 所示。

(4) 此时，即可插入一个默认的导航条，效果如图 4-86 所示。

(5) 用户可直接在“项目 1”、 “项目 2”、“项目 3”和“项目 4”处输入主菜单的内容，效果如图 4-87 所示。

(6) 单击 Spry 菜单栏: MenuBar1 按钮，可打开导航条的“属性”面板，在该面板中可对各级菜单进行编辑，效果如图 4-88 所示。

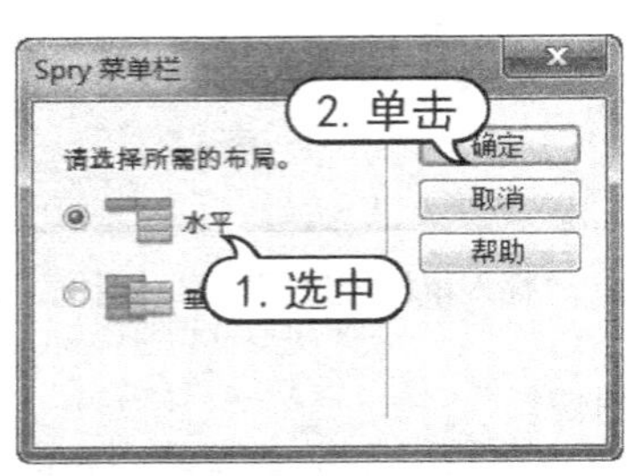

图 4-85　“Spry 菜单栏”对话框

图 4-86　插入导航条

图 4-87　输入菜单内容

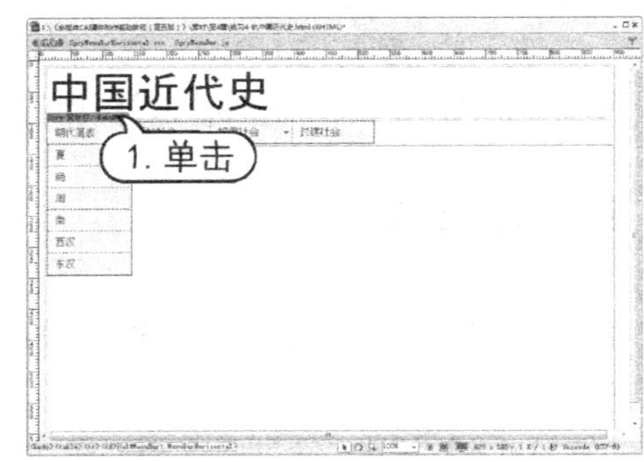

图 4-88　打开“属性”面板

提示：

在导航条的属性面板中，部分按钮的作用如图 4-89 所示。

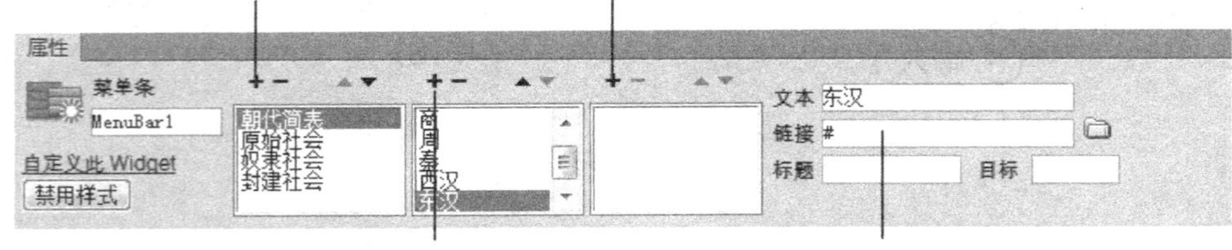

图 4-89　“属性”面板

提示：

在编辑导航条时，各个菜单项不仅可以直接输入文本，还可以插入图像，如事先编辑好的按钮。

(7) 导航条中的所有菜单项编辑完成后，另存网页文档，然后按下 F12 键，在浏览器中预览网页文档，效果如图 4-90 所示。

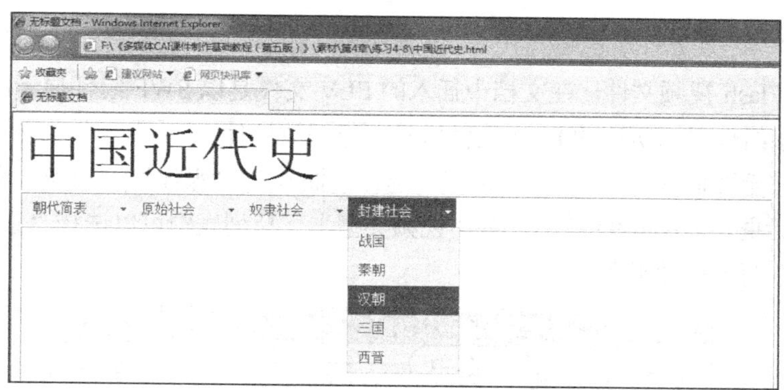

图 4-90　预览效果

4.7.4　插入 Flash 动画

Flash 动画是网页上最流行的动画格式。在 Dreamweaver CS6 中，Flash 动画也是最常用的多媒体插件之一，它将声音、图像和动画等内容加入到一个文件中并能制作较好的动画效果，同时使用了优化的算法将多媒体数据进行压缩，使文件变得很小，因此，非常适合在网上传播。

1. 插入 Flash SWF 文件

将光标移至所需插入 Flash 动画的位置，选择“插入”|“媒体”| SWF 命令，打开“选择 SWF”对话框，如图 4-91 所示。选择所需插入的 Flash 动画，单击“确定”按钮，打开“对象标签辅助功能属性”对话框，如图 4-92 所示，进行相应设置后，单击“确定”按钮，即可将选定的 SWF 文件插入到网页中。

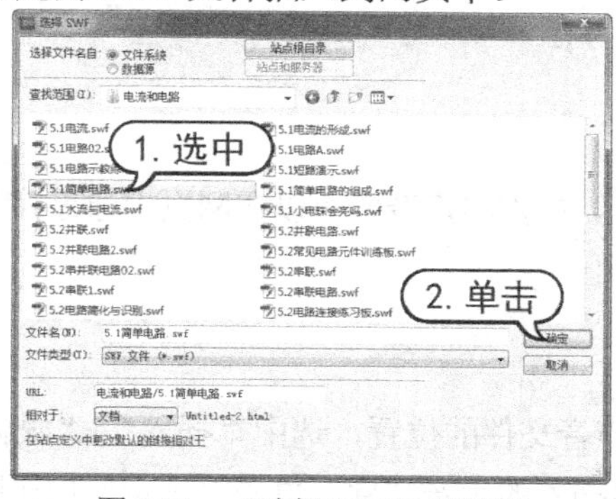

图 4-91　“选择 SWF”对话框

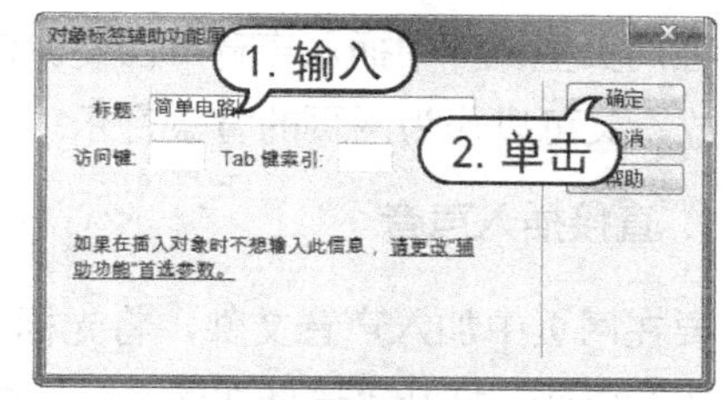

图 4-92　“对象标签辅助功能属性”对话框

在网页文档中插入的 SWF 文件显示为一个 Flash 动画图标。可以在“属性”面板中设置 SWF 文件的各项参数，如图 4-93 所示。

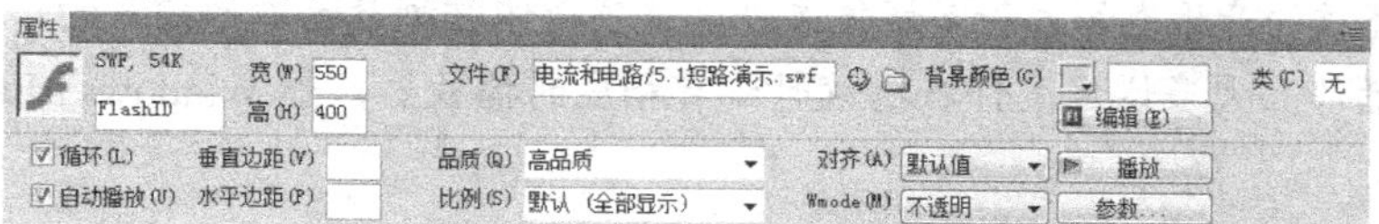

图 4-93　SWF 文件的“属性”面板

2. 插入 Flv 视频

FLV 是 Flash 视频文件，在文档中插入的 FLV 文件是以 SWF 组件显示的，当在浏览器中查看时，该组件显示所选的 FLV 文件以及一组播放控件。

将光标移至要插入 FLV 文件的位置，选择“插入”|“媒体”|“FLV”命令，打开“插入 FLV”对话框，如图 4-94 所示。在“视频类型”下拉列表中可以选择“累进式下载视频”和“流视频”两种视频类型。

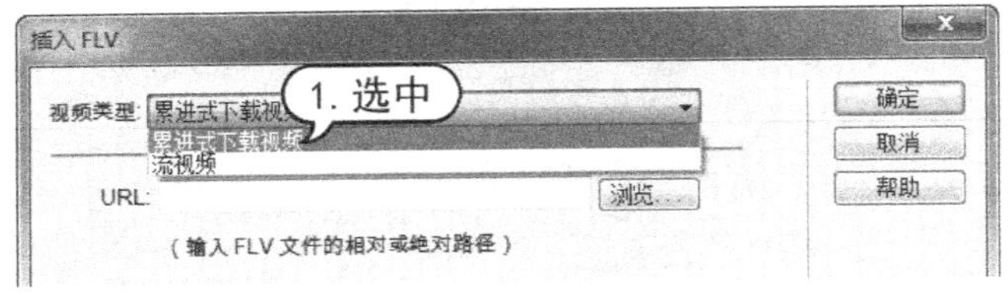

图 4-94　“插入 FLV”对话框

提示：

要播放 FLV 文件，必须安装 Flash Player 8 或更高版本播放器。如果没有安装所需的 Flash Player 版本，但安装了 Flash Player 6.0 或更高版本，则浏览器将显示 Flash Player 快速安装程序，而非替代内容。如果拒绝快速安装页面会显示替代内容。

- 累进式下载视频：将 FLV 文件下载到站点访问者的硬盘上，然后进行播放。但是，与传统的下载并播放视频传送方法不同，累进式下载允许在下载完成之前就开始播放视频文件。
- 流视频：对视频内容进行流式处理，并在一段可确保流畅播放的很短的缓冲时间后在网页上播放该内容。

4.7.5　插入声音

在网页型课件中插入声音可以使课件声情并茂，插入的声音既可以在网页中通过控制按钮播放，又可以作为网页的背景音乐。

1. 直接插入声音

要在网页中加入声音文件，将光标移至插入声音文件的位置，选中“插入”|“媒体”|“插件”命令，打开“选择文件”对话框，选择要插入的声音文件，单击“确定”按钮即可插入到网页中，如图 4-95 和图 4-96 所示。

提示：

网页上播放的音乐或影片等多媒体文件，并不是依靠浏览器本身播放的，而是依靠浏览器所搭配的插件。大多媒体文件在播放时都有相应的播放器，如 Windows MediaPlayer。

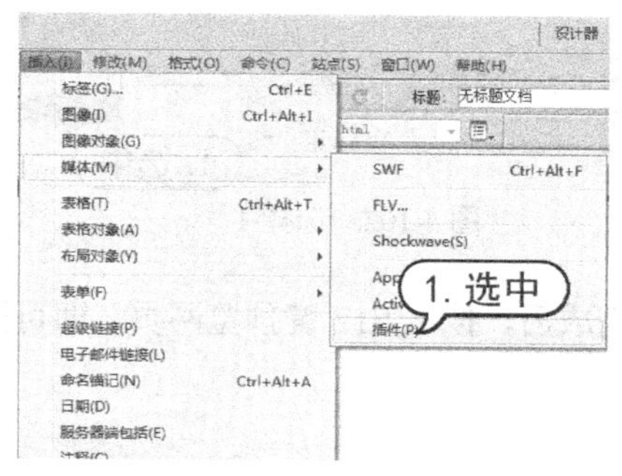

图 4-95　选择命令

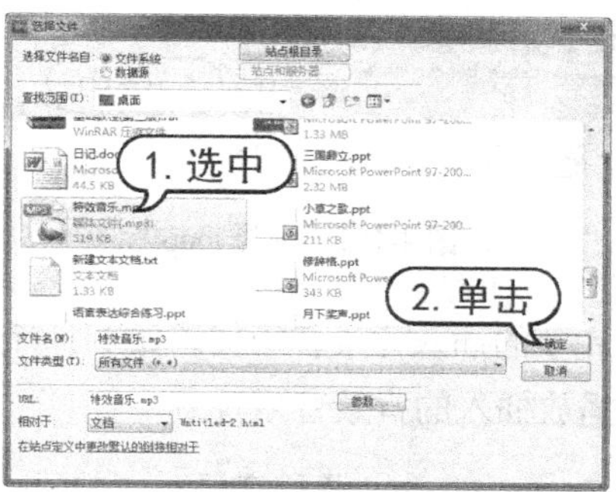

图 4-96　“选择文件”对话框

2. 添加背景音乐

打开添加了背景音乐的网页型课件时，背景音乐会自动播放，为网页增色不少。要为网页添加背景音乐，可以在代码中输入代码完成操作。

首先要切换至“代码”视图，然后在“代码”视图中的<body>标签后面输入<，系统会自动弹出一个下拉列表，在下拉列表中选择 bgsound 标签，如图 4-97 所示。

在 bgsound 标签后按下空格键，系统会自动显示该标签允许的属性下拉列表，在下拉列表中选择 src 属性，如图 4-98 所示。该属性用于设置背景音乐文件的路径。

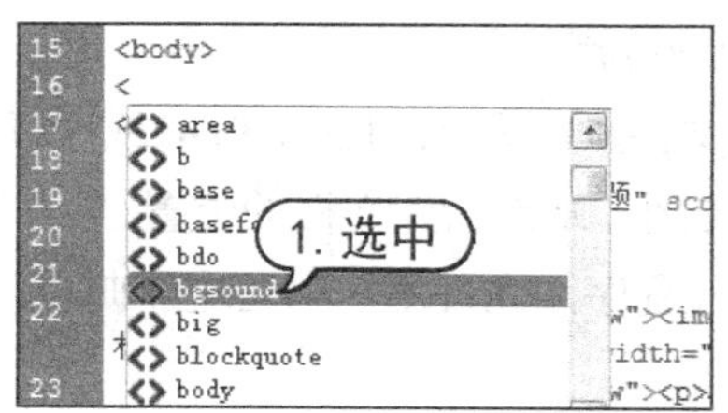

图 4-97　选择 bgsound 标签

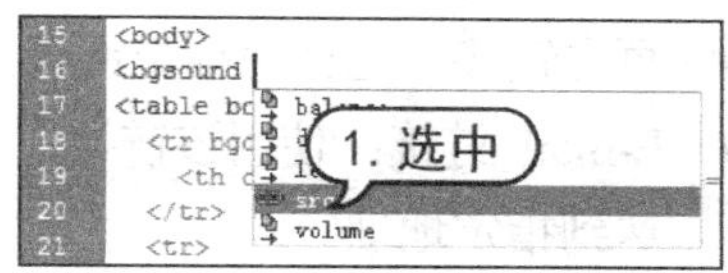

图 4-98　选择 src 标签

选择 src 属性后，会显示一个“浏览”按钮，如图 4-99 所示。单击该按钮，打开“选择文件”对话框，如图 4-100 所示，选择所需插入的声音文件，单击“确定”按钮，插入声音文件。

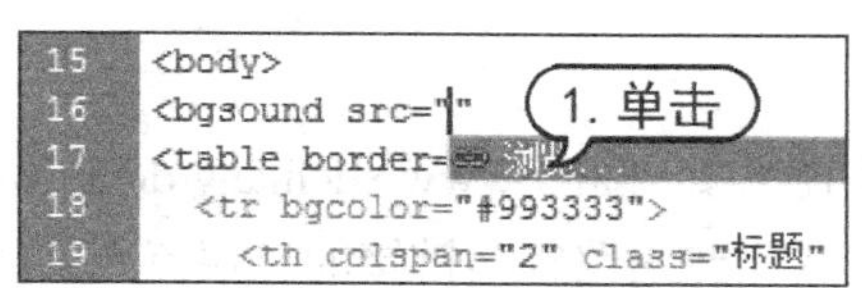

图 4-99　“浏览”按钮

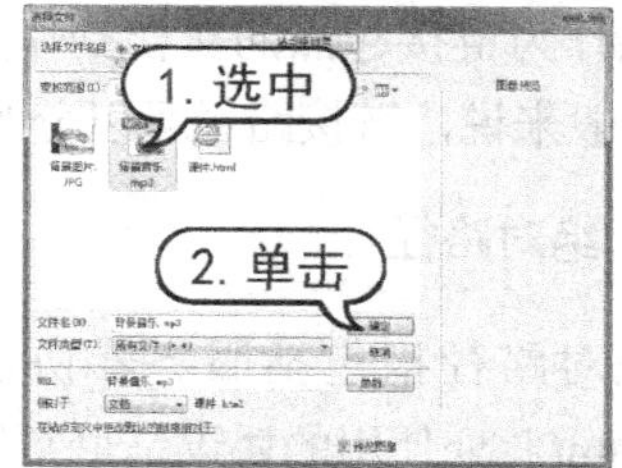

图 4-100　“选择文件”对话框

在插入的音乐文件后按下空格键，在弹出的属性下拉列表中选择 loop 属性，如图 4-101 所示。这时会显示属性值-1，选中该属性值，如图 4-102 所示。

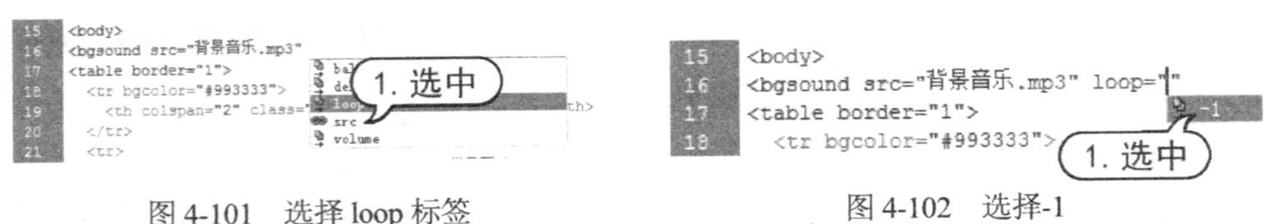

图 4-101　选择 loop 标签　　图 4-102　选择-1

完整的插入背景音乐代码如下。背景音乐插入完成后，按下 F12 键预览网页，即可开始自动播放插入的背景音乐。

```
<bgsound src="背景音乐.mp3" loop="-1"  />
```

4.8　使用超链接

超链接是网页中至关重要的元素之一，它可以实现页面之间的互相跳转，从而有机地将网站中的每个页面联系起来。

4.8.1　超链接的分类

在 Dreamweaver CS6 中，可以创建下列几种类型的链接。

- 页间链接：利用该链接可以跳转到其他文档或文件，如图形、电影、PDF 或声音文件。
- 页内链接：也称为锚记链接，利用它可以跳转到本站点指定文档的位置。
- E-mail 链接：使用该链接，可以启动电子邮件程序，允许用户书写电子邮件，并发送到指定地址。
- 空链接及脚本链接：它允许用户附加行为至对象或创建一个执行 JavaScript 代码的链接。

4.8.2　绝对和相对路径

从作为链接起点的文档到作为链接目标的文档之间的文件路径，对于创建链接至关重要。一般来说，链接路径可以分为绝对路径与相对路径两类。

1. 绝对路径

绝对路径指包括服务器协议在内的完全路径，如 http://www.xdchiang/dreamweaver/index.htm(此处使用的协议是最常用的 http 协议)。使用绝对路径与链接的源端点无关，只要目标站点地址不变，无论文档在站点中如何移动，都可以正常实现跳转而不会发生错误。如果所要链接当前站点之外的网页或网站，就必须使用绝对路径。

但是，绝对路径链接方式不利于测试。如果在站点中使用绝对路径地址，要想测试链接是否有效，必须在 Internet 服务器端进行。此外，采用绝对路径不利于站点的移植。例如，一个较为重要的站点，可能会在几个服务器上创建镜像，同一个文档也就有几个不同的网址，要将文档在这些站点之间移植，必须对站点中的每个使用绝对路径的链接进行一一修改，这样才能达到预期目的。

2. 相对路径

相对路径包括根相对路径(Site Root)和文档相对路径(Document)两种。

使用 Dreamweaver CS6 制作网页时，需要选定一个文件夹来定义一个本地站点，模拟服务器上的根文件夹，系统会根据这个文件夹来确定所有链接的本地文件位置，而根相对路径中的根就是指这个文件夹。

文档相对路径就是指包含当前文档的文件夹，也就是以当前网页所在文件夹为基础来计算的路径。

文档相对路径(也称相对根目录)的路径以/开头，路径是从当前站点的根目录开始计算。例如，在 C 盘 Web 目录建立的名为 web 的站点，这时/index.htm 路径为 C:\Web\index.htm。根相对路径适用于链接内容频繁更换环境中的文件，这样即使站点中的文件被移动了，链接仍可以生效，但是仅限于在该站点中。

如果目录结构过深，在引用根目录下的文件时，用根相对路径会更好些。例如，网页文件中引用根目录下 images 目录中的一个图像 good.gif，在当前网页中用文档相对路径表示为：../../.. /images/good.gif，而用根相对路径只要表示为/images/good.gif 即可。

4.8.3　创建超链接的方法

在 Dreamweaver CS6 中，可以随时随地在所需的位置创建各种超级链接，并且可以通过多种方法来创建超链接，可以在“属性”面板中创建、使用菜单命令创建或使用“指向文件”图标来创建超链接。

1. 在“属性”面板中创建超链接

在网页文档中选择文本或图像，选择“窗口”|“属性”命令，打开“属性”面板，如图 4-103 所示。

在“属性”面板中的“链接”文本框中输入链接的文件地址，从“目标”下拉列表框中选择文档打开的位置即可。

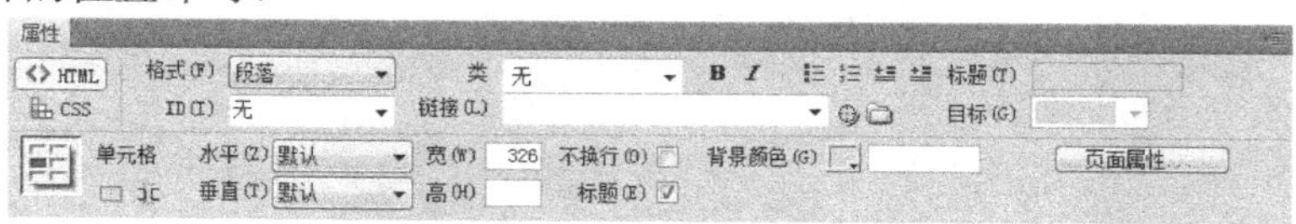

图 4-103　“属性”面板

在“目标”下拉列表中可以选择-blank、-new、-parent、-self 和-top 这 5 个选项，具体作用如下。

- -blank 选项：始终在弹出的新窗口中打开所链接的内容。
- -new 选项：在弹出的同一个新窗口中打开所链接的内容。
- -parent 选项：如果是嵌套的框架，会在父框架或窗口中打开链接的文档，如果不是嵌套的框架，则与-top 相同，是在整个浏览器窗口中打开所链接的内容。

- -self 选项：浏览器的默认设置，在当前网页所在的窗口中打开链接的网页。
- -top 选项：在完整的浏览器窗口中打开。

2. 使用菜单命令创建超级链接

使用菜单命令创建超链接的方法很简单，选中要创建超链接的对象，选择“插入”|“超级链接”命令，打开“超级链接”对话框，如图 4-104 所示。

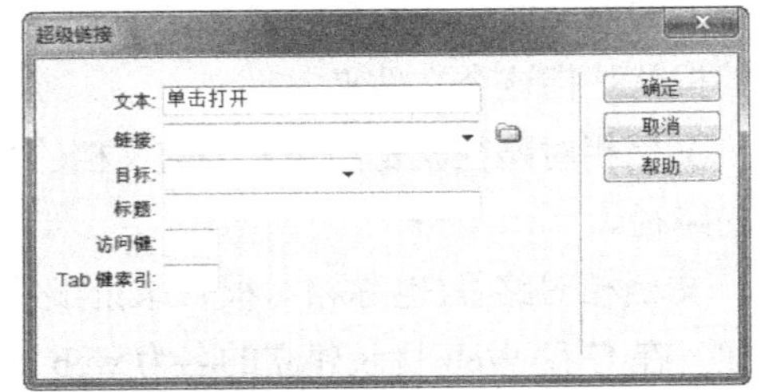

图 4-104　“超级链接”对话框

在“超级链接”对话框中的主要参数选项具体作用如下。

- “文本”文本框：创建超链接显示的文本。
- “链接”文本框：设置超级链接链接到的路径，尽量输入文件的相对路径。
- “目标”文本框：设置超级链接的打开方式，可以选择-blank、-new、-parent、-self 和-top 这 5 个选项。
- “标题”文本框：设置超级链接的标题。
- “访问键”文本框：设置键盘快捷键，如果按键盘上的快捷键将选中这个超级链接。
- “Tab 键索引”文本框：设置网页中用 Tab 键选中这个超级链接的顺序。

3. 使用“指向文件”图标创建超级链接

打开“属性”面板，单击“链接”文本框右侧的“指向文件”按钮，然后进行拖动，会出现一条带箭头的细线，指示要拖动的位置，指向链接的文件后，释放鼠标，即会链接到该文件。

第5章　使用PowerPoint 2010制作课件

PowerPoint 是制作演示课件的常用工具，它可以将文字、图形、图像和声音等多媒体元素融合在一起，赋予演示对象强大的感染力。演示课件是多媒体 CAI 技术应用的重要内容之一，可用于授课、会议、产品介绍和广告策划等各个领域。利用 PowerPoint 制作的演示文稿，不但可以使内容丰富翔实，还可以使阐述过程简明清晰，从而达到更有效地与他人沟通的效果。

通过对本章的学习，读者应了解并掌握 PowerPoint 2010 的功能特点和基本使用方法，并且能够应用该软件制作出图文并茂的多媒体 CAI 课件。

5.1　PowerPoint 2010 课件制作基础

PowerPoint 是一种专门用于制作演示用的多媒体幻灯片的工具，它是以幻灯片为单位来制作演示文稿的。为了更好地使用 PowerPoint 顺利地制作和使用课件，就需要对该软件有一个初步的认识。本节将具体介绍一些有关 PowerPoint 制作课件的基础知识。

5.1.1　PowerPoint 2010 的工作界面

选择“开始”|“所有程序”| Microsoft Office | Microsoft Office PowerPoint 2010 命令，可以打开 PowerPoint 2010 的工作界面，如图 5-1 所示。

PowerPoint 2010 的主工作界面主要由标题栏、功能区、预览窗格、幻灯片编辑窗口、备注栏、状态栏、快捷按钮和显示比例滑竿等元素组成。

1. 标题栏

标题栏位于窗口的顶端，用于显示当前正在运行的程序名及文件名等信息。标题栏最右端有 3 个按钮，分别用来控制窗口的最小化、最大化和关闭应用程序。

2. 功能区

在 PowerPoint 2010 中，功能区是完成课件各种操作的主要区域。在默认状态下，功能区主要包含“文件”、“开始”、“插入”、“设计”、“切换”和“动画”等多个选项卡，其大多数功能都集中在这些选项卡中。

图 5-1　PowerPoint 2010 的工作界面

3. 预览窗格

该窗格包含两个选项卡，在“幻灯片”选项卡中显示了幻灯片的缩略图，单击某个缩略图可在主编辑窗口查看和编辑该幻灯片；在“大纲”选项卡中可对幻灯片的标题性文本快速地进行编辑。

4. 幻灯片编辑窗口

幻灯片编辑窗口是 PowerPoint 2010 的主要工作区域，用户对文本、图像等多媒体元素进行操作的结果都将显示在该区域。

5. 备注栏

在该栏中可分别为每张幻灯片添加备注文本。

6. 状态栏

在 PowerPoint 2010 中状态栏位于 PowerPoint 主窗口的底部，显示了当前幻灯片的信息。例如，当前显示的幻灯片时第几张、该课件共有几张幻灯片等。

7. 快捷按钮和显示比例滑竿

该区域包括 6 个快捷按钮和一个“显示比例滑竿”，其中有 4 个视图按钮，可快速切换视图模式；一个比例按钮可快速设置幻灯片的显示比例；最右边的一个按钮可使幻灯片以合适比例显示在主编辑窗口；另外通过拖动“显示比例滑杆”中的滑块，可以直观地改变文档编辑区的大小。

5.1.2　PowerPoint 2010 的视图模式

PowerPoint 2010 提供了普通视图、幻灯片浏览视图、备注页视图、幻灯片放映视图和阅读视图这 5 种视图模式。

打开“视图”选项卡，在“演示文稿视图”组中单击相应的视图按钮，或者单击主界面右下角的快捷按钮，即可将当前操作界面切换至对应的视图模式。

1. 普通视图

普通视图又可以分为两种形式，主要区别在于 PowerPoint 工作界面最左边的预览窗格，它通过幻灯片和大纲两种形式来显示，用户可以通过单击该预览窗口上方的切换按钮进行切换，如图 5-2 所示。

幻灯片缩略图显示方式

大纲显示方式

图 5-2　PowerPoint 2010 的工作界面

2. 幻灯片浏览视图

使用幻灯片浏览视图，可以在屏幕上同时看到课件中的所有幻灯片，这些幻灯片以缩略图方式显示在同一窗口中，如图 5-3 所示。

在幻灯片浏览视图中，可以查看设计幻灯片的背景、配色方案或更换模板后课件发生的整体变化，也可以检查各个幻灯片是否前后协调、图标的位置是否合适等问题。

3. 备注页视图

在备注页视图模式下，用户可以方便地添加和更改备注信息，也可以添加图形等信息，如图 5-4 所示。

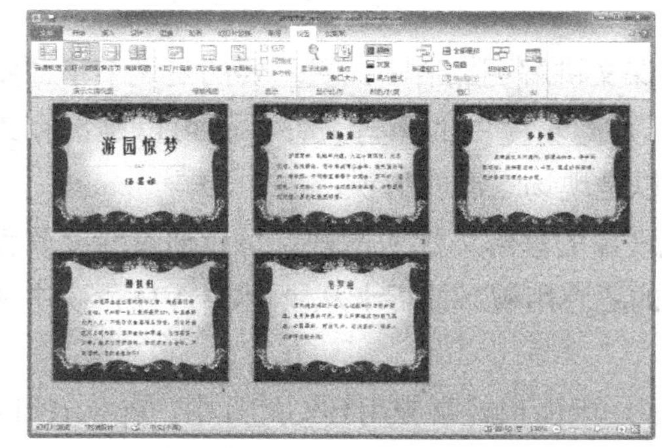

图 5-3　幻灯片浏览视图

图 5-4　备注页视图

4. 幻灯片放映视图

幻灯片放映视图是课件的最终效果。在幻灯片放映视图下，用户可以看到幻灯片的最终效果。幻灯片放映视图并不是显示单个静止的画面，而是以动态的形式显示课件中的各个幻灯片，如图 5-5 所示。

5. 阅读视图

如果用户希望在一个设有简单控件的审阅窗口中查看课件，而不想使用全屏的幻灯片放映视图，则可以在自己的电脑中使用阅读视图，如图 5-6 所示。要更改演示文稿，可随时从阅读视图切换至其他的视图模式中。

图 5-5　幻灯片放映视图

图 5-6　阅读视图

5.1.3　PowerPoint 课件的基本元素

使用 PowerPoint 制作的多媒体 CAI 课件，可以在幻灯片上放置文字、图像、声音、视频、表格、图表和组织结构图等教学内容，它们也是构成 PowerPoint 课件的基本元素。

- 文字：幻灯片中的文字一般是作为标题和注解，文字素材包括从课本上、各种教学资料以及网上收集来的内容。用户可以将它们复制和粘贴到幻灯片中，也可以在幻灯片上直接输入。
- 图像：为了使抽象的课堂教学更为形象化，可以在幻灯片中添加图像。这些图像包括剪辑库中的剪贴画、来自文件中的图像、自己绘制的图形等。用户可以对图像作各种处理，以更好地满足课件的需要。
- 声音：在幻灯片中添加声音不仅可以使课文讲解更加清晰，更重要的是调节了课堂气氛，使之更为活跃。添加的声音可以是剪辑库中的声音文件，也可以是保存为 WAV、MIDI 等格式的音乐文件，还可以是现场录制的解说。
- 视频：视频可以加深学生对某个事物或现象的理解。加入的视频可以通过专业软件录制，也可以是 AVI 格式的文件，常见的还有用视频捕捉卡从录像、DVD 影碟中捕捉的信息。
- 表格：表格能够很简洁、直观地说明问题，因而也经常应用到幻灯片中。PowerPoint 本身带有最常用的表格处理功能，因此用户不再需要到 Word 或 Excel 中重新创建、处理表格。当然，也可以通过复制粘贴的方式将已有表格复制到当前幻灯片中。

- 图表：应用图表能够让学生很容易地从大量数据中得出事物发展的趋势、横向比较等方面的结论。图表是由 Office 共有程序 Gragh 制作的，然后再嵌入到幻灯片中。
- 组织结构图：为了说明某一组织的组成结构关系、某一事件的发展分支关系，经常需要在幻灯片中应用组织结构图。

5.2 创建一个新课件

创建一个新课件也就是创建一个新的演示文稿，在 PowerPoint 中，存在演示文稿和幻灯片两个概念，使用 PowerPoint 制作出来的整个文件(即课件)叫演示文稿。而演示文稿中的每一页叫做幻灯片，每张幻灯片都是演示文稿中既相互独立又相互联系的内容。使用 PowerPoint 2010 可以轻松地新建演示文稿，其强大的功能为用户提供了方便。

5.2.1 创建空白演示文稿

空白演示文稿是一种形式最简单的演示文稿，没有应用模板设计、配色方案以及动画方案，可以自由设计。创建空白演示文稿的方法主要有以下两种。

- 启动 PowerPoint 自动创建空演示文稿：用户可以使用“开始”按钮，或者通过桌面快捷图标(或现有的演示文稿)启动 PowerPoint 软件。
- 使用“文件”按钮创建空演示文稿：单击“文件”按钮，在弹出的菜单中选择“新建”命令，打开 Microsoft Office Backstage 视图，在视图中间的“可用模板和主题”列表框中选择“空白演示文稿”选项，单击“创建”按钮，即可新建一个空演示文稿，如图 5-7 所示。

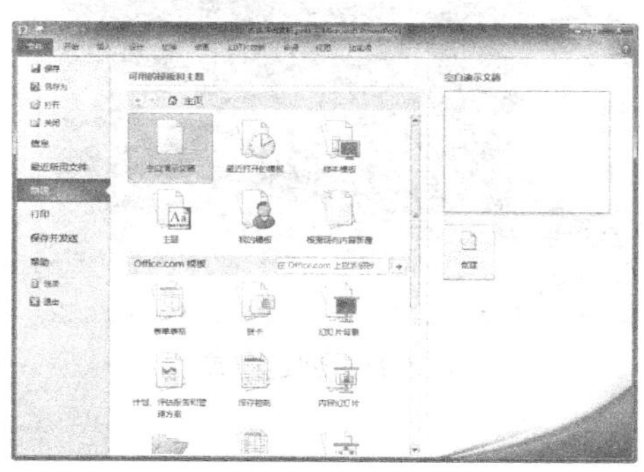

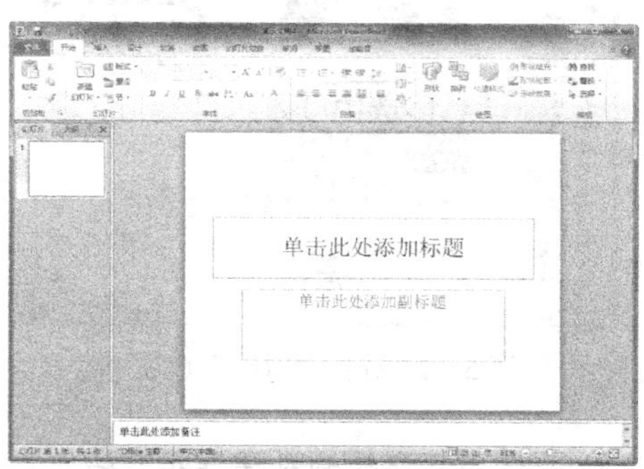

图 5-7 创建空白演示文稿

5.2.2 根据模板创建演示文稿

PowerPoint 除了创建最简单的空演示文稿外，还可以根据自定义模板、现有内容和内置模板创建演示文稿。模板是一种以特殊格式保存的演示文稿，一旦应用了一种模板后，幻灯片的背景图形、配色方案等就都已经确定，所以套用模板可以提高新建演示文稿的效率。

1. 根据现有模板新建演示文稿

PowerPoint 2010 提供了许多美观的设计模板，这些设计模板将演示文稿的样式、风格，包括幻灯片的背景、装饰图案、文字布局及颜色、大小等均预先定义好。用户在设计演示文稿时可以先选择演示文稿的整体风格，然后再进行进一步的编辑和修改。

【练习 5-1】根据现有模板创建一个“宽屏”演示文稿。

(1) 单击“开始”按钮，选择“所有程序”| Microsoft Office | Microsoft PowerPoint 2010 命令，启动 PowerPoint 2010，如图 5-8 所示。

(2) 单击“文件”按钮，从弹出的菜单中选择“新建”命令，打开 Microsoft Office Backstage 视图，在“可用的模板和主题”列表框中选择“样本模板”选项，如图 5-9 所示。

图 5-8 “开始”菜单

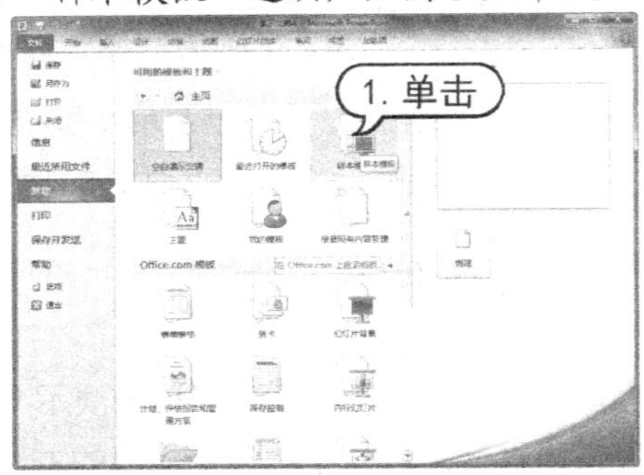

图 5-9 选择“样本模板”选项

(3) 自动打开“样本模板”窗格，在列表框中选择“宽屏演示文稿”选项，单击“创建”按钮，如图 5-10 所示。

(4) 此时该模板将被应用在新建的演示文稿中，如图 5-11 所示。

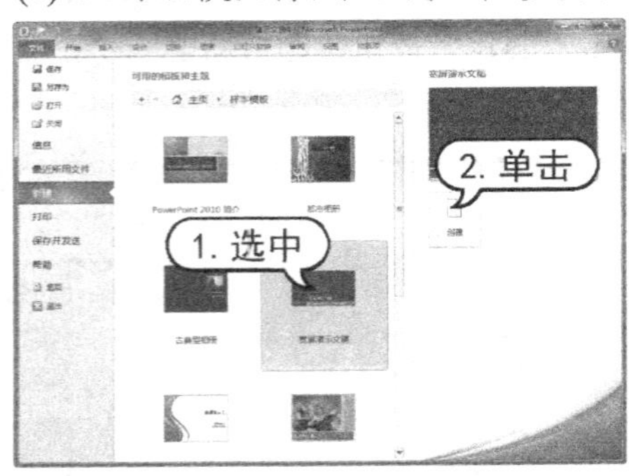

图 5-10 选择“宽屏”选项

图 5-11 创建完成

2. 根据自定义模板新建演示文稿

用户可以将自定义演示文稿保存为“PowerPoint 模板”类型，使其成为一个自定义模板保存在“我的模板”中。当需要使用该模板时，在“我的模板”列表框中调用即可。

自定义模板可以由以下两种方法获得。

- 在演示文稿中自行设计主题、版式、字体样式、背景图案和配色方案等基本要素，然后保存为模板。
- 由其他途径(如下载、共享、光盘等)获得的模板。

【练习 5-2】将从其他途径获得的模板保存到“我的模板”列表框中，并调用该模板。

(1) 启动 PowerPoint 2010，双击打开预先设计好的模板，单击“文件”按钮，选择“另存为”命令，如图 5-12 所示。

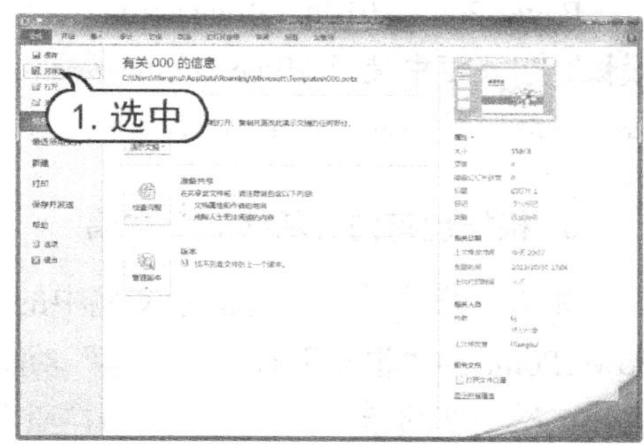

图 5-12 选择“另存为”命令

(2) 在“文件名”文本框中输入模板名称，在“保存类型”下拉列表框中选择“PowerPoint 模板”选项。此时，对话框中的“保存位置”下拉列表框将自动更改保存路径，单击“保存”按钮，将模板保存到指定的存储路径下，如图 5-13 所示。

(3) 关闭保存后的模板。启动 PowerPoint 2010 应用程序，打开一个空白演示文稿。

(4) 单击“文件”按钮，从弹出的菜单中选择“新建”命令，在中间的“可用的模板和主题”列表框中选择“我的模板”选项，如图 5-14 所示。

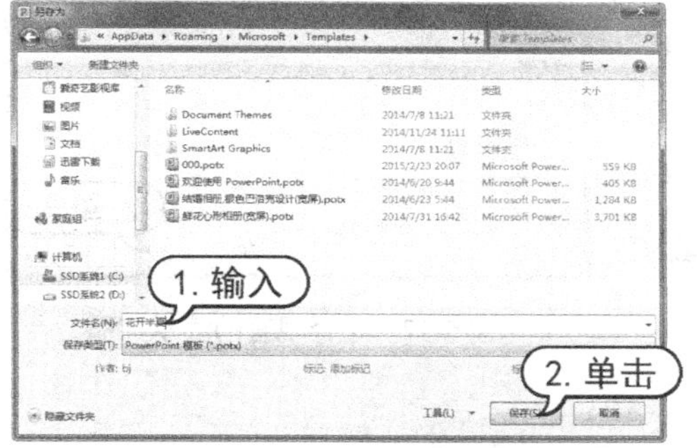

图 5-13 “另存为”对话框

图 5-14 选择“我的模板”选项

(5) 打开“新建演示文稿”对话框的“个人模板”选项卡，选择刚刚创建的自定义模板，然后单击“确定”按钮，此时该模板将应用到当前演示文稿中，如图 5-15 所示。

图 5-15 选择自定义模板创建演示文稿

(6) 在快速访问工具栏中单击“保存”按钮，保存该文件。

提示：

PowerPoint 2010的Office.com功能也提供大量免费的模板，用户可以直接在“Office.com模板”列表框中使用Office Online功能。在“Office.com模板”列表框中选择需要的模板，单击“下载”按钮即可下载模板，下载完成后，Office Online中的模板自动应用到演示文稿中。

3. 根据现有内容新建演示文稿

如果用户想使用现有演示文稿中的一些内容或风格来设计其他的演示文稿，可以利用 PowerPoint 的“根据现有内容新建”功能。这样就能够得到一个和现有演示文稿具有相同内容和风格的新演示文稿，用户只须在原有的基础上进行适当修改即可。

要根据现有内容新建演示文稿，只须单击“文件”按钮，选择“新建”命令，在中间的“可用的模板和主题”列表框中选择“根据现有内容新建”命令，如图 5-16 所示，然后在打开的“根据现有演示文稿新建”对话框中选择需要应用的演示文稿文件，并单击“新建”按钮即可，如图 5-17 所示。

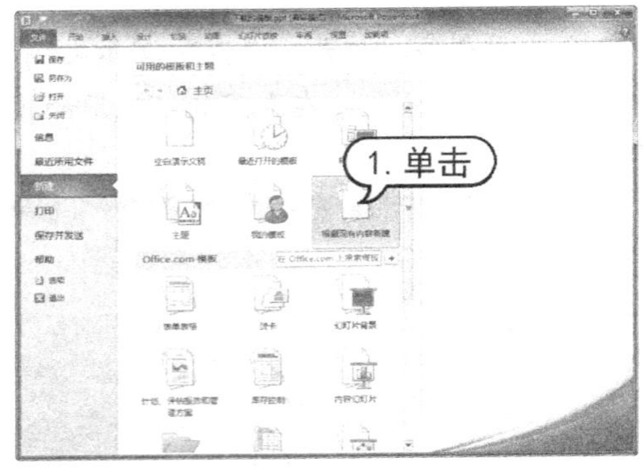

图 5-16　选择“根据现有内容新建”命令

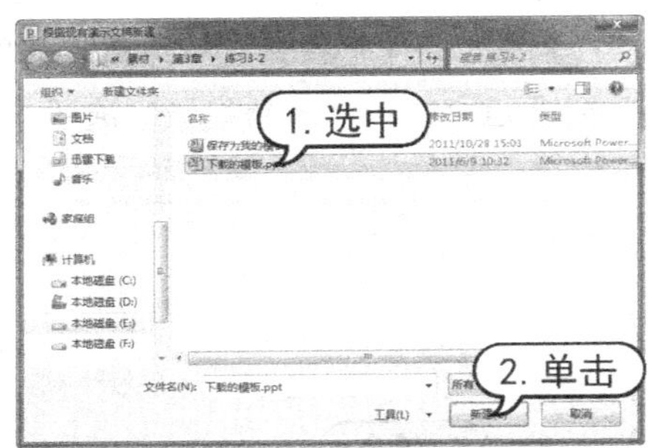

图 5-17　选择现有的演示文稿

5.3　管理课件中的幻灯片

使用 PowerPoint 制作的课件一般都由多张幻灯片组成，因此对演示文稿也就是对各张幻灯片的管理就显得尤为重要。例如，在编辑演示文稿时，经常需要进行添加新幻灯片、复制幻灯片、调整幻灯片顺序和删除幻灯片等的操作。完成这些操作最方便的方法是在幻灯片浏览视图中进行。小范围或少量的幻灯片操作也可以在普通视图中完成。

5.3.1　添加新的幻灯片

在 PowerPoint 中，添加新幻灯片的方法有以下几种：

- 打开“开始”选项卡，在“幻灯片”组中单击“新建幻灯片”按钮，即可添加一张默认版式的幻灯片。

- 当需要应用其他版式时，单击“新建幻灯片”按钮右下方的下拉箭头，在弹出的下拉菜单中选择需要的版式，即可将其应用到当前幻灯片中。
- 在幻灯片预览窗格中，选择一张幻灯片，按下 Enter 键，将在该幻灯片的下方添加一张新的幻灯片。

5.3.2　选择幻灯片

在 PowerPoint 2010 中，可以一次选中一张幻灯片，也可以同时选中多张幻灯片，然后对选中的幻灯片进行操作。

- 选择单张幻灯片：无论是在普通视图下的“大纲”或“幻灯片”选项卡中，还是在幻灯片浏览视图中，只须单击目标幻灯片，即可选中该张幻灯片。
- 选择连续的多张幻灯片：单击起始编号的幻灯片，然后按住 Shift 键，再单击结束编号的幻灯片，此时将有多张幻灯片被同时选中。
- 选择不连续的多张幻灯片：在按住 Ctrl 键的同时，依次单击需要选择的每张幻灯片，此时被单击的多张幻灯片同时选中。在按住 Ctrl 键的同时再次单击已被选中的幻灯片，则该幻灯片被取消选择。

提示：

在幻灯片浏览视图中，除了可以使用上述的方法来选择幻灯片以外，还可以直接在幻灯片之间的空隙中按下鼠标左键并拖动，此时鼠标划过的幻灯片都将被选中。

5.3.3　移动和复制幻灯片

PowerPoint 支持以幻灯片为对象的移动和复制操作，可以将整张幻灯片及其内容进行移动或复制。

1. 移动幻灯片

在制作演示文稿时，如果需要重新排列幻灯片的顺序，就需要移动幻灯片。移动幻灯片的方法如下。

(1) 选中需要移动的幻灯片，在“开始”选项卡的“剪贴板”组中单击“剪切”按钮。

(2) 在需要移动的目标位置中单击，然后在“开始”选项卡的“剪贴板”组中单击“粘贴”按钮。

2. 复制幻灯片

在制作演示文稿时，有时会需要两张内容基本相同的幻灯片。此时，可以利用幻灯片的复制功能，复制出一张相同的幻灯片，然后对其进行适当地修改。复制幻灯片的方法如下。

(1) 选中需要复制的幻灯片，在“开始”选项卡的“剪贴板”组中单击“复制”按钮。

(2) 在需要插入幻灯片的位置单击，然后在“开始”选项卡的“剪贴板”组中单击“粘贴”按钮。

提示：

在 PowerPoint 2010 中，可以使用 Ctrl+X、Ctrl+C 和 Ctrl+V 快捷键来实现幻灯片的剪切、复制和粘贴操作。

5.3.4　调整幻灯片顺序

当用户对当前幻灯片的排序位置不满意时，可以随时对其进行调整。具体的操作方式非常简单：选中要调整的幻灯片，直接将其拖动到适当的位置即可。幻灯片被移动后，PowerPoint 2010 会自动对所有幻灯片重新编号。

5.3.5　删除幻灯片

在演示文稿中删除多余幻灯片是清除大量冗余信息的有效方法。删除幻灯片的方法主要有以下几种。

- 选中需要删除的幻灯片，直接按下 Delete 键。
- 右击需要删除的幻灯片，从弹出的快捷菜单中选择“删除幻灯片”命令。
- 选中幻灯片，在“开始”选项卡的“剪贴板”组中单击“剪切”按钮。

5.4　在课件中添加媒体素材

在制作课件的过程中，需要将各种素材(如文字、图形、图像、声音和视频等)放置到课件中。使用 PowerPoint 制作课件时，就可以通过“插入”或“复制”命令，将这些素材添加到幻灯片上。

5.4.1　在课件中添加文字

演示文稿中的文本除了需要进行编辑外，还需要进行精心地修饰，主要包括对字体、字形、字号、颜色等属性的设置。在 PowerPoint 中，当幻灯片应用了版式之后，幻灯片中的文字也具有了预先定义的样式，但在很多情况下，用户还需要按照自己的要求重新进行设置。

1. 输入文本

在 PowerPoint 中，不能直接在幻灯片中输入文字，只能通过占位符或文本框来添加。

- 在占位符中输入文本

大多数幻灯片的版式中都提供了文本占位符，这种占位符中预设了文字的属性和样式，供用户添加标题文字、项目文字等。

在幻灯片中单击其边框，即可选中该占位符；在占位符中单击，进入文本编辑状态，此时即可直接输入文本。

【练习 5-3】创建一个空白演示文稿，并在其中输入文本。

(1) 启动 PowerPoint 2010，创建一个空白演示文稿。

(2) 单击“单击此处添加标题”文本占位符内部，此时占位符中将出现闪烁的光标。

(3) 切换至搜狗拼音输入法，输入文本“中国茶文化”，如图 5-18 所示。

(4) 单击“单击此处添加副标题”文本占位符内部，当出现闪烁的光标时，输入文本“茶具”，如图 5-19 所示。

(5) 在快速工具栏中单击“保存”按钮，将演示文稿保存为“中国茶文化”。

图 5-18　选择“根据现有内容新建”命令

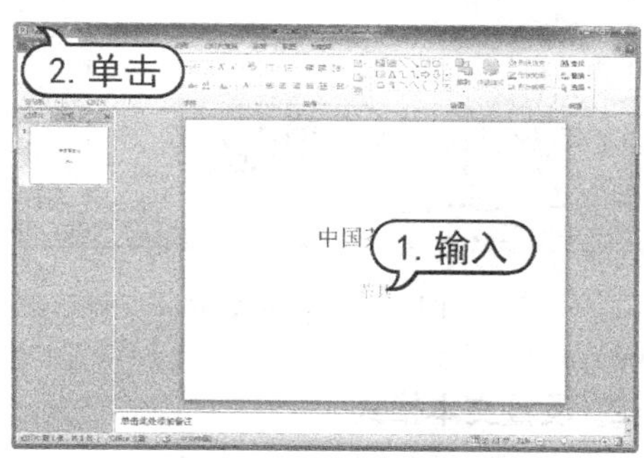

图 5-19　选择现有的演示文稿

- 使用文本框

文本框是一种可移动、可调整大小的文字容器，它与文本占位符非常相似。使用文本框可以在幻灯片中放置多个文字块，使文字按照不同的方向排列；也可以突破幻灯片版式的制约，实现在幻灯片中任意位置添加文字信息的目的。

PowerPoint 2010 提供了两种形式的文本框：横排文本框和垂直文本框，它们分别用来放置水平方向的文字和垂直方向的文字。

【练习 5-4】在“中国茶文化”演示文稿中，插入一个横排文本框本。

(1) 启动 PowerPoint 2010，打开“中国茶文化”演示文稿。

(2) 打开“插入”选项卡，在“文本”组中单击“文本框”下拉按钮，在弹出的下拉菜单中选择“横排文本框”命令，如图 5-20 所示。

(3) 移动鼠标指针到幻灯片的编辑窗口，当指针形状变为↓形状时，在幻灯片编辑窗格中进行拖动，鼠标指针变成十字形状＋。当拖动到合适大小的矩形框后，释放鼠标完成横排文本框的绘制，如图 5-21 所示。

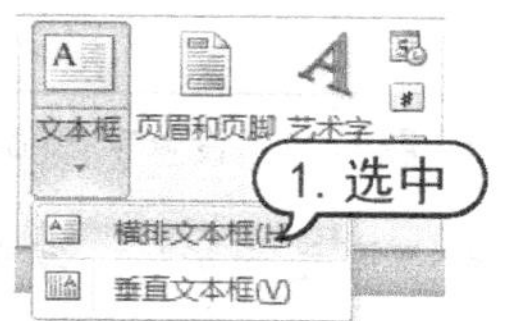

图 5-20　选择“横排文本框”命令

图 5-21　绘制文本框

(4) 此时光标自动位于文本框内，切换至搜狗拼音输入法，然后输入文本“李老师讲堂”，如图 5-22 所示。

(5) 调整各个文本占位符和文本框的位置，最终效果如图 5-23 所示。在快速工具栏中单击“保存”按钮，将“中国茶文化”演示文稿保存。

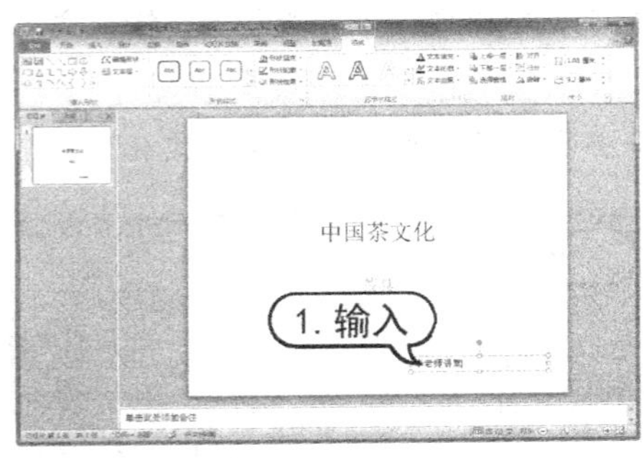

图 5-22　输入文本

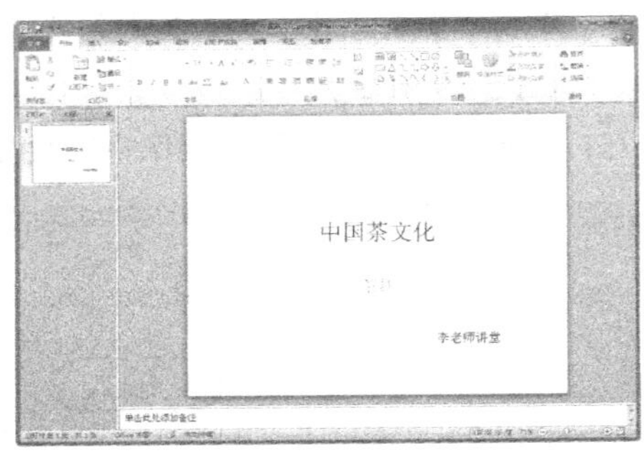

图 5-23　调整后的效果

2. 设置文本格式

为了使演示文稿更加美观、清晰，通常需要对文本属性进行设置。文本的基本属性设置包括字体、字形、字号和字体颜色等设置。

在 PowerPoint 2010 中，当幻灯片应用了版式后，幻灯片中的文字也具有了预先定义的属性。但在很多情况下，用户仍然需要按照自己的要求对它们重新进行设置。

【练习 5-5】在“中国茶文化”演示文稿中，设置文本格式。

(1) 启动 PowerPoint 2010，打开“中国茶文化”演示文稿。

(2) 选中主标题占位符，在“开始”选项卡的“字体”组中，单击“字体”下拉按钮，从弹出的下拉列表框中选择“方正粗倩简体”选项(该字体非系统自带，需用户自行安装)；将光标定位在“字号”文本框，设置字号为 60，效果如图 5-24 所示。

(3) 在“字体”组中单击“字体颜色”下拉按钮，从弹出的菜单中选择“橄榄色，强调文字颜色 3，深色 50%”选项，如图 5-25 所示。

图 5-24　设置字体格式

图 5-25　设置字体颜色

(4) 使用同样的方法，设置副标题占位符中文本字体为“华文行楷”，字号为 55，字体颜色为“橙色，强调文字颜色 6，深色 50%”；设置右下角文本框中文本字体为“隶书”，字号为 36，如图 5-26 所示。

(5) 单击“文件”按钮，选择“另存为”命令，将编辑完成的“中国茶文化”演示文稿保存，如图 5-27 所示。

图 5-26 设置字体格式

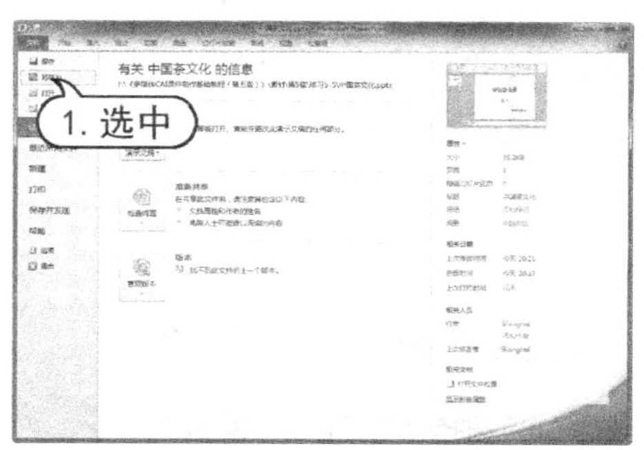

图 5-27 选择“另存为”命令

3. 设置段落格式

为了使演示文稿更加美观、清晰，还可以在幻灯片中为文本设置段落格式，如缩进值、间距值和对齐方式。

要设置段落格式，可首选选定要设定的段落文本，然后在“开始”选项卡的“段落”组中进行设置即可，如图 5-28 所示。

另外用户还可在“开始”选项卡的“段落”组中，单击对话框启动器按钮，打开“段落”对话框，在“段落”对话框中可对段落格式进行更加详细的设置，如图 5-29 所示。

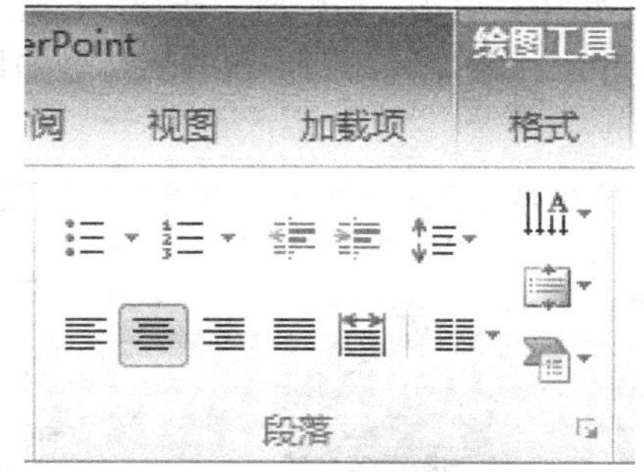

图 5-28 “段落”组

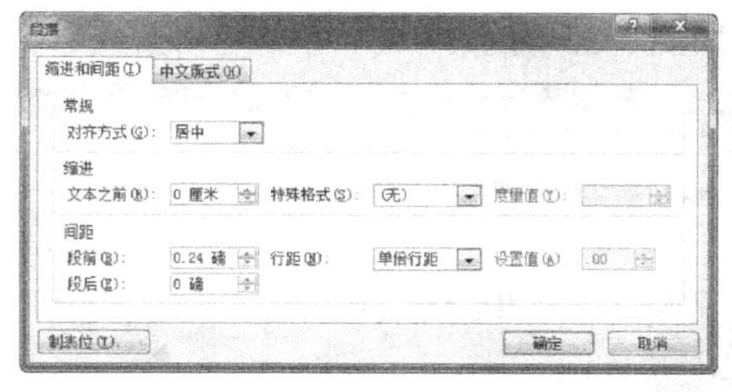

图 5-29 “段落”对话框

4. 使用项目符号和编号

在课件中，为了使某些内容更为醒目，经常要用到项目符号和编号。这些项目符号和编号用于强调一些特别重要的观点或条目，从而使主题更加美观、突出、分明。

首先选中要添加项目符号或编号的文本，在“开始”选项卡的“段落”组中，单击“项目符号”下拉按钮，从弹出的下拉菜单中选择“项目符号和编号”命令，如图 5-30 所示。

打开“项目符号和编号”对话框。在“项目符号”选项卡中可设置项目符号，在“编号”选项卡中可设置编号，如图 5-31 所示。

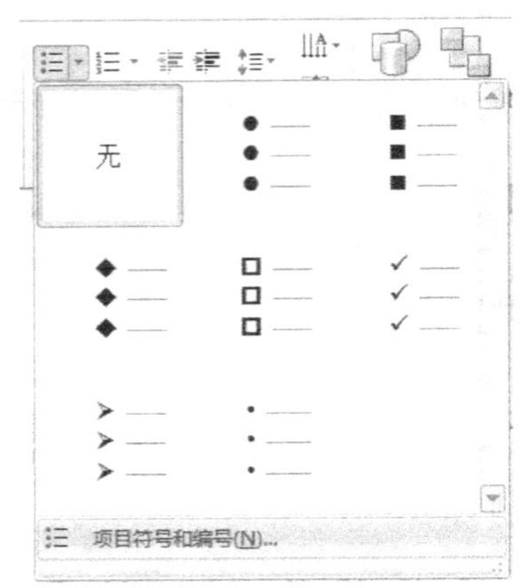

图 5-30　选择“项目符号和编号”命令

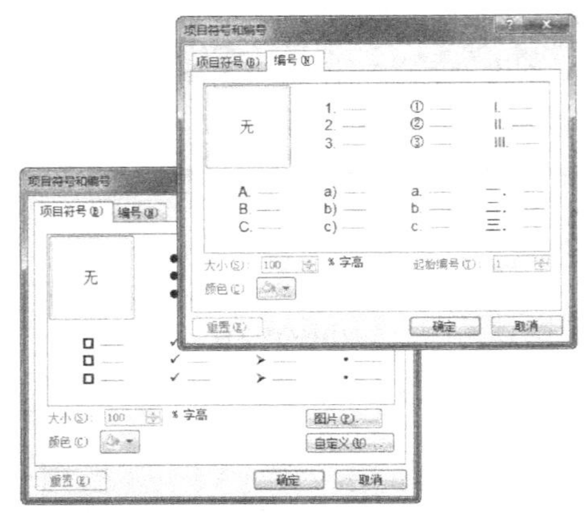

图 5-31　“项目符号和编号”对话框

5.4.2　在课件中添加图片

在课件中插入图片，可以更生动形象地阐述其主题和要表达的思想。在插入图片时，要充分考虑幻灯片的主题，使图片和主题和谐一致。

1. 插入剪贴画

PowerPoint 2010 附带的剪贴画库内容非常丰富，所有的图片都经过专业设计，它们能够表达不同的主题，适合于制作各种不同风格的演示文稿。

要插入剪贴画，可以在“插入”选项卡的“图像”组中，单击“剪贴画”按钮，打开“剪贴画”任务窗格，如图 5-32 所示。在剪贴画预览列表中单击剪贴画，即可将其添加到幻灯片中，如图 5-33 所示。

图 5-32　“剪贴画”任务窗格

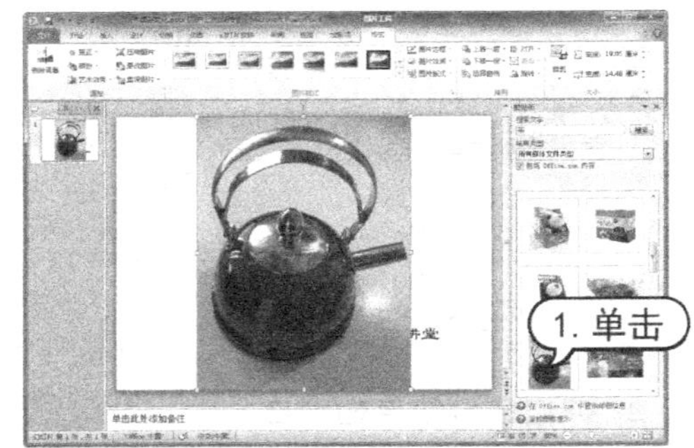

图 5-33　插入剪贴画

提示:

在剪贴画窗格的“搜索文字”文本框中输入名称(字符*代替文件名中的多个字符;字符?代替文件名中的单个字符)后，单击“搜索”按钮可查找需要的剪贴画；在“结果类型”下拉列表框可以将搜索的结果限制为特定的媒体文件类型。

2. 插入来自文件的图片

用户除了插入 PowerPoint 2010 附带的剪贴画之外，还可以插入磁盘中的图片。这些图片可以是 BMP 位图，也可以是由其他应用程序创建的图片，从因特网下载的或通过扫描仪及数码相机输入的图片等。

打开“插入”选项卡，在“图像”组中单击“图片”按钮，打开“插入图片”对话框，选择需要的图片后，单击“插入”按钮，即可在幻灯片中插入图片。

【练习 5-6】在“中国茶文化”演示文稿中，插入来自文件的图片。

(1) 启动 PowerPoint 2010，打开“中国茶文化”演示文稿。

(2) 打开“插入”选项卡，在“图像”组中单击“图片”按钮，打开“插入图片”对话框，如图 5-34 所示。

(3) 在“插入图片”对话框中选择需要插入的图片，单击“插入”按钮，将该图片插入到幻灯片中，如图 5-35 所示。

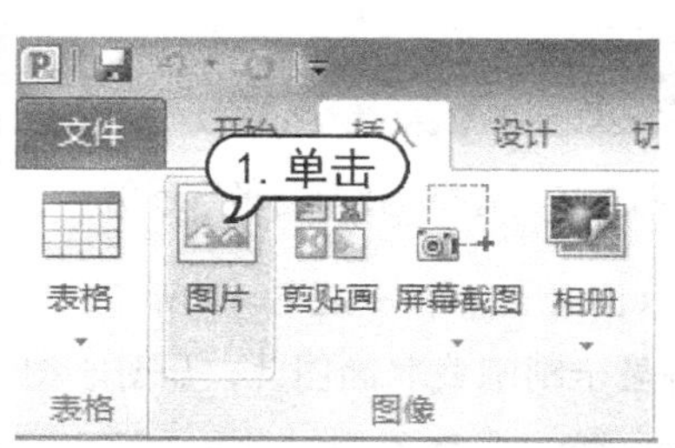

图 5-34　“剪贴画”任务窗格

图 5-35　插入剪贴画

(4) 使用鼠标调整图片的大小和位置，使其和幻灯片一样大小，效果如图 5-36 所示。

(5) 打开图片的“格式”选项卡，在“排列”组中单击“下移一层”下拉按钮，选择“置于底层”命令，将图片置于底层，如图 5-37 所示。

(6) 在快速工具栏中单击“保存”按钮，保存“中国茶文化”演示文稿。

图 5-36　调整图片大小

图 5-37　将图片置于底层

3. 插入截图

PowerPoint 2010 具有屏幕截图功能。使用该功能可以在幻灯片中直接插入截取的图片。

【练习 5-7】在“中国茶文化”演示文稿中，插入截取的图片。

(1) 启动 PowerPoint 2010，打开“中国茶文化”演示文稿。

(2) 打开要截取的图片，该图片可以是用户电脑中的图片，也可以是网页中的图片。

(3) 切换到“中国茶文化”演示文稿窗口，选中第一张幻灯片，按 Enter 键添加一张幻灯片，然后设置新添加幻灯片的背景颜色为“橄榄色，强调文字颜色 3，淡色 60%”，如图 5-38 所示。

(4) 选中第二张幻灯片，打“插入”选项卡，在“图像”组中单击“屏幕截图”按钮，从弹出的菜单中选择“屏幕剪辑”命令，如图 5-39 所示。

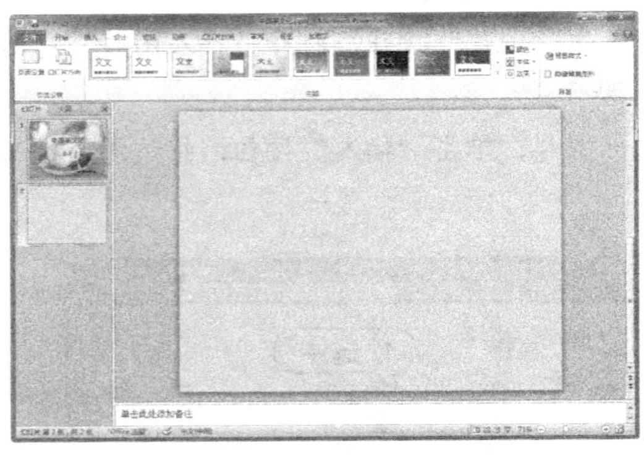

图 5-38　复制幻灯片

图 5-39　选择“屏幕剪辑”命令

(5) 此时将自动切换到图片视窗中，然后拖动截取图片内容，如图 5-40 所示。

(6) 释放鼠标，完成截图操作，此时在幻灯片中将显示刚刚截取的图片，如图 5-41 所示。

图 5-40　截取图片

图 5-41　显示截取的图片

(7) 打开图片的“格式”选项卡，在“调整”组中单击“颜色”下拉按钮，在“重新着色”选项组中选择“红色，强调文字颜色 2 浅色”选项，如图 5-42 所示。

(8) 设置完成后，调整图片的大小、层叠方式和位置，最终效果如图 5-43 所示。

(9) 在快速工具栏中单击“保存”按钮，保存“中国茶文化”演示文稿。

提示：

用户可通过“调整”组中的命令按钮对图片的格式进行调整。

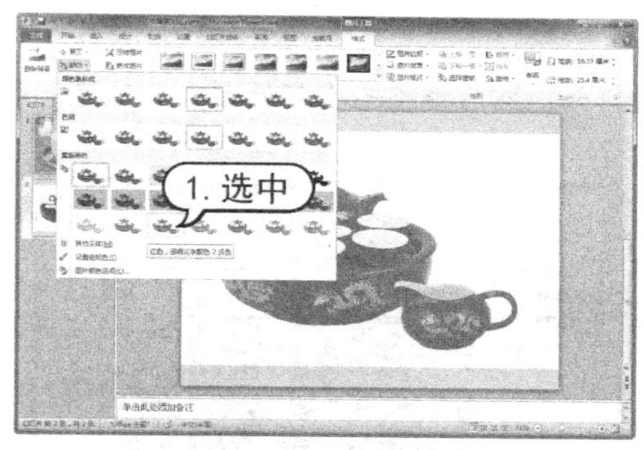

图 5-42　设置透明色

图 5-43　最终效果

5.4.3　在课件中添加艺术字

艺术字是一种特殊的图形文字，常被用来表现幻灯片的标题文字。用户既可以像对普通文字一样设置其字号、加粗、倾斜等效果，也可以像图形对象那样设置它的边框、填充等属性，还可以对其进行大小调整、旋转或添加阴影、三维效果等。

1. 添加艺术字

打开“插入”选项卡，在功能区的“文本”组中单击“艺术字”按钮，打开艺术字样式列表。单击需要的样式，即可在幻灯片中插入艺术字。

【练习 5-8】新建一个演示文稿并在其中添加艺术字。

(1) 启动 PowerPoint 2010，新建一个空白演示文稿并将其保存为“认识基本的几何图形”。

(2) 打开“设计”选项卡，在“主题”组中，单击“其他”按钮，从弹出的“所有主题”列表框的“内置”选项区域中选择“网格”主题选项，将该模板应用到当前演示文稿中，如图 5-44 所示。

(3) 删除副标题文本占位符，打开“插入”选项卡，在“文本”组中单击“艺术字”按钮，打开艺术字样式列表选择第 4 行第 3 列中的艺术字样式，在幻灯片中插入该艺术字，如图 5-45 所示。

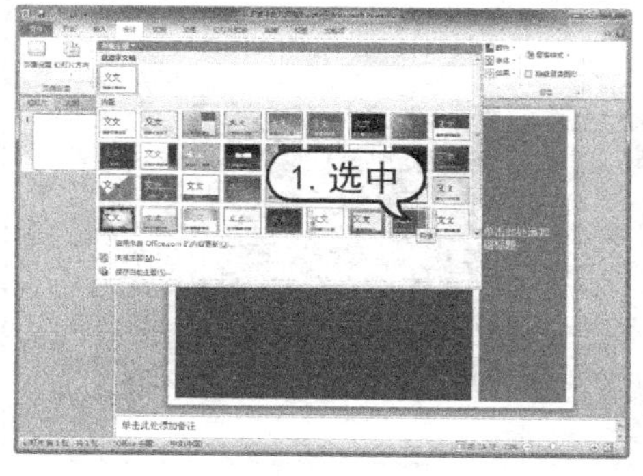

图 5-44　设置主题样式

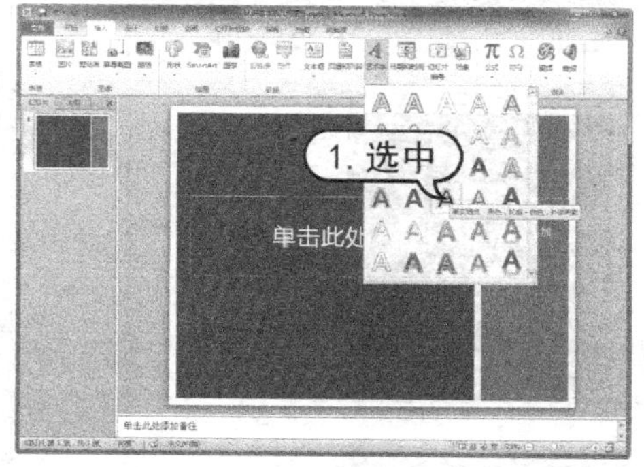

图 5-45　选择艺术字样式

(4) 在“请在此处放置您的文字”占位符中输入文字“认识基本的几何图形”，如图 5-46

所示。

(5) 使用鼠标调整艺术字的方向，使其竖向排列，然后调整艺术字的大小和位置，最终效果如图 5-47 所示。

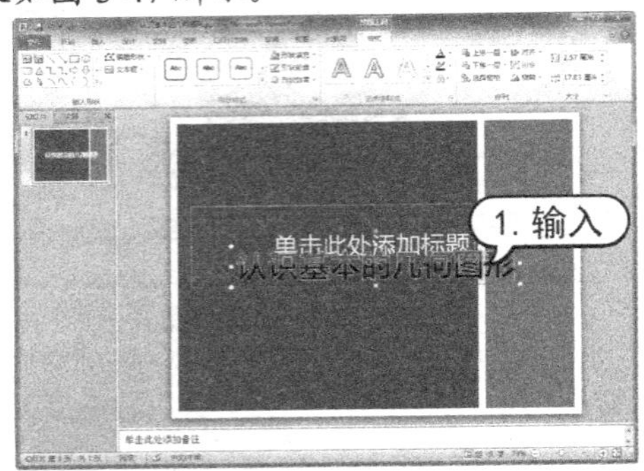

图 5-46　输入艺术字

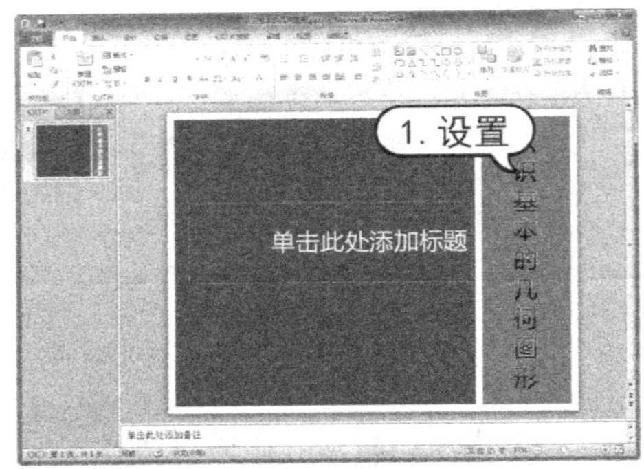

图 5-47　选择艺术字样式

2. 编辑艺术字

用户在插入艺术字后，如果对艺术字的效果不满意，可以对其进行编辑修改。选中艺术字后，在“绘图工具”的“格式”选项卡中进行编辑即可。

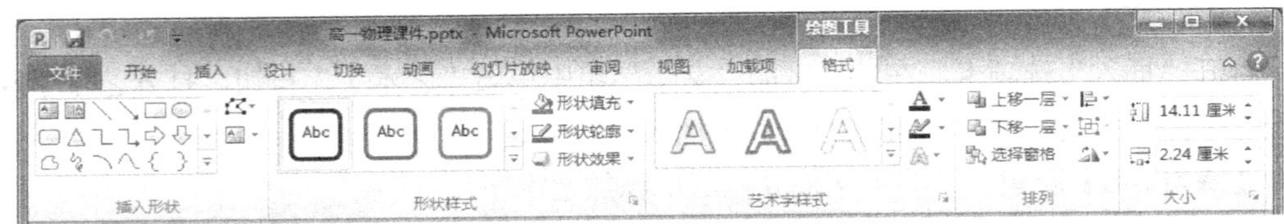

图 5-48　“格式”选项卡

【练习 5-9】在“认识基本的几何图形”演示文稿中编辑艺术字。

(1) 启动 PowerPoint 2010，打开“认识基本的几何图形”演示文稿。

(2) 选中艺术字，在打开的“格式”选项卡的“艺术字样式”组中单击“文字效果”按钮，在弹出的样式列表框中选择“阴影”|“透视”分类下的“右上对角透视”选项，为艺术字应用该样式，如图 5-49 和图 5-50 所示。

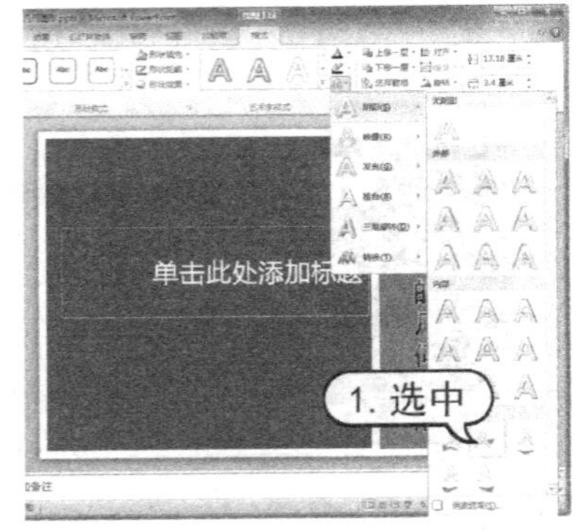

图 5-49　设置阴影样式

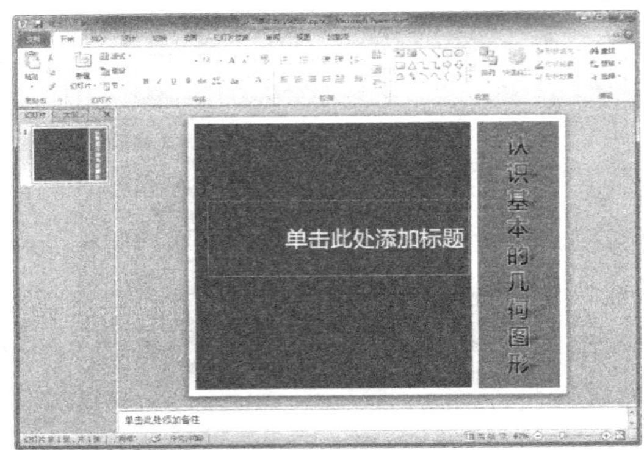

图 5-50　设置后的效果

(3) 在主标题文本占位符中输入文本“三角形与平行四边形”。

(4) 选定主标题文本占位符，打开“绘图工具”的“格式”选项卡，在“艺术字样式”组中单击“其他”按钮，选择一种艺术字样式，如图 5-51 所示。

(5) 在“开始”选项卡的“字体”组中设置主标题文本占位符中的艺术字大小为 50 并调整其位置。最终效果图 5-52 所示。

(6) 在快速工具栏中单击“保存”按钮，保存“认识基本的几何图形”演示文稿。

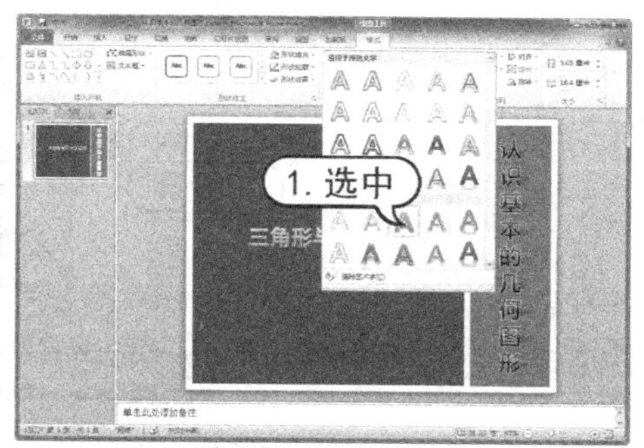

图 5-51　设置艺术字样式

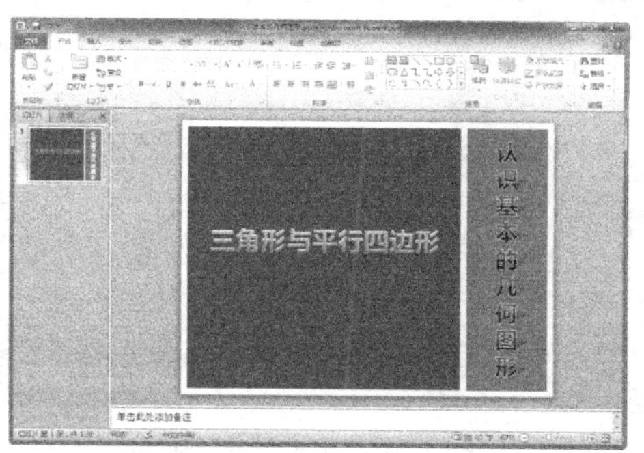

图 5-52　最终效果图

5.4.4　在课件中添加声音和视频

教学用的多媒体 CAI 课件离不开声音和视频。作为一个优秀的多媒体演示文稿制作程序，PowerPoint 允许用户方便地插入影片和声音等多媒体对象，从而令一些抽象的课堂教学变得更为具体生动，声情并茂。

1. 添加声音

【练习 5-10】 制作语文课件“林黛玉进贾府”，练习在幻灯片中添加声音。

(1) 启动 PowerPoint 2010，新建一个空白演示文稿，并将其保存为“林黛玉进贾府”。

(2) 打开“设计”选项卡，在“主题”组中，单击“其他”按钮，从弹出的“所有主题”列表框的“内置”选项区域中选择“凸显”主题选项，将该模板应用到当前演示文稿中，如图 5-53 所示。

(3) 删除主标题占位符，然后打开“插入”选项卡，在“文本”组中单击“艺术字”按钮，打开艺术字样式列表选择第 4 行第 1 列中的艺术字样式，在幻灯片中插入该艺术字，如图 5-54 所示。

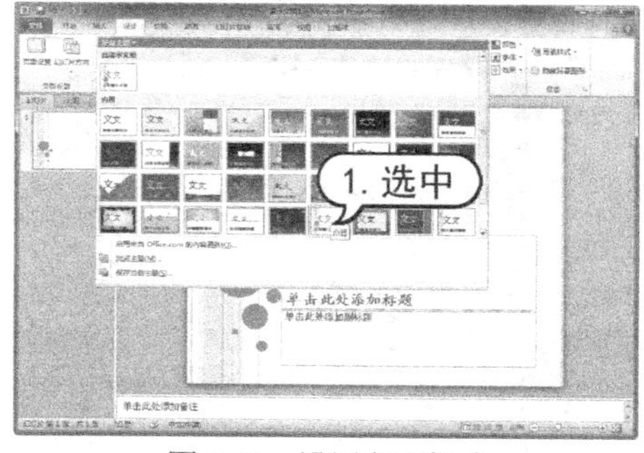

图 5-53　设置主题样式

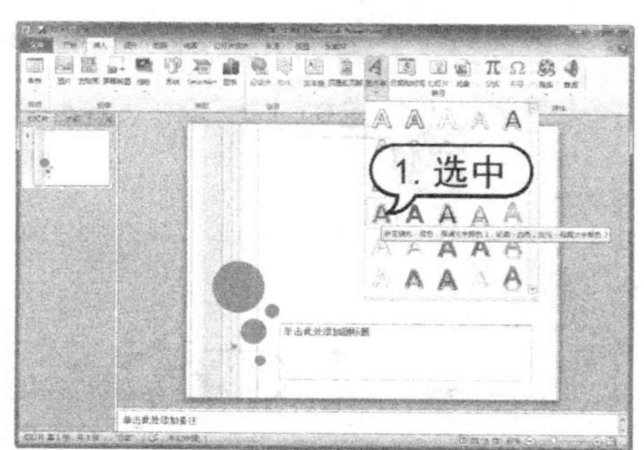

图 5-54　选择艺术字样式

(4) 在“请在此处放置您的文字”占位符中输入文字“林黛玉进贾府”，然后设置艺术字的字体为“汉仪黛玉体简”，字号为 80，并调整艺术字的位置，效果如图 5-55 所示。

(5) 单击幻灯片上的文本占位符“单击此处添加副标题”，在其中输入相关文字并调整文字的对齐方式、大小和文本占位符的位置，如图 5-56 所示。

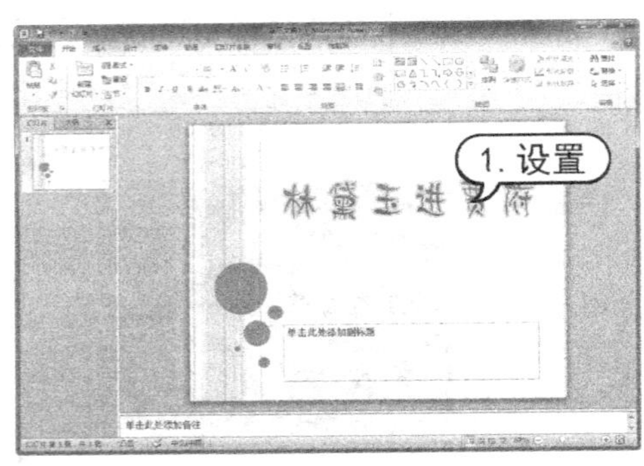

图 5-55　设置艺术字格式

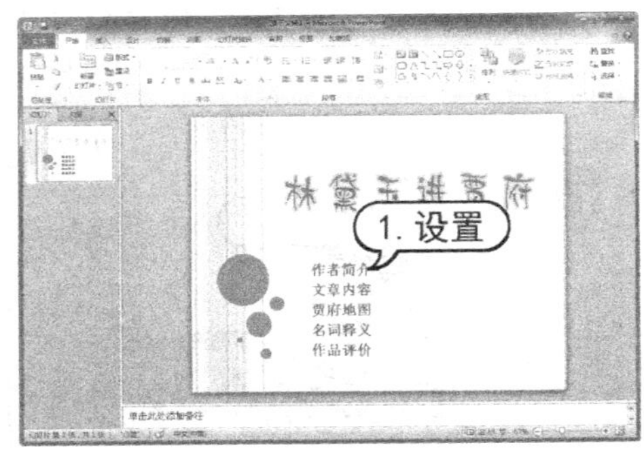

图 5-56　输入副标题文字

(6) 选中副标题文本占位符中的 5 行文本，在“开始”选项卡的“段落”组中单击“项目符号”下拉按钮，为文本设置项目符号，如图 5-57 所示。

(7) 打开“插入”选项卡，在“媒体”组中单击“音频”下拉按钮，选择“文件中的音频”命令，如图 5-58 所示。

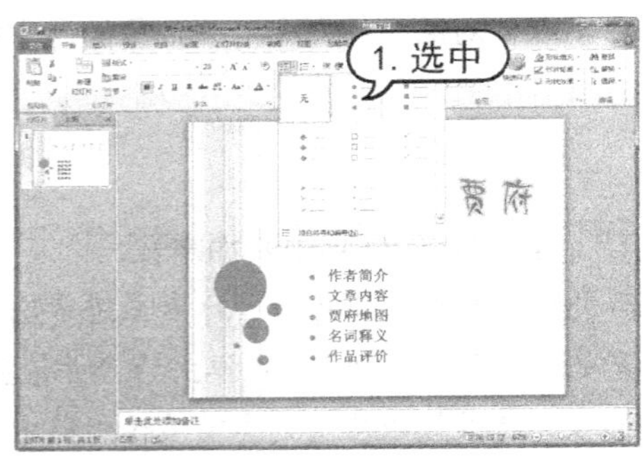

图 5-57　设置项目符号

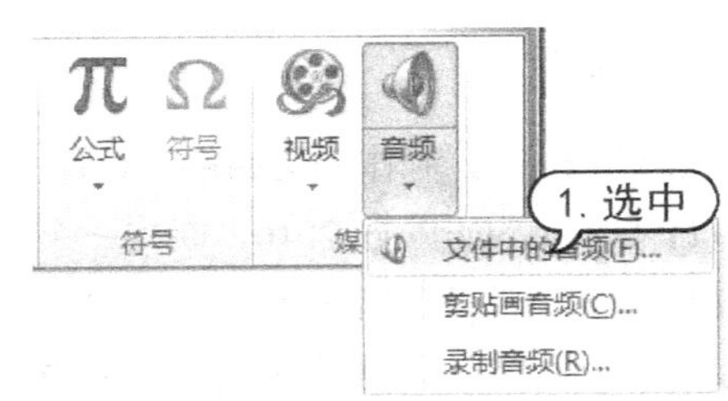

图 5-58　插入声音

(8) 打开“插入音频”对话框，选中需要插入的声音文件，然后单击“插入”按钮，如图 5-59 所示，插入声音文件，此时在幻灯片中将显示如图 5-60 所示的声音控制图标。

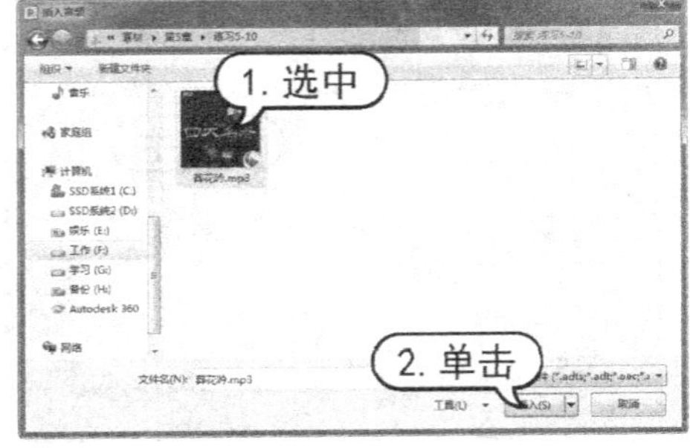

图 5-59　“插入音频”对话框

图 5-60　插入声音

(9) 选中其中的声音图标，然后打开“音频工具”的“播放”选项卡，在该选项卡中可对音频的具体属性进行设置，如淡入淡出处理，播放方式等。

(10) 本例在“音频”选项组中，设置音频的“开始”方式为“跨幻灯片播放”，并选中“放映时隐藏”复选框，如图 5-61 所示。

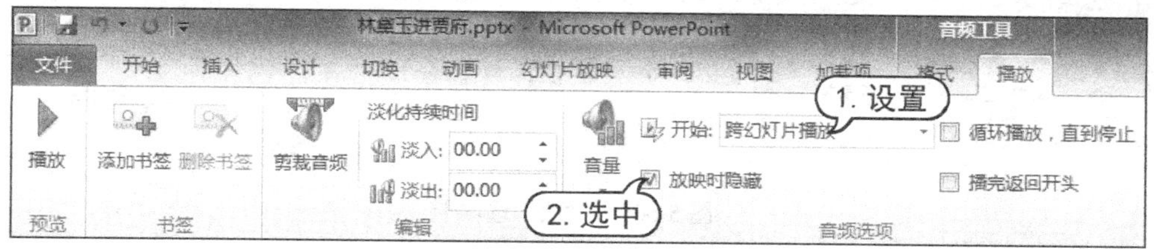

图 5-61　“播放”选项卡

(11) 使用鼠标拖动声音图标，将其放在一个合适的位置以方便编辑。然后在快速工具栏中单击“保存”按钮，保存“林黛玉进贾府”演示文稿。

2. 添加视频

要在课件中添加视频，可打开“插入”选项卡，在“媒体”组中单击“视频”下拉按钮，然后根据需要选择其中的命令。

例如，要添加本地计算机上的视频，可选择“文件中的视频”命令，如图 5-62 所示，打开“插入视频文件”对话框，然后选择要插入的视频文件，如图 5-63 所示。

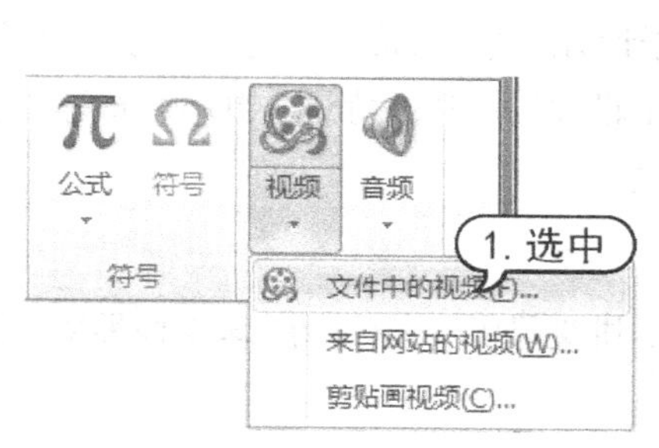

图 5-62　“播放”选项卡

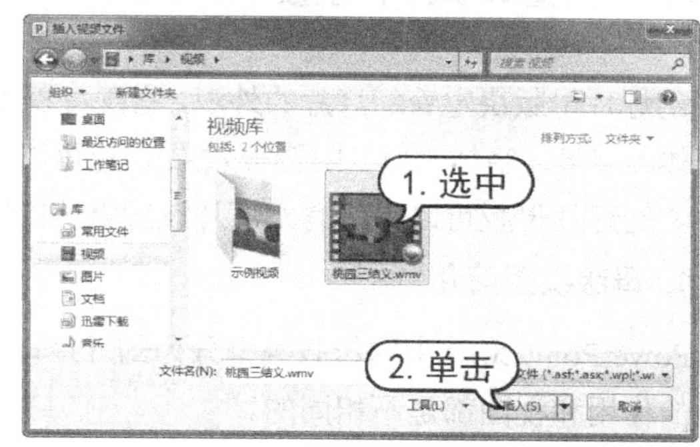

图 5-63　选择要插入的视频文件

单击“插入”按钮，插入视频文件，在幻灯片中，用户可拖动视频文件四周的小圆点来调整视频播放窗口的大小，如图 5-64 所示。单击播放按钮▶可预览视频，如图 5-65 所示。

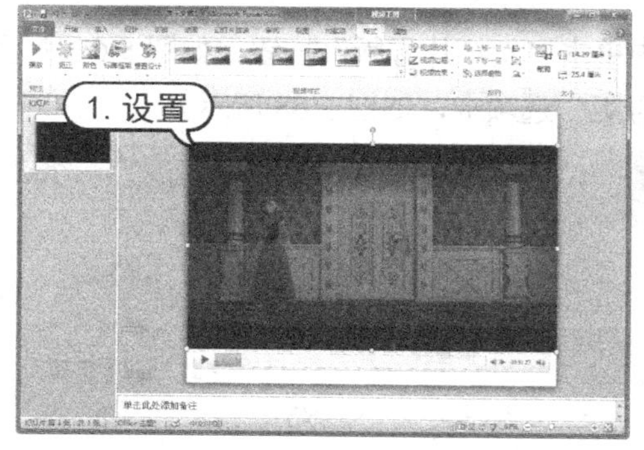

图 5-64　调整播放窗口的大小

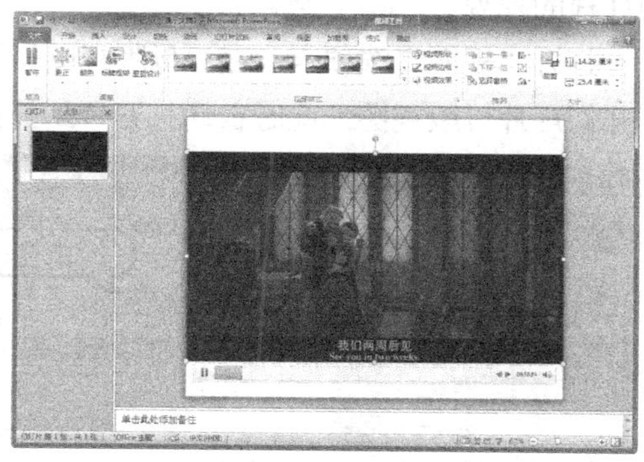

图 5-65　预览视频

选中幻灯片中的视频播放窗口，可打开“视频工具”的“播放”选项卡，在该选项卡中可对视频文件的各项参数进行设置，如图 5-66 所示。

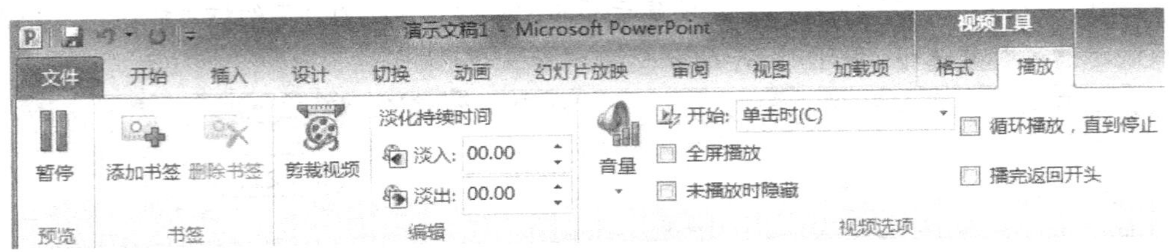

图 5-66 “播放”选项卡

5.5 美化课件

PowerPoint 2010 虽然自带了大量的模板和版式，但是如果仅将其应用到幻灯片而不做任何修改的话，制作出来的 CAI 课件必然缺乏新意。事实上，PowerPoint 允许用户对系统自带的模板自定义，如设置母版中对象的动画效果、调整配色方案、在幻灯片中添加表格和图表等。通过这些操作，制作出来的幻灯片也更为赏心悦目，达到美化课件的效果。

5.5.1 设置幻灯片母版

幻灯片母版决定着幻灯片的外观，它既可以用于设置幻灯片的标题、正文文字等样式(包括字体、字号、字体颜色、阴影等效果)，也可以用于设置幻灯片的背景、页眉页脚等。也就是说，幻灯片母版可以为所有幻灯片设置默认的版式。

1. 母版视图简介

PowerPoint 2010 中的母版类型分为幻灯片母版、讲义母版和备注母版这 3 种类型，不同母版的作用和视图都是不相同的。

(1) 幻灯片母版

幻灯片母版是存储模板信息的设计模板的一个元素。幻灯片母版中的信息包括字形、占位符大小和位置、背景设计和配色方案。用户通过更改这些信息，即可更改整个演示文稿中幻灯片的外观。

打开“视图”选项卡，在“母版视图”组中单击“幻灯片母版”按钮，如图 5-67 所示。打开幻灯片母版视图，此时自动打开“幻灯片母版”选项卡，如图 5-68 所示。

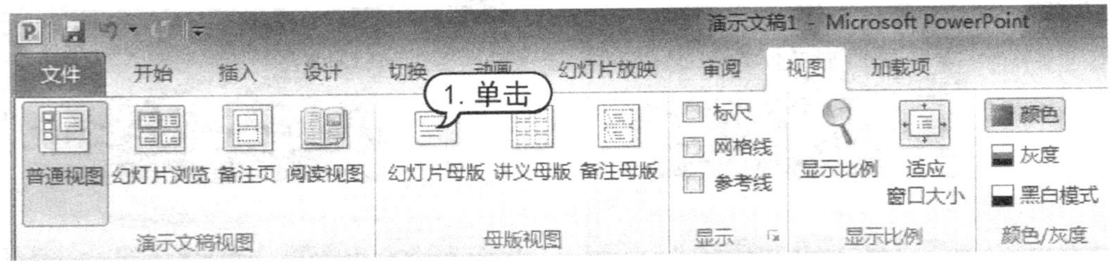

图 5-67 “视图”选项卡

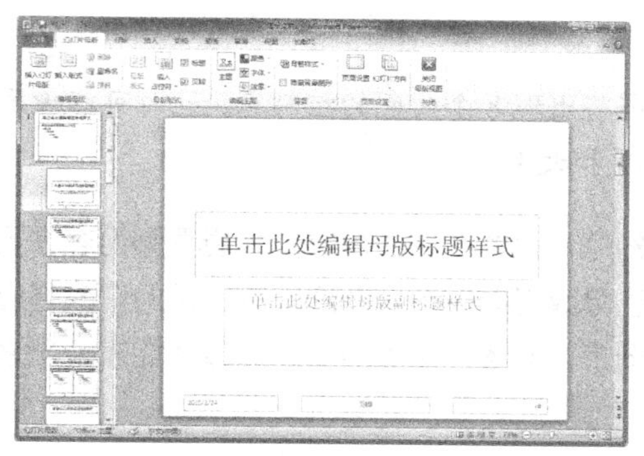

图 5-68 “幻灯片母版”视图和“幻灯片母版”选项卡

提示：

在幻灯片母版视图下，用户可以看到诸如标题占位符、副标题占位符、页脚占位符等区域。这些占位符的位置及属性，决定了应用该母版的幻灯片的外观属性。当改变了母版占位符属性后，所有应用该母版的幻灯片的属性也将随之改变。

(2) 讲义母版

讲义母版是为制作讲义而准备的，通常需要打印输出，因此讲义母版的设置大多和打印页面有关。它允许设置一页讲义中包含几张幻灯片，设置页眉、页脚、页码等基本信息。在讲义母版中插入新的对象或者更改版式时，新的页面效果不会反映在其他母版视图中。

打开“视图”选项卡，在“母版视图”组中单击“讲义母版”按钮，打开讲义母版视图。此时功能区自动打开“讲义母版”选项卡，如图 5-69 所示。

提示：

在 PowerPoint 中可以打印的讲义版式有每页 1 张、2 张、3 张、4 张、6 张、9 张以及大纲版式这 7 种，在“页面设置”组的“每页幻灯片数量”按钮，在弹出的菜单中选择讲义版式，即可切换至对应视图版面。

(3) 备注页母版

备注母版主要用来设置幻灯片的备注格式，一般也是用来打印输出的，所以备注母版的设置大多也和打印页面有关。打开“视图”选项卡，在“母版视图”组中单击“备注母版”按钮，打开备注母版视图，如图 5-70 所示。

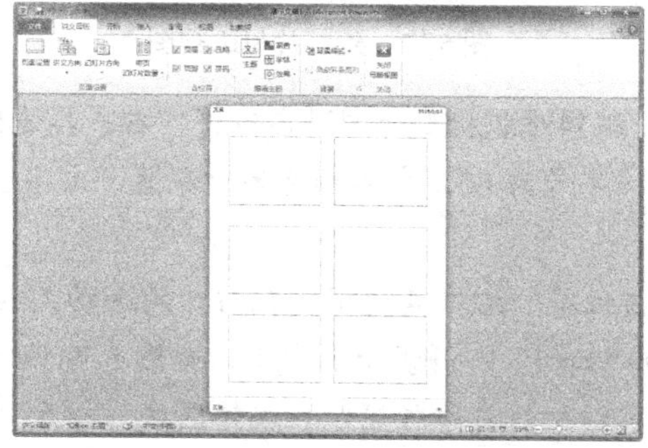

图 5-69　讲义母版

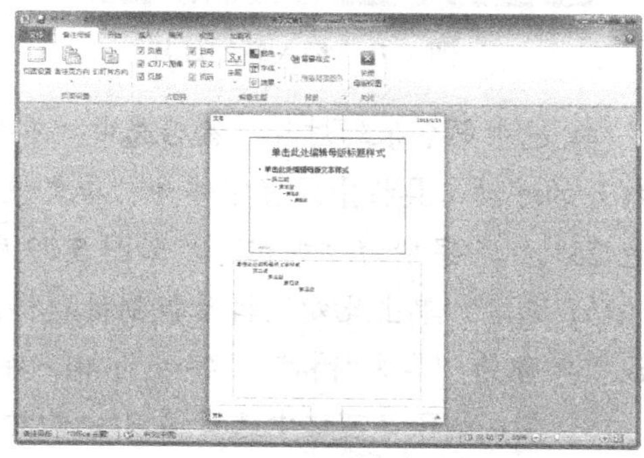

图 5-70　备注页母版

提示：

单击备注母版上方的幻灯片内容区，其周围将出现 8 个白色的控制点。此时可以使用鼠标拖动幻灯片内容区域设置它在备注页中的位置和大小。

在备注母版视图中，用户可以设置或修改幻灯片内容、备注内容及页眉页脚内容在页面中的位置、比例及外观等属性。当用户退出备注母版视图时，对备注母版所做的修改将应用到演示文稿中的所有备注页上。只有在备注视图下，对备注母版所做的修改才能表现出来。

提示：

无论在幻灯片母版视图、讲义母版视图还是备注母版视图中，如果要返回到普通模式时，只需要在默认打开的视图选项卡中单击“关闭母版视图”按钮即可。

2. 设置幻灯片母版版式

在 PowerPoint 2010 中创建的演示文稿都带有默认的版式，这些版式一方面决定了占位符、文本框、图片、图表等内容在幻灯片中的位置，另一方面决定了幻灯片中文本的样式。在幻灯片母版视图中，用户可以按照自己的需求设置母版版式。

【练习 5-11】设置幻灯片母版中的字体格式，并调整母版中的背景图片样式。

(1) 启动 PowerPoint 2010 应用程序，新建一个空白演示文稿，并将其保存为“模板样式”。

(2) 选中第 1 张幻灯片，连续五次按 Enter 键，插入五张新幻灯片，如图 5-71 所示。

(3) 打开“视图”选项卡，在“母版视图”组中单击“幻灯片母版”按钮，切换到幻灯片母版视图，如图 5-72 所示。

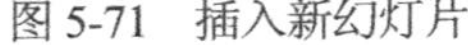

图 5-71　插入新幻灯片

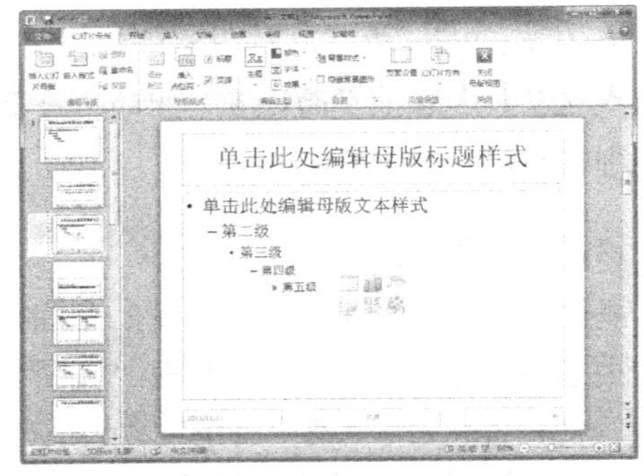

图 5-72　幻灯片母版视图

(4) 选中第 2 张幻灯片，然后选中“单击此处编辑母版标题样式”占位符，右击其边框，在打开的浮动工具栏中设置字体为“华文隶书”，字号为 60，字体颜色为“深蓝，文字 2，深色 25%”，字型为“加粗”，如图 5-73 所示。

(5) 选中“单击此处编辑母版副标题样式”占位符，右击其边框，在打开的浮动工具栏中设置字体为“华文行楷”，字号为 40，字型为“加粗”，并调节其大小，如图 5-74 所示。

(6) 在左侧预览窗格中选择第 3 张幻灯片，将该幻灯片母版显示在编辑区域。打开“插入”选项卡，在“图像”组中单击“图片”按钮，如图 5-75 所示。

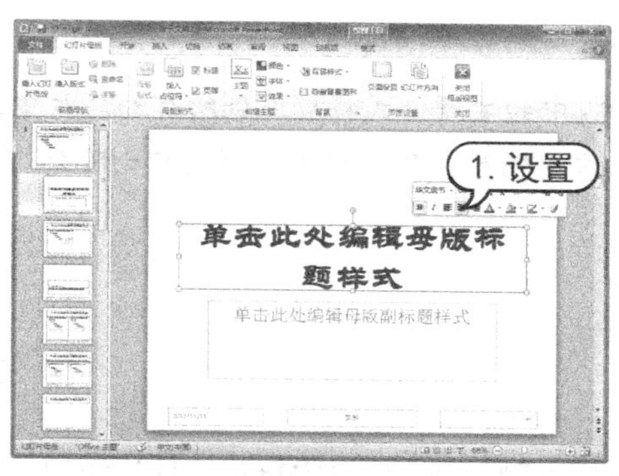

图 5-73　设置母版标题样式

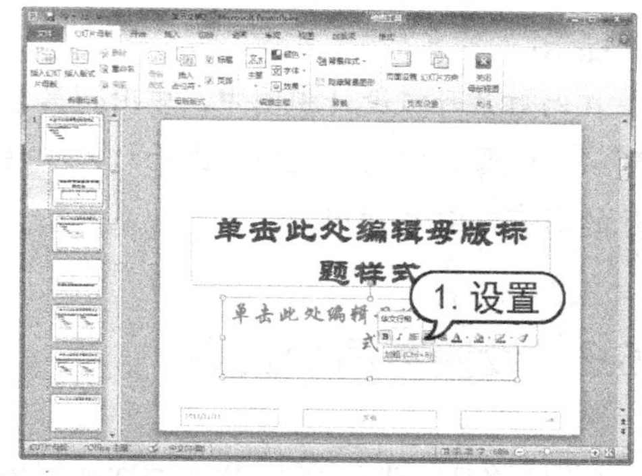

图 5-74　设置母版文本样式

(7) 打开“插入图片”对话框，选择要插入的图片，然后单击“插入”按钮，如图 5-76 所示。

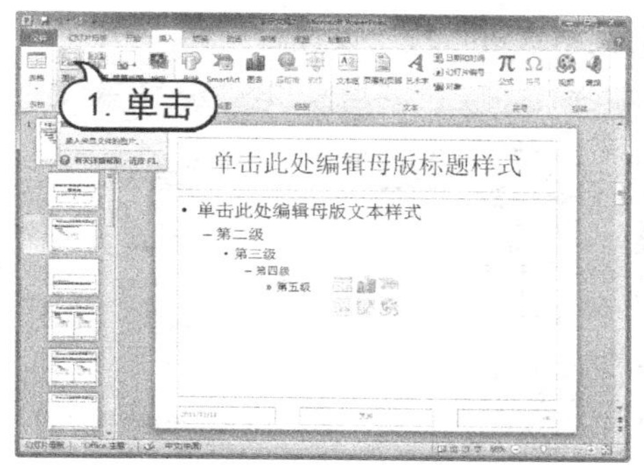

图 5-75　单击“图片”按钮

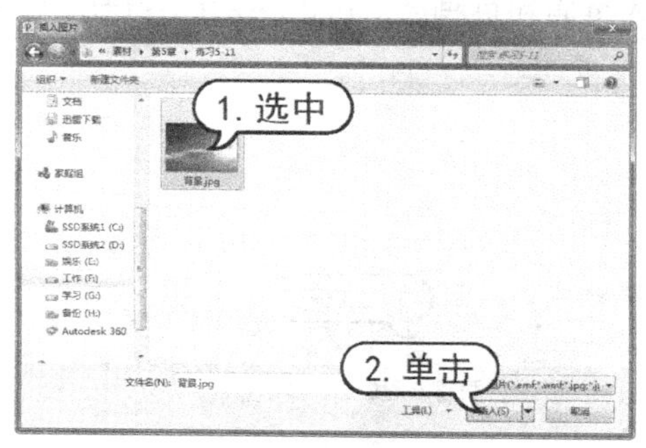

图 5-76　“插入图片”对话框

(8) 此时，在幻灯片中插入图片，并打开“图片工具”的“格式”选项卡，调整图片的大小，然后在“排列”组中单击“下移一层”下拉按钮，选择“置于底层”命令，效果如图 5-77 所示。

(9) 打开“幻灯片母版”选项卡，在“关闭”组中单击“关闭母版视图”按钮，返回到普通视图模式。

(10) 此时除第 1 张幻灯片外，其他幻灯片中都自动带有添加的图片，如图 5-78 所示。在快速访问工具栏中单击“保存”按钮，保存“模板样式”演示文稿。

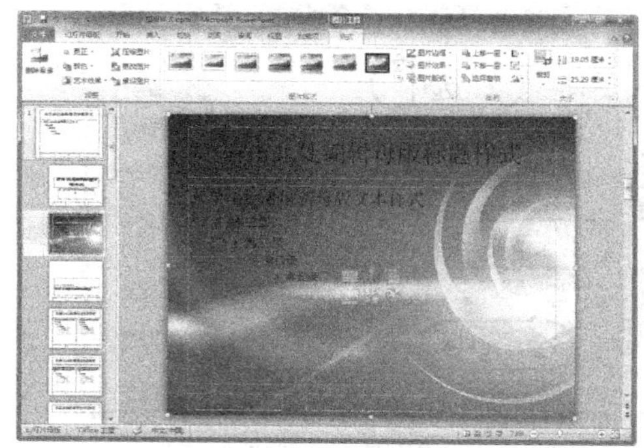
图 5-77　插入图片后的效果

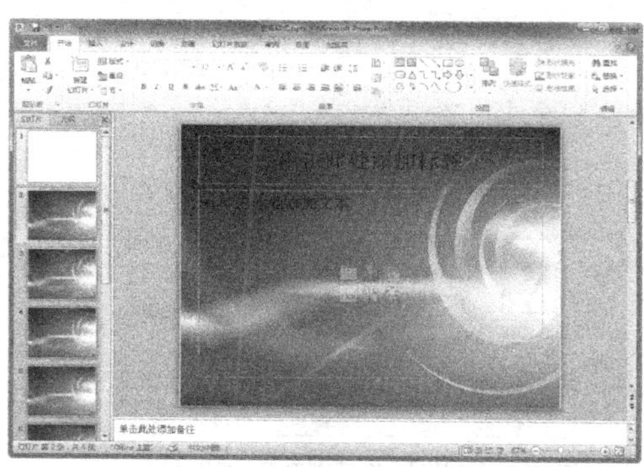
图 5-78　设置母版后的效果

提示：

在幻灯片母版设计视图中，应用到第 1 张母版中的主题样式将应用到所有幻灯片中，应用到第 2 张母版中的样式将仅由幻灯片 1 使用，应用到第 3 张母版中的样式将由除幻灯片 1 以外的所有幻灯片使用。

5.5.2 设置页眉和页脚

在制作幻灯片时，使用 PowerPoint 提供的页眉页脚功能，可以为每张幻灯片添加相对固定的信息。

要插入页眉和页脚，只须在“插入”选项卡的“文本”组中单击“页眉和页脚”按钮，如图 5-79 所示，打开“页眉和页脚”对话框，在其中进行相关操作即可，如图 5-80 所示。插入页眉和页脚后，可以在幻灯片母版视图中对其格式进行统一设置。

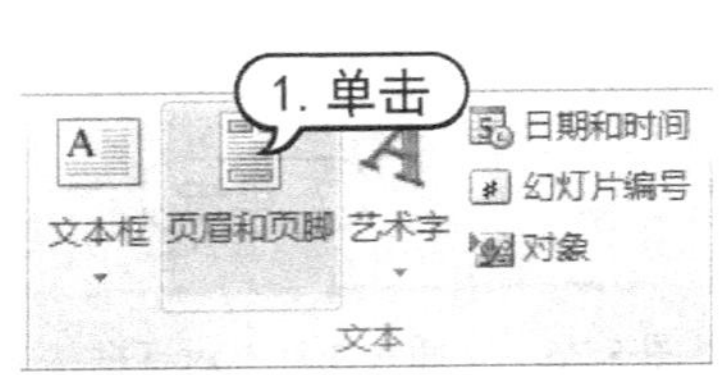

图 5-79　单击“页眉和页脚”按钮

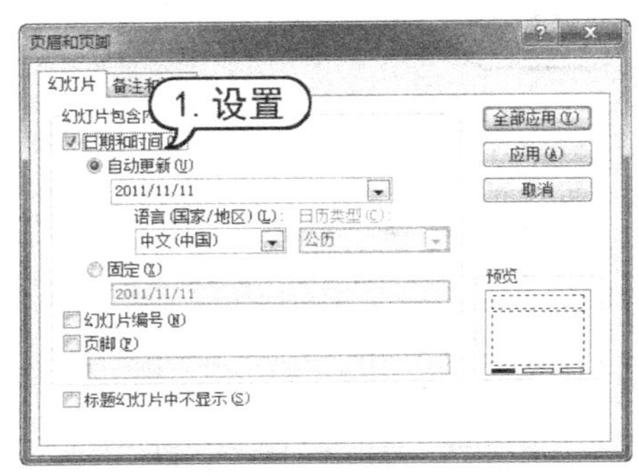

图 5-80　“页眉和页脚”对话框

【练习 5-12】在“模板样式”演示文稿中插入页脚，并设置其格式。

(1) 启动 PowerPoint 2010 应用程序，打开“模板样式”演示文稿。

(2) 打开“插入”选项卡，在“文本”组中单击“页眉和页脚”按钮，如图 5-81 所示。

(3) 打开“页眉和页脚”对话框，选中“日期和时间”、“幻灯片编号”、“页脚”、“标题幻灯片中不显示”复选框，并在“页脚”文本框中输入文本“李老师制作”，单击“全部应用”按钮，为除第 1 张幻灯片以外的幻灯片添加页脚，如图 5-82 所示。

图 5-81　单击“页眉和页脚”按钮

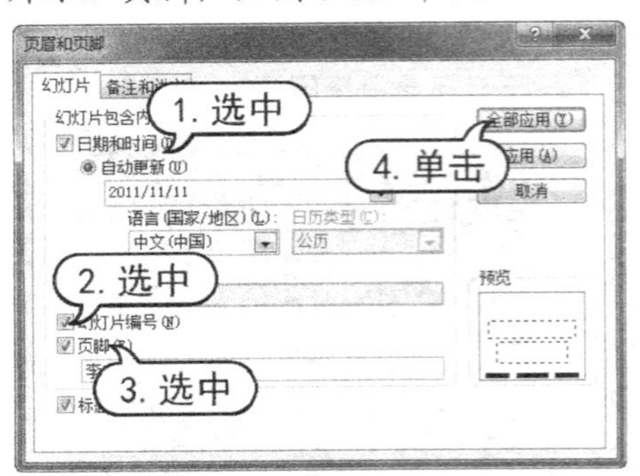

图 5-82　“页眉和页脚”对话框

(4) 打开“视图”选项卡，在“母版视图”组中单击“幻灯片母版”按钮，切换到幻灯片母版视图。

(5) 在左侧预览窗格中选择第 1 张幻灯片，将该幻灯片母版显示在编辑区域。

(6) 选中所有的页脚文本框，设置字体为“微软雅黑”，字型为“加粗”，字体颜色为“深蓝”，如图 5-83 所示。

(7) 打开“幻灯片母版”选项卡，在“关闭”组中单击“关闭母版视图”按钮，返回到普通视图模式。在快速访问工具栏中单击“保存”按钮，保存“模板样式”演示文稿，如图 5-84 所示。

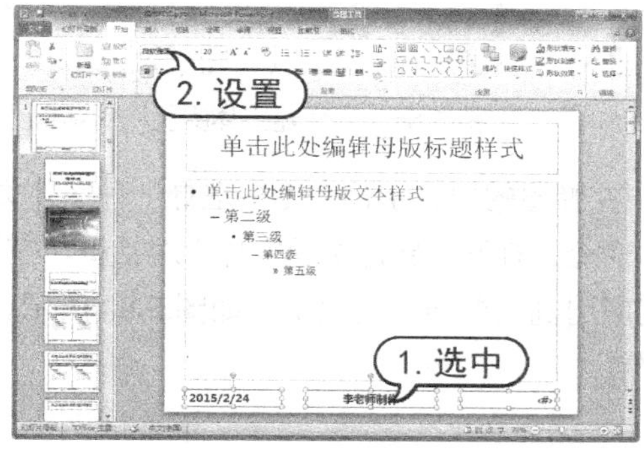

图 5-83　设置页脚格式

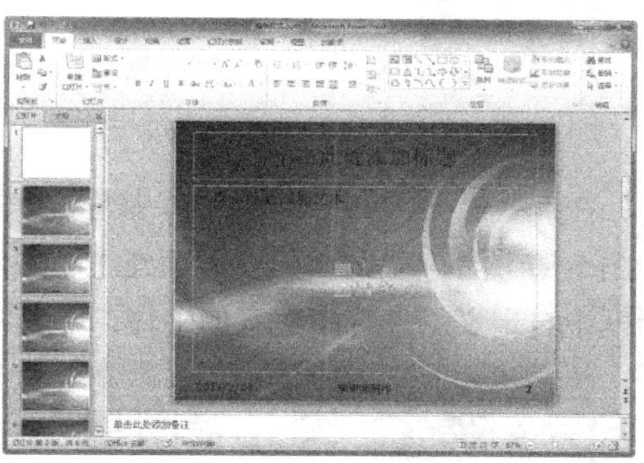

图 5-84　保存幻灯片

提示：

如果想让第 1 张幻灯片中也显示页眉和页脚，可在“页眉和页脚”对话框中取消选中“标题幻灯片中不显示”复选框。

5.5.3　设置主题颜色和字体样式

PowerPoint 2010 为每种设计模板提供了几十种内置的主题颜色，用户可以根据需要选择不同的颜色来设计演示文稿。这些颜色是预先设置好的协调色，自动应用于幻灯片的背景、文本线条、阴影、标题文本、填充、强调和超链接。

应用设计模板后，打开“设计”选项卡，单击“主题”组中的“颜色”按钮■颜色▾，将打开主题颜色菜单，如图 5-85 所示。

在该菜单中可以选择内置主题颜色，或者用户还可以自定义设置主题颜色。

在“主题”组中单击“颜色”按钮，从弹出的菜单中选择“新建主题颜色”命令，打开“新建主题颜色”对话框，在该对话框中用户可对主题颜色进行自定义，如图 5-86 所示。

提示：

主题颜色可以应用到所有幻灯片中，也可以应用到单个幻灯片中。若要应用到单个幻灯片中，可选中该幻灯片，打开“设计”选项卡，单击“主题”组中的“颜色”按钮■颜色▾，在打开的主题颜色菜单中，右击某个主题颜色，选择“应用于所选幻灯片”命令即可。若要取消该张幻灯片的颜色应用，只须在主题颜色菜单中选择“重设幻灯片主题颜色”命令即可。

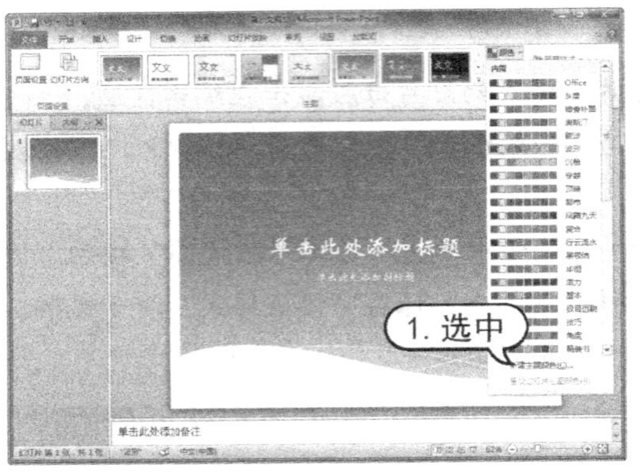

图 5-85　设置主题颜色

图 5-86　“新建主体颜色”对话框

在“主题”组中单击“字体”按钮![字体]，在弹出的内置字体命令中选择一种字体类型，如图 5-87 所示。另外可选择“新建主题字体”命令，打开“新建主题字体”对话框，在该对话框中自定义幻灯片中文字的字体，并可将其应用到当前演示文稿中，如图 5-88 所示。

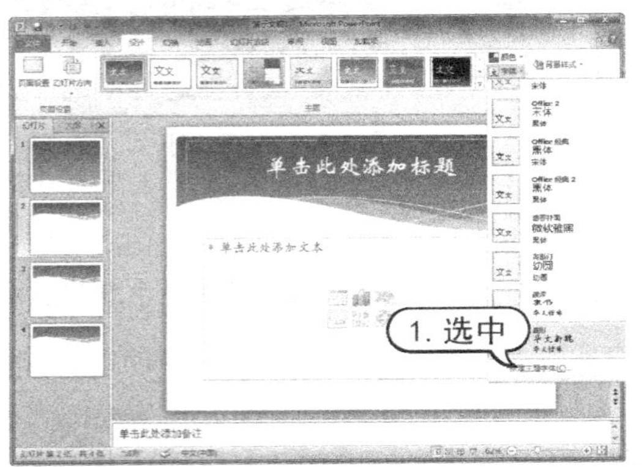

图 5-87　选择字体样式

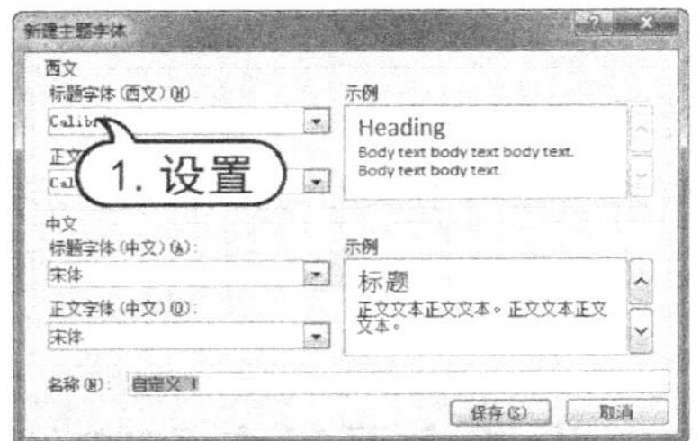

图 5-88　“新建主体字体”对话框

提示：

单击“效果”按钮![效果]，在弹出的内置主题效果选择一种效果，可为演示文稿更改当前主题效果。

5.5.4　设置幻灯片背景

在设计课件时，用户除了在应用模板或改变主题颜色时更改幻灯片的背景外，还可以根据需要任意更改幻灯片的背景颜色和背景设计，如添加底纹、图案、纹理或图片等。

要应用 PowerPoint 自带的背景样式，可以打开“设计”选项卡，在“背景”组中单击“背景样式”按钮![背景样式]，在弹出的菜单中选择需要的背景样式即可，如图 5-89 所示。

当用户不满足于 PowerPoint 提供的背景样式时，可以在背景样式列表中选择“设置背景格式”命令，打开“设置背景格式”对话框，在该对话框中可以设置背景的填充样式、渐变以及纹理格式等，如图 5-90 所示。

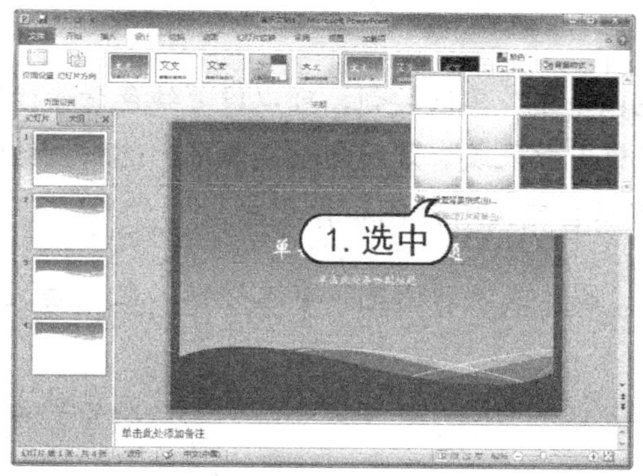

图 5-89　选择背景颜色

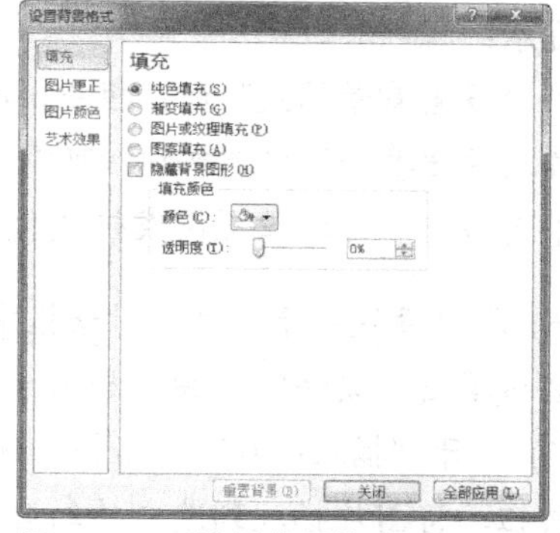

图 5-90　“设置背景格式”对话框

【练习 5-13】新建一个课件为其设置背景颜色，并插入背景图片。

(1) 启动 PowerPoint 2010 应用程序，新建一个课件，并添加 3 张幻灯片。

(2) 选中第 1 张幻灯片，打开“设计”选项卡，在“背景”组中单击“背景样式”按钮，从弹出的背景样式列表框中选择“设置背景格式”命令，如图 5-91 所示，打开“设置背景格式”对话框。

(3) 打开“填充”选项卡，选中“渐变填充”单选按钮，单击“预设颜色”下拉按钮，从弹出的样式列表框中选择“彩虹出岫 II”选项，如图 5-92 所示。

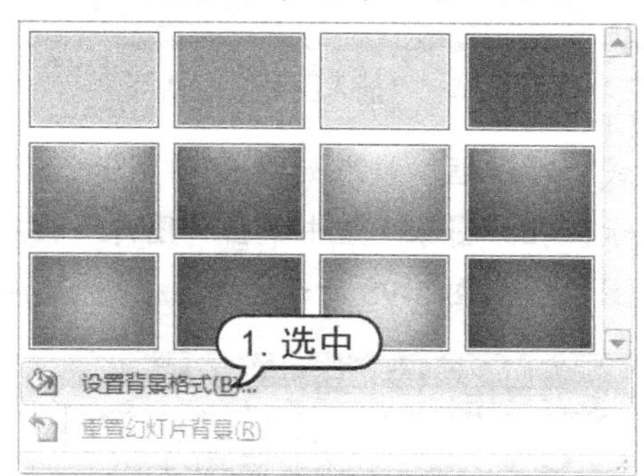

图 5-91　选择“设置背景格式”命令

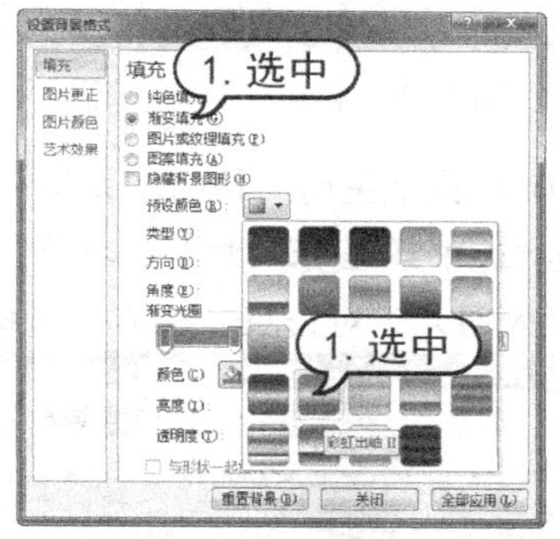

图 5-92　选择预设颜色

(4) 单击“类型”下拉按钮，选择“射线”选项，单击“方向”下拉按钮，选择“从右上角”选项，然后调整“渐变光圈”、“颜色”、“亮度”和“透明度”等参数，如图 5-93 所示。设置完成后，单击“全部应用”按钮，将该纹理样式应用到演示文稿中的每张幻灯片中，如图 5-94 所示。

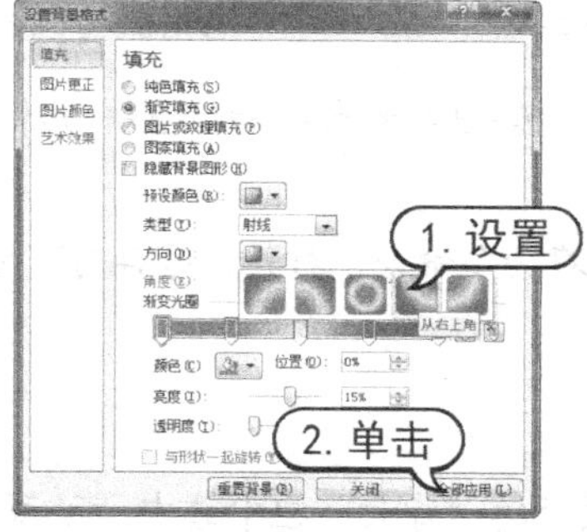

图 5-93　设置各项参数

图 5-94　应用设置后的效果

提示：

在“设置背景格式”对话框中，选中“纯色填充”单选按钮，可以设置纯色背景；选中“图片或纹理填充”单选按钮，可以设置图片填充效果或者是纹理填充效果；选中“图案填充”单选按钮，可以设置图案样式背景，还可以自定义前景色和背景色。

(5) 在“设置背景格式”对话框中，选中“图片或纹理填充”单选按钮，在“插入自”选项区域单击“文件”按钮，如图 5-95 所示。

(6) 打开“插入图片”对话框，选择 1 张图片(本例选择“背景 1”图片)，然后单击“插入”按钮，将图片插入到选中的幻灯片中。

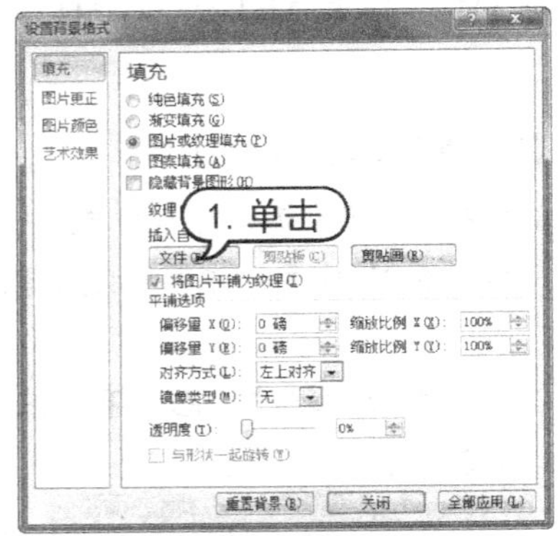

图 5-95　单击“文件”按钮

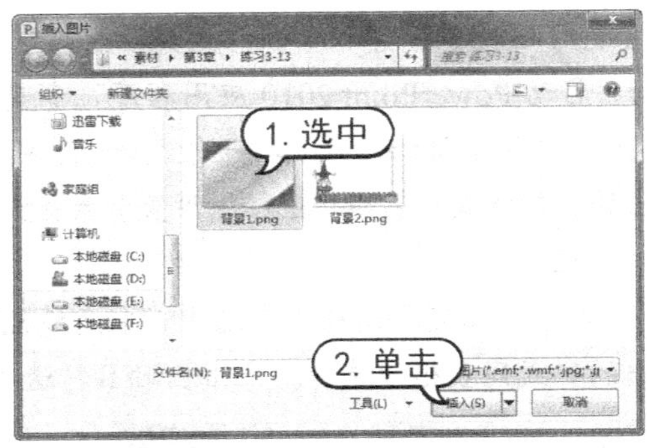

图 5-96　“插入图片”对话框

(7) 单击“关闭”按钮，关闭“设置背景格式”对话框，效果如图 5-97 所示。

(8) 选中第 1 张幻灯片，打开“插入”选项卡，在“图像”组中单击“图片”按钮，打开“插入图片”对话框，在其中选择“背景 2”图片，如图 5-98 所示。

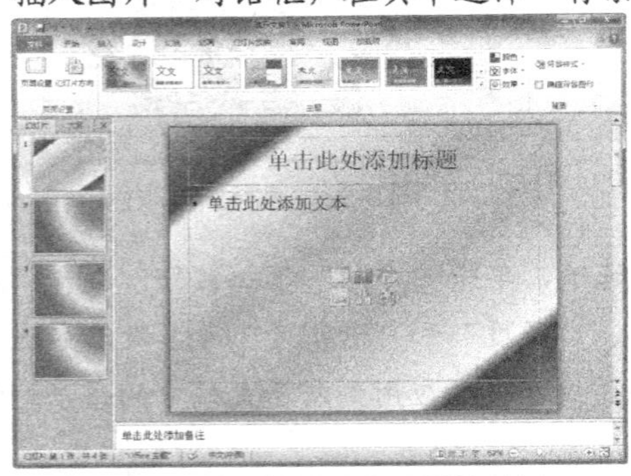

图 5-97　插入图片背景后的效果

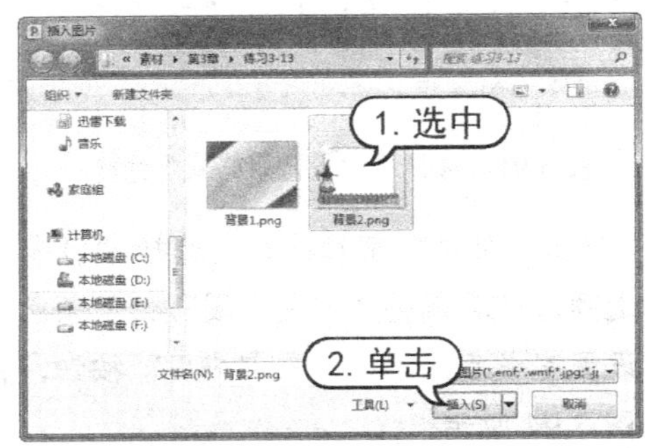

图 5-98　“插入图片”对话框

(9) 单击“插入”按钮，插入“背景 2”图片，然后调整图片的大小和位置并删除其中的主标题文本占位符，最终效果如图 5-99 所示。

(10) 单击“文件”按钮，从弹出的菜单中选择“另存为”命令，打开“另存为”对话框，将课件以“小草之歌”为名保存，如图 5-100 所示。

提示：

如果要忽略其中的背景图形，可以在“设计”选项卡的“背景”组中选中“隐藏背景图形”复选框。另外，在“设计”选项卡的“背景”组中单击“背景样式”按钮，从弹出的菜单中选择“重置幻灯片背景”命令，可以重新设置幻灯片背景。

图 5-99　插入“背景 2”后的效果

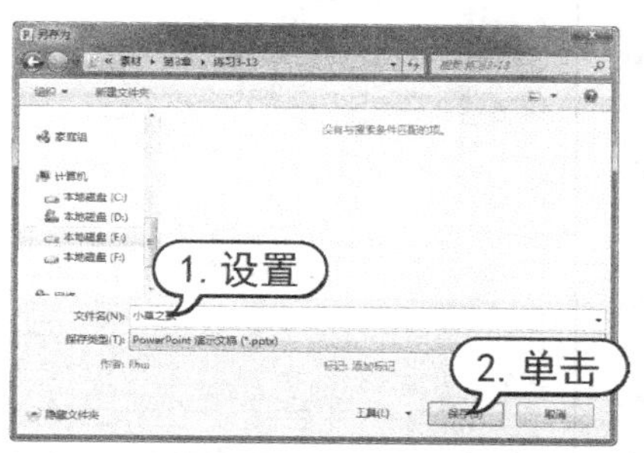

图 5-100　“另存为”对话框

5.5.5　插入与编辑表格

使用 PowerPoint 制作课件时，通常需要使用表格。表格采用行列化的形式，它与幻灯片页面文字相比，更能体现出数据的对应性及内在的联系，本节将介绍如何插入和编辑表格。

1. 插入表格

PowerPoint 支持多种插入表格的方式。例如，可以在幻灯片中直接插入，也可以直接在幻灯片中绘制表格。

(1) 直接插入表格

当需要在幻灯片中直接添加表格时，可以使用“插入”按钮插入或为该幻灯片选择含有内容的版式。

使用“表格”按钮插入表格的方法是：当要插入表格的幻灯片没有应用包含内容的版式，那么可以首先在功能区打开“插入”选项卡，在“表格”组中单击“表格”按钮，从弹出的菜单的“插入表格”选取区域中拖动选择列数和行数，如图 5-101 所示。或者选择“插入表格”命令，打开“插入表格”对话框，设置表格列数和行数，如图 5-102 所示。

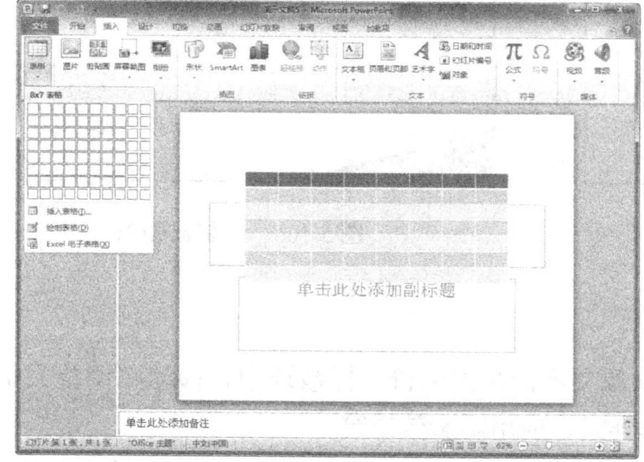

图 5-101　选择行列数插入表格

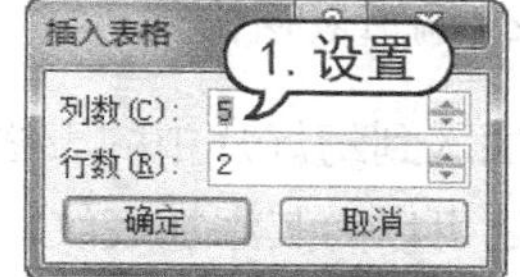

图 5-102　“插入表格”对话框

如果新幻灯片自动带有包含内容的版式，此时可在“单击此处添加文本”文本占位符中单击“插入表格”按钮，打开“插入表格”对话框，设置列数和行数，如图 5-103 和图 5-104 所示。

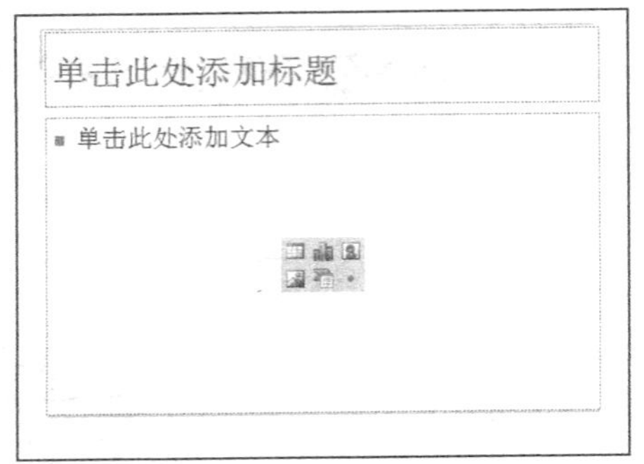

图 5-103　单击“插入表格”按钮

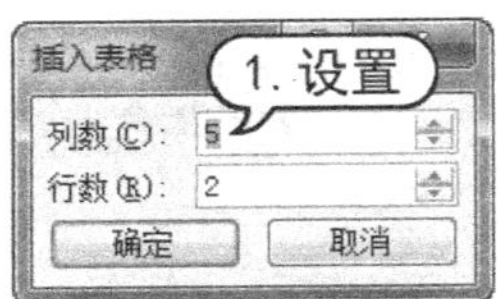

图 5-104　“插入表格”对话框

提示：

使用 PowerPoint 2010 的插入对象功能，可以在幻灯片中直接调用 Excel 应用程序，从而将表格以外部对象插入到 PowerPoint 中。其方法是：在“插入”选项卡的“文本”组中单击“对象”按钮，打开“插入对象”对话框。在“对象类型”列表框中选择“Microsoft Office Excel 工作表”选项，单击“确定”按钮即可。

(2) 手动绘制表格

当插入的表格并不是完全规则时，也可以直接在幻灯片中绘制表格。绘制表格的方法很简单，打开“插入”选项卡，在“表格”组中单击“表格”按钮，从弹出的菜单中选择“绘制表格”命令。当鼠标指针将变为形状时，即可进行拖动在幻灯片中进行绘制，如图 5-105 和图 5-106 所示。

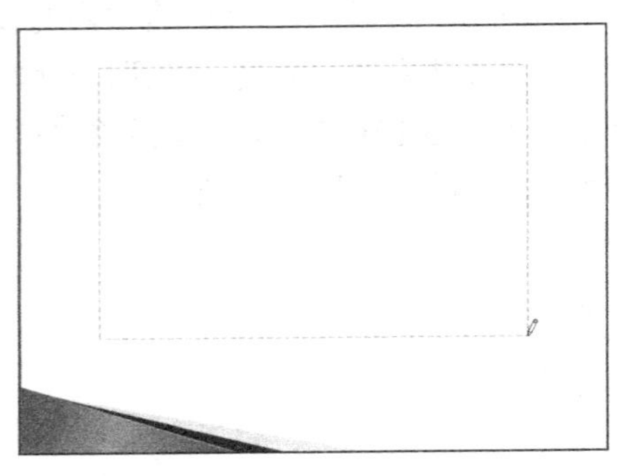

图 5-105　绘制表格(1)

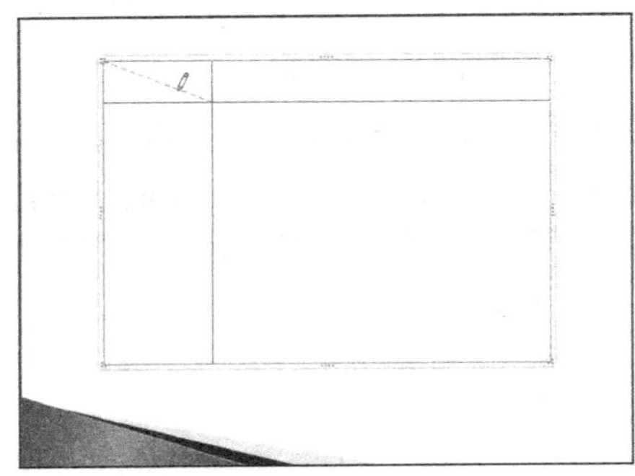

图 5-106　绘制表格(2)

2. 编辑表格格式

插入到幻灯片中的表格不仅可以像文本框和占位符一样被选中、移动、调整大小及删除，还可以为其添加底纹、设置边框样式、应用阴影效果等。

插入表格后，自动打开“表格工具”的“设计”和“布局”选项卡，使用功能组中的相应按钮来设置表格的对应属性，如图 5-107 所示。

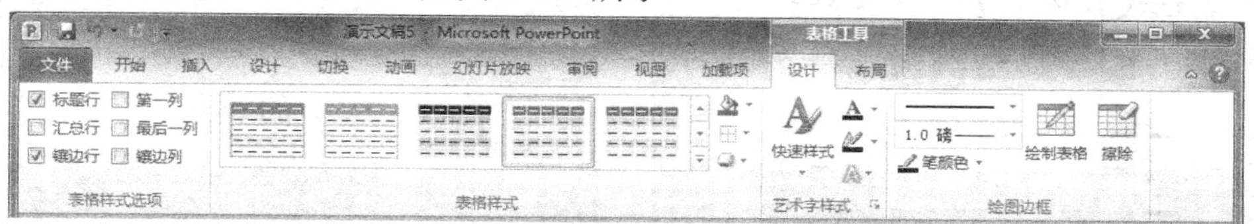

图 5-107　表格的“设计”选项卡

【练习 5-14】新建一个课件，在课件中插入表格并设置表格样式。

(1) 启动 PowerPoint 2010，新建一个课件并将其保存为“世界气候类型的分布”。

(2) 在“设计”选项卡中应用“波形”设计模板，然后在第 1 张幻灯片中输入相关文本并设置文本格式，如图 5-108 所示。

(3) 添加一张新的幻灯片，在主标题占位符中输入文本“气候分布的特征”并设置字体格式。打开“插入”选项卡，在“表格”组中单击“表格”按钮，从弹出的列表中进行拖动，插入一个 4 行 5 列的表格，效果如图 5-109 所示。

图 5-108　应用设计模板并输入文本

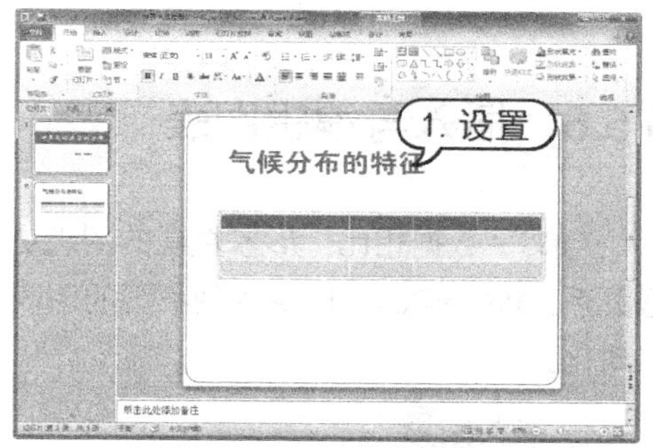

图 5-109　输入文本并插入表格

(4) 调整表格的大小和位置，并输入文字，效果如图 5-110 所示。然后选中整个表格，打开“表格工具”的“布局”选项卡，在“对齐方式”组中单击“文本左对齐”按钮和“垂直居中”按钮，设置表格内文本的对齐方式，效果如图 5-111 所示。

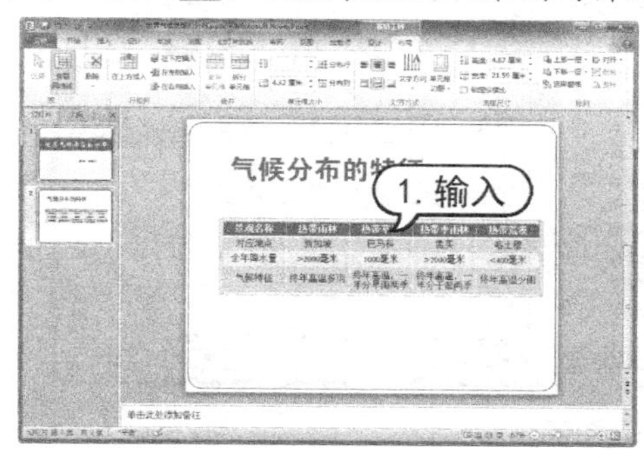

图 5-110　输入文本

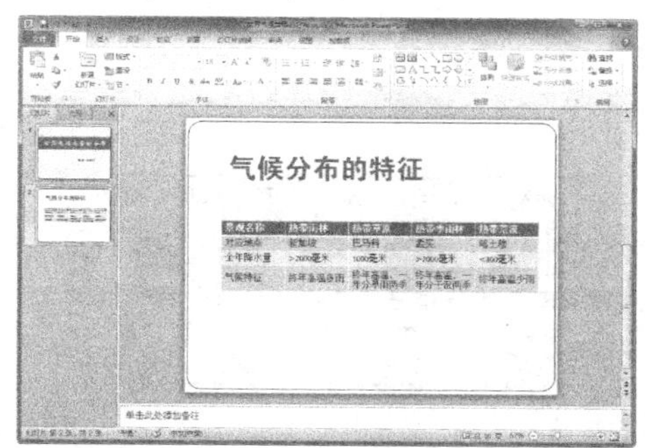

图 5-111　设置文本对齐方式

(5) 选定表格，打开“表格工具”的“设计”选项卡，在“表格样式”组中单击“其他”按钮，在打开的表格样式列表中选择“主题样式 1-强调 1”选项，为表格设置样式，如图 5-112 和图 5-113 所示。

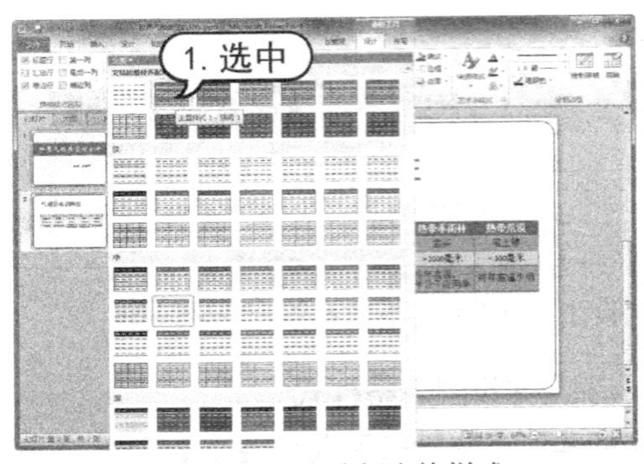

图 5-112　选择表格样式

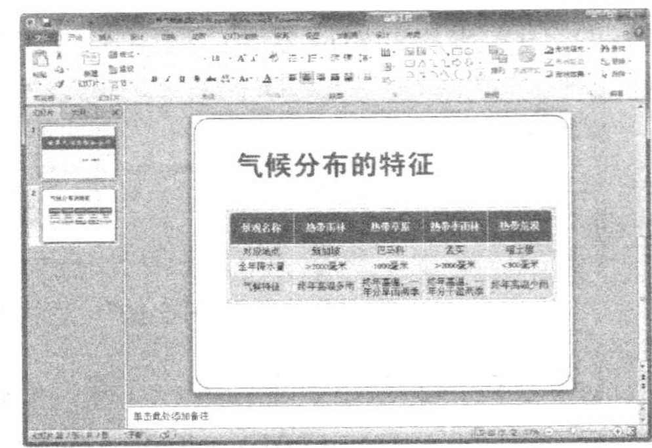

图 5-113　应用样式后的效果

(6) 在快速工具栏中单击“保存”按钮，保存“世界气候类型的分布”课件。

提示：

用户还可以对表格中的单元格进行编辑，如拆分、合并、添加行、添加列、设置行高和设置列宽等操作。

5.5.6　插入与编辑图表

与文字数据相比，形象直观的图表更容易让人理解，它以简单易懂的方式反映了各种数据关系。PowerPoint 提供各种不同的图表来满足用户的需要，使得制作图表的过程简捷而且自动化。

1. 插入图表

插入图表的方法与插入图片的方法类似，在功能区打开“插入”选项卡，在“插图”组中单击“图表”按钮，将打开“插入图表”对话框，其中提供了 11 种图表类型，每种类型可以分别用来表示不同的数据关系，如图 5-114 所示，用户选择需要的图表类型插入即可。

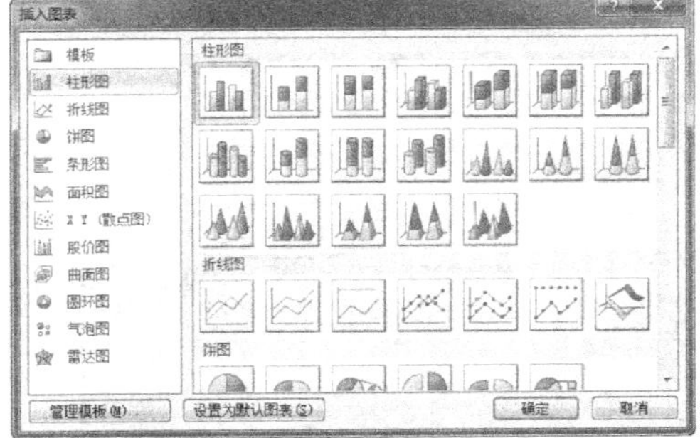

图 5-114　插入图表

2. 编辑图表

在 PowerPoint 中，不仅可以对图表进行移动、调整大小，还可以设置图表的颜色、图表中某个元素的属性等。下面通过一个具体实例来说明如何插入和编辑图表。

【练习 5-15】 在“世界气候类型的分布”课件中插入并编辑图表。

(1) 启动 PowerPoint 2010，打开“世界气候类型的分布”课件。

(2) 在左侧窗格中选中第 2 张幻灯片，然后按下 Enter 键，添加一张幻灯片。

(3) 选中第 3 张幻灯片，在主标题占位符中输入文本“热带雨林气候”并设置字体格式，效果如图 5-115 所示。

(4) 打开“插入”选项卡，在“插图”组中单击“图表”按钮，打开“插入图表”对话框。在“柱形图”选项卡中选择“簇状柱形图”选项，单击“确定”按钮，如图 5-116 所示。

图 5-115　添加幻灯片并输入文本

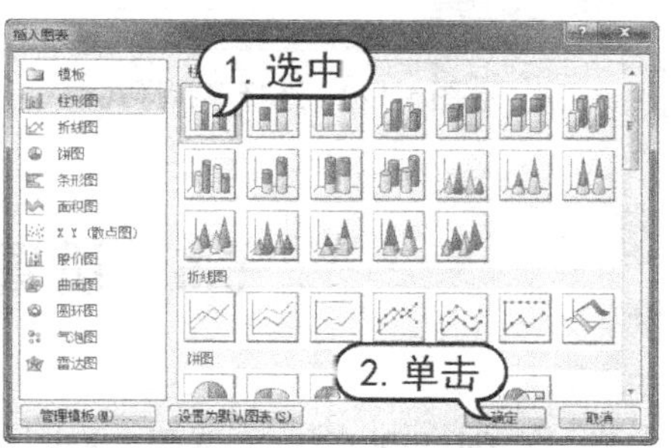

图 5-116　选择图表类型

(5) 此时打开 Excel 2010 应用程序，在其工作界面中修改类别值和系列值，各个参数如图 5-117 所示。

(6) 关闭 Excel 2010，此时柱形图添加到幻灯片中，拖动图表四周的控制点，调节其大小，并调整其中汉字标注的位置，效果如图 5-118 所示。

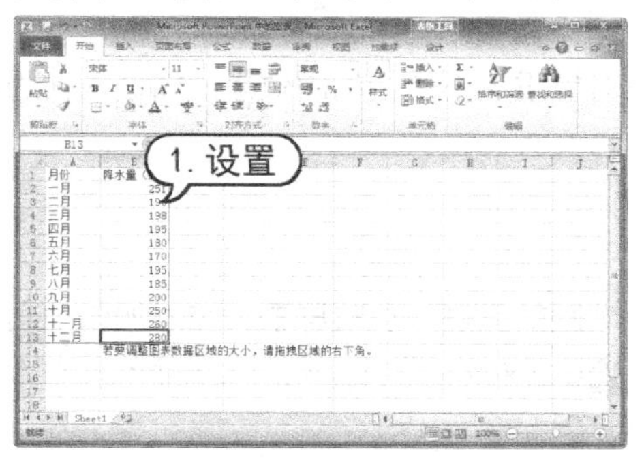

图 5-117　编辑数据

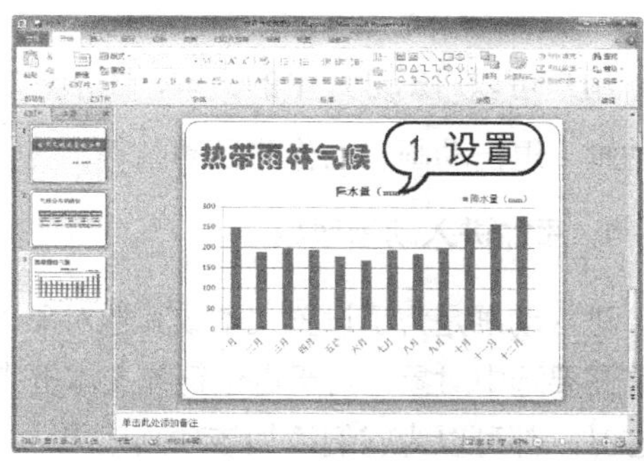

图 5-118　插入栏形图后的效果

(7) 打开“图表工具”的“格式”选项卡，如图 5-119 所示。选中图表中的“柱形”形状，在“形状样式”组中单击“其他”按钮，选择如图 5-120 所示的形状样式。

图 5-119　“格式”选项卡

(8) 单击“形状轮廓”下拉按钮，选择“浅蓝”选项，为柱形添加浅蓝色轮廓，如图 5-121

所示。在快速工具栏中单击【保存】按钮，保存“世界气候类型的分布”演示文稿。

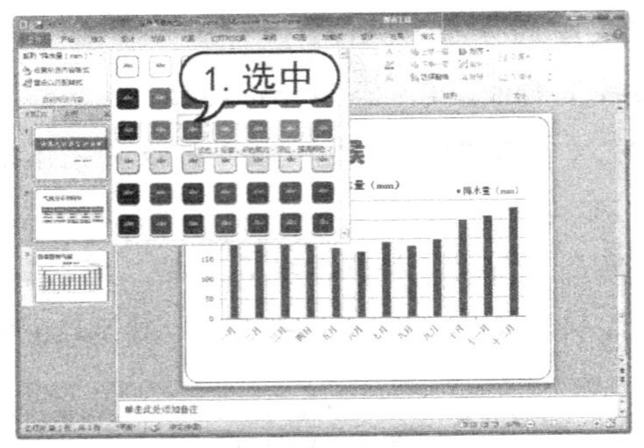

图 5-120　选择形状样式

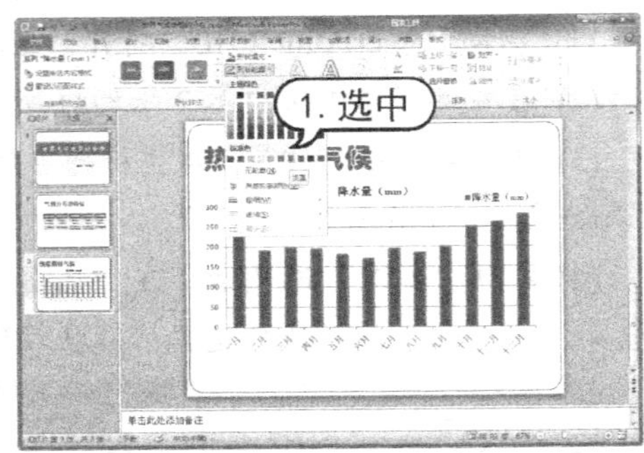

图 5-121　选择轮廓颜色

5.6　设置课件的动画效果

在 PowerPoint 中，为演示文稿的文本或为其他对象添加的特殊视觉效果被称为动画效果。PowerPoint 演示文稿中的动画有两种主要类型：一种是自定义动画，是指为幻灯片内部各个对象设置的动画，如为文本的段落、图形、表格和图示等设置的动画；另一种是幻灯片切换动画，又称翻页动画，是指幻灯片在放映时更换幻灯片的动画效果。

5.6.1　设置自定义动画

用户可以对幻灯片中的文本、图形、表格等对象添加不同的动画效果，如进入动画、强调动画、退出动画和动作路径动画等。

1. 添加进入动画效果

进入动画是为了设置文本或其他对象以多种动画效果进入放映屏幕。在添加该动画效果之前需要选中对象。对于占位符或文本框来说，选中占位符、文本框，以及进入其文本编辑状态时，都可以为它们添加该动画效果。

选中对象后，打开“动画”选项卡，如图 5-122 所示。单击“动画”组中的“其他”按钮，在弹出的“进入”列表框选择一种进入效果，即可为对象添加“进入”的动画效果，如图 5-123 所示(同理也可添加其他动画效果)。

图 5-122　“动画”选项卡

选择“更多进入效果”命令，将打开“更改进入效果”对话框，在该对话框中可以选择更多的进入动画效果，如图 5-124 所示。

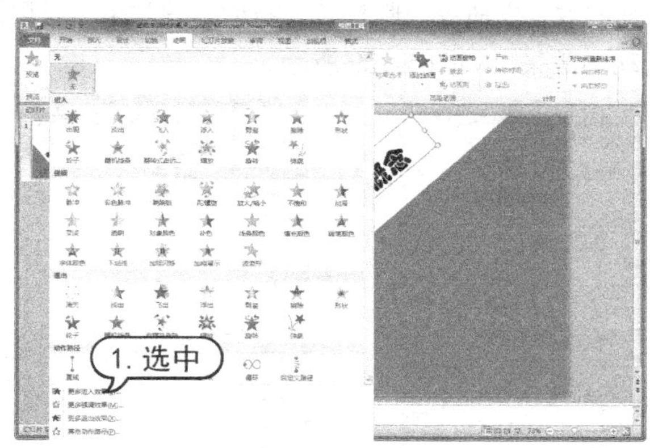

图 5-123　选择动画效果

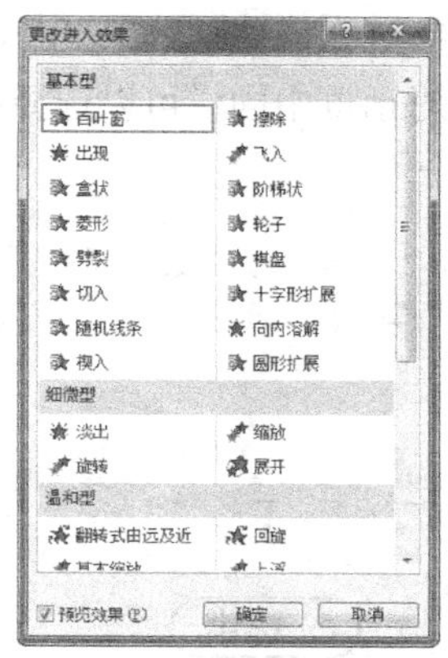

图 5-124　“更改进入效果”对话框

另外，在“高级动画”组中单击“添加动画”按钮，同样可以在弹出的“进入”列表框中选择内置的进入动画效果，如图 5-125 所示。若选择“更多进入效果”命令，则打开“添加进入效果”对话框，在该对话框中同样可以选择更多的进入动画效果，如图 5-126 所示。

图 5-125　选择动画效果

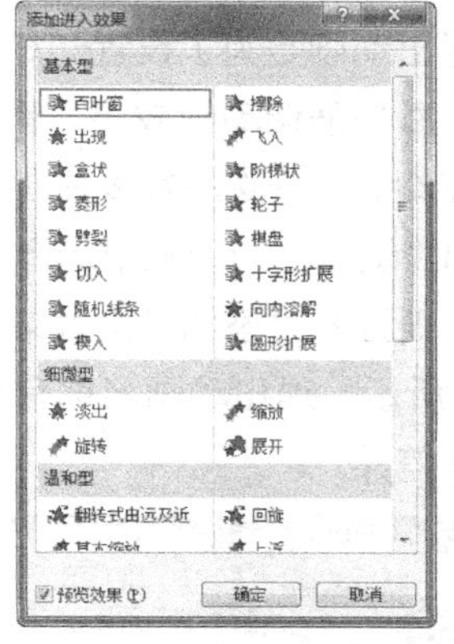

图 5-126　“添加进入效果”对话框

提示：

“更改进入效果”或“添加进入效果”对话框的动画，按风格分为“基本型”、“细微型”、“温和型”和“华丽型”。选中对话框最下方的“预览效果”复选框，并在对话框中单击一种动画时，都能在幻灯片编辑窗口中看到该动画的预览效果。

2. 添加强调动画效果

强调动画是为了突出幻灯片中的某部分内容而设置的特殊动画效果。添加强调动画的过程和添加进入效果大体相同，选择对象后，在“动画”组中单击“其他”按钮，在弹出的“强调”列表框选择一种强调效果，即可为对象添加该动画效果，如图 5-127 所示。选择“更多强调效果”命令，将打开“更改强调效果”对话框，在该对话框中可以选择更多的强调动画效果，如图 5-128 所示。

另外，在“高级动画”组中单击“添加动画”按钮，同样可以在弹出“强调”列表框中选择一种强调动画效果，若选择“更多强调效果”命令，则打开“添加强调效果”对话框，在该对话框中同样可以选择更多的强调动画效果，如图 5-129 所示。

图 5-127　选择动画效果

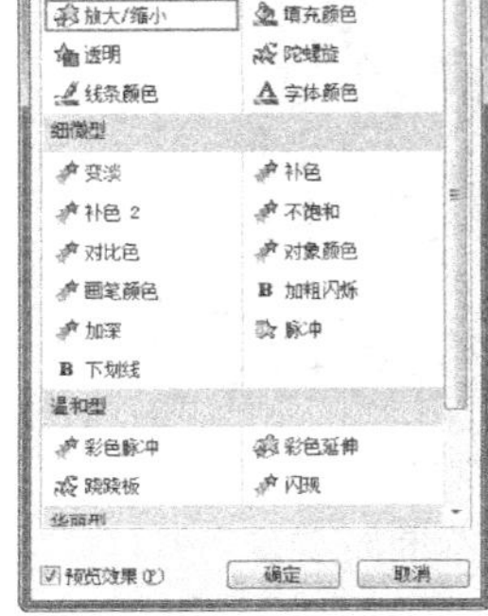

图 5-128　添加进入效果

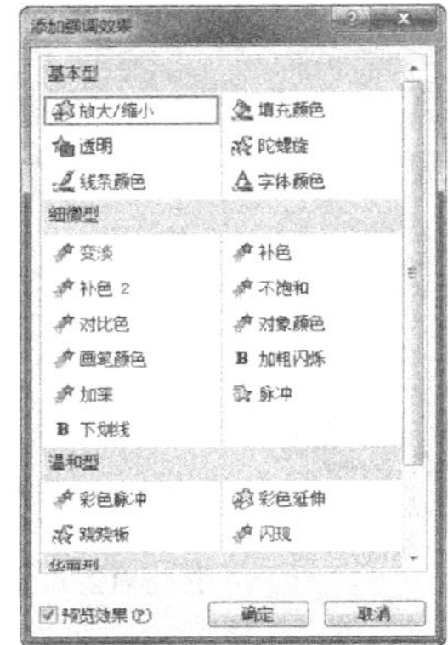

图 5-129　添加强调效果

3. 添加退出动画效果

退出动画是为了设置幻灯片中的对象退出屏幕的效果。添加退出动画的过程和添加进入动画、添加强调动画效果大体相同。

在幻灯片中选中需要添加退出效果的对象，在“高级动画”组中单击“添加动画”按钮，在弹出“退出”列表框中选择一种强调动画效果，如图 5-130 所示。若选择“更多退出效果”命令，则打开“添加退出效果”对话框，在该对话框中可以选择更多的退出动画效果，如图 5-131 所示。退出动画名称有很大一部分与进入动画名称相同，所不同的是，它们的运动方向存在差异。

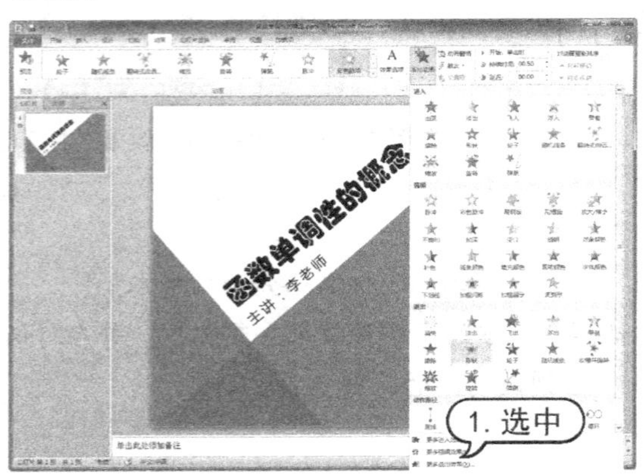

图 5-130　选择动画效果

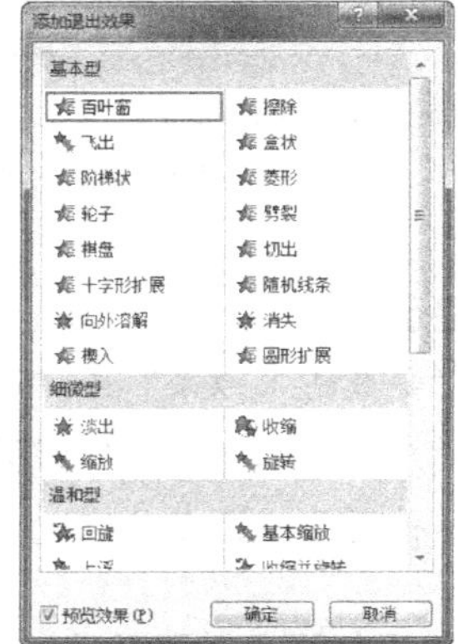

图 5-131　“添加退出效果”对话框

4. 添加动作路径动画效果

动作路径动画又称为路径动画，可以指定文本等对象沿预定的路径运动。PowerPoint 中的动作路径动画不仅提供了大量预设路径效果，还可以由用户自定义路径动画。

添加动作路径效果的步骤与添加进入动画的步骤基本相同，在“动画”组中单击“其他”按钮，在弹出的“动作路径”列表框选择一种动作路径效果，即可为对象添加该动画效果。

若选择“其他动作路径”命令，打开“更改动作路径”对话框，则可以选择其他的动作路径效果。另外，单击“添加动画”按钮，在弹出的“动作路径”列表框同样可以选择一种动作路径效果；选择“其他动作路径”命令，打开“更改动作路径”对话框，同样可以选择更多的动作路径。

提示：

在“动作路径”列表框选择“自定义路径”动画效果后，就可以在幻灯片中进行拖动绘制出需要的图形。当双击时，结束绘制，动作路径即出现在幻灯片中。

5. 自定义动画综合实例

【练习 5-16】使用 PowerPoint 2010 制作高中物理课件“直线运动”，在课件中为对象添加动画效果。

(1) 启动 PowerPoint 2010，新建一个基于“气流”模板的课件，并将其保存为“直线运动”，如图 5-132 和图 5-133 所示。

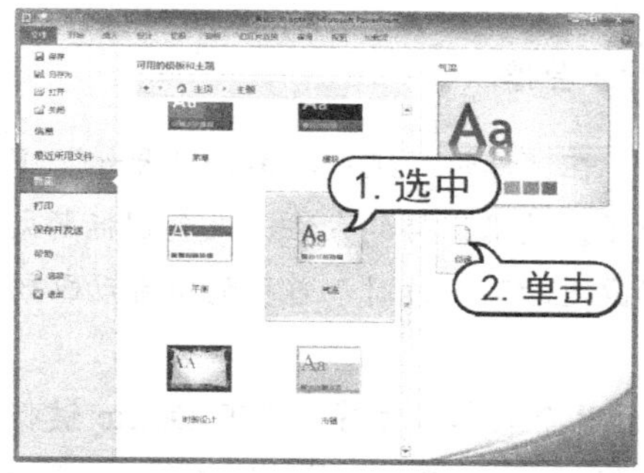

图 5-132　选择“气流”模板

图 5-133　新建的课件效果

(2) 在幻灯片的主副标题文本占位符中分别输入文字，并设置其字体格式和位置，效果如图 5-134 所示。

(3) 打开“剪贴画”任务窗格，选择如图 5-135 所示的图片插入到幻灯片中。

图 5-134　输入文字后的效果

图 5-135　插入剪贴画

(4) 选中标题文本框，打开“动画”选项卡，在“高级动画”区域单击“添加动画”按钮，选择“更多进入效果”命令，为主标题文本设置“空翻”式的进入动画效果，如图 5-136

所示。

(5) 使用相同的方法，设置副标题文本框中的文字和剪贴画的动画效果分别为“随机线条”和“弹跳”。设置完成后，在各个添加了动画效果的对象左上角会显示一个阿拉伯数字，该数字代表单击时动画的播放顺序，如图5-137所示。

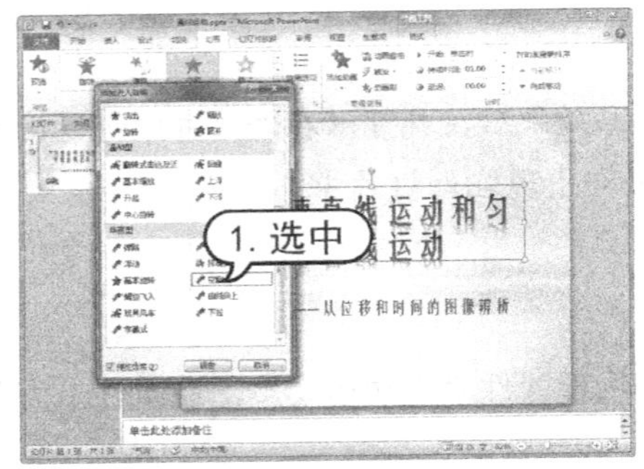

图5-136　添加进入动画效果

图5-137　显示动画顺序

提示：

在默认设置下，所有设置的动画都是在单击时才会播放。

(6) 选中主标题文本框，打开“动画”选项卡，在“计时”组中，单击“开始”下拉列表框，选择“上一动画之后”选项，如图5-138所示。使用同样的方法，设置副标题文本框中的文字和剪贴画的动画的开始顺序都为“上一动画之后”。此时，首页的所有动画效果在放映幻灯片时将自动播放。

(7) 添加一张新的幻灯片，同时选中幻灯片中的两个文本占位符，按下Delete键将它们删除。打开“插入”选项卡，在插图组中单击“形状”按钮，选择“箭头”工具，如图5-139所示。

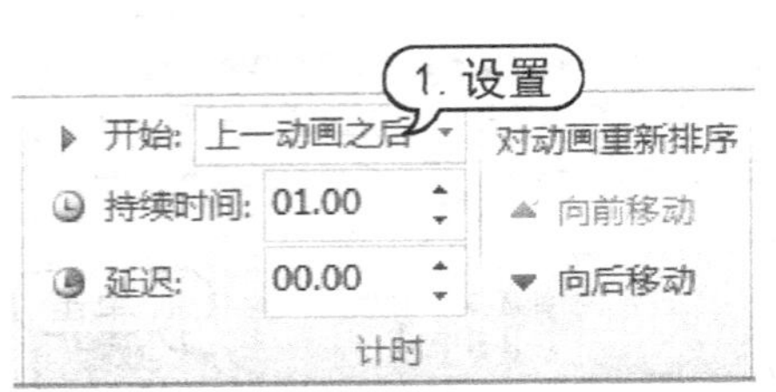

图5-138　设置动画播放方式

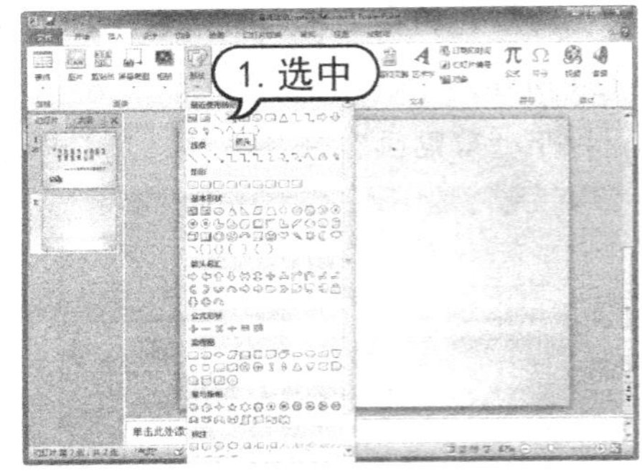

图5-139　选择“箭头”工具

(8) 在幻灯片中绘制两条相互垂直的带箭头的直线，绘制一个坐标系，并为其设置合适的形状样式，效果如图5-140所示。

(9) 打开“插入”选项卡，在插图组中单击“形状”按钮，选择“直线”工具，在横向箭头的适当位置上绘制一条垂直的短直线。选中该直线，按下Ctrl+C快捷键将其复制到剪贴板中，然后15次按下Ctrl+V快捷键，将该直线在幻灯片中粘贴15次，如图5-141所示。

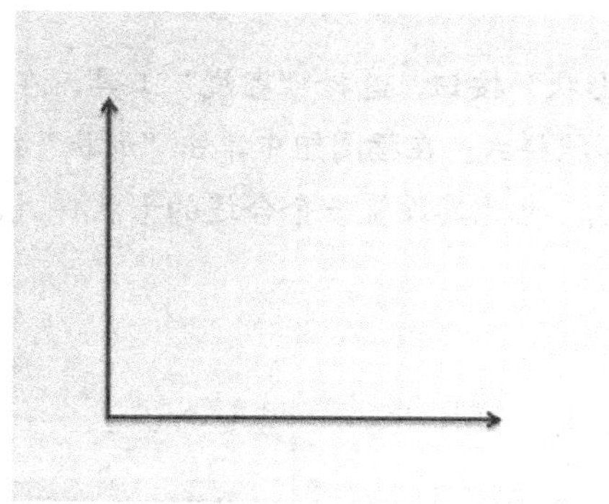

图 5-140　绘制两条垂直的带箭头的直线

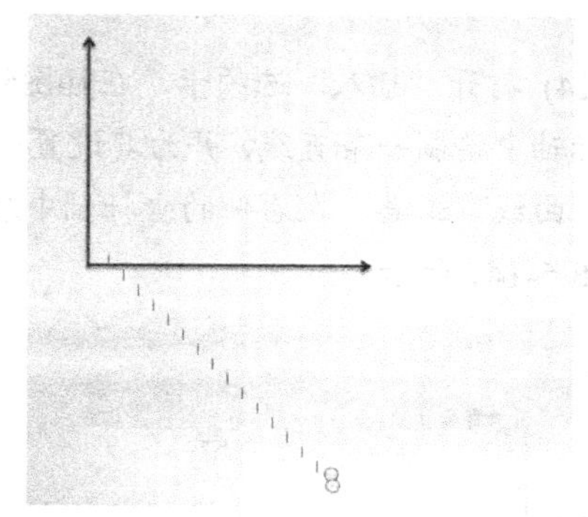

图 5-141　粘贴多条短直线

(10) 同时选中这些短直线，打开“开始”选项卡，在“绘图”组中单击“排列”按钮，选择“对齐” | “顶端对齐”命令，将这些直线对齐排放在水平的 X 轴上(水平直线称为 X 轴，垂直直线称为 Y 轴)，如图 5-142 和图 5-143 所示。

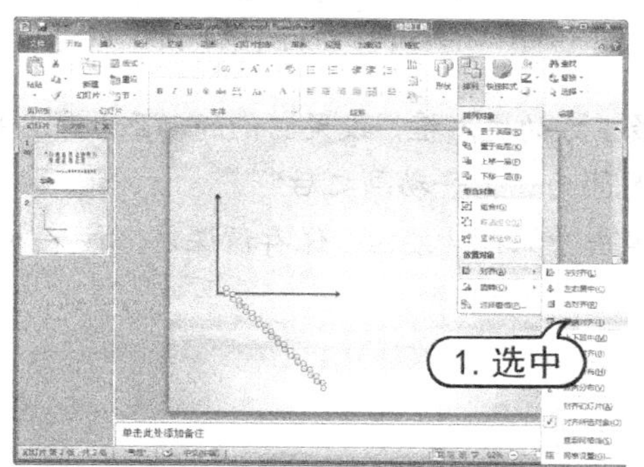

图 5-142　选择“对齐” | “顶端对齐”命令

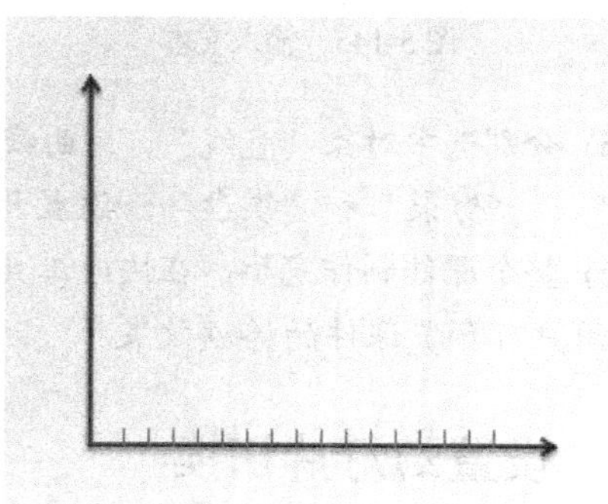

图 5-143　对齐后的效果

(11) 参照步骤(9)~(10)，在垂直的 Y 轴上添加刻度线。单击幻灯片，按下 Ctrl+A 快捷键，选中幻灯片上的所有对象，然后右击选中的对象，选择“组合” | “组合”命令，将所有对象组合为一个整体，如图 5-144 所示。

(12) 复制粘贴一个完全相同的坐标轴，使得幻灯片效果如图 5-145 所示。

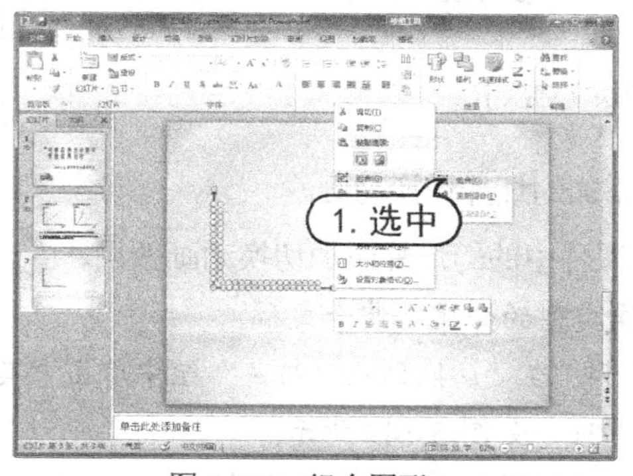

图 5-144　组合图形

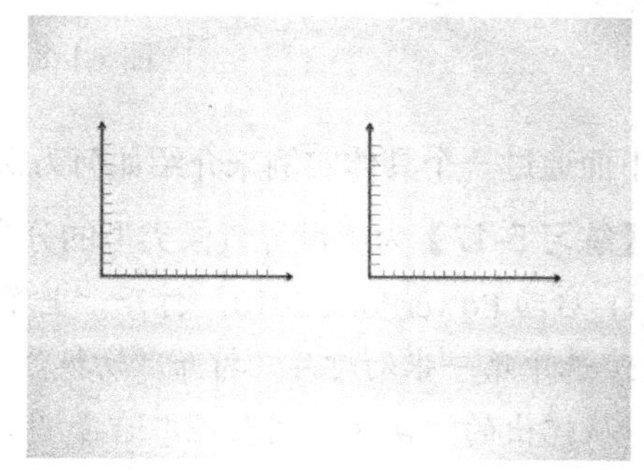

图 5-145　复制粘贴一个完全相同的坐标系

(13) 打开“插入”选项卡，插入几个文本框，并输入相应的文本，使其效果如图 5-146

所示。

(14) 打开“插入”选项卡，在插图组中单击“形状”按钮，选择“直线”工具，在左侧的坐标轴中绘制一条直线，并为其设置一个合适的形状样式。在插图组中单击“形状”按钮，选择“曲线”工具，在右侧的坐标轴中绘制一条曲线，也为其设置一个合适的形状样式，效果如图 5-147 所示。

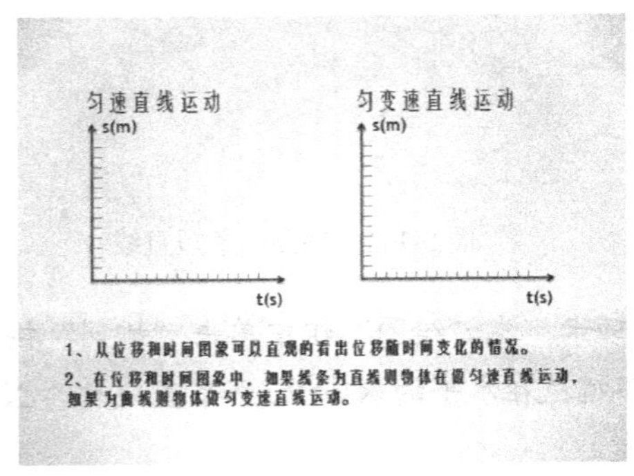

图 5-146　输入文本

图 5-147　绘制直线和曲线

(15) 分别选中对象“直线”、“曲线”和最下方的文本框，设置它们的动画效果分别为“飞入”、“劈裂”和“棋盘”；设置开始的时间为“上一动画之后”。

(16) 整个课件制作完毕，在快速工具栏中单击“保存”按钮，保存该课件。按下 F5 快捷键，用户可预览课件的播放效果。

5.6.2　设置幻灯片切换

要为幻灯片添加切换动画，可以打开“切换”选项卡，在“切换到此幻灯片”组中进行设置，如图 5-148 所示。

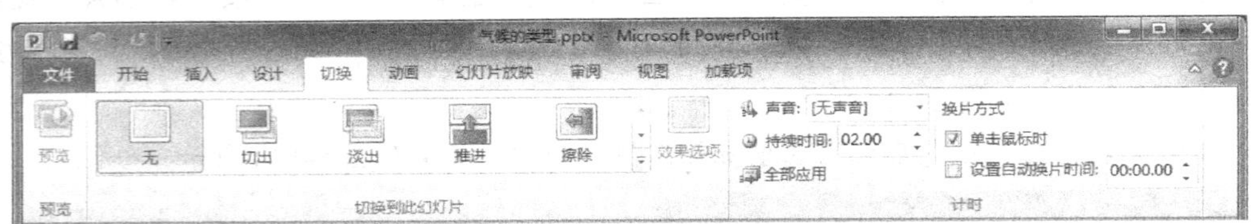

图 5-148　“切换”选项卡

下面通过一个具体实例来介绍如何为课件添加幻灯片切换动画。

【练习 5-17】为“世界气候类型的分布”课件中的幻灯片添加切换动画效果。

(1) 启动 PowerPoint 2010，打开“世界气候类型的分布”演示文稿。

(2) 选中第一张幻灯片，打开“切换”选项卡，在“切换到此幻灯片”组中单击“其他”按钮，从弹出的切换效果列表框中选择“库”选项，如图 5-149 所示。

(3) 将该切换动画应用到第 1 张幻灯片中，同时可预览其切换动画效果，如图 5-150 所示。

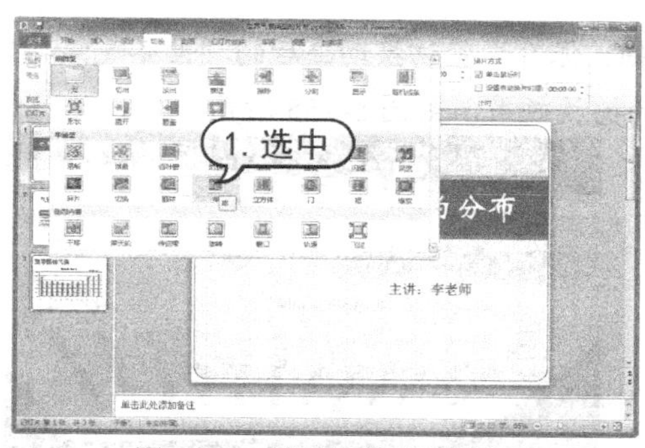

图 5-149　选择切换动画效果

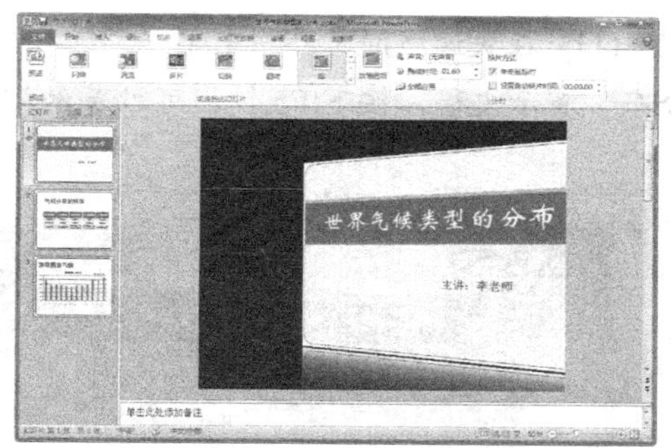

图 5-150　预览切换动画效果

(4) 在“切换到此幻灯片”组中单击“效果选项”按钮，从弹出的菜单中选择“自左侧”选项，如图 5-151 所示。

(5) 此时即可在幻灯片中预览第 1 张幻灯片的切换动画效果，如图 5-152 所示。

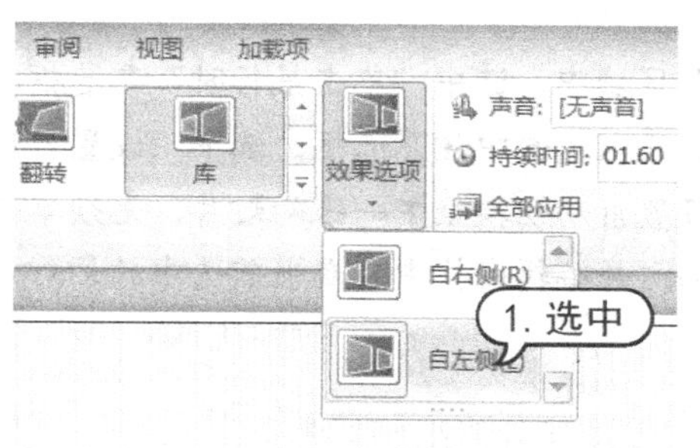

图 5-151　选择“自左侧”选项

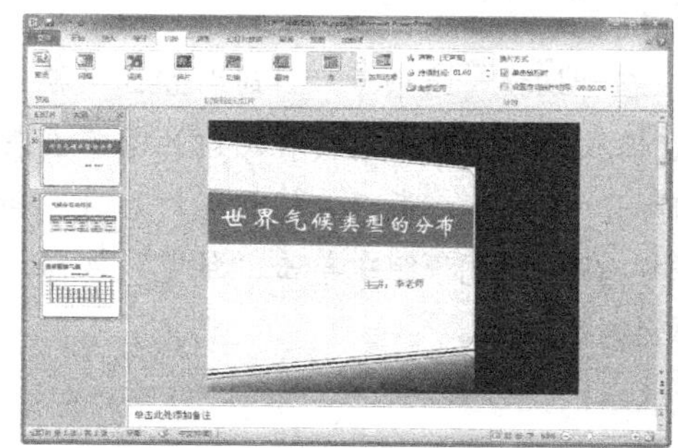

图 5-152　预览切换动画效果

(6) 使用同样的方法，为其余两张幻灯片分别添加“涟漪”和“翻转”的切换动画效果。

(7) 选中第一张幻灯片，打开“切换”选项卡，在“计时”组中单击“声音”下拉按钮，选择“风铃”选项，为幻灯片应用该效果的声音，如图 5-153 所示。

(8) 在“计时”组的“持续时间”微调框中输入 01.50，为幻灯片设置动画切换效果的持续时间，其目的是控制幻灯片的切换速度，以方便观看者观看。

(9) 在“计时”组的“换片方式”区域中保持选中“单击鼠标时”复选框，然后选中“设置自动换片时间”复选框，并在其后的微调框中输入 00:01.00，如图 5-154 所示。

(10) 按照步骤(7)~(9)的方法分别为后面两张幻灯片设置相同的播放参数。

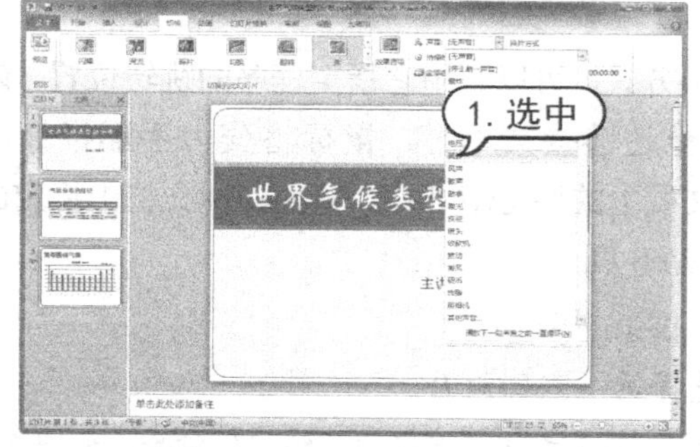

图 5-153　设置切换声音

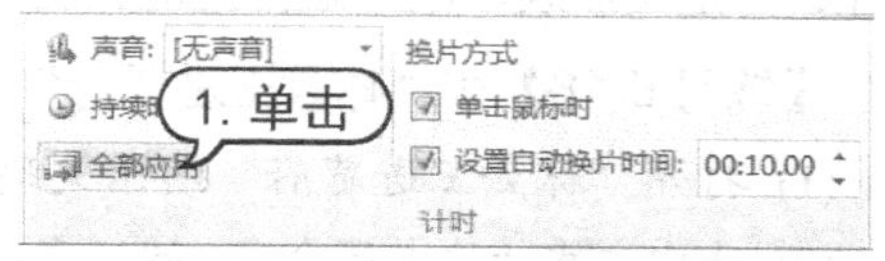

图 5-154　设置幻灯片切换的各项参数

(11) 在快速访问工具栏中单击“保存”按钮，保存设置切换动画后的“世界气候类型的分布”演示文稿。按下 F5 键，可预览幻灯片的播放效果，如图 5-155 所示。

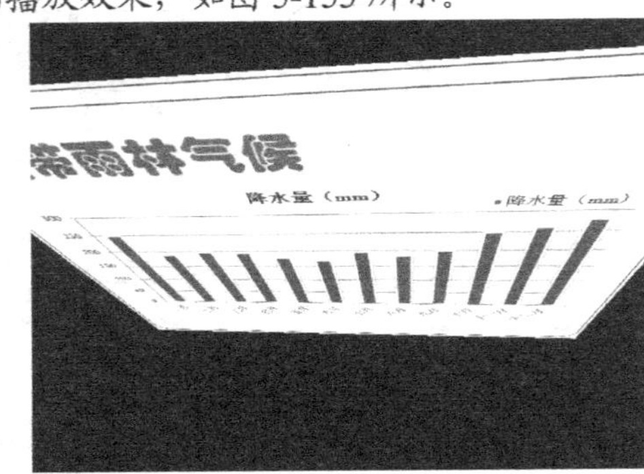

图 5-155　观看幻灯片的切换效果

提示：

在“切换”选项卡“计时”组的“换片方式”区域中，选中“单击鼠标时”复选框，表示在播放幻灯片时，需要在幻灯片中单击来换片，而取消选中该复选框，选中“设置自动换片时间”复选框，表示在播放幻灯片时，会根据设置自动切换至下一张幻灯片，无须单击。另外，在“预览”组中单击“预览”按钮，可在幻灯片编辑窗格中查看当前选中的幻灯片的动画切换效果。

5.7　设置课件的交互效果

在 PowerPoint 中，用户可以为幻灯片中的文本、图形、图片等对象添加超链接或者动作。当放映幻灯片时，可以在添加了动作的按钮或者超链接的文本上单击，这时程序将自动跳转到指定的幻灯片页面，或者执行指定的程序。演示文稿不再是从头到尾播放的线形模式，而是具有了一定的交互性，能够按照预先设定的方式，在适当的时候放映需要的内容，或做出相应的反应。

5.7.1　使用超链接

超链接是指向特定位置或文件的一种连接方式，可以利用它指定程序的跳转位置。超链接只有在幻灯片放映时才有效，当鼠标移至超链接文本时，鼠标将变为手形指针。在 PowerPoint 中，超链接可以跳转到当前演示文稿中的特定幻灯片、其他演示文稿中特定的幻灯片、自定义放映、电子邮件地址、文件或 Web 页上。

【练习 5-18】在“林黛玉进贾府”中添加超链接。

(1) 打开“林黛玉进贾府”演示文稿，选择第一张幻灯片。

(2) 选中文本“作者简介”，然后在选中的文本上右击，选择“超链接”命令，如图 5-156

所示。

(3) 打开“插入超链接”对话框，在“链接到”列表中选择“本文档中的位置”选项，在“请选择文档中的位置”列表中选择“2. 作者简介”选项，此时在“幻灯片预览”区域可预览该幻灯片，如图 5-157 所示。

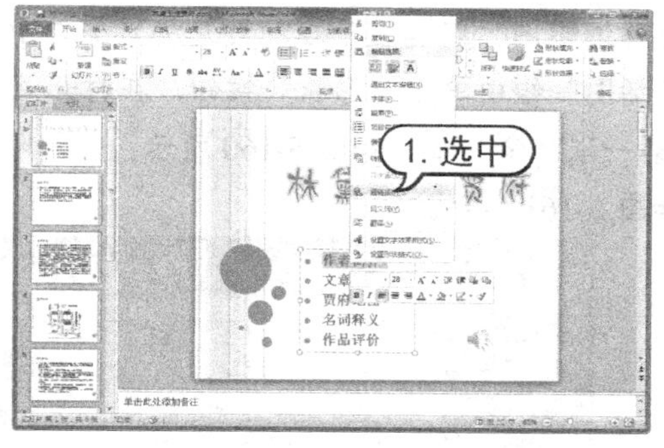

图 5-156　选择“超链接”命令

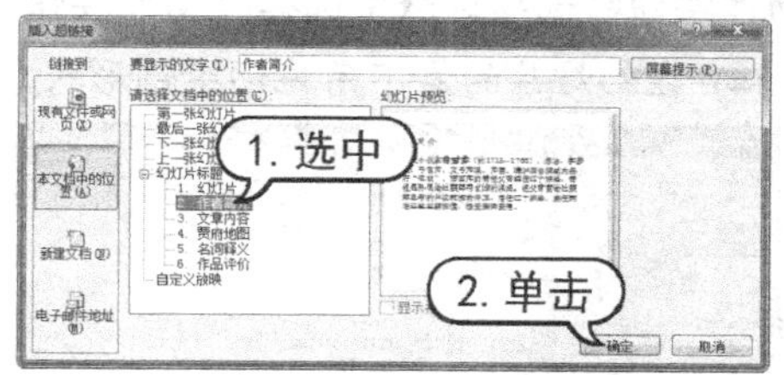

图 5-157　“插入超链接”对话框

(4) 单击“确定”按钮，关闭“插入超链接”对话框，完成超链接的添加。

(5) 此时在已经添加了超链接的文本上将自动出现一个下划线，表示该文本具有超链接功能，如图 5-158 所示。按照同样的方法，为其他文本添加超链接。

(6) 按下 F5 快捷键预览课件，当鼠标指针悬停在具有超链接的文本上时，将变成的形状，如图 5-159 所示，单击该超链接可跳至目标幻灯片。

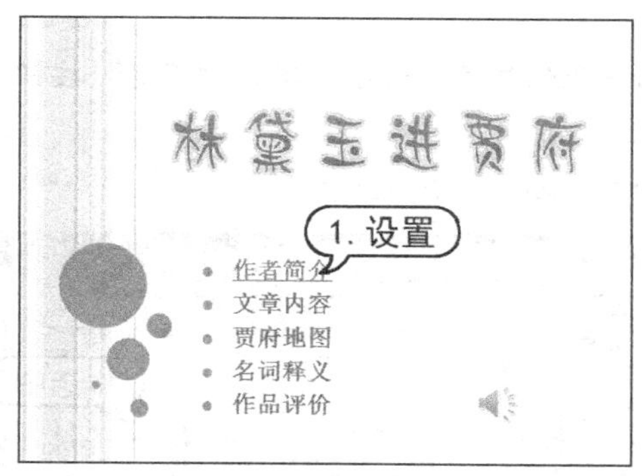

图 5-158　超链接效果

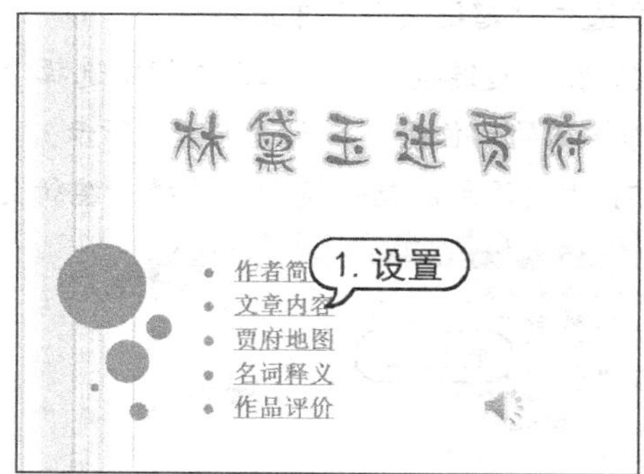

图 5-159　预览幻灯片

提示：

在 PowerPoint 2010 中，超链接不仅可以指向本演示文稿中的任意一张幻灯片，还可以指向其他的演示文稿，并可以通过超链接打开网页和新建演示文稿等。

5.7.2　使用动作按钮

动作按钮是 PowerPoint 中预先设置好的一组带有特定动作的图形按钮，这些按钮被预先设置为指向前一张、后一张、第一张、最后一张幻灯片、播放声音及播放电影等链接，用户可以方便地应用这些预置好的按钮，实现在放映幻灯片时跳转的目的。

【练习 5-19】在“林黛玉进贾府”中添加动作按钮，使得用户在观看幻灯片的过程中，能够随时返回到第一张幻灯片。

(1) 启动 PowerPoint 2010，打开“林黛玉进贾府”演示文稿。

(2) 在幻灯片预览窗口中选择第 2 张幻灯片缩略图，将其显示在幻灯片编辑窗口中。

(3) 在功能区打开“插入”选项卡，在“插图”组中单击“形状”按钮，在打开菜单的“动作按钮”选项区域中选择“动作按钮：第一张”命令◁，如图 5-160 所示。

(4) 在幻灯片的右下角拖动绘制形状，如图 5-161 所示。

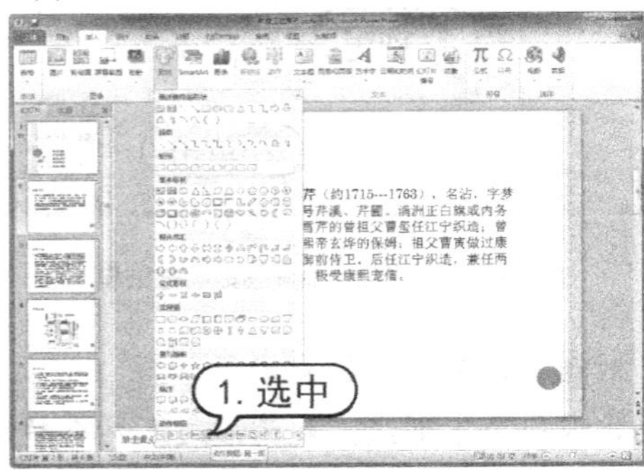

图 5-160　选择按钮类型

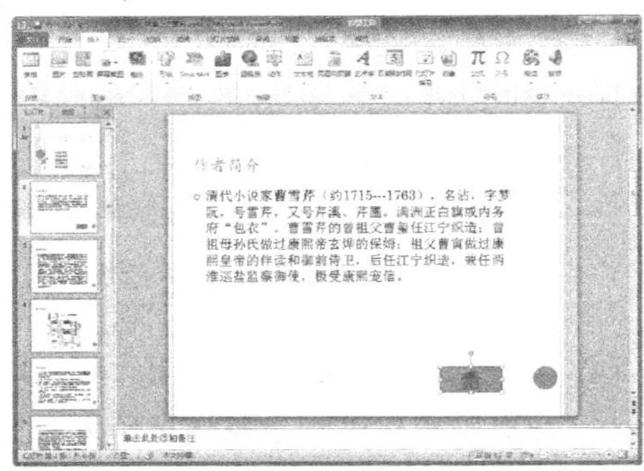

图 5-161　绘制按钮

(5) 释放鼠标时，系统将自动打开“动作设置”对话框，在“单击鼠标时的动作”选项区域中选中“超链接到”单选按钮。

(6) 在“超链接到”下拉列表框中选择“第一张幻灯片”选项，单击“确定”按钮，完成动作按钮的动作设置，如图 5-162 所示。

(7) 右击添加的动作按钮，选择“编辑文字”命令，如图 5-163 所示。

图 5-162　“动作设置”对话框

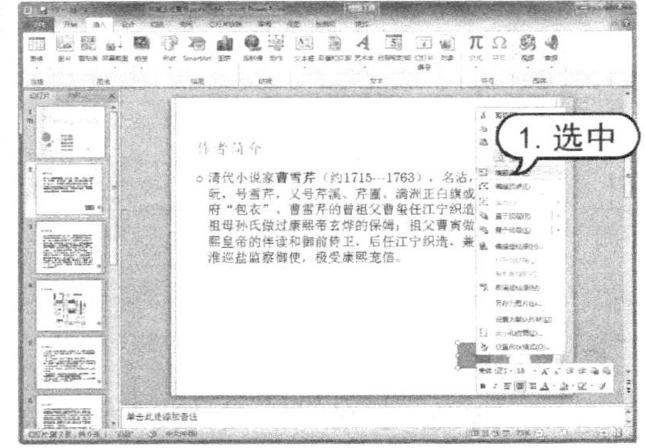

图 5-163　选择“编辑文字”命令

提示：

在“鼠标移过”选项卡中，用户可设置鼠标指针移过对象元素时，所发生的动作。例如，选中“超链接到”单选按钮，设置其下拉列表框中为【第一张幻灯片】选项，那么放映演示文稿过程中，当鼠标移过该动作按钮(无须单击)时，演示文稿将直接跳转到第一张幻灯片。

(8) 在按钮图片中输入文本“返回首页”，并对文本格式进行设置，效果如图 5-164 所示。

(9) 按照步骤(3)~(6)的方法添加“前进”按钮▶和“后退”按钮◀，并调节这两个按钮的大小和位置，最终预览效果如图 5-165 所示。

(10) 用户可将这些动作按钮复制和粘贴到其他的幻灯片中，粘贴的按钮将保留原按钮的所有属性。复制完成后，在快速工具栏中单击“保存”按钮，保存该课件。

图 5-164　添加文本

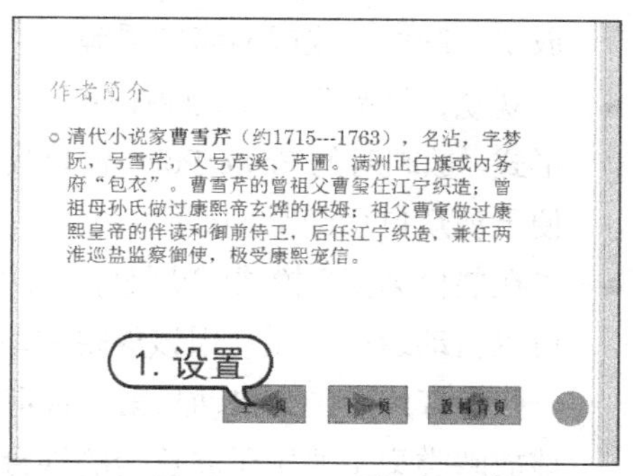

图 5-165　最终预览效果

提示：

选中插入的动作按钮，可打开“绘图工具”的“格式”选项卡，在该选项卡中，用户可对按钮的样式进行修改和美化。

5.8　课件的放映

课件制作完成后，就可以放映了，在放映课件之前可对放映方式就行设置，PowerPoint 2010 提供了多种演示文稿的放映方式，用户可选用不同的放映方式以满足放映的需要。

5.8.1　设置放映方式

打开“幻灯片放映”选项卡，在“设置”组中单击“设置幻灯片放映”按钮，打开“设置放映方式”对话框，在“设置放映方式”对话框的“放映类型”选项区域中可以设置幻灯片的放映模式，如图 5-166 和图 5-167 所示。

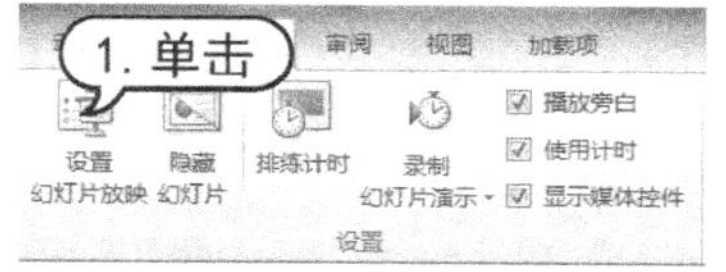

图 5-166　“幻灯片放映”选项卡

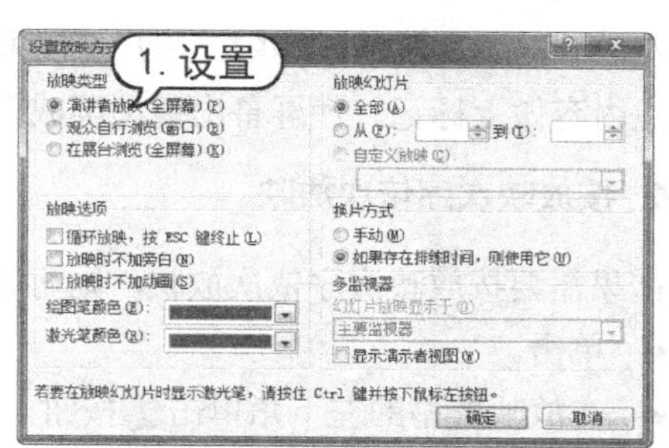

图 5-167　“设置放映方式”对话框

放映模式主要有以下几种，分别进行介绍。

- “演讲者放映”模式(全屏幕)：该模式是系统默认的放映类型，也是最常见的全屏放映方式。在这种放映方式下，演讲者现场控制演示节奏，具有放映的完全控制权。用户可以根据观众的反应随时调整放映速度或节奏，还可以暂停下来进行讨论或记录观众即席反应，甚至可以在放映过程中录制旁白。一般用于召开会议时的大屏幕放映、联机会议或网络广播等。
- “观众自行浏览”模式(窗口)：观众自行浏览是在标准 Windows 窗口中显示的放映形式，放映时的 PowerPoint 窗口具有菜单栏、Web 工具栏，类似于浏览网页的效果，便于观众自行浏览。
- “在展台浏览”模式(全屏幕)：采用该放映类型，最主要的特点是不需要专人控制就可以自动运行，在使用该放映类型时，如超链接的控制方法都失效。当播放完最后一张幻灯片后，会自动从第一张重新开始播放，直至用户按下 Esc 键才会停止播放。该放映类型主要用于展览会的展台或会议中的某部分需要自动演示等场合。

提示：

使用“展台浏览”模式放映课件时，用户不能对其放映过程进行干预，必须预先设置好每张幻灯片的放映时间，否则可能会长时间停留在某张幻灯片上。

5.8.2 开始放映幻灯片

完成放映前的准备工作后就可以开始放映幻灯片了。常用的放映方法为从头开始放映和从当前幻灯片开始放映。

- 从头开始放映：按下 F5 键，或者在“幻灯片放映”选项卡的“开始放映幻灯片”组中单击“从头开始”按钮。
- 从当前幻灯片开始放映：在状态栏的幻灯片视图切换按钮区域中单击“幻灯片放映”按钮，或者在“幻灯片放映”选项卡的“开始放映幻灯片”组中单击“从当前幻灯片开始”按钮。

5.8.3 控制幻灯片的放映过程

在放映演示文稿的过程中，用户可以根据需要按放映次序依次放映、快速定位幻灯片、为重点内容做上标记、使屏幕出现黑屏或白屏和结束放映等。

1. 按放映次序依次放映

如果需要按放映次序依次放映，则可以进行如下操作。

- 单击。
- 在放映屏幕的左下角单击按钮。
- 在放映屏幕的左下角单击按钮，在弹出的菜单中选择“下一张”命令。

- 右击，在弹出的快捷菜单中选择“下一张”命令，如图 5-168 所示。

2. 快速定位幻灯片

如果不需要按照指定的顺序进行放映，则可以快速定位幻灯片。在放映屏幕的左下角单击按钮，从弹出的菜单中使用“定位至幻灯片”命令进行切换。

另外，右击，在弹出的快捷菜单中选择“定位至幻灯片”命令，从弹出的子菜单中选择要播放的幻灯片，同样可以实现快速定位幻灯片操作，如图 5-169 所示。

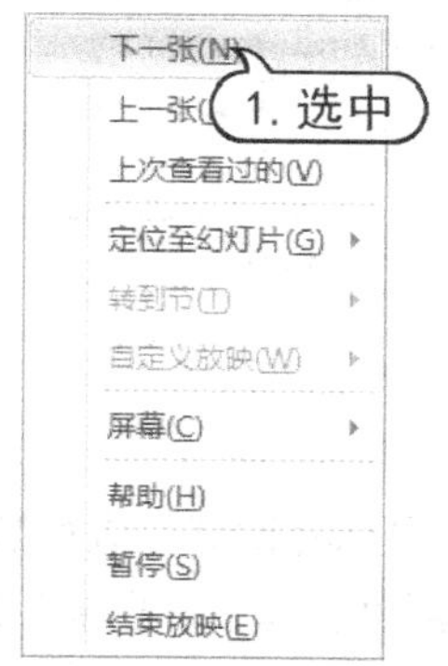

图 5-168　切换至下一张幻灯片

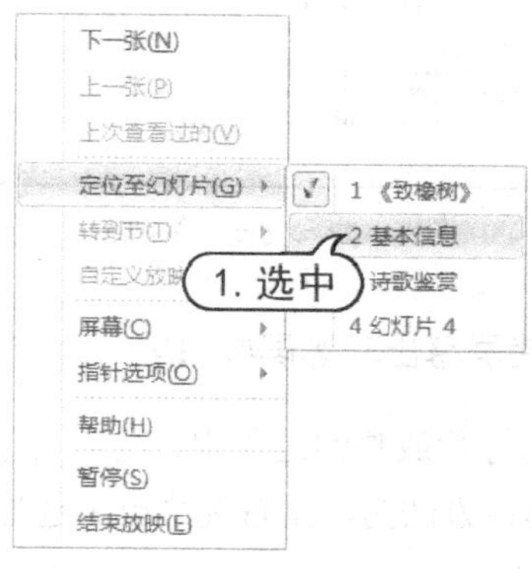

图 5-169　定位幻灯片

3. 为重点内容做上标记

使用 PowerPoint 2010 提供的绘图笔可以为重点内容做上标记。绘图笔的作用类似于板书笔，常用于强调或添加注释。用户可以选择绘图笔的形状和颜色，也可以随时擦除绘制的笔迹。放映幻灯片时，在屏幕中右击，在弹出的快捷菜单中选择“指针选项”|“荧光笔”选项，将绘图笔设置为荧光笔样式，如图 5-170 所示。然后进行拖动即可绘制标记，如图 5-171 所示。

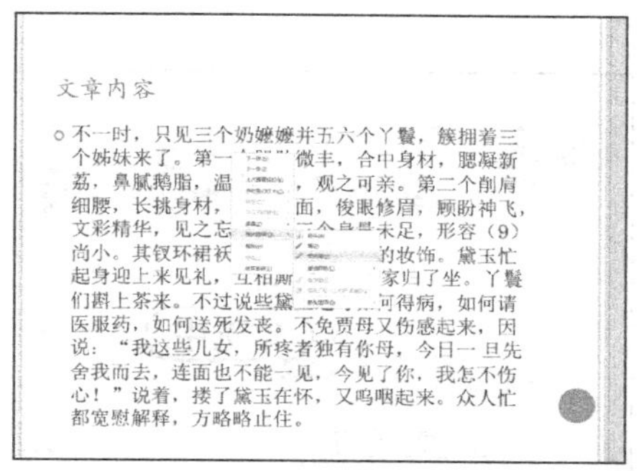

图 5-170　选择“荧光笔”

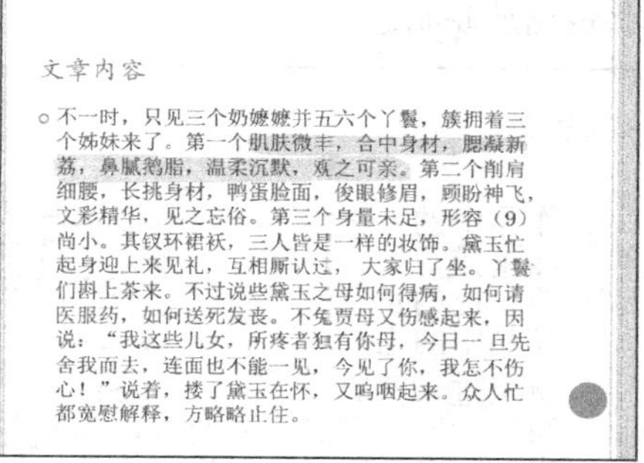

图 5-171　绘制标记

提示：

当用户在绘制注释的过程中出现错误时，可以在右键菜单中选择“指针选项”|“橡皮擦”命令，单击墨迹将其擦除；也可以选择“擦除幻灯片上的所有墨迹”命令，将所有墨迹擦除。

另外，在屏幕中右击，在弹出的快捷菜单中选择“指针选项”|“墨迹颜色”命令，可在

其下级菜单中设置绘图笔的颜色，如图 5-172 所示。例如，将画笔颜色设置为“红色”，绘制的墨迹效果如图 5-173 所示。

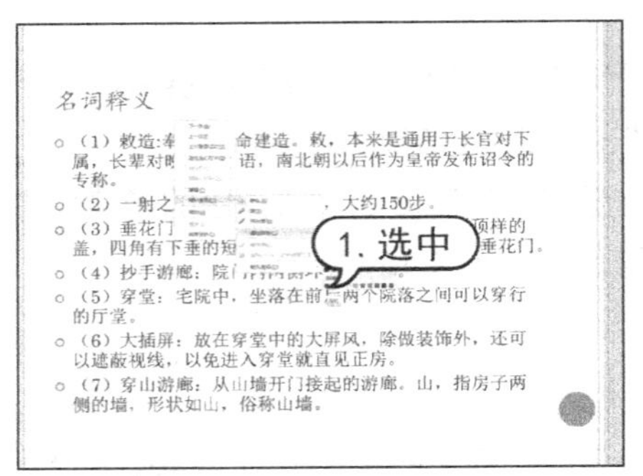

图 5-172　设置画笔颜色

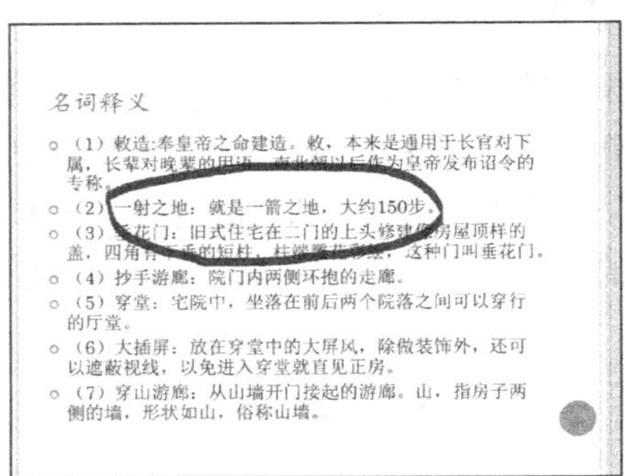

图 5-173　绘制标记

4. 使屏幕出现黑屏或白屏

在幻灯片放映的过程中，有时为了避免引起观众的注意，可以将幻灯片进行黑屏或白屏显示。具体方法为，在右键菜单中选择“屏幕”|“黑屏”命令或“屏幕”|“白屏”命令即可，如图 5-174 所示。

提示：

除了选择右键菜单命令外，还可以直接使用快捷键。按下 B 键，将出现黑屏，按下 W 键将出现白屏。

5. 结束放映

在幻灯片放映的过程中，有时需要快速结束放映操作，可以按 Esc 键，或者单击按钮(或在幻灯片中右击)，从弹出的菜单中选择“结束放映”命令，如图 5-175 所示。此时演示文稿将退出放映状态。

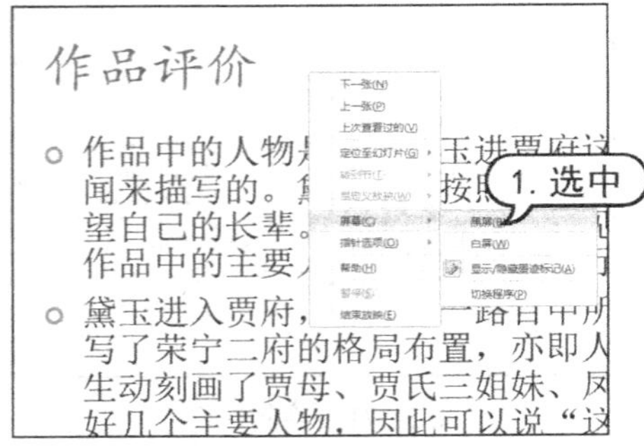

图 5-174　选择“屏幕”|“白屏”命令

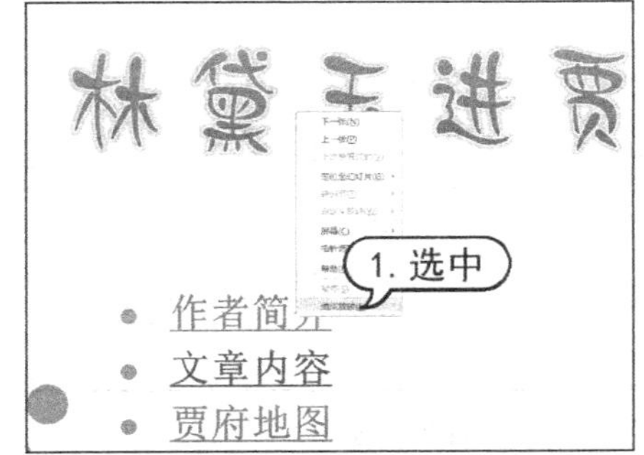

图 5-175　选择“结束放映”命令

提示：

在幻灯片放映的过程中，还可以暂停放映幻灯片，具体操作为在右键快捷菜单中选择“暂停”命令。

5.9　课件的打包和发布

制作演示文稿的目的是最终将演示文稿展示出来，以达到宣传、介绍和讲解的目的。如果用户需要在另一台计算机或网络上放映该演示文稿，还需要对其进行打包，以便将 PowerPoint 播放器与演示文稿相关联的文件打包到指定的文件或光盘中。另外，用户还可以将演示文稿发布到网站，以供其他人访问。

5.9.1　课件的打包

课件制作完毕后，往往不是在同一台计算机上放映，如果仅仅将制作好的课件复制到另一台计算机上，而该机又未装 PowerPoint 应用程序，或者课件中使用的链接文件或 TrueType 字体在该机上不存在，则无法保证课件的正常播放。因此，一般在制作课件后需要将其打包成安装文件。

【练习 5-20】使用 PowerPoint 2010 将课件打包成 CD。

(1) 启动 PowerPoint 2010，打开“林黛玉进贾府”演示文稿。

(2) 单击“文件”按钮，打开“保存并发送”标签，然后选中“将演示文稿打包成 CD”选项，如图 5-176 所示。

(3) 单击右侧的“打包成 CD”命令，打开“打包成 CD”对话框。在“将 CD 命名为”文本框中输入文件名称“林黛玉进贾府”，如图 5-177 所示。然后单击“选项”按钮，打开“选项”对话框。

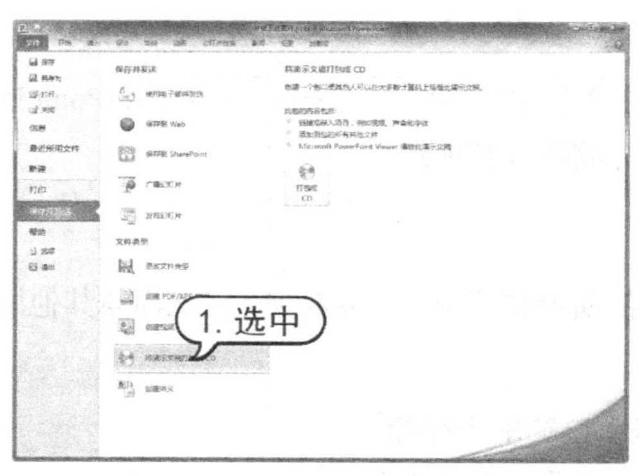

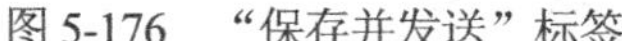
图 5-176　“保存并发送”标签

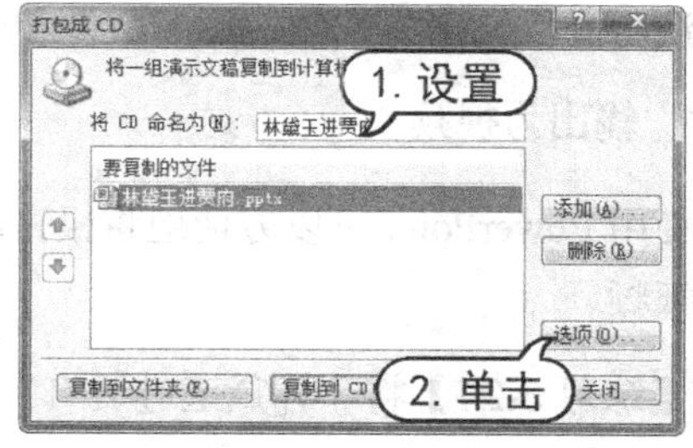

图 5-177　“打包成 CD”对话框

(4) 在“选项”对话框的“包含这些文件”选项区域中选择“链接的文件”和“嵌入的 TrueType 字体”复选框，如图 5-178 所示，然后单击“确定”按钮返回到“打包成 CD”对话框。

(5) 在“打包成 CD”对话框中单击“复制到文件夹”按钮，打开“复制到文件夹”对话框。在“文件夹名称”文本框中输入文件名“林黛玉进贾府”，如图 5-179 所示。然后单击“浏览”按钮，选择文件的存放位置。

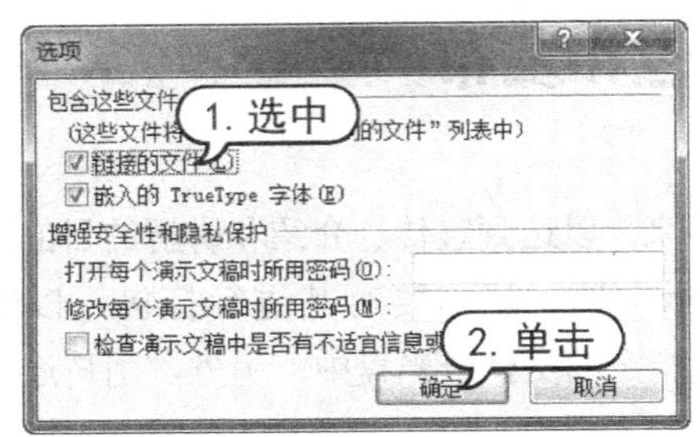

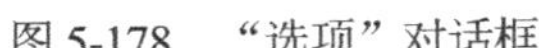
图 5-178　“选项”对话框

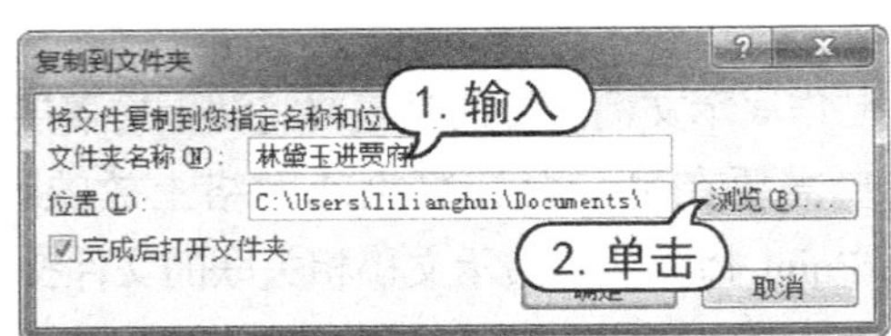

图 5-179　“复制到文件夹”对话框

(6) 选择完成后，单击“确定”按钮，打开如图 5-180 所示的提示对话框，直接单击“是”按钮即可将课件及其包含的多媒体元素打包到一个文件夹中。

图 5-180　提示对话框

提示：

如果有 CD 刻录机的用户可以直接将演示文稿打包成 CD 光盘，以便于在其他计算机上播放或用于发行。要打包成 CD 光盘，则在图 5-177 中单击“复制到 CD”按钮即可。

5.9.2　课件的输出

用户可以将演示文稿输出为其他形式，以满足用户多用途的需要。在 PowerPoint 中，可以将演示文稿输出为视频、图形文件和幻灯片放映等多种格式。

1. 输出为视频

使用 PowerPoint 可以方便地将极富动感的演示文稿输出为视频文件，从而与其他用户共享该视频。

【练习 5-21】将“林黛玉进贾府”演示文稿输出为视频。

(1) 启动 PowerPoint 2010，打开“林黛玉进贾府”演示文稿。

(2) 单击“文件”按钮，从弹出的菜单中选择“保存并发送”命令，在右侧打开的窗格的“文件类型”选项区域中选择“创建视频”选项，如图 5-181 所示。

(3) 在“创建视频”选项区域中设置显示选项和放映时间，单击“创建视频”按钮。

(4) 打开“另存为”对话框，设置视频文件的名称和保存路径，单击“保存”按钮，如图 5-182 所示。

提示：

在“计算机和 HD 显示”下拉列表框中可以设置视频显示在计算机、Internet、DVD 和便捷式设备上。

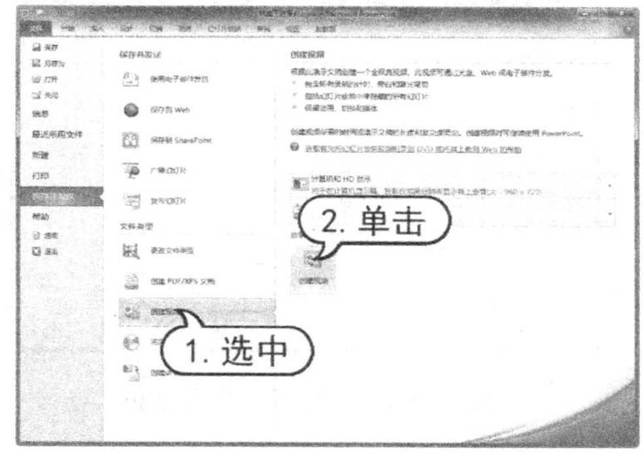

图 5-181　“保存并发送”标签

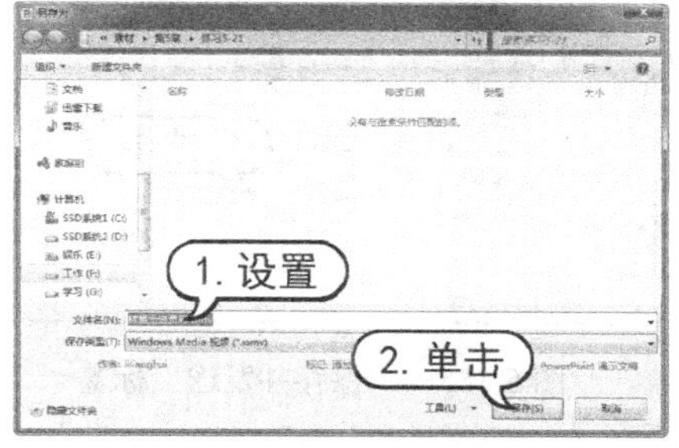

图 5-182　“另存为”对话框

(5) 此时 PowerPoint 2010 窗口任务栏中将显示制作视频的进度，稍等片刻。

(6) 制作完毕后，打开视频存放路径，如图 5-183 所示。双击视频文件，即可使用计算机中视频播放器来播放该视频，如图 5-184 所示。

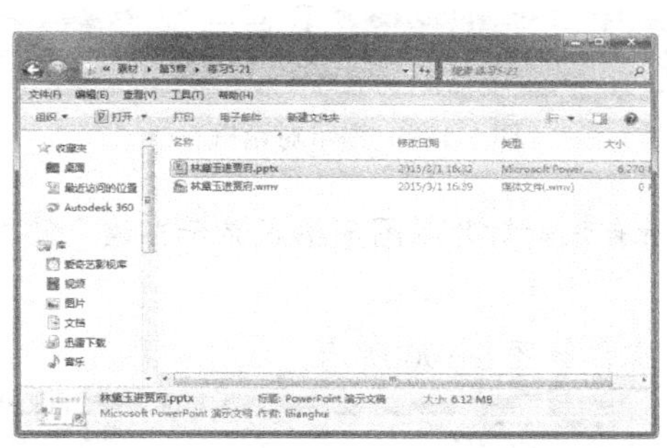

图 5-183　存放视频的文件夹

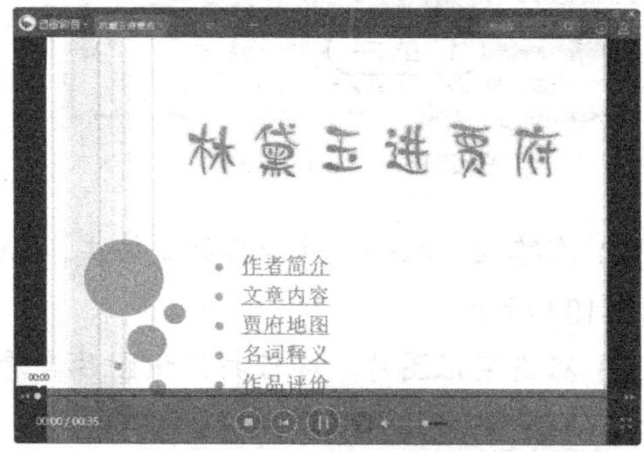

图 5-184　播放视频

2. 输出为图形文件

PowerPoint 支持将演示文稿中的幻灯片输出为 GIF、JPG、PNG、TIFF、BMP、WMF 及 EMF 等格式的图形文件。这有利于用户在更大范围内交换或共享演示文稿中的内容。

【练习 5-22】将“林黛玉进贾府”演示文稿输出为 JPEG 格式的图形文件。

(1) 启动 PowerPoint 2010，打开“林黛玉进贾府”演示文稿。

(2) 单击“文件”按钮，从弹出的菜单中选择“保存并发送”命令，在右侧打开窗格的“文件类型”选项区域中选择“更改文件类型”选项。

(3) 在右侧窗格的“图片文件类型”选项区域中选择“JPEG 文件交换格式”选项，单击“另存为”按钮，如图 5-185 所示。

(4) 打开“另存为”对话框，设置存放路径，单击“保存”按钮，如图 5-186 所示。

提示:

在 PowerPoint 演示文稿中，打开“另存为”对话框，在“保存类型”中选择“JPEG 文件交换格式”选项，单击“保存”按钮，同样可以执行输出图片文件操作。

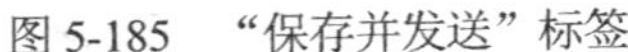

图 5-185　“保存并发送”标签

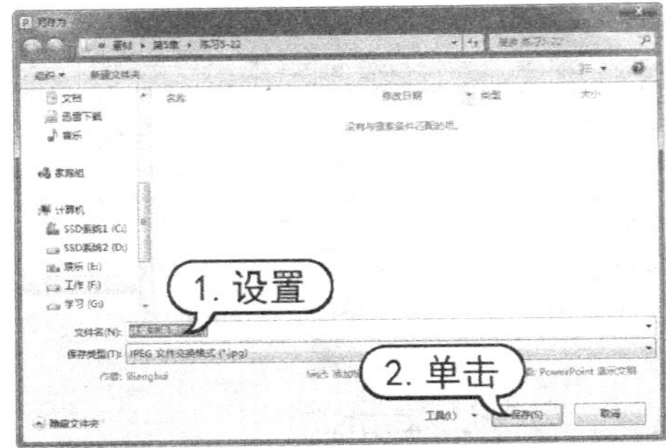

图 5-186　“另存为”对话框

(5) 此时系统会弹出提示对话框，供用户选择输出为图片文件的幻灯片范围，单击“每张幻灯片”按钮，如图 5-187 所示。

(6) 完成将演示文稿输出为图形文件，并弹出提示框，提示用户每张幻灯片都以独立的方式保存到文件夹中，单击“确定”按钮即可，如图 5-188 所示。

图 5-187　提示对话框

图 5-188　提示对话框

(7) 在路径中双击打开保存的文件夹，此时所有张幻灯片以图形格式显示在该文件夹中，如图 5-189 所示。

(8) 双击某张图片，即可打开该图片查看内容，如图 5-190 所示。

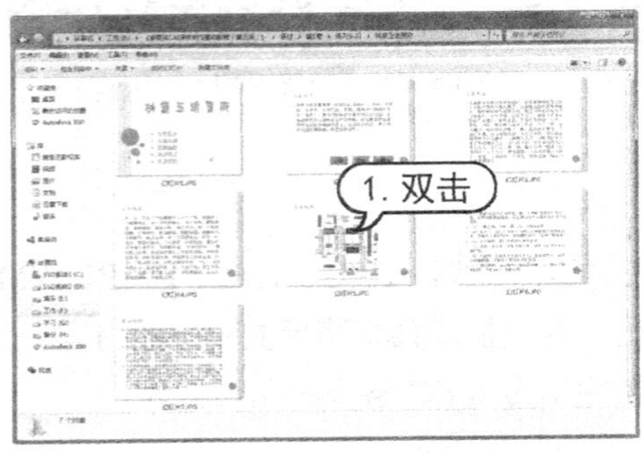

图 5-189　存放图片的文件夹

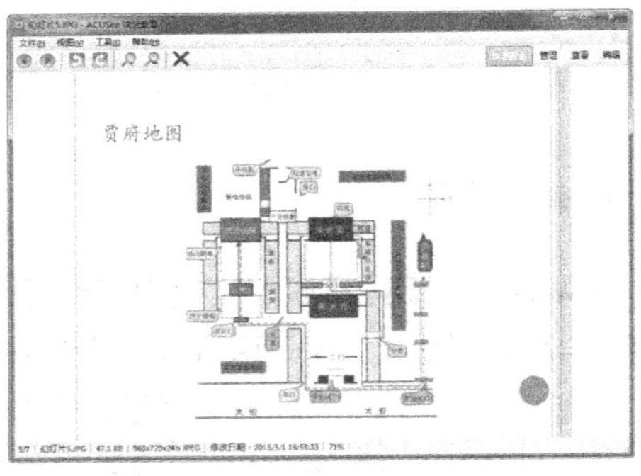

图 5-190　查看图片

3. 输出为幻灯片放映

在 PowerPoint 中经常用到的输出格式还有幻灯片放映。幻灯片放映是将演示文稿保存为总是以幻灯片放映的形式打开演示文稿，每次打开该类型文件，PowerPoint 会自动切换到幻灯片放映状态，而不会出现 PowerPoint 编辑窗口。

【练习 5-23】 将“林黛玉进贾府”演示文稿输出为幻灯片放映。

(1) 启动 PowerPoint 2010，打开“林黛玉进贾府”演示文稿。

(2) 单击“文件”按钮，从弹出的菜单中选择“另存为”命令，打开“另存为”对话框，如图 5-191 所示。

(3) 在“保存类型”中选择“PowerPoint 放映”选项，并设置文件的保存路径，然后单击“保存”按钮，即可将幻灯片输出为放映文件，如图 5-192 所示。

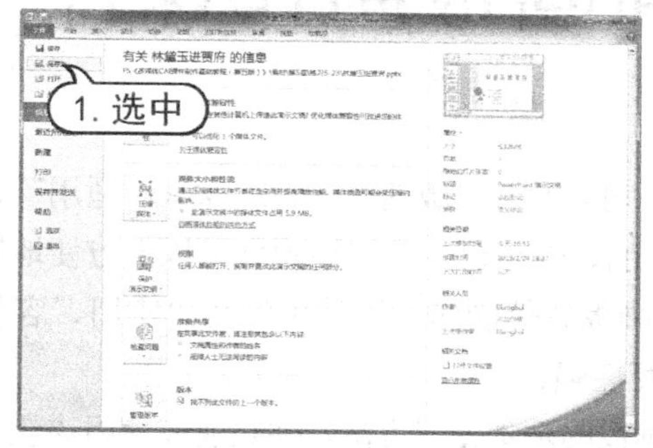

图 5-191　选择“另存为”命令

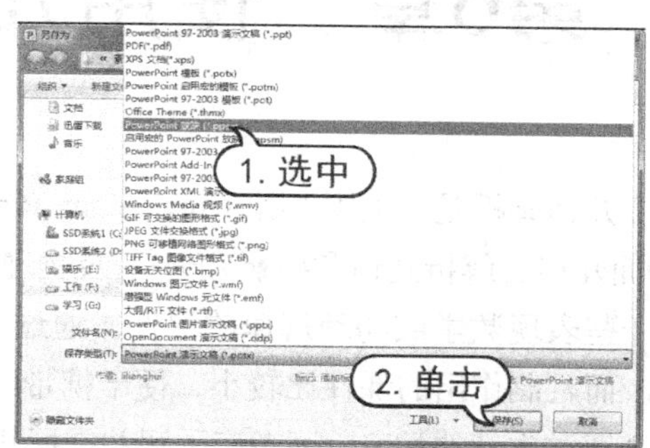

图 5-192　选择保存类型

(4) 在路径中双击该放映文件，即可直接进入放映屏幕放映文件，如图 5-193 和图 5-194 所示。

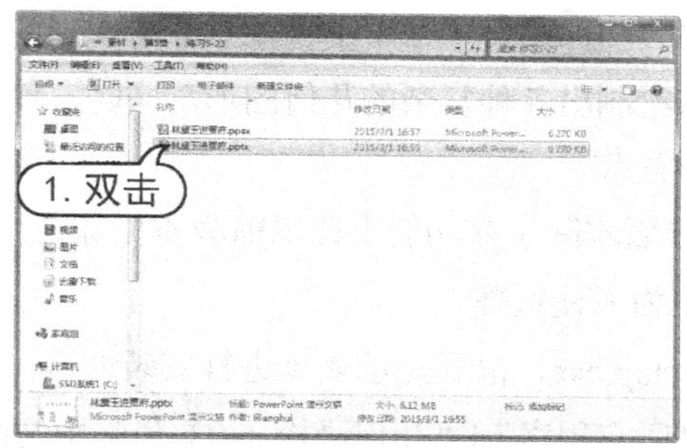

图 5-193　存放放映文件的文件夹

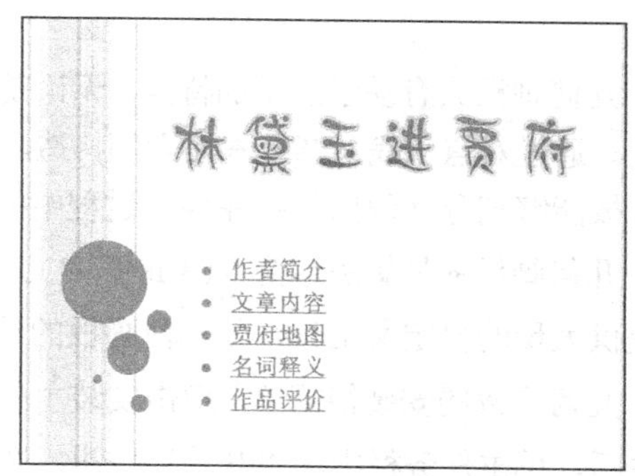

图 5-194　观看放映

第6章　使用几何画板制作课件

几何画板是由美国Key Curriculum Press公司开发并出版的教学辅助软件，适用于几何(平面几何、解析几何和射影几何等)及物理教学的软件平台，使用该软件可以很方便地制作出一些表现数学或物理规律的课件。通过几何画板软件制作的课件不仅简单实用、容易学习，而且制作出的课件比较小、便于携带、交互性强。

通过本章的学习，读者应了解并掌握几何画板的基本使用方法，并且能够使用该软件制作出精确的数学多媒体CAI课件。

6.1　几何画板的工作界面

几何画板具有易学易用的特点，无论是对于老师还是对于学生来说都是非常实用的工具软件。通过对点、线、圆基本元素的构造，可以绘制出各种复杂的几何图形。同时，使用几何画板能够充分体现出教师在备课过程中的教学思想。

几何画板的最新版本为5.03最强中文版，该版本除了在功能上比以前版本更加完善外，还提供大量的自定义工具，使几何画板的使用更为方便快捷。

几何画板的安装很简单，双击安装主程序Setup.exe，根据提示逐步进行安装即可。安装完成后，单击任务栏中的“开始”按钮，选择“所有程序”|“几何画板 5.03 最强中文版”|“主程序”|“GSP5.03简体中文版”命令，即可打开几何画板的工作界面，如图6-1所示。

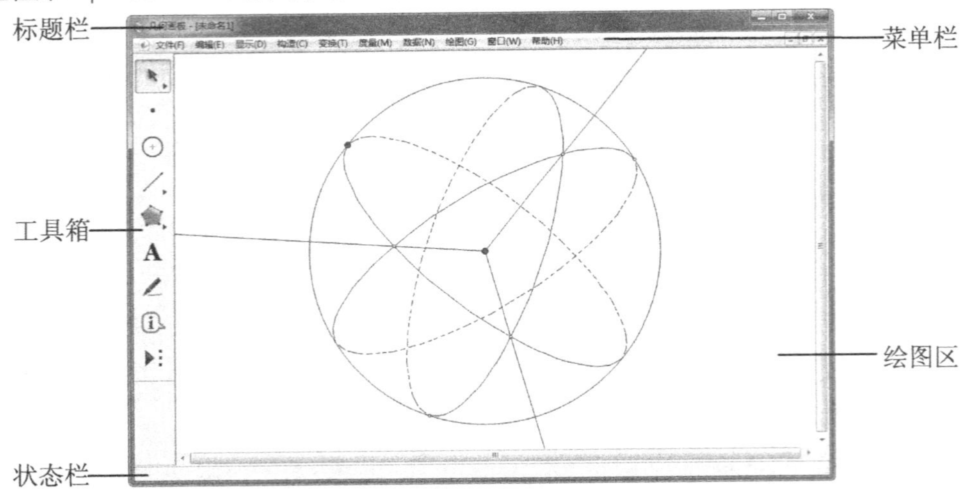

图6-1　几何画板的工作界面

提示：

“几何画板”软件的特点就是能把较为抽象的几何图形形象化，并保持其“动态”的特点。这样更有利于在教学过程中深入几何精髓，突破传统教学的难点。

6.1.1　标题栏

标题栏位于工作界面的最上方，它是由窗口标识和窗口按钮组成。双击标题栏将使整个窗口最大化，如图 6-2 所示，再次双击时，窗口将恢复到原有的大小。

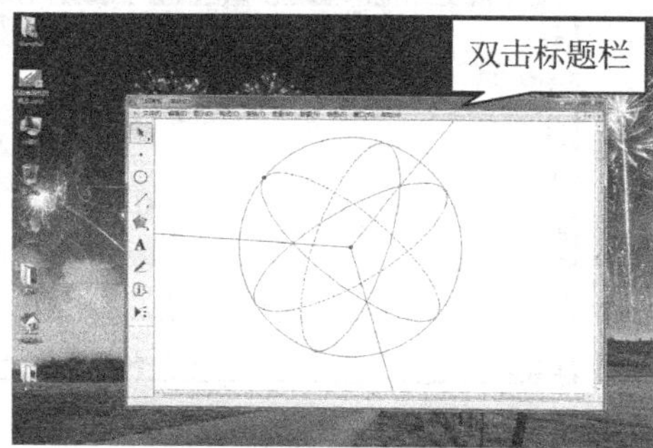

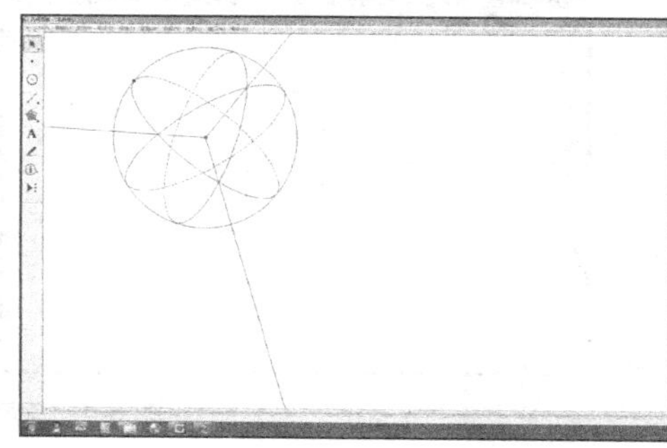

图 6-2　最大化窗口

6.1.2　菜单栏

菜单栏位于标题栏的下方，它包括“文件”、“编辑”、“显示”、“构造”、“变换”、“度量”、“数据”、“绘图”、“窗口”和“帮助”这 10 个菜单，涵盖了制作图形、动画、测量和计算等所有菜单命令。单击这些菜单项，可在打开的菜单列表中选择相应的命令，如图 6-3 所示。

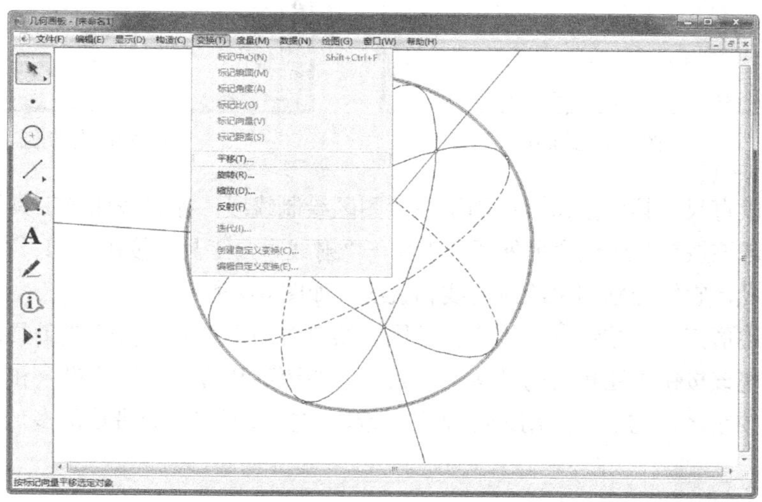

图 6-3　选择菜单命令

6.1.3　工具箱

几何画板的工具箱共有 9 个工具按钮，提供了一些基本图形(如点、线和圆)的绘制、图形的选取和文字的标注等功能。

- “移动箭头工具”按钮：用于选择一个对象以便进行其他操作。如果按住该工具按钮不放，可以发现该按钮中还包含另外两个工具，即“旋转箭头工具”和“缩放箭头工具”。其中，旋转工具用来旋转选定对象的方向；缩放工具用来缩放选定对象的大小，如图 6-4 所示。

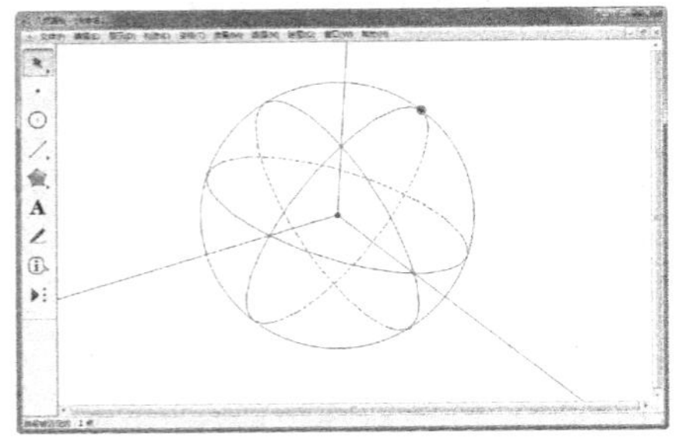

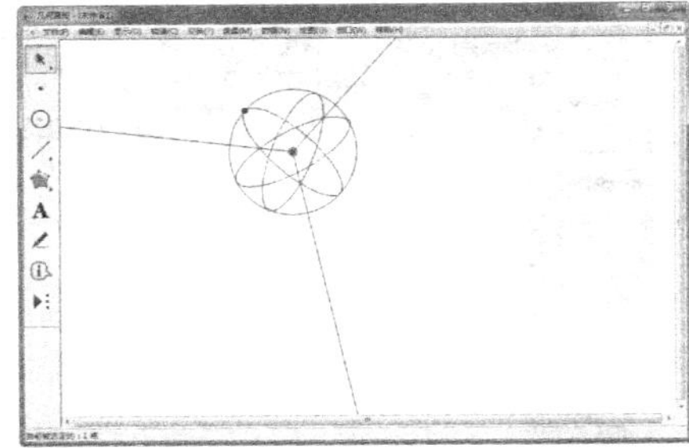

图 6-4　旋转和缩放图形

- “点工具”按钮：用于在绘图区画点，单击该按钮后，将光标移到绘图区中单击，就能画出一个点，如图 6-5 所示。
- “圆工具”按钮：用于在绘图区画圆，单击该按钮后，在绘图区中拖动，就能绘制一个圆，如图 6-6 所示。

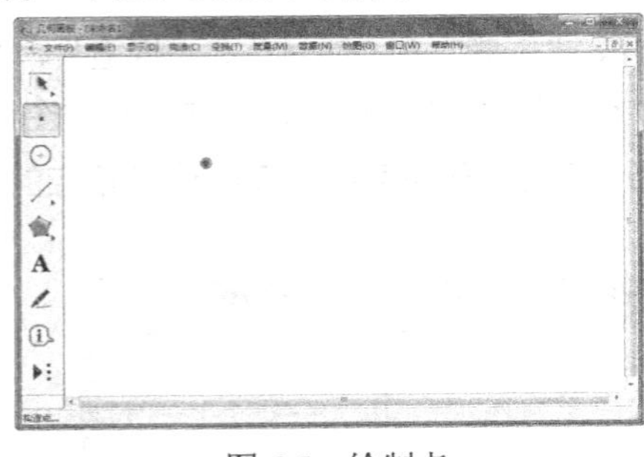

图 6-5　绘制点

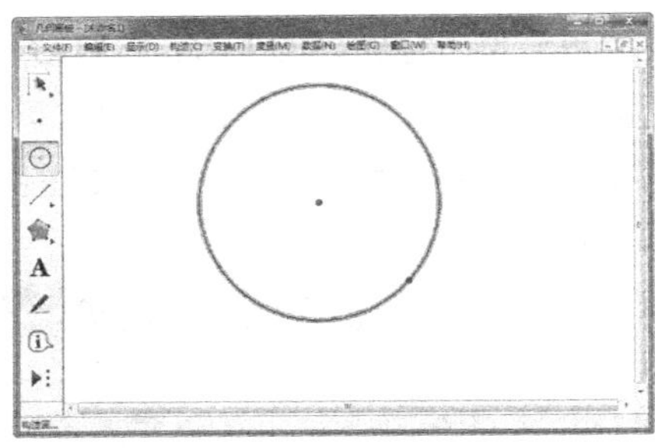

图 6-6　绘制圆

- “线段直尺工具”按钮：用于在绘图区绘制线段。如果按住该工具按钮不放，可以发现该按钮中还包含另外两个工具，“射线直尺工具”按钮和“直线直尺工具”按钮，它们分别用来绘制射线和直线，如图 6-7 所示。
- “多边形工具”按钮：用于在绘图区绘制多边形。如果按住该工具按钮不放，可以发现该按钮中还包含另外两个工具，“多边形和边工具”按钮和“多边形边工具”按钮，它们分别用来绘制实心带边的多边形和空心带边的多边形，如图 6-8 所示。

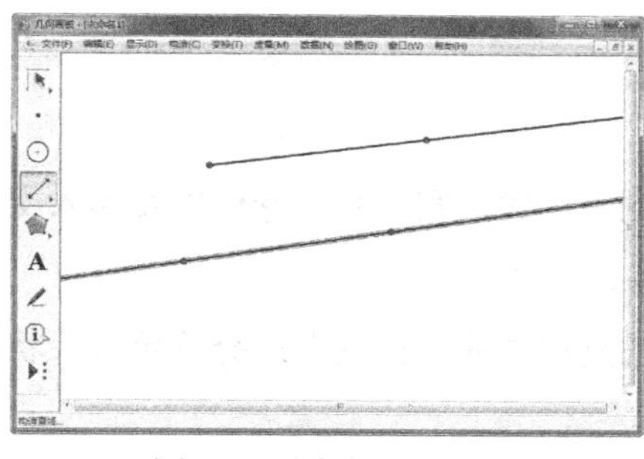

图 6-7　绘制射线和直线

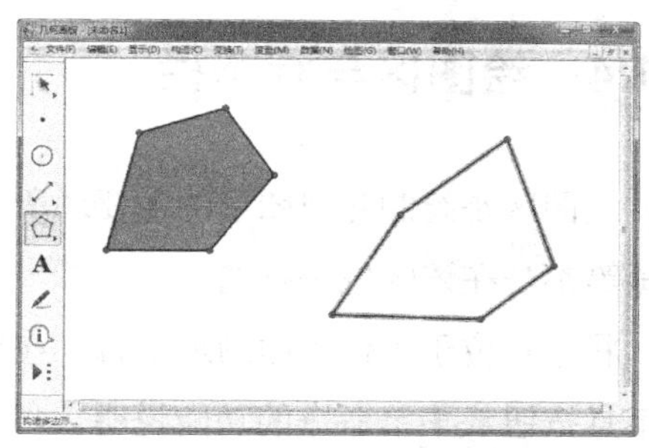

图 6-8　绘制多边形

- “文字工具”按钮A：用于对点、线和圆等基本元素进行标注或使标注隐藏。单击该按钮后，将光标移到绘图区中拖动，就能画出一个标注文本框，可以在其中输入文字注释，如图 6-9 所示。
- “标记工具”按钮：该工具相当于一个画笔，可以在绘图区任意进行涂写，以方便对图形进行标记，如图 6-10 所示。

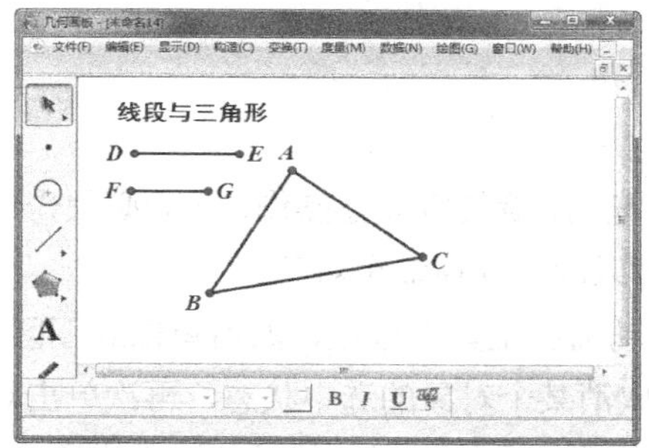

图 6-9　添加文字和标记

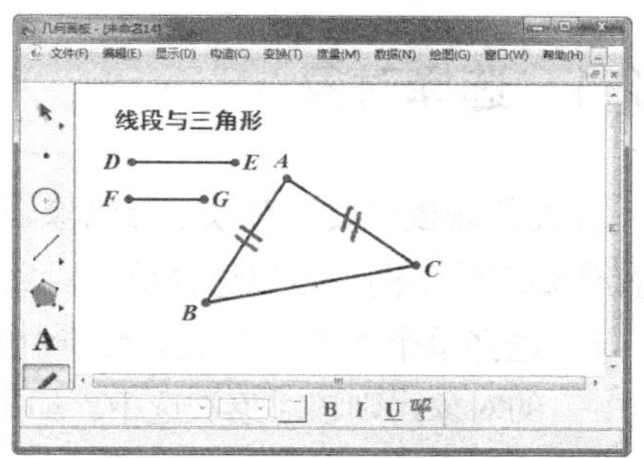

图 6-10　添加标记

- “信息工具”按钮：单击该按钮，然后在绘图区的图形元素上单击，可显示所单击元素的基本信息，以及该元素和其相邻元素之间的关系，如图 6-11 所示。
- “自定义工具”按钮：该工具按钮是 4.0 以后版本中新增的，用户可以根据自己的需要定制工具。使用该按钮可以把结果创建成一个自定义工具，这时几何画板会把制作的过程全部记录下来，并保存为一个文件供用户以后使用。长按该工具可显示可进行自定义的各种工具，如图 6-12 所示。

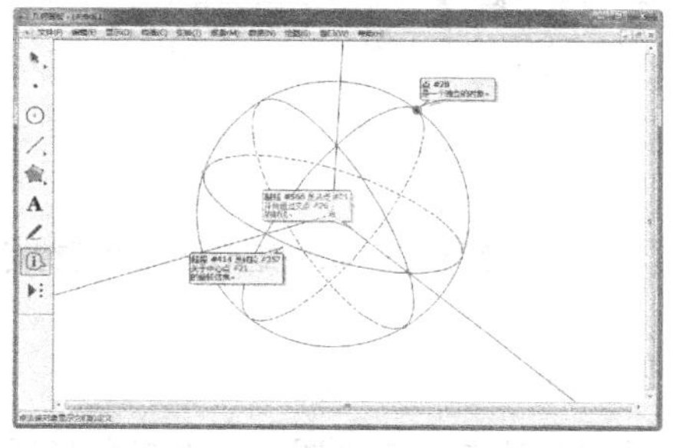

图 6-11　显示信息

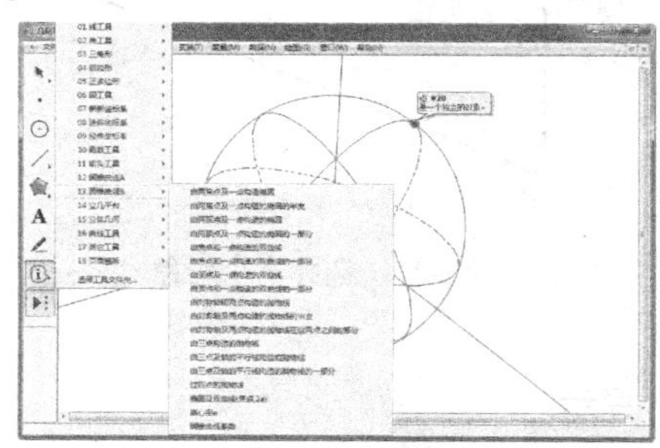

图 6-12　自定义工具

6.1.4　绘图区与状态栏

绘图区是绘制几何图形的主要场所，绘制点、线、圆等基本操作以及输入文字、制作动画等都是在该区域进行的。

状态栏位于工作界面的最下方，在单击工具箱中的按钮或者选择菜单时，状态栏将给出工具按钮或菜单命令的功能说明。

6.2　几何画板的基本操作

在使用几何画板制作课件之前，应熟练掌握软件的基本操作。基本操作包括对对象的选择、删除、复制、粘贴、移动、旋转和缩放等，也包括对标签样式的修改、显示和隐藏等。本节将介绍几何画板的基本操作方法。

6.2.1　选择对象

在几何画板中要对对象进行删除、复制、拖动、旋转等其他操作之前，必须先选择对象。按操作要求的不同，可以选择单个对象，也可以同时选择多个对象。

- 选择单个对象：单击工具箱中的“移动箭头工具”按钮，然后单击绘图区中要选择的对象，则该对象被选中。如果想要取消某个对象的选中状态，再次单击对象即可。
- 选择多个对象：单击工具箱的“移动箭头工具”按钮，然后依次单击所需选择的对象，如图 6-13 所示。或者拉出一个矩形框，则矩形框内的所有对象都将被选中，如图 6-14 所示。

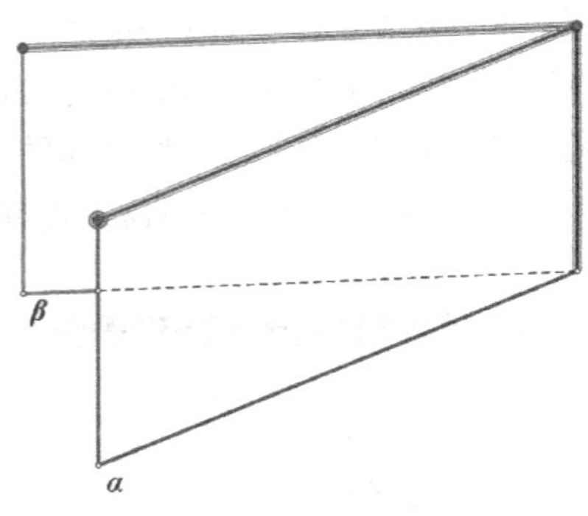

图 6-13　选择多个对象

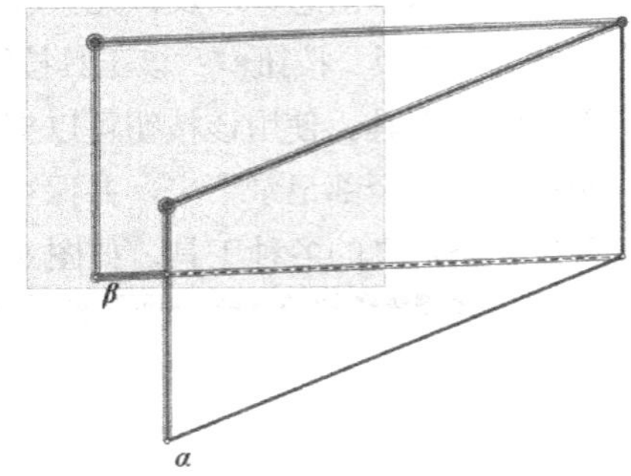

图 6-14　选中矩形框内的所有对象

提示：

在几何画板中选中线段时，并不包括线段两端的端点；选中圆时，也不包括圆心和圆心上的点。

6.2.2　删除对象

删除图形对象的方法有很多，在选定要删除的一个或多个对象后，执行以下的任何一个操作。

- 选择“编辑”|“剪切”命令，或者按下 Ctrl+X 快捷键。
- 选择“编辑”|“清除对象”命令，或者按下 Ctrl+Del 快捷键。注意，使用该方法时，菜单中的命令会根据所选对象的不同而有所变化。例如，选择的对象是线段，那么可以选择“编辑”|“清除线段”命令，如图 6-15 所示；选择的对象是点，可以选择“编辑”|“清除对象”命令，如图 6-16 所示。
- 直接按下 Delete 键。

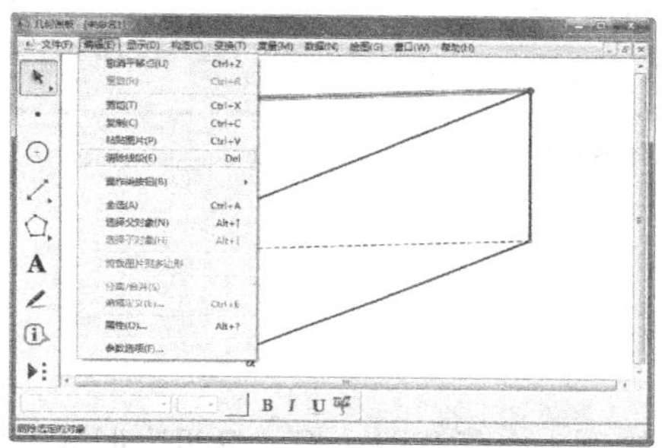

图 6-15　清除线段

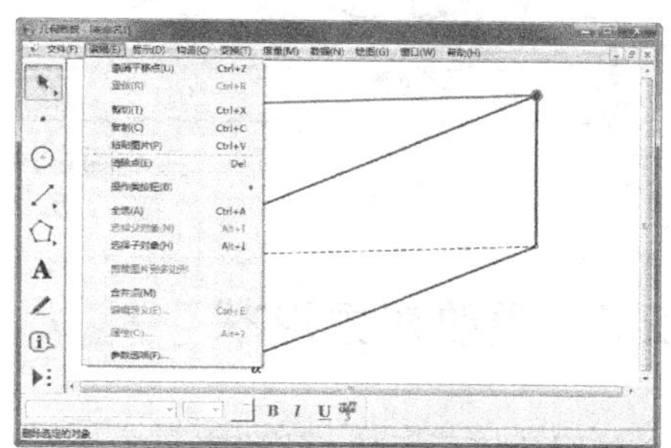

图 6-16　清除点

6.2.3　复制/粘贴对象

使用“复制”和“粘贴”命令，可以加快课件的开发速度从而节省制作的时间。具体的操作步骤如下。

(1) 单击“移动箭头工具”按钮，在绘图区中选择要复制的对象。

(2) 选择“编辑”|“复制”命令，将选中的对象复制到剪贴板中，如图 6-17 所示。

(3) 选择“编辑”|“粘贴”命令，完成对象的复制，如图 6-18 所示。

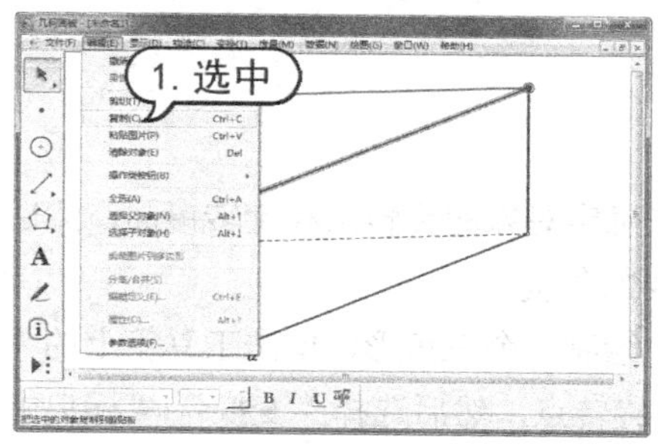

图 6-17　复制对象

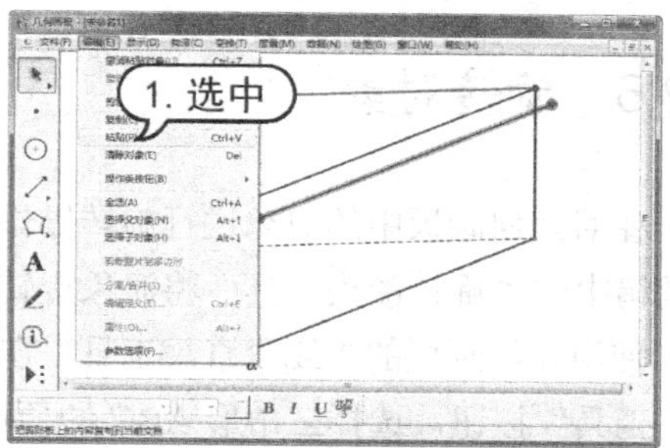

图 6-18　粘贴对象

6.2.4　移动对象

如果想在绘图区中移动图形对象到新的位置，先选择该对象，然后将其拖动到新的位置即可。还可以一次框选多个图形对象，将光标放置在多个图形对象中的任一个面，当光标由↖变为←时，即可进行整体拖动，如图 6-19 所示。

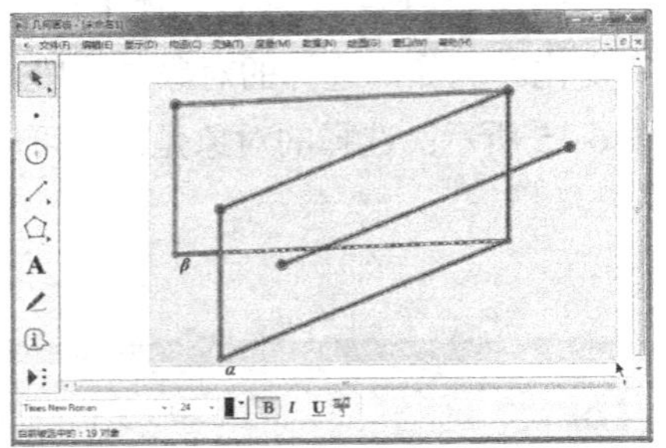
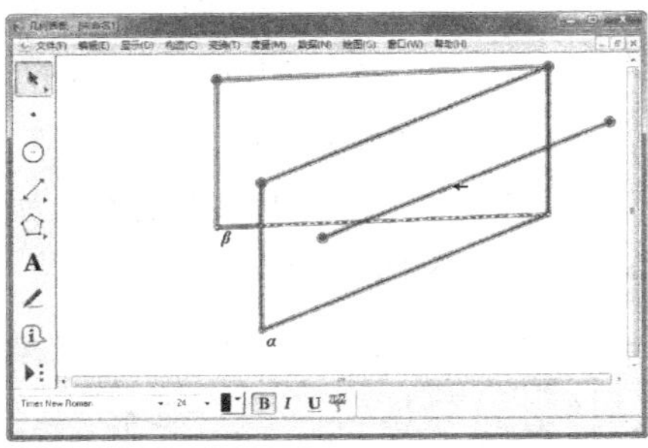

图 6-19　整体移动多个对象

6.2.5　更改对象形状

使用几何画板的“线段直尺工具”在绘图区中绘制一个任意四边形。将四边形 ABCD 的顶点 B 向任意方向拖动，图形的形状也将随之改变，但仍然是四边形。然后选择四边形 ABCD 的 AB 边，将此边向任意方向拖动，可以发现四边形这样一种关系仍然存在，即几何关系没有发生变化，如图 6-20 所示。

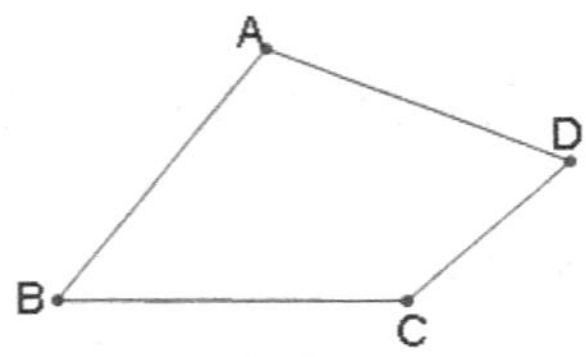

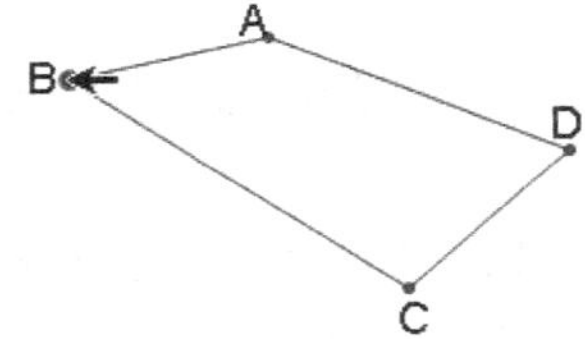

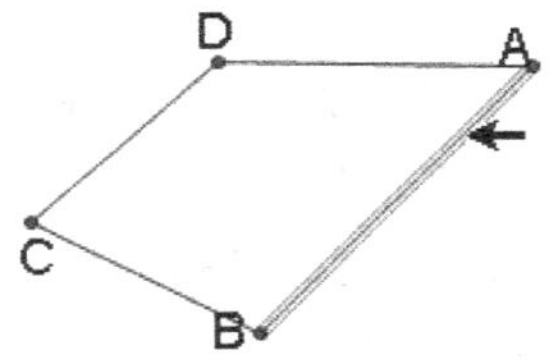

图 6-20　调整图形的形状

6.2.6　旋转对象

在对几何画板中的对象进行旋转操作时，应先确定对象的旋转点和旋转镜面，然后使用工具箱中的“旋转箭头工具”将对象旋转至所需要的角度。

使用几何画板的“线段直尺工具”在绘图区中绘制一个三角形，单击工具箱上的“移动箭头工具”按钮，选择三角形 ABC 的顶点 C 作为旋转点，然后选择“变换”|“标记中心”命令，标识选定的点 C。按住工具箱上的“移动箭头工具”按钮，在弹出的工具中选择“旋转箭头工具”按钮，将光标移到图形对象的任意边上，当鼠标指针变为←形状后，进行拖动将对象旋转到所需位置即可，如图 6-21 所示。

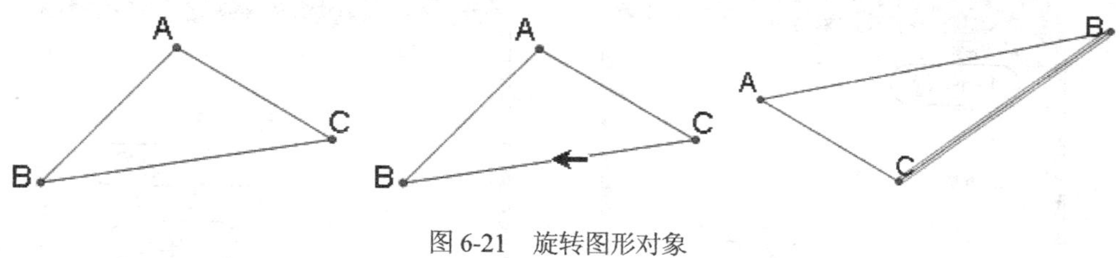

图 6-21　旋转图形对象

6.2.7　添加标签

在使用几何画板制作课件时，不但需要利用标签对不同的对象加以区分，有时还需要利用相应的文字对课件加以说明。

使用几何画板在绘图区中绘制一个三角形，单击工具箱上的“文字工具”按钮A，将光标移到绘图区时将变成形状，此时将光标指向三角形的一个顶点后将变为形状，在顶点单击鼠标，将添加点的标签 A，将光标指向三角形的另一个顶点后单击鼠标，将添加点的标签 B，将光标指向三角形的一条边后单击鼠标，将添加边的标签 j，如图 6-22 所示。再次在顶点或边上单击鼠标，可将标签隐藏。

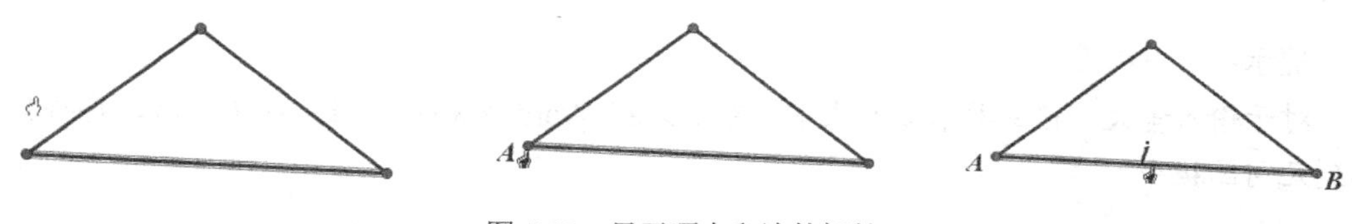

图 6-22　显示顶点和边的标签

提示：

“文字工具”按钮的作用是标识出图形对象的标签。一般情况下，点的标签按照英文字母的先后顺序从大写字母 A 开始顺延。直线形对象的标签从小写字母 j 的顺序顺延，圆的标签从 c1 开始顺延，轨迹标签从 L1 开始顺延。

在给图形对象添加文本标签后，还可以根据需要更改标签的样式。单击工具箱上的“文字工具”按钮，将光标移动到如图 6-22 所示的标签 A 上双击，将打开“点 A”对话框，如图 6-23 所示。在“标签”文本框中可以更改文本标签。单击“对象”标签，将打开“对象”选项卡，如图 6-24 所示。用户可以在该选项卡中设置对象的相关参数，设置完成后，单击“确定”按钮，即可将设置保存。

在制作课件时，添加适当的说明性文字是必不可少的。这时可以使用几何画板的“文字工具”按钮，在绘图区中拖出一个文本框，然后在其中输入文字内容。

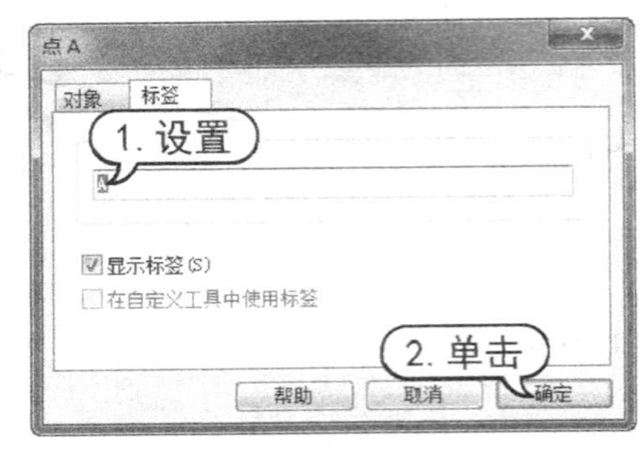

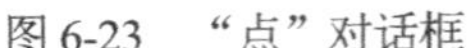
图 6-23　“点”对话框

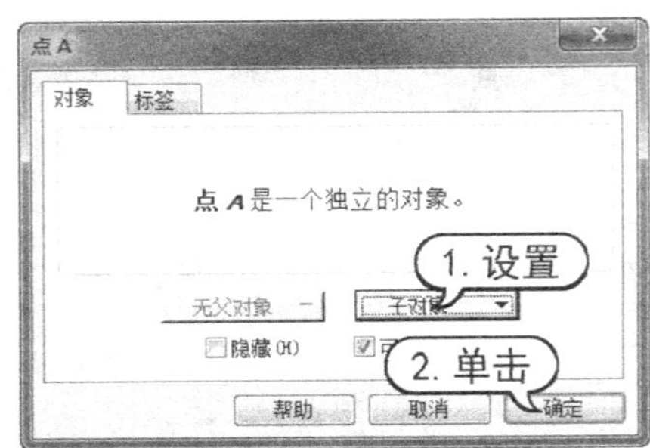

图 6-24　“对象”选项卡

输入文字后，文本框将根据文本的大小自动调整，如图 6-25 所示，默认设置下文字的背景色为粉红色，文字颜色为深红色。

图 6-25　添加说明性文字

提示：

对于输入量大、格式要求高的文本，可以先在 Word 文档中处理完成文字后，再将其粘贴到几何画板中。

6.3　绘制基本几何图形

几何画板最基本的功能就是绘制、构造图形。几何画板制作的课件，离不开图形和几何体的绘制，特别是数学与物理课件，更需要以基本的图形和几何体为主来组织课件。

6.3.1　绘制基本图形

点、线和圆是构成图形的基本元素，学会绘制这些基本元素，才能使用这些元素构造出更复杂的图形。

1. 绘制等腰三角形

【练习 6-1】使用几何画板绘制等腰三角形。

(1) 单击“开始”按钮，选择“所有程序”|“几何画板 5.03 最强中文版”|“主程序”|“GSP5.03 简体中文版”命令，打开几何画板操作界面。

(2) 选择“文件”|“新建文件”命令，建立一个新的画板。

(3) 单击工具箱上的“线段直尺工具”按钮，将光标移到绘图区中，拖动画出一条线段AB。

(4) 选中线段AB，然后选择“构造”|“中点”命令，得到线段AB的中点C，如图6-26所示。

(5) 单击“移动箭头工具”，同时选中线段AB和点C，选择“构造”|“垂线”命令，构造出线段AB的垂线j，如图6-27所示。

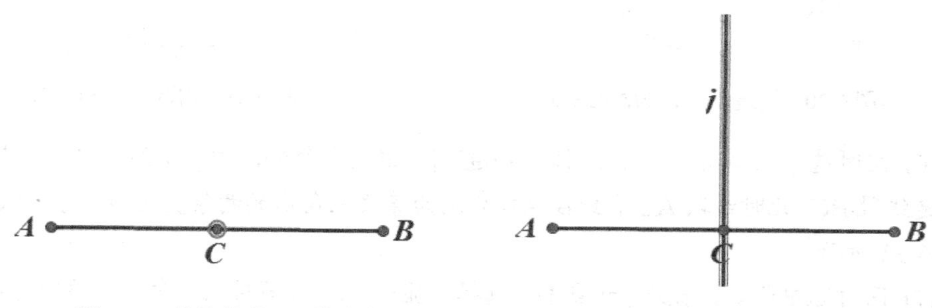

图6-26　构造线段AB的中点C　　图6-27　构造线段AB的垂线j

(6) 单击工具箱上的“点工具”按钮，在直线j上绘制一个点D。同时选中点A和点D，选择“构造”|“线段”命令，构造出线段AD。使用相同方法，构造线段BD，效果如图6-28所示。

(7) 同时选中直线j和点C，选择“显示”|“隐藏对象”命令，将其隐藏，效果如图6-29所示。

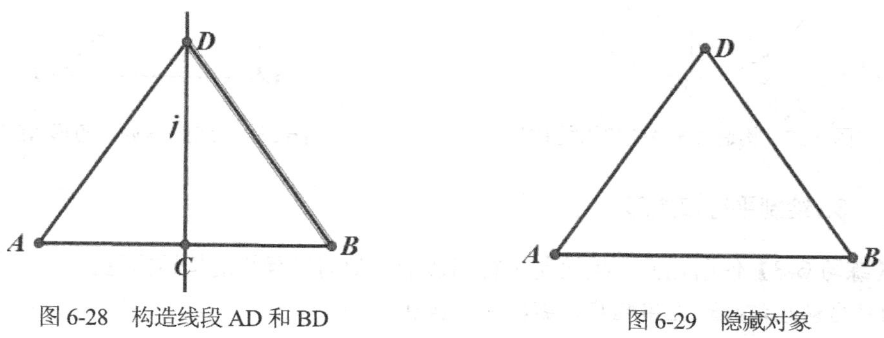

图6-28　构造线段AD和BD　　图6-29　隐藏对象

2. 绘制等腰直角三角形

【练习6-2】 利用圆和三角形的基本性质在几何画板中构造出等腰直角三角形。

(1) 启动几何画板应用程序，新建一个画板。

(2) 单击“线段直尺工具”按钮，在绘图区的任意位置画一条线段AB。

(3) 单击“移动箭头工具”按钮，同时选中点A和线段AB，选择“构造”|“以圆心和半径作圆”命令，绘制一个以点A为圆心，线段AB为半径的圆c_1，如图6-30所示。

(4) 同时选中点A和线段AB，选择“构造”|“垂线”命令，绘制一个过点A且垂直于线段AB的垂线j。

(5) 同时选中圆c_1和直线j，选择“构造”|“交点”命令，得到直线与圆的两个交点C

和 D，如图 6-31 所示。

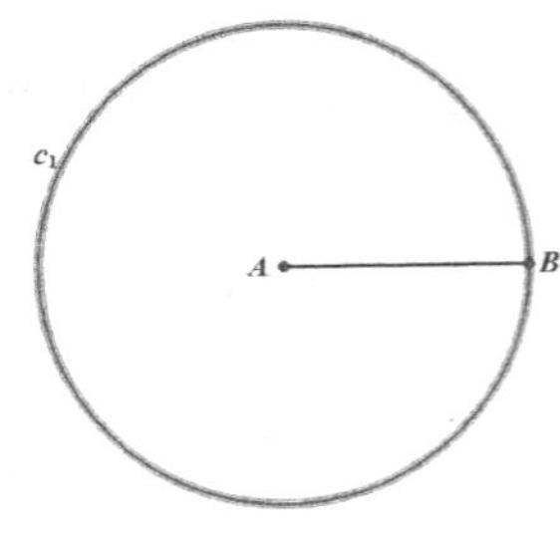

图 6-30　构造以点 A 为圆心的圆

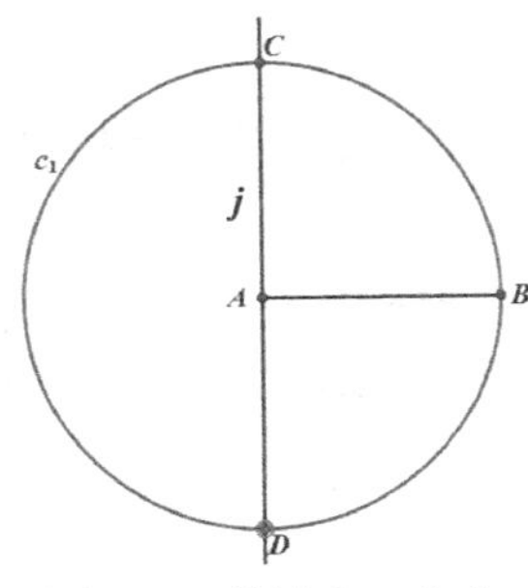

图 6-31　构造点 C 和点 D

(6) 同时选中点 A 和点 C，选择“构造”|“线段”命令，构造出线段 AC。使用相同方法构造线段 BC。此时线段 AC 和线段 AB 分别为等腰三角形的两条直角边，线段 BC 为斜边，如图 6-32 所示。

(7) 同时选中圆 c_1、直线 j 和点 D，选择“显示”|“隐藏对象”命令，将所选对象隐藏，得到三角形 ABC，如图 6-33 所示。

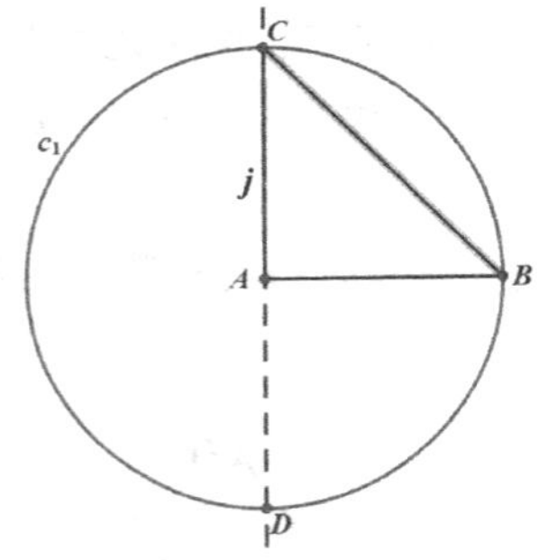

图 6-32　构造线段 AC 和线段 BC

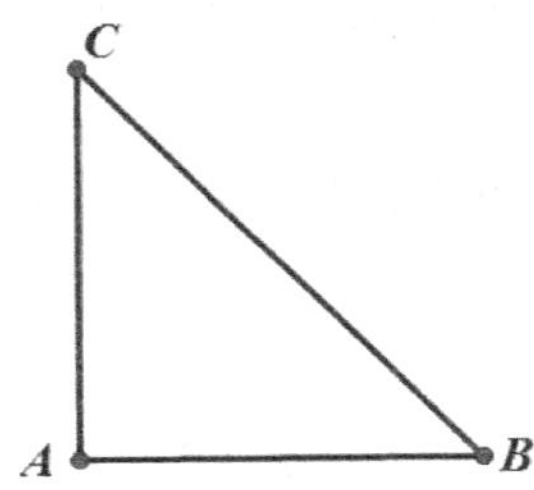

图 6-33　绘制的等腰三角形 ABC

3. 绘制平行四边形

【练习 6-3】使用几何画板绘制平行四边形，学习平行线的构造方法。

(1) 启动几何画板应用程序，新建一个画板。

(2) 单击“线段直尺工具”按钮，在绘图区的任意位置绘制一条线段 AB；单击“点工具”按钮，在线段 AB 的右上方画一个点 C，如图 6-34 所示。

(3) 同时选中点 C 和线段 AB，选择“构造”|“平行线”命令，构造出过点 C 且平行于线段 AB 的直线 j。

(4) 同时选中点 C 和点 B，选择“构造”|“线段”命令，构造出线段 BC。参照步骤(3)，构造过点 A 且平行于线段 BC 的直线 k，如图 6-35 所示。

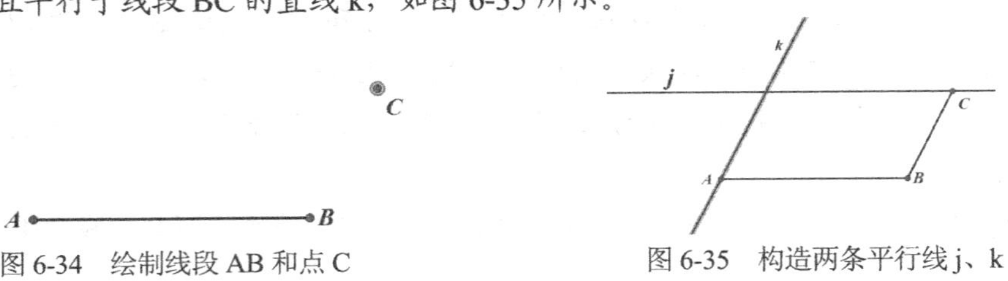

图 6-34　绘制线段 AB 和点 C

图 6-35　构造两条平行线 j、k

(5) 同时选中直线 j 和直线 k，选择“构造”|“交点”命令，构造出两条直线的交点 D。

(6) 同时选中点 A 和点 D，构造出线段 AD；选中点 C 和点 D，构造出线段 CD，如图 6-36 所示。

(7) 同时选中直线 j 和直线 k，选择“显示”|“隐藏平行线”命令，将两条直线隐藏，此时效果如图 6-37 所示。

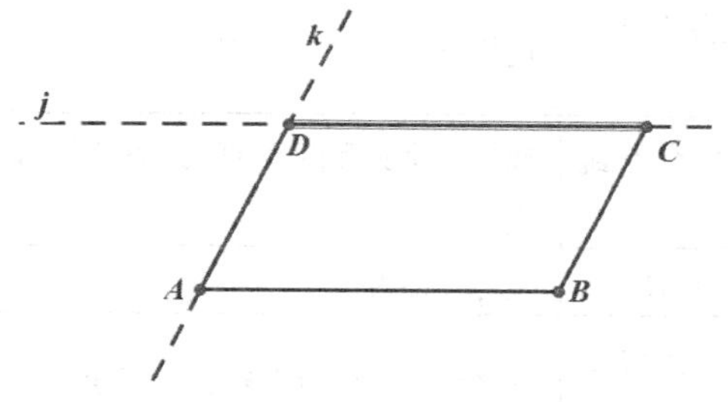

图 6-36　构造线段 AD 和 CD

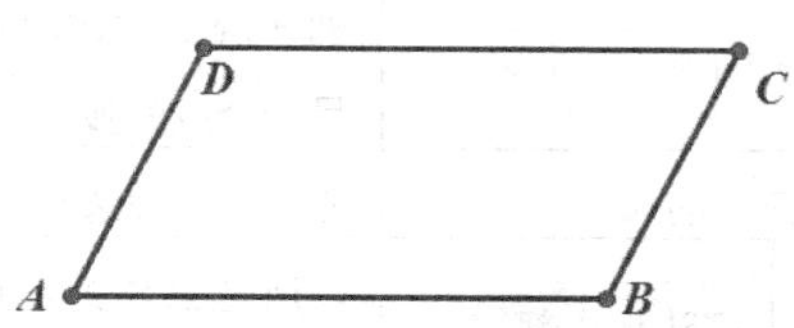

图 6-37　构造出的平行四边形

6.3.2　绘制平面几何图形

初中的平面几何图形、物理中的力学图示、光路图、电路图等都离不开平面几何图形，下面通过几个实例来介绍复杂平面几何图形的绘制方法。

在绘制平面图形时，经常需要应用到“构造”菜单中的命令。表 6-1 列出了菜单中常用的命令以及需要满足的条件。

表 6-1　“构造”菜单的常用命令及需要满足的条件

命　令	功 能 描 述	前 提 条 件
对象上的点	创建选定对象上的一个随机点	选择一条或多条线段、射线、直线、圆、弧、扇形弧、弧线段、多边形内部及轨迹等
中点	创建选定对象的中点	选择一条或多条线段
交点	创建两个对象的交点	选择两条直线(线段、射线)、两个圆(弧)，或者一条直线(线段、射线)和一个圆(弧)
线段/射线/直线	在两个或两个以上的点之间画线段/射线/直线	选择两个或多个点
平行线	过点画线段/射线/直线的平行线	选择一个点和一条(或多条)直线型图形，或选择一条直线型图形和一个(或多个)点
垂线	经过一个点画一条或多条线段/射线/直线的垂线	选择一个点和一条或多条线段/射线/直线；一条线段/射线/直线和一个或多个点

(续表)

命　令		功能描述	前提条件
角平分线		创建一个角的平分线	选择 3 个点(3 点不共线)
以圆心和圆周上点绘圆		以第一个点为圆心、第二个点为圆周上的点画圆	选择两个点
以圆心和半径绘圆		以所选的点为圆心、所选线段为半径画圆	选择一个点和一条线段
圆上的弧		创建圆上按逆时针方向从一个点到另一个点的弧	选择一个圆和两个(或 3 个)在圆周上的点
过三点的弧		通过 3 个被选择的点创建一条弧	选择 3 个点
内部	多边形内部	以所选点作为顶点创建一个多边形内部	选择至少 3 个但不多于 30 个点
	圆内部	创建一个或多个圆的内部	选择一个或多个圆
	扇形内部	创建弧所对应的扇形内部	选择一个或多个扇形
	弓形内部	创建弧所对应的弓形内部	选择一个或多个弓形
轨迹		创建点、线等的运动轨迹	依次选中相关对象，具体情况具体对待

1. 绘制正五边形

【练习 6-4】使用几何画板绘制正五边形，学习使用“变换”|“旋转”命令。

(1) 启动几何画板应用程序，新建一个画板。

(2) 单击“圆工具”按钮，在绘图区的任意位置画一个圆 c_1，并将圆心标记为点 A，圆边上的一点标记为点 B，如图 6-38 所示。

(3) 单击“移动箭头工具”按钮，双击点 A，将点 A 设置为标记中心，如图 6-39 所示。

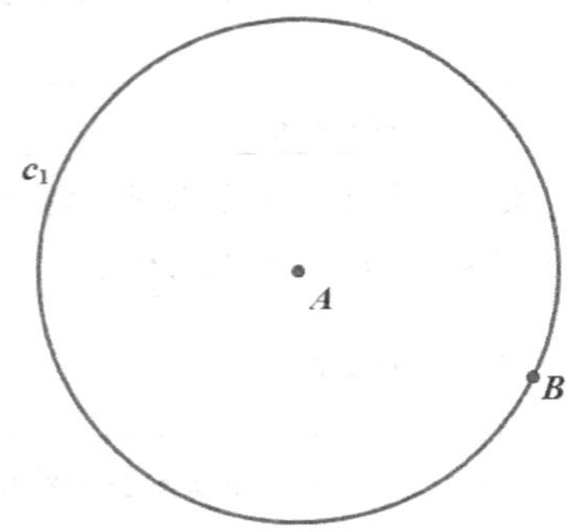

图 6-38　绘制圆 c_1 并标记点 A 和 B

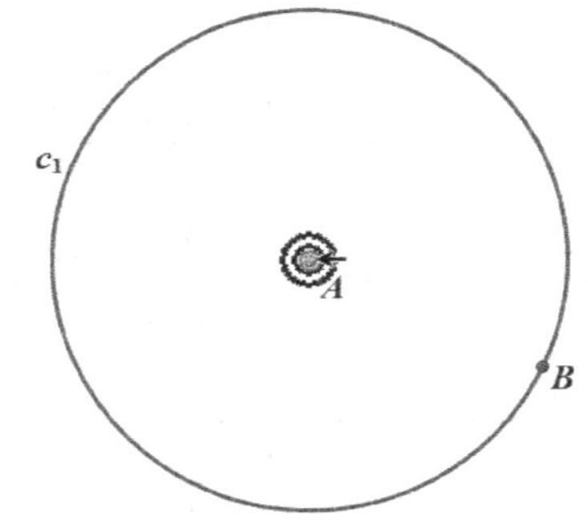

图 6-39　标记中心点

(4) 选中点 B，选择“变换”|“旋转”命令，打开如图 6-40 所示的“旋转”对话框。在“旋转参数”文本框中输入数值 72，单击“旋转”按钮关闭该对话框，得到点 B'，如图 6-41 所示。

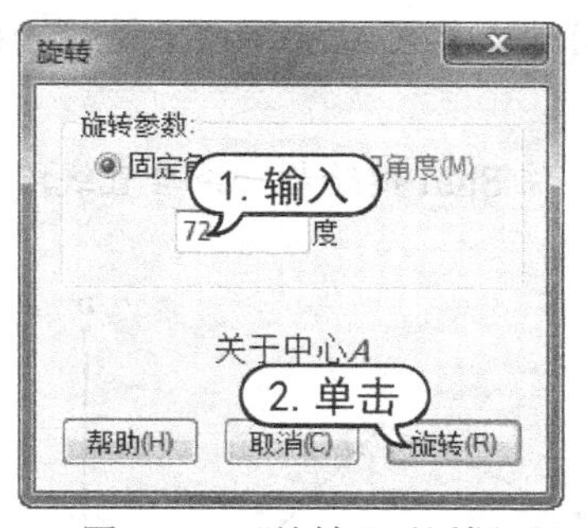

图 6-40　“旋转”对话框

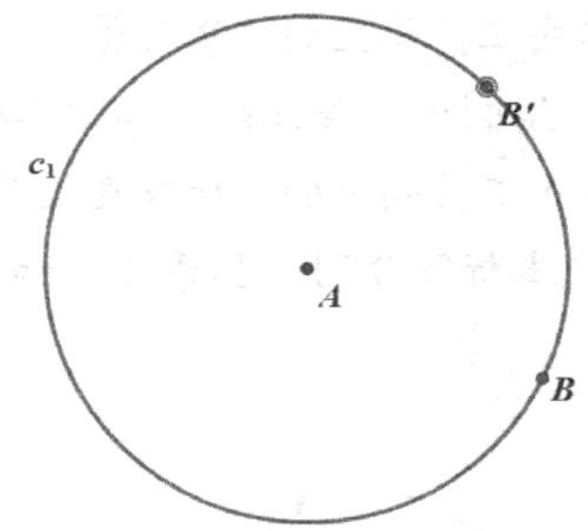

图 6-41　旋转点 B 得到 B'

(5) 参照步骤(3)和(4)，将点 B'旋转 72°，得到点 B''；将点 B''旋转 72°，得到点 B'''，将点 B'''旋转 72°，得到点 B''''。如图 6-42 所示。

(6) 依次选中点 B、B'、B''、B'''、B''''，选择“构造”|“线段”命令，构造出正五边形的五条边 BB'、B'B''、B''B'''、B'''B''''和 B''''B。

(7) 同时选中点 A 和圆 c_1，选择“显示”|“隐藏对象”命令，将所选对象隐藏。此时绘图区效果如图 6-43 所示。

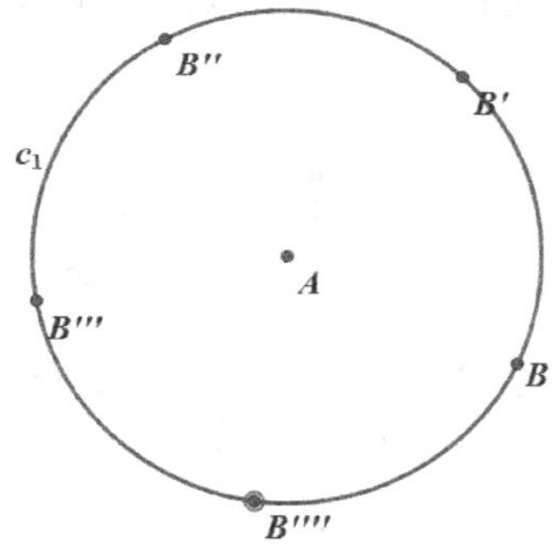

图 6-42　构造点 B''、B'''、B''''

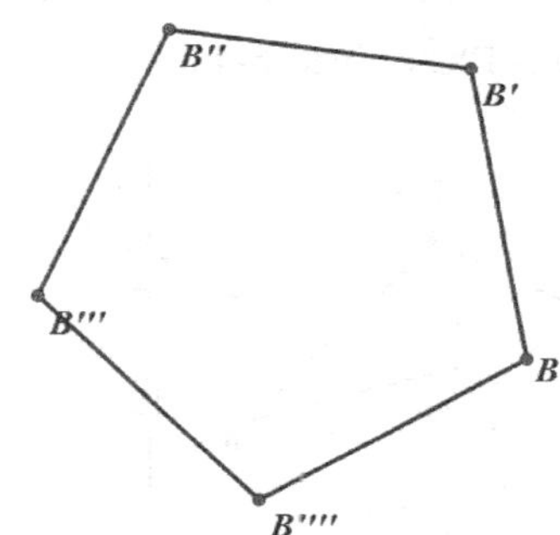

图 6-43　绘制的正五边形

2. 绘制两个全等三角形

【练习 6-5】使用几何画板绘制两个全等三角形，学习使用标记镜面命令。

(1) 启动几何画板应用程序，新建一个画板。

(2) 单击工具箱上的“点工具”按钮，将鼠标指针移到绘图区中绘制 3 个不在同一直线上的点，并分别将它们标记为 A、B 和 C，如图 6-44 所示。

A

C

B

图 6-44　绘制三点并标记

(3) 单击工具箱上的“移动箭头工具”按钮，同时选中点 A、B 和 C，选择“构造”|“线段”命令，绘制出 3 条线段，如图 6-45 所示。

(4) 单击工具箱上的“线段直尺工具”按钮，按住 Shift 键绘制一条垂直线段，显示该线段两端的文本标签分别为 D 和 E，如图 6-46 所示。

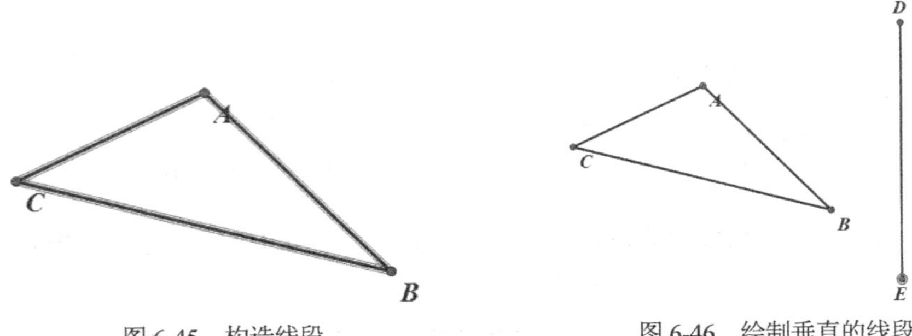

图 6-45　构造线段　　图 6-46　绘制垂直的线段

(5) 选中线段 DE，选择“变换”|“标记镜面”命令，将线段 DE 设置为标记镜面，如图 6-47 所示。

(6) 同时选中点 A、B、C 和线段 AB、AC、BC，选择“变换”|“反射”命令，反射出一个三角形 A'B'C'，如图 6-48 所示。

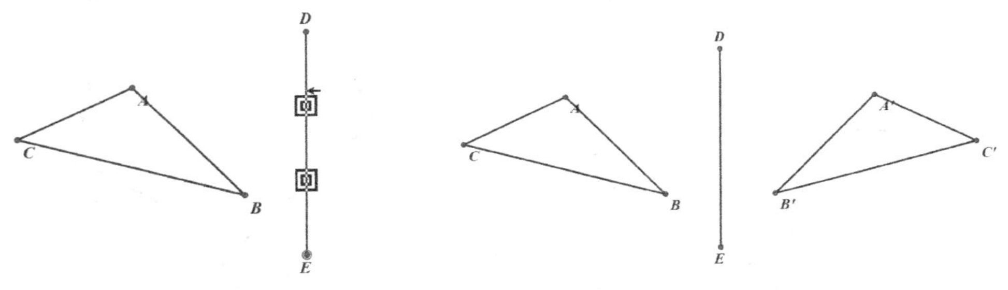

图 6-47　标记镜面　　图 6-48　反射三角形 ABC

(7) 课件“全等三角形”制作完毕，运行课件时，可以使用鼠标任意拖动点 A、B、C 来改变三角形 ABC 的形状，如图 6-49 所示。可以发现无论三角形 ABC 的形状如何改变，另一个三角形 A'B'C'始终与它保持全等。

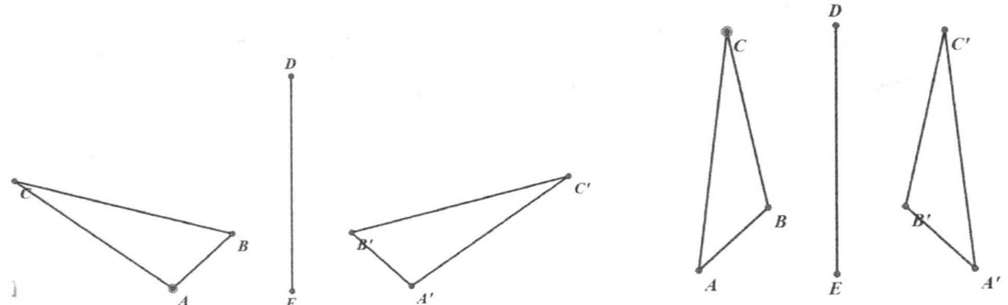

图 6-49　拖动三角形顶点改变三角形 ABC 的形状

6.3.3　绘制立体图形

在立体几何教学中，教师对于怎样培养学生的形象思维能力，发挥学生的立体空间想象力常常感到困难。因为传统教学中存在着非常大的局限性，一是没有足够多的实物模型，二是由实物到画出示意图需要一个想象的过程，并且需要花费大量时间。几何画板可以帮助教师解决这一难题，使用几何画板可以比较容易地绘制立体图形，动画功能可以模拟立体图形的切割，帮助学生更好地想象、认识几何图形。

1. 绘制两个相交平面

【练习 6-6】使用几何画板绘制两个相交平面。

(1) 启动几何画板应用程序，新建一个画板。

(2) 单击工具箱上的“线段直尺工具”按钮，将鼠标指针移到绘图区，拖动绘制两条相交的线段。显示线段两端的文本标签分别为 A、B 和 C、D，如图 6-50 所示。

(3) 同时选中线段 AB 和 CD，选择“构造”|“交点”命令，构造出两条线段的交点 E，如图 6-51 所示。

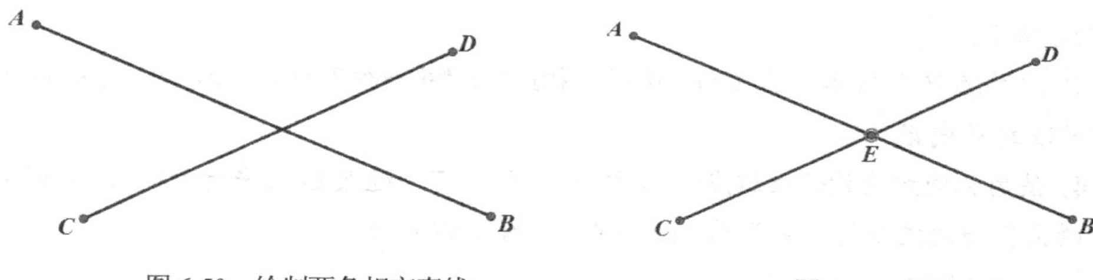

图 6-50　绘制两条相交直线　　　图 6-51　构造交点

(4) 单击工具箱上的“点工具”按钮，在绘图区的适当位置画一个点，显示点的文本标签为 F。

(5) 同时选中点 E 和 F，选择“构造”|“线段”命令，构造线段 EF。

(6) 单击工具箱上的“点工具”按钮，在线段 EF 上任意画一点 G，如图 6-52 所示。

(7) 同时选中点 G 和线段 AB，选择“构造”|“平行线”命令，构造出过点 G 且平行于线段 AB 的直线 k。

(8) 使用相同方法，构造出过点 A 且平行于线段 EF 的直线 j、过点 B 且平行于 EF 的直线 j'，如图 6-53 所示。

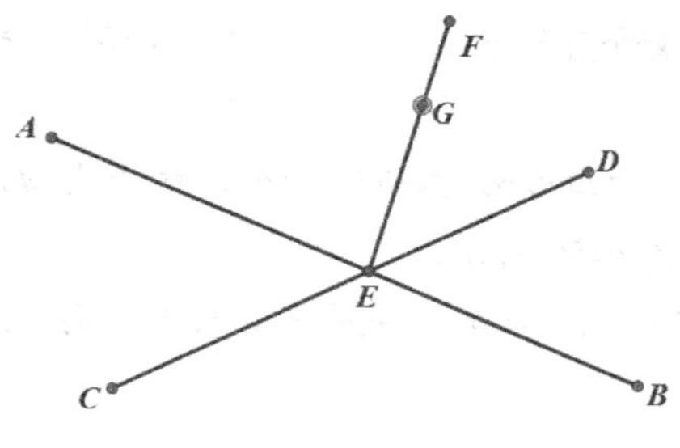

图 6-52　在线段 EF 上构造点 G

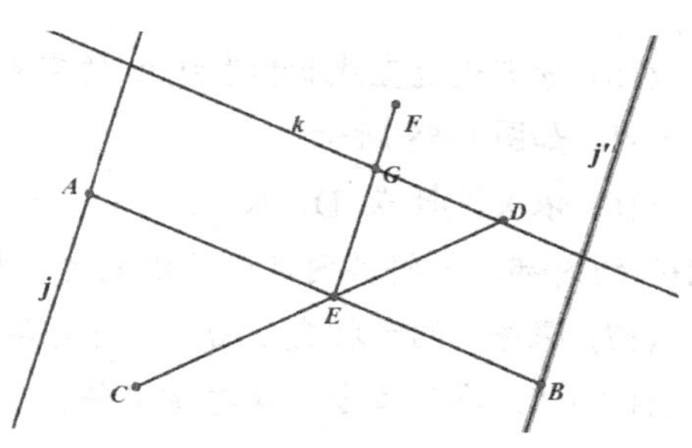

图 6-53　构造平行线

(9) 同时选中直线 k 和 j，选择“构造”|“交点”命令，构造出两条直线的交点 H。

(10) 使用相同方法构造直线 k 和 j'的交点 I，如图 6-54 所示。

(11) 同时选中直线 k、j 和 j'，选择“显示”|“隐藏平行线”命令，将直线隐藏，如图 6-55 所示。

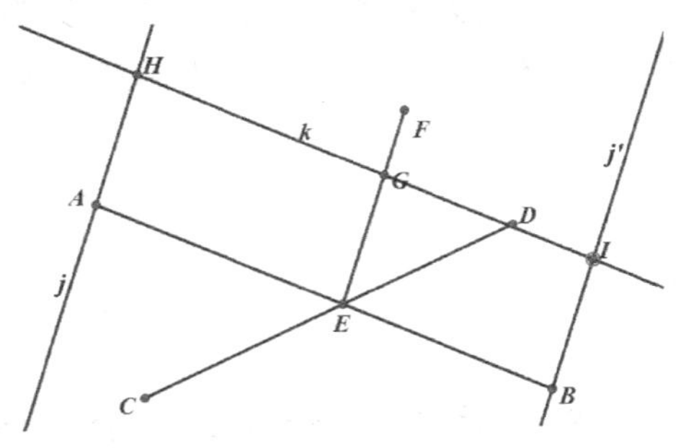

图 6-54　构造交点 H 和 I

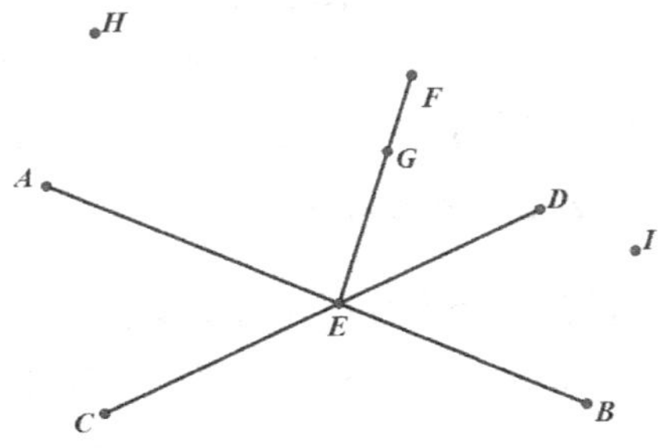

图 6-55　隐藏平行线

(12) 依次选择点 A、B、I、H，选择“构造”|“四边形 内部”命令，构造出四边形 ABIH 的内部。然后选择“显示”|“颜色”|“蓝色”选项，将四边形 ABIH 的内部颜色设为“蓝色”，如图 6-56 所示。

(13) 同时选中点 G 和线段 CD，选择“构造”|“平行线”命令，构造出过点 G 且平行于线段 CD 的直线 k'。

(14) 使用相同方法构造出过点 C 且平行于线段 EF、过点 D 且平行于线段 EF 的直线，并显示两条直线的文本标签分别为 m 和 m'，如图 6-57 所示。

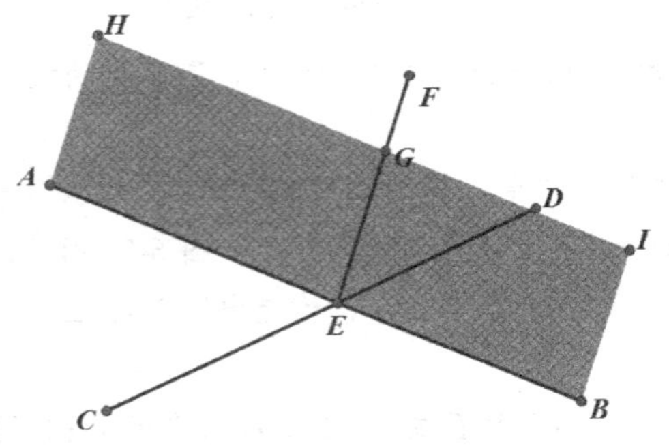

图 6-56　构造平面 ABIH

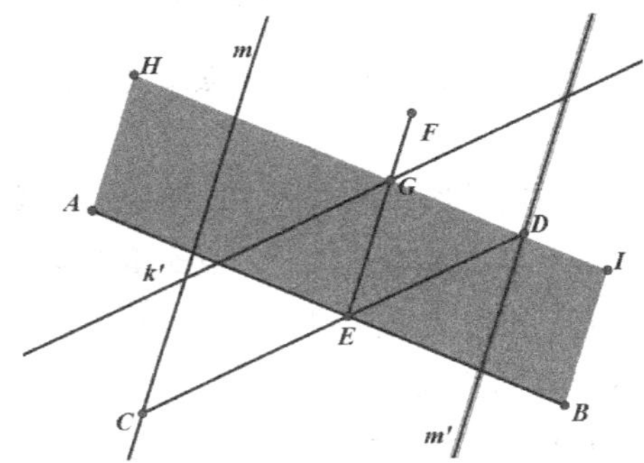

图 6-57　构造平行线 m 和 m'

(15) 分别构造直线 k'和直线 m 的交点 M、直线 k'和直线 m'的交点 N，然后隐藏直线 k'、m 和 m'，如图 6-58 所示。

(16) 依次选择点 D、N、M、C，选择“构造”|“四边形 内部”命令，构造出四边形 DJHC 的内部，并将其内部颜色设置为“红色”，如图 6-59 所示。

(17) 课件“两个相交平面”制作完毕，通过拖动点 G 和点 F 来展开和收缩平面。选择“文件”|“保存”命令，保存该文件。

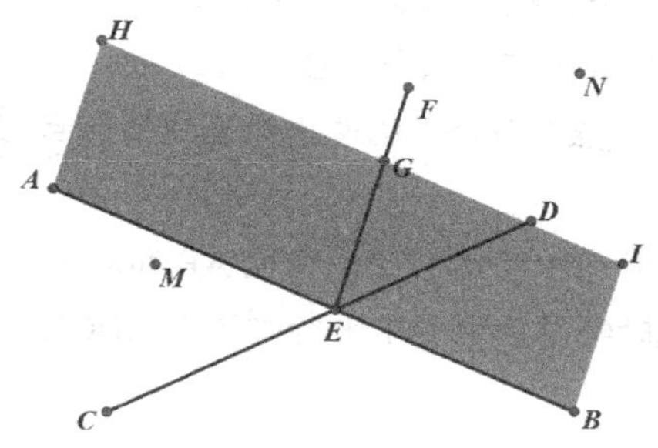

图 6-58　构造点并隐藏平行线

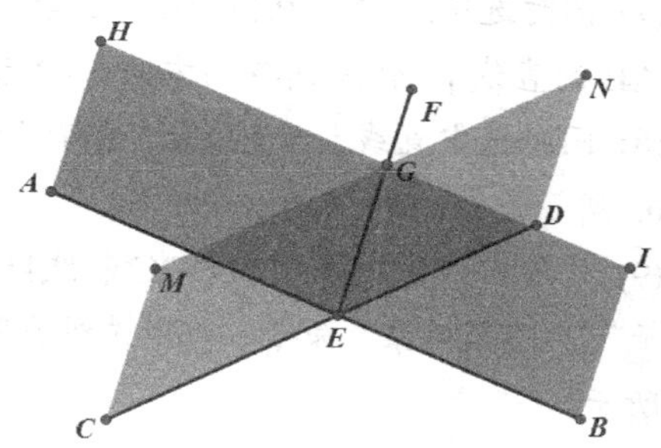

图 6-59　构造平面 CDNM

2. 绘制正方体

【练习 6-7】使用几何画板绘制正方体，学习“变换”|“旋转”命令和“变换”|“平移”命令的应用。

(1) 启动几何画板应用程序，新建一个画板。

(2) 单击工具箱上的“线段直尺工具”按钮，在绘图区中绘制一条任意线段 AB。

(3) 单击“移动箭头工具”，双击点 A，将点 A 设置为标记中心。

(4) 同时选中点 B 和线段 AB，选择“变换”|“旋转”命令，打开“旋转”对话框，在对话框的“旋转参数”文本框中输入数值 45，然后单击“旋转”按钮，将得到线段 AB'，如图 6-60 所示。

(5) 选中点 B'，选择“变换”|“缩放”命令，将打开“缩放”对话框，在该对话框中进行设置，如图 6-61 所示。

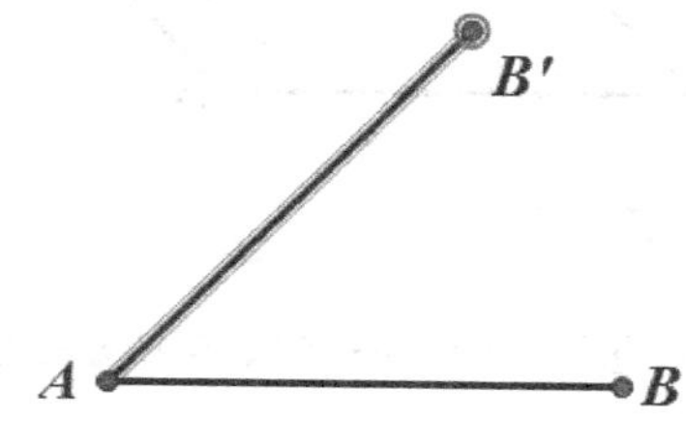

图 6-60　旋转得到线段 AB'

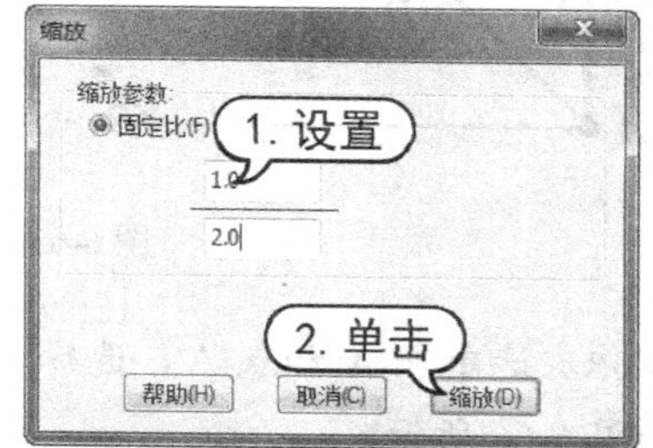

图 6-61　“缩放”对话框

(6) 单击“缩放”按钮后，得到点 B"，并将该点的标签更改为 D，如图 6-62 所示。

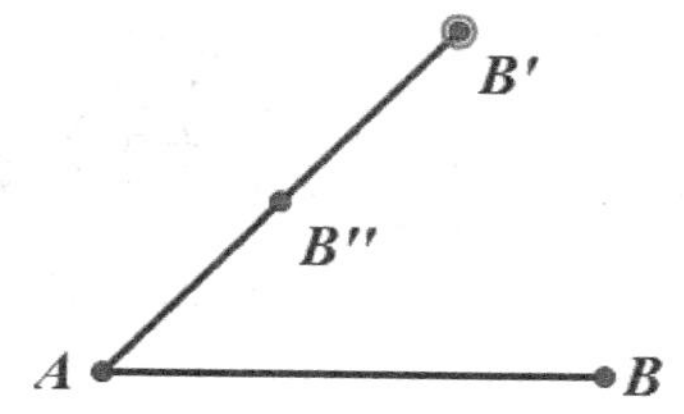

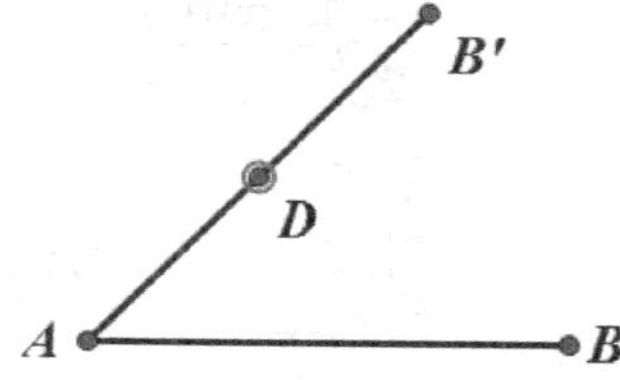

图 6-62　更改点的标签 B"为 D

(7) 同时选中点 D 和线段 AB，选择“构造”|“平行线”命令，构造出过点 D 且平行于线段 AB 的直线 j。使用同样的方法，构造出过点 B 且平行于线段 AD 的直线 k。

(8) 同时选中直线 j 和直线 k，选择“构造”|“交点”命令，构造出两直线的交点 C，如图 6-63 所示。

(9) 构造出线段 AD、线段 DC 和线段 BC。同时选中直线 j、k、线段 AB'和点 B'，选择“显示”|“隐藏对象”命令，将所选对象隐藏，此时绘图区中剩下平行四边形 ABCD，如图 6-64 所示。

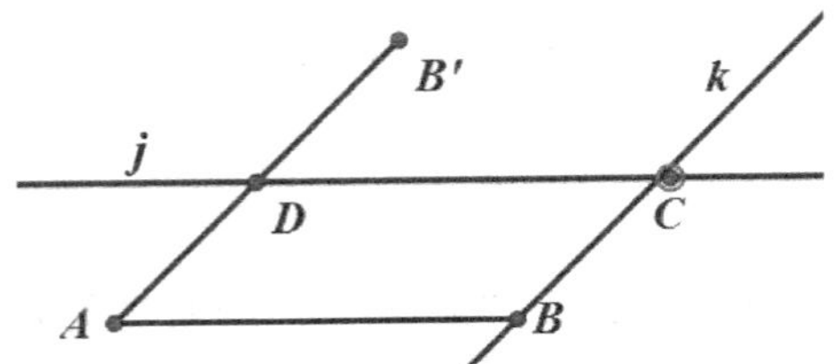

图 6-63　构造直线 j 和 k 及其交点

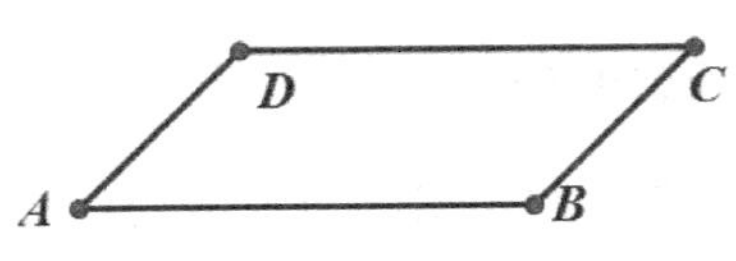

图 6-64　平行四边形 ABCD

(10) 选中点 B 和线段 AB，选择“变换”|“旋转”命令，将点 B 逆时针旋转 90°，绘制出如图 6-65 所示的线段 AB'，并将点 B'的标签修改为 A'。

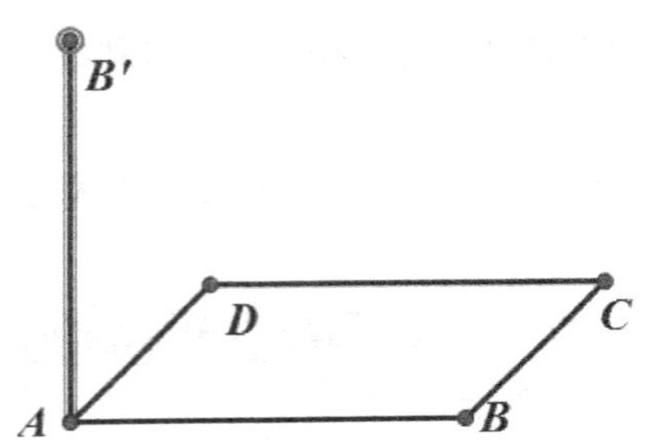

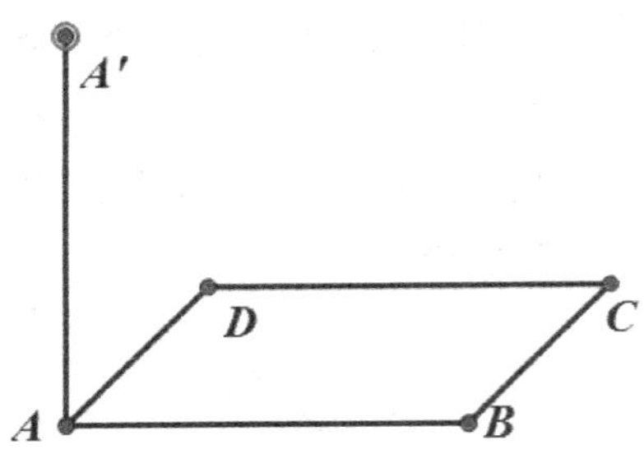

图 6-65　旋转线段并更改标签

(11) 依次选中点 A 和点 A'，选择“变换”|“标记向量”命令，将线段 AA'设置为标记向量，如图 6-66 所示。

(12) 同时选中线段 AB、BC、CD、AD 和点 B、C、D，选择“变换”|“平移”命令，打开“平移”对话框，如图 6-67 所示，选中“标记”单选按钮，可看到预览效果。

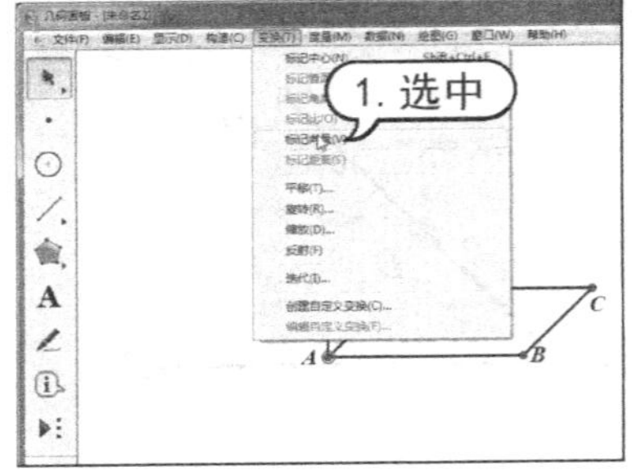

图 6-66　标记向量

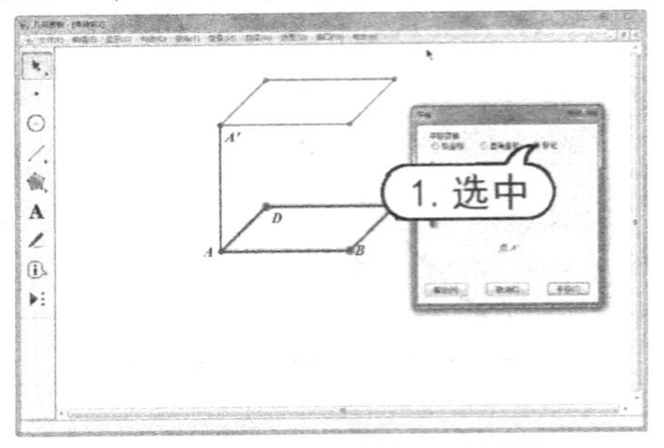

图 6-67　“平移”对话框

(13) 单击“平移”按钮，得到四边形 A'B'C'D'，并构造线段 BB'、CC'、DD'，如图 6-68 所示。

(14) 同时选中线段 AD、DC 和 DD'，选择“显示”|“线型”|“虚线”命令，将两条线段设置为虚线，此时正方体效果如图 6-69 所示。

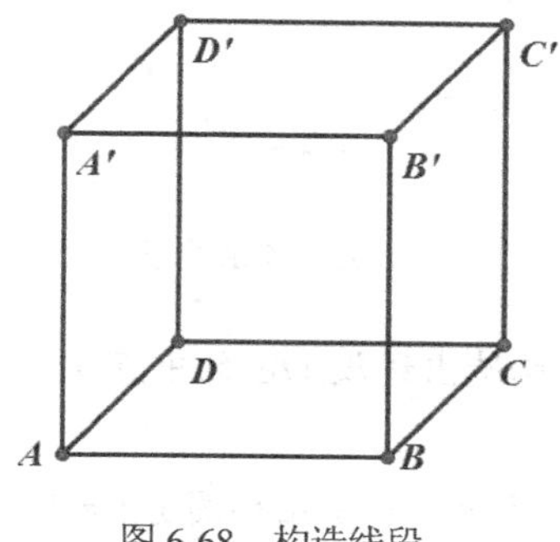

图 6-68 构造线段

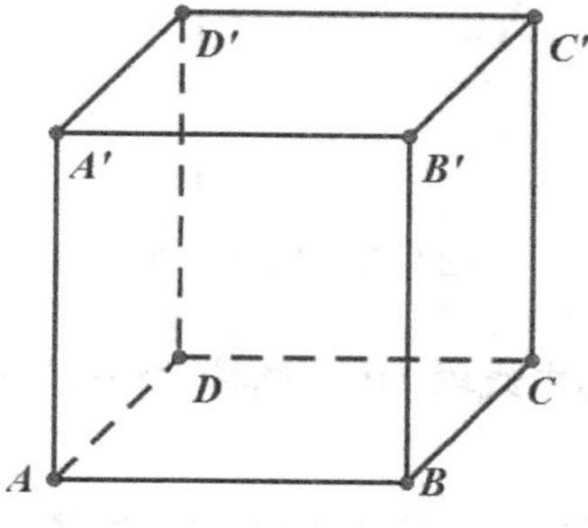

图 6-69 完成正方体的构造

(15) 课件“正方体”制作完毕，通过拖动正方体的顶点观看正方体的变化效果。选择“文件”|“保存”命令，保存该课件。

3. 绘制圆柱体

【练习 6-8】使用几何画板绘制圆柱体，学习“构造”|“轨迹”命令的应用。

(1) 启动几何画板应用程序，新建一个画板。

(2) 单击工具箱上的“圆工具”按钮，在绘图区中画一个圆 c_1，并将其圆心标记为 A，圆上的点标记为 B，如图 6-70 所示。

(3) 同时选中点 A 和点 B，选择“构造”|“直线”命令，构造出直线 AB，并构造出直线 AB 和圆 c_1 的左交点 C，如图 6-71 所示。

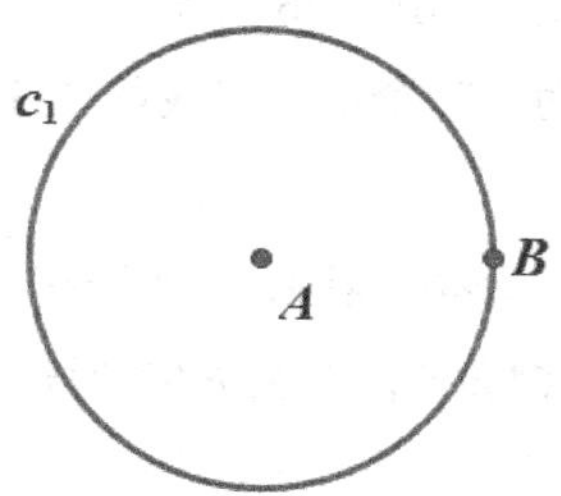

图 6-70 构造圆 c_1 和点 B

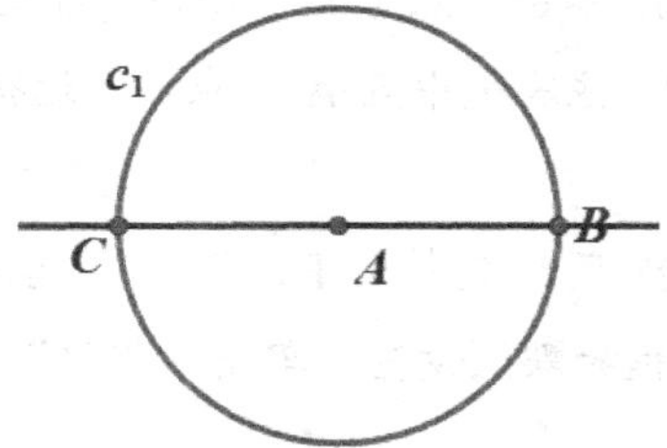

图 6-71 构造直线 AB 和点 C

(4) 单击“点”工具按钮，在圆 c_1 上任意画一点 D。同时选中点 D 和直线 AB，选择“构造”|“垂线”命令，构造出过点 D 且垂直于直线 AB 的垂线 j，如图 6-72 所示。

(5) 同时选中直线 j 和直线 AB，选择“构造”|“交点”命令，构造出两者的交点 E。

(6) 选中直线 j，选择“显示”|“隐藏 垂线”命令，将直线 j 隐藏，并构造出线段 DE，如图 6-73 所示。

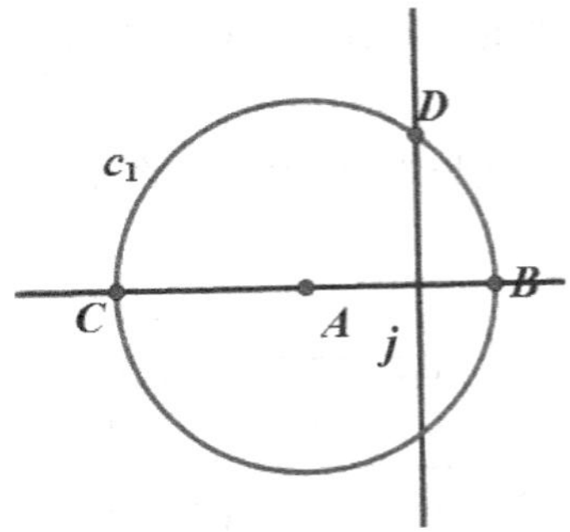

图 6-72　构造垂线

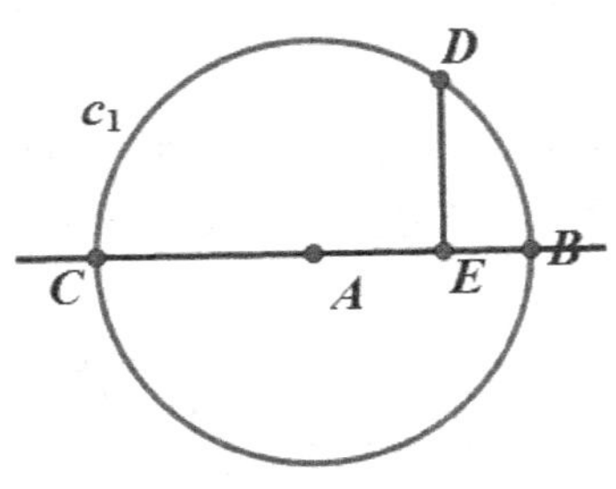

图 6-73　构造线段

(7) 选中线段 DE，选择“构造”|“中点”命令，构造出线段 DE 的中点 F，如图 6-74 所示。

(8) 同时选中点 F 和点 D，选择“构造”|“轨迹”命令，构造出椭圆 L_1(点 F 的轨迹)，如图 6-75 所示。

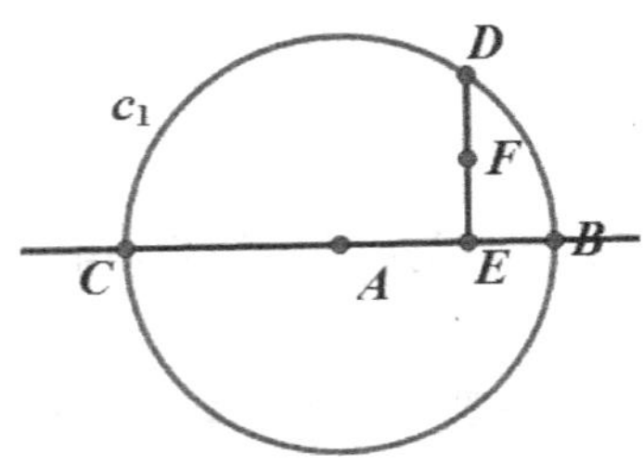

图 6-74　构造中点

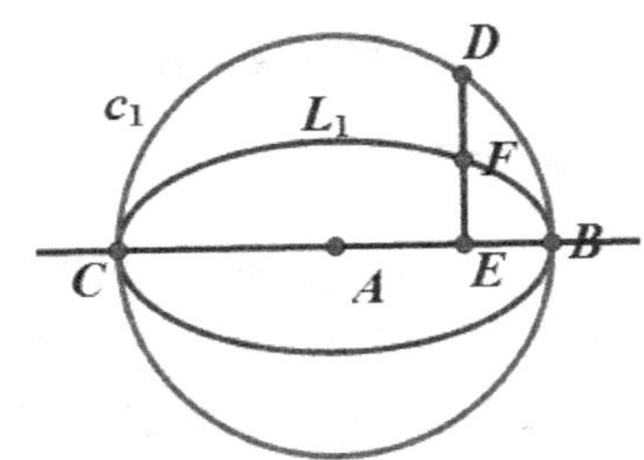

图 6-75　构造椭圆轨迹 L_1

(9) 同时选中点 A 和直线 AB，选择“构造”|“垂线”命令，构造直线 AB 的垂线 k。

(10) 单击“点工具”按钮，在直线 k 上画一个点 G，如图 6-76 所示。

(11) 依次选中点 A 和点 G，选择“变换”|“标记向量”命令，将线段 AG 设置为标记向量。

(12) 同时选中点 B、C、F，选择“变换”|“平移”命令，将打开“平移”对话框，保持对话框的默认设置，单击“平移”按钮，得到点 B'、C'和 F'，如图 6-77 所示。

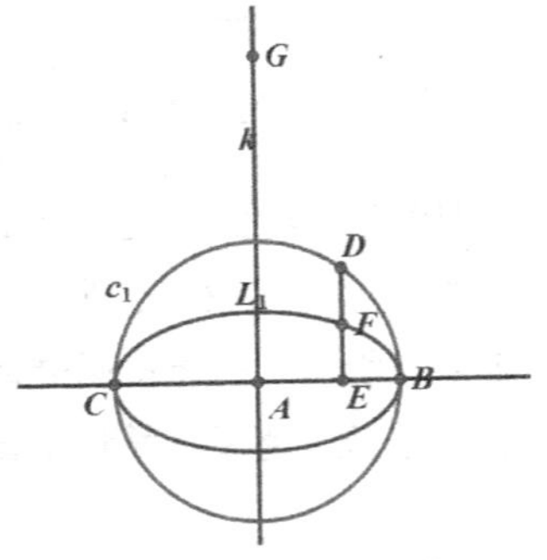

图 6-76　构造直线 k 和点 G

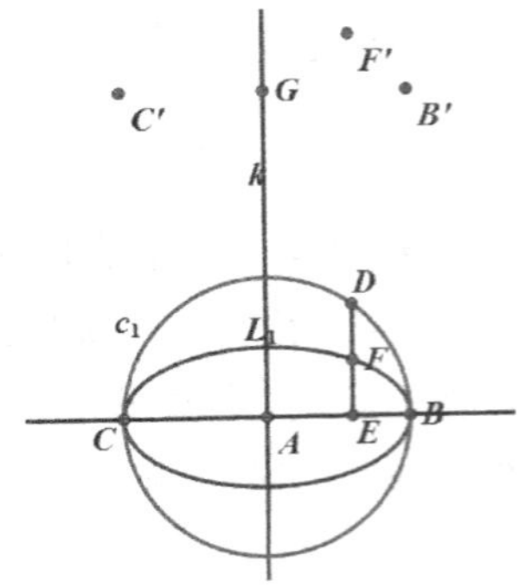

图 6-77　平移点 B、C、F

(13) 选中点 F'和点 D，选择“构造”|“轨迹”命令，得到椭圆 L_2，如图 6-78 所示。

(14) 构造线段 CC'和线段 BB'，并将不必要的对象隐藏，使得圆柱效果如图 6-79 所示。

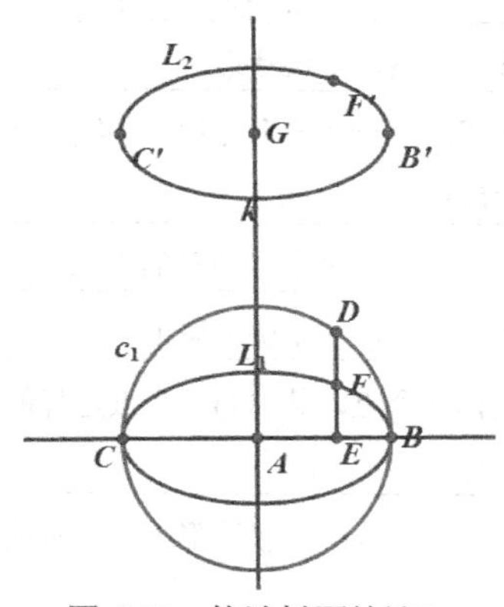

图 6-78　构造椭圆轨迹 L_2

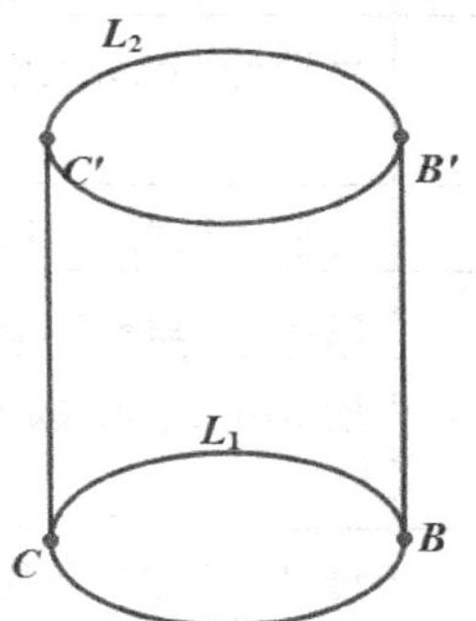

图 6-79　圆柱体效果

(15) 课件“圆柱体”制作完毕，选择“文件”|“保存”命令，保存该课件。

6.4　图形的度量

几何画板能准确地绘制图形，客观地表现几何图形的内在几何关系。同时，“数形结合”也是该软件的特点之一，“度量”菜单在“数”方面就起着重要的作用，它既能定性地研究又能定量地探讨数学问题，极大地提高了课堂效率。

在对相关对象的数值进行度量后，选择“数据”|“计算”命令，打开如图 6-80 所示的“新建计算”对话框。在对话框的文本框中根据需要编写一个简单的计算公式，或者由系统内部提供的函数进行数值计算。

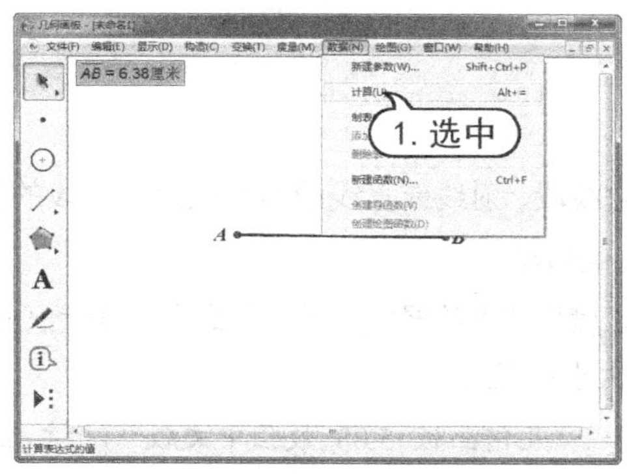

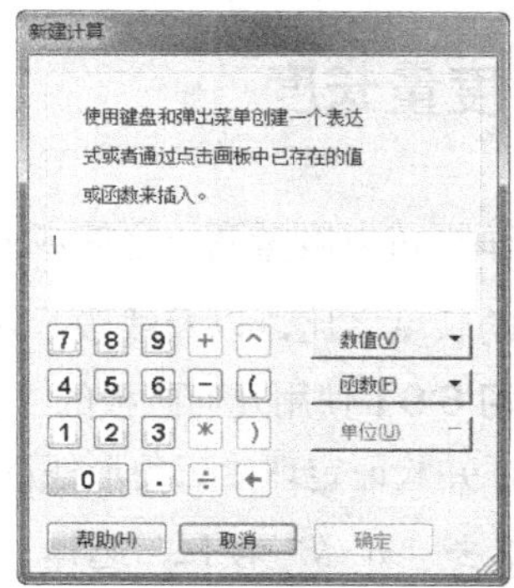

图 6-80　“新建计算”对话框

在使用“度量”菜单中的命令时，如果要计算某个图形的相关数值，就必须先满足某些特定的条件。表 6-2 列出了“度量”菜单中常用的命令以及需要满足的条件以供参考。

表 6-2 “度量”菜单中常用的命令以及需要满足的条件

命　　令	功能描述	前提条件
长度	度量一条或多条线段的长度	选择一条或多条线段
距离	度量点到点或点到线的距离	选择两个点或一个点和一条线(直线、射线和线段)
周长	度量一个或多个多边形的周长	选择一个或多个多边形的内部
圆周长	度量一个或多个圆的周长	选择一个或多个圆或圆的内部
角度	度量由三个点决定的角的度数	选择三个点，其中第二个被选择的点是角的顶点
面积	度量一个或多个多边形内部、圆或圆内部的面积	选择一个或多个多边形内部、圆或圆的内部
弧度角	度量由一条弧、一个扇形、一条弧线段或由一个圆和两个或三个点定义的弧度角	选择一条弧、一个扇形、一条弧线段或一个圆和两个或三个点
弧长	度量由一条弧、一个扇形、一条弧线段或由一个圆和两个或三个点定义的弧的长	选择一条弧、一个扇形、一条弧线段或一个圆和两个或三个点
半径	度量一个或多个圆的半径	选择一个或多个圆或圆的内部
比	度量两条线段的长度之比，或度量由三个点决定的比	选择两条线段或三个点
斜率	度量一条或多条线(线段、射线或直线)的斜率	选择一条或多条线(线段、射线或直线)

6.4.1 度量长度

几何画板可以度量两点之间或一点与一线(线段、射线或直线)之间的距离、线段的长度、两条线段的长度之比，以及线段、射线或直线的斜率。

【练习 6-9】使用几何画板的“度量”|“长度”和“数据”|“计算”命令，度量出三角形三边的长，并验证定理“三角形任意两边之和大于第三边”。

(1) 单击“开始”按钮，选择“所有程序”|“几何画板 5.03 最强中文版”|“主程序”|“GSP5.03 简体中文版”命令，打开几何画板操作界面。

(2) 选择“文件”|“新建文件”命令，建立一个新的画板。

(3) 单击工具箱上的“线段直尺工具”按钮，将光标移到绘图区中，拖动画出一个任意三角形 ABC，如图 6-81 所示。

(4) 同时选中三角的三条边 AB、AC 和 BC，选择“度量”|“长度”命令，测量出线段 AB、AC 和 BC 的长度值，测出的长度值将显示在绘图区中，如图 6-82 所示。

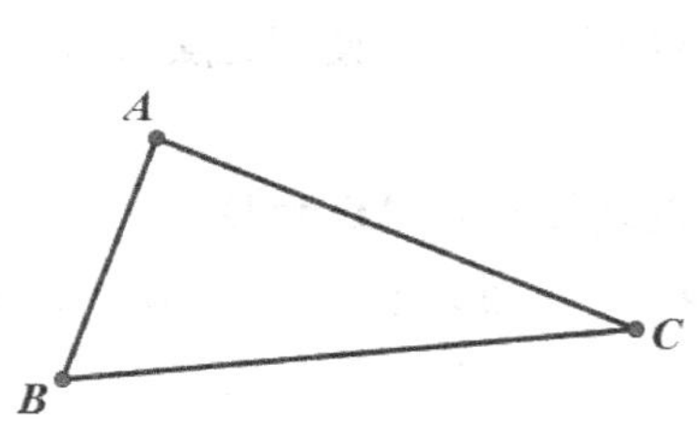

图 6-81　绘制任意三角形 ABC

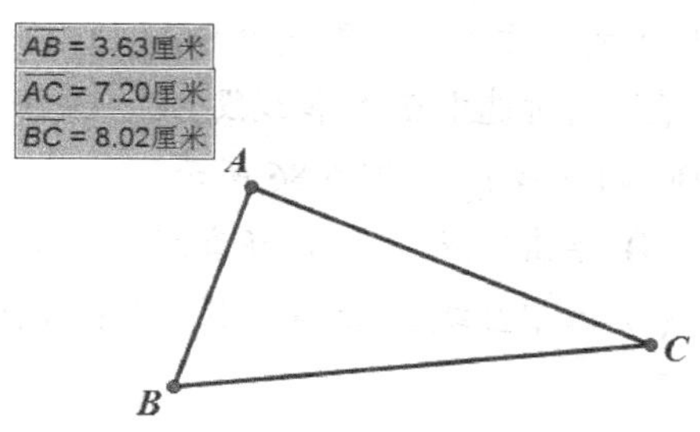

图 6-82　显示线段的长度值

(5) 选择“数据”|“计算”命令，打开“新建计算”对话框。单击线段 AB 的长度值，该值的名称将出现在对话框的文本框中。然后单击对话框中的“加号”按钮 +，再单击线段 AC 的长度值，最后单击“确定”按钮关闭对话框，此时两条线段的长度之和将显示在绘图区中，如图 6-83 所示。

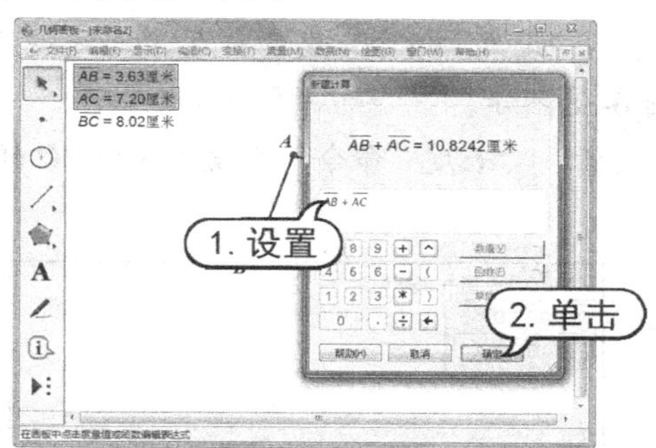

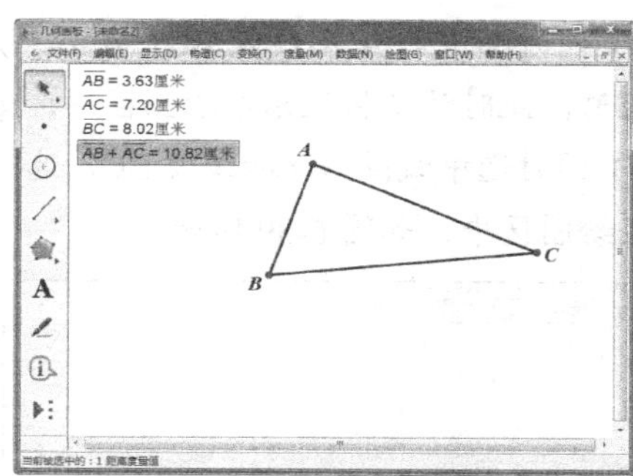

图 6-83　计算三角形任意两边长度之和

(6) 参照步骤(5)，分别计算出线段 AC 和线段 BC 的长度值之和，以及线段 AB 和线段 BC 的长度值之和，效果如图 6-84 所示。

(7) 单击“文字工具”按钮，在绘图区中添加一个文本框，并输入标题文字。设置文字字体为“黑体”，字号为 24，字形为“加粗”，字体颜色为“黑色”。

(8) 整个课件制作完毕，效果如图 6-85 所示。选择“文件”|“保存”命令，保存该课件。

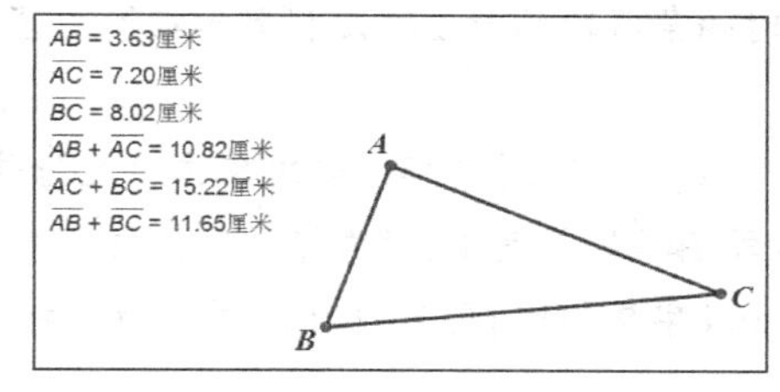

图 6-84　计算两边之和

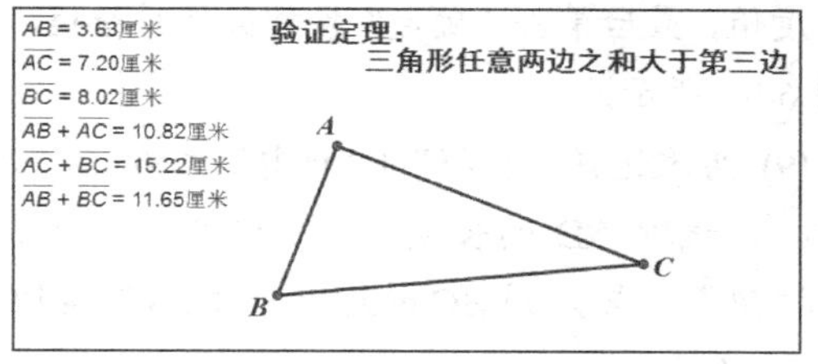

图 6-85　课件完成后的最终效果

【练习 6-10】使用几何画板的“度量”菜单，度量梯形顶边 AD 和底边 BC 之间的距离以及它们之间的长度比并计算梯形的面积。

(1) 启动几何画板应用程序，新建一个画板。

(2) 单击“点工具”按钮，在绘图区任意位置画一个点A。单击“线段直尺工具”按钮，在点A的下方绘制一条线段BC。

(3) 同时选中点A和线段BC，选择“构造”|“平行线”命令，绘制过点A且平行于线段BC的直线j，如图6-86所示。

(4) 单击“点工具”，在直线j上画一点D，并构造线段AB、AD和DC。

(5) 选中直线j，选择“显示”|“隐藏平行线”命令，将直线j隐藏，如图6-87所示。

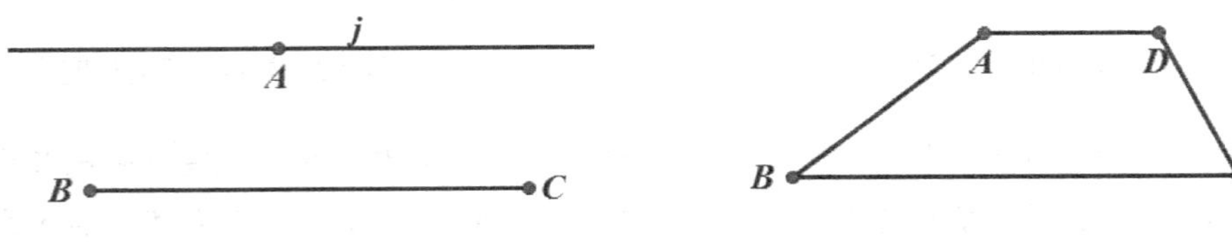

图6-86　构造平行线j

图6-87　绘制梯形ABCD

(6) 同时选中点A和线段BC，选择“度量”|“距离”命令，度量出点A与线段BC之间的距离，此时该值将显示在绘图区中，如图6-88所示。

(7) 同时选中线段AD和线段BC，选择“度量”|“长度”命令，线段AD和BC的值将显示在绘图区中，如图6-89所示。

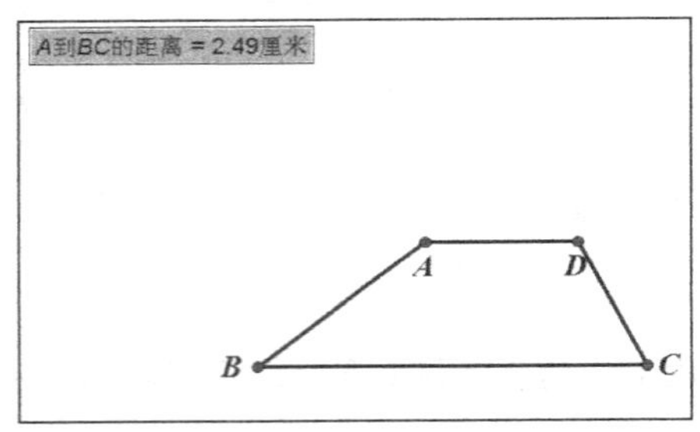

图6-88　度量点A到线段BC的距离

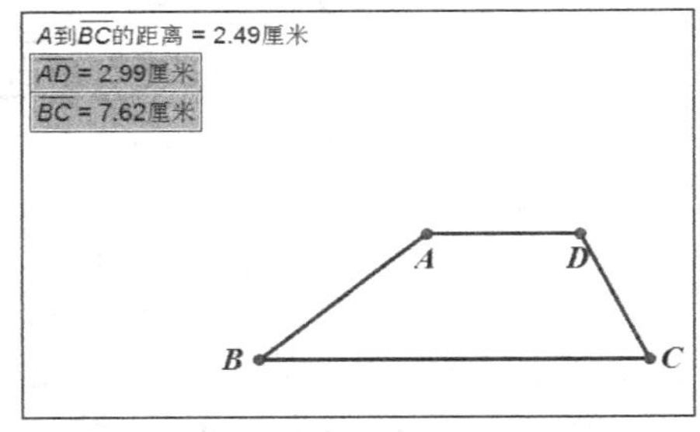

图6-89　度量线段AD和BC的长度

(8) 选择“数据”|“计算”命令，打开“新建计算”对话框。单击线段AD的长度值，该值的名称将出现在对话框的文本框中。然后单击对话框中的“除号”按钮，再单击线段BC的长度值，最后单击“确定”按钮关闭对话框，此时两条线段的长度之比将显示在绘图区中，如图6-90所示。

(9) 再次选择“数据”|“计算”命令，打开“新建计算”对话框。依次单击“左括号”按钮(、线段AD的长度值、“加号”按钮+、线段BC的长度值、“右括号”按钮)、“乘号”按钮*、点A到BC的距离、“除号”按钮÷和数字2，此时即可计算出梯形的面积，如图6-91所示。

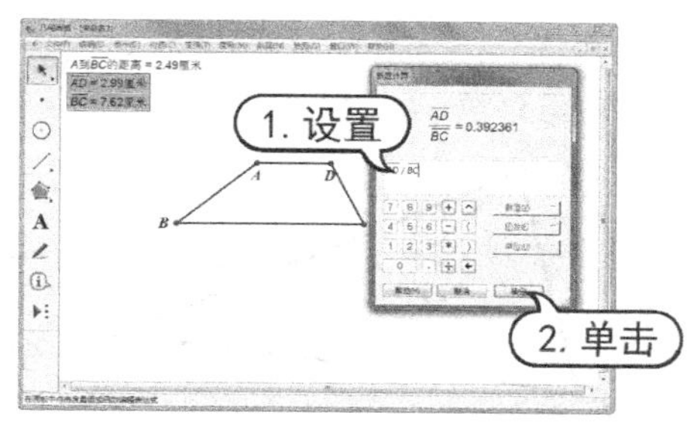

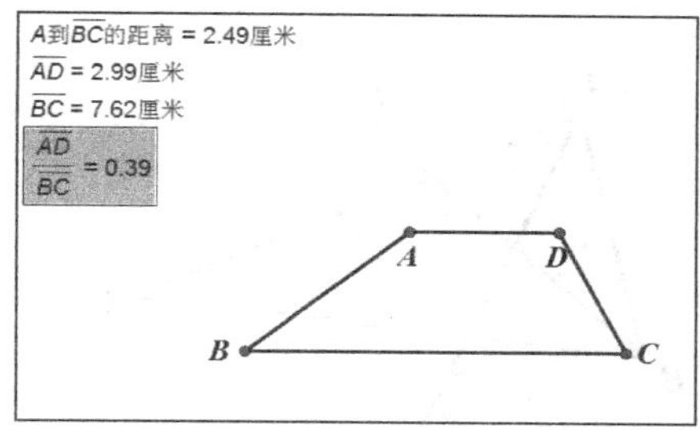

图 6-90　度量两线段长度之比

(10) 单击“确定”按钮，计算结果将显示在绘图区域中。

(11) 单击“文字工具”按钮，在绘图区中添加一个文本框，并输入标题文字。设置文字字体为“黑体”，字号为 24，字形为“加粗”，字体颜色为“黑色”。

(12) 整个课件制作完毕，效果如图 6-92 所示。选择“文件”|“保存”命令，保存该课件。

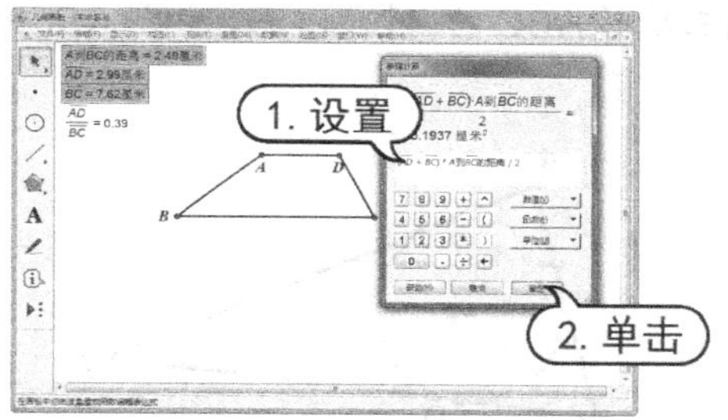

图 6-91　计算梯形的面积图

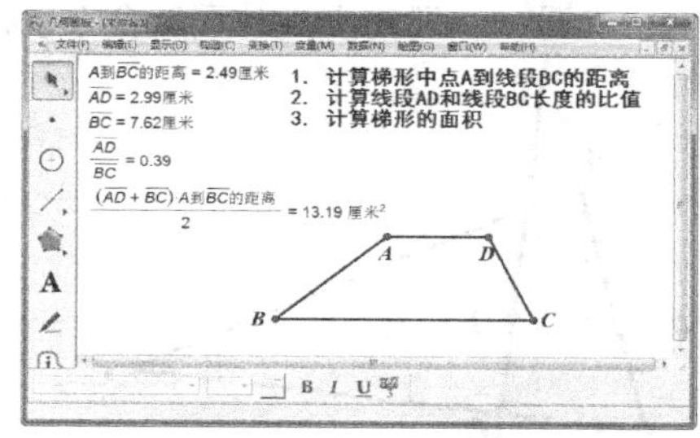

图 6-92　课件完成后的最终效果

6.4.2　圆及其他封闭图形的度量

对于几何图形圆，几何画板可以度量它的半径、周长和面积；对于多边形，可以度量它的面积与周长；对于扇形，除了可以度量其面积和周长外，还可以计算与其对应的扇形的角度值。

【练习 6-11】使用“度量”菜单度量三角形内切圆的周长、面积和半径。

(1) 启动几何画板应用程序，新建一个画板。

(2) 单击“线段直尺工具”按钮，在绘图区中绘制一个任意三角形 ABC。

(3) 依次选择点 A、B、C，选择“构造”|“角平分线”命令，得到∠B 的角平分线 j。

(4) 参照步骤(3)，依次选中点 B、A、C，构造∠A 的角平分线 k，如图 6-93 所示。

(5) 同时选中直线 j 和 k，选择“构造”|“交点”命令，构造两条直线的交点 O。

(6) 同时选中直线 j 和 k，选择“显示”|“隐藏平分线”命令，将两条直线隐藏，如图 6-94 所示。

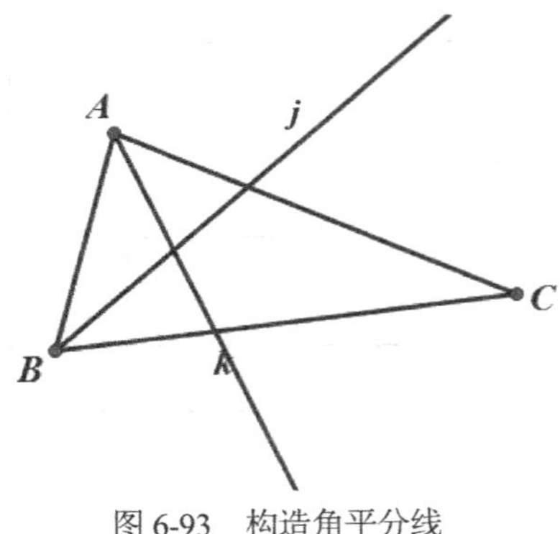

图 6-93　构造角平分线

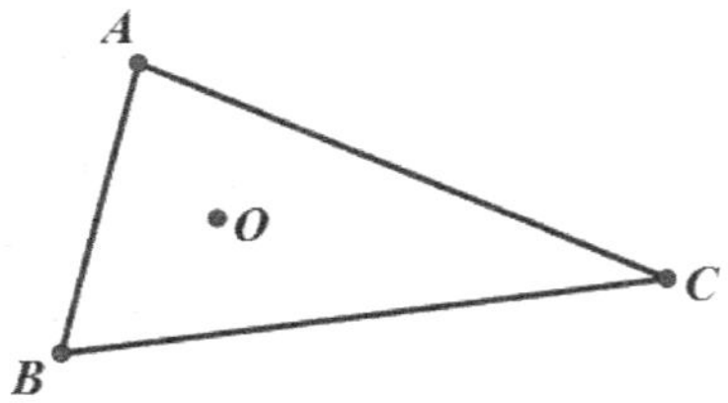

A
O
C
B

图 6-94　构造点 O 和点 D

(7) 选中点 O 和线段 BC，选择“构造”|“垂线”命令，构造过点 O 且垂直于线段 BC 的垂线 l，选中垂线 l 和线段 BC，选择“构造”|“交点”命令，构造 l 和 BC 的交点 D，效果如图 6-95 所示。

(8) 选中 l，选择【显示】|“隐藏垂线”命令，隐藏垂线 l，然后选中点 O 和点 D，选择“构造”|“以圆心和圆周上点作圆”命令，得到三角形 ABC 的内切圆 OD，如图 6-96 所示。

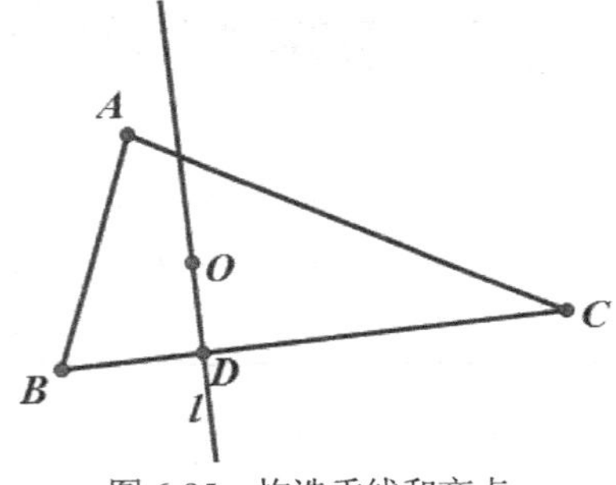

图 6-95　构造垂线和交点

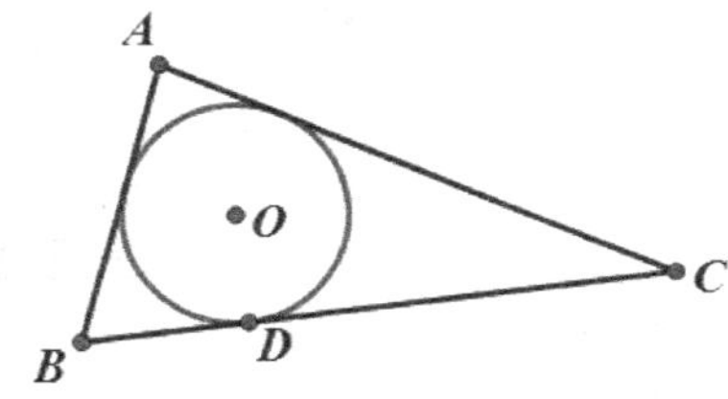

图 6-96　构造内切圆

(9) 选中圆 OD，选择“度量”|“圆周长”命令，计算圆的周长；选择“度量”|“面积”命令，计算圆的面积；选择“度量”|“半径”命令，计算圆的半径，如图 6-97 所示。

(10) 整个课件制作完毕，效果如图 6-98 所示。选择“文件”|“保存”命令，保存该课件。

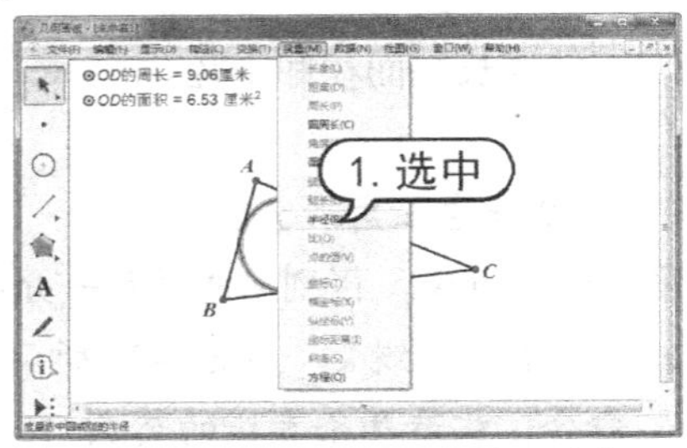

图 6-97　计算周长、面积和半径

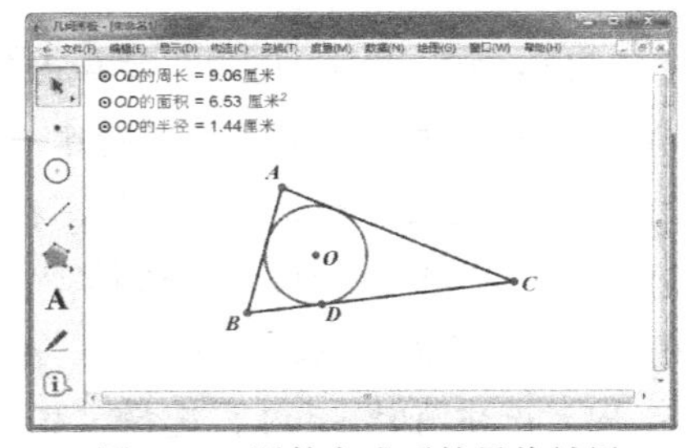

图 6-98　课件完成后的最终效果

【练习 6-12】使用“度量”菜单度量梯形的面积。

(1) 打开【练习 6-10】中绘制的梯形。

(2) 选中 A、B、C、D 四个点，然后选择“构造”|“四边形的内部”命令，构造梯形的

内部，如图 6-99 所示。

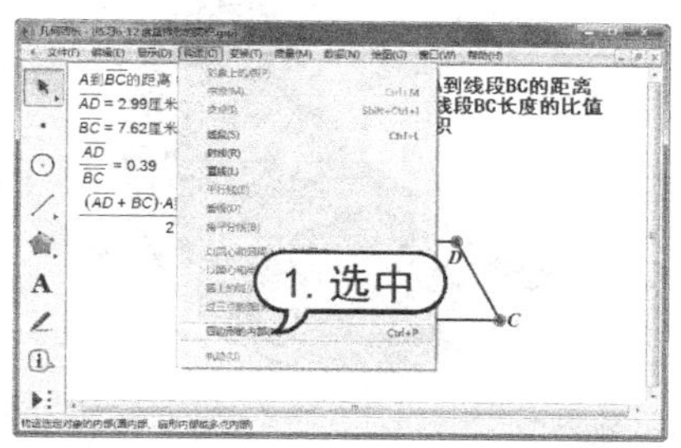

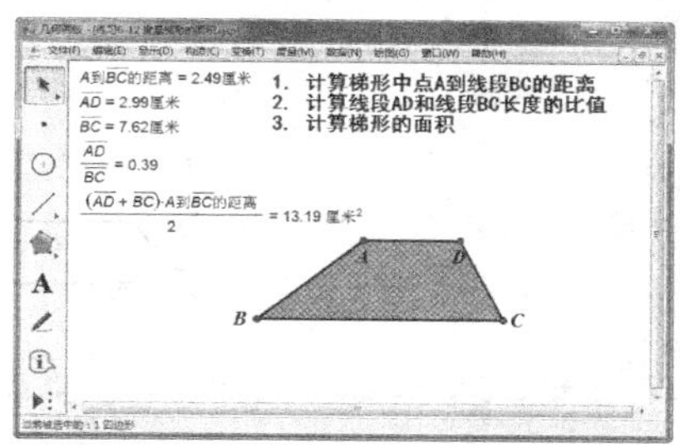

图 6-99　构造四边形内部

(3) 选中刚刚构造的四边形的内部，然后选择“度量”|“面积”命令，即可度量出梯形的面积，如图 6-100 所示。选择“文件”|“保存”命令，保存该课件。

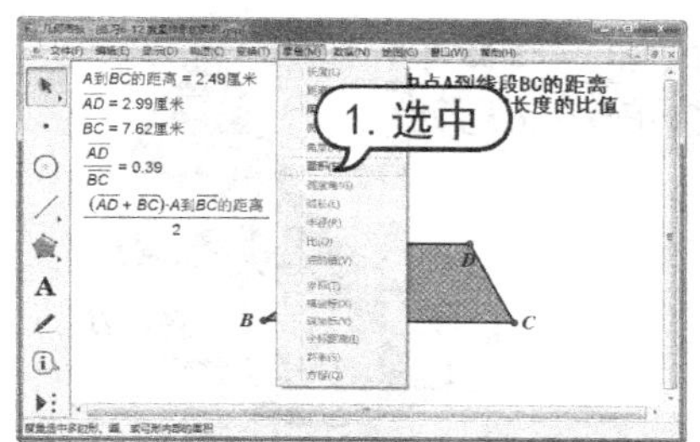

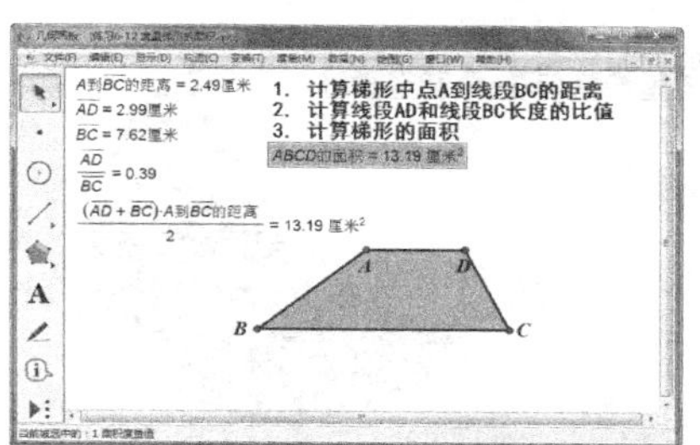

图 6-100　度量出梯形的面积

【练习 6-13】使用“度量”菜单度量扇形的弧长和弧的面积。

(1) 启动几何画板应用程序，新建一个画板。

(2) 单击工具箱上的“点工具”按钮，在绘图区中画 3 个不在同一直线上的点，并分别显示它们的文本标签为 A、B 和 C，如图 6-101 所示。

(3) 依次选中点 A、B、C，选择“构造”|“过三点的弧”命令，得到如图 6-102 所示的弧形。

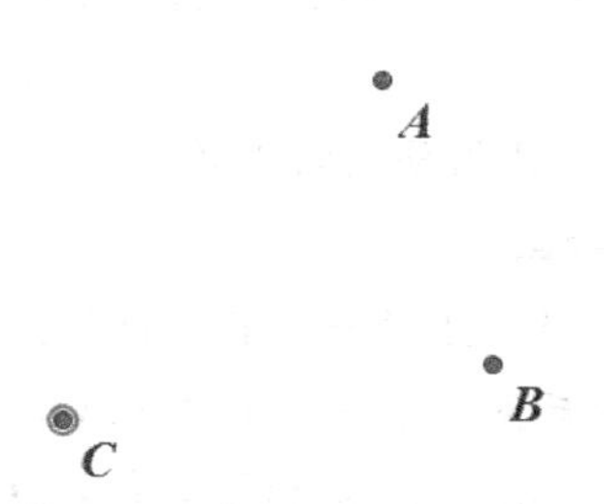

图 6-101　在绘图区中画三个点

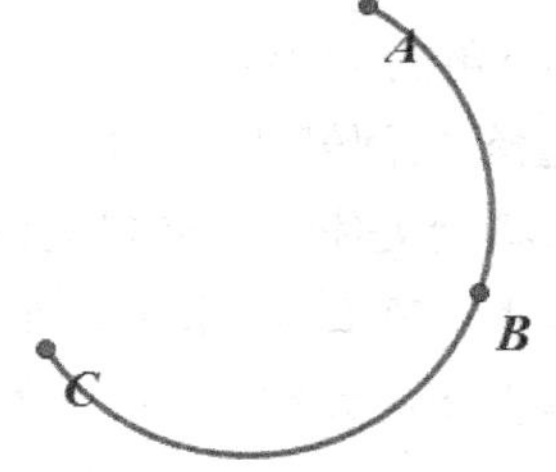

图 6-102　构造过三点的弧

(4) 选中圆弧，然后选择“构造”|“弧内部”|“扇形内部”命令，得到一个扇形，如图 6-103 所示。

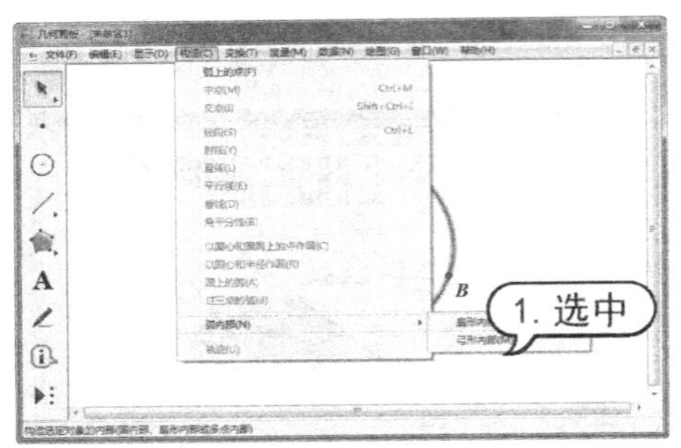

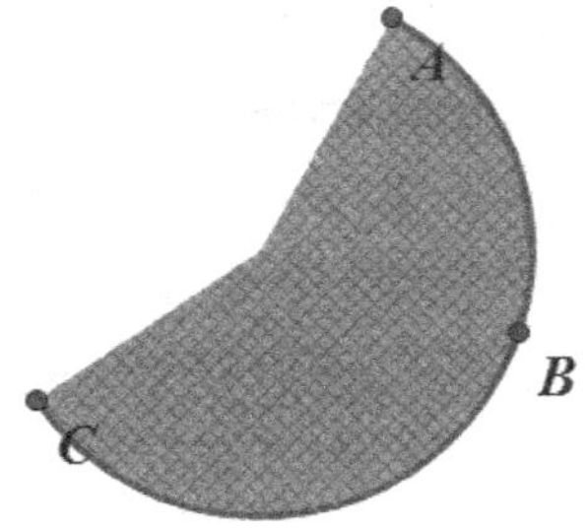

图 6-103　构造弧形内部

(5) 选中弧形内部，选择“度量”|“面积”命令，度量出扇形面积，如图 6-104 所示。

(6) 选中弧 ABC，选择“度量”|“弧长”命令，度量出扇形弧长，如图 6-105 所示。

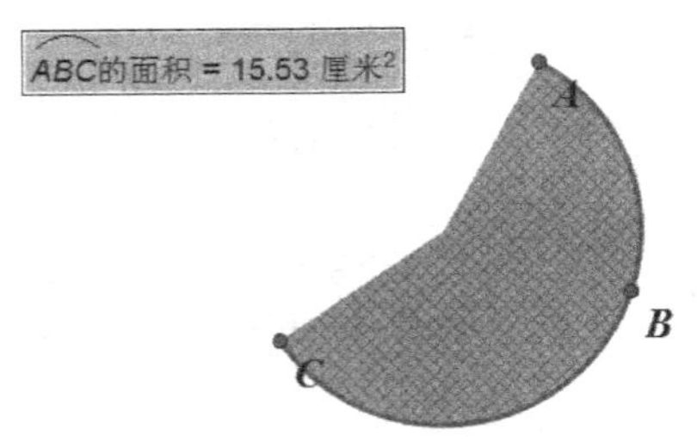

图 6-104　度量扇形面积

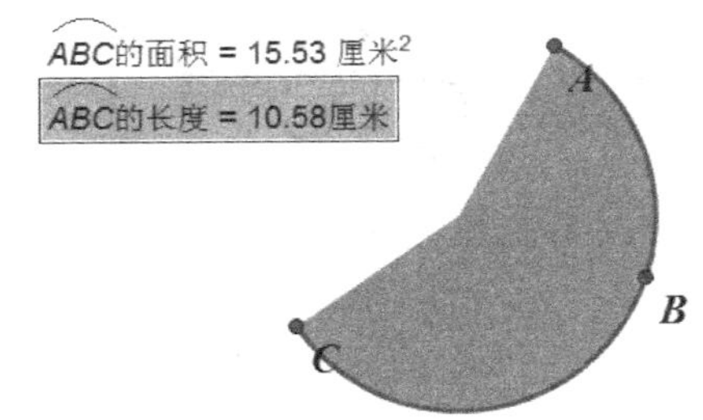

图 6-105　度量弧长

6.4.3　度量角度

使用几何画板的“度量”菜单，可以对图形中的任意一个角的度数进行测量。这不仅给几何教学带来诸多方便，同时也适用于物理学中的力学、光学等课程。

【练习 6-14】使用几何画板制作课件“圆周角定理”，本例将主要学习在课件中如何利用“度量”菜单计算角的度数，通过计算来验证圆周角定理：一条弧所对的圆周角等于它所对的圆心角的一半。

(1) 选择“开始”|“程序”|“几何画板”命令，打开几何画板操作界面。

(2) 选择“文件”|“新建文件”命令，建立一个新的画板。

(3) 单击“圆工具”按钮，在绘图区绘制一个圆 O 以及圆上的一点 B，如图 6-106 所示。

(4) 单击“点工具”按钮，在圆上绘制一个点 A，然后依次选中点 B 和点 O，构造线段 BO，选中点 A 和点 O，构造线段 AO，此时即构造出了弧 AB 所对应的圆心角∠BOA，如图 6-107 所示。

(5) 单击工具栏上的“点工具”按钮，在优弧 AB 上任意画一点 C，然后构造线段 BC 和 AC，此时可构成弧 AB 所对应的圆周角∠BCA，如图 6-108 所示。

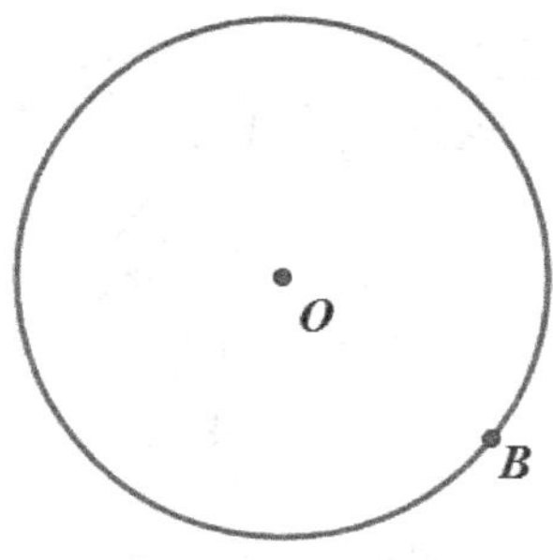

图 6-106　构造圆 O 和点 B

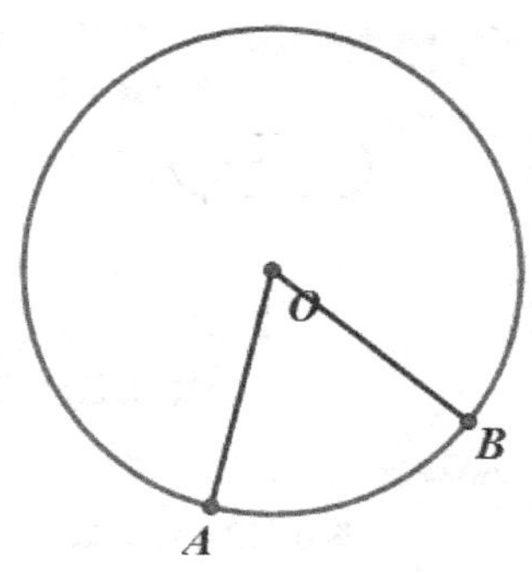

图 6-107　构造∠BOC

(6) 依次选中点 B、点 C 和点 A，然后选择“度量”|“角度”命令，如图 6-109 所示度量出∠BCA 的度数，如图 6-110 所示。

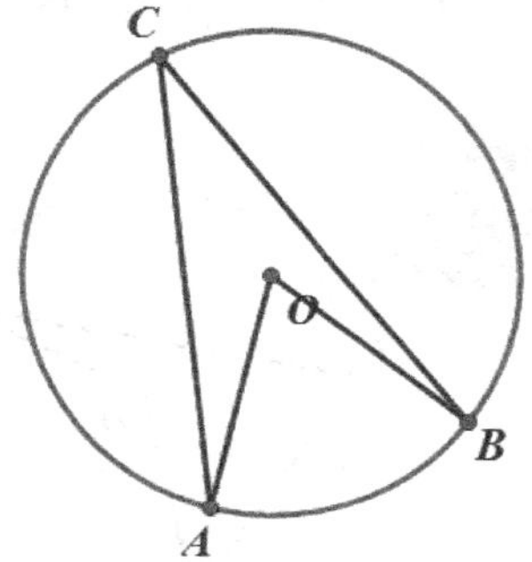

图 6-108　构造圆周角∠BCA

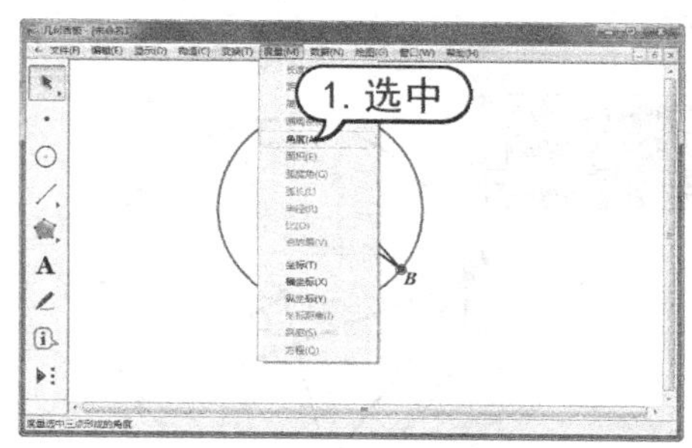

图 6-109　度量角度

(7) 使用同样的方法度量出圆心角∠BOA 的度数，效果如图 6-111 所示。

(8) 选择“数据”|“计算”命令，打开“新建计算”对话框，依次单击数字 2、乘号*和∠BCA 的度量值，如图 6-112 所示。

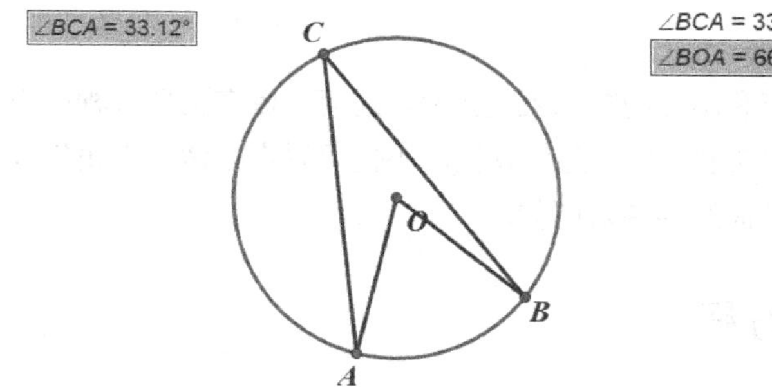

图 6-110　度量圆周角

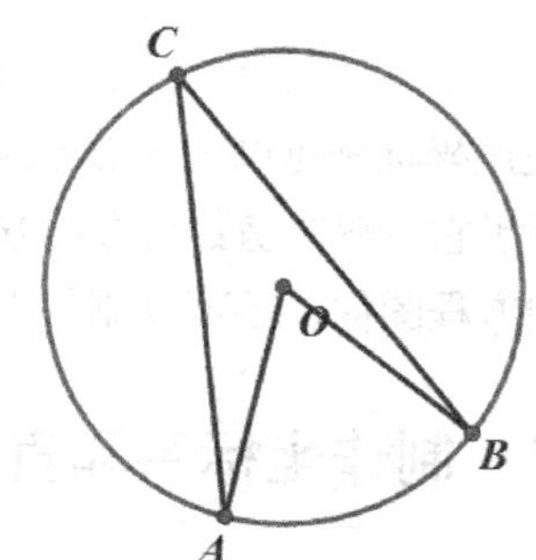

图 6-111　度量圆心角’

(9) 单击“确定”按钮，将在绘图区域显示计算结果，如图 6-113 所示。可看到计算结果正好与圆心角∠BOA 的度量值相等，即 2∠BCA=∠BOA。

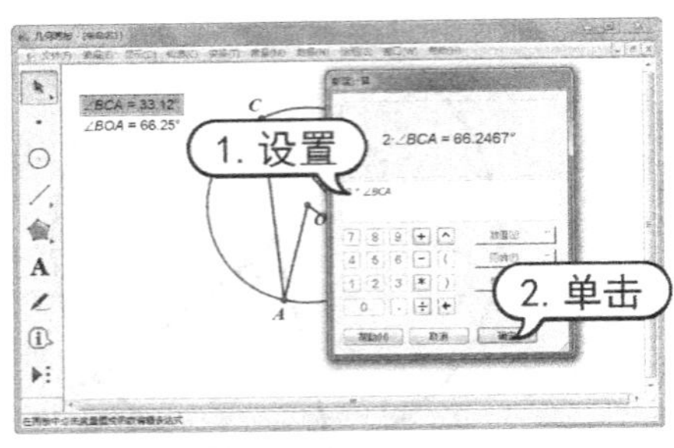

图 6-112　计算数值

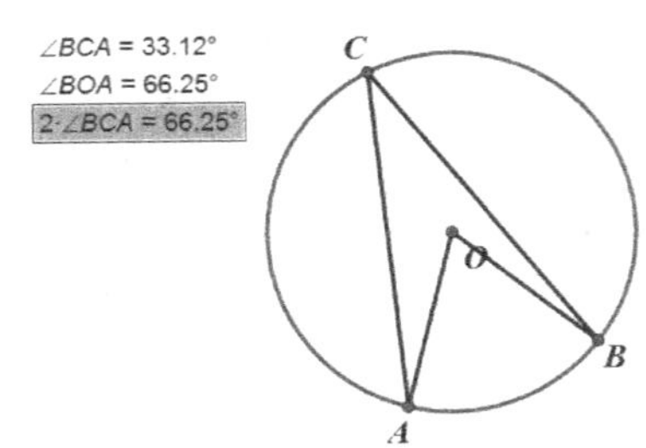

图 6-113　计算结果

(10) 课件“圆周角定理”制作完毕。用户在运行课件时，可以通过拖动点 C、A、B 来观察圆周角∠BCA 和圆心角∠BOA 数值的变化，以及它们之间的关系，如图 6-114 所示。

(11) 选择“文件”|“保存”命令，打开“另存为”对话框，在“保存在”下拉列表框中选择文件的保存位置，在“文件名”文本框中输入文件的名称，单击“确定”按钮对文件进行保存。

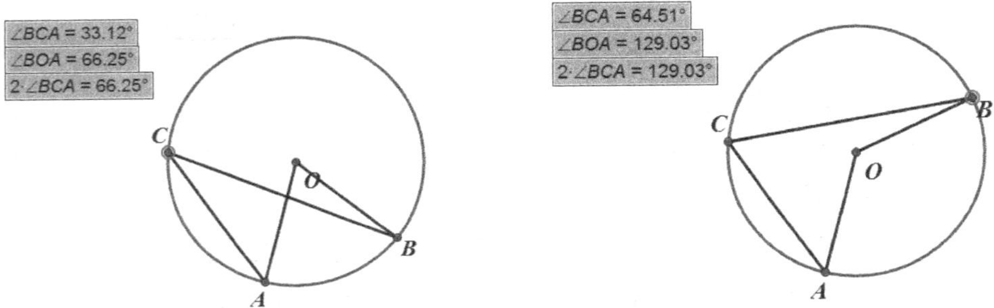

图 6-114　通过改变点的位置观察圆周角和圆心角的变化

6.5　坐标和方程

应用坐标轴可以十分形象地把点和函数的图像表达出来，几何画板在更新过程中也进一步加强了它在解决函数与方程方面的功能。利用几何画板，不但可以直接做出直角坐标系下的直线方程图像，还可以制作出各种曲线的函数图像。

6.5.1　制作坐标系和直线方程

在绘图区中建立坐标系，然后通过绘制直线方程来解决某些数学问题，这就是“数形结合”思想的体现。

【练习 6-15】使用几何画板制作课件“直线的倾斜角和斜率”，可观察直线的倾斜角与斜率 k=tan α 图像之间的关系。

(1) 启动几何画板应用程序，新建一个画板。

(2) 选择“绘图”|“定义坐标系”命令，定义一个新坐标系，并标记原点的标签为 O、x 轴和 y 轴，如图 6-115 所示。

(3) 单击“点工具”按钮，在 x 轴上任意画一点 B，单击“线段直尺工具”按钮，在坐标系的合适位置绘制一条线段 CD，如图 6-116 所示。

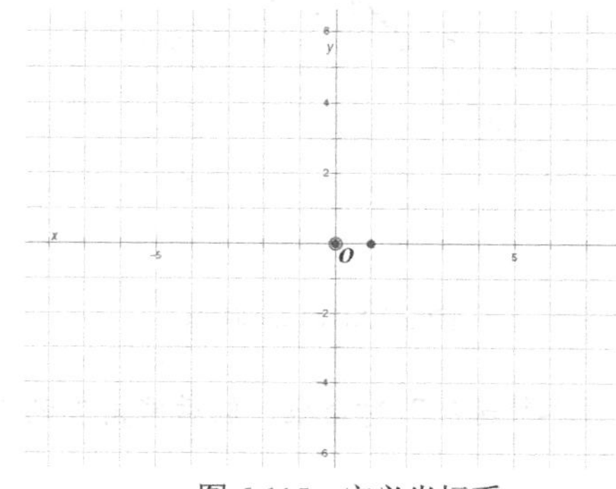

图 6-115　定义坐标系

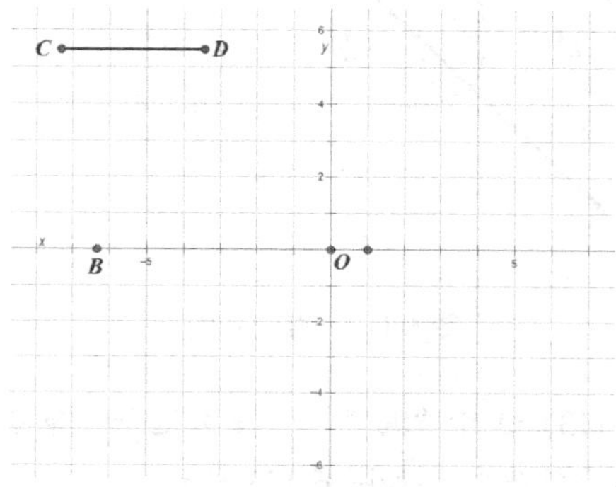

图 6-116　绘制点 B 和线段 CD

(4) 同时选中点 B 和线段 CD，选择“构造”|“以圆心和半径作圆”命令，构造出以点 B 为圆心，线段 CD 的长度为半径的圆 c_1，如图 6-117 所示。

(5) 同时选中圆 c_1 和 x 轴，选择“构造”|“交点”命令，构造出圆 c_1 和 x 轴的两个交点 E 和 F。

(6) 依次选中点 F、E 和圆 c_1，选择“构造”|“圆上的弧”命令，构造出半圆弧 a_1，并将 c_1 隐藏，如图 6-118 所示。

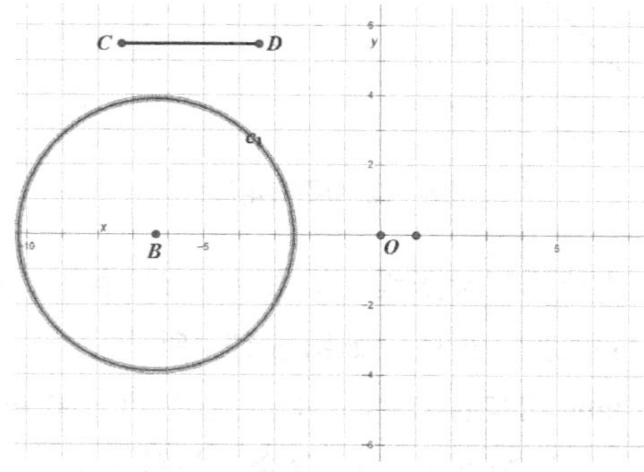

图 6-117 构造圆

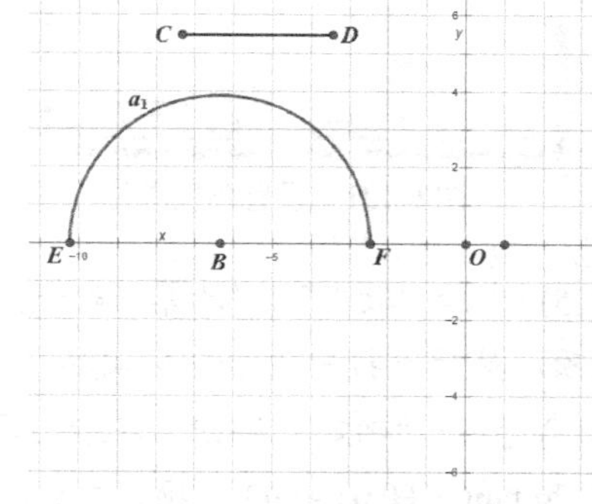

图 6-118　构造圆弧

(7) 单击“点工具”按钮，在半圆弧 a_1 上任意绘制一点 G，然后同时选中点 B 和点 G，选择“构造”|“直线”命令，构造出直线 j。

(8) 右击直线 j，选择“粗线”命令，将直线 j 设置为“粗线”。

(9) 单击“点工具”按钮，在点 B 和点 F 之间任意绘制一点 H。

(10) 依次选中点 B 和点 H，选择“构造”|“以圆心和圆周上点作圆”命令，构造出以点 B 为圆心，线段 BH 的长度为半径的圆 c_2，如图 6-119 所示。

(11) 单击直线 j 和圆 c_2 的交点处，构造出直线 j 与圆 c_2 的交点 I。

(12) 依次选中点 H、点 I 和圆 c_2，选择“构造”|“圆上的弧”命令，构造出弧α，然后将其设置为黑色粗线，并将 c_2 隐藏，效果如图 6-120 所示。

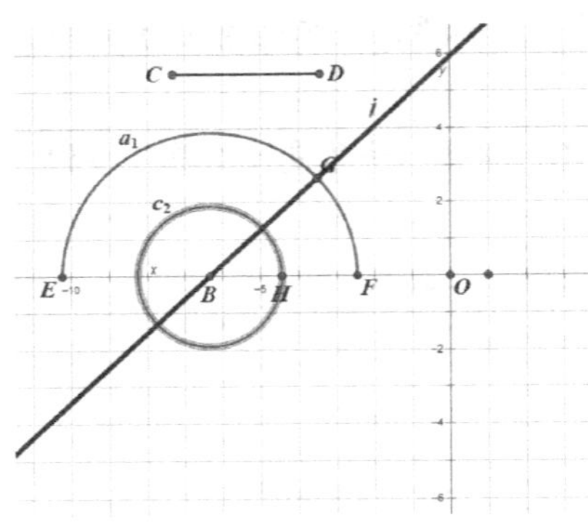

图 6-119　直线和圆

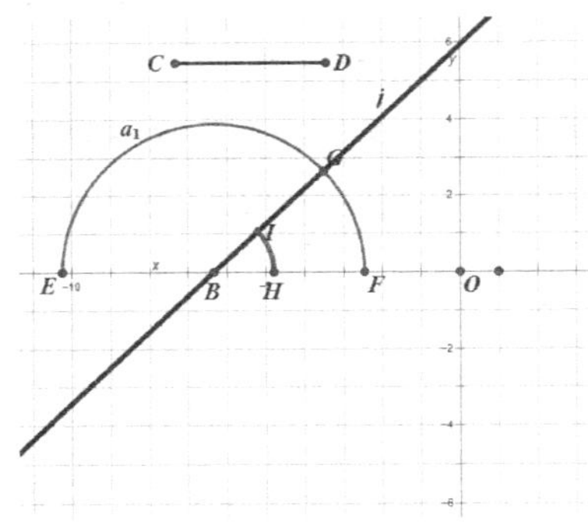

图 6-120　构造圆弧

(13) 选择“编辑”|“参数选项”命令，打开“参数选项”对话框，然后将角度的单位设置为“弧度”，如图 6-121 所示。

(14) 依次选中点 H、点 B 和点 I，选择“度量”|“角度”命令，度量出∠HBI 的度数，得到“∠HBI=0.75 弧度”，如图 6-122 所示。

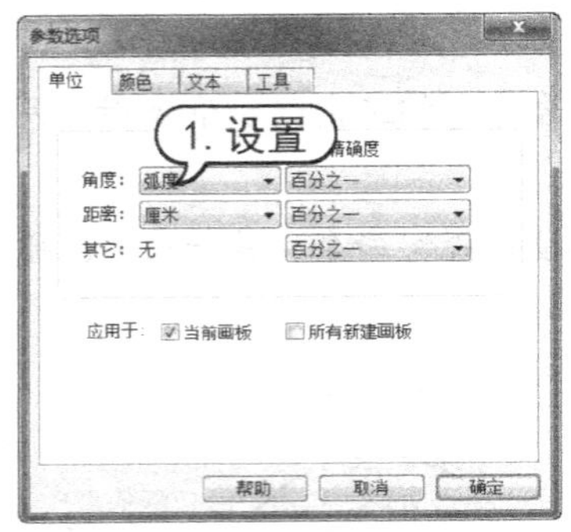

图 6-121　设置角度单位

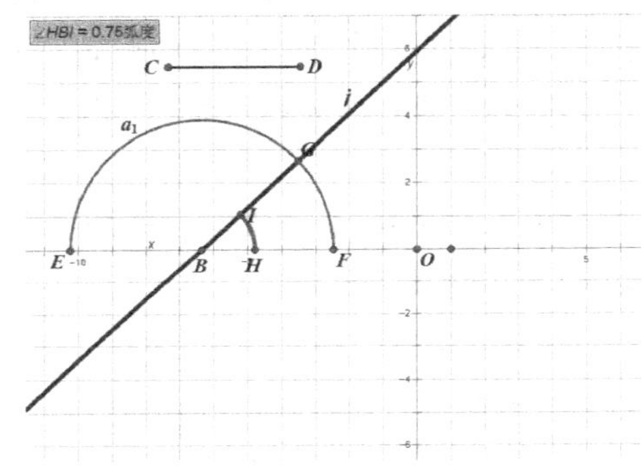

图 6-122　度量角度

(15) 选择“数据”|“计算”命令，打开“新建计算”对话框，单击“函数”按钮，选择 tan 选项，然后直接单击绘图区域的“∠HBI=0.75 弧度”选项，如图 6-123 所示。

(16) 单击“确定”按钮，在绘图区域显示“tan(∠HBI)=0.93”，依次选中“∠HBI=0.75 弧度”和 tan(∠HBI)=0.93 选项，然后选择“绘图”|“绘制点(x，y)”命令，如图 6-124 所示，绘制出一个点 P，如图 6-125 所示。

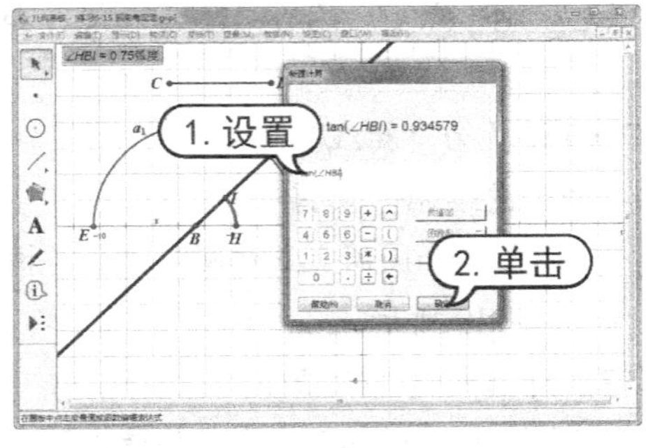

图 6-123　计算正切值

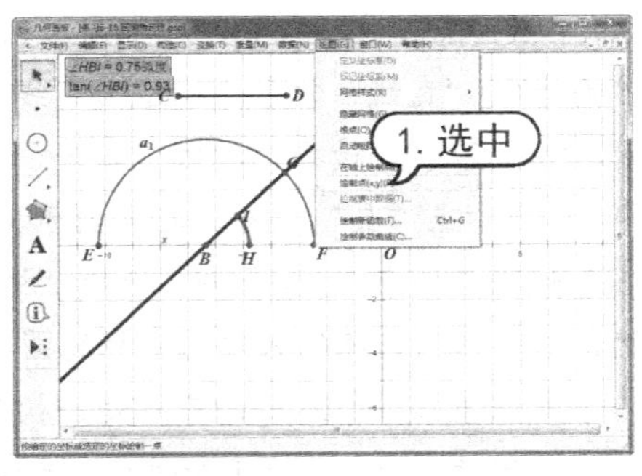

图 6-124　绘制点(x，y)

(17) 选中点 P，选择“显示”|“追踪绘制的点”命令，将点 P 设置为轨迹追踪点，如图 6-126 所示。

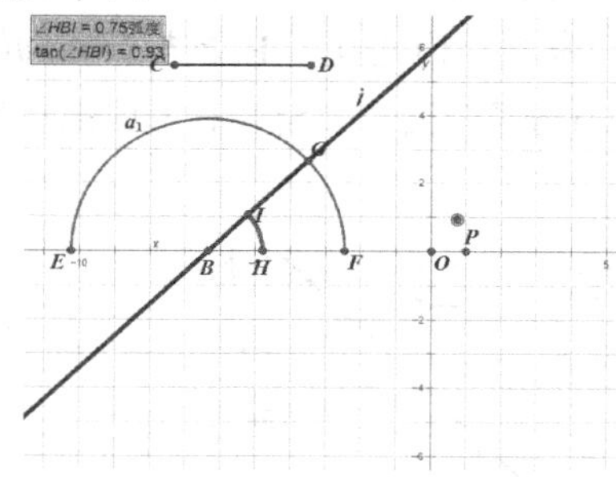

图 6-125　绘制点 P

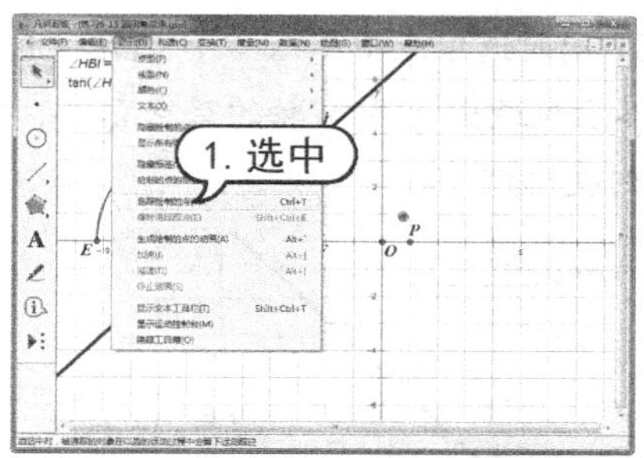

图 6-126　设置追踪点

(18) 依次选中点 P 和点 G，，选择“构造”|“轨迹”命令，构造出点 P 的轨迹曲线，并将其设置为“红色粗线”，如图 6-127 所示。

(19) 选择“绘图”|“绘制点”命令，打开“绘制点”对话框，选定“直角坐标”单选按钮，然后设置参数为(π，0)，如图 6-128 所示。

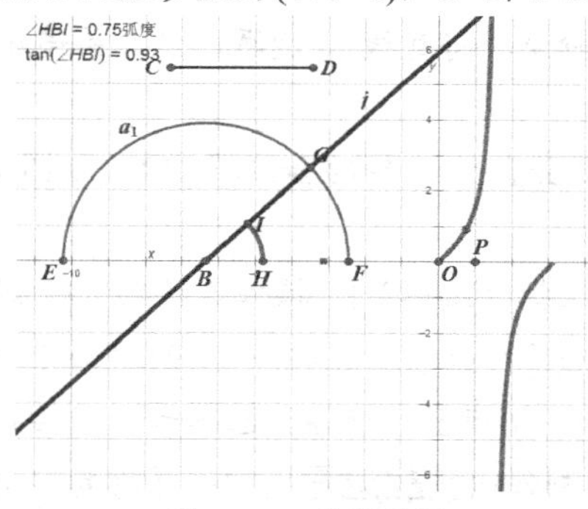

图 6-127　构造轨迹

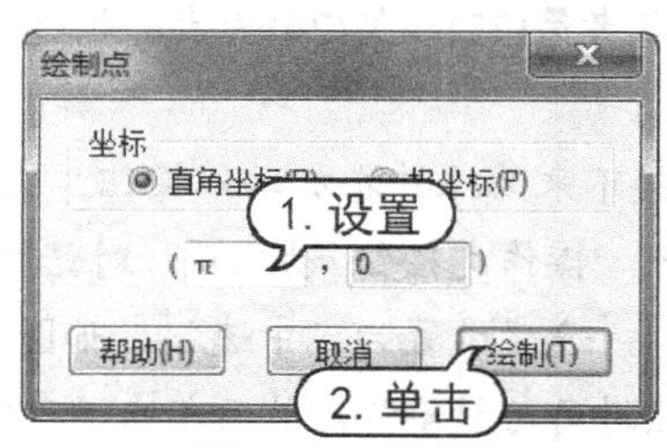

图 6-128　绘制点

(20) 设置完成后，单击“绘制”按钮，绘制出点 M，如图 6-129 所示。然后单击“完成”按钮，关闭“绘制点”对话框。

(21) 选中点 M 和点 O，选择“构造”|“线段”命令，构造线段 MO，选中线段 MO，然后选择“构造”|“中点”命令，构造线段 MO 的中点 N，然后将线段 MO 隐藏，如图 6-130 所示。

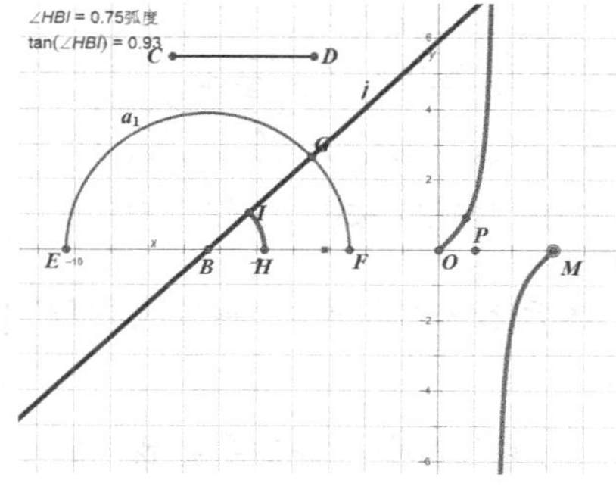

图 6-129　构造点 M

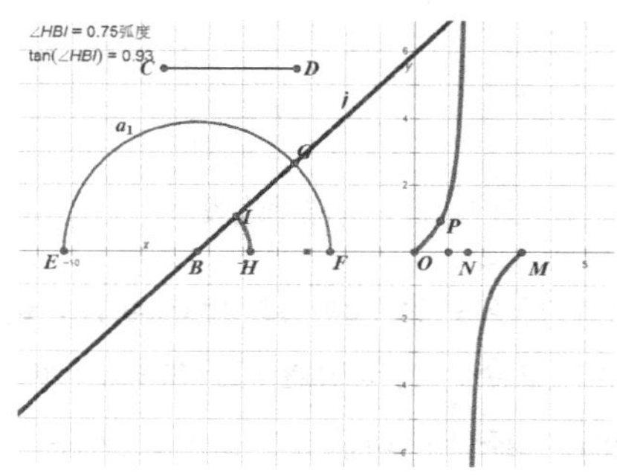

图 6-130　构造中点 N

(22) 同时选中点 M、N 和 x 轴，选择“构造”|“垂线”命令，构造过点 M 和点 N 的垂直于 x 轴的两条垂线 k 和 l，并将这两条垂线设置为“黑色虚线”，如图 6-131 所示。

(23) 同时选中点 P 和 x 轴，选择“构造”|“垂线”命令，构造过点 P 垂直于 x 轴的垂线 m，然后构造出 m 和 x 轴的交点 Q，如图 6-132 所示。(为了使图形更清晰，本图调整了坐标系的刻度比例。)

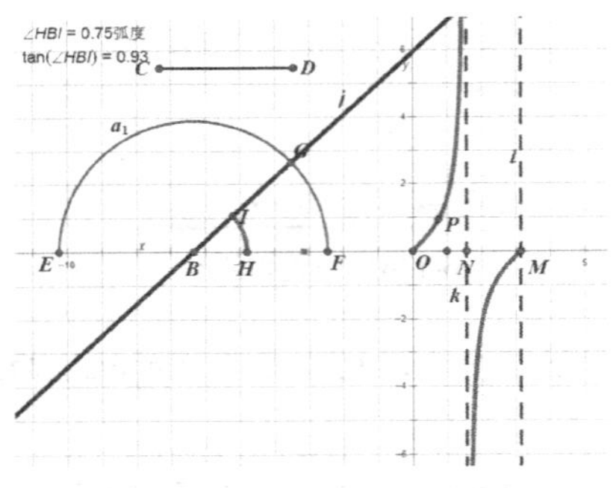

图 6-131　构造两条垂线

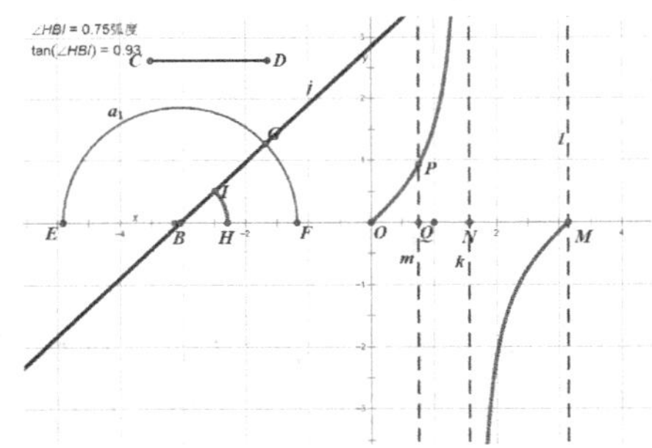

图 6-132　构造垂线和交点

(24) 选中直线 m，选择“显示”|“隐藏垂线”命令，将直线 m 隐藏，然后构造出 x 轴的垂线段 PQ，并将其设置黑色虚线。

(25) 参考第(23)和第(24)两步，构造出过点 P 且垂直于 y 轴的垂线段 PR，如图 6-133 所示。

(26) 接下来为课件添加动作按钮。选中点 G，选择“编辑”|“操作类按钮”|“动画”命令，打开“操作类按钮 动画点”对话框，选择“动画”选项卡，将点 G 的运动方向设置为“双向”，速度设置为“中速”，如图 6-134 所示。切换至“标签”选项卡，将按钮标签设置为“倾斜角与斜率”，然后单击“确定”按钮，制作出倾斜角与斜率按钮，并将其移动到合适的位置，效果如图 6-135 所示。

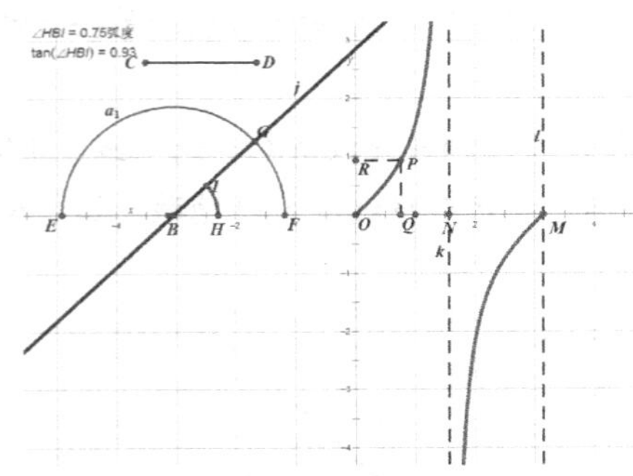

图 6-133　构造垂线段

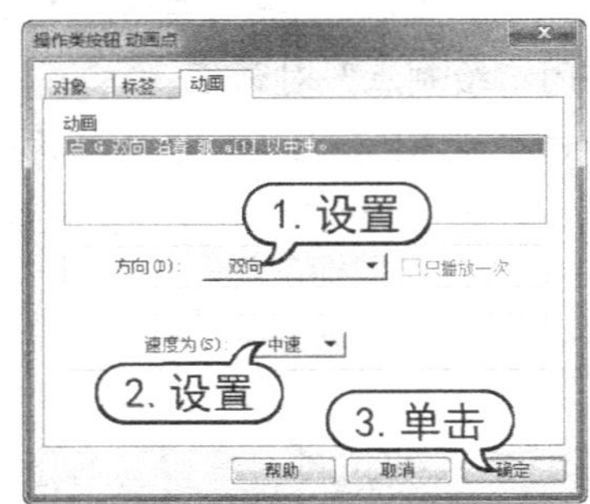

图 6-134　“操作类按钮 动画点”对话框

(27) 将点 P 的轨迹曲线标记为 L_1，选中曲线 L_1，然后选择“编辑”|“操作类按钮”|“隐藏/显示”命令，制作出隐藏轨迹 L_1按钮，如图 6-136 所示。

(28) 选择“移动箭头”工具，结合“显示”|“隐藏对象”命令，将不需要显示的元素隐藏，效果如图 6-137 所示。

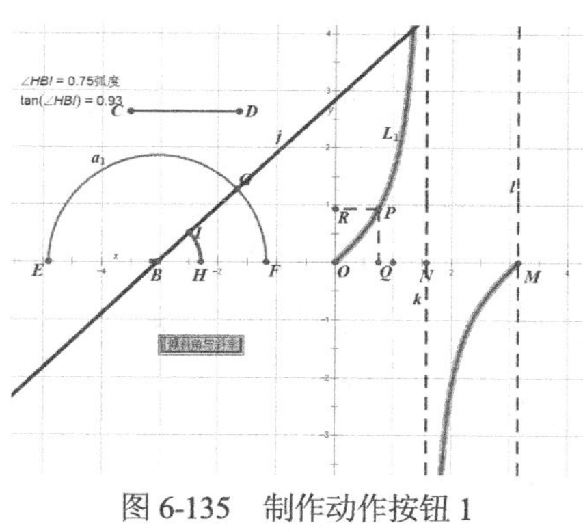

图 6-135　制作动作按钮 1

图 6-136　制作动作按钮 2

(29) 使用“文字工具”在点 M 处标记π文本，在点 N 处标记π/2 文本，最终效果如图 6-138 所示。

(30) 整个课件制作完毕，用户可通过单击[倾斜角与斜率]按钮来观察直线的倾斜角和斜率的变换关系。

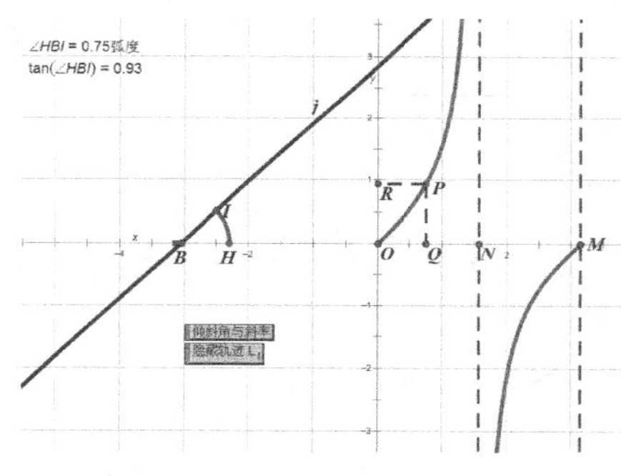

图 6-137　课件“两直线垂直”效果

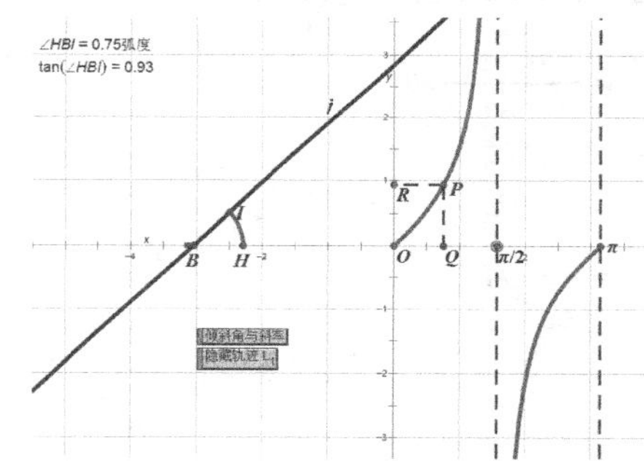

图　6-138　标记点π和π/2

6.5.2　制作函数图像

在传统教学中，由于函数的抽象性，教师常常不能准确地使用动态图形来讲述与其相关的性质，而通过几何画板绘制的函数图像却能够很快找到解决问题的途径。使用几何画板可以绘制数学中常见的二次函数、三次函数等图像。

【练习 6-16】使用几何画板制作课件“第一定义法绘制双曲线”。

(1) 启动几何画板应用程序，新建一个画板。

(2) 选择“绘图”|“定义坐标系”命令，在绘图区建立一个直角坐标系。选择“绘图”|“隐藏网格”命令，将坐标系中的网格线隐藏。

(3) 单击工具箱上的“点工具”按钮，在 x 轴负半轴上任意画一点，显示该点的标签为 F_1，如图 6-139 所示。

(4) 选中 y 轴，选择“变换”|“标记镜面”命令，将 y 轴设置为标记镜面。

(5) 选中点 F_1，选择“变换”|“反射”命令，将点 F_1 按标记镜面反射，在 x 轴正半轴得

到一个与之对称的点 F_2，如图 6-140 所示。

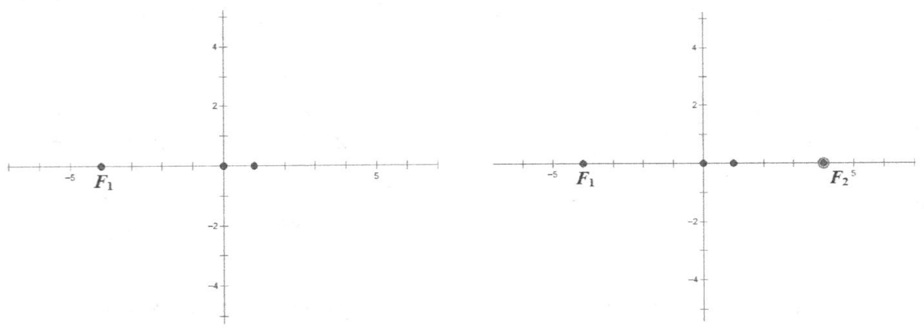

图 6-139　在 X 轴上任取一点　　　图 6-140　使用标记镜面反射点 F_1

(6) 单击工具箱上的“线段直尺工具”按钮，在绘图区的适当位置画一条线段 AB，使得 $|AB|<|F_1F_2|$，如图 6-141 所示。

(7) 同时选中点 F_1 和线段 AB，选择“构造”|“以圆心和半径作圆”命令，构造出以点 F_1 为圆心，以线段 AB 长为半径的圆 c_1，如图 6-142 所示。

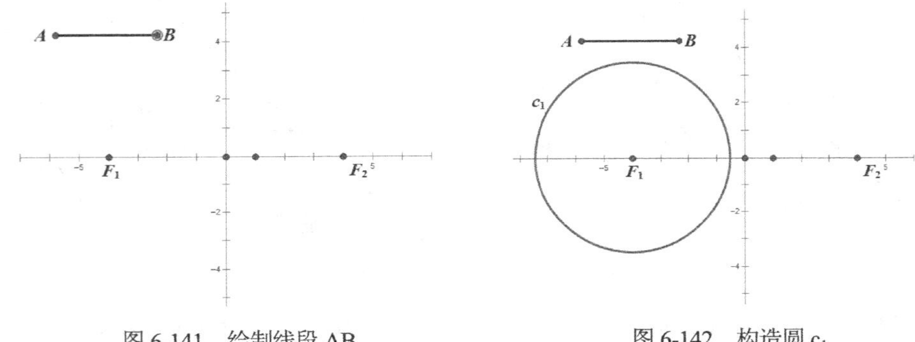

图 6-141　绘制线段 AB　　　图 6-142　构造圆 c_1

(8) 单击工具箱上的“点工具”按钮，在圆 c_1 上任意画一点 M，如图 6-143 所示。

(9) 同时选中点 M 和点 F_1，选择“构造”|“直线”命令，构造出直线 MF_1，如图 6-144 所示。

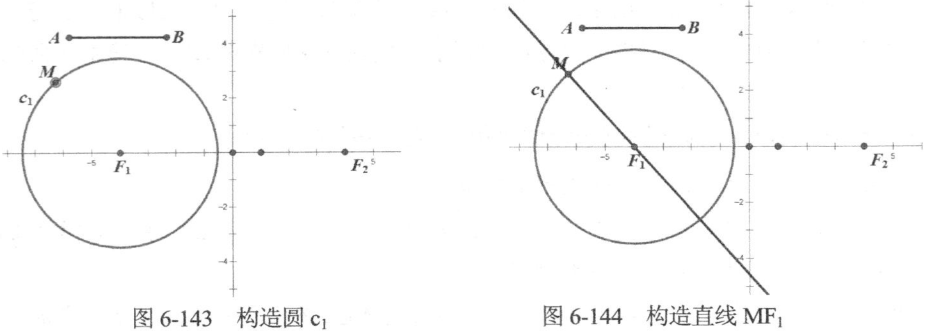

图 6-143　构造圆 c_1　　　图 6-144　构造直线 MF_1

(10) 同时选中点 M 和点 F_2，选择“构造”|“线段”命令，构造出线段 MF_2，如图 6-145 所示。

(11) 选中线段 MF_2，选择“构造”|“中点”命令，构造出线段 MF_2 的中点 C。

(12) 同时选中点 C 和线段 MF_2，选择“构造”|“垂线”命令，构造出线段 MF_2 的垂直平分线 k，如图 6-146 所示。

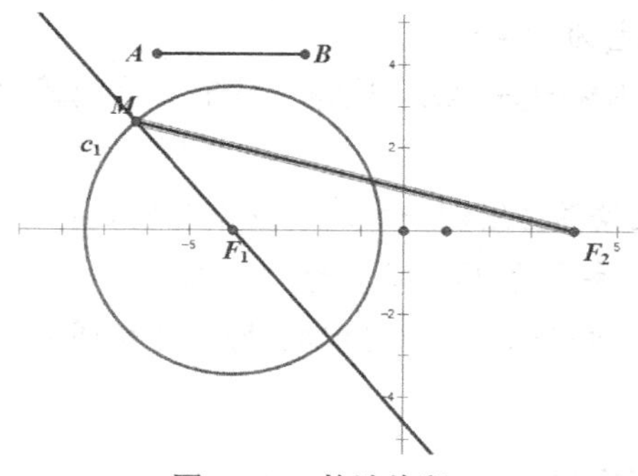

图 6-145　构造线段 MF_2

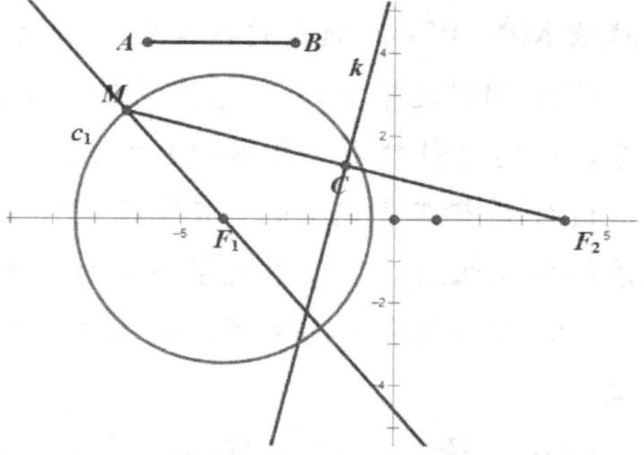

图 6-146　构造线段 MF_2 的垂直平分线 k

(13) 单击“点工具”按钮，在直线 MF_1 和直线 k 相交的点上画一个点，并将该点的文本标签显示为 P，如图 6-147 所示。

(14) 同时选中点 M 和 P，选择“构造”|“轨迹”命令，构造出点 P 的轨迹，即双曲线 L_1，如图 6-148 所示。

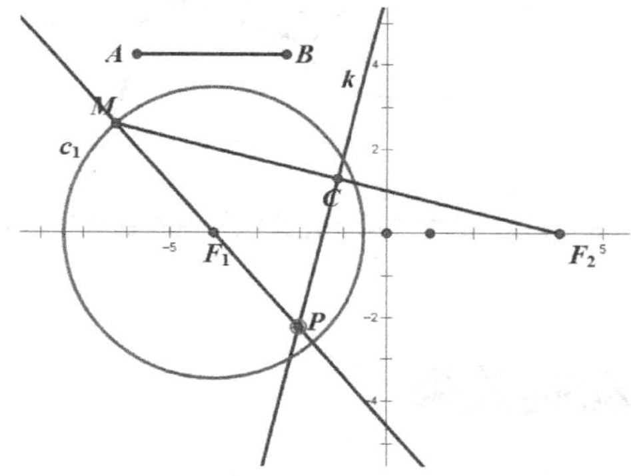

图 6-147　绘制点 P

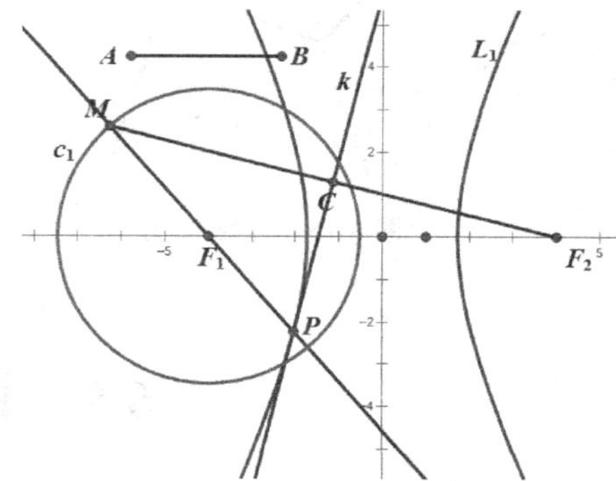

图 6-148　构造点 P 的轨迹双曲线 L_1

(15) 同时选中点 P 和点 F_2，选择“构造”|“线段”命令，构造出线段 PF_2，如图 6-149 所示。同时选中点 P 和点 M，构造出线段 PM，如图 6-150 所示。

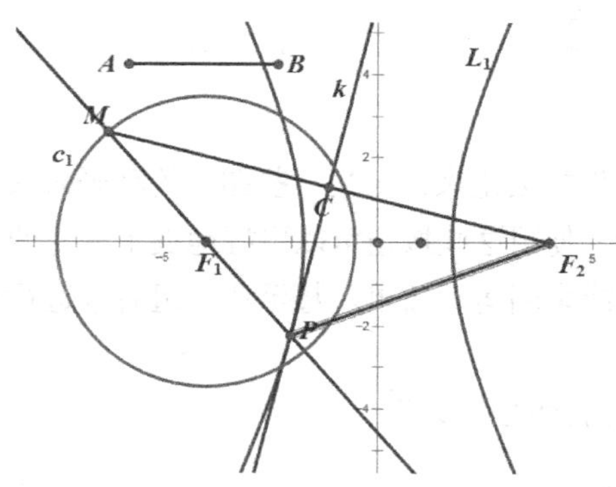

图 6-149　构造线段 PF_2

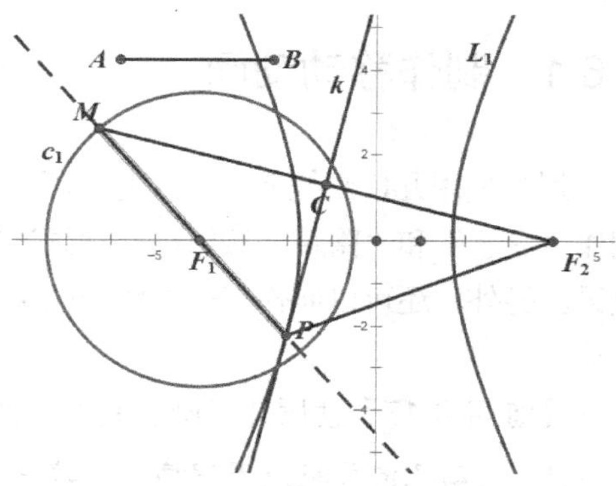

图 6-150　构造线段 PM

(16) 选中双曲线，选择“显示”|“线型”|“粗线”命令，将双曲线设置为“粗线”；选择“显示”|“颜色”|“红色”选项，将双曲线的颜色设置为“红色”。使用相同方法，设置线段 MP、PF_2 和 MF_2 的线型为“粗线”，颜色为“黑色”。

(17) 同时选中直线 k、直线 MP、点 A、点 B 和线段 AB，选择“显示”|“隐藏 对象”命令，此时课件效果如图 6-151 所示。

(18) 选择工具箱上的“文字工具”按钮，在绘图区绘制一个文本框并输入文字“第一定义法绘制双曲线”，设置文字字体为“黑体”，字号为 24，字形为“加粗”。

(19) 整个课件制作完毕，如图 6-152 所示。运行课件时，可以拖动点 M 在圆 c_1 上任意移动。

(20) 选择“文件”|“保存”命令，保存该课件。

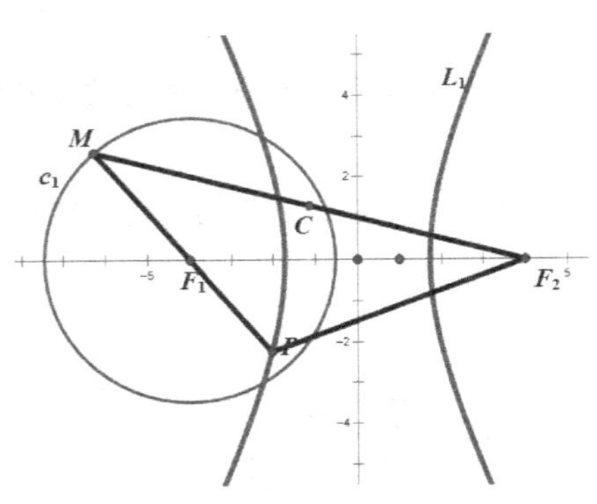

图 6-151　隐藏对象

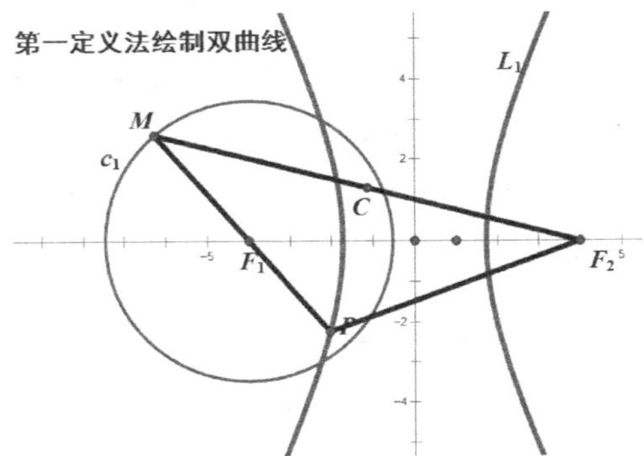

图 6-152　课件“第一定义法绘制双曲线”效果

6.6　制作动画效果

几何画板绘制出的图形通常被称为“动态几何”，这是因为几何画板具有强大的动画功能，利用动画功能可以制作出移动动画、轨迹动画和旋转动画等多种类型的动画形式。动画型课件的制作主要应用了几何画板中“编辑”|“操作类按钮”菜单下的命令。

6.6.1　制作移动动画

用户使用几何画板制作课件时，可以制作操作类按钮来自定义一些图形的动画效果，如制作“显示”和“隐藏”按钮、“动画”按钮等，使用这些按钮可以更好地展示课件的演示效果。另外，还可以制作任一个图形的单向运动或来回运动效果，甚至让一组对象进行整体运动。

【练习 6-17】使用几何画板制作课件“空间直角坐标系”。

(1) 启动几何画板应用程序，新建一个画板。

(2) 单击“圆工具”按钮，在绘图区绘制两个同心圆，c_1 和 c_2，并将其圆心标记为 O，如图 6-153 所示。

(3) 单击“点工具”按钮，在圆 c_1 上任意画两个点 A 和 D，同时选中点 O 和点 A，选择“构造”|“线段”命令，构造出线段 OA，使用同样的方法构造出线段 OD，如图 6-154 所示。

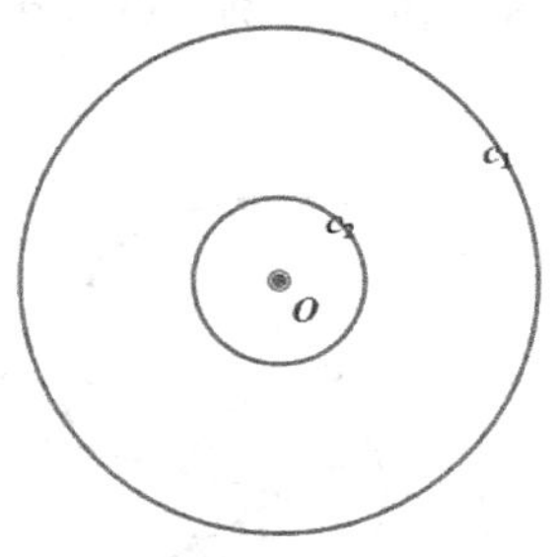

图 6-153　构造圆 c_1 和圆 c_2

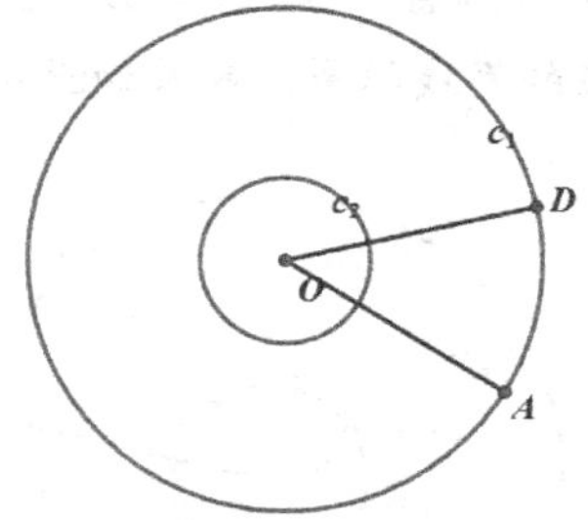

图 6-154　构造线段 OA 和 OD

(4) 同时选中线段 OA 和圆 c_2，选择“构造”|“交点”命令，构造出线段 OA 和圆 c_2 的交点 B，如图 6-155 所示。

(5) 选中点 O，选择“变化”|“标记中心”命令，将点 O 设置为标记中心。

(6) 同时选中点 A 和点 B，重复执行 3 次“变换”|“旋转”命令，打开“旋转”对话框，在“旋转”文本框中输入 90，然后单击“旋转”按钮，得到点 A'、B'、A''、B''、A'''、B'''，效果如图 6-156 所示。

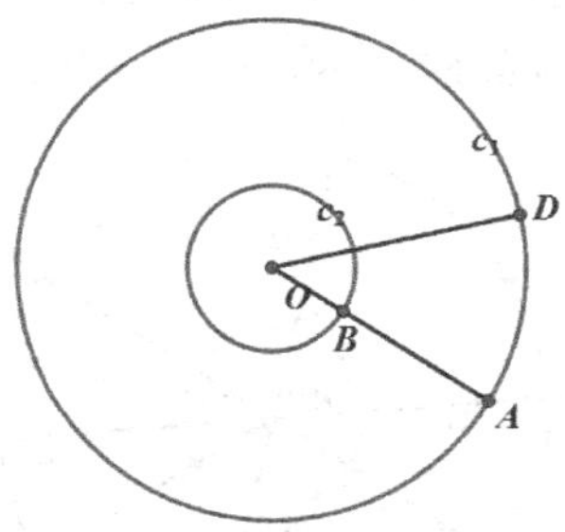

图 6-155　构造交点

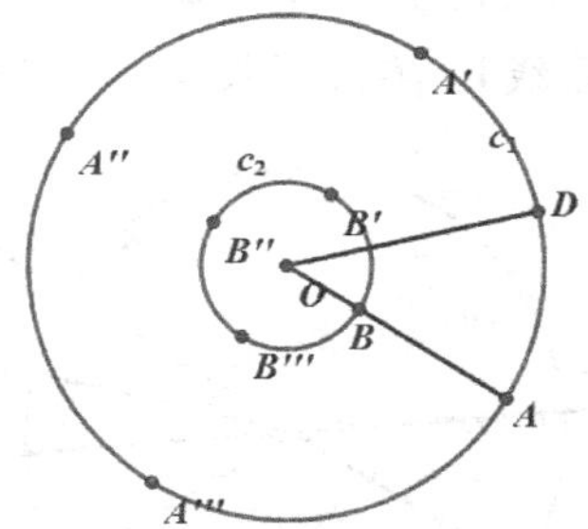

图 6-156　构造旋转后的店

(7) 同时选中点 A 和线段 OD，选择“构造”|“垂线”命令，构造出过点 A 且垂直于线段 OD 的垂线 j，如图 6-157 所示。同时选中点 B 和线段 OD，选择“构造”|“平行线”命令，构造出过点 B 且平行于线段 OD 的平行线 k，如图 6-158 所示。

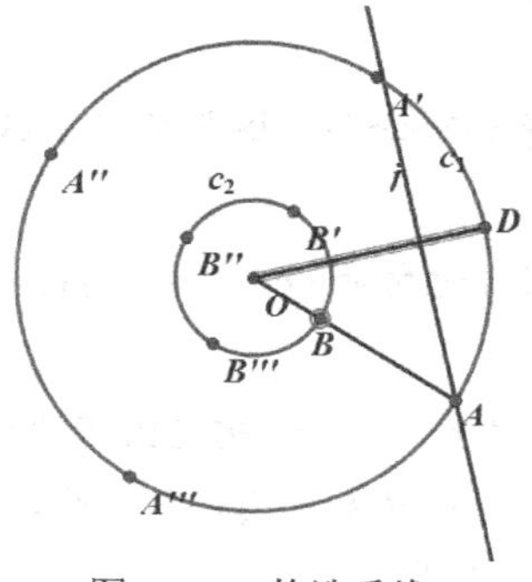

图 6-157　构造垂线

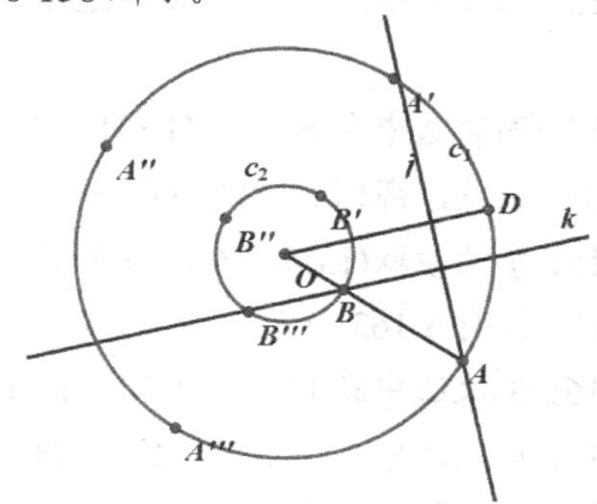

图 6-158　构造平行线

(8) 同时选中直线 j 和 k，选择“构造”|“交点”命令，构造直线 j 和 k 的交点 E。

(9) 同时选中直线 j 和 k，选择“显示”|“隐藏直线”命令，将直线 j 和 k 隐藏，如图 6-159 所示。

(10) 对点 A'、B'、A''、B''、A'''、B'''，参照步骤(7)、(8)、(9)，分别构造出点 F、G、H，并将相应的直线隐藏，效果如图 6-160 所示。

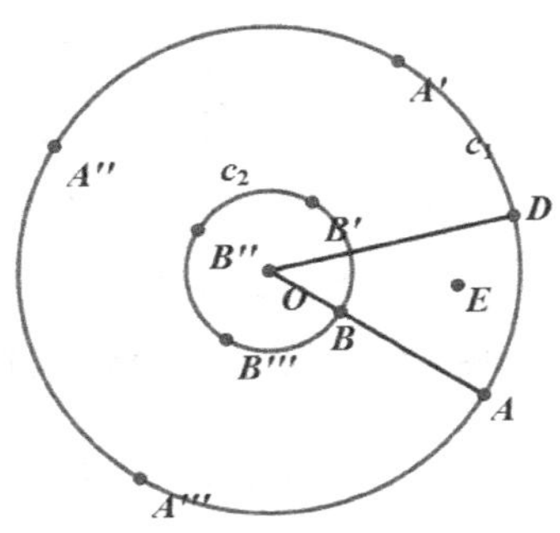

图 6-159　构造交点 E

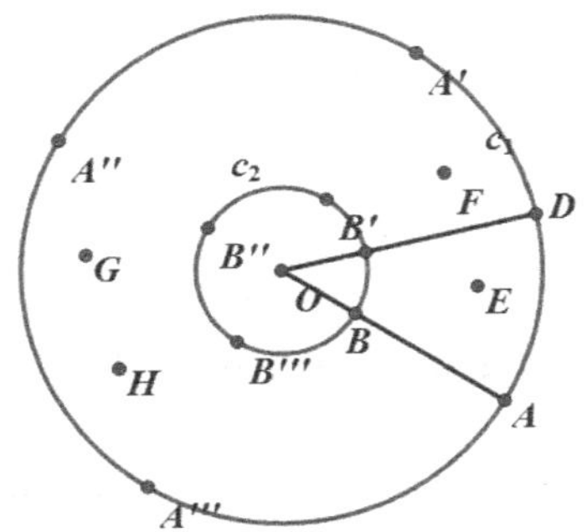

图 6-160　构造交点 F、G、H

(11) 同时选中点 E 和点 G，选择“构造”|“直线”命令，构造出直线 EG，按照同样的方法，构造出直线 FH，如图 6-161 所示。

(12) 同时选中点 O 和线段 OD，选择“构造”|“垂线”命令，构造过点 O 且垂直于线段 OD 的垂线 l。单击“点工具”按钮，在直线 l 上画两点 M 和 N，如图 6-162 所示。

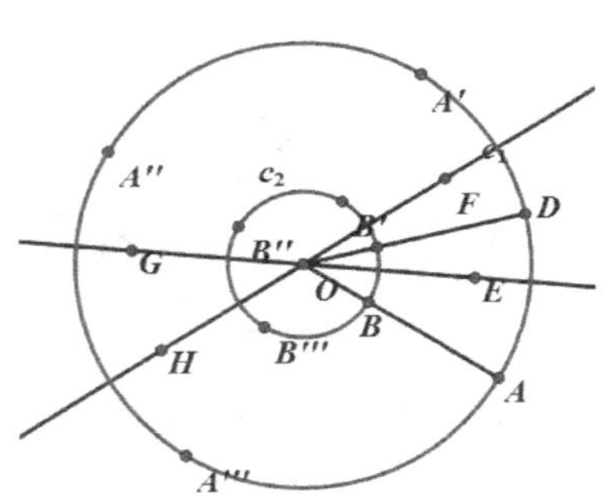

图 6-161　构造直线 EG 和 FH

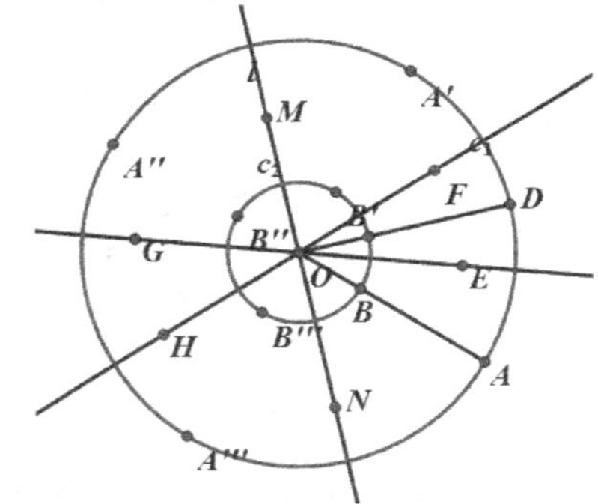

图 6-162　构造直线 l 和点 M、N

(13) 依次选中点 O 和点 M，选择“变换”|“标记向量”命令，将线段 OM 设置为标记向量。

(14) 同时选中点 E、F、G、H，选择“变换”|“平移”命令，将点 E、F、G、H 按标记向量 OM 平移，得到 E'、F'、G'、H'。

(15) 参照步骤(13)和(14)，将点 E、F、G、H 按照标记向量 ON 平移，得到点 E''、F''、G''、H''，如图 6-163 所示。

(16) 依次选中点 F'、F''、H'' 、H'，选择“构造”|“线段”命令，构造出四边形 F'F''H'' H'。

(17) 依次选中点 F'、F''、H'' 、H'，选择“构造”|“四边形的内部”命令，构造出四边形 F'F''H'' H'的内部，并设置一个合适的颜色，如图 6-164 所示。

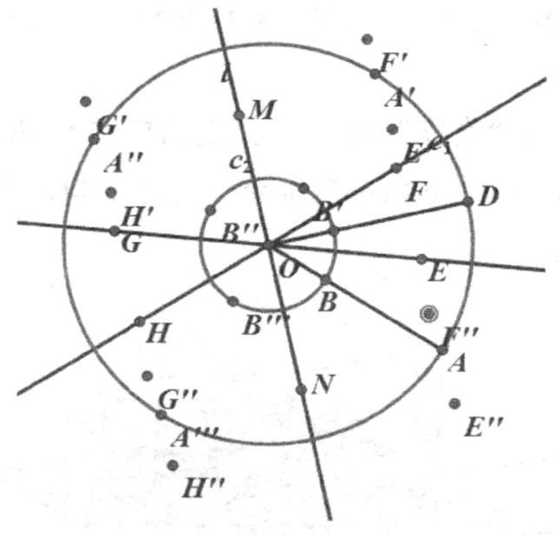

图 6-163　构造平移点

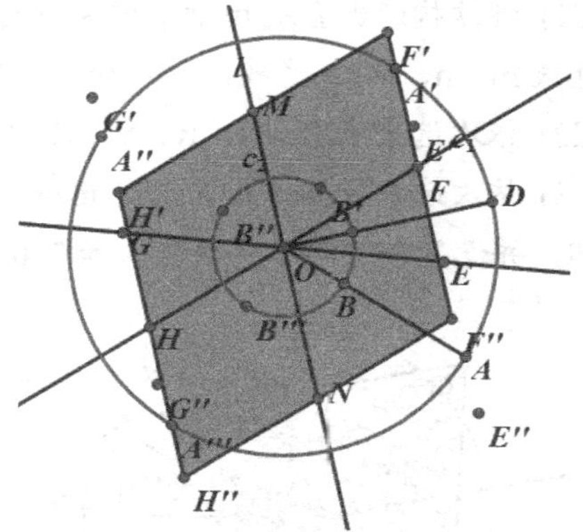

图 6-164　构造四边形内部

(18) 参照步骤(16)和(17)，构造出四边形 G'G"E"E'及其内部并填充合适的颜色，效果如图 6-165 所示(为了使图片效果更加清晰，方便阅读，本步略微调整了点 D 的位置和圆 c_1 的标记位置)。

(19) 同时选中点 G、点 E 和直线 HF，选择“构造”|“平行线”命令，构造出直线 HF 的平行线 m 和 n，如图 6-166 所示。

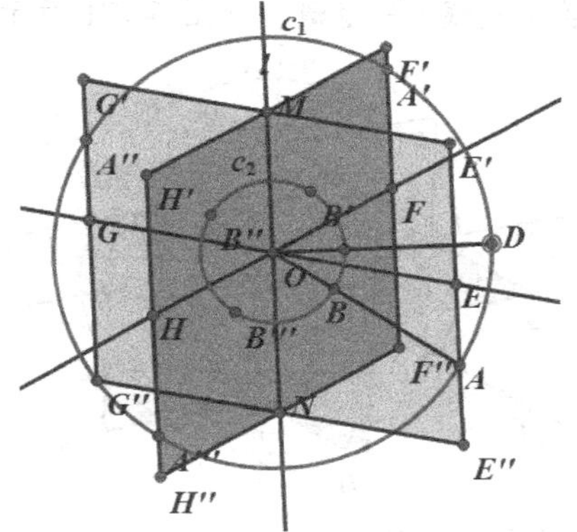

图 6-165　构造四边形内部

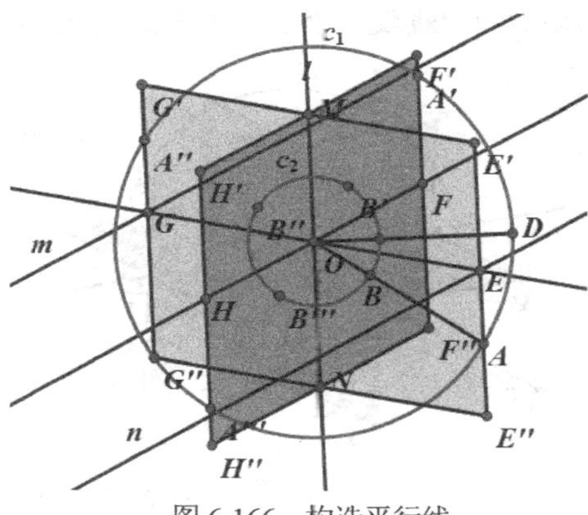

图 6-166　构造平行线

(20) 按照步骤(19)的方法，构造过点 H 和 F 且平行于直线 GE 的平行线 o 和 p，如图 6-167 所示。同时选中直线 m 和 o，构造其交点 P，如图 6-168 所示。

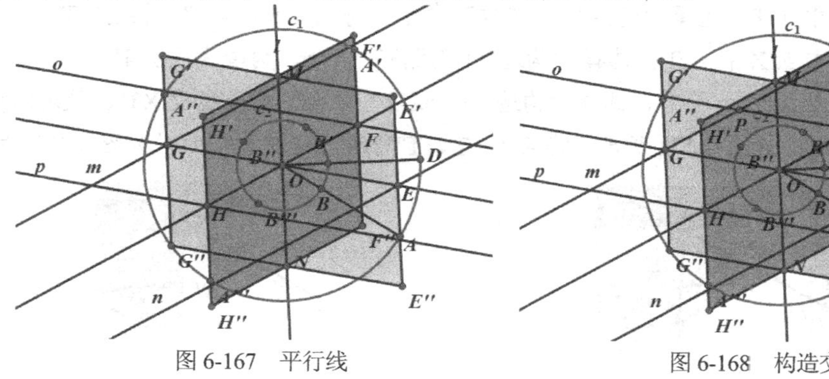

图 6-167　平行线　　图 6-168　构造交点

(21) 继续构造出直线 m 和 p 的交点 Q，直线 n 和 p 的交点 R，直线 n 和 o 的交点 S，然后将直线 m、n、o、p 隐藏，效果如图 6-169 所示。

(22) 依次选中点 P、Q、R、S，选择“构造”|“线段”命令，构造出四边形 PQRS。

(23) 依次选中点 P、Q、R、S，选择“构造”|“四边形内部”命令，构造出四边形 PQRS 的内部，并设置合适的填充颜色，如图 6-170 所示。

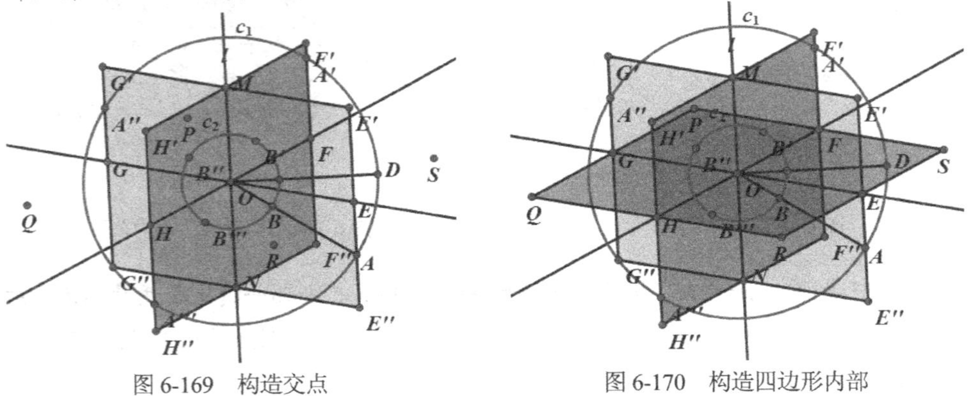

图 6-169　构造交点　　　图 6-170　构造四边形内部

(24) 单击“点工具”按钮，在直线 HF 上画三个点 X、T、U。同时选中点 X 和 U，选择“构造”|“线段”命令，构造出线段 XU，然后将直线 HF 隐藏，如图 6-171 所示。

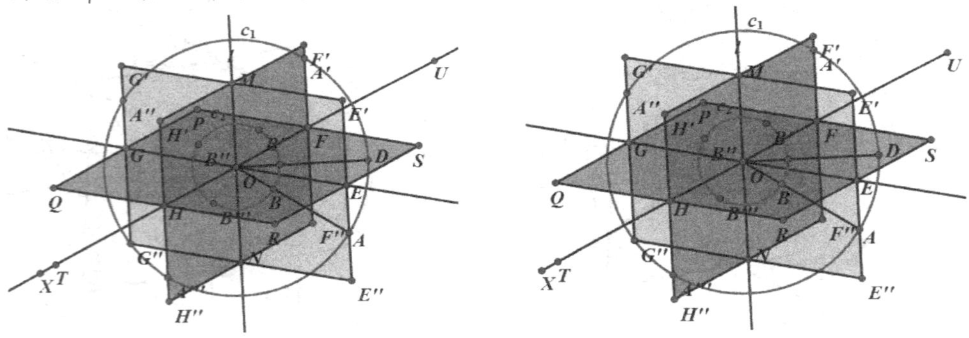

图 6-171　构造线段并隐藏直线 HF

(25) 选中点 X，选择“变换”|“标记中心”命令，将点 X 设为标记中心。选中点 T，选择“变换”|“旋转”命令，将点 T 旋转 30° 得到点 T'。

(26) 再次选中点 T，选择“变换”|“旋转”命令，将点 T 旋转-30° 得到点 T"。

(27) 同时选中点 X 和点 T'，选择“构造”|“线段”命令，构造线段 X T'。

(28) 同时选中点 X 和点 T"，选择“构造”|“线段”命令，构造线段 XT"，使用同样的方法构造线段 X T"，如图 6-172 所示。将点 T、T'、T"隐藏得到 X 轴，效果如图 6-173 所示。

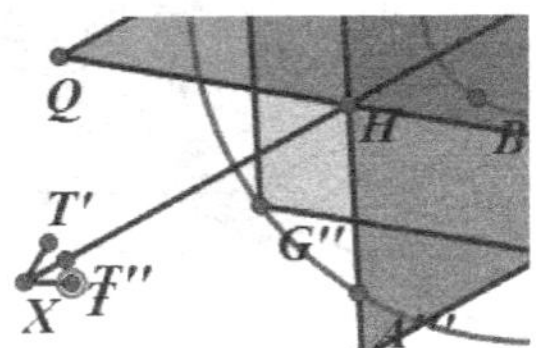

图 6-172　构造线段

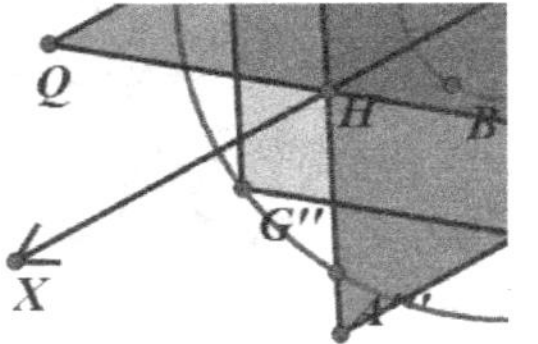

图 6-173　隐藏点得到 X 轴

(29) 参照步骤(24)~(28)，分别构造出 Y 轴和 Z 轴，效果如图 6-174 所示。

(30) 选中点 A，选择“编辑”|“操作类按钮”|“动画”命令，打开“操作类按钮 动画点”对话框，在“标签”选项卡中，将按钮标签设置为“水平旋转”，如图 6-175 所示。

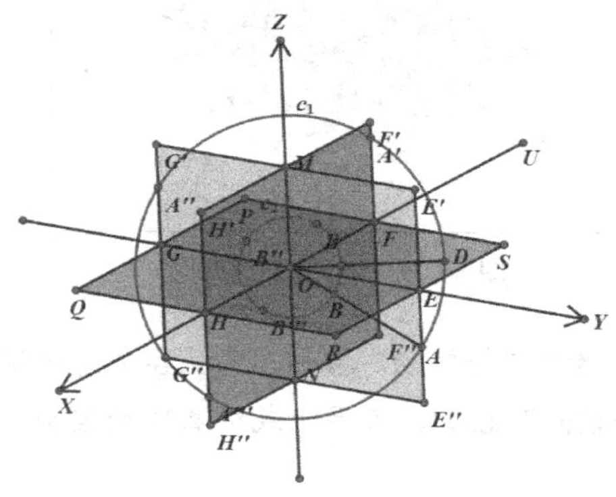

图 6-174　Y 轴和 Z 轴

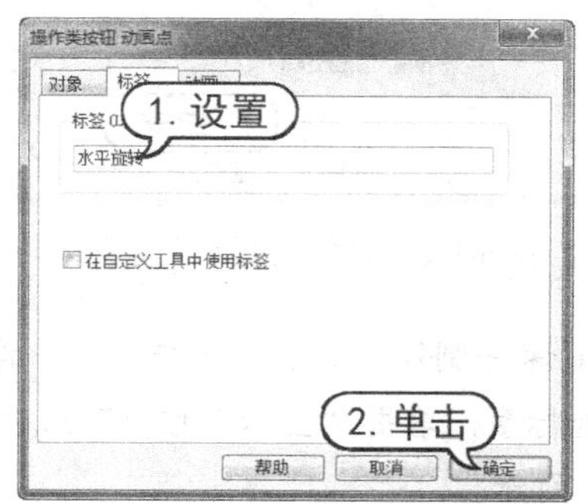

图 6-175　“标签”选项卡

(31) 在“动画”选项卡中，将运动方向设置为“逆时针方向”，运动速度设置为“慢速”，然后单击“确定”按钮，如图 6-176 所示，制作出“水平旋转”按钮，如图 6-177 所示。

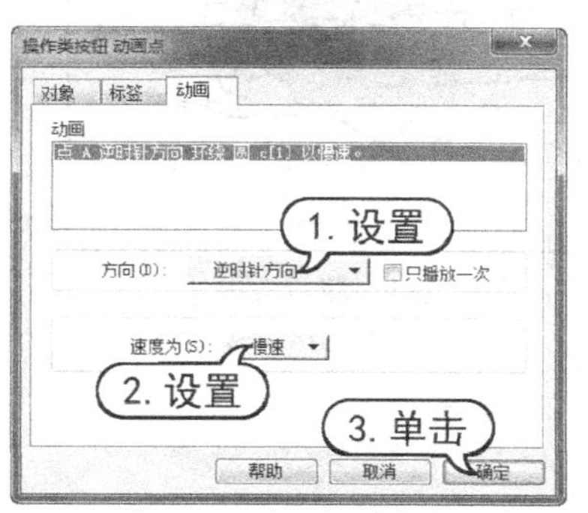

图 6-176　“动画”选项卡

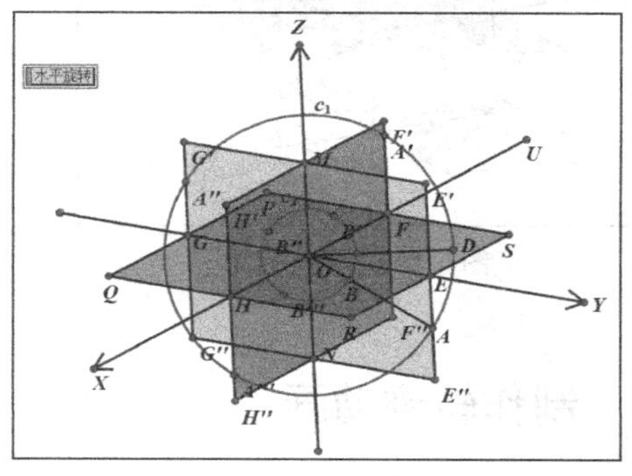

图 6-177　“水平旋转”按钮

(32) 选中点 D，参照步骤(30)和(31)，制作出“旋转转动”按钮。

(33) 同时选中点 A 和点 D，选择“编辑”|“操作类按钮”|“隐藏/显示”命令，做出“隐藏点”按钮。

(34) 右击“隐藏点”按钮，选择“属性”命令，打开“操作类按钮 隐藏点”对话框，在“标签”选项卡中设置其标签为“显示手控点”，在“隐藏/显示”选项卡中选中“总是显示对象”单选按钮，如图 6-178 所示。然后单击“确定”按钮，做出“显示手控点”按钮。

(35) 参照步骤(33)和(34)，做出“总是隐藏对象”的“隐藏手控点”按钮，效果如图 6-179 所示。

(36) 单击“文字工具”按钮，将点 A 和点 D 的标签都改为“手控点”。

(37) 单击“移动箭头工具”按钮，结合“显示”|“隐藏”命令，将不需要显示的元素隐藏，然后添加一个课件的标题，最终效果如图 6-180 所示。

(38) 选择“文件”|“保存”命令，保存该课件为“空间直角坐标系”。

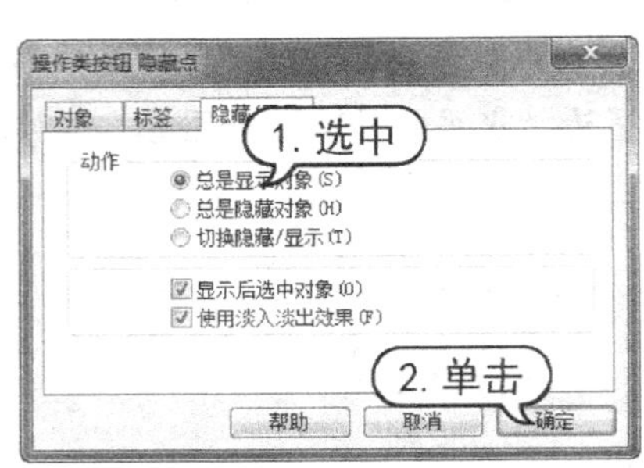

图 6-178　“隐藏/显示”标签

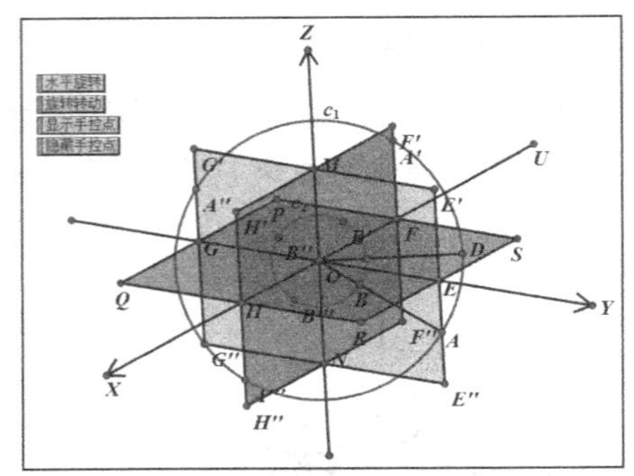

图 6-179　制作出的按钮效果

(39) 课件制作完成后，单击“水平旋转”或者“旋转转动”按钮，可从各个角度观察空间直角坐标系，单击“显示手控点”或“隐藏手控点”按钮，可显示或隐藏转动控制点，如图 6-181 所示。

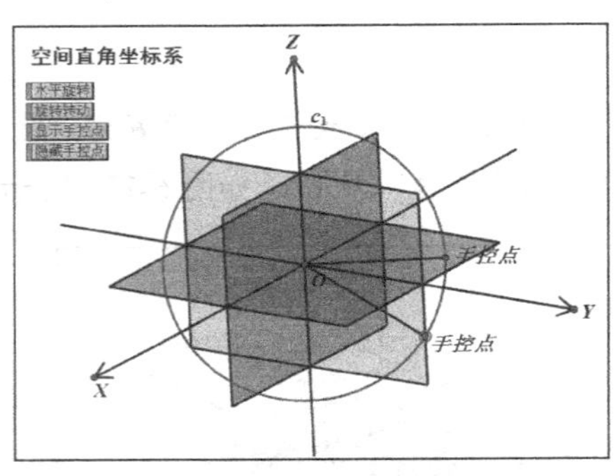

图 6-180　最终效果

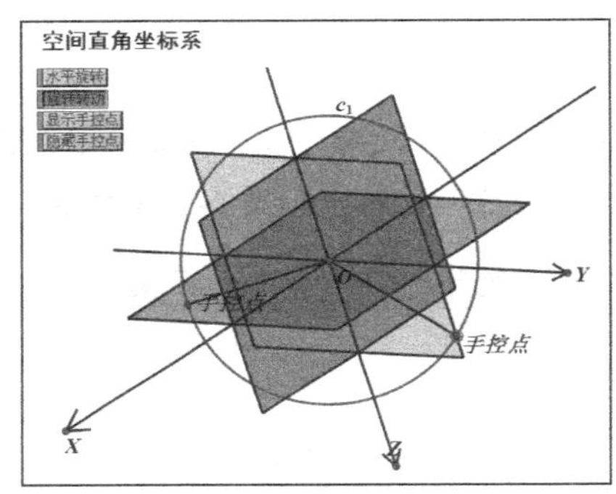

图 6-181　演示效果

6.6.2　制作轨迹动画

轨迹是数学中的重要知识，利用几何画板的动态功能，可以直观地演示各种轨迹的生成过程，从而帮助学生全面了解几何性质。

【练习 6-18】使用几何画板制作课件“第二定义法画椭圆”。第二定义法指的是：到定点的距离与到定直线的距离之比是常数 e(e<1)的点的轨迹为椭圆。

(1) 启动几何画板应用程序，新建一个画板。

(2) 选择“绘图” | “定义坐标系”命令，在绘图区建立一个直角坐标系。选择“绘图” | “隐藏网格”命令，将坐标系中的网格线隐藏。

(3) 单击工具箱上的“点工具”按钮，在 x 轴上任意画两点 E 和 F。

(4) 单击工具箱上的“线段直尺工具”按钮，在绘图区中任意画两条线段 AB 和 GH，要求| AB | < | GH |。

(5) 在线段 AB 和线段 GH 上分别画一点 C 和 D，如图 6-182 所示。

(6) 同时选中点 A 和 C，选择“度量”|“距离”命令，度量出线段 AC 的长度 AC = 1.72厘米。

(7) 参照步骤(6)，度量出线段 AB 的长度 AB = 3.20厘米，如图 6-183 所示。

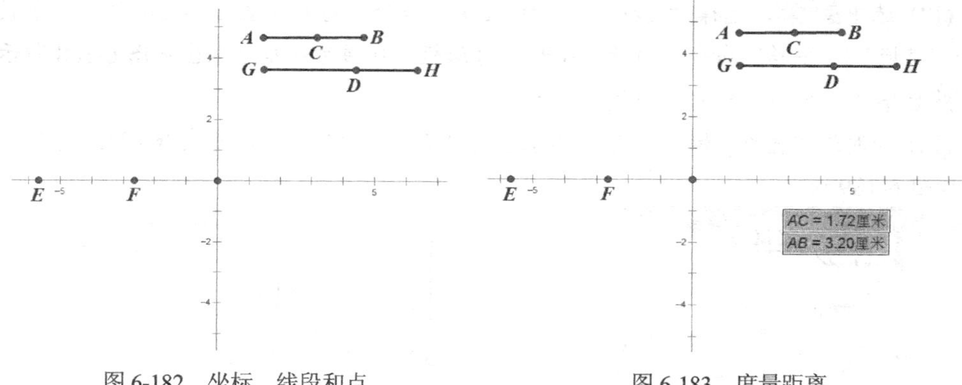

图 6-182　坐标、线段和点　　　　图 6-183　度量距离

(8) 选择“数据” | “计算”命令，打开“新建计算”对话框。在该对话框中计算出 AC/AB 的长度值之比为 0.54，如图 6-184 所示。

(9) 选择“文字工具”，将标签 $\frac{AC}{AB}=0.54$ 改为 $e=0.54$，如图 6-185 所示。

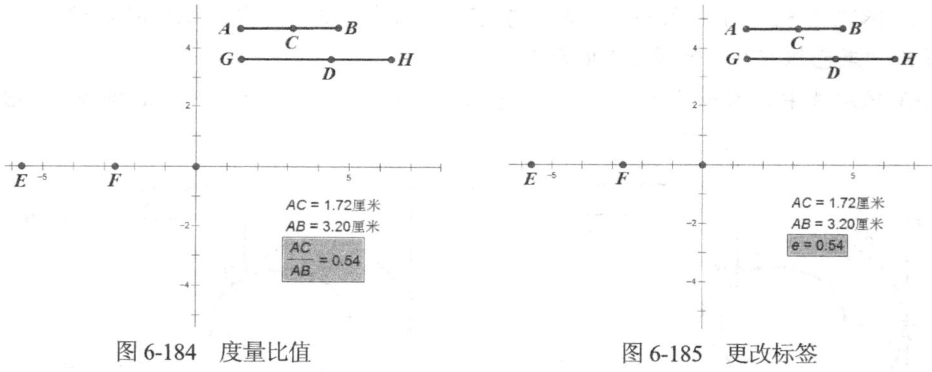

图 6-184　度量比值　　　　图 6-185　更改标签

(10) 参照步骤(6)，度量出线段 GD 的长度 GD = 2.94厘米。然后在该“新建计算”对话框中计算出 GD/e 的值 $\frac{GD}{e}=5.47$厘米。

(11) 同时选中点 F 和 GD = 2.94厘米，选择“构造” | “以圆心和半径作圆”命令，构造出以点 F 为圆心，GD = 2.94厘米 为半径的圆 c_1，如图 6-186 所示。

(12) 选中点 E 和 x 轴，选择“构造” | “垂线”命令，构造过点 E 且垂直于 x 轴的直线 j，如图 6-187 所示。

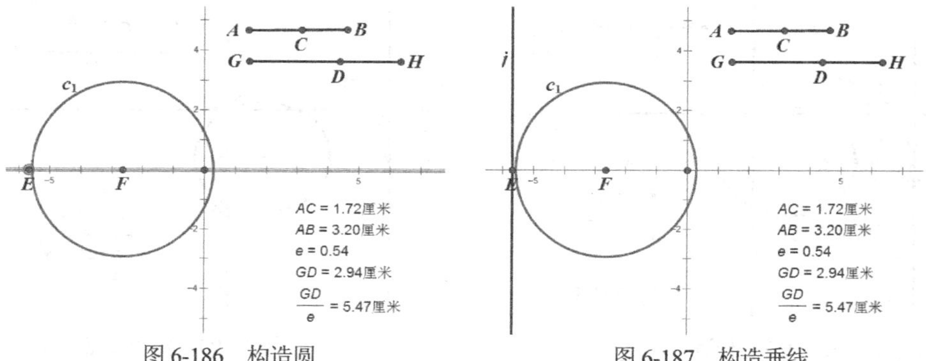

图 6-186　构造圆　　　　图 6-187　构造垂线

(13) 选中 $\frac{GD}{e}$ = 5.38厘米，选择“变换”|“标记距离”命令，将其设置为标记向量。选中直线 j，选择“变换”|“平移”命令，打开“平移”对话框，在该对话框中做出如图 6-188 所示的设置，然后单击“平移”按钮，得到直线 j'。

(14) 同时选中直线 j'和圆，选择“构造”|“交点”命令，构造出直线 j'和圆的交点 M、N，如图 6-189 所示。

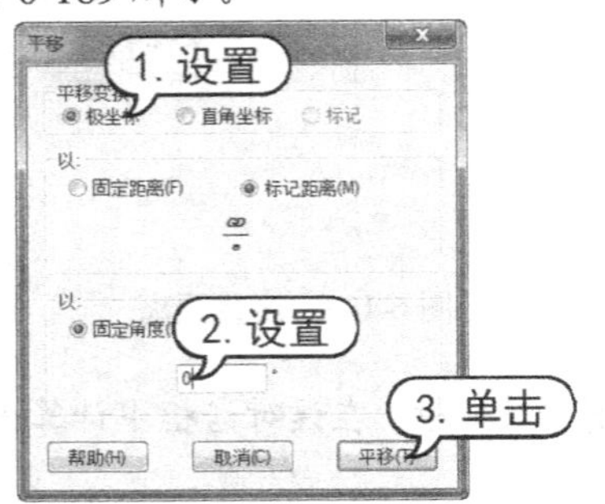

图 6-188　“平移”对话框

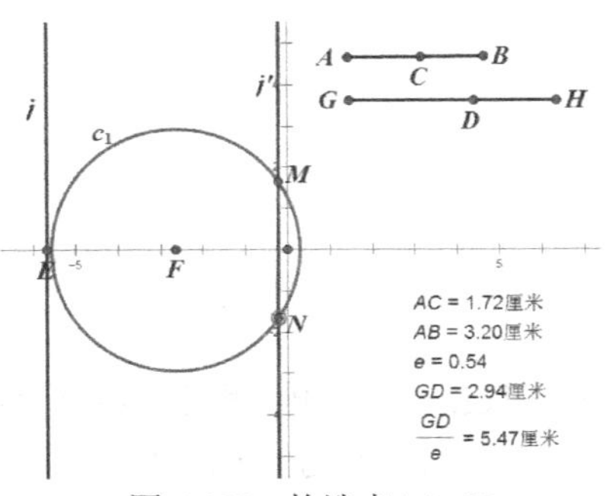

图 6-189　构造点 M、N

(15) 依次选中点 M 和点 D，选择“构造”|“轨迹”命令，构造出点 M 的轨迹，并将轨迹设置为“黑色粗线”，如图 6-190 所示。

(16) 依次选中点 N 和点 D，选择“构造”|“轨迹”命令，构造出点 N 的轨迹，如图 6-191 所示。

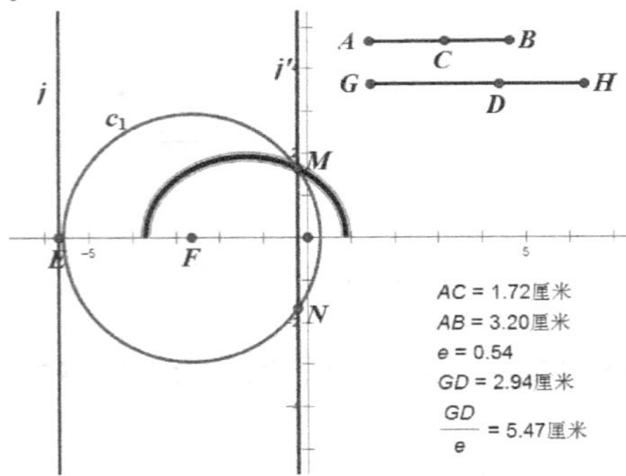

图 6-190　构造点 M 的轨迹

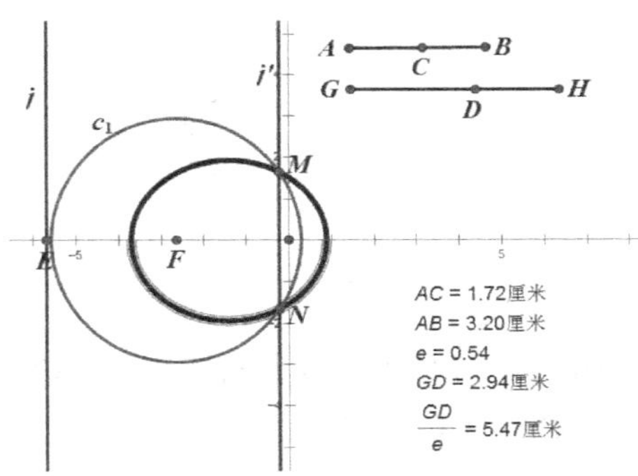

图 6-191　构造点 N 的轨迹

(17) 同时选中点 M 和直线 j，选择“构造”|“垂线”命令，过点 M 构造出直线 j 的垂线 k，如图 6-192 所示，然后构造直线 k 与直线 j 之间的交点 K，如图 6-193 所示。

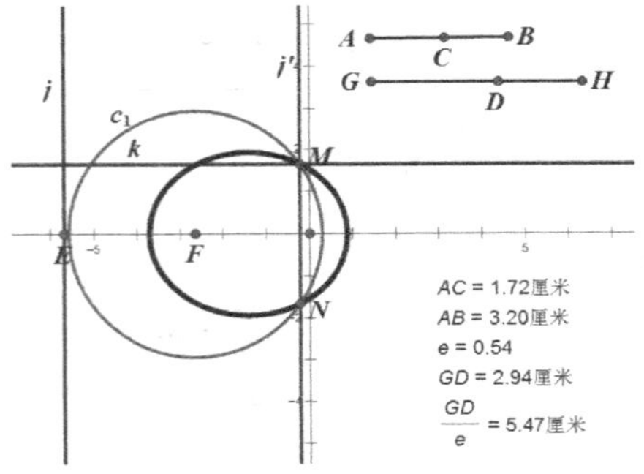

图 6-192　构造垂线

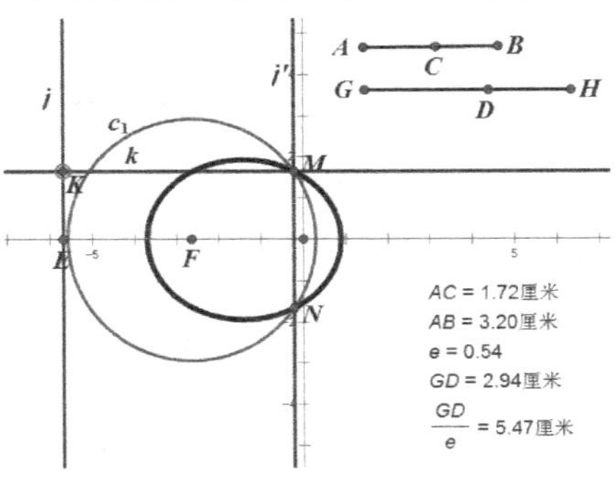

图 6-193　构造交点

(18) 同时选中点 M 和点 K，选择“构造”|“线段”命令，构造出线段 KM，将其设置为“粗线”，并将直线 k 隐藏。

(19) 同时选中点 M 和点 F，选择“构造”|“线段”命令，构造线段 MF，如图 6-194 所示。

(20) 同时选中点 M 和点 N，选择“显示”|“追踪交点”命令，将点 M 和点 N 设置为轨迹的追踪点。

(21) 选中点 D，选择“编辑”|“操作类按钮”|“动画”命令，打开“操作类按钮 动画点”对话框，在“标签”文本框中输入文字“画椭圆”，制作“画椭圆”按钮。

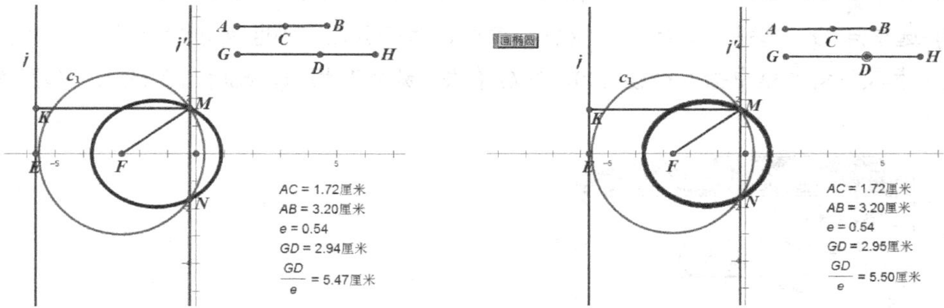

图 6-194　构造线段 MK、MF　　　图 6-195　构造线段 MK、MF

(22) 选中圆和直线 j'，选择“显示”|“隐藏 对象”命令，将圆和直线隐藏，如图 6-196 所示。

(23) 单击“文字工具”按钮，在绘图区中添加一个文本框，在文本框中输入标题文字。设置文字字体为“黑体”、字号为 24、字形为“加粗”、字体颜色为“黑色”。

(24) 整个课件制作完毕，效果如图 6-197 所示。选择“文件”|“保存”命令，将该课件保存为“第二定义法画椭圆”。

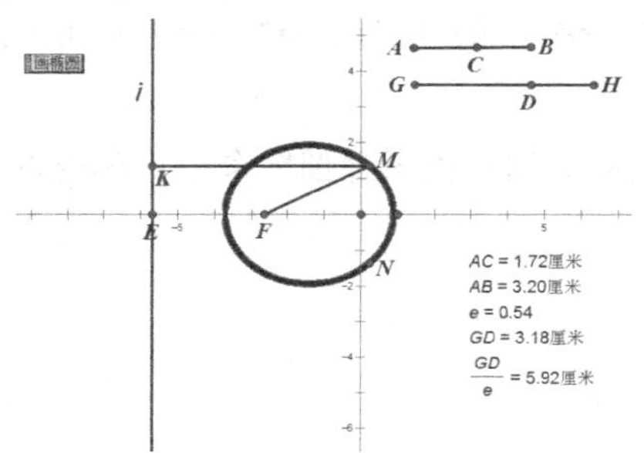

图 6-196　隐藏圆和直线 j"

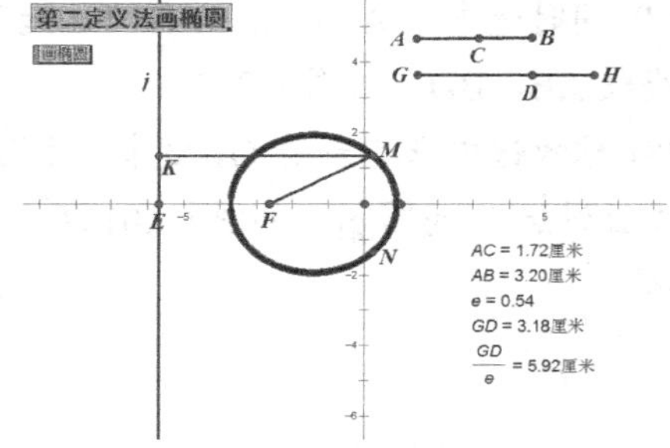

图 6-197　课件“第二定义法画椭圆”效果

6.7　使用自定义工具

在绘制完成一个图形之后，用户可以将它制作成一个按钮，这样在今后的制图中只须单击该按钮就能一步完成图形的绘制，大大提高了制作课件的效率。几何画板工具箱中的“自定义工具”按钮就可以实现这一功能，使用该按钮可以把结果创建成一个自定义工具，这时几何画板会将制作的过程全部记录下来并保存为一个文件。

【练习 6-19】使用几何画板的“自定义工具”按钮，制作一个绘制二面角的工具。

(1) 启动几何画板应用程序，新建一个画板。

(2) 单击工具箱上的“线段直尺工具”按钮，按住 Shift 键绘制一条水平方向的线段 CD。

(3) 选中线段 CD，选择“构造”|“中点”命令，构造出线段 CD 的中点 O。

(4) 选中点 C，选择“变换”|“标记中心”命令，将点 C 设置为标记中心。

(5) 选中点 O，选择“变换”|“旋转”命令，打开如图 6-198 所示的“旋转”对话框，在“旋转参数”文本框中输入数值 230，然后单击“旋转”按钮，此时得到点 A，如图 6-199 所示。

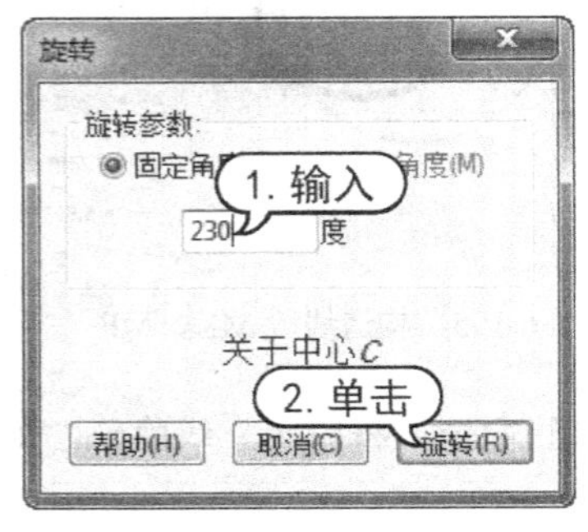

图 6-198　“旋转”对话框

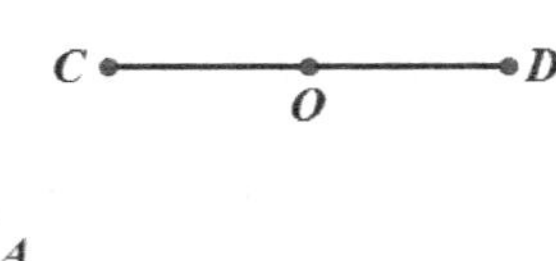

图 6-199　旋转得到点 A

(6) 依次选择点 C 和 D，选择“变换”|“标记向量”命令，将线段 CD 设为标记向量。然后选中点 A，选择“变换”|“平移”命令，打开“平移”对话框，保持对话框中的设置不变，然后单击“平移”按钮，得到点 B。

(7) 同时选中点 A 和 C，选择“构造”|“线段”命令，构造线段 AC。使用相同方法，构造线段 AB、BD，如图 6-200 所示。

(8) 依次选中点 C 和点 O，选择“构造”|“以圆心和圆周上点作圆”命令，构造以点 C 为圆心且过点 O 的圆 c_1，如图 6-201 所示。

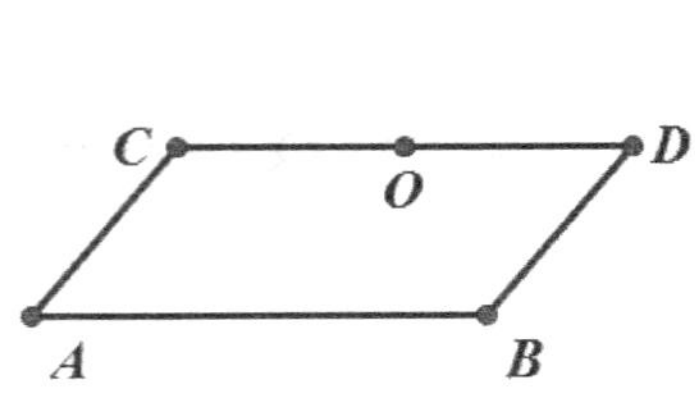

图 6-200　构造平行四边形

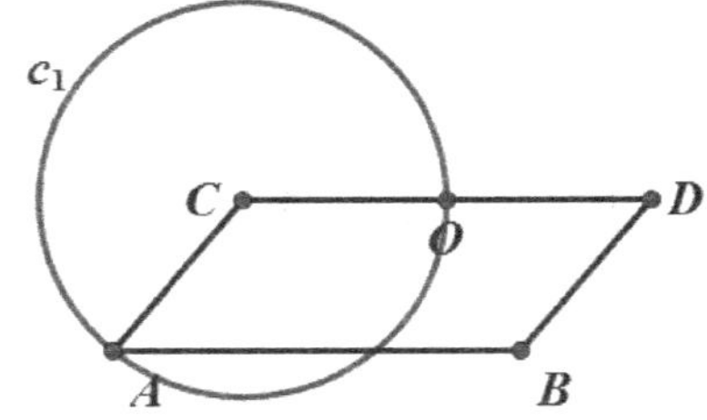

图 6-201　构造圆

(9) 同时选中点 C 和线段 CD，选择“构造”|“垂线”命令，构造过点 C 且垂直于线段

CD 的直线 j。

(10) 选中圆 c_1 和直线 j，选择“构造”|“交点”命令，构造两者的交点 E，如图 6-202 所示。

(11) 选中点 E，选择“变换”|“平移”命令，保持对话框中的设置不变，单击“平移”按钮，得到点 F。

(12) 构造线段 EF、FD 和 EC，如图 6-203 所示。

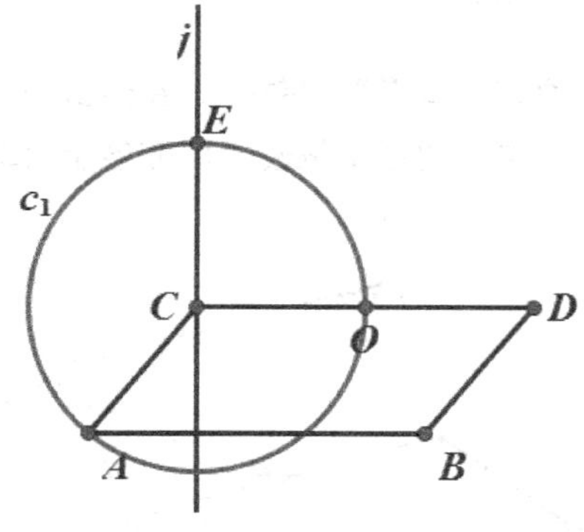

图 6-202　构造圆和垂线 j

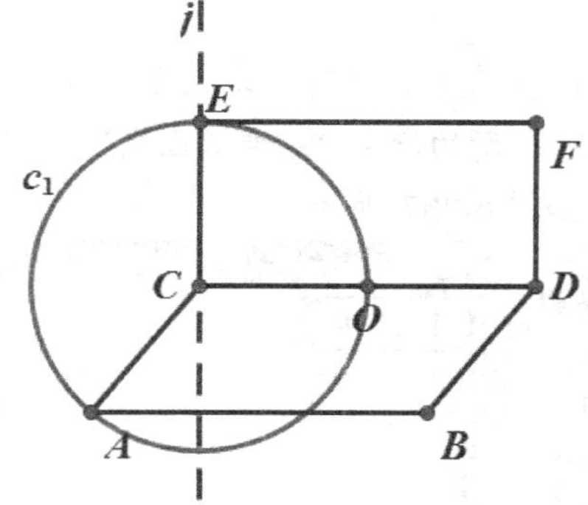

图 6-203　构造四边形 EFDC

(13) 同时选中圆 c_1 和直线 j，选择“显示”|“隐藏路径对象”命令，此时课件效果如图 6-204 所示。

(14) 单击“移动箭头工具”按钮，框选绘图区中的二面角图形。然后单击工具箱上的“自定义工具”按钮，在弹出的菜单中选择“创建新工具”命令，如图 6-205 所示。

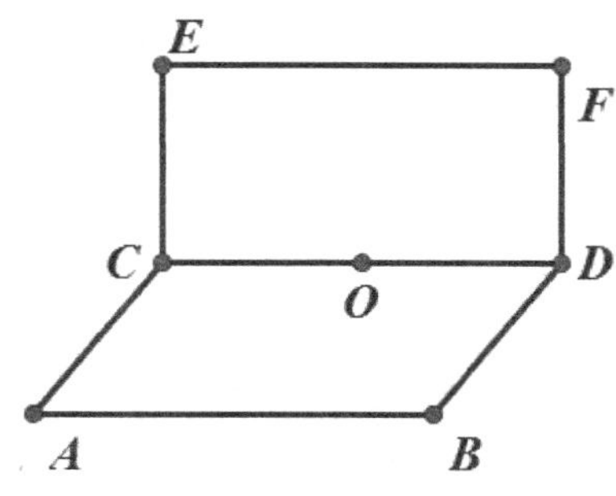

图 6-204　隐藏对象

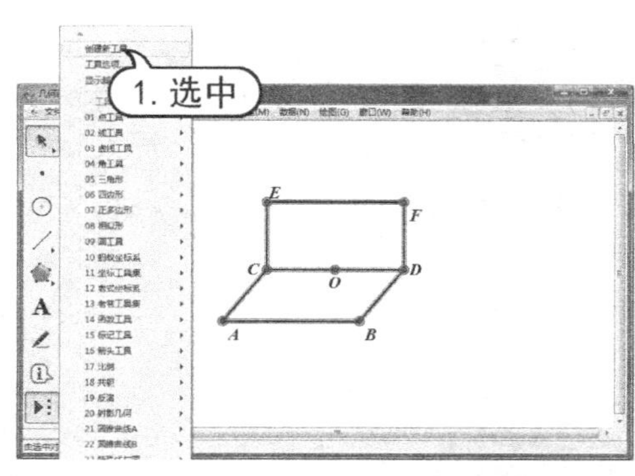

图 6-205　选择“创建新工具”命令

(15) 打开“新建工具”对话框，在“工具名称”文本框中输入文字“绘制二面角”，同时选择“显示脚本视图”复选框，如图 6-206 所示，最后单击“确定”按钮完成绘制二面角工具的创建。

(16) 选择“文件”|“保存”命令，并将课件命名为“绘制二面角”。

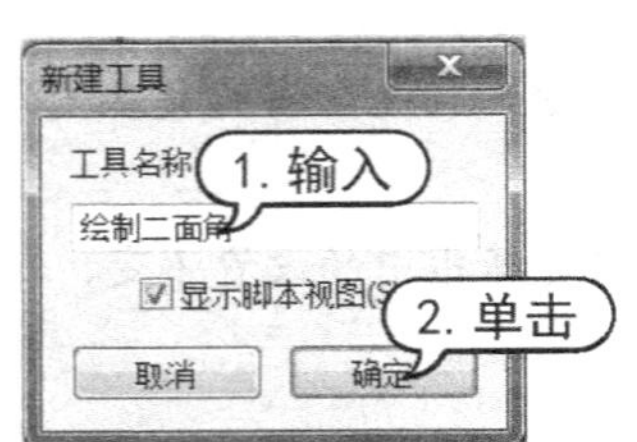

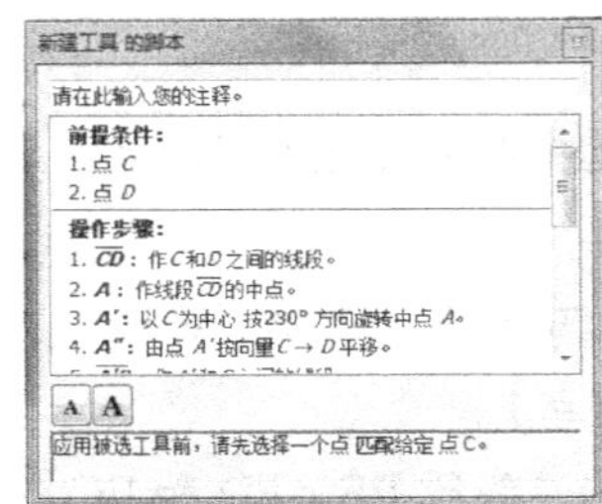

图 6-206　“新建工具”对话框

(17) 自定义工具建立完成后，单击工具箱上的“自定义工具”按钮▶⁝，在弹出的菜单将会出现一个新的命令“绘制二面角”，单击这个命令，在绘图区中拖动，即可绘制出二面角图形，如图 6-207 所示。

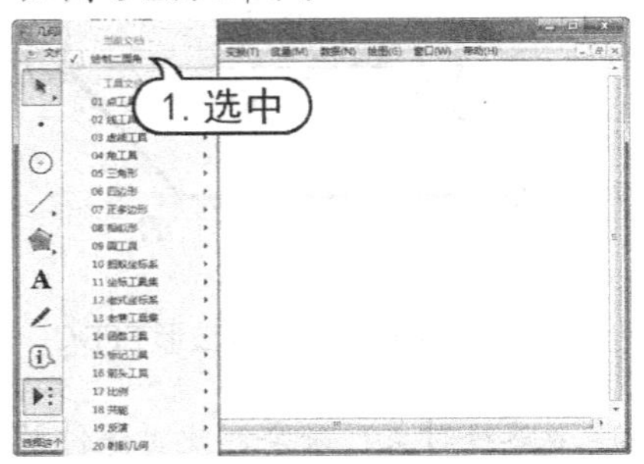

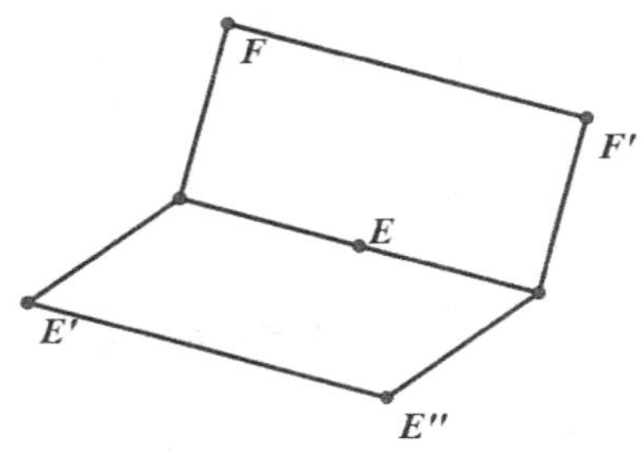

图 6-207　使用自定义工具绘制二面角

第7章　多媒体CAI课件应用实例

本书主要介绍了多媒体 CAI 课件的制作方法，涉及到的制作多媒体 CAI 课件的软件主要有 PowerPoint 2010、Flash CS6、Dreamweaver CS6 和几何画板。在前面的章节中分别对这几个软件的基本使用方法进行了介绍，本章将通过几个具体的实例来使读者进一步掌握使用这几种软件来制作多媒体 CAI 课件的方法。

7.1　制作语文课件

本节主要使用 PowerPoint、Dreamweaver 和 Flash 来制作与语文相关的教学课件，通过对本节的学习，读者应进一步掌握这几个软件的基本用法。

7.1.1　桃花源记

本节使用 PowerPoint 2010 来制作一个语文课件“桃花源记”，具体操作步骤如下。

(1) 启动 PowerPoint 2010，新建一个空白演示文稿，并将其保存为“桃花源记”。

(2) 选中第一张幻灯片，删除其中的两个文本占位符，打开“插入”选项卡，在“图像”组中单击“图片”按钮，打开“插入图片”对话框，如图 7-1 所示。

(3) 选择一张背景图片，然后单击“插入”按钮，将该图片插入到幻灯片中。

(4) 调整图片的大小，使其充满整个幻灯片，然后打开“插入”选项卡，在“文本”组中单击“艺术字”按钮，选择如图 7-2 所示的艺术字样式。

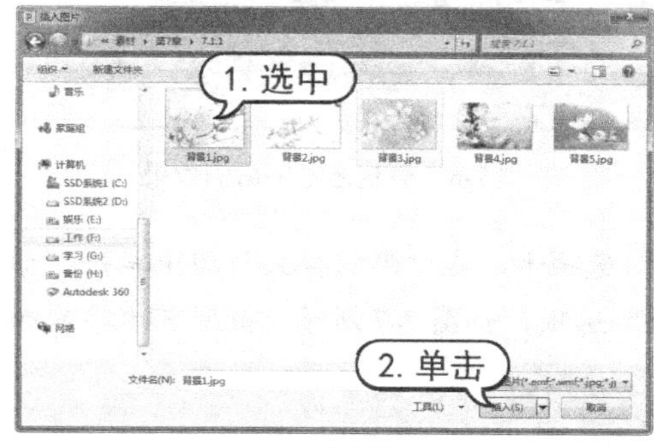

图 7-1　选择图片

图 7-2　选择艺术字样式

(5) 此时插入艺术字文本占位符，然后输入以下文本。

《桃花源记》是东晋伟大文人陶渊明的代表作之一，是《桃花源诗》的序言，选自《陶渊明集》。借武陵渔人行踪这一线索，把现实和理想境界联系起来，通过对桃花源中安宁、祥和、自由平等生活的描绘，表现了作者追求美好生活的理想和对当时的现实生活的不满。

(6) 选中插入的艺术字，然后设置其大小为 36，字体为“华文新魏”，并调节艺术字文本占位符的大小和位置，效果如图 7-3 所示。

(7) 添加一张新的幻灯片，删除其中的两个文本占位符，然后打开“插入”选项卡，在“图像”组中单击“图片”按钮，打开“插入图片”对话框，如图 7-4 所示。

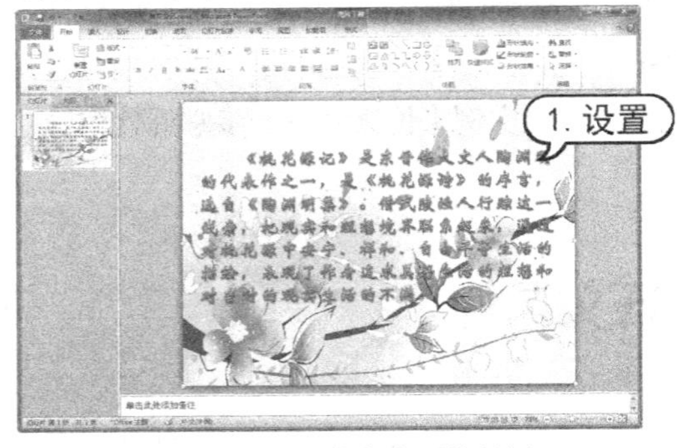

图 7-3　调整艺术字后的效果

图 7-4　选择图片

(8) 选择一张背景图片，然后单击“插入”按钮，将该图片插入到幻灯片中。

(9) 调整图片的大小，使其充满整个幻灯片，然后打开“插入”选项卡，在“文本”组中单击“艺术字”按钮，选择如图 7-5 所示的艺术字样式。

(10) 在艺术字文本占位符中输入“桃花源记”，设置艺术字的大小为 80，字体为“华文隶书”，并调整艺术字的位置，效果如图 7-6 所示。

图 7-5　选择艺术字样式

图 7-6　调整艺术字后的效果

(11) 选中艺术字“桃花源记”，打开“格式”选项卡，在“形状样式”组中单击“形状效果”下拉按钮，选择“映像”|“全映像，接触”选项，如图 7-7 所示。此时艺术字的效果如图 7-8 所示。

提示：

在艺术字的【格式】选项卡中，用户可对艺术字的形状轮廓、填充颜色、排列顺序和大小等参数进行设置。单击【形状样式】选项组右下角的小箭头，可打开【设置形状格式】对话框，用户可对更多参数进行设置。

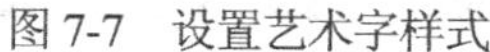
图 7-7　设置艺术字样式

图 7-8　设置样式后的效果

(12) 选中第 2 张幻灯片，打开“插入”选项卡，在“插图”组中，单击“形状”下拉按钮，在“箭头总汇”组中选中“燕尾形”选项，如图 7-9 所示。

(13) 当光标变为+的形状时，进行拖动，在幻灯片中绘制一个“燕尾形”，如图 7-10 所示。

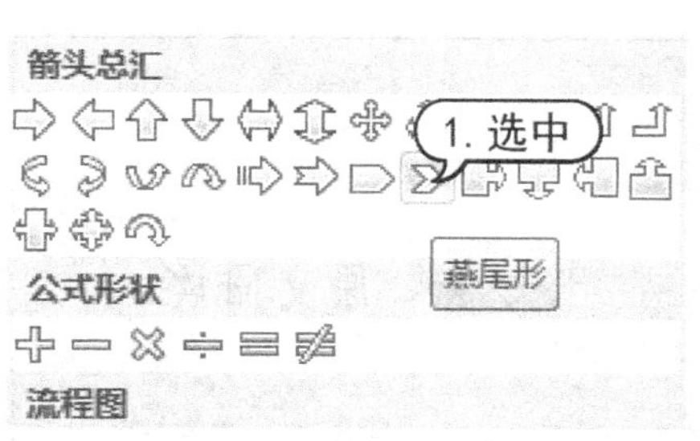

图 7-9　选择形状

图 7-10　绘制形状

(14) 选中刚刚绘制的形状，打开“格式”选项卡，在“形状样式”组中为其选择一个内置的样式，如图 7-11 所示。效果如图 7-12 所示。

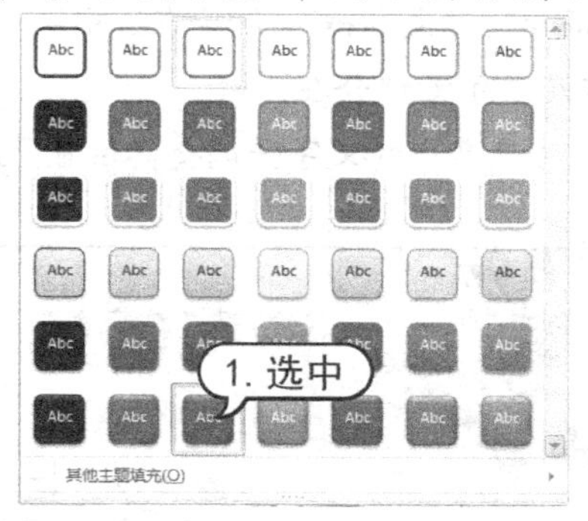

图 7-11　选择形状样式

图 7-12　应用样式后的效果

(15) 打开“插入”选项卡，在“图像”组中单击“图片”按钮，打开“插入图片”对话框，如图 7-13 所示。

(16) 选择一张图片(项目符号)，然后单击“插入”按钮，将该图片插入到幻灯片中。

(17) 调整图片的大小，并移动该图片，使其和刚刚绘制的“燕尾形”图形重合，效果如图 7-14 所示。

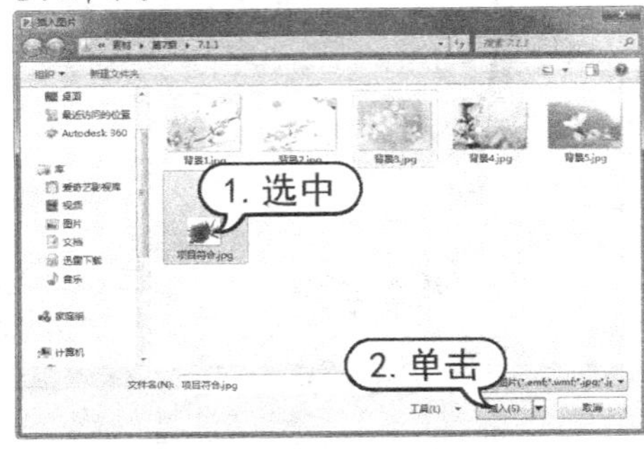

图 7-13　选择图片

图 7-14　移动图片位置

(18) 打开“插入”选项卡，在“文本”组中单击“文本框”下拉按钮，选择“横排文本框”命令，如图 7-15 所示。

(19) 当光标变为+的形状时，进行拖动，在幻灯片中绘制一个横排文本框，并输入文本“原文阅读”，设置文本大小为 28，字体为“方正姚体”。然后调整文本框的位置，使其和“燕尾形”重合，效果如图 7-16 所示。

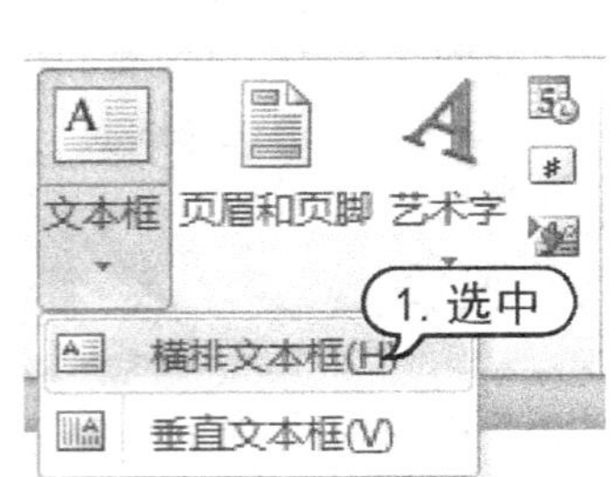

图 7-15　选择“横排文本框”命令

图 7-16　效果展示

(20) 按住 Shift 键，同时选中“燕尾形”、“项目符号”、“文本框”，然后在选中区域右击，选择“组合”|“组合”命令，如图 7-17 所示，将这几个元素组合在一起。

(21) 复制刚刚组合的图形，然后将其粘贴 3 份，修改其中的文字并调整其位置，最终效果如图 7-18 所示。

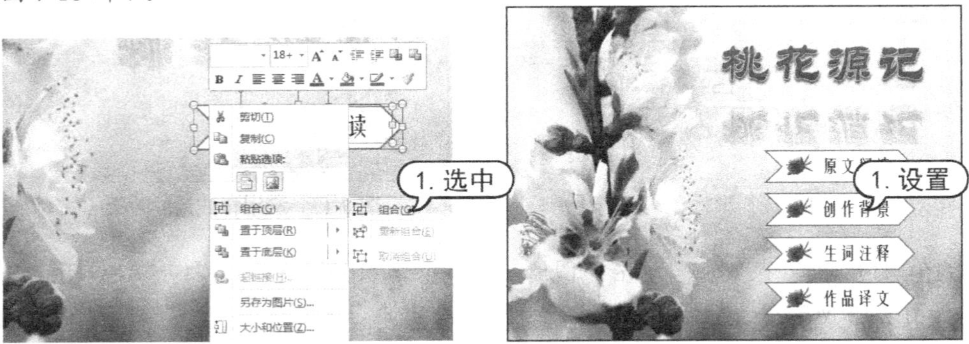

图 7-17　组合图形

图 7-18　效果展示

(22) 继续添加第 3 张幻灯片，然后插入一张图片作为背景图片，如图 7-19 所示。

(23) 打开“插入”选项卡，在“文本”组中单击“文本框”下拉按钮，选择“竖排文本框”命令。

(24) 当光标变为+的形状时，进行拖动，在幻灯片中绘制一个竖排文本框，并输入相关文本。

(25) 设置刚刚输入的文字的大小为 30，字体为“华文楷体”，然后调整其段落格式和文本框的位置，最终效果如图 7-20 所示。

图 7-19　插入背景图片　　　图 7-20　输入文本

(26) 参照以上步骤的方法，分别添加另外 3 张幻灯片，使其效果分别如图 7-21、7-22 和 7-23 所示。

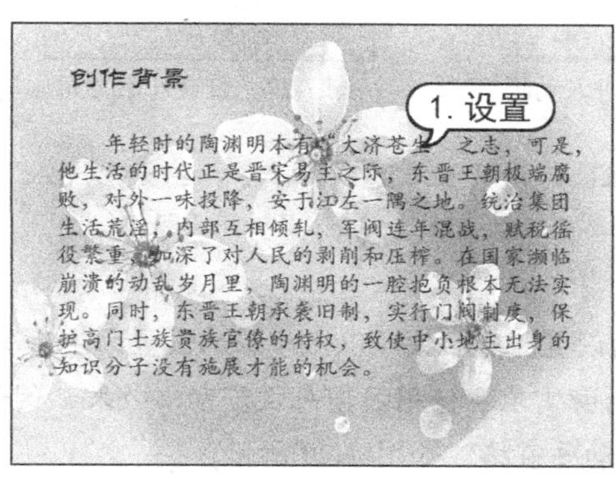

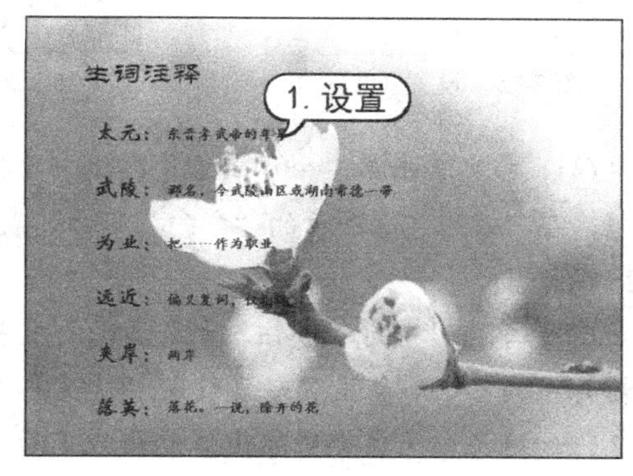

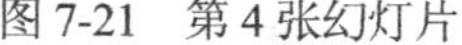
图 7-21　第 4 张幻灯片　　　图 7-22　第 5 张幻灯片

(27) 接下来为各张幻灯片中的对象添加动画效果。选中第一张幻灯片，选中其中的文本框，然后打开“动画”选项卡，在“高级动画”组中单击“添加动画”下拉按钮，选择“淡出”的进入动画效果，如图 7-24 所示。

(28) 添加进入动画后，在“计时”组中设置其“开始”方式为“上一动画之后”，如图 7-25 所示。

(29) 选中第 2 张幻灯片中的“桃花源记”文本框，打开“动画”选项卡，在“高级动画”组中单击“添加动画”下拉按钮，选择“更多进入效果”命令，打开“添加进入效果”对话框，然后选择“飞入”选项，如图 7-26 所示。

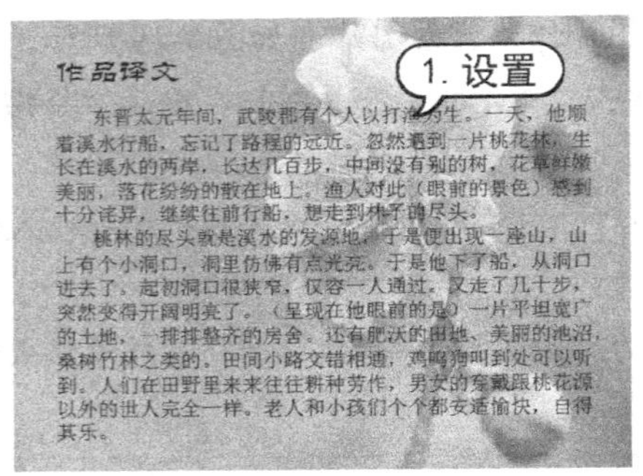

图 7-23　第 6 张幻灯片

图 7-24　添加“淡出”的进入动画效果

(30) 单击“确定”按钮，应用飞入效果。然后在“高级动画”组中单击“动画窗格”按钮，打开“动画窗格”对话框。在该对话框中单击第 1 个动画右侧的倒三角按钮，选择“从上一项之后开始”选项，如图 7-27 所示。

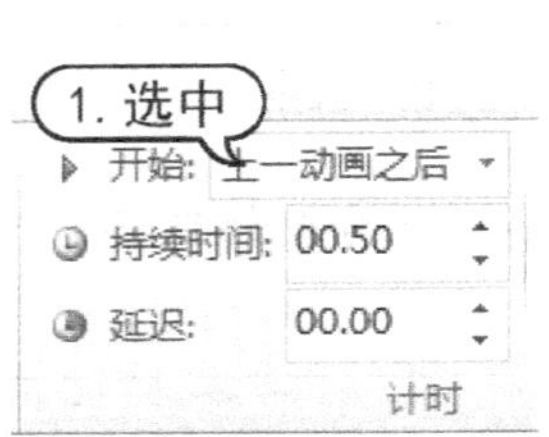

图 7-25　设置开始时间

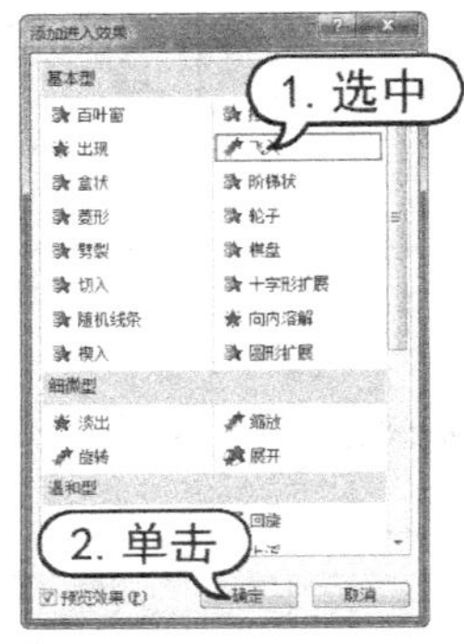

图 7-26　选择进入动画

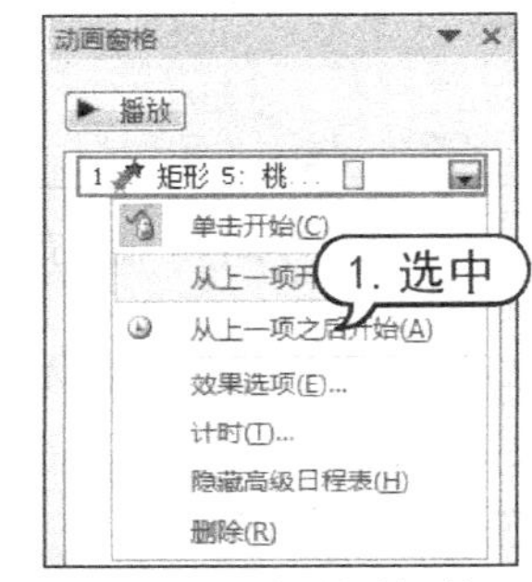

图 7-27　设置开始时间

(31) 再次单击第 1 个动画右侧的倒三角按钮，选择“效果选项”命令，打开“飞入”对话框，在“效果”选项卡的“方向”下拉列表框中设置其飞入“方向”为“自右上部”，如图 7-28 所示。

(32) 单击“确定”按钮，完成该动画效果的设置。然后按照以上步骤的设置方法为其他幻灯片中的各个对象设置动画效果(用户可根据自身需求和使用习惯来设置动画效果。例如，第 2 张幻灯片中为各个对象设置动画效果后，“动画窗格”如图 7-29 所示)。

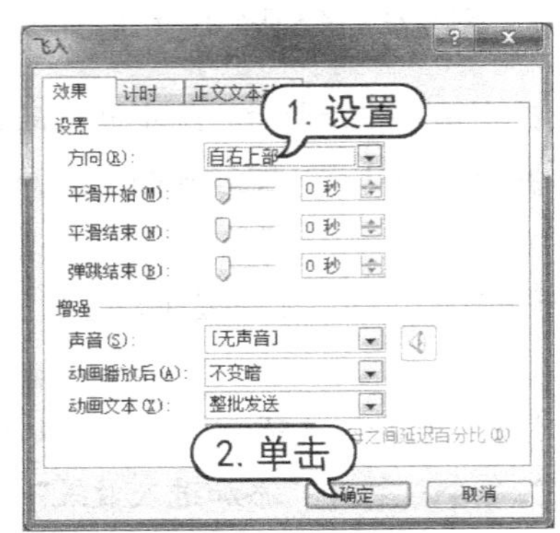

图 7-28　“飞入”对话框

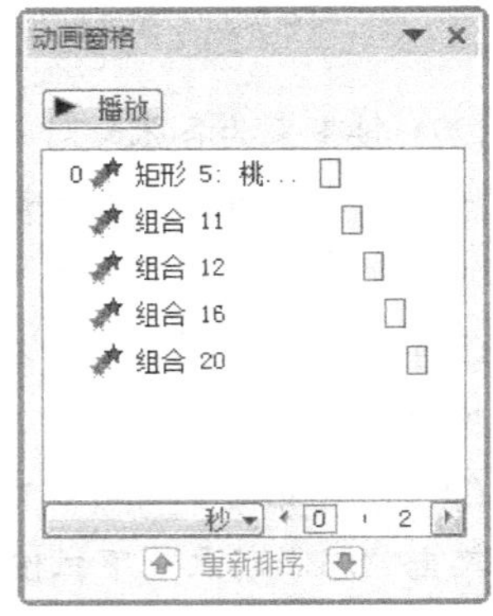

图 7-29　动画窗格

(33) 接下来为幻灯片设置切换动画。打开“视图”选项卡，在“演示文稿视图”组中单击“幻灯片浏览”按钮，切换至幻灯片浏览视图，如图 7-30 所示。

(34) 选中第 1 张幻灯片，打开“切换”选项卡，在“切换到此幻灯片”组中选择“分割”的切换效果，如图 7-31 所示。

(35) 单击“效果选项”下拉按钮，选择“中央向左右展开”选项，然后在“计时”组中取消选中“单击鼠标时”复选框，并设置自动切换时间为 30 秒，如图 7-32 所示。

图 7-30　幻灯片浏览视图

图 7-31　选择切换动画

图 7-32　设置动画效果和换片方式

(36) 参照步骤(27)~(35)的方法，为其他幻灯片设置切换动画，并且注意换片方式既不设置为单击，也不设置为自动切换(这样设置是为了配合按钮的添加)。

(37) 设置完成后，为幻灯片添加动作按钮。切换至普通视图，然后选中第 1 张幻灯片。打开“插入”选项卡，在“插图”组中，单击“形状”下拉按钮，在“流程图”组中选中“流程图：预定义过程”选项，如图 7-33 所示。

(38) 当光标变为+的形状时，进行拖动，在幻灯片中绘制该形状，并设置其形状样式为“彩色轮廓-红色，强调颜色 2”，如图 7-34 所示。

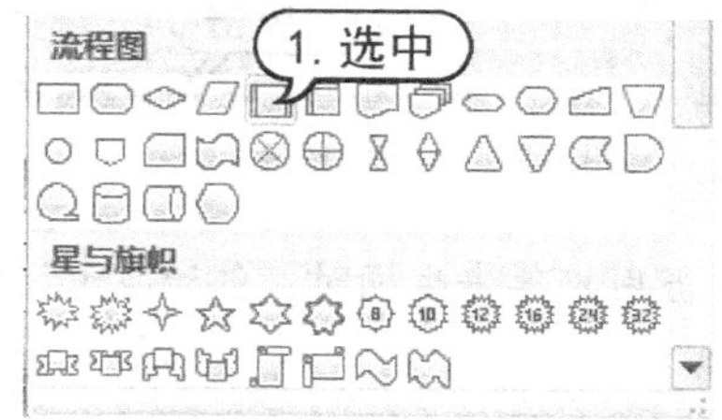

图 7-33　选择形状

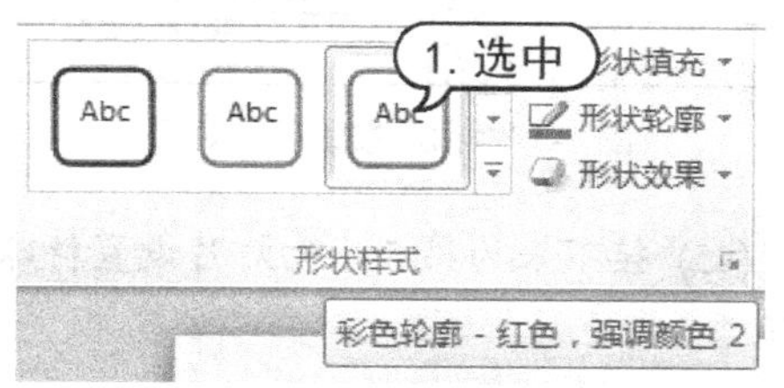

图 7-34　设置样式

(39) 右击绘制的图形，选择“编辑文字”命令，在图形中输入文本“进入主菜单”，并设置文本的字体为“华文琥珀”，大小为 28 号，颜色为“红色”。

(40) 再次右击绘制的图形，选择“超链接”命令，如图 7-35 所示，打开“插入超链接”对话框。

(41) 单击左侧的“本文档中的位置”按钮，然后选择“2.幻灯片 2”选项，如图 7-36 所示。单击“确定”按钮，完成超链接的添加。

图 7-35　选择“超链接”命令

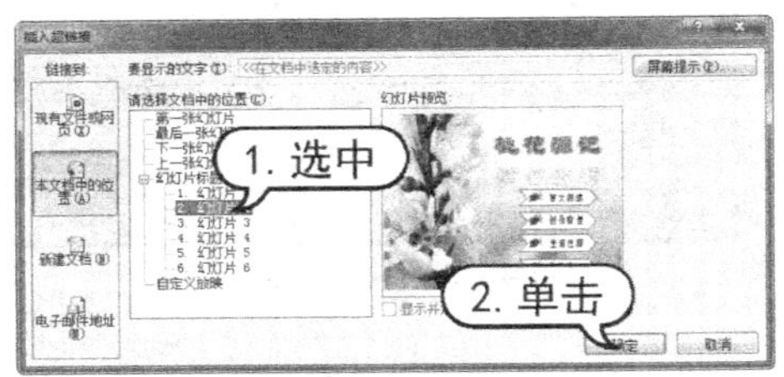

图 7-36　设置超链接

(42) 复制刚刚制作完成的“进入主菜单”按钮，然后将其粘贴在第 3、第 4、第 5 和第 6 张幻灯片中，并将其显示的文本都修改为“返回主菜单”，如图 7-37 所示为第 3 张幻灯片中的按钮效果。

(43) 接下来为第 2 张幻灯片中的各个菜单项添加超链接。右击第 2 张幻灯片中的“原文阅读”菜单，选择“超链接”命令，打开“插入超链接”对话框。单击左侧的“本文档中的位置”按钮，然后选择“3.幻灯片 3”选项，如图 7-38 所示。单击“确定”按钮，完成超链接的添加。

(44) 按照同样的方法为其他菜单项添加超链接。

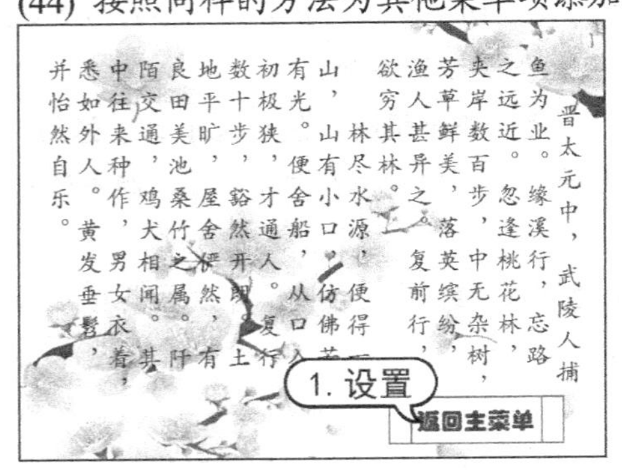

图 7-37　粘贴按钮后的效果

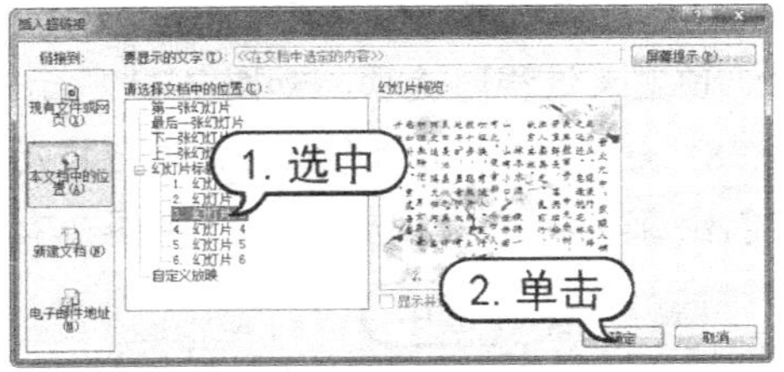

图 7-38　设置超链接

(45) 接下来为第 5 张幻灯片设置特殊的交互效果：当用户单击生词时，自动显示该生词的解释。

(46) 选中第 5 张幻灯片，然后打开“插入”选项卡，在“插图”组中，单击“形状”下拉按钮，在“矩形”组中选中“圆角矩形”选项，如图 7-39 所示。

(47) 当光标变为+的形状时，进行拖动，在幻灯片中绘制该形状，并将其设置为“无填充颜色”和“无线条颜色”，如图 7-40 所示。

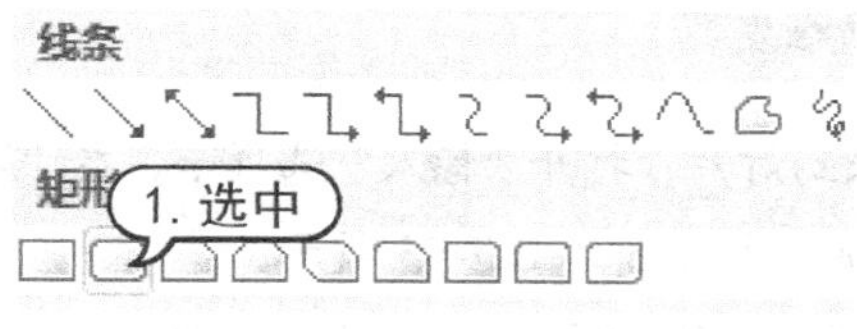

图 7-39　选择形状

图 7-40　设置形状格式

(48) 调整该圆角矩形的大小并拖动该圆角矩形，使其和生词“太元”重合，效果如图 7-41 所示。然后复制 5 个这样的圆角矩形，并调整它们的位置，使其和其余 5 个生词重合。

(49) 打开“动画”选项卡，在“高级动画”组中单击“动画窗格”按钮，打开动画窗格。在动画窗格中，单击与第 1 个生词相关的注释文本框右侧的倒三角按钮，选择“计时”命令，如图 7-42 所示。

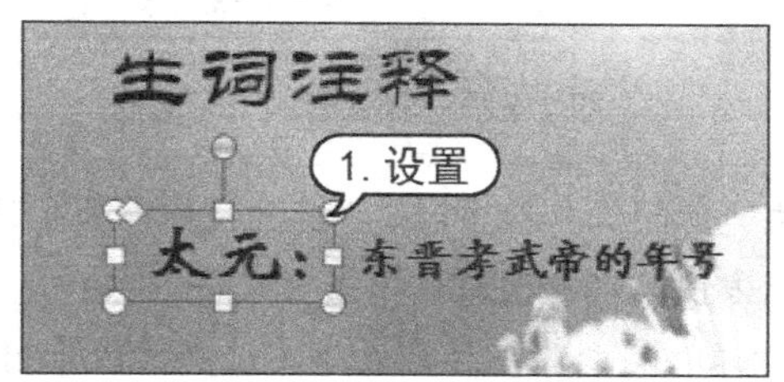

图 7-41　调整圆角矩形位置

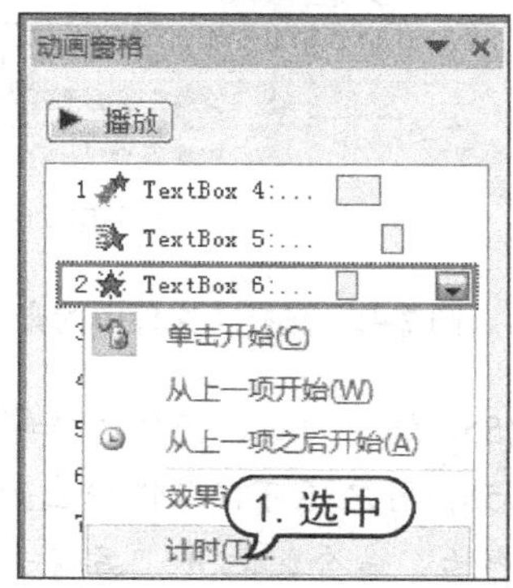

图 7-42　选择“计时”命令

(50) 打开“淡出”对话框，在“计时”选项卡中单击“触发器”下拉按钮，选择“单击下列对象时启动效果”单选按钮，然后在其后方的下拉列表框中选择“圆角矩形 13”选项，如图 7-43 所示(“圆角矩形 13”为绘制的第 1 个圆角矩形的名称)。

(51) 单击“确定”按钮，完成触发器的设置，然后按照同样的方法为其他注释文本框设置触发器，设置完成后，动画窗格的效果如图 7-44 所示。

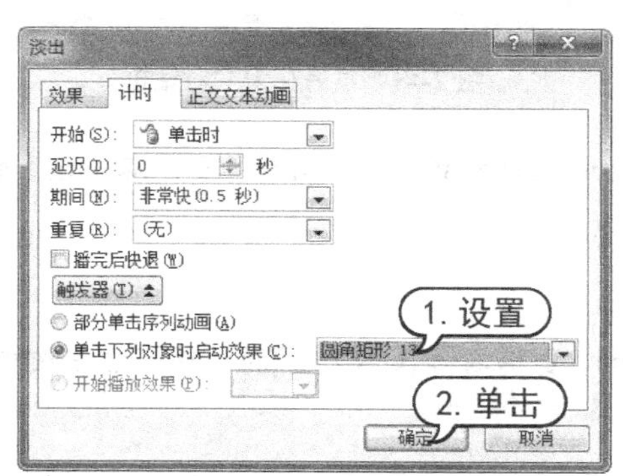

图 7-43　设置触发器

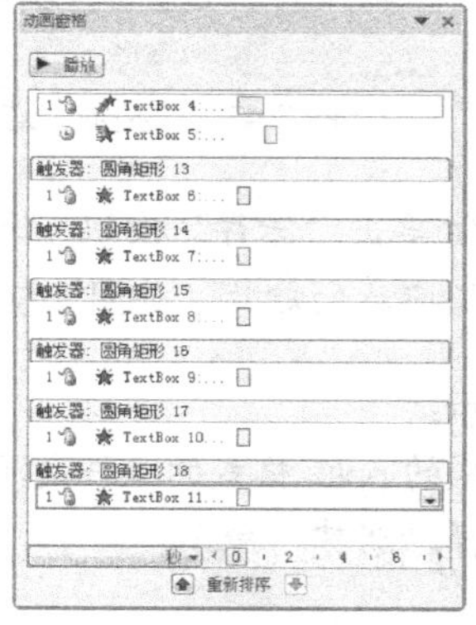

图 7-44　动画窗格

提示：

在设置动画触发器时，要仔细校对圆角矩形和各个注释文本框的对应关系，以免出错。另外，用户还可将幻灯片中的其他对象设置为动画触发器。

(52) 接下来为课件添加背景音乐。选中第 1 张幻灯片，打开“插入”选项卡，在“媒体”组中单击“音频”下拉按钮，选择“文件中的音频”选项，如图 7-45 所示。

(53) 打开“插入音频”对话框，然后选择要使用的背景音乐，如图 7-46 所示。

(54) 单击“确定”按钮，插入声音，然后打开声音的“播放”选项卡，在“开始”下拉列表框中设置为“跨幻灯片播放”，并选中“循环播放，直到停止”复选框和“放映时隐藏”复选框，如图 7-47 所示。

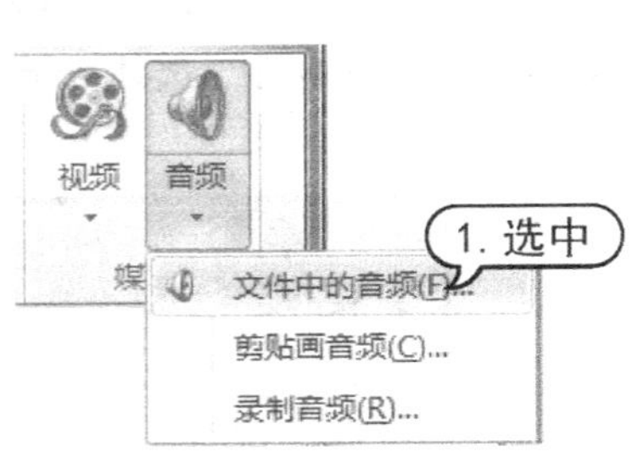

图 7-45　选择“文件中的音频”命令

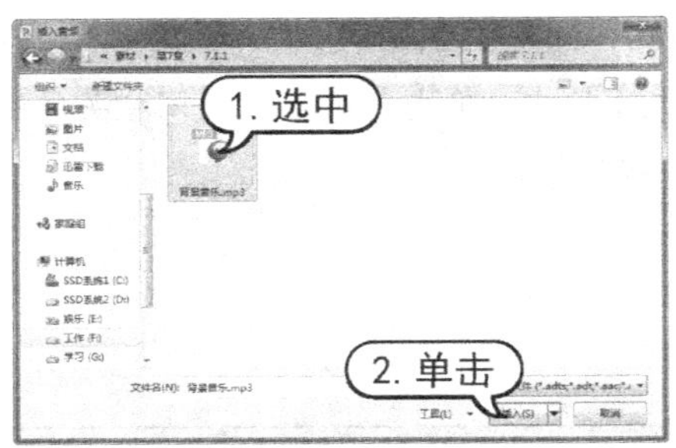

图 7-46　“插入音频”对话框

(55) 到此为止，整个课件制作完毕，单击快速访问工具栏中的“保存”按钮，保存课件。

(56) 用户还可将课件输出为 ppsx 格式，以方便移动和播放。单击“文件”按钮，选择“另存为”命令，打开“另存为”对话框，在“保存类型”下拉列表框中选择“PowerPoint 放映(*.ppsx)”选项，如图 7-48 所示。

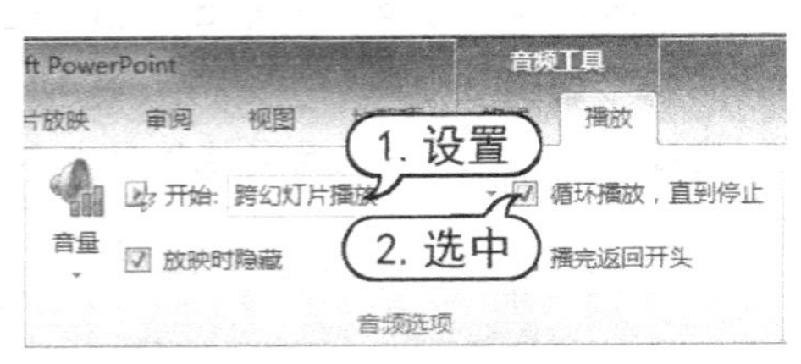

图 7-47　“播放”选项卡

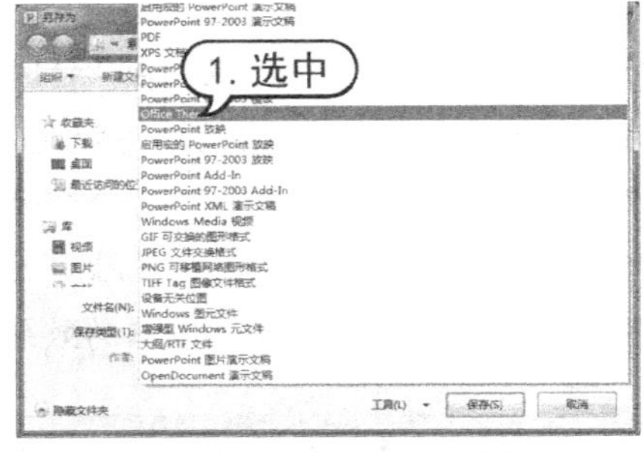

图 7-48　“另存为”对话框

(57) 单击“保存”按钮，保存课件，保存后的文件格式如图 7-49 所示，双击该文件，即可开始播放幻灯片，如图 7-50 所示。

提示：

生成的 ppsx 格式的文件是不可被直接编辑的，要想编辑 ppsx 格式的文件可右击该文件，然后选择“新建”命令。

图 7-49　保存后的文件

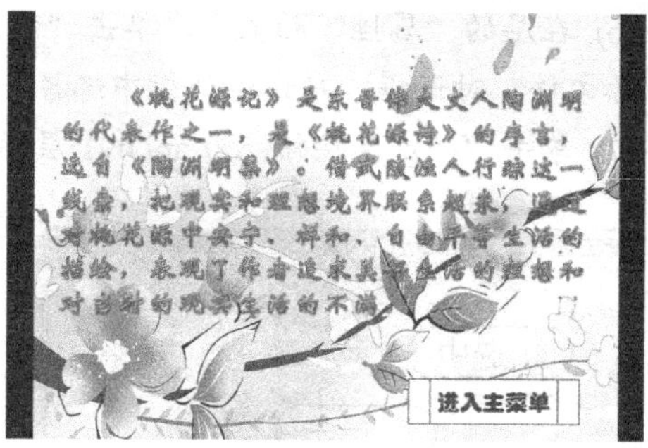

图 7-50　播放幻灯片

7.1.2　心田上的百合花开

本节使用 Dreamweaver CS6 来制作一个课件“心田上的百合花开”，具体操作步骤如下。

(1) 在 Dreamweaver CS6 中新建站点“心田上的百合花开”。

(2) 在“文件”面板中右击，在弹出的快捷菜单中选择“新建文件夹”命令，新建两个文件夹分别命名为 pictures 和 sounds；将为课件准备的图片和声音文件复制到相应的目录中，此时的“文件”面板如图 7-51 所示。

(3) 在“文件”面板中右击站点，在弹出的快捷菜单中选择“新建文件”命令，新建一个文件并命名为 untitled. html，如图 7-52 所示。

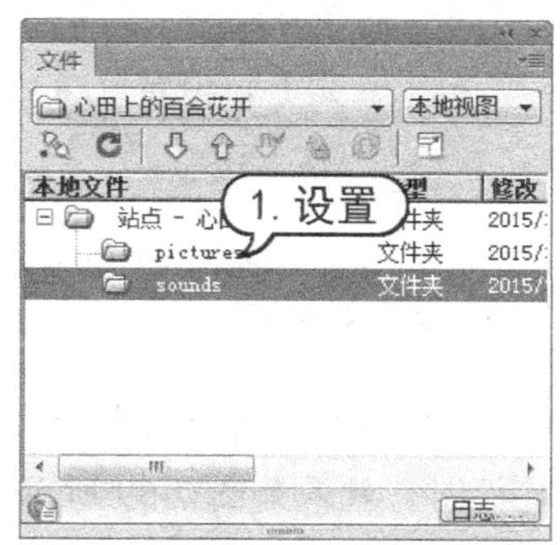

图 7-51　“文件”面板

图 7-52　新建文件

(4) 双击该文件，将其在文档窗口中打开。在“文档工具栏”的“标题”文本框中输入文档标题“首页”，如图 7-53 所示。

(5) 选择“插入”|“布局对象”| AP Div 命令，插入 apDiv1 层，在“属性”面板中设置层的大小为 900 × 600 像素，左边距为 300 像素。如图 7-54 所示。

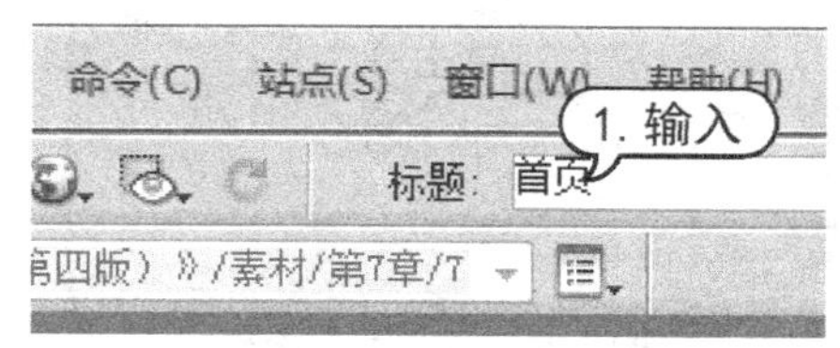

图 7-53　设置标题

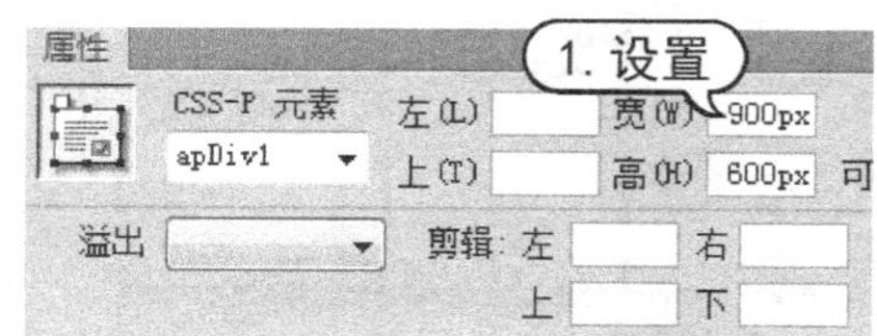

图 7-54　设置层

(6) 在层的“属性”面板中，单击“背景图像”后面的“浏览文件”按钮，打开“选择图像源文件”对话框，在该对话框中选择一幅背景图片，如图 7-55 所示。

(7) 单击“确定”按钮，为 apDiv1 层插入背景图片，“实时视图”效果如图 7-56 所示。

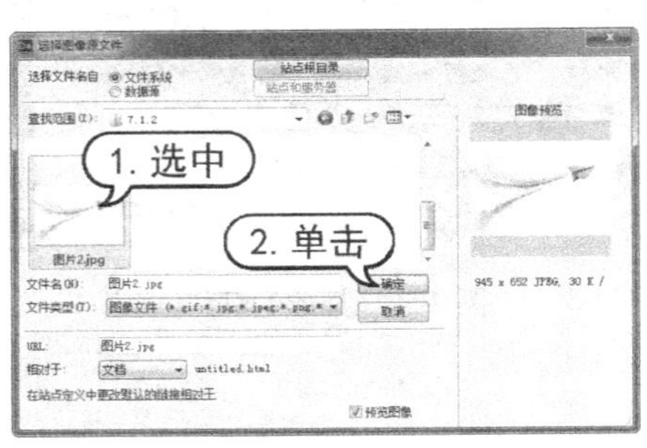

图 7-55　选择背景图片

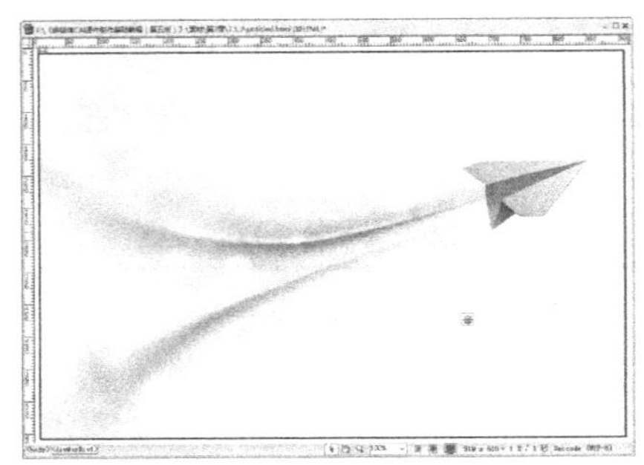

图 7-56　“实时视图”效果

(8) 选择“插入”|“布局对象”| AP Div 命令，在 apDiv1 层中插入 apDiv2 层，然后输入文本，如图 7-57 所示。

(9) 选中文本，打开“属性”面板，设置文本的大小为 70，字体为“华文行楷”，然后调整 apDiv2 层的位置和大小，效果如图 7-58 所示。

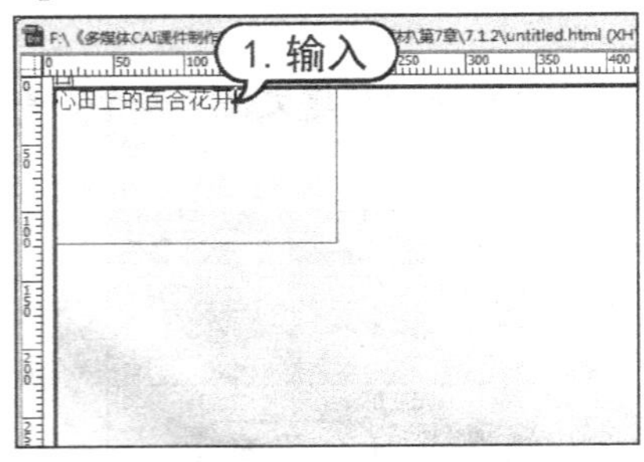

图 7-57　输入文本

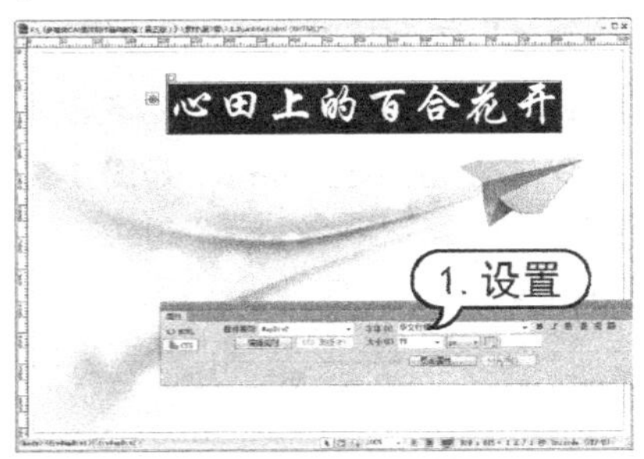

图 7-58　设置文本格式

(10) 按照步骤(8)和(9)的方法，插入 apDiv3 层和 apDiv4 层，分别在这两个层中输入文本并设置文本的格式，然后调整层的位置和大小，最终“实时视图”效果如图 7-59 所示。

(11) 选择“插入”|“布局对象”| AP Div 命令，在 apDiv1 层中插入 apDiv5 层，然后选择“插入”|“图像”命令，打开“选择图像源文件”对话框，在该对话框中选择一幅背景图片，如图 7-60 所示。

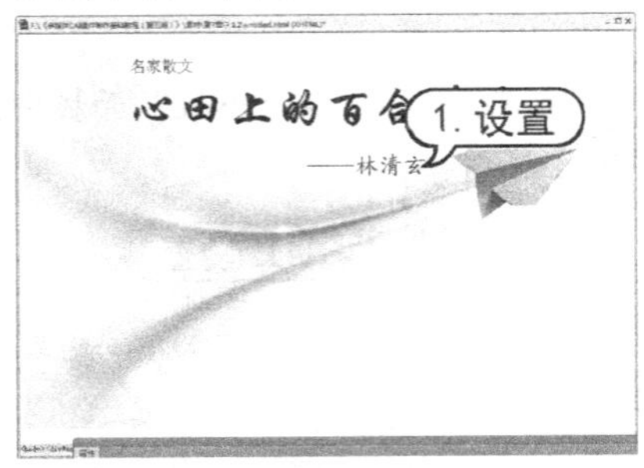

图 7-59　插入层并输入文本

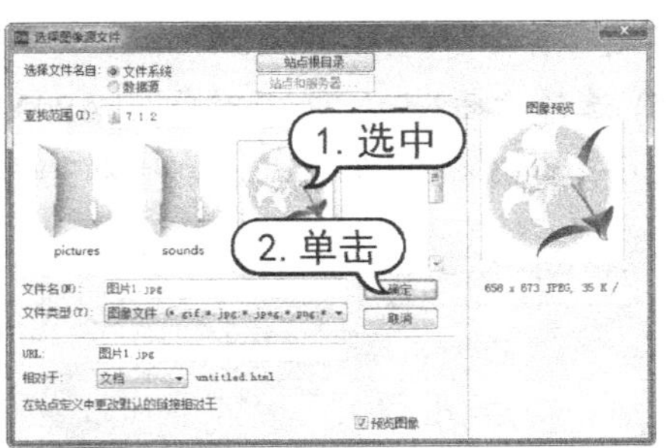

图 7-60　选择背景图像

(12) 单击“确定”按钮，插入背景图片，然后调整其位置和大小，“实时视图”效果如图 7-61 所示。

(13) 选择“插入”|“布局对象”| AP Div 命令，在 apDiv1 层中插入 apDiv6 层，然后在该层中插入一个 1 行 5 列的表格。

(14) 在表格中输入文本并设置文本的格式，然后适当调整网页中各个元素的位置，“实时视图”效果如图 7-62 所示。

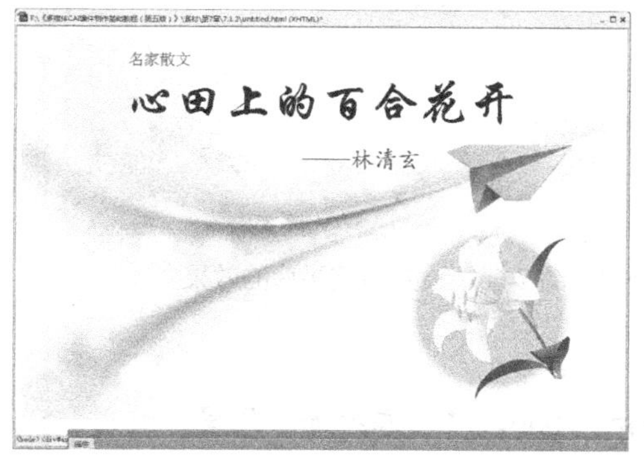

图 7-61　插入图片后的效果

图 7-62　插入 apDiv6 层后的效果

(15) 到此为止，首页初步制作完毕。在“文件”面板中右击 untitled. html 文件，选择“编辑”|“复制”命令，复制 4 份该文件的副本，如图 7-63 所示。右击这些副本，选择“编辑”|“重命名”命令，将这 4 个副本文件重命名，如图 7-64 所示。

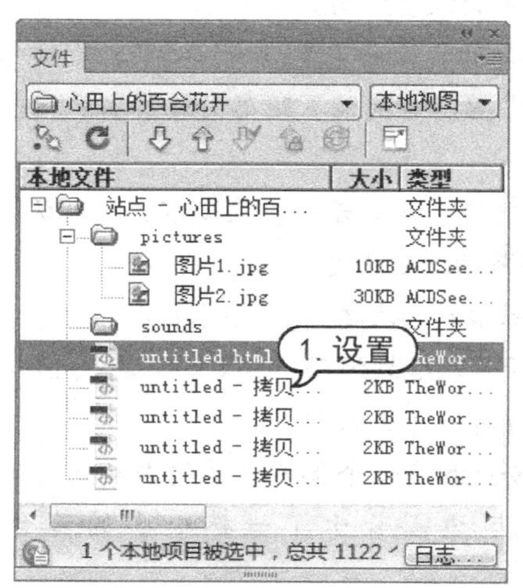

图 7-63　复制文件

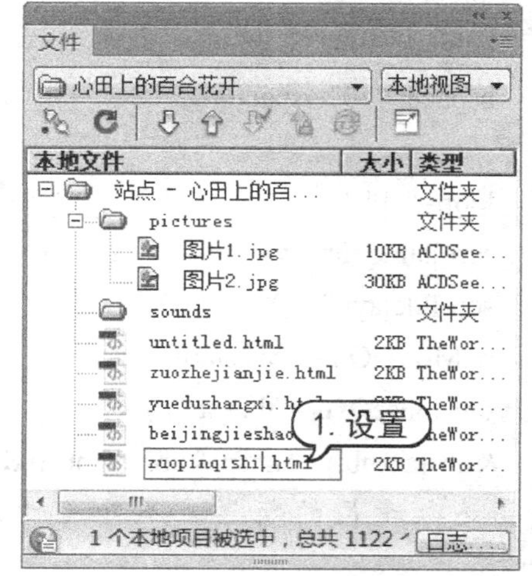

图 7-64　重命名副本文件

(16) 选中 untitled. html 文件中的文本“课件首页”，打开“属性”面板，单击“链接”文本框后方的“指向文件”按钮，然后拖动，将箭头指向“文件”面板中的 untitled. html 文件，然后单击，如图 7-65 所示。此时即可为“课件首页”文本添加超链接。

(17) 使用同样的方法为其他文本添加超链接，“实时视图”效果如图 7-66 所示。

(18) 超链接添加完成后，复制 apDiv6 层，然后依次打开 zuozhejianjie.html 文件、

yuedushangxi.html 文件、beijingjieshao.html 文件、zuopinqishi.html 文件，删除其中的 apDiv6 层并将刚刚复制的 apDiv6 层粘贴。

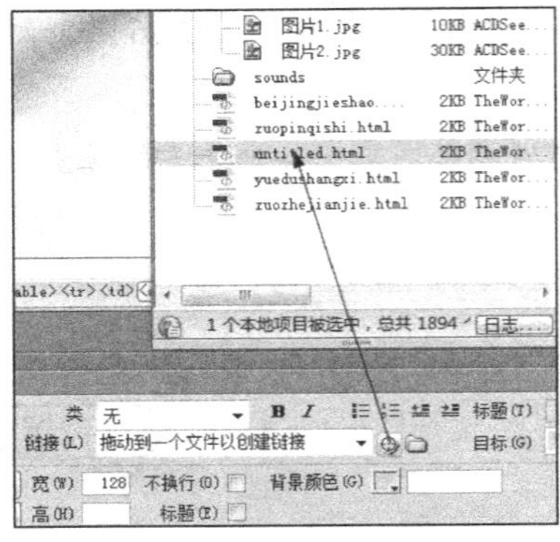

图 7-65　设置超链接

图 7-66　设置超链接后的效果

(19) 新建一个网页文档，保存为 iframe-1。

(20) 打开 iframe-1 的代码视图，在<body>和 </body>之间添加如下代码。

```
<p align="left">
<marquee id="affiche"
align="left"                        //设定 marquee 标签内容的对齐方式
behavior="scroll"                   //设定滚动方式
direction="up"                      //设定活动字幕的滚动方向
height="300"    width="600"         //设定活动字幕的高度和宽度
hspace="50" vspace="20"             //设定活动字幕里所在的位置距离父容器水平和垂直
                                    边框的距离
loop="-1"                           //设定滚动的次数，-1 表示一直滚动下去，默认为-1
scrollamount="5"                    //设定活动字幕的滚动速度
scrolldelay="100"                   //设定活动字幕滚动两次之间的延迟时间
onMouseOut="this.start()"           //鼠标指针离开时，继续滚动
onMouseOver="this.stop()">          //鼠标指针悬停时，停止滚动
        在一个偏僻遥远的山谷里，有一个高达数千尺的断崖。不知道什么时候，断崖边上长出了一株小小的百合。
<br/>……………………………………
(限于篇幅原因，正文部分省略)
</marquee>
```

(21) 双击打开 yuedushangxi.html 文件，将 apDiv4 层中的文本修改为“——阅读赏析”，然后添加 apDiv7 层，并在该层代码的<div id="apDiv5">和</div>之间插入以下代码。

```
<iframe frameborder="0"    src="iframe-1.html"
width="720px"    height="380px"></iframe>
```

(22) 此时 yuedushangxi.html 文件的“实时视图”效果如图 7-67 所示。

(23) 双击打开 zuozhejianjie.html 文件，将 apDiv4 层中的文本修改为“——作者简介”，删除 apDiv5 层中的图片，然后添加 apDiv7 并插入相关内容，最终“实时视图”效果如图 7-68 所示。

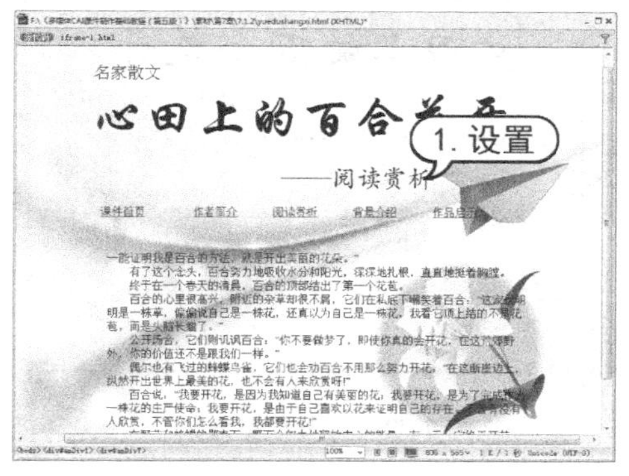

图 7-67　yuedushangxi.html 页效果

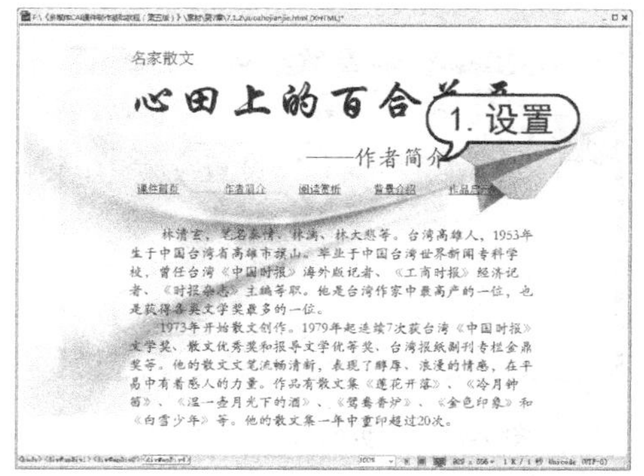

图 7-68　zuozhejianjie.html 页效果

(24) 双击打开 beijingjieshao.html 文件，将 apDiv4 层中的文本修改为“背景介绍”，删除 apDiv5 层中的图片，然后添加 apDiv7 并插入相关内容，最终“实时视图”效果如图 7-69 所示。

(25) 双击打开 zuopinqishi.html 文件，将 apDiv4 层中的文本修改为“作品启示”，删除 apDiv5 层中的图片，然后添加 apDiv7 并插入相关内容，最终“实时视图”效果如图 7-70 所示。

图 7-69　beijingjieshao.html 页效果

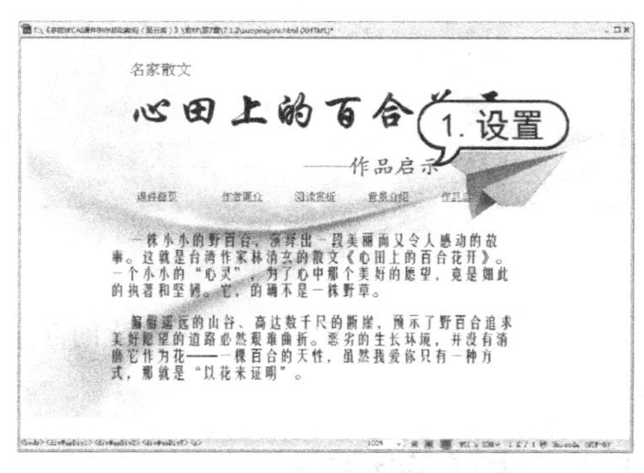

图 7-70　zuopinqishi.html 页效果

(26) 到此为止，课件的主要页面制作完成，接下来为 yuedushangxi.html 页添加背景音乐。

(27) 打开 yuedushangxi.html 文件，在“文档”工具栏中单击“代码”按钮，切换到“代码”视图，在<head>和</head>标签之间插入播放背景音乐的代码。

```
<embed  src="sounds/baihehua.mp3"  width=0  height=0></embed>
```

(28) 为了使网页更加美观，用户可以通过设置来去掉超链接文本下方的下划线。打开 untitled. html 文件，选择“修改” | “页面属性”命令，打开“页面属性”对话框，在对话框

的左侧选择“链接(CSS)”选项，在右侧的“下划线样式”下拉列表中选择“始终无下划线”选项，如图 7-71 所示。去掉下划线的“首页”，预览效果如图 7-72 所示。

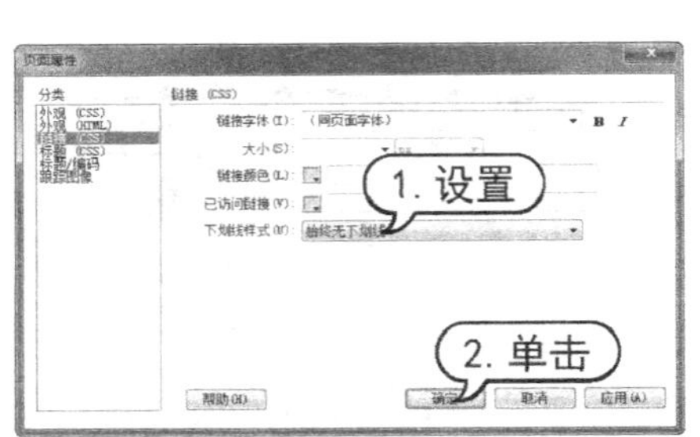

图 7-71　“页面属性”对话框

图 7-72　首页预览效果

(29) 使用同样的方法删除其他页面中超链接文本的下划线。

(30) 到此为止，“心田上的百合花开”课件制作完毕。保存网页文档，然后按下 F12 键，在浏览器中预览网页文档，效果如图 7-73 所示。

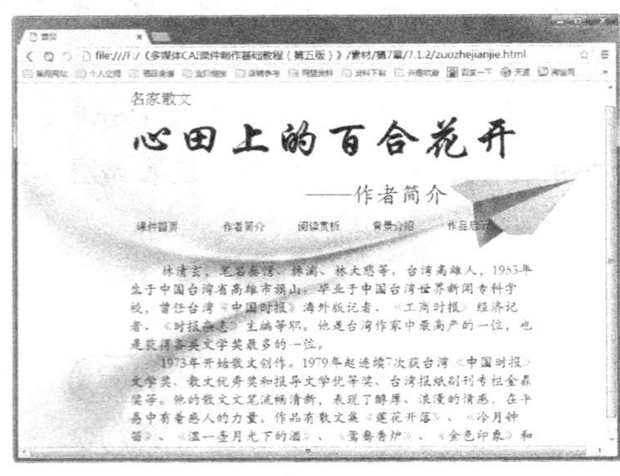

作者简介页面

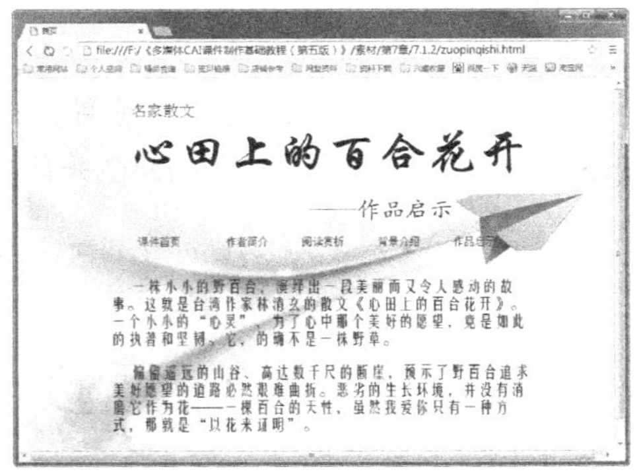

作品启示页面

图 7-73　“心田上的百合花”课件个别页面的预览效果

7.1.3　古诗词填空

本节使用 Flash 来制作一个古诗词填空题，用户可在指定位置输入答案，单击“确定”按钮，可自动判断答案是否正确。具体操作步骤如下。

(1) 启动 Flash CS6，新建一个 ActionScript 2.0 类型的 Flash 文档，并将其保存为“古诗词填空”。

(2) 在“图层 1”的第 1 帧中导入题目相关图片，效果如图 7-74 所示。

(3) 新建一个“图层 2”并将其重命名为“答案”，如图 7-75 所示。

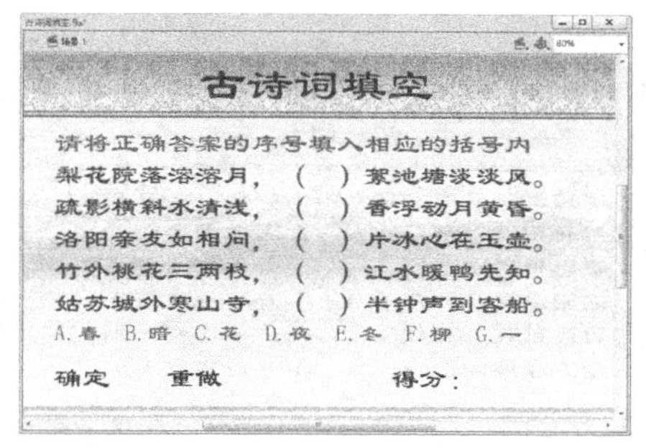

图 7-74　导入背景并输入文本

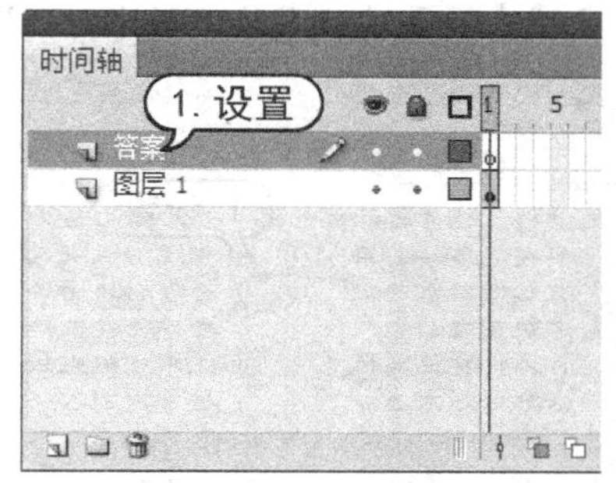

图 7-75　新建图层并重命名

(4) 在“答案”层的第 1 帧使用“文本工具”在第一句诗的括号中绘制一个文本框，并将其属性设置为“输入文本”，实例名称设置为 a，如图 7-76 和图 7-77 所示。

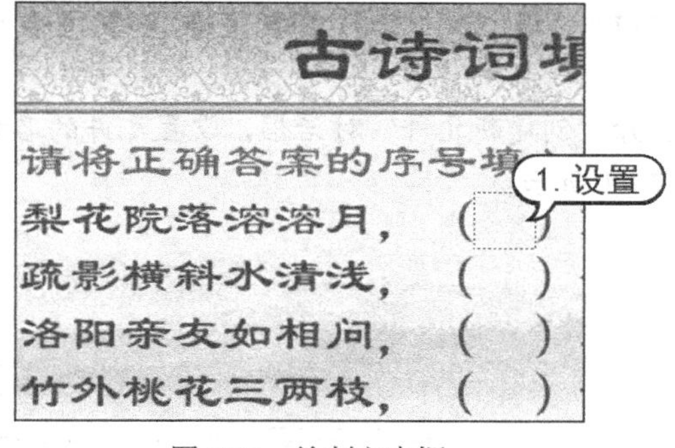

图 7-76　绘制文本框

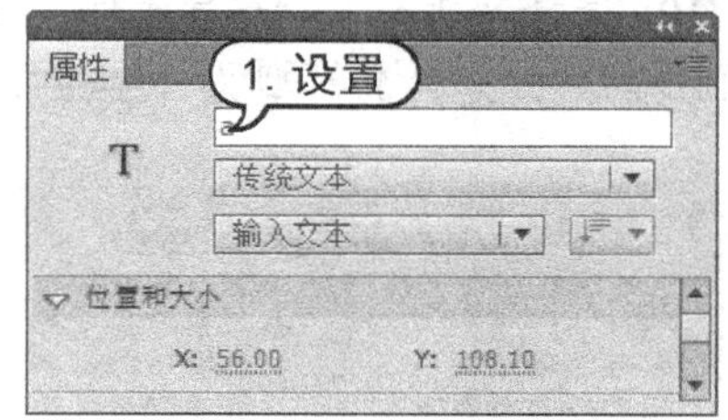

图 7-77　设置文本框属性

(5) 选中该文本框，在“属性”面板的“字符”区域设置其颜色为“红色”，如图 7-78 所示。然后在“段落”区域中设置其格式为“居中对齐”。如图 7-79 所示。

提示：

将实例名称设置为 a 后，相当于定义了一个变量 a，在运行课件时，在文本框中输入的文本将被赋予给该变量。

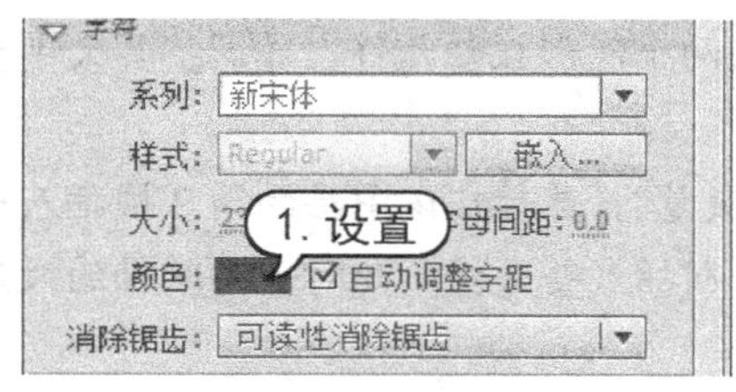

图 7-78　设置颜色

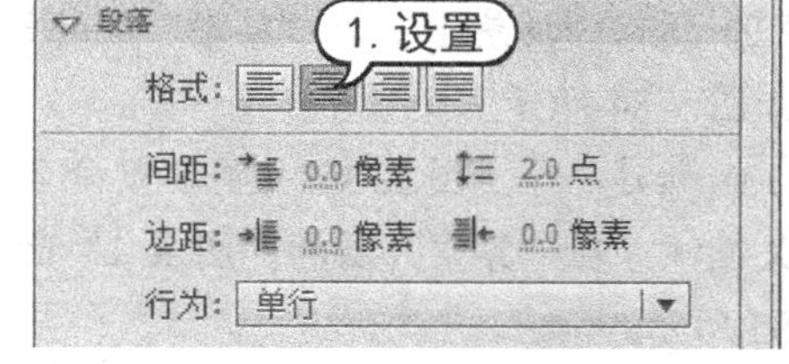

图 7-79　设置对齐方式和变量

(6) 选中刚刚设置好的文本框，将其复制 4 份并粘贴在“答案”层中，然后调整其位置并将其“变量”分别设置为 b、c、d、e，效果如图 7-80 所示。

(7) 使用“文本工具”在第一句诗后方绘制一个文本框，并将其属性设置为“动态文本”，实例名称设置为 a1，如图 7-81 所示。

(8) 选中该文本框，在“属性”面板的“字符”区域设置其颜色为“红色”，然后在“段落”区域中设置其格式为“居中对齐”。

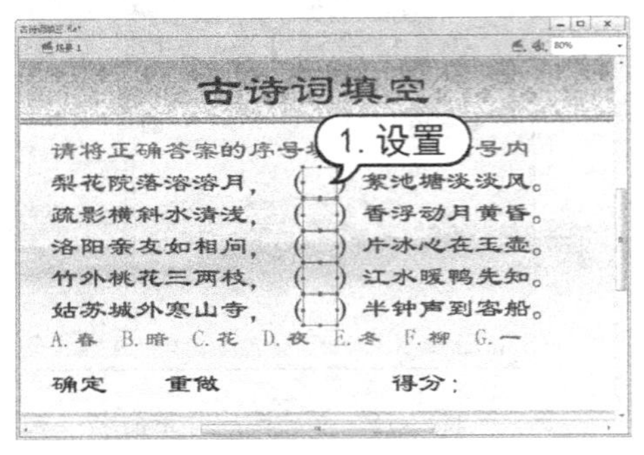

图 7-80　复制多个文本框

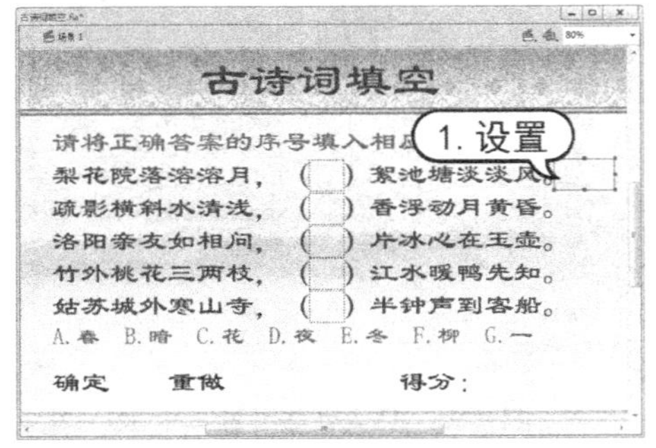

图 7-81　新建图层并重命名

(9) 选中刚刚设置好的文本框，将其复制 5 份并粘贴在“答案”层中，然后调整其位置并将其“变量”分别设置为 b1、c1、d1、e1、defen，效果如图 7-82 所示。(defen 文本框放置在“得分”文本的后面。)

(10) 选择“插入”|“新建元件”命令，打开“创建新元件”对话框，设置元件的名称为“隐形按钮”，元件的类型为“按钮”，如图 7-83 所示。

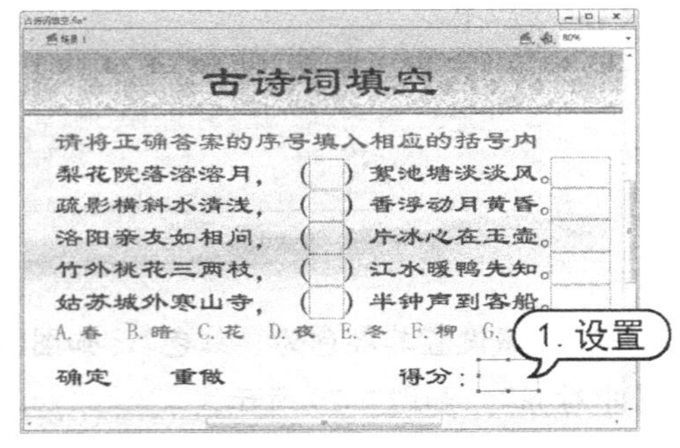

图 7-82　复制多个文本框

图 7-83　“创建新元件”对话框

(11) 单击“确定”按钮，进入元件编辑界面，然后使用“矩形工具”在时间轴的“点击”帧中绘制一个矩形热区。

(12) 返回“场景 1”，在“答案”层的第 1 帧拖入两个隐形按钮元件，并调整其大小和位置，如图 7-84 所示。

(13) 新建一个“图层 3”并将其重命名为“初始变量”，然后在该图层的第 2 帧插入一个空白关键帧，在“答案”层和“图层 1”的第 2 帧分别插入普通帧。此时，时间轴的效果如图 7-85 所示。

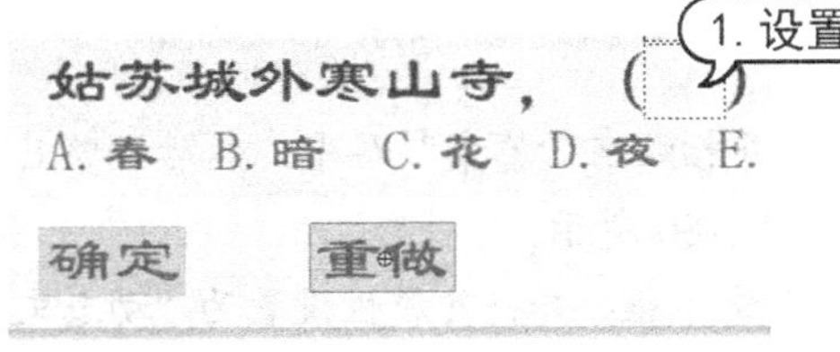

图 7-84　放置隐形按钮

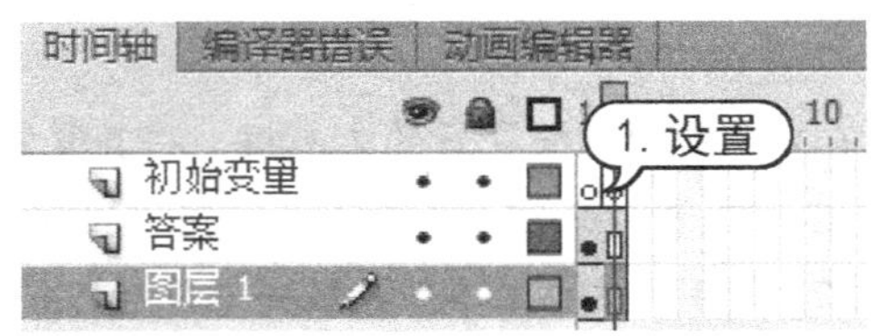

图 7-85　时间轴

(14) 选中“初始变量”层的第 2 帧，选择“窗口”|“动作”命令，打开“动作”面板，输入如图 7-86 所示的代码。

(15) 选中“确定”按钮，输入如图 7-87 所示的代码。

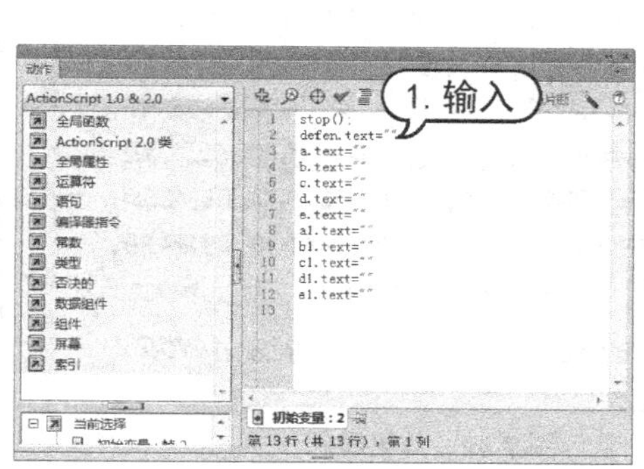

图 7-86　帧代码

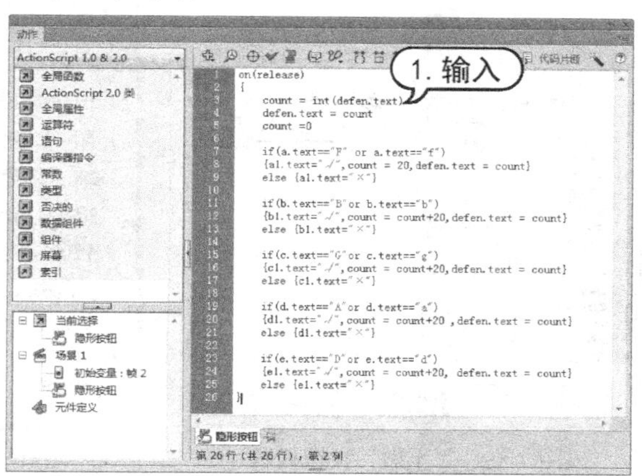

图 7-87　“确定”按钮代码

本例部分代码释义(帧代码)如下。

```
stop();                    //播放到该帧停止播放
defen.text=""              //“defen”动态文本框清空
a.text=""                  //“a”输入文本框清空
```

本例部分代码释义(“确定”按钮代码)如下。

```
on(release)                //单击按钮
{
 count = int(defen.text)   //定义变量
   defen.text = count                          //将给 count 的值赋给 defen.text
 count =0                                      //count 初始值为 0

 if(a.text=="F" or a.text=="f")                //当文本框 a 的值等于“F”或“f”
 {a1.text=" √",count = 20,defen.text = count}  //文本框 a1 的值等于" √"，“defen”为 20
 else {a1.text="×"}                            //文本框 a1 的值等于"×"

 if(b.text=="B"or b.text=="b")                          //当文本框 b 的值等于“B”或“b”
 {b1.text=" √",count = count+20,defen.text = count}     //文本框 b1 的值等于" √",
“defen” = “defen” +20
 else {b1.text="×"}                                     //文本框 b1 的值等于"×"
```

(16) 选中“重做”按钮，输入如图 7-88 所示的代码。该代码的含义是：单击按钮跳转到动画的第 1 帧。

(17) 按下 Ctrl+Enter 组合键，测试动画。当用户输入答案后，单击“确定”按钮，系统将自动检测答案正确与否并给出相应的得分，如图 7-89 所示。

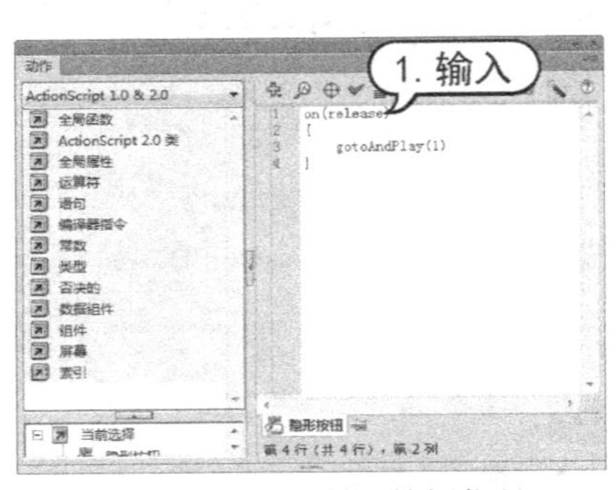

图 7-88　“重做”按钮代码

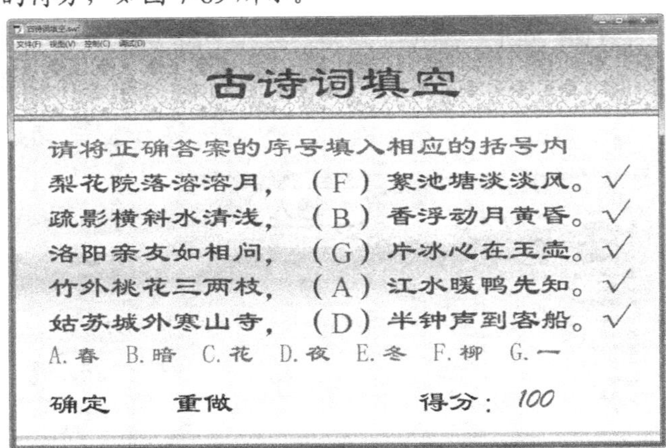

图 7-89　效果展示

7.2　制作数学课件

本节分别使用 PowerPoint 和几何画板来制作与数学相关的教学课件，通过对本节的学习，读者可进一步掌握这两个软件的基本用法。

7.2.1　质数与合数

本节使用 PowerPoint 2010 来制作一个课件“质数与合数”，具体操作步骤如下。

(1) 启动 PowerPoint 2010，新建一个空白演示文稿，并将其保存为“质数与合数”。

(2) 选中第 1 张幻灯片，然后两次按下 Enter 键，添加两张新的幻灯片，如图 7-90 所示。

(3) 打开“视图”选项卡，在“母版视图”组中单击“幻灯片母版”按钮，切换至幻灯片母版视图，如图 7-91 所示。

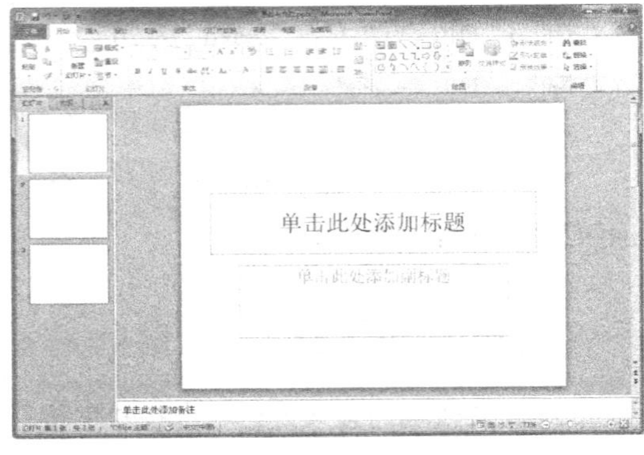

图 7-90　添加新幻灯片

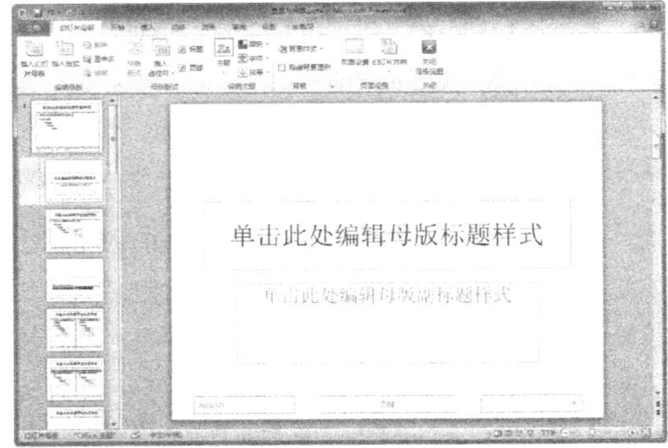

图 7-91　母版视图

(4) 在母版视图中，选中第 1 张幻灯片，打开“幻灯片母版”选项卡，在“背景”组中单击“背景样式”下拉按钮，选择“设置背景格式”命令，打开“设置背景格式”对话框。

(5) 切换至“填充”选项卡，选中“图片或纹理填充”单选按钮，如图 7-92 所示。然后单击“文件”按钮，打开“插入图片”对话框。

(6) 在“插入图片”对话框中选择一幅图片，然后单击“插入”按钮，如图 7-93 所示。将图片设置为幻灯片的背景。

图 7-92　“设置背景格式”对话框

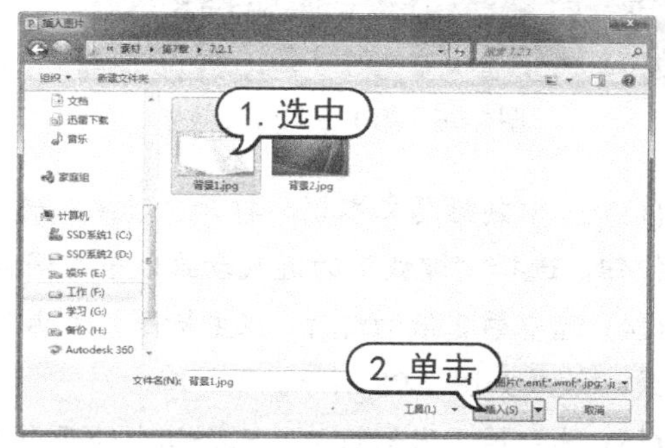

图 7-93　选择图片

(7) 不要关闭“设置背景格式”对话框，选中母版视图中的第 2 张幻灯片，然后单击“文件”按钮，再次打开“插入图片”对话框。

(8) 在“插入图片”对话框中选择一幅图片，然后单击“插入”按钮，将图片设置为幻灯片的背景，效果如图 7-94 所示。

(9) 关闭幻灯片母版视图，效果如图 7-95 所示。

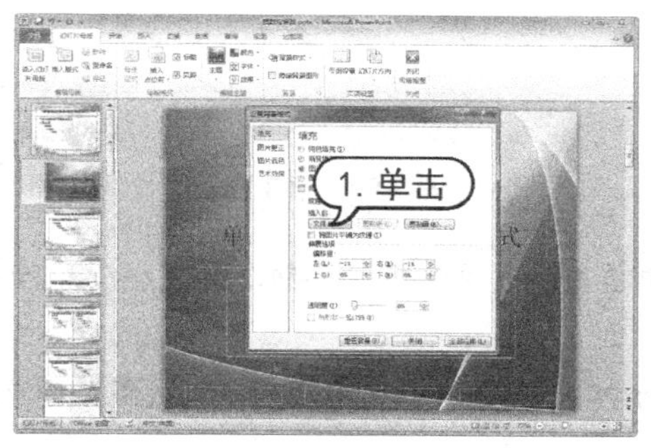

图 7-94　设置第 2 张幻灯片背景

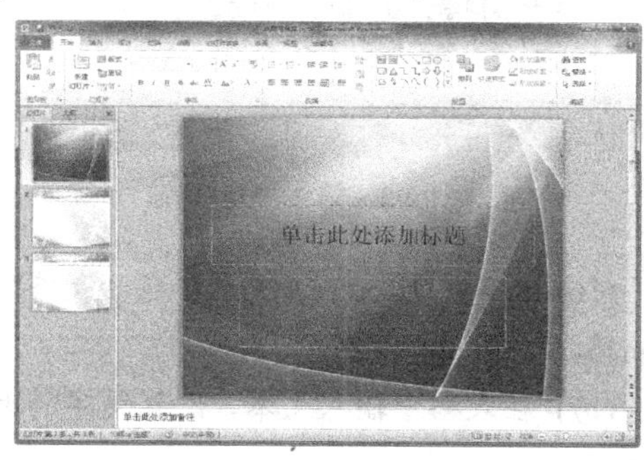

图 7-95　设置母版后的效果

(10) 选中第 1 张幻灯片，在主标题文本占位符中输入文本“质数与合数”，然后设置该文本的字体为“方正大黑简体”，字号为 80，并为该文本添加艺术字效果。

(11) 在副标题文本占位符中输入文本“主讲：李老师”，然后设置该文本的字体为“幼圆”，字号为 32。第 1 张幻灯片的最终效果如图 7-96 所示。

(12) 接下来为第一张幻灯片中的各个对象设置动画效果。选中主标题文本框，打开“动画”选项卡，在“高级动画”组中单击“添加动画”下拉按钮，选择“翻转式由远及近”的进入动画效果，添加进入动画后，在“计时”组中设置其“开始”方式为“上一动画之后”，如图 7-97 所示。

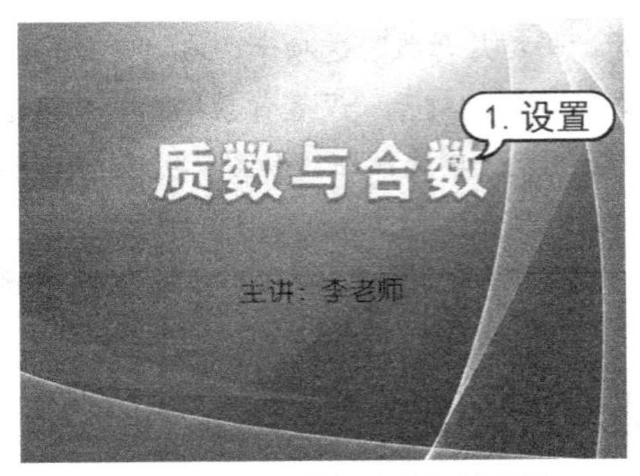

图 7-96　第 1 张幻灯片效果

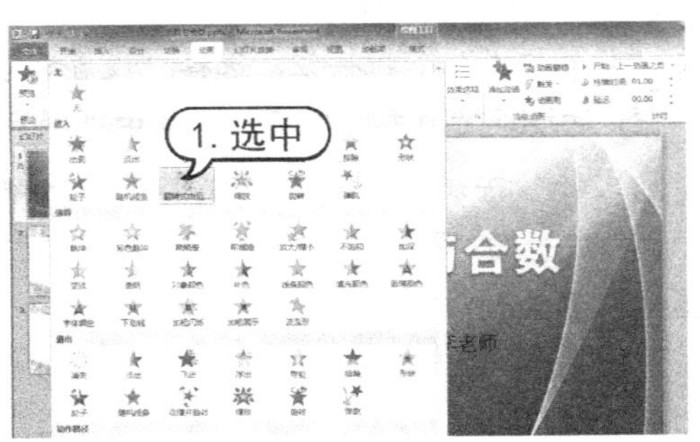

图 7-97　设置动画效果

(13) 选中副标题文本框，打开“动画”选项卡，在“高级动画”组中单击“添加动画”下拉按钮，选择“缩放”的进入动画效果，同样将其“开始”方式设置为“上一动画之后”。

(14) 选中第 2 张幻灯片，在主标题文本占位符和副标题文本占位符中输入文本并设置文本格式，效果如图 7-98 所示。

(15) 选中第 3 张幻灯片，删除其中的两个文本占位符，然后插入一个横排文本框，在文本框中输入文本并设置文本格式，如图 7-99 所示。

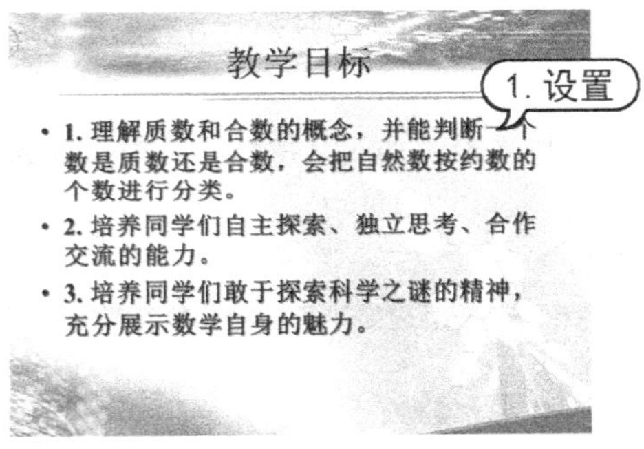

图 7-98　第 2 张幻灯片

图 7-99　第 3 张幻灯片

(16) 打开“插入”选项卡，在“表格”组中单击“表格”下拉按钮，插入一个 6 行 4 列的表格，如图 7-100 所示。

(17) 在表格中输入文本，设置文字的大小为 28 号，并调整表格的列宽，效果如图 7-101 所示。

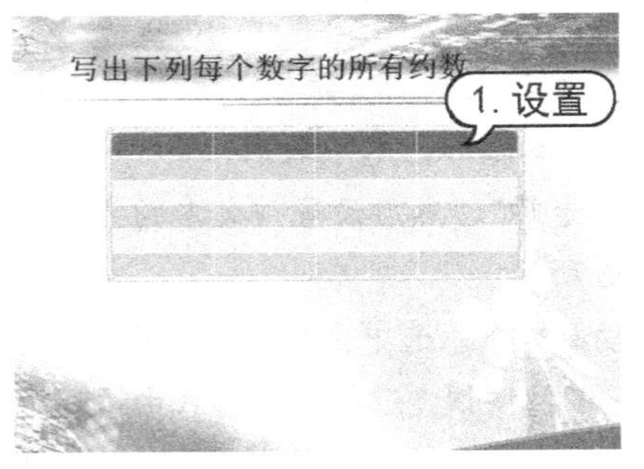

图 7-100　插入表格

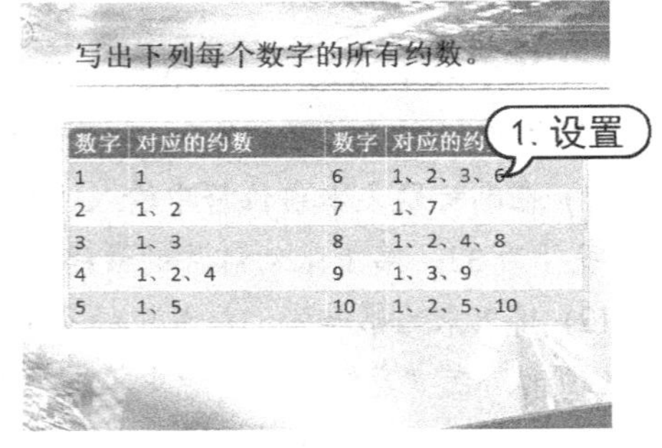

数字	对应的约数	数字	对应的约
1	1	6	1、2、3、6
2	1、2	7	1、7
3	1、3	8	1、2、4、8
4	1、2、4	9	1、3、9
5	1、5	10	1、2、5、10

图 7-101　设置表格内容

(18) 选中表格，打开“设计”选项卡，在“表格样式”组中，单击“其他”按钮，选择“主题样式 1-强调 6”选项，为表格应用该样式，如图 7-102 所示。

(19) 打开“插入”选项卡，在“图像”组中单击“剪贴画”按钮，打开“剪贴画”窗格。在“搜索文字”文本框中输入“问号”，选中“包括 Office.com 内容”复选框，然后单击“搜索”按钮，搜索剪贴画。

(20) 在搜索结果中选择一副剪贴画并单击，将其插入到幻灯片中。然后调整其大小和位置，效果如图 7-103 所示。

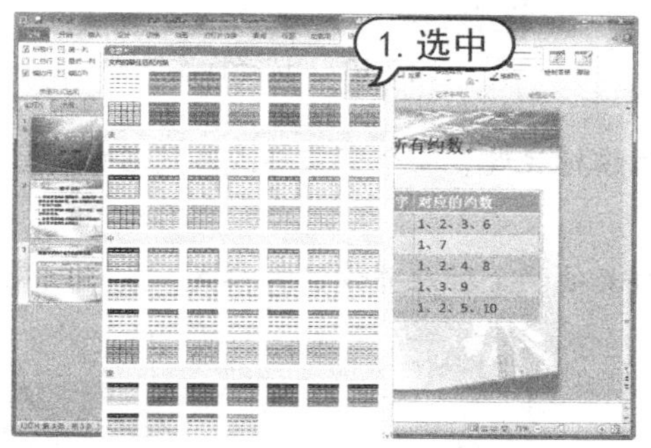

图 7-102　设置表格样式

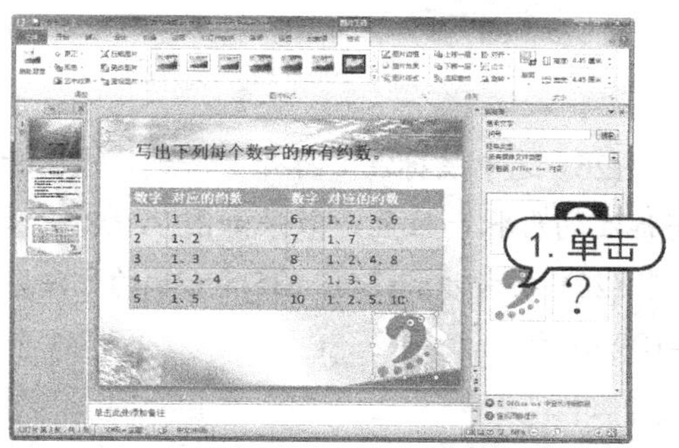

图 7-103　插入剪贴画

(21) 插入一个横排文本框，输入文本“从上面的表格中我们发现了什么规律呢？”设置文字大小为 20 号，字体为“楷体”，颜色为“深蓝”。然后选中该文本框，打开“格式”选项卡，设置其形状样式为“彩色轮廓-红色，强调颜色 2”，效果如图 7-104 所示。

(22) 使用同样的方法插入一个文本框，输入文本并设置文本格式，最终效果如图 7-105 所示。

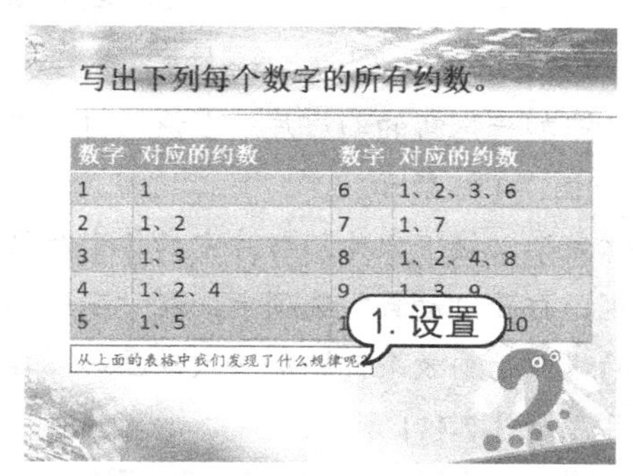

图 7-104　插入剪贴画

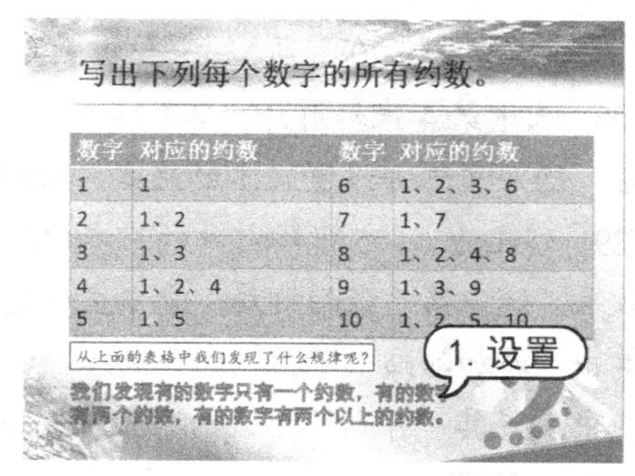

图 7-105　输入文本并设置格式

(23) 选中第 3 张幻灯片，然后按下 Enter 键，添加一张新的幻灯片。删除其中的两个文本占位符，然后按照步骤(19)和步骤(20)的方法，插入两幅“概念”类型的剪贴画，并调整其大小和位置，效果如图 7-106 所示。

(24) 打开“插入”选项卡，在 “插图”组中，单击“形状”下拉按钮，在“箭头总汇”组中选中“虚尾箭头”选项，如图 7-107 所示。

(25) 当光标变为+的形状时，在幻灯片中绘制一个“虚尾箭头”，然后在其中输入文本并设置文本格式。

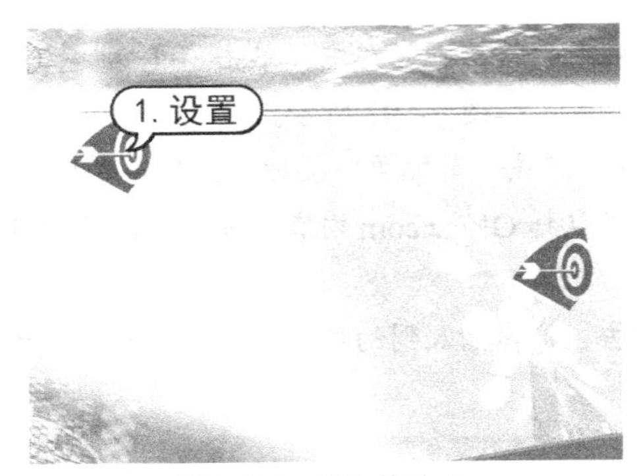

图 7-106　插入剪贴画

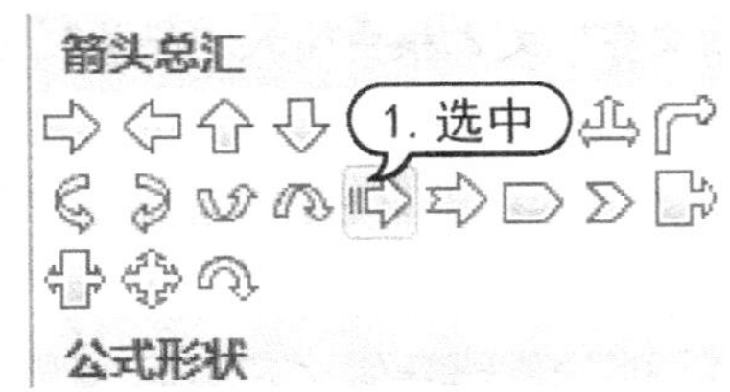

图 7-107　选择标注

(26) 选中该标注，打开“格式”选项卡，为该标注设置一个形状样式，然后使用鼠标调整标注的形状和位置，效果如图 7-108 所示。

(27) 参考步骤(24)、(25)和(26)的方法，绘制其他两个标注并设置其格式，最终效果如图 7-109 所示。

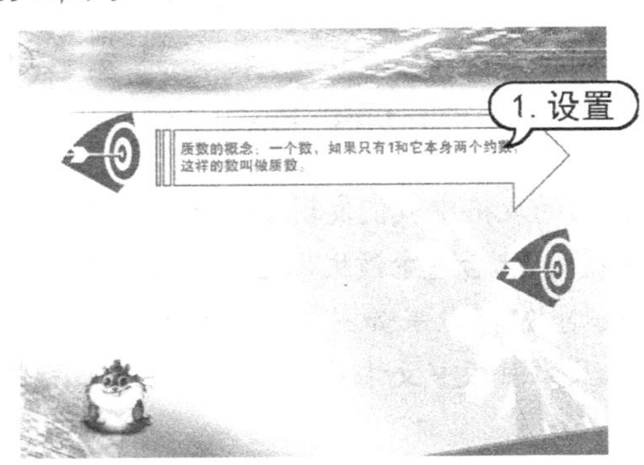

图 7-108　插入标注

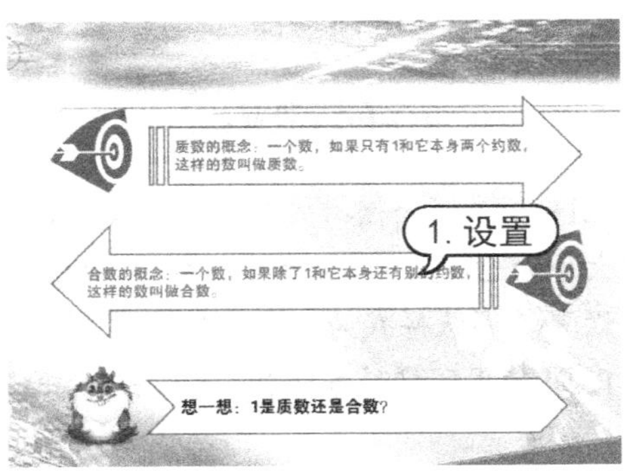

图 7-109　效果展示

(28) 选中第 4 张幻灯片，然后按下 Enter 键，添加一张新的幻灯片。在该幻灯片中插入文本框，输入文本并设置文本的格式，最终效果如图 7-110 所示。

(29) 到此为止，5 张幻灯片的基本内容已制作完毕，接下来为幻灯片中的各个对象添加动画效果。选中第 2 张幻灯片，选中主标题文本框，打开“动画”选项卡，在“高级动画”组中单击“添加动画”下拉按钮，选择“淡出”的进入动画效果，添加进入动画后，在“计时”组中设置其“开始”方式为“上一动画之后”，如图 7-111 所示。

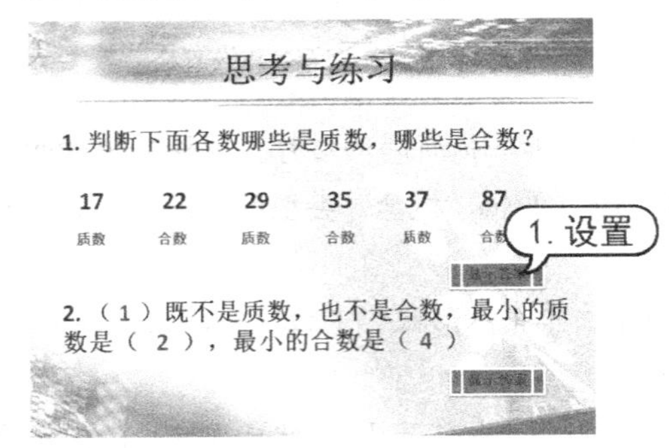

图 7-110　第 5 张幻灯片效果展示

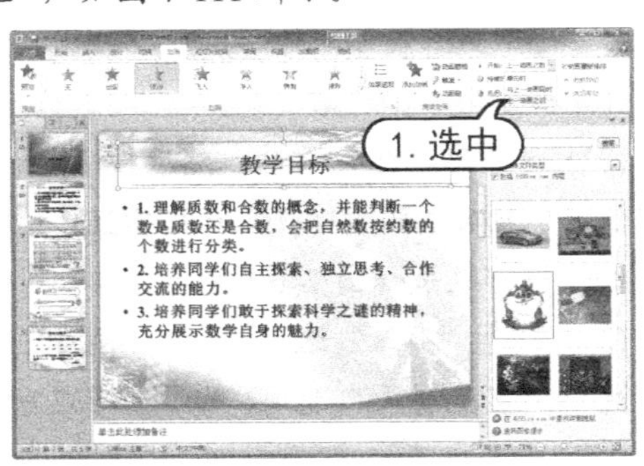

图 7-111　设置主标题动画

(30) 使用同样的方法，用户可为所有幻灯片中的各个对象添加动画效果。例如，为第 2 张幻灯片中的所有对象添加动画效果后，“动画窗格”如图 7-112 所示。

(31) 为所有对象添加完动画效果后，接下来为第 5 张幻灯片中的习题设置带有动画触发器的动画效果。

(32) 选中第 5 张幻灯片中所有的答案文本框(答案需要分别放置在单独的文本框中)，然后为其添加“缩放”的进入效果，如图 7-113 所示。

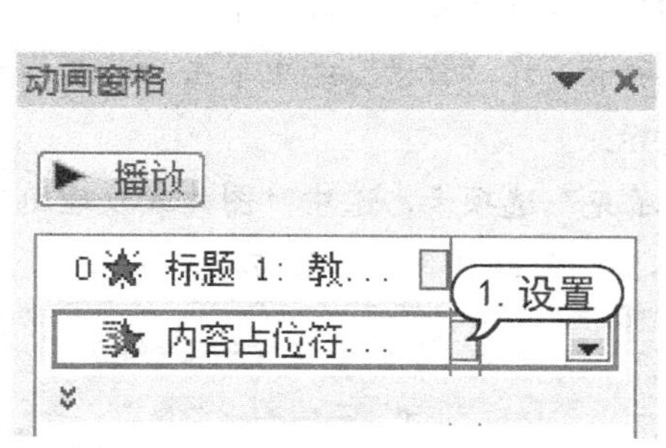

图 7-112　动画窗格

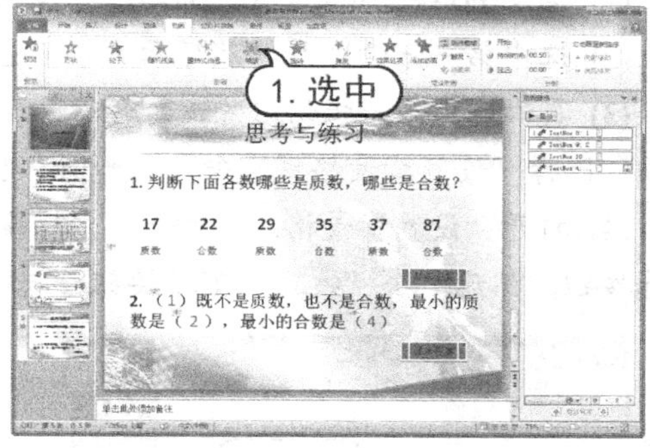

图 7-113　设置动画效果

提示：

在为课件中的各个对象设置动画效果时，用户应充分考虑到教学的需要以及自身的使用习惯，力求使用简单明了的动画效果达到最佳教学目的。

(33) 打开“动画窗格”，单击第 1 题答案文本框右侧的倒三角按钮，选择“计时”命令，如图 7-114 所示。打开“缩放”对话框，然后按照图 7-115 的方法为该答案文本框设置动画触发器。

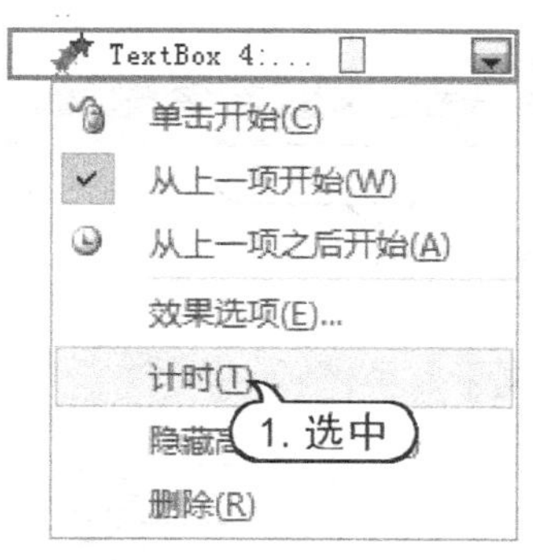

图 7-114　选择“计时”命令

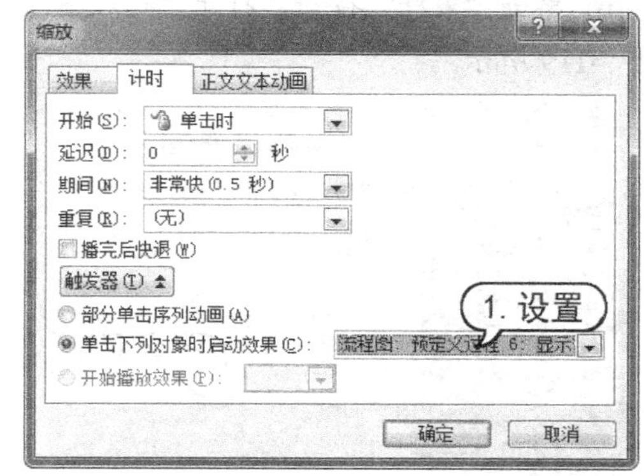

图 7-115　设置触发器

(34) 使用同样的方法为第 2 题中的所有答案文本框设置触发器。设置完成后，整个课件制作完毕，在快速访问工具栏中单击“保存”按钮，保存“质数与合数”课件。

提示：

为了使课件更加生动，用户还可参考第 5.6.2 小节的内容，为幻灯片设置切换动画，本例将不再累述。

7.2.2 正弦函数图像 y=sinx 的做法

本节使用 PowerPoint 2010 制作高等数学课件“正弦函数”，并给课件中不同场景中的对象设置不同的出场动画效果。在课件的第 2 张幻灯片中，制作一个对象沿正弦函数的图像轨迹移动的路径动画。

(1) 启动 PowerPoint 2010，新建一个空白演示文稿，并将其保存为“正弦函数”。

(2) 选中第一张幻灯片，然后两次按下 Enter 键，添加两张新的幻灯片。

(3) 再次选中第一张幻灯片，打开“设计”选项卡，在“背景”组中单击“背景样式”按钮，选择“设置背景格式”命令，如图 7-116 所示。

(4) 打开“设置背景格式”对话框，切换至“填充”选项卡，选中“图片或纹理填充”单选按钮，然后单击“纹理”下拉按钮，选择“水滴”纹理图案，如图 7-117 所示。

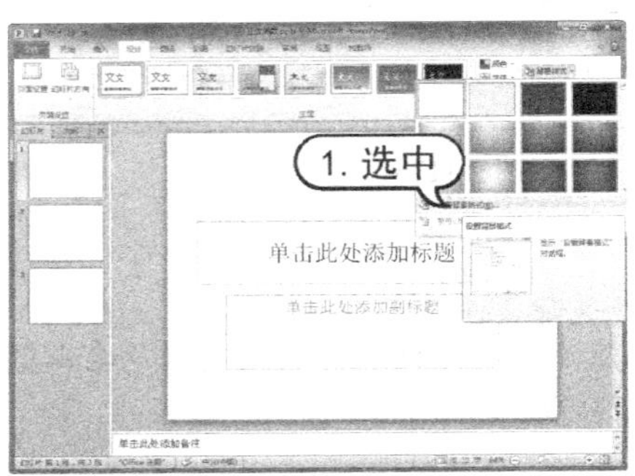

图 7-116　选择“设置背景格式”命令

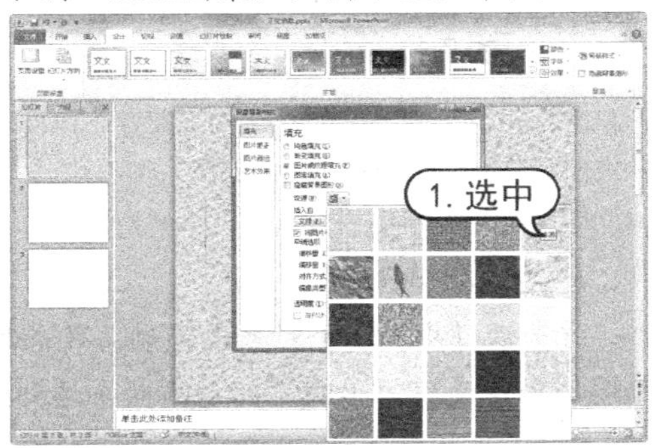

图 7-117　选择纹理效果

(5) 单击“全部应用”按钮，将该背景图案应用到所有幻灯片中，效果如图 7-118 所示。

(6) 单击“文件”按钮，打开“插入图片”对话框，在该对话框中选择一张背景图片，如图 7-119 所示。

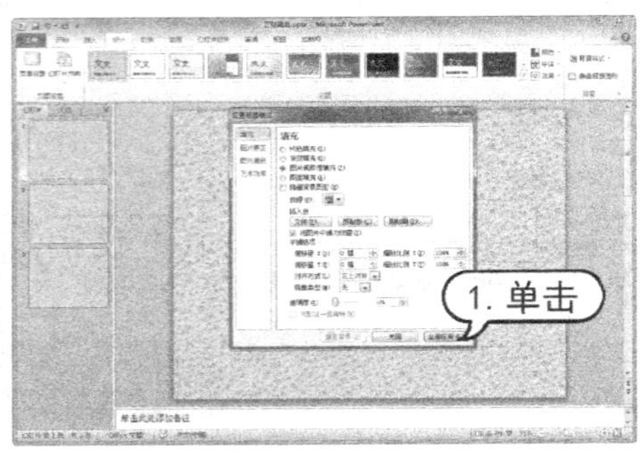

图 7-118　应用纹理背景后的效果

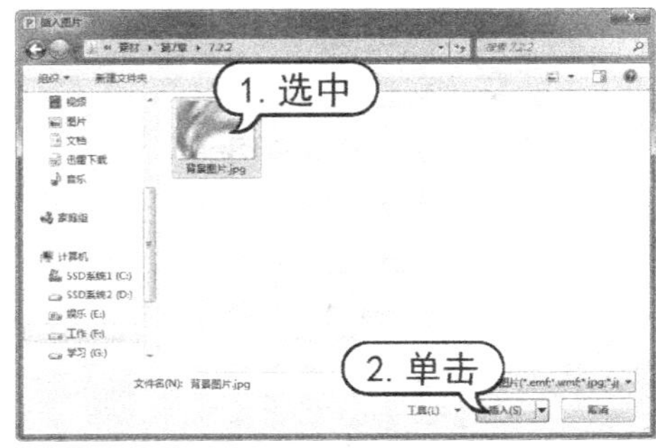

图 7-119　“插入图片”对话框

(7) 选择完成后，单击“插入”按钮，插入背景图片，然后关闭“设置背景格式”对话框，效果如图 7-120 所示。

(8) 现在开始编辑封面文本，选中第一张幻灯片，删除其中的两个文本占位符，打开“插入”选项卡，在“文本”组中单击“艺术字”按钮，选择如图 7-121 所示的艺术字样式。

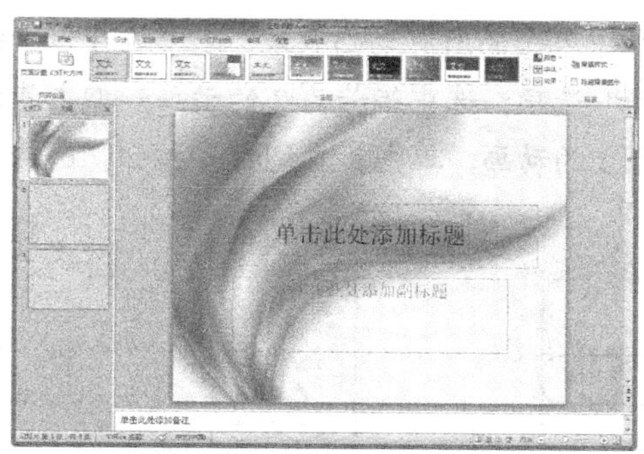

图 7-120　应用背景图片后的效果

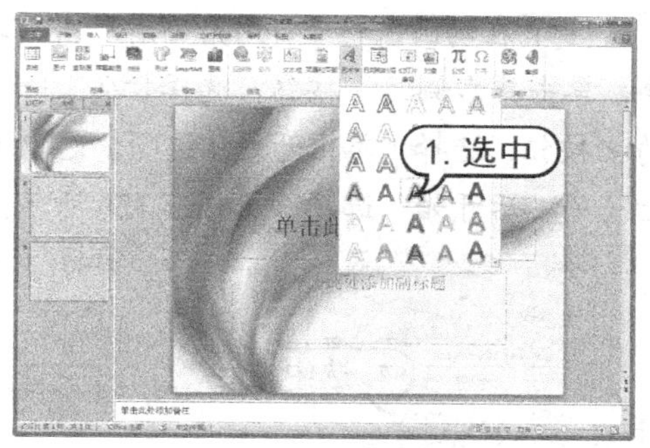

图 7-121　选择艺术字样式

(9) 在课件封面中插入艺术字标题“正弦函数图像(y=sinx)的做法”，并设置艺术字的样式，效果如图 7-122 所示。

(10) 打开“插入”选项卡，在“文本”组中单击“文本框”按钮，选择“横排文本框”选项，绘制两个横排文本框，在文本框中输入文本并设置文本的格式，效果如图 7-123 所示。

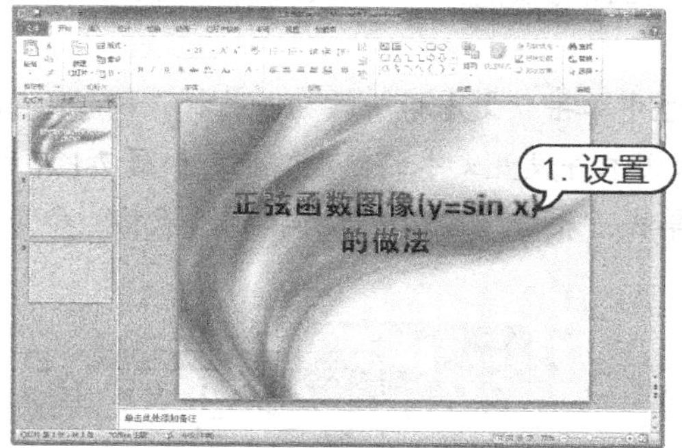

图 7-122　插入艺术字后的效果

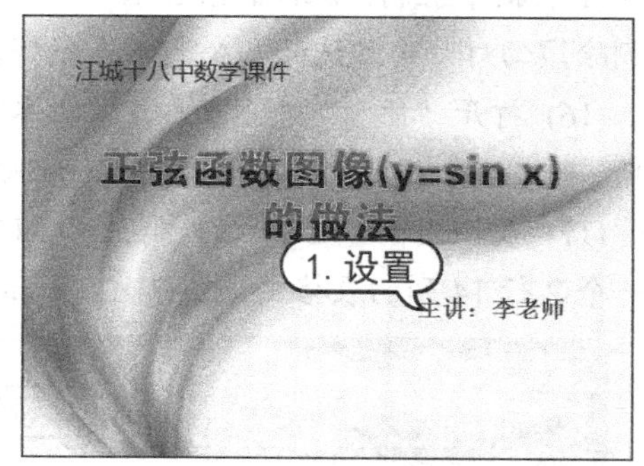

图 7-123　插入文本框后的效果

(11) 选中“江城十八中数学课件”文本框，打开“动画”选项卡，在“动画”组中单击“随机线条”选项，为该文本框中的文本设置随机线条的动画效果，如图 7-124 所示。

(12) 按照同样的方法，为主标题文本占位符中的文本设置“缩放”的进入效果；为“主讲：李老师”文本设置“淡出”的进入效果。

(13) 设置完成后，在“高级动画”组中单击“动画窗格”按钮，如图 7-125 所示，打开“动画窗格”对话框。

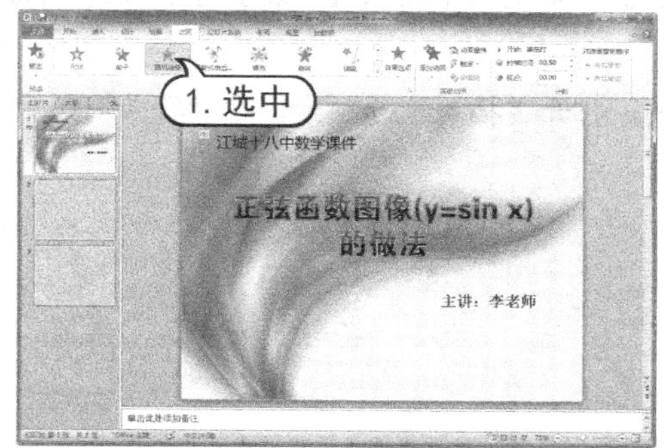

图 7-124　设置动画效果

图 7-125　单击“动画窗格”按钮

(14) 在动画窗格中，用户可看到当前幻灯片中包含的所有动画效果。选中编号为 1 的动画，单击其右侧的按钮，选择“从上一项开始”选项；选中编号为 2 的动画，单击其右侧的按钮，选择“单击开始”选项；选中编号为 3 的动画，单击其右侧的按钮，选择“从上一项之后开始”选项，如图 7-126 所示。

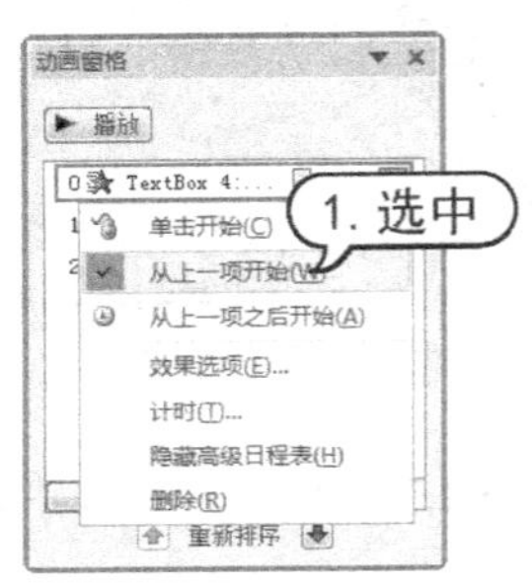

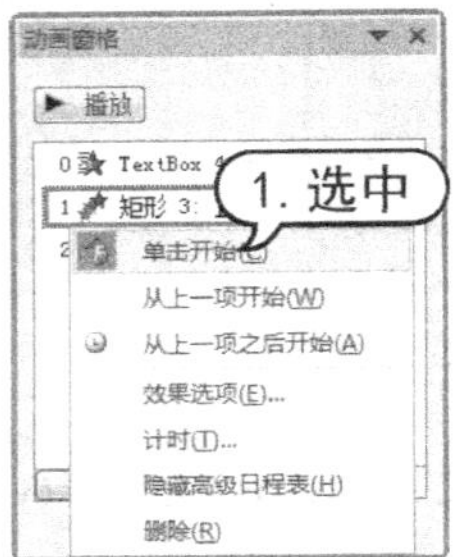

图 7-126　设置各个动画的开始方式

(15) 接下来制作课件的第 2 张幻灯片。在左侧的预览窗格中单击选中第 2 张幻灯片，然后删除该幻灯片中默认的两个文本占位符。

(16) 打开“插入”选项卡，在“文本”组中单击“文本框”按钮，选择“横排文本框”选项，绘制 3 个横排文本框，在文本框中输入文本并设置文本的格式，效果如图 7-127 所示。

(17) 在“插入”选项卡的“表格”组中单击“表格”按钮，选择“插入表格”命令，插入一个 2 行 14 列的表格，如图 7-128 所示。

图 7-127　输入文本并设置文本格式

图 7-128　插入表格

(18) 调整表格的大小和位置，在第 1 行第 1 列单元格中输入 x，第 1 行第 2 列单元格中输入 0，如图 7-129 所示。

(19) 将光标定位在第 1 行第 3 列单元格中，打开“插入”选项卡，在“符号”组中单击“插入公式”按钮 π，如图 7-130 所示。

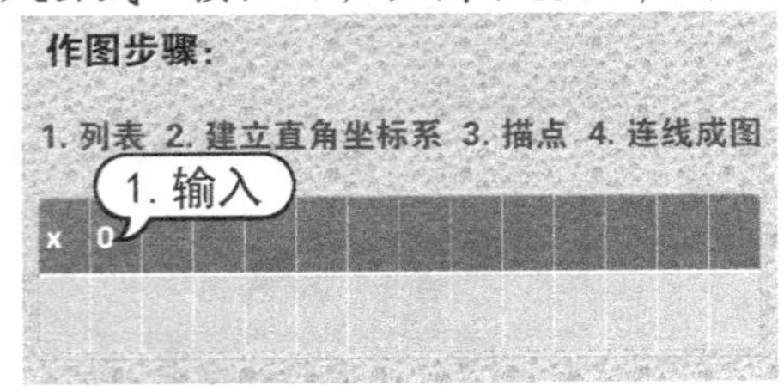

图 7-129　插入表格并输入文本

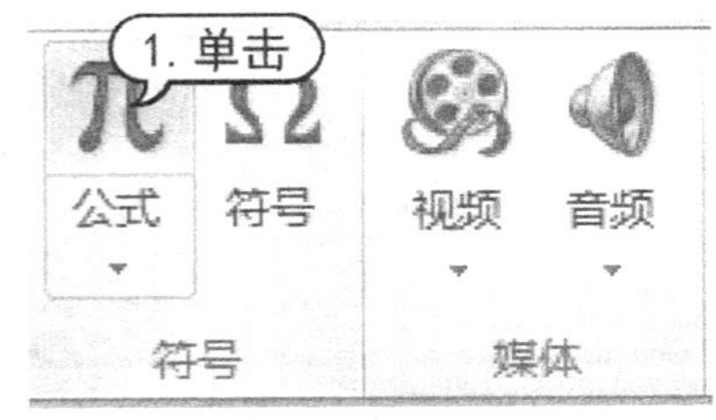

图 7-130　插入公式

(20) 打开“公式工具”的“设计”选项卡，在“结构”组中单击“分数”下拉按钮，选择“分数(竖式)”选项，如图 7-131 所示。此时将自动在幻灯片插入一个分数样式的文本占位符，直接输入文本即可，效果如图 7-132 所示。

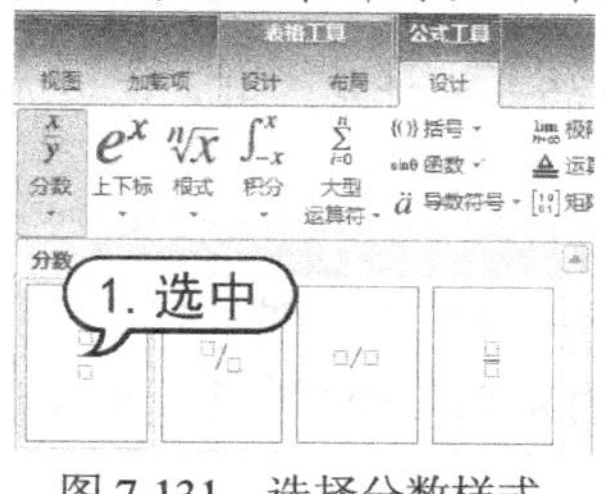

图 7-131　选择分数样式

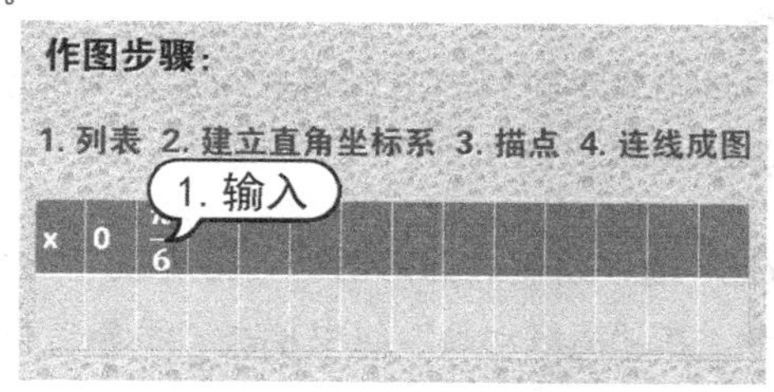

图 7-132　输入文本

(21) 根据步骤(18)~(20)的方法，在表格的其他单元格中输入相应的文本，效果如图 7-133 所示。

(22) 选择第 3 张幻灯片，打开“插入”选项卡，在“插图”组中利用“形状”按钮下拉列表中的各个图形工具，绘制一个正弦函数图像，并在图像上添加必要的注释，效果如图 7-134 所示。(由于绘图不是本章介绍的重点，因此在此不作详细描述，基本绘制坐标系的方法可参考本书第 5 章【练习 5-16】中的介绍。)

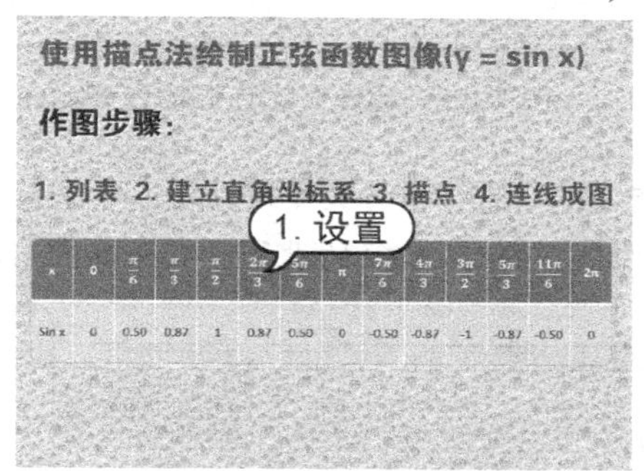

图 7-133　输入文本

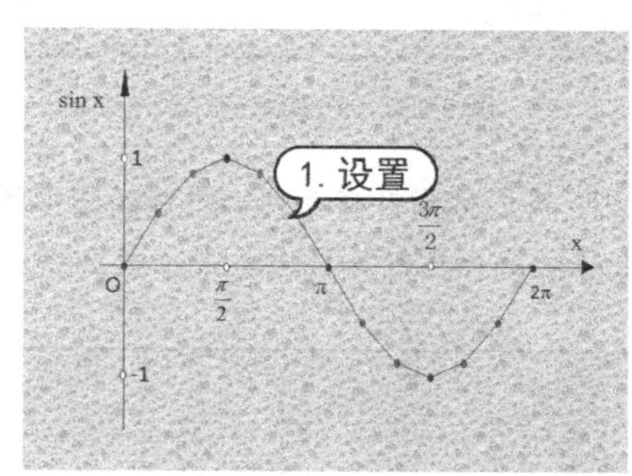

图 7-134　绘制函数图像

(23) 打开“动画”选项卡，为第 2 张幻灯片中上方的 3 个文本框设置为“百叶窗”的进入效果；为表格设置为“缩放”的进入效果；为第 3 张幻灯片中正弦函数图像设置为“脉冲”的进入效果。然后设置所有动画效果的开始时间为“单击开始”，如图 7-135 所示。

(24) 接下来将要制作一个对象沿正弦函数的图像轨迹移动的路径动画。打开“插入”选项卡，在“插图”组中单击“形状”按钮，选择“椭圆”工具，如图 7-136 所示。

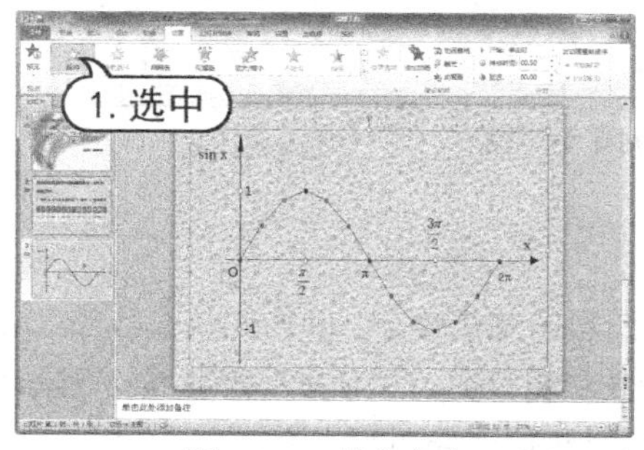

图 7-135　输入文本

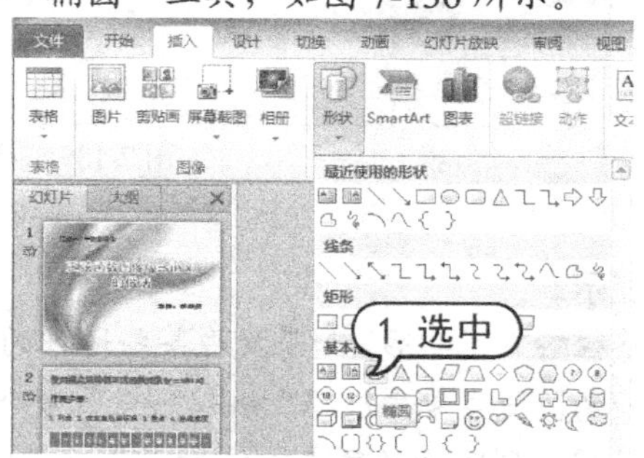

图 7-136　绘制函数图像

(25) 在幻灯片上按住 Shift 键进行拖动，绘制一个圆形图形。然后打开“绘图工具”的“格式”选项卡，为绘制的图形设置一个样式，并将其拖动到坐标原点，如图 7-137 所示。

提示：

在该步骤中绘制的圆形图形即是本例中要制作的路径动画的动画对象，用户可根据需求自行把握该图形的大小。

(26) 选中绘制的圆形图形，为其设置一个“淡出”的进入动画效果，然后打开“动画”选项卡，在“高级动画”组中单击“添加动画”按钮，选择“自定义路径”命令，如图 7-138 所示。

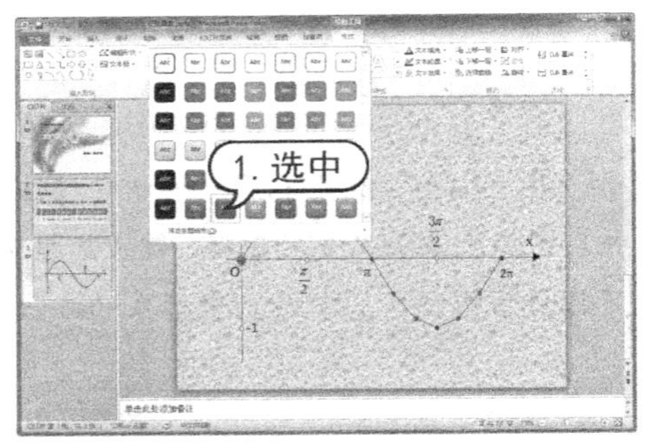

图 7-137　设置图形样式

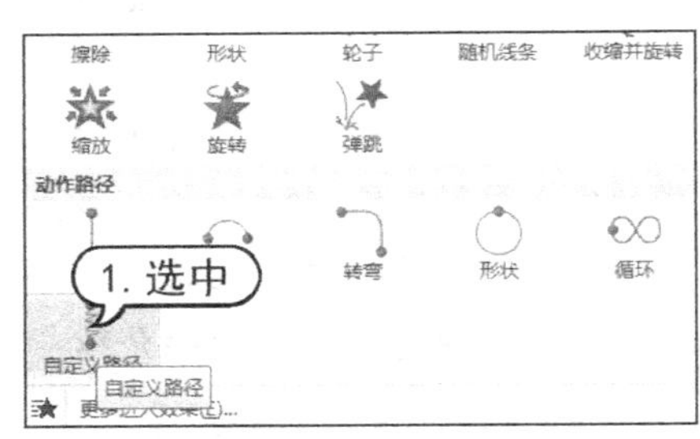

图 7-138　选择“自定义路径”命令

(27) 将鼠标指针移动到幻灯片的圆形图形上并单击，同时移动鼠标指针到下一位置上单击，再移动鼠标指针并再次单击，直至终点位置后双击，结束路径的设置，效果如图 7-139 所示。

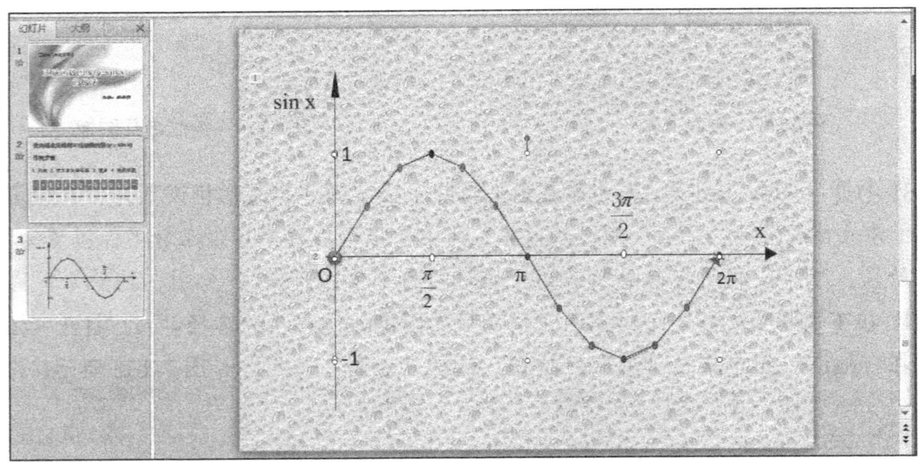

图 7-139　绘制图形的移动路径

提示：

路径绘制完毕后，如果发现某些地方的路径和图形不是很吻合，用户可以在路径上右击，在打开的快捷菜单中选择“编辑顶点”命令，这时鼠标指针变为“顶点”形状，然后将鼠标指针移动到路径的顶点上拖动，最后调整路径的形状使之和图形吻合。

(28) 路径动画制作完毕后，在“动画窗格”的列表框中选择“椭圆”选项，单击其右侧的▾按钮，选择“单击开始”选项，如图 7-140 所示。

(29) 再次单击▾按钮，选择“效果选项”命令，打开“自定义路径”对话框，切换至“计时”选项卡，在“期间”下拉列表框中选择“非常慢(5 秒)”选项，如图 7-141 所示。

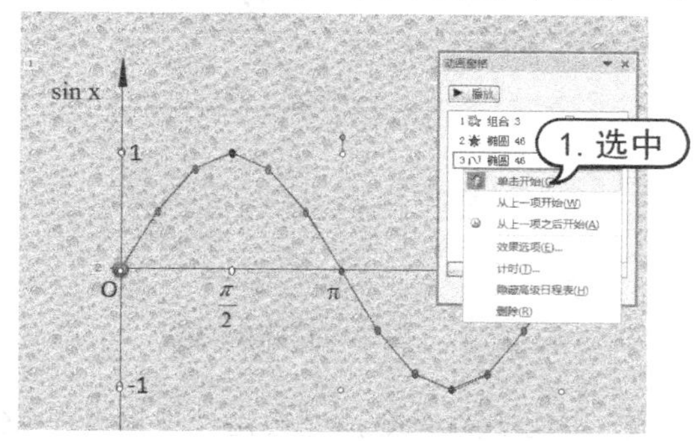

图 7-140　设置动画的开始方式

图 7-141　设置动画播放的速度

(30) 设置完成后，单击“确定”按钮，关闭“自定义路径”对话框。

(31) 此时整个课件制作完毕，在快速访问工具栏中单击“保存”按钮，保存“正弦函数”课件。按下 F5 快捷键，可观看课件的放映效果，如图 7-142 所示。

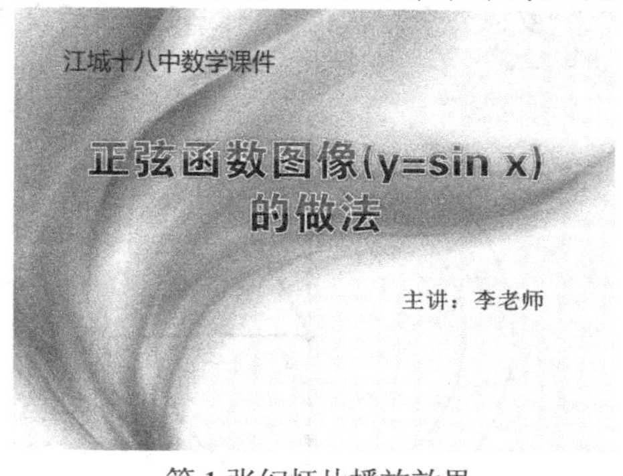

第 1 张幻灯片播放效果

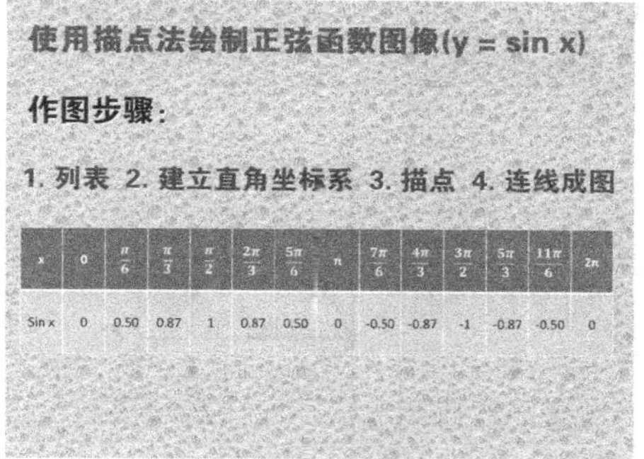

第 2 张幻灯片播放效果

图 7-142　幻灯片播放效果

7.2.3　异面直线的距离

本节使用几何画板制作一个课件“异面直线的距离”，具体操作步骤如下。

(1) 单击“开始”按钮，选择“所有程序”|“几何画板 5.06 最强中文版”|“几何画板 V5.06”命令，打开几何画板操作界面。

(2) 选择“文件”|“新建文件”命令，建立一个新的画板，然后选择“文件”|另存为”命令，将其保存为“异面直线的距离”。

(3) 选择“圆工具”，在画板的适当位置画一圆 c_1，将圆心的标签设为 A，如图 7-143 所示。

(4) 选择“点工具”，在圆上任画两点 B、C。

(5) 同时选中点 A 和点 B，选择“构造”|“线段”命令，构造出线段 AB。

(6) 参照步骤(5)，构造出线段 AC，如图 7-144 所示。

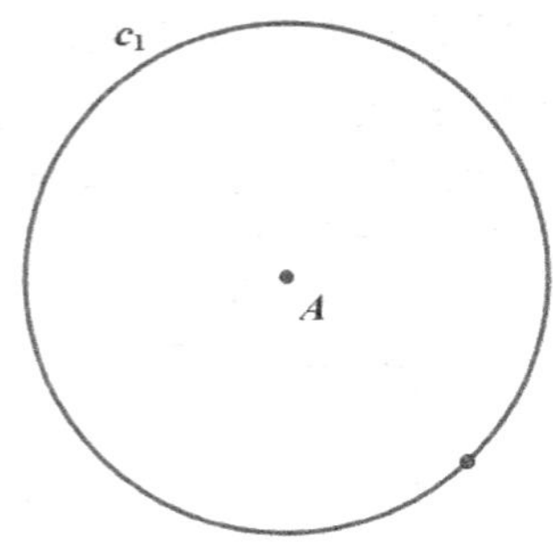

图 7-143　构造圆

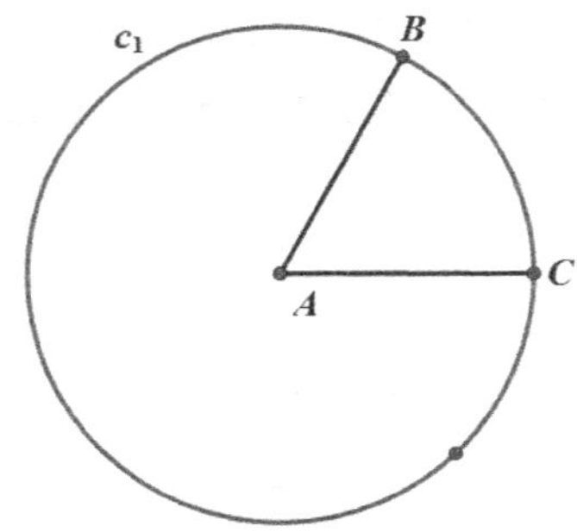

图 7-144　构造线段

(7) 同时选中点 A 和线段 AC，选择“构造”|“垂线”命令，过点 A 构造出线段 AC 的垂线 l。

(8) 选择“点工具”，在直线 l 上任画一点 D。

(9) 依次选中点 A 和点 D，选择“构造”|“以圆心和圆周上的点作圆”命令，绘出圆 c_2，如图 7-145 所示。

(10) 同时选中线段 AB 和圆 c_2，选择“构造”|“交点”命令，构造出线段和圆的交点 E，如图 7-146 所示。

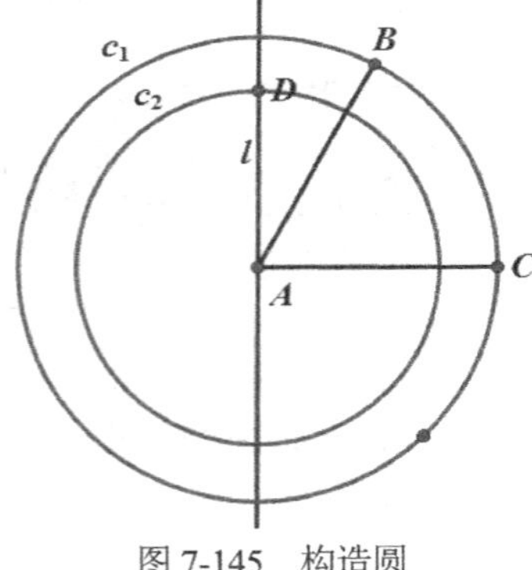

图 7-145　构造圆

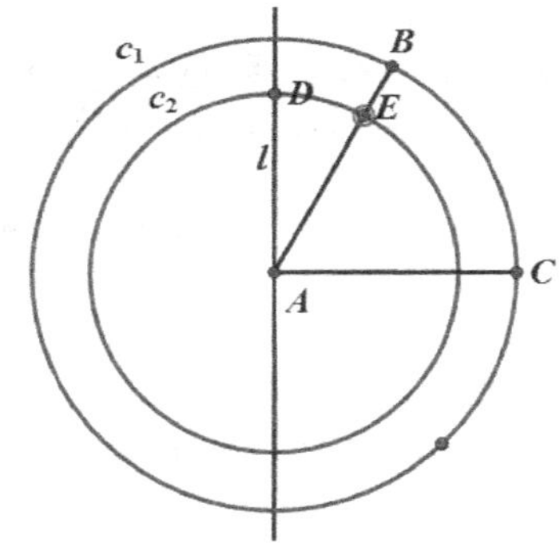

图 7-146　构造交点

(11) 选中点 A，选择“变换”|“标记中心”命令，将点 A 设为标记中心。

(12) 同时选中点 B 和点 E，重复 3 次执行选择“变换”|“旋转”命令，将点 B 和点 E 旋转 90°，得到点 B'、E'、B''、E''、B'''、E'''，如图 7-147 所示。

(13) 同时选中点 E 和线段 AC，选择“构造”|“平行线”命令，过点 E 构造出线段 AC 的平行线 l_1。

(14) 同时选中点 B 和线段 AC，选择“构造”|“垂线”命令，过点 B 构造出线段 AC 的垂线 l_2。

(15) 同时选中直线 l_1 和直线 l_2，选择“构造”|“交点”命令，构造出两直线的交点 F，如图 7-148 所示。

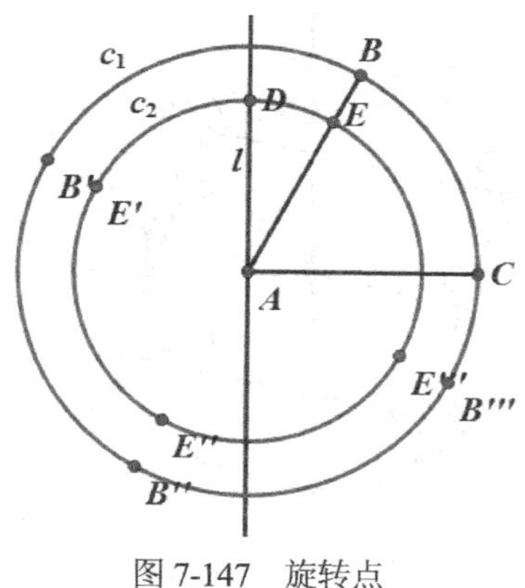

图 7-147　旋转点

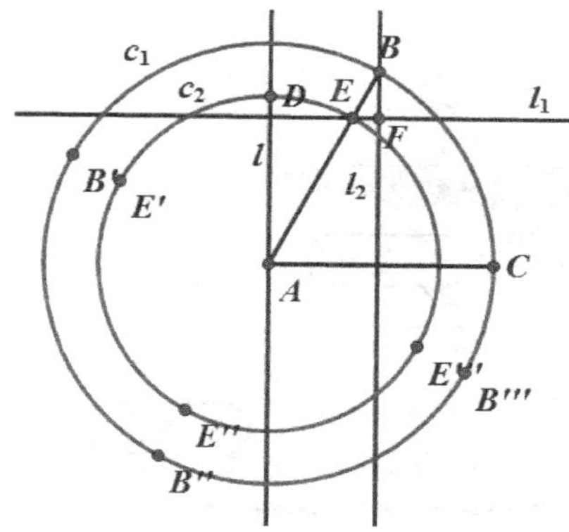

图 7-148　构造直线和交点

(16) 同时选中直线 l_1 和直线 l_2，选择“显示”|“隐藏直线”命令，将这 2 条直线隐藏。

(17) 对点 E'、B'、E''、B''、E'''、B'''，按步骤(13)～(16)进行操作，得到点 G、H、I。

(18) 依次选中点 F、G、H、I，选择“构造”|“线段”命令，构造出四边形 FGHI，如图 7-149 所示。

(19) 同时选中线段 GH 和 FI，选择“构造”|“中点”命令，构造出线段 GH 和 FI 的中点 J、K。

(20) 同时选中点 J 和点 K，选择“构造”|“线段”命令，构造出线段 JK，如图 7-150 所示。

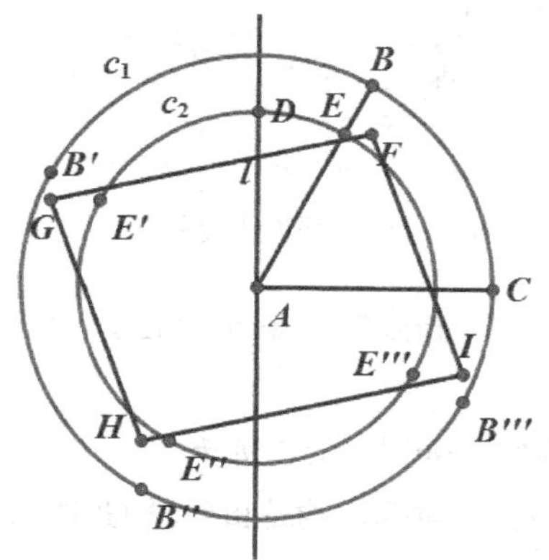

图 7-149　构造平行四边形

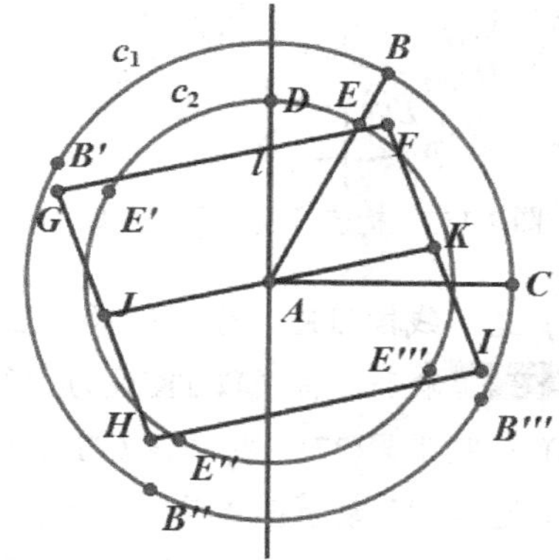

图 7-150　构造中点和线段

(21) 选中点 H，选择“变换”|“标记中心”命令，将点 H 设为标记中心。

(22) 选中点 G，选择“变换”|“缩放”命令，打开“缩放”对话框，然后按照图 7-151 进行设置。设置完成后，单击“缩放”按钮，将点 G 按中心 H 缩放 1/4，得到点 G'。

(23) 参照步骤(21)~(22)，将点 I 按旋转中心 F 缩放 1/4，得到点 I'，如图 7-152 所示。

(24) 同时选中点 G'和点 I'，选择“构造”|“线段”命令，构造出线段 G'I'，并将它设为“橙色粗线”，如图 7-153 所示。

(25) 依次选中点 A 和点 D，选择“变换”|“标记向量”命令，将线段 AD 设为标记向量。

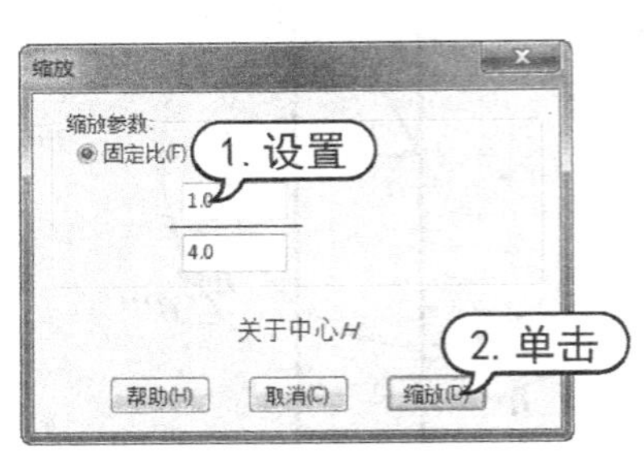

图 7-151　“缩放”对话框

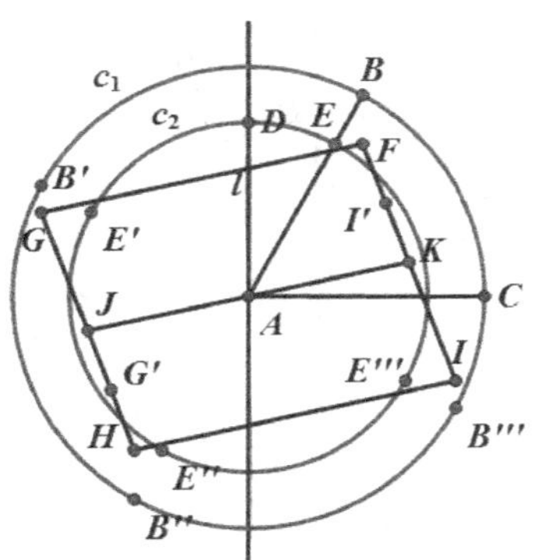

图 7-152　缩放点

(26) 同时选中线段 JK、G'I'和线段端点 J、K、G'、I'，选择“变换”|“平移”命令，将线段 JK、G'I'和线段端点 J、K、G'、I'按标记向量 AD 平移，得到线段 J'K'、G"I"，如图 7-154 所示。

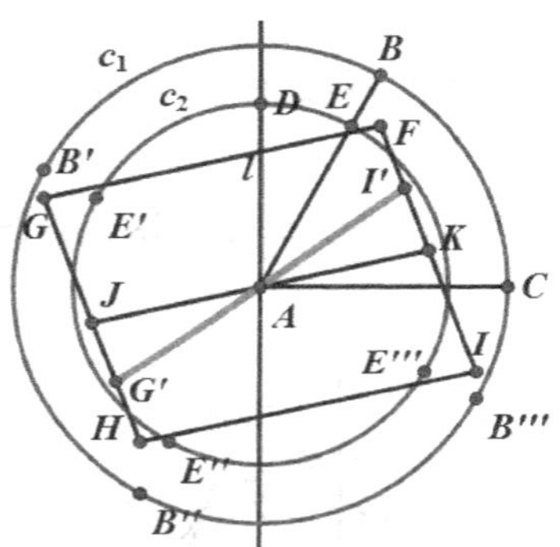

图 7-153　构造线段并设置线型

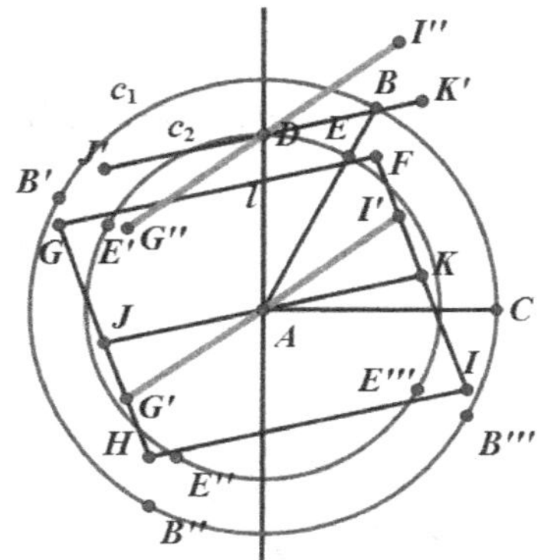

图 7-154　平移线段和点

(27) 选中线段 J'K'，分别选择“显示”|“线型”|“粗线”命令和“显示”|“颜色”|命令，将线段 J'K'设为“红色粗线“。

(28) 参照步骤(27)，将线段 G"I"设为“黑色细线”，如图 7-155 所示。

(29) 选择“移动箭头工具”，结合“构造”|“线段”命令，构造出线段 G'G"、I'I"、JJ'、KK'，并将它们设为“黑色细线”，如图 7-156 所示。

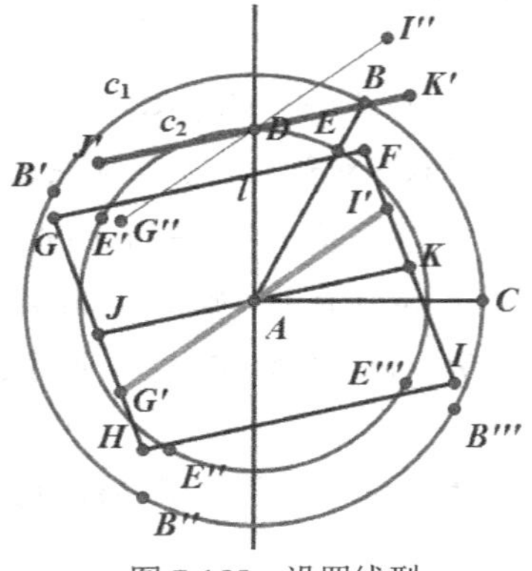

图 7-155　设置线型

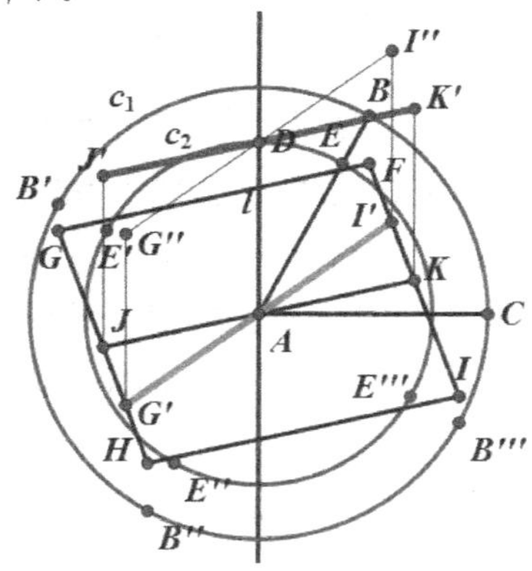

图 7-156　构造线段

(30) 选择“点工具”，在线段 GI'、J'K'上各画一点 L、M。

(31) 同时选中点 L、M，选择“构造”|“线段”命令，构造出线段 LM，并将它设为“黑色粗线”。

(32) 参照步骤(31)，构造出黑色粗线段 AD，然后将不必要的对象隐藏，效果如图 7-157 所示。

(33) 同时选中点 L、M，选择“编辑”|“操作类按钮”|“动画”命令，打开“操作类按钮 动画点”对话框，选择“标签”选项卡，将按钮的标签设为“任意两点的距离”，选择“动画”选择卡，将动画速度改为“中速”，如图 7-158 所示。然后单击“确定”按钮，作出任意两点的距离按钮。

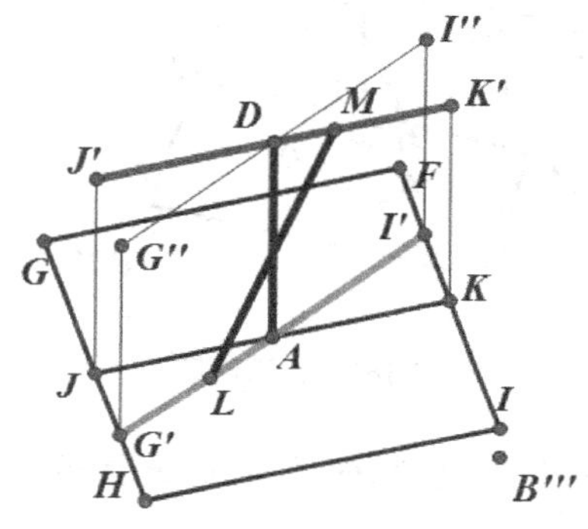

图 7-157　隐藏不必要的对象

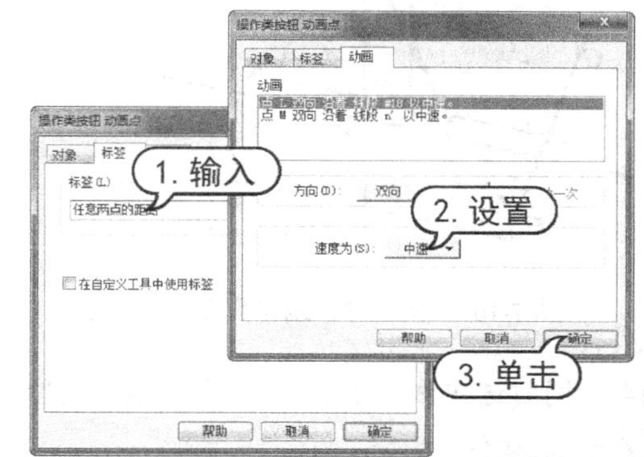

图 7-158　设置按钮属性

(34) 依次选中点 L、A、M、D，选择“编辑”|“操作类按钮”|“移动”命令，打开“操作类按钮 移动点”对话框，选择“标签”选项卡，将按钮的标签设为“异面直线的距离”，如图 7-159 所示。

(35) 选择“移动”选择卡，将移动速度设为“中速”，单击“确定”按钮，做出异面直线的距离按钮。

(36) 选中点 B'''，参照步骤(33)，做出旋转按钮，然后调整 3 个按钮的位置，效果如图 7-160 所示。

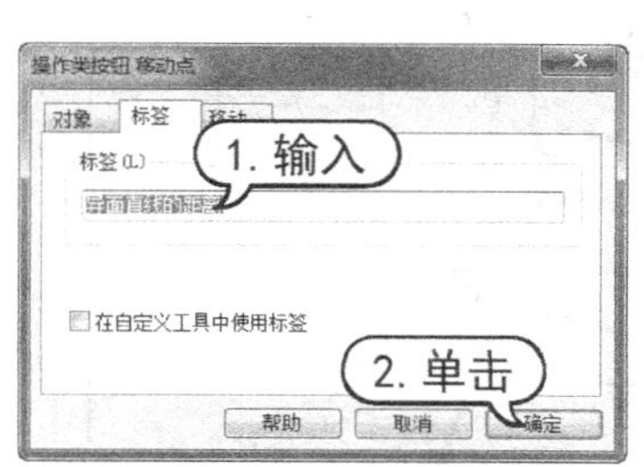

图 7-159　设置按钮属性

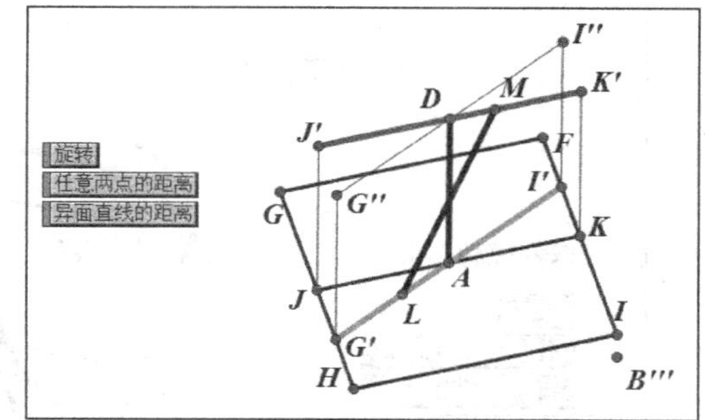

图 7-160　效果展示

(37) 同时选中点 M 和线段 AD，选择“构造”|“平行线”命令，过点 M 构造出线段 AD 的平行线 l_3。使用同样的方法，过点 L 构造出线段 JK 的平行线 l_4。

(38) 同时选中直线 l_3 和 l_4，选择“构造”|“交点”命令，构造出两直线的交点 N，如图 7-161 所示。

(39) 同时选中直线 l_3 和 l_4，选择“显示”|“隐藏平行线”命令，将两直线隐藏。

(40) 同时选中点 M 和点 N，选择“构造”|“线段”命令，构造出线段 MN，并将线段设为“黑色虚线”。

(41) 参照步骤(40)，构造出线段 LN，并将它设为“黑色虚线”，如图 7-162 所示。

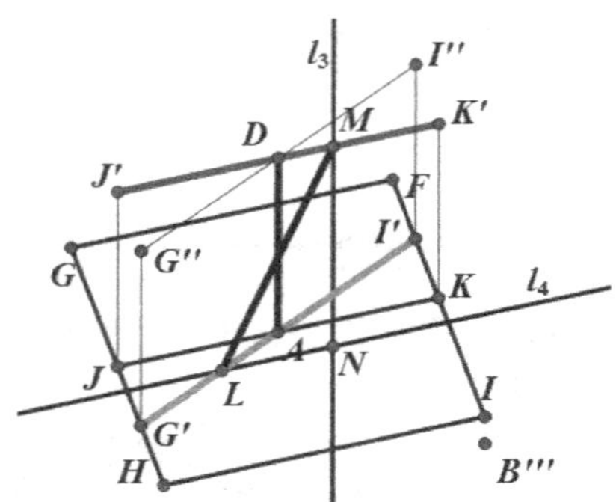

图 7-161　构造平行线和交点

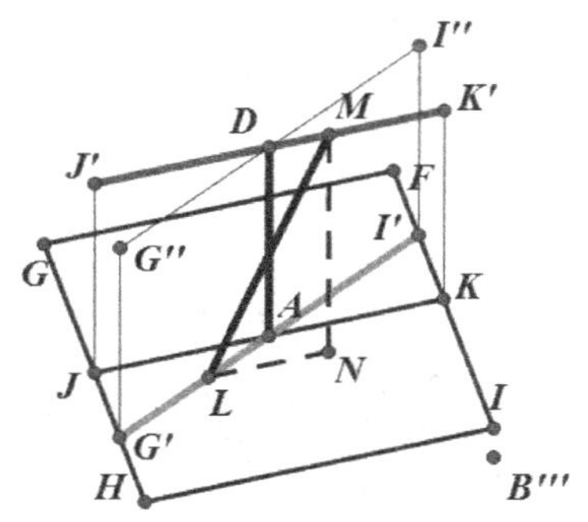

图 7-162　构造线段

(42) 同时选中线段 MN、LN 和点 N，选择“编辑”|“操作类按钮”|“隐藏/显示”命令，做出隐藏对象按钮。

(43) 右击隐藏对象按钮，打开快捷菜单，选择“属性”命令，打开“操作类按钮 隐藏对象”对话框，在“标签”选项卡中将按钮的标签改为“显示辅助线”，在“显示/隐藏”选项卡中将按钮的动作设为“总是显示对象”，单击“确定”按钮，做出显示辅助线按钮。

(44) 参照步骤(42)~(43)，做出动作为“总是隐藏对象”的隐藏辅助线按钮。

(45) 选择“文本工具”，将点 B'''的标签改为“转动控制点”。

(46) 选择“移动箭头工具”，结合“显示”|“隐藏对象”命令，将一些不必要的对象隐藏，然后使用“文本工具”为课件添加必要的说明，最终效果如图 7-163 所示。

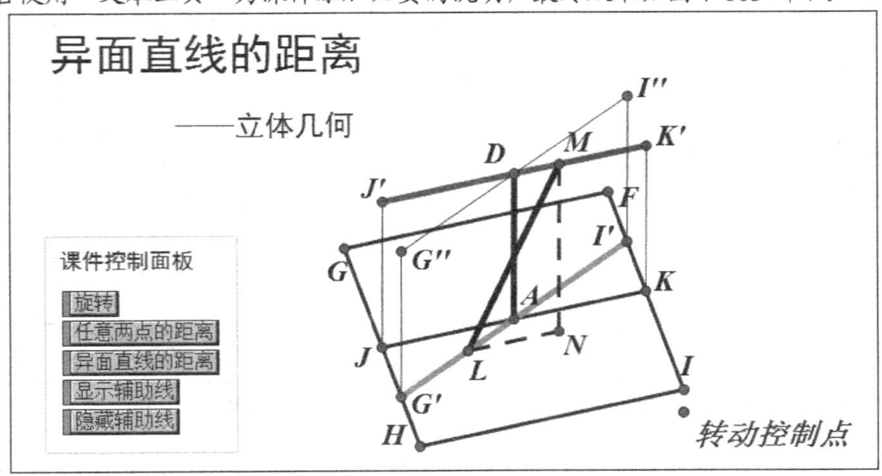

图 7-163　课件最终效果

7.2.4　弦切角定理

本例使用几何画板来制作课件“弦切角”，用户可进行以下操作。

1. 拖动课件中的 P 点来得到弦切角，并观察圆周角与其对应圆弧的度数关系。

2. 拖动 B 点改变弦切角的大小，观察弦切角与圆心的位置关系以及弦切角与它所夹弧所对的圆周角的大小关系(课件最终效果参见图 7-176)。

(1) 单击“开始”按钮，选择“所有程序”|“几何画板 5.06 最强中文版”|“几何画板 V5.06”命令，打开几何画板操作界面。

(2) 选择“文件” | “新建文件”命令，建立一个新的画板。

(3) 单击工具箱上的“圆工具”按钮，以点 O 为圆心，在绘图区中绘制两个同心圆 c_1 和 c_2，如图 7-164 所示，然后在圆 c_1 上任意画 3 个点 A、B 和 D，如图 7-165 所示。

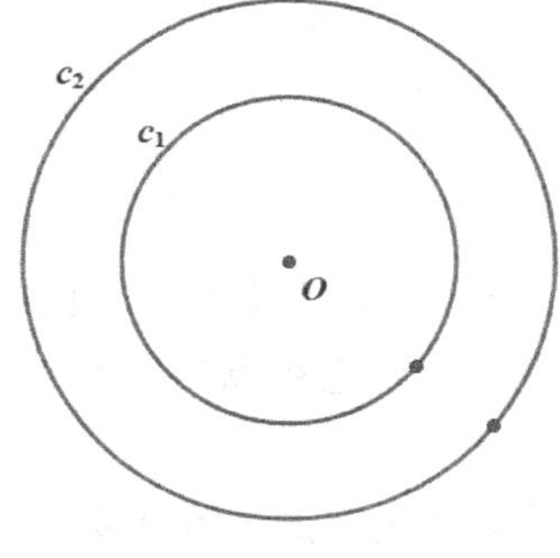

图 7-164　绘制同心圆

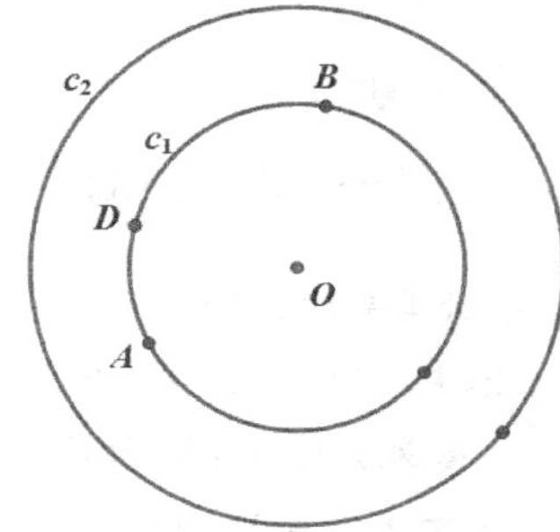

图 7-165　绘制三个点

(4) 同时选中点 A、B、D，选择“构造”|“线段”命令，构造出三角形 ABD，如图 7-166 所示。

(5) 选中点 A，选择“变换”|“标记中心”命令，将点 A 设为标记中心。选中点 O，选择“变换”|“旋转”命令，将点 O 绕 A 点旋转-90°，得到点 O'。

(6) 依次选中点 A 和点 O'，选择“构造”|“射线”命令，构造射线 A O'，然后构造出射线 A O'和圆 c_2 的交点 N，如图 7-167 所示。

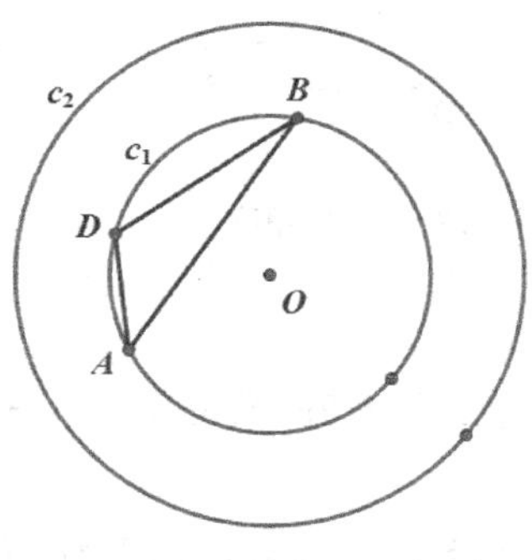

图 7-166　构造线段

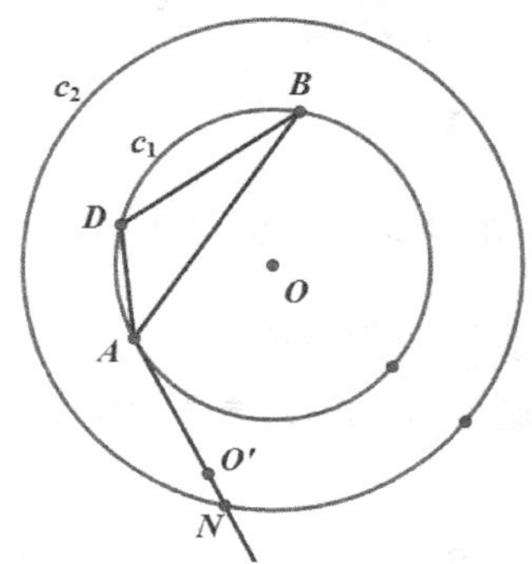

图 7-167　构造射线和交点

(7) 单击工具箱上的“点工具”按钮，在圆 c_2 上画两点 L 和 M，依次选中点 M、L、N，

选择“构造”|“过三点的弧”命令，构造出弧MLN，然后将射线A O'、点O'和圆c_2隐藏，如图7-168所示。

(8) 单击工具箱上的“点工具”按钮，在弧MLN上任意画一点P，同时选中点A和点P，选择“构造”|“线段”命令，构造出线段AP，并构造出线段AP和圆c_1的交点C，如图7-169所示。

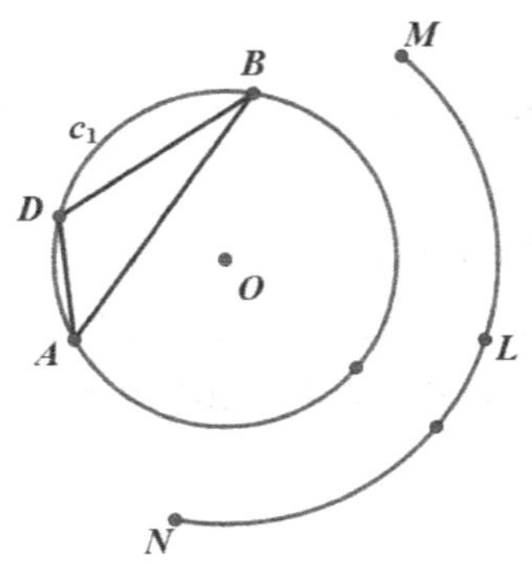

图7-168　构造弧MLN

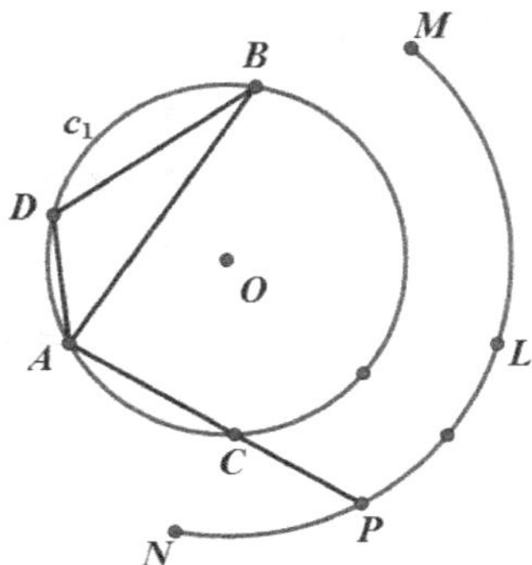

图7-169　构造线段和交点

(9) 单击工具箱上的“点工具”按钮，在圆c_1上靠近B点的位置绘制一点F。

(10) 依次选中点C、F、B，构造弧CFB，并将其设置为“红色粗线”，将圆c_1设置为“实线”，效果如图7-170所示。

(11) 依次选中点B、D、A，选择“度量”|“角度”命令，度量出∠BDA的大小，如图7-171所示。

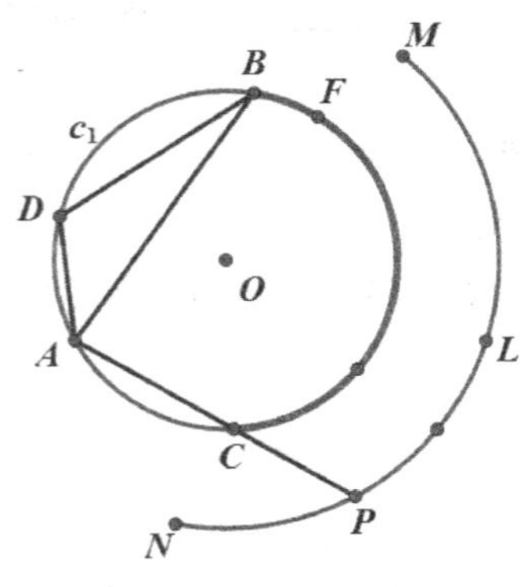

图7-170　构造弧CFB

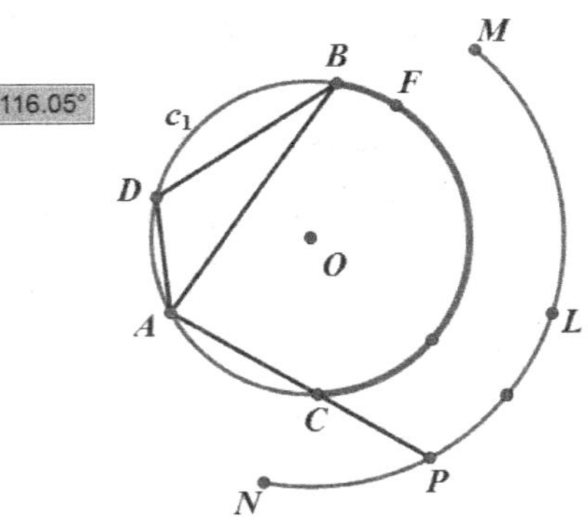

图7-171　度量角度

(12) 参照步骤(11)的方法，度量出∠BAC的角度。

(13) 选中弧CFB，选择“度量”|“弧度角”命令，度量出弧CFB的角度，如图7-172所示。

(14) 选择“数据”|“计算”命令，打开“新建计算”对话框，计算出2∠BAC的值，如图7-173所示。

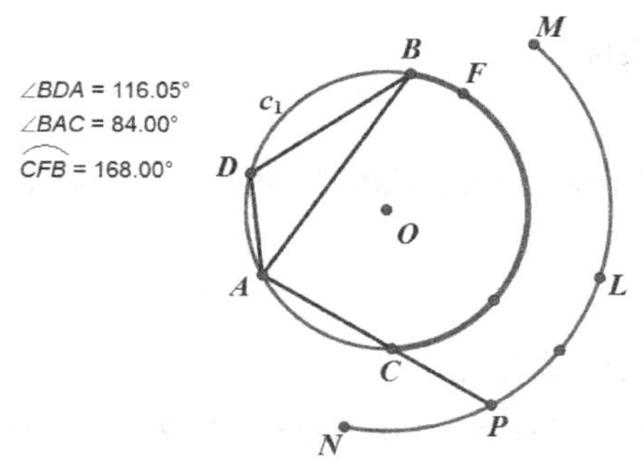

图 7-172　度量角度和弧度

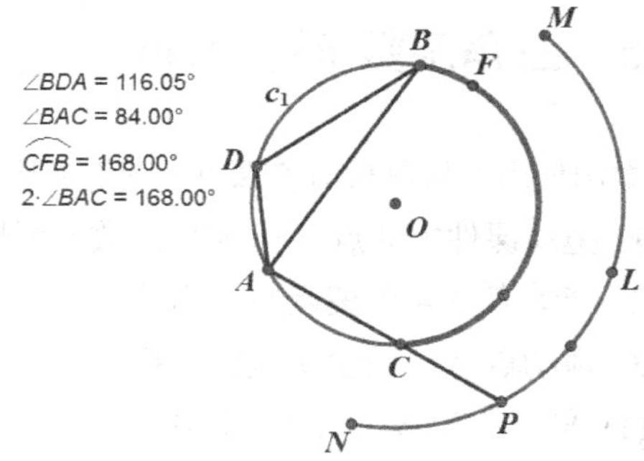

图 7-173　计算角度

(15) 同时选中∠BDA = 116.05°、∠BAC = 84.00°、CFB = 168.00°和2·∠BAC = 168.00°，制作出隐藏角度度量值和显示角度度量值两个按钮，并且将隐藏角度度量值按钮的属性修改为“总是隐藏对象”，把显示角度度量值按钮的属性修改为“总是显示对象”，操作方法如图 7-174 和图 7-175 所示。

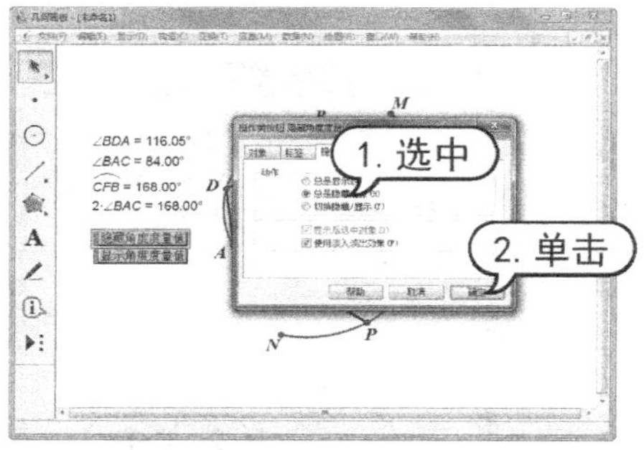

图 7-174　度量角度和弧度

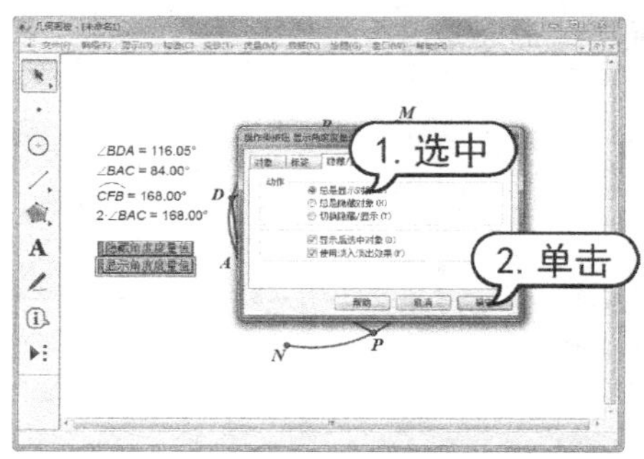

图 7-175　计算角度

(16) 结合“移动箭头工具”和“显示”|“隐藏对象”命令，将课件中不必要的对象隐藏，然后为课件添加标题和说明性文字，效果如图 7-176 所示。

(17) 选择“文件”|“保存”命令，打开“另存为”对话框，在“保存在”下拉列表框中选择课件的保存位置，在“文件名”文本框中输入课件的名称“弦切角”，单击“确定”按钮对课件进行保存。

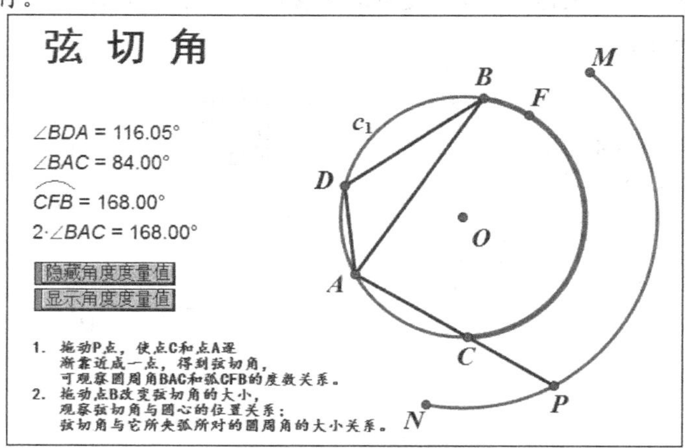

图 7-176　课件最终效果

7.2.5　三角函数 f(x)=Asin(ωx+φ)的图像

本例使用几何画板制作课件“三角函数 f(x)=Asin(ωx+φ)的图像”，用户可进行以下操作。

1. 拖动课件中的点 A 来改变函数的振幅。
2. 拖动点 ω 可改变函数的周期。
3. 拖动点 φ 可改变函数的初相。(课件最终效果参见图 7-185)。

(1) 单击“开始”按钮，选择“所有程序”|“几何画板 5.06 最强中文版”|“几何画板 V5.06”命令，打开几何画板操作界面。

(2) 选择“文件” | “新建文件”命令，建立一个新的画板。

(3) 选择“绘图”|“定义坐标系”命令，定义一个坐标系，将坐标原点标记为 O，并将 X 轴上的单位点隐藏，如图 7-177 所示。

(4) 选择“编辑”|“参数选项”命令，打开“参数选项”对话框，然后按照图 7-178 设置所需的参数。

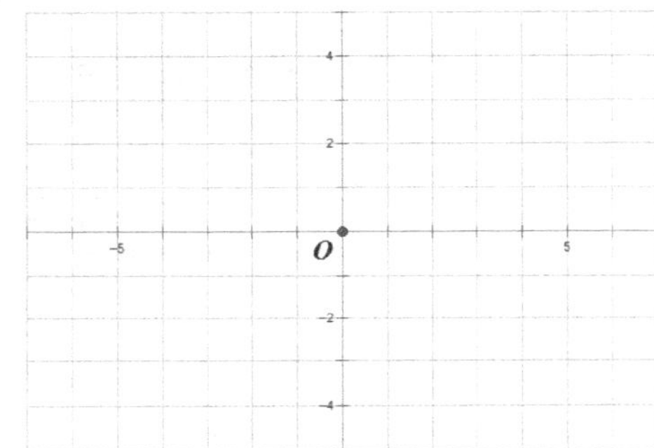

图 7-177　定义坐标系

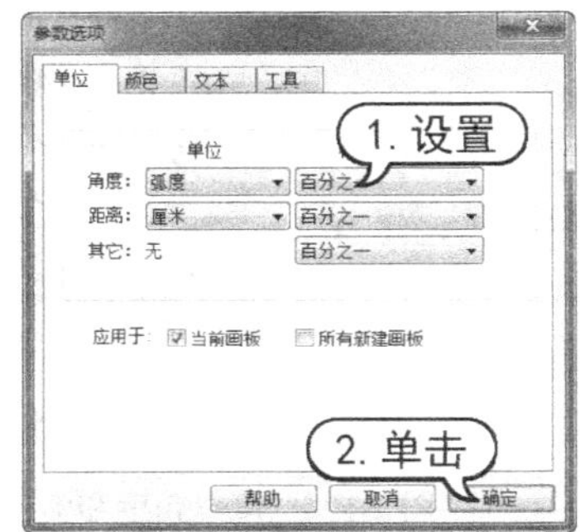

图 7-178　设置参数

(5) 单击“点工具”按钮，在 x 轴上任意画两点 ω 和 φ，在 y 轴上任意画一点 A，如图 7-179 所示。

(6) 同时选中点 ω 和 φ，选择“度量”|“横坐标”命令，度量出这两点的横坐标，选中点 A，选择“度量”|“纵坐标”命令，度量出点 A 的纵坐标，然后将这些度量值的标签修改为图 7-180 所示的样式。

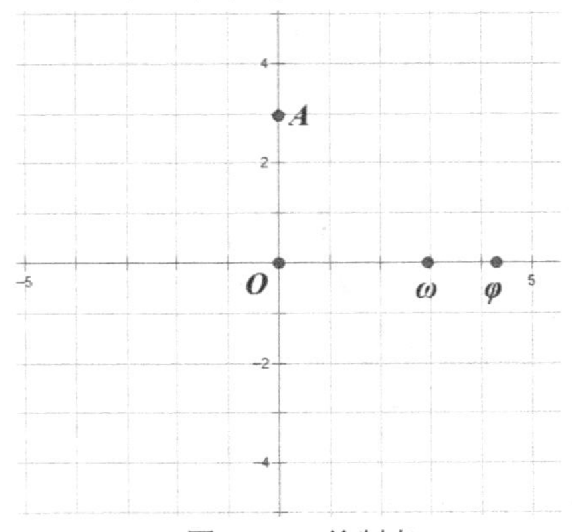

图 7-179　绘制点

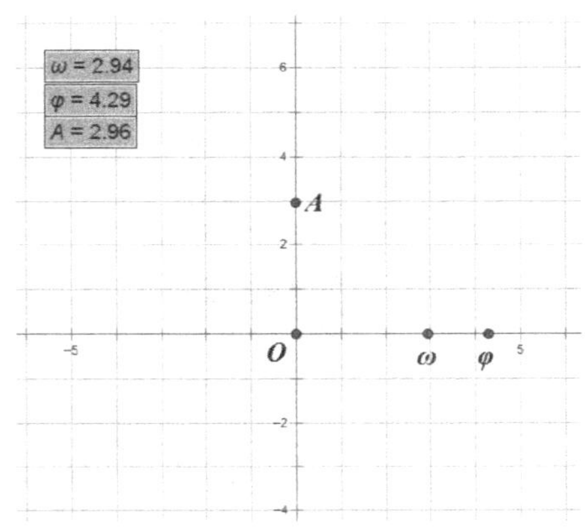

图 7-180　度量坐标

(7) 选择“数据”|“新建函数”命令，打开“新建函数”对话框，依次单击 A = 2.96 、* 按钮，然后单击“函数”按钮，选择 sin 选项，如图 7-181 所示。

(8) 接下来依次单击 ω = 2.94 、*、、x、+、φ = 4.29，然后单击“确定”按钮，构造函数 f(x)=Asin(ωx+φ)，如图 7-182 所示。

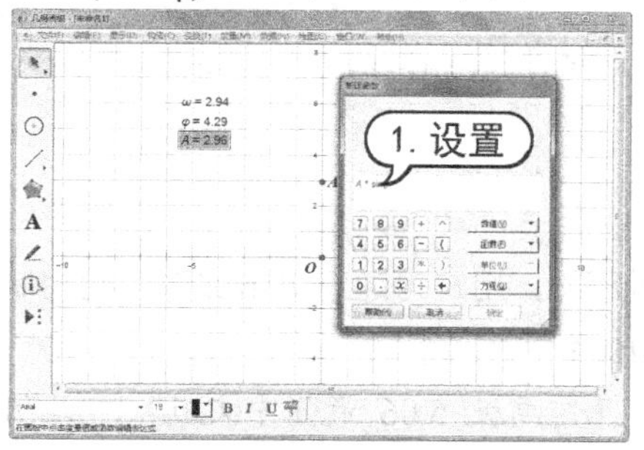

图 7-181　绘制点

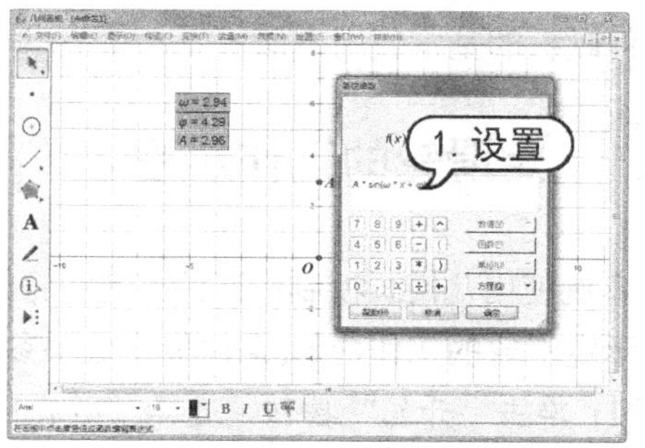

图 7-182　度量坐标

(9) 选中函数 f(x) = A·sin(ω·x + φ)，然后选择“绘图”|“绘制函数”命令，绘制出函数 f(x)=Asin(ωx+φ)的图像，如图 7-183 和图 7-184 所示。

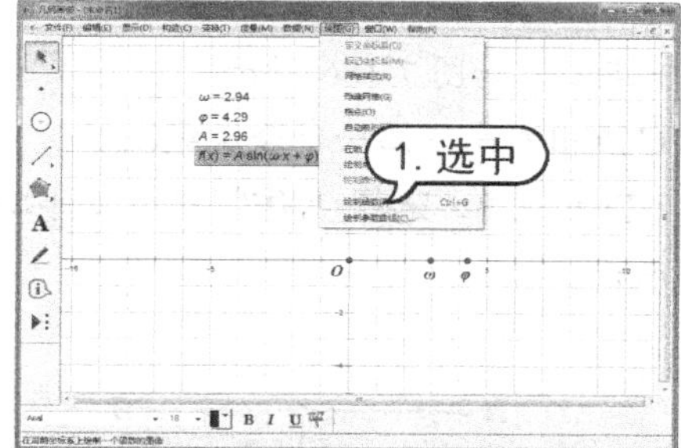

图 7-183　选择“绘图”|“绘制函数”命令

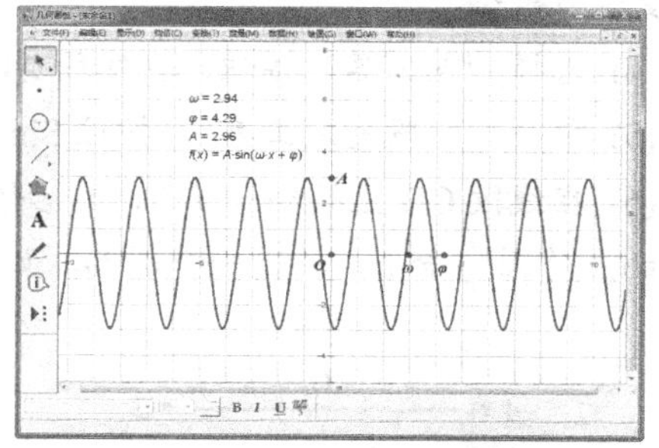

图 7-184　绘制出函数图像

(10) 结合“移动箭头工具”和“显示”|“隐藏对象”命令，将课件中不必要的对象隐藏，然后为课件添加标题和说明性文字，效果如图 7-185 所示。

(11) 选择“文件”|“保存”命令，打开“另存为”对话框，在“保存在”下拉列表框中选择课件的保存位置，在“文件名”文本框中输入课件的名称“三角函数 f(x)=Asin(ωx+φ)的图像”，单击“确定”按钮对课件进行保存。

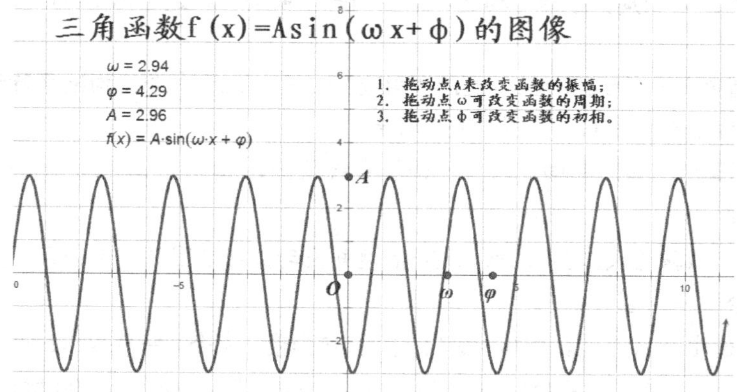

图 7-185　课件最终效果

7.3　制作物理课件

本节使用几何画板来制作与物理相关的教学课件，通过对本节的学习，读者应进一步掌握几何画板的基本使用方法。

7.3.1　定滑轮的工作过程

本例使用几何画板制作课件“定滑轮的工作过程”，用户可通过单击课件中的控制按钮来演示定滑轮的工作情形(课件最终效果参见图 7-197)。

(1) 单击“开始”按钮，选择“所有程序”|“几何画板 5.06 最强中文版”|“几何画板 V5.06”命令，打开几何画板操作界面。

(2) 选择“文件” | “新建文件”命令，建立一个新的画板。

(3) 单击“线段直尺工具”，按住 Shift 键，在绘图区域绘制一条水平的线段 AB，并将 AB 设置为粗线。

(4) 选择“点工具”按钮，在线段 AB 上任画一点 C，如图 7-186 所示。

(5) 单击“线段直尺工具”，按住 Shift 键，由 C 点出发向下画一条竖直线段 CD。

(6) 在线段 CD 上绘制一点 E，然后依次选中点 D 和点 E，选择“构造”|“以圆心和圆周上的点作圆”命令，构造一个圆 D，如图 7-187 所示。

图 7-186　构造线段 AB 和点 D

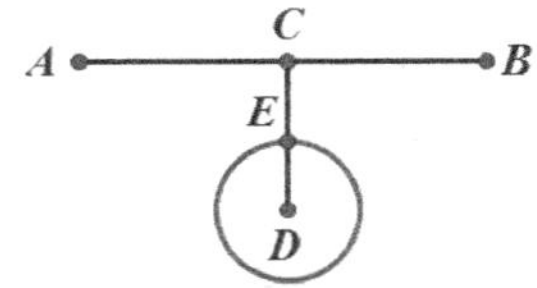

图 7-187　构造圆 D

(7) 选中圆 D 的圆周，选择“构造”|“圆内部”命令，构造出圆 D 的内部并将其颜色设置为黑色。

(8) 同时选中点 D 和线段 AB，选择“构造”|“平行线”命令，构造平行线 j，并构造平行线 j 和圆 D 的交点 F 和 G，如图 7-188 所示。

(9) 参照步骤(5)，由点 F 向下绘制一条竖直线段 FH，由点 G 向下绘制一条竖直线段 GI，如图 7-189 所示。

(10) 选择“线段直尺工具”，按住 Shift 键并拖动，在绘图区绘制一条竖直线段 JK，并在线段 JK 上绘制一点 L。

(11) 依次选中点 K 和 L，选择“变换”|“标记向量”命令，将线段 KL 设置为标记向量。

(12) 选中点 I，选择“变换”|“平移”命令，得到点 I'，如图 7-190 所示。

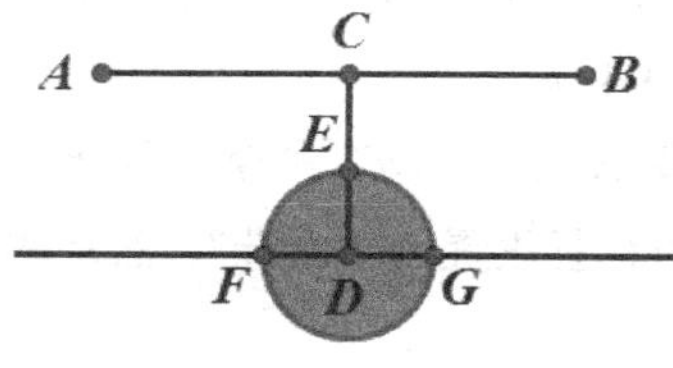

图 7-188　构造平行线

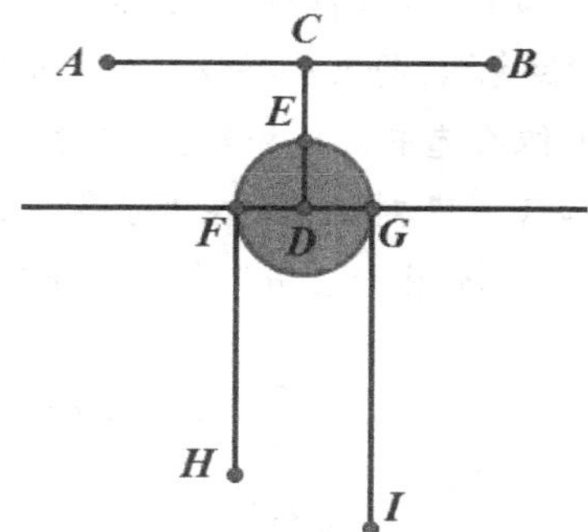

图 7-189　构造竖直线段

(13) 同时选中点 I 和线段 GI，选择“显示”|“隐藏对象”命令，将选中对象隐藏。

(14) 同时选中点 G 和点 I'，选择“构造”|“线段”命令，构造线段 GI'，效果如图 7-191 所示。

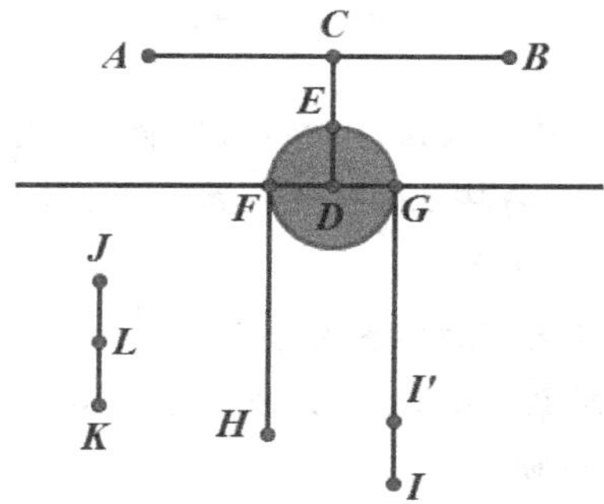

图 7-190　构造线段和点

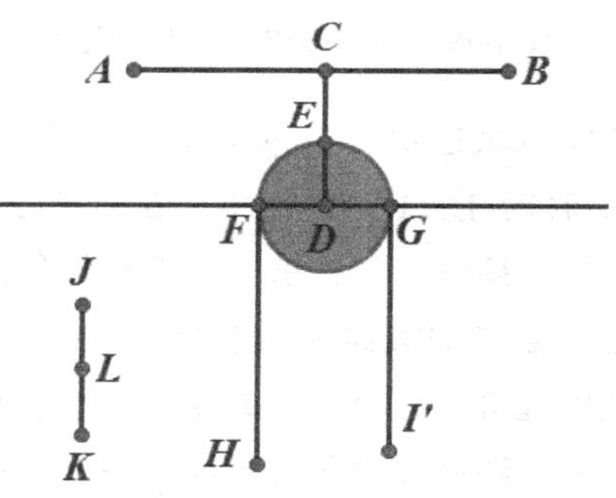

图 7-191　构造线段

(15) 依次选中点 L 和 K，选择“变换”|“标记向量”命令，将线段 LK 设置为标记向量。

(16) 选中点 H，参照步骤(12)~(14)构造出线段 FH'和点 H'，如图 7-192 所示。

(17) 选择“线段直尺工具”，在绘图区域任意绘制一条水平线段 MN，同时选中点 I'和线段 MN，选择以点 I'为圆心，线段 MN 的长度为半径的圆 c_1，如图 7-193 所示。

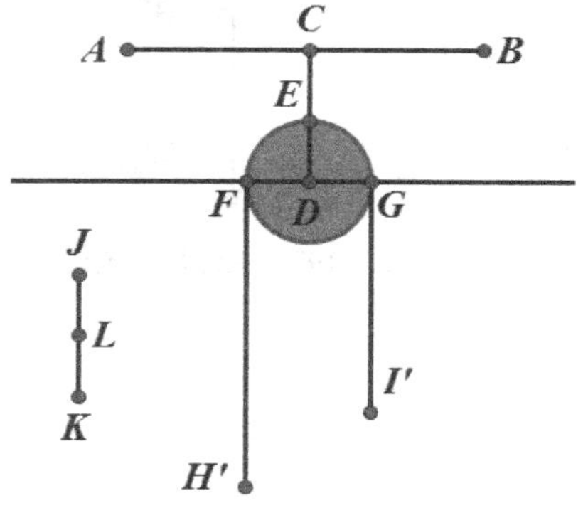

图 7-192　构造线段

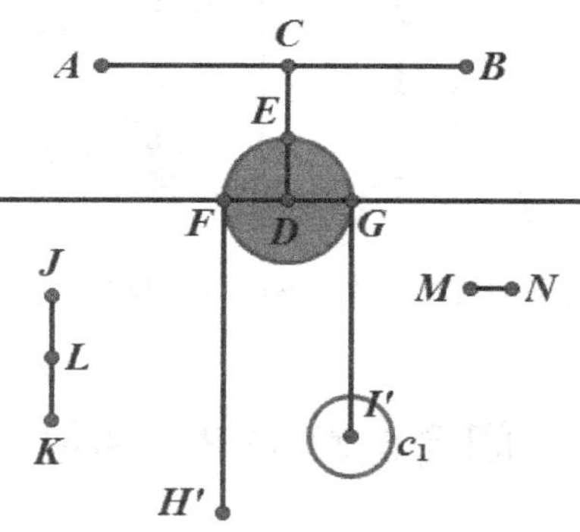

图 7-193　构造圆

(18) 选中圆 c_1 的圆周，选择“构造”|“圆内部”命令，构造出圆 c_1 的内部并将其颜色设置为“黑色”，将其标签设置为“重物”，效果如图 7-194 所示。

(19) 依次选中点 L 和点 J，选择“编辑”|“操作类按钮”|“移动”命令，打开“操作类按钮 移动 L→J”对话框，在“标签”选项卡中，将按钮的标签设置为“上升”，然后单击“确定”按钮，制作出“上升”按钮，如图 7-195 所示。

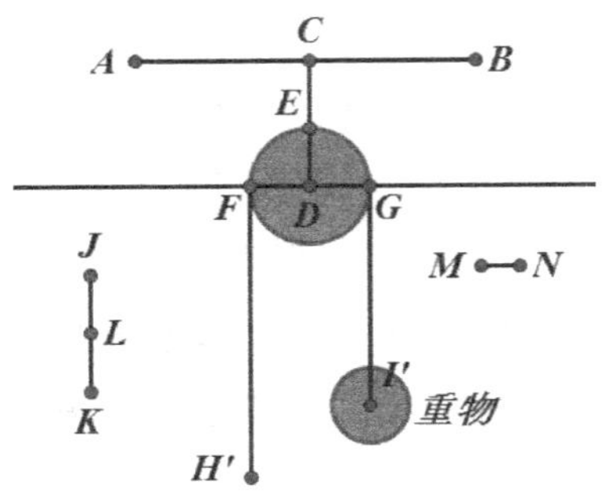

图 7-194　构造圆内部并更改标签

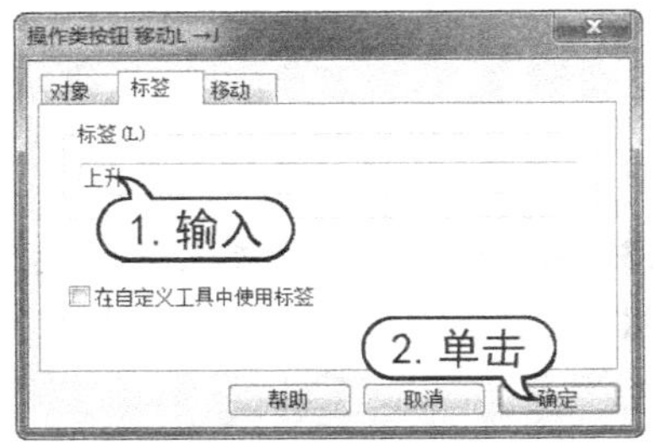

图 7-195　更改标签

(20) 依次选中点 L 和点 K，选择“编辑”|“操作类按钮”|“移动”命令，打开“操作类按钮 移动 L→K”对话框，在“标签”选项卡中，将按钮的标签设置为“下降”，然后单击“确定”按钮，制作出“下降”按钮，如图 7-196 所示。

(21) 在点 H'处绘制出竖直向下的箭头，然后将点 H'的标签改为 F。

(22) 结合“移动箭头工具”和“显示”|“隐藏对象”命令，将课件中不必要的对象隐藏，然后为课件添加标题和说明性文字，效果如图 7-197 所示。

(23) 选择“文件”|“保存”命令，打开“另存为”对话框，在“保存在”下拉列表框中选择课件的保存位置，在“文件名”文本框中输入课件的名称“定滑轮的工作过程”，单击“确定”按钮对课件进行保存。

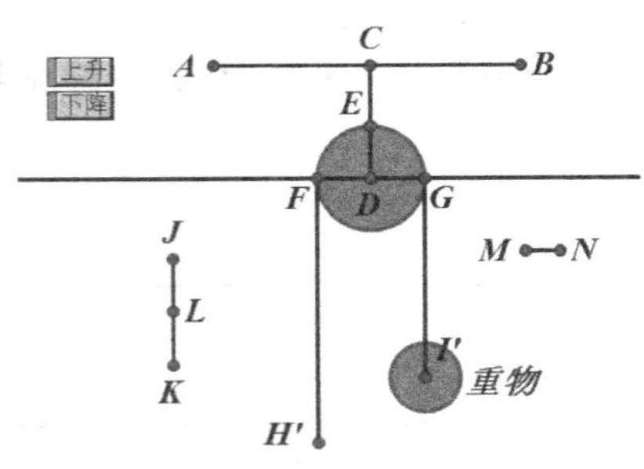

图 7-196　制作按钮

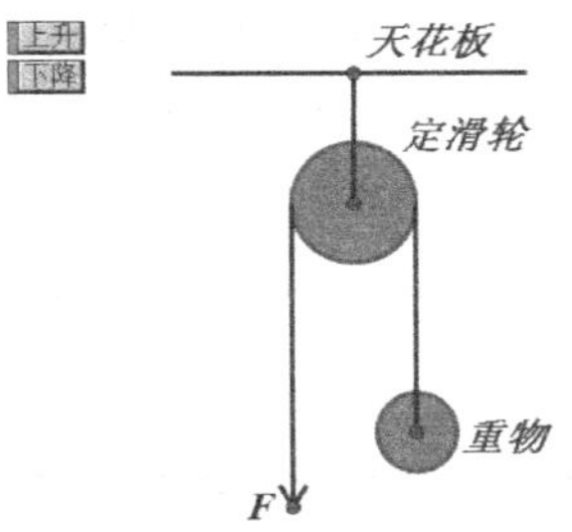

图 7-197　课件最终效果

7.3.2　闭合电路的 R-I 曲线

本例使用几何画板制作课件“闭合电路的 R-I 曲线”。单击课件中的按钮，可增大或减小电阻，用户可观察在增大或减小电阻时，坐标系中电流和电阻的变化情况。(课件最终效果参见图 7-208)。

(1) 单击“开始”按钮，选择“所有程序”|“几何画板 5.06 最强中文版”|“几何画板 V5.06”命令，打开几何画板操作界面。

(2) 选择“文件”|“新建文件”命令，建立一个新的画板。

(3) 单击“线段直尺工具”按钮，在绘图区域绘制如图 7-198 所示的电路图，并将其中不必要的对象隐藏，然后为几个需要的点添加标签。

(4) 单击“点工具”按钮，在线段 DE 上绘制一个点 F，然后同时选中点 F 和线段 DE，选择“构造”|“垂线”命令，构造垂线 j，如图 7-199 所示。

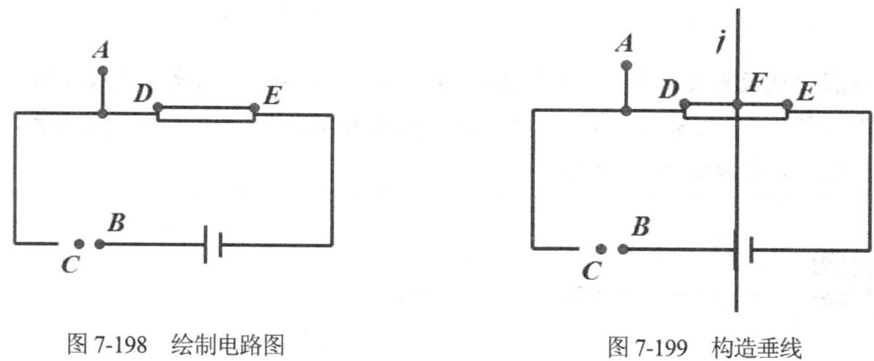

图 7-198 绘制电路图　　图 7-199 构造垂线

(5) 同时选中点 A 和垂线 j，选择“构造”|“垂线”命令，构造垂线 k，并构造出 k 与 j 的交点 G。

(6) 将垂线 j 和 k 隐藏，然后构造线段 AG 和 GF，如图 7-200 所示。

(7) 为线段 GF 绘制一个向下的箭头，效果如图 7-201 所示。

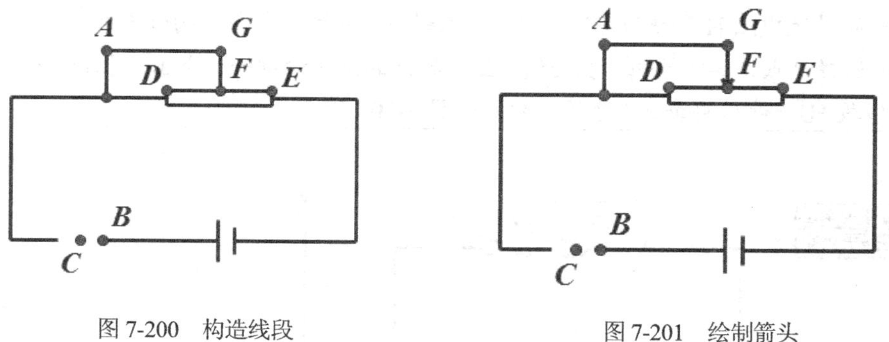

图 7-200 构造线段　　图 7-201 绘制箭头

(8) 依次选中点 C 和点 B，选择“构造”|“以圆心和圆周上的点作圆”命令，构造出圆 c_1。选择“文字工具”，在圆 c_1 中输入文本 A，然后将绘图区中不必要的对象隐藏，效果如图 7-202 所示。

(9) 依次选中点 F 和 E，选择“编辑”|“操作类按钮”|“移动”命令，打开“操作类按钮 移动 F→E”对话框，在“标签”选项卡中，将按钮的标签设置为“减小电阻”，然后单击“确定”按钮，制作出“减小电阻”按钮。

(10) 依次选中点 F 和 D，选择“编辑”|“操作类按钮”|“移动”命令，打开“操作类按钮 移动 F→D”对话框，在“标签”选项卡中，将按钮的标签设置为“增大电阻”，然后单击“确定”按钮，制作出“增大电阻”按钮，效果如图 7-203 所示。

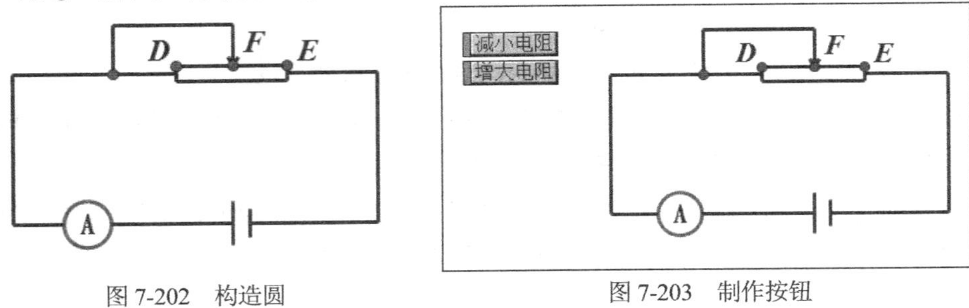

图 7-202　构造圆　　　图 7-203　制作按钮

(11) 选择“线段直尺工具”，按住 Shift 键，在画板中绘制一条水平的线段 HI，选中点 H，选择“绘图”|“定义原点”命令，将点 H 定义为坐标系的原点，然后将坐标系、网格和单位点都隐藏，效果如图 7-204 所示。

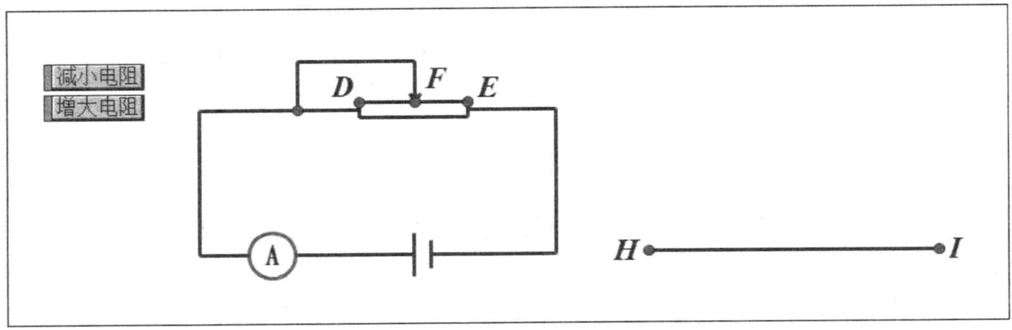

图 7-204　定义坐标系原点

(12) 同时选中点 H 和线段 HI，选择“构造”|“垂线”命令，构造垂线 l。

(13) 选择“点工具”按钮，在垂线 l 上，点 H 的上方绘制一个点 J，同时选中点 H 和点 J，构造线段 HJ，然后将垂线 l 隐藏，效果如图 7-205 所示。

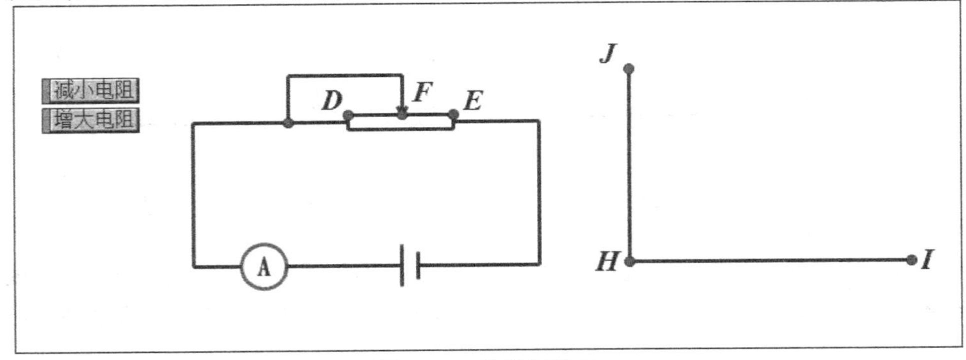

图 7-205　构造线段 HJ

(14) 依次选中点 F 和点 E，选择“度量”|“坐标距离”命令，度量出两点的坐标距离 FE = 1.08。

(15) 选择“数据”|“计算”命令，打开“新建计算”对话框，计算出 1.0/PE 的值，得到计算结果 $\frac{1}{FE}=0.92$。

(16) 依次选中度量结果 $FE=1.08$ 和 $\frac{1}{FE}=0.92$，选择“绘图”|“绘制点(x，y)”命令，绘制出点 K，如图 7-206 所示。

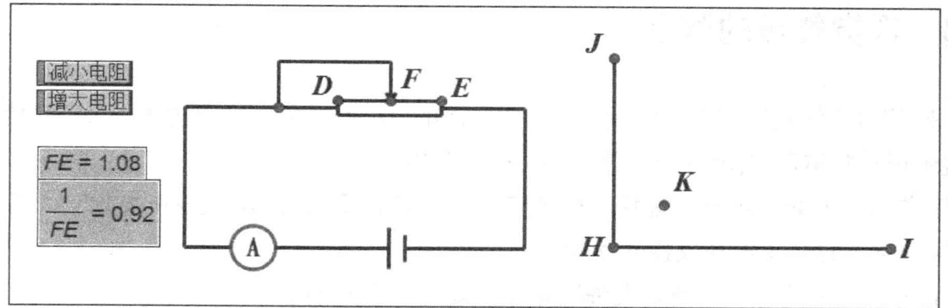

图 7-206　度量和绘制坐标点

(17) 选择“文字工具”，输入文本“电阻 R=Ω”，然后将光标定位在=号的后面，直接单击度量结果 $FE=1.08$，即可得到合并后的文本 电阻R=1.08Ω。

(18) 使用同样的方法，得到文本 电流I=0.92A，然后将不需要显示的度量值和计算值隐藏，并调整相关文本的大小和位置，效果如图 7-207 所示。

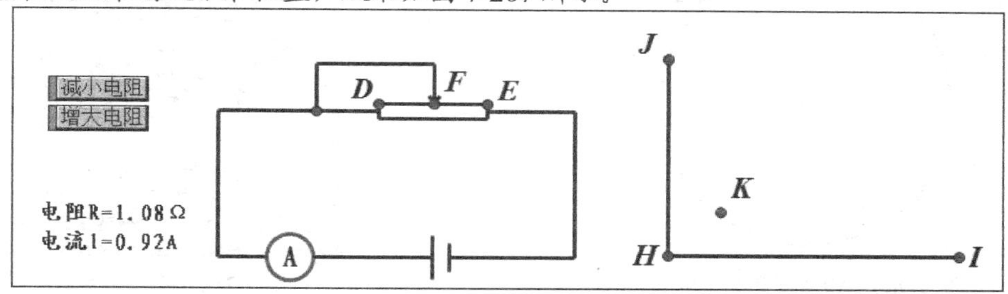

图 7-207　更改文本后的效果

(19) 在点 I 和点 J 处画出坐标系箭头，并将点 I 和点 J 的标签分别修改为“电阻 R(Ω)”和“电流 I(A)”，将点 H 的标签改为“O”。

(20) 选中点 K，选择“显示”|“追踪绘制的点”命令，追踪点 K 的运动路径。

(21) 结合“移动箭头工具”和“显示”|“隐藏对象”命令，将课件中不必要的对象隐藏，然后为课件添加标题和说明性文字，效果如图 7-208 所示。

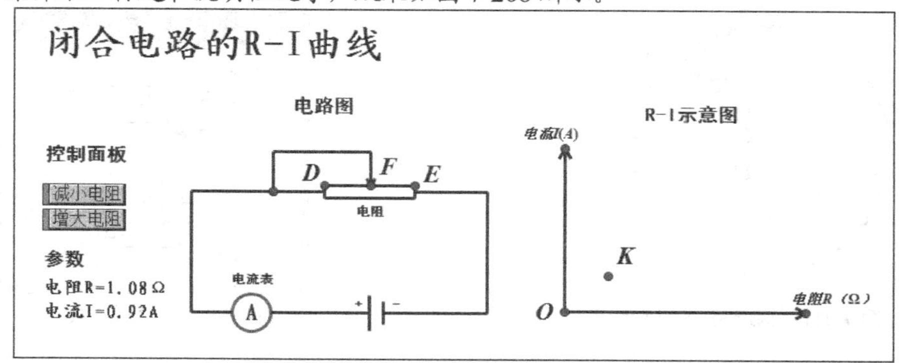

图 7-208　课件最终效果

(22) 选择“文件”|“保存”命令，打开“另存为”对话框，在“保存在”下拉列表框中选择课件的保存位置，在“文件名”文本框中输入课件的名称“闭合电路的 R-I 曲线”，单击“确定”按钮对课件进行保存。

7.3.3　视觉暂留的演示

本例使用几何画板制作课件“视觉暂留”，用户可通过单击控制按钮，来控制旋转的速度，展示视觉暂留现象(课件最终效果参见图 7-217)。

(1) 单击“开始”按钮，选择“所有程序”|“几何画板 5.06 最强中文版”|“几何画板 V5.06”命令，打开几何画板操作界面。

(2) 选择“文件”|“新建文件”命令，建立一个新的画板。

(3) 单击工具箱上的“圆工具”按钮，在绘图区中绘制一个圆 O，并且在圆 O 上绘制一点 A，如图 7-209 所示。

(4) 选中点 O，选择“变换”|“标记中心”命令，设置点 O 为标记中心点，选中点 A，选择“变换”|“旋转”命令，打开“旋转”对话框，按图 7-210 设置参数。

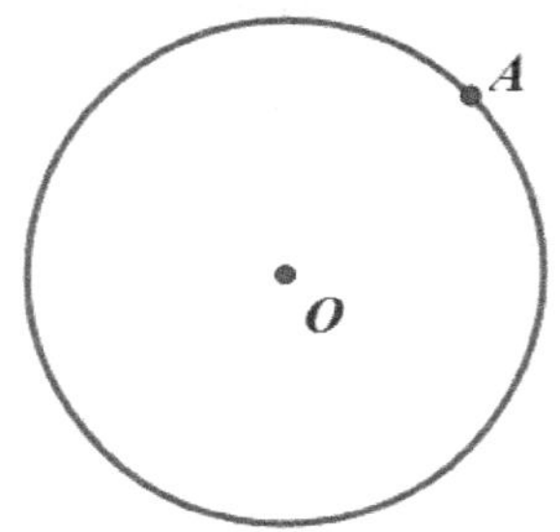

图 7-209　构造圆和圆上的点

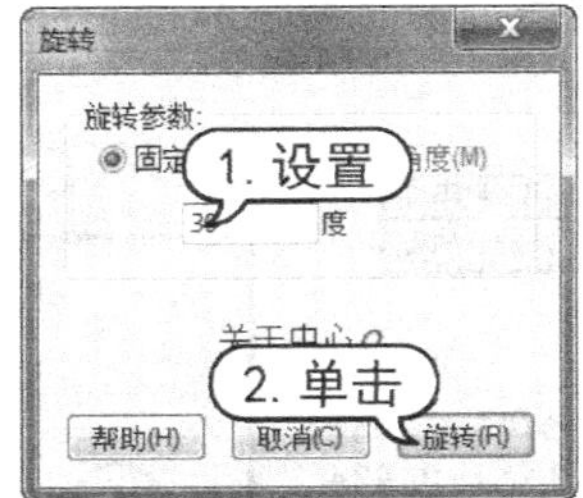

图 7-210　设置参数

(5) 单击“旋转”按钮，得到点 B，然后同时选中点 O、点 A 和点 B，选择“构造”|“三角形内部”命令，构造出三角形 OAB 的内部，并将其填充颜色设置为“红色”，如图 7-211 所示，此时构造了风车的第一片风叶。

(6) 选中三角形 OAB 的内部，选择“变换”|“旋转”命令，打开“旋转”对话框，将旋转的度数设置为 120.0，如图 7-212 所示。然后单击“旋转”按钮，得到第二片风叶。

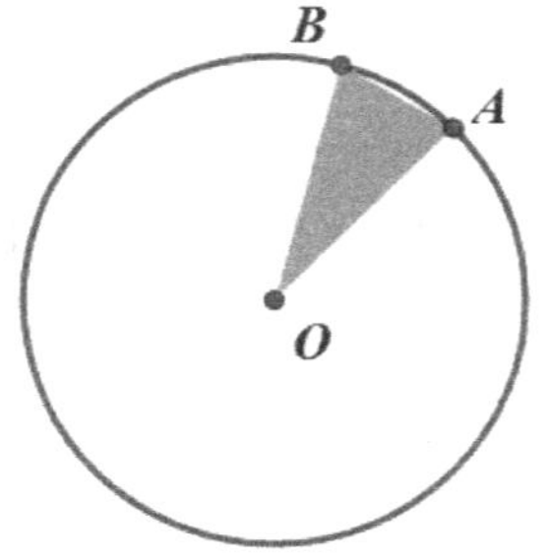

图 7-211　构造第一片风叶

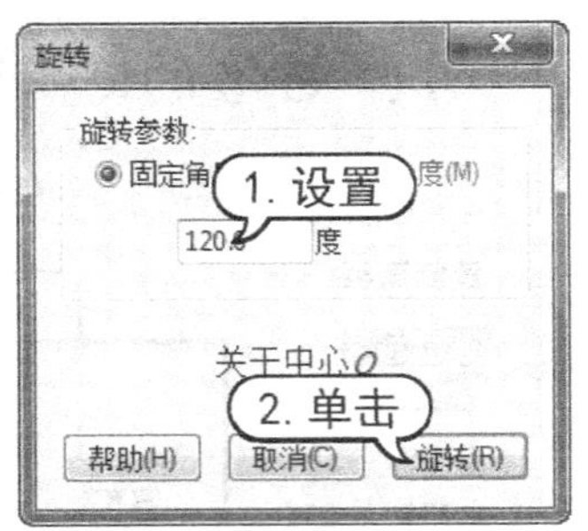

图 7-212　设置参数

(7) 参照步骤(6)的方法，构造出第三片风叶。

(8) 选中点 A，选择“编辑”|“操作类按钮”|“动画”命令，打开“操作类按钮”对话框，在“标签”选项卡中将其标签更改为“速度+1”，如图 7-213 所示。

(9) 切换至“动画”选项卡，在“速度为”下拉选项中选择“其他”选项，并将参数设置为 1.0，如图 7-214 所示。然后单击“确定”按钮，构造出 速度+1 按钮。

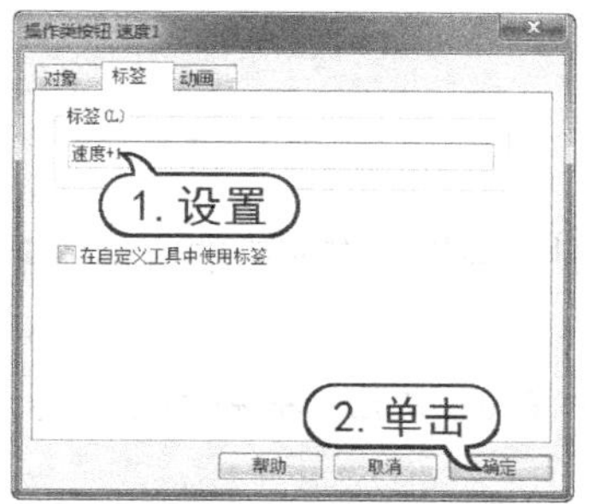

图 7-213　设置标签

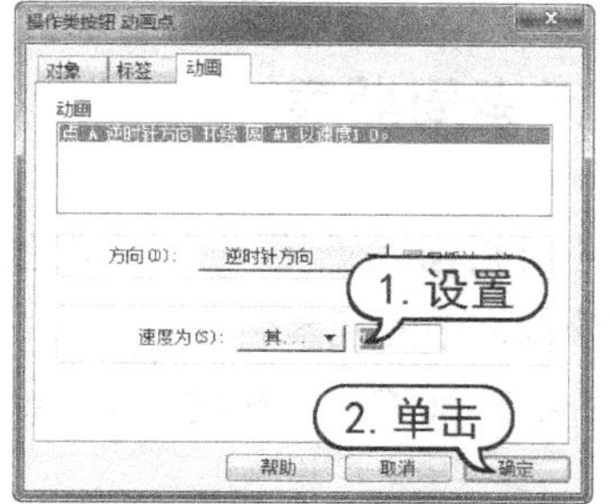

图 7-214　设置参数

(10) 按照步骤(8)和(9)的方法，分别构造出其他 7 个按钮，并将其速度分别设置为 10、20、30、40、50、60、70。效果如图 7-215 所示。

(11) 选择“移动箭头工具”将点 A 和点 B 隐藏，效果如图 7-216 所示。

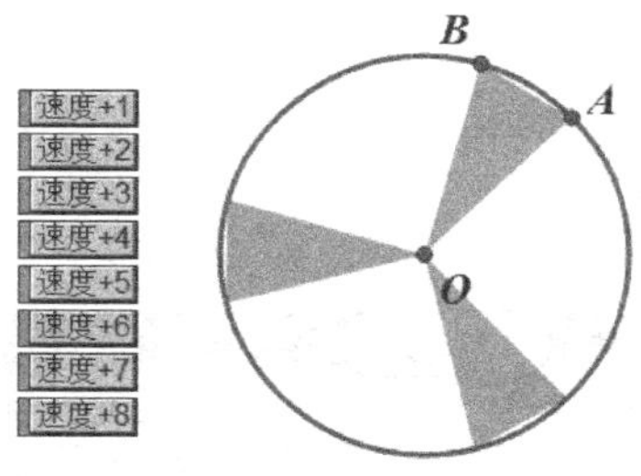

图 7-215　设置标签

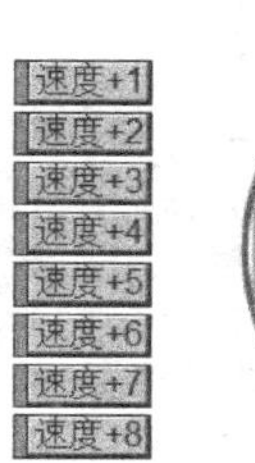

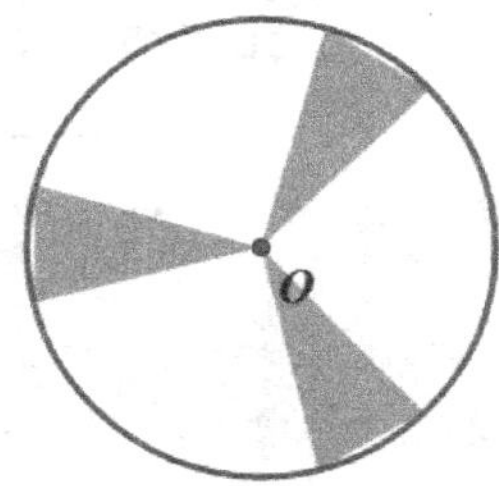

图 7-216　设置参数

(12) 为课件添加标题和说明性文字，最终效果如图 7-217 所示。

(13) 选择“文件”|“保存”命令，打开“另存为”对话框，在“保存在”下拉列表框中选择课件的保存位置，在“文件名”文本框中输入课件的名称“视觉暂留”，单击“确定”按钮对课件进行保存。

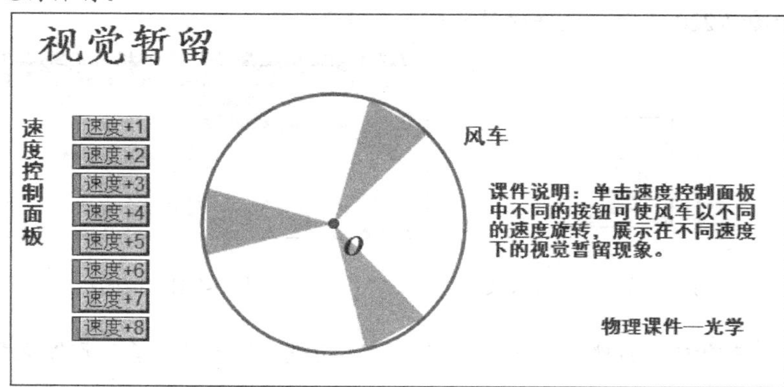

图 7-217　课件最终效果

7.4　制作化学课件

本节使用 Flash 来制作与化学相关的教学课件，通过对本节的学习，读者应进一步掌握 Flash 的基本使用方法。

7.4.1　元素周期表

本节使用 Flash 来制作一个认识元素周期表的化学课件。当用户在相应的方格内单击时，即可显示该方格中的元素名称。

(1) 启动 Flash CS6，新建一个 ActionScript 2.0 类型的 Flash 文档，并将其保存为“元素周期表”。

(2) 选择“文件”|“导入”|“导入到舞台”命令，在舞台中导入元素周期表，如图 7-218 所示。

(3) 选择“插入”|“新建元件”命令，打开“创建新元件”对话框，设置新元件的名称为“遮盖”，类型为“影片剪辑”，如图 7-219 所示。

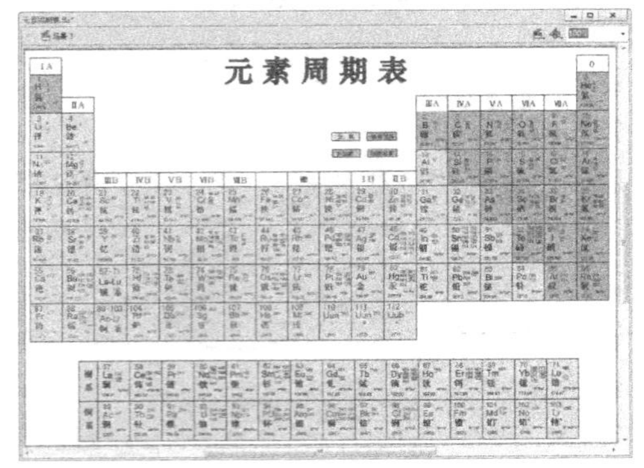

图 7-218　导入图片

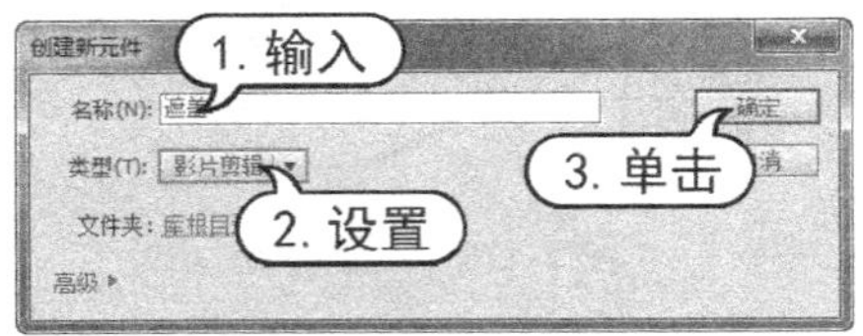

图 7-219　“创建新元件”对话框

(4) 单击“确定”按钮，进入新元件的编辑界面，使用“矩形工具”绘制一个矩形，并设置矩形的笔触颜色为“黑色”，填充颜色为“白色”。然后使用“文本工具”在矩形上添加文本，效果如图 7-220 所示。元件的时间轴如图 7-221 所示。

图 7-220　“遮盖”元件效果

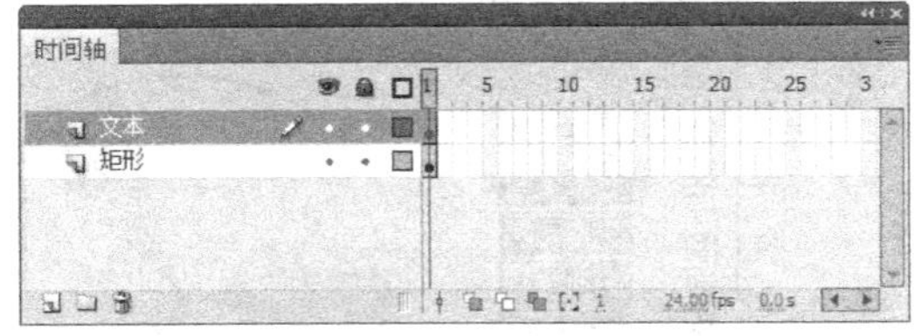

图 7-221　时间轴

(5) 返回“场景 1”，新建“图层 2”，从“库”面板中拖动“遮盖”元件至舞台的合适位置生成实例，如图 7-222 所示。然后将“遮盖”实例的名称设置为 a1，如图 7-223 所示。

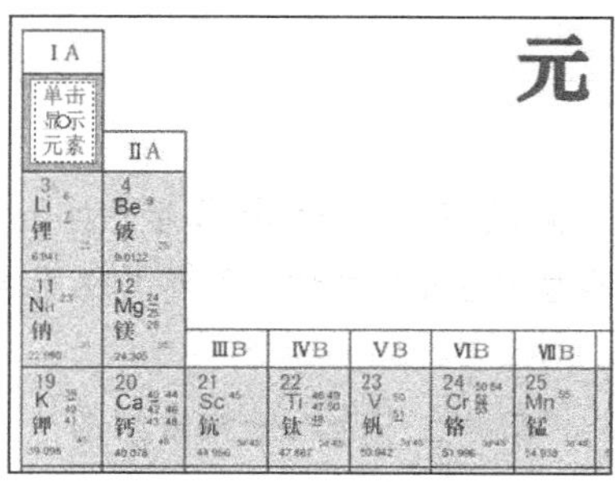
图 7-222　拖动元件到舞台中

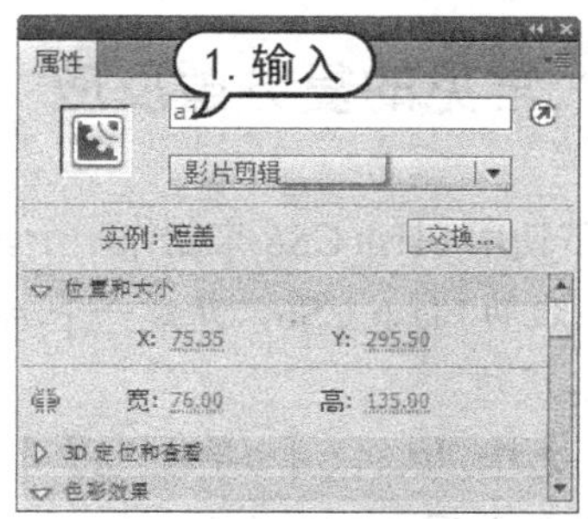

图 7-223　命名实例

(6) 选中“遮盖”实例，打开“动作”面板，在其中添加如图 7-224 所示的代码。该代码的含义是：单击实例时，将该实例的透明度设置为 0，即完全透明。

(7) 使用步骤(5)和步骤(6)的方法，在“图层 2”中分别添加多个“遮盖”实例，将这些实例命名并分别为其添加相应的代码。最终效果如图 7-225 所示。

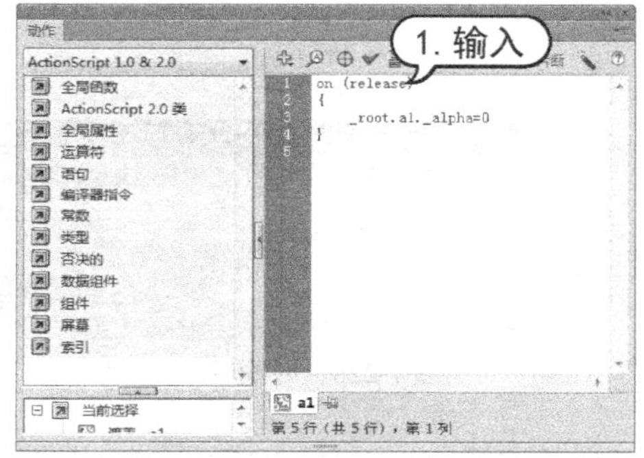

图 7-224　添加动作代码

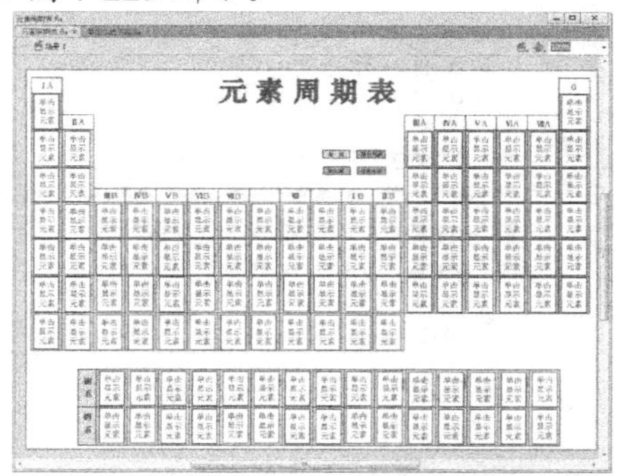

图 7-225　最终效果

(8) 动画制作完成后，按下 Ctrl+Enter 组合键运行动画。在相应位置单击即可显示对应的元素名称，效果如图 7-226 所示。

图 7-226　课件运行效果

7.4.2　常见的复分解反应

本节使用 Flash CS6 来制作一个课件“常见的复分解反应”，具体操作步骤如下。

(1) 启动 Flash CS6，新建一个 ActionScript 2.0 类型的 Flash 文档，并将其保存为“常见的复分解反应”。

(2) 选择“文件”|“导入”|“导入到舞台”命令，在舞台中导入一幅素材图片，并输入文本，效果如图 7-227 所示。

(3) 新建“图层 2”，然后将“图层 1”锁定，如图 7-228 所示。

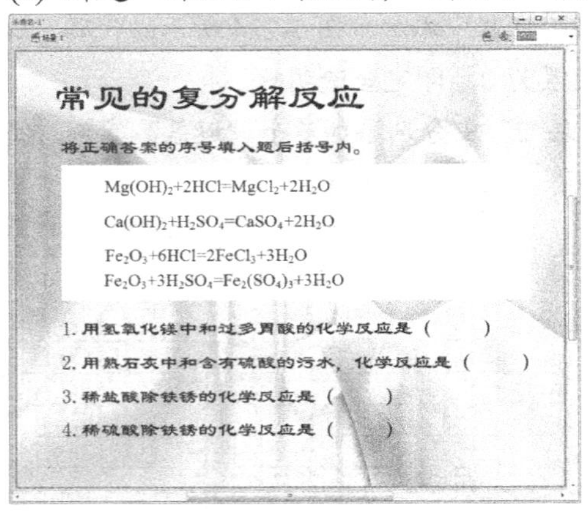

图 7-227　导入图片并输入文本

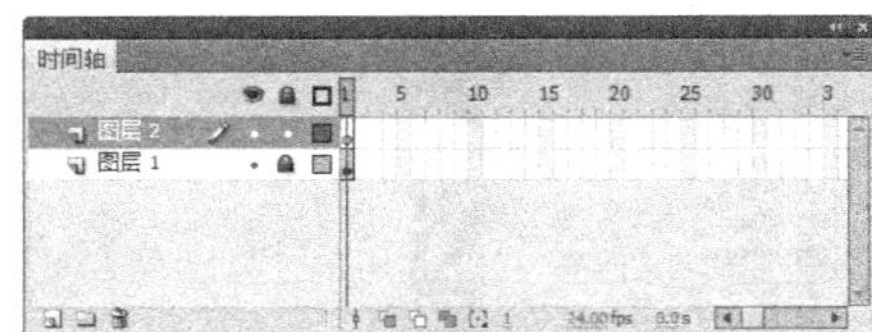

图 7-228　时间轴

(4) 使用“文本工具”绘制一个文本框，然后输入字母 A，如图 7-229 所示。使用同样的方法绘制另外 3 个文本框，效果如图 7-230 所示。

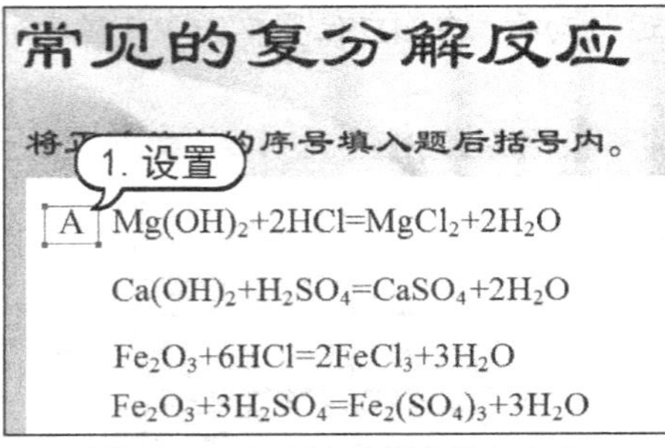

图 7-229　绘制文本框并输入文本

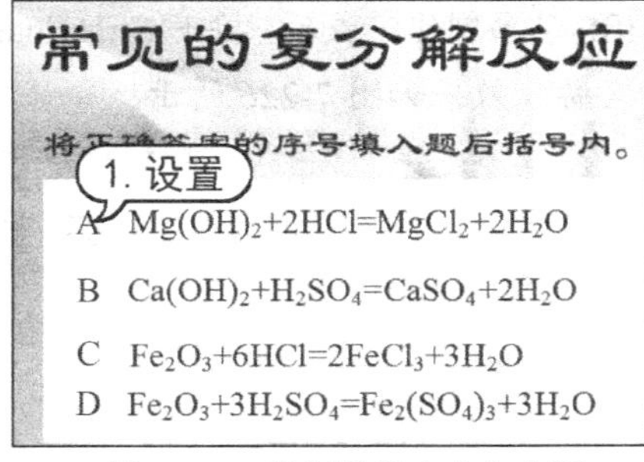

图 7-230　绘制另外 3 个文本框

(5) 选中文本框 A，选择“修改”|“转换为元件”命令，打开“转换为元件”对话框，在“名称”文本框中输入 a，在“类型”下拉列表中选择“影片剪辑”选项，如图 7-231 所示。

(6) 单击“确定”按钮，将该文本框转换为影片剪辑元件，然后双击该文本框，进入影片剪辑元件的编辑界面，如图 7-232 所示。

(7) 选中影片剪辑元件中的文本，然后选择“修改”|“转换为元件”命令，打开“转换为元件”对话框，在“名称”文本框中输入 a1，在“类型”下拉列表中选择“按钮”选项，如图 7-233 所示。

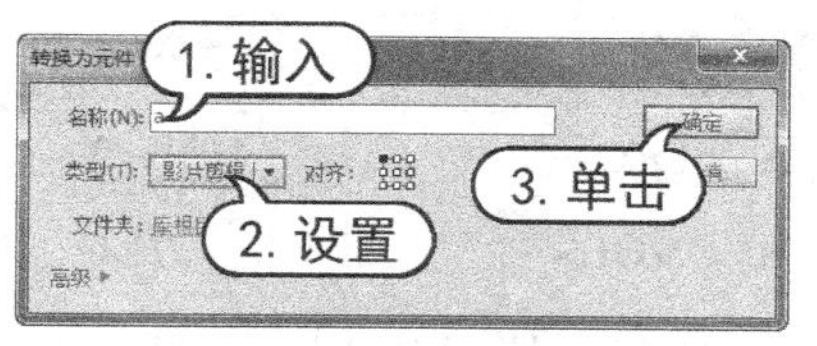

图 7-231　“创建新元件”对话框

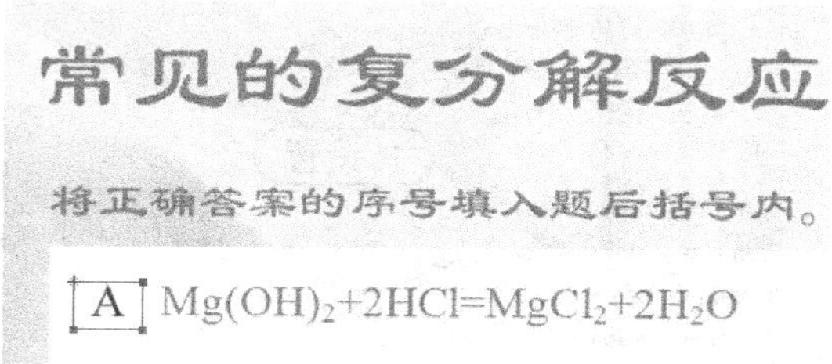

图 7-232　影片剪辑编辑页面

(8) 单击“确定”按钮，将文本转换为按钮。按照步骤(5)~(7)的方法将其余 3 个文本框先转化为影片剪辑元件，然后再将其中的文本转换为按钮元件。

(9) 转换完成后，将 4 个影片剪辑元件的“实例名称”从左至右依次设置为 n1、n2、n3、n4。例如影片剪辑元件 A 的实例名称如图 7-234 所示。

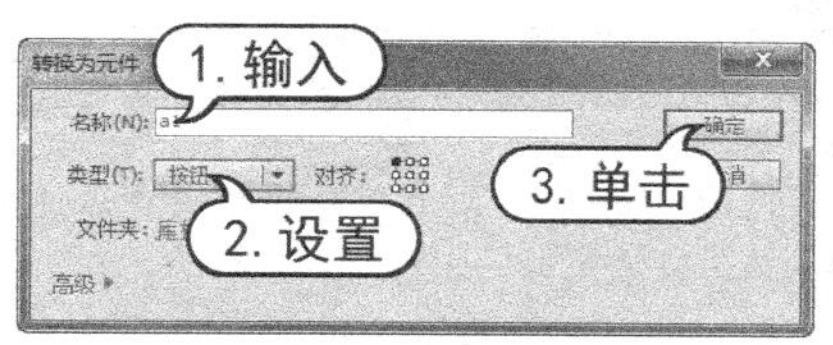

图 7-233　“创建新元件”对话框

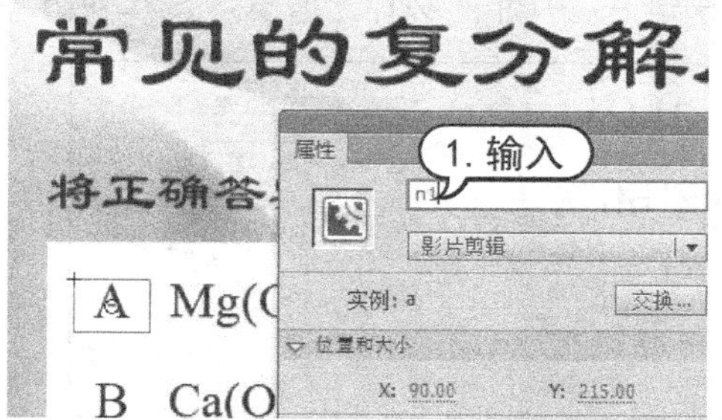

图 7-234　设置影片剪辑元件 A 的实例名称

(10) 接下来设置一个用来显示答案正确与否的反馈语的文本框。选择“文本工具”，在“属性”面板中设置其“文本类型”为“动态文本”，如图 7-235 所示。

(11) 绘制完成后，选中该文本框，然后在“属性”面板的“选项”区域设置其“变量”名称为 text，如图 7-236 所示。

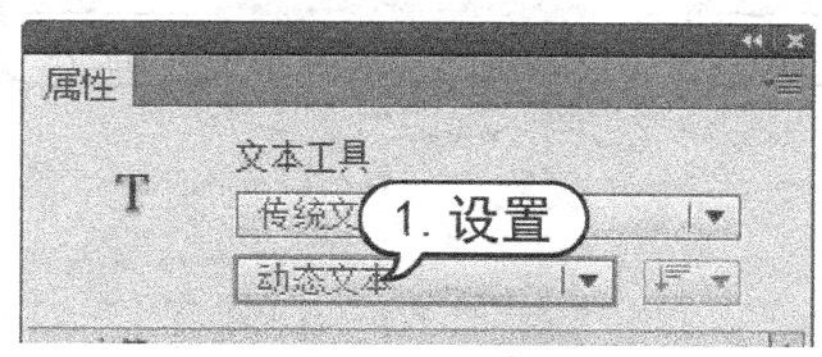

图 7-235　设置文本类型

图 7-236　设置变量名

(12) 然后设置动态文本框中显示的文本的字体、大小和颜色，并调整文本框的大小和位置，效果如图 7-237 所示。

(13) 本例的目的是制作一个拖动式填空题，当用户将答案拖拽到答案处时，可通过相关程序来判断答案的正确与否。因此，首先要确定答案的原坐标和目标位置坐标。

(14) 选择“窗口” | “信息”命令，打开“信息”面板，单击选中影片剪辑元件 A，并记录“信息”面板中的 X 和 Y 坐标，如图 7-238 所示。然后按照该方法测试其他 3 个影片剪辑元件的坐标。

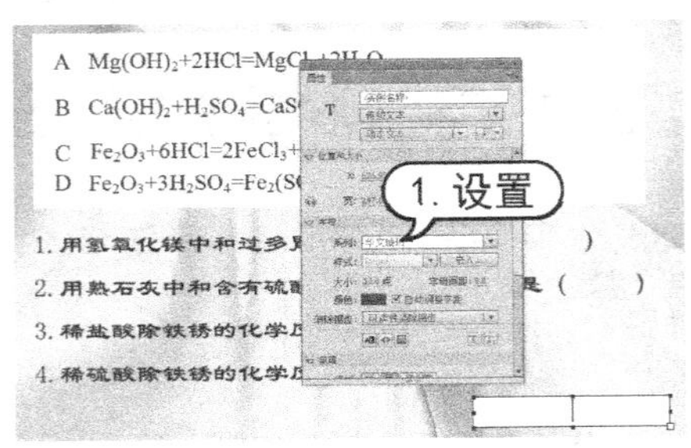

图 7-237　设置动态文本属性

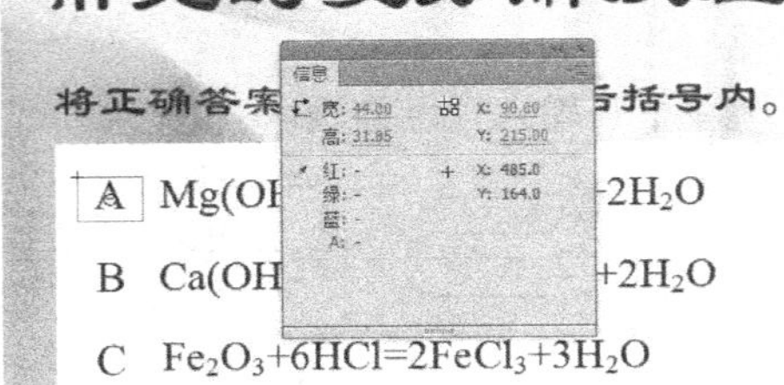

图 7-238　记录坐标

(15) 将鼠标指针放置在第 1 题后括号的左上方，然后记录“信息”面板中的 X 和 Y 坐标，如图 7-239 所示。然后按照该方法测试其他 3 个括号的坐标。

(16) 接下来为按钮设置动作代码。双击影片剪辑元件 A，进入其编辑界面，然后选中其中的按钮 A，打开”动作”面板，输入如图 7-240 所示的代码。

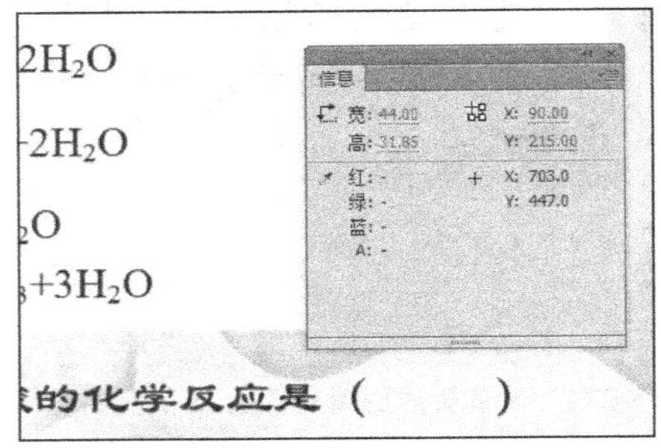

图 7-239　记录坐标

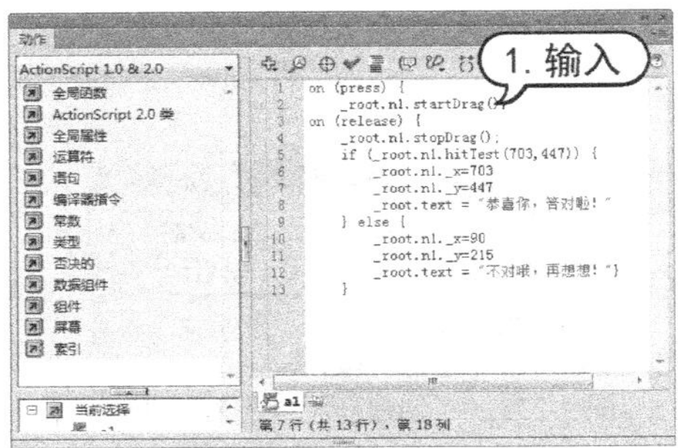

图 7-240　输入动作代码

(17) 返回“场景 1”，参照上面的操作，分别为 B、C 和 D 按钮添加动作代码，如图 7-241 所示。

B 按钮代码

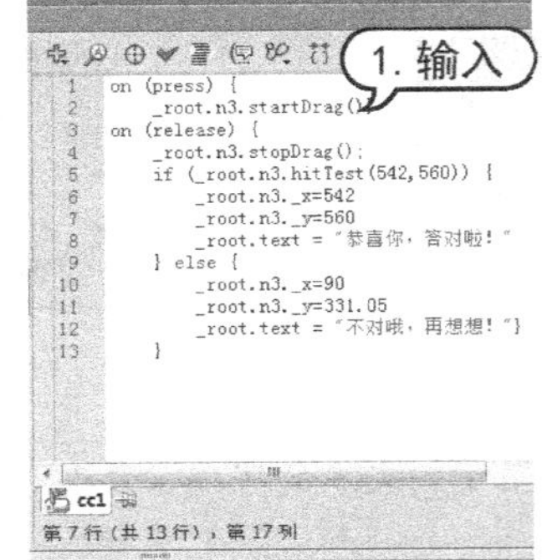

C 按钮代码

D 按钮代码

图 7-241　B、C 和 D 按钮的代码

提示：

在制作课件时，未必能一次达到满意效果，因此用户应通过不断地观察和微调，使整个课件的布局达到最佳效果。

(18) 到此为止课件制作完毕，按下 Ctrl+Enter 组合键可测试课件的运行效果。

(19) 当用户将答案拖动至正确位置时，答案将停留在此处，同时动态文本框中将显示“恭喜你，答对啦!”的正确反馈信息，如图 7-242 所示。

(20) 当用户将答案拖动至错误位置时，答案返回原坐标，同时动态文本框中显示“不对哦，再想想!”的错误反馈信息，如图 7-243 所示。

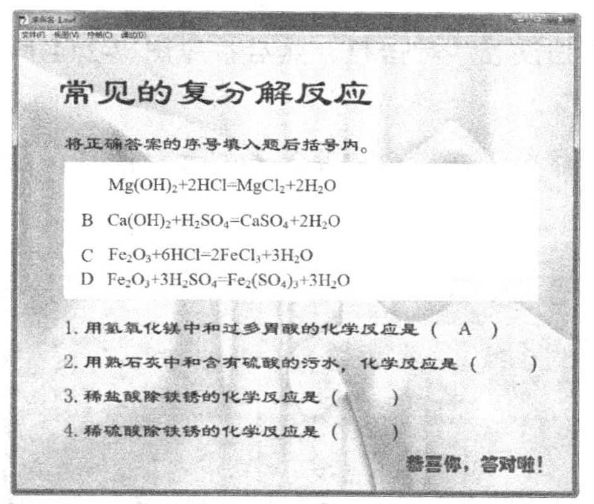

图 7-242　正确反馈

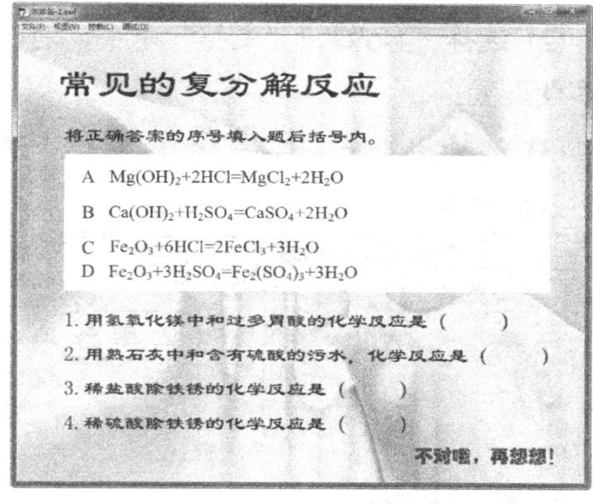

图 7-243　错误反馈

本例部分代码解析(A 按钮代码)如下。

```
on (press) {                                   //在按钮上按下鼠标时
    _root.n1.startDrag()}                      //开始拖动影片剪辑元件 n1
on (release) {                                 //鼠标在按钮上按下又松开时
    _root.n1.stopDrag();                       //停止拖动
    if (_root.n1.hitTest(703,449)) {           //当 n1 被拖动至正确答案所在位置的
                                                 坐标(703，449)时
        _root.n1._x=703                        //重置 n1 的 x 坐标为 703
        _root.n1._y=449                        //重置 n1 的 y 坐标为 449
        _root.text = "恭喜你，答对啦！"         //动态文本框显示
    } else {                                   //否则
        _root.n1._x=90 //按下鼠标时            //重置 n1 的 x 坐标为 90(原坐标)
        _root.n1._y=215 //按下鼠标时           //重置 n1 的 y 坐标为 215(原坐标)
        _root.text = "不对哦，再想想！"}        //动态文本框显示
    }
```

7.5　制作地理课件

本节使用 Flash 和几何画板来制作与地理相关的教学课件，通过对本节的学习，读者应进一步掌握这两款软件的基本用法。

7.5.1　中国的四大高原

本节使用Flash CS6来制作一个课件“中国的四大高原”，具体操作步骤如下。

(1) 启动Flash CS6，新建一个ActionScript 2.0类型的Flash文档，并将其保存为“中国的四大高原”。

(2) 选择“修改”|“文档”命令，打开“文档设置”对话框，然后按照图7-244所示进行参数设置。

(3) 选择“文件”|“导入”|“导入到舞台”命令，在舞台中导入一幅素材图片，效果如图7-245所示。

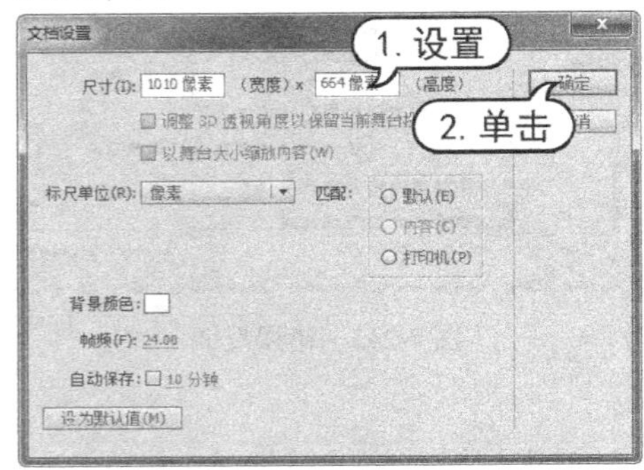

图7-244　“文档设置”对话框

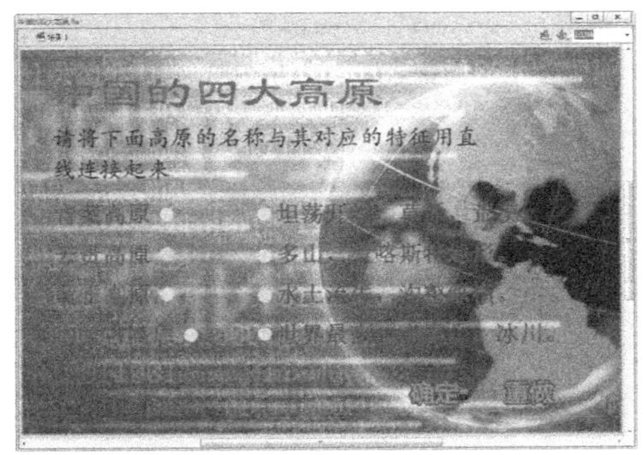

图7-245　导入素材图片

(4) 现在开始制作按钮元件。创建“图层2”，然后锁定“图层1”。选中“椭圆工具”，设置其“笔触颜色”为“无”，“填充颜色”为“蓝色”，如图7-246所示。

(5) 绘制一个适当大小的正圆形，并调整其位置，使其和素材图片中的小圆点重合，如图7-247所示。

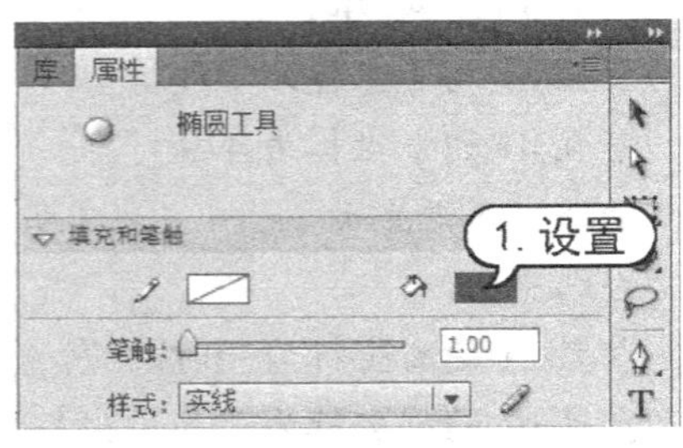

图7-246　“属性”面板

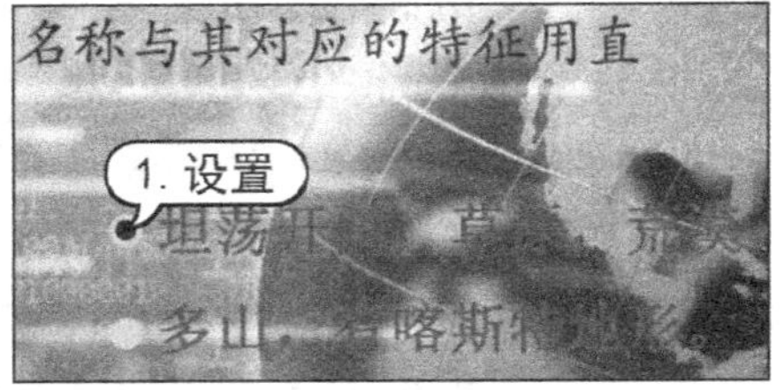

图7-247　调整圆形位置

(6) 选中刚刚绘制的圆形，选择“修改”|“转换为元件”命令，打开“创建新元件”对话框，在“名称”文本框中输入“按钮”，在“类型”下拉列表中选择“按钮”选项，如图7-248所示。

(7) 从库中拖动出3个刚刚制作好的“按钮”元件到舞台中，并使其和素材图片中(右侧)其余的3个小圆点重合，如图7-249所示。

(8) 从库中拖出一个“按钮”元件，使其和文本“青藏高原”后方的小圆点重合，并将其缩小。然后选择“修改”|“转换为元件”命令，打开“转换为元件”对话框，在“名称”

文本框中输入 n，在“类型”下拉列表中选择“影片剪辑”选项，如图 7-250 所示。

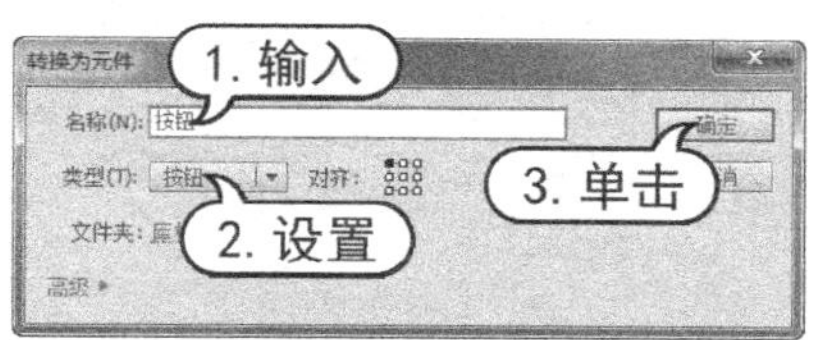

图 7-248　“创建新元件”对话框

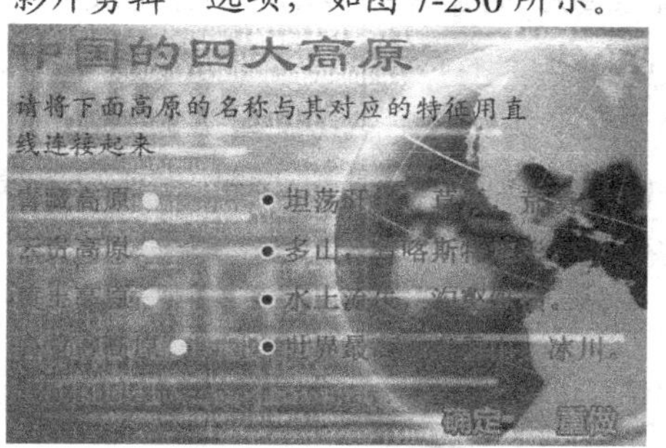

图 7-249　调整按钮元件位置

(9) 单击“确定”按钮，将其转换为影片剪辑元件，然后将其实例名称设置为 n1，如图 7-251 所示。

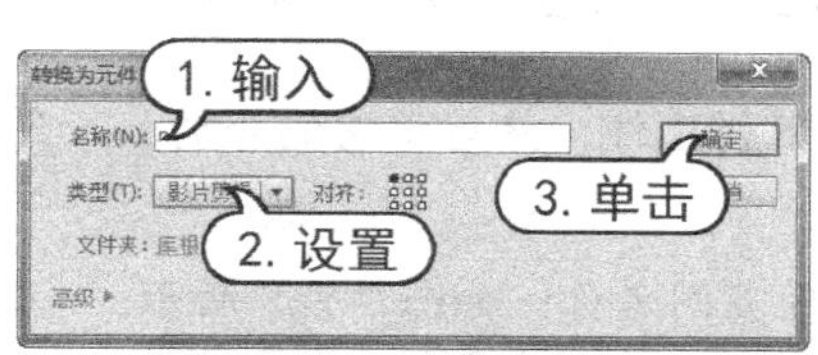

图 7-250　“转换为元件”对话框

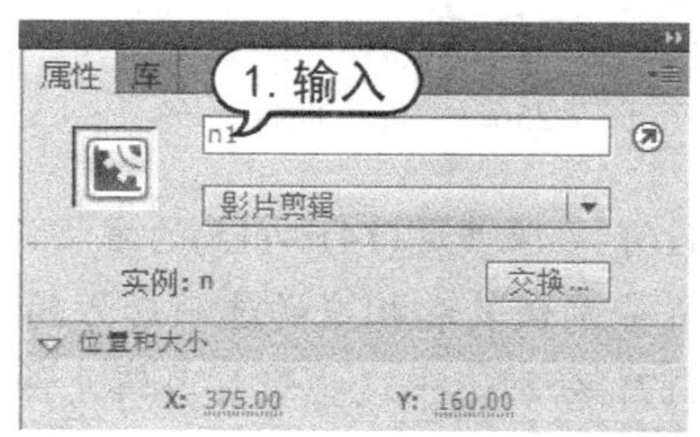

图 7-251　“属性”面板

(10) 双击进入该影片剪辑的编辑界面，添加“图层 2”，在“图层 2”中插入两个普通帧，在“图层 1”的第 3 帧处插入普通帧，效果如图 7-252 所示。

(11) 选中图层上的按钮，打开”动作”面板，输入如图 7-253 所示的代码。

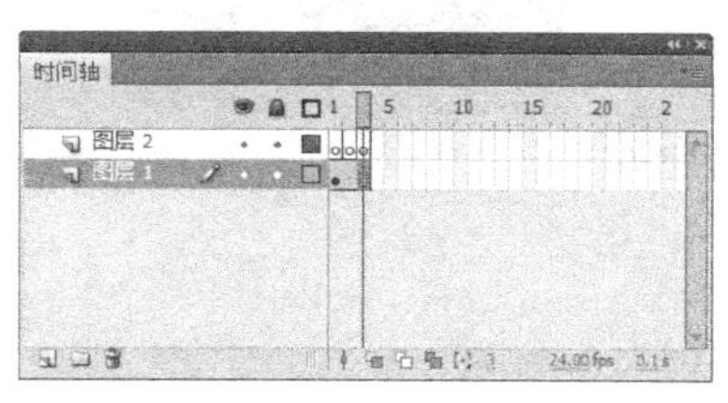

图 7-252　时间轴

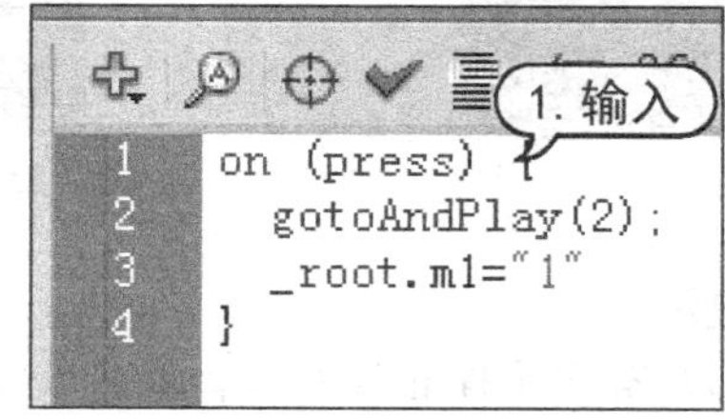

图 7-253　添加代码

(12) 在“图层 2”的第 1 帧添加如图 7-254 所示的代码，在“图层 2”的第 2 帧添加如图 7-255 所示的代码。

图 7-254　添加代码

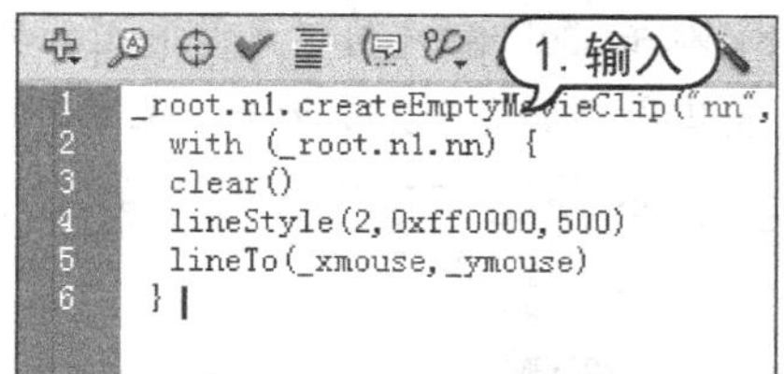

图 7-255　添加代码

(13) 在“图层 2”的第 3 帧添加代码：gotoAndPlay(2)。到此为止，素材图片中左侧第一项(青藏高原)的影片剪辑元件制作完成。

(14) 接下来制作其他三项的影片剪辑元件。打开“库”面板，右击影片剪辑元件“n”，选择“直接复制”命令，如图 7-256 所示。

(15) 打开“直接复制元件”对话框，设置新元件的“名称”为 c，如图 7-257 所示。单击“确定”按钮，完成复制。

图 7-256　“库”面板

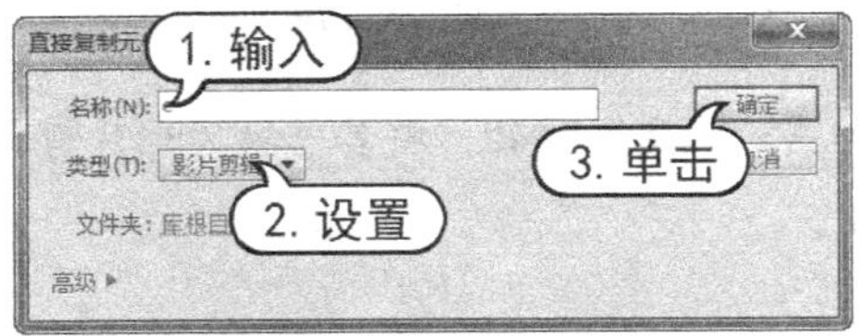

图 7-257　“直接复制元件”对话框

(16) 参照步骤(14)和(15)的方法，继续复制影片剪辑元件，然后将它们分别加入到舞台中，并分别使其和相应的选项后方的小圆点对齐。

(17) 分别选中这些影片剪辑元件，然后为其设置实例名称，如图 7-258 所示。

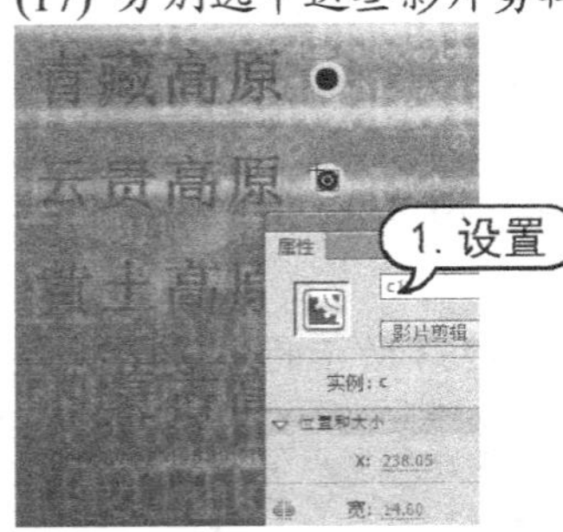

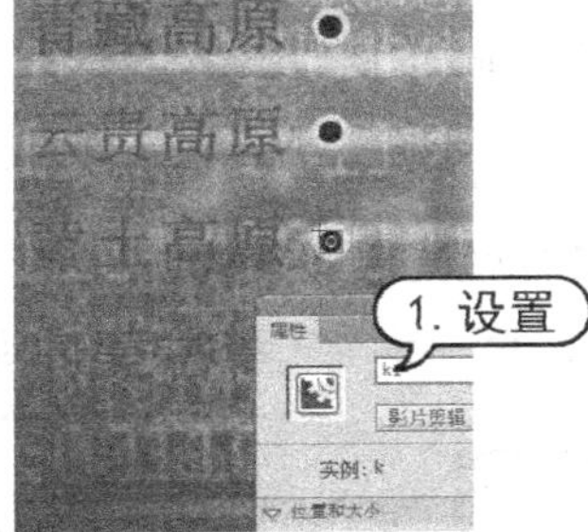

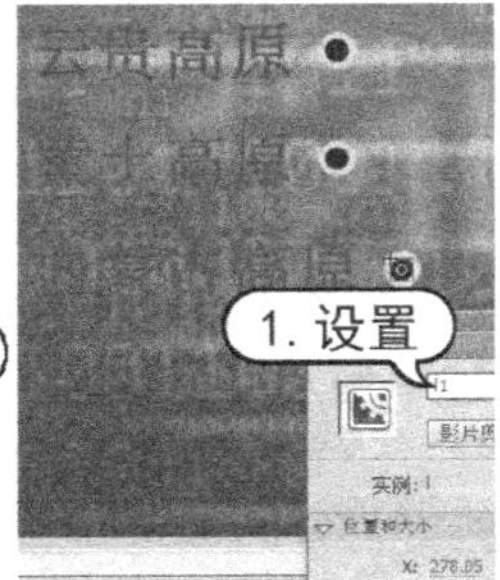

图 7-258　为影片剪辑元件命名

提示：

影片剪辑元件 n 代表“青藏高原”，其实例名称为 n1；

影片剪辑元件 c 代表“云贵高原”，其实例名称为 c1；

影片剪辑元件 k 代表“黄土高原”，其实例名称为 k1；

影片剪辑元件 l 代表“内蒙古高原”，其实例名称为 l1。

(18) 双击“c”影片剪辑元件，进入其编辑界面，选中图层中的按钮，打开“动作”面板，设置其代码如图 7-259 所示。选中“图层 2”的第 2 帧，设置其代码如图 7-260 所示。

```
on (press) {
  gotoAndPlay(2);
  _root.m2="1"
}
```

图 7-259　添加按钮代码

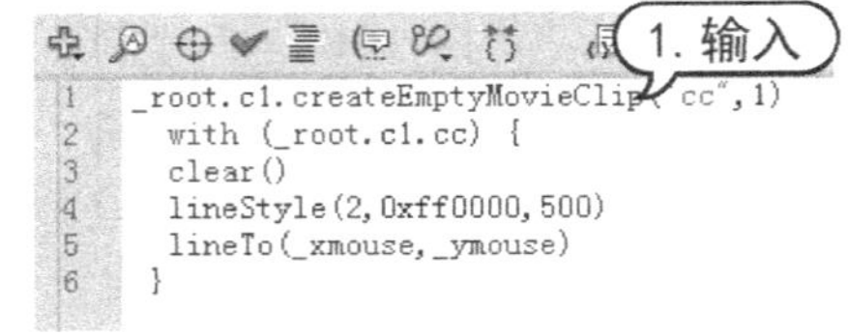

图 7-260　添加帧代码

(19) 双击 k 影片剪辑元件，进入其编辑界面，选中图层中的按钮，打开“动作”面板，设置其代码如图 7-261 所示。选中“图层 2”的第 2 帧，设置其代码如图 7-262 所示。

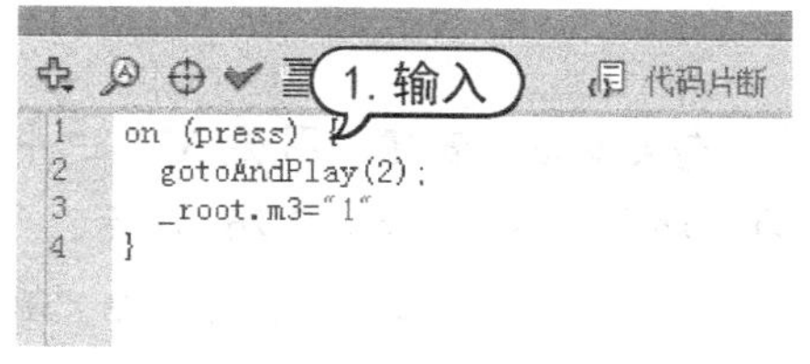

图 7-261　添加按钮代码

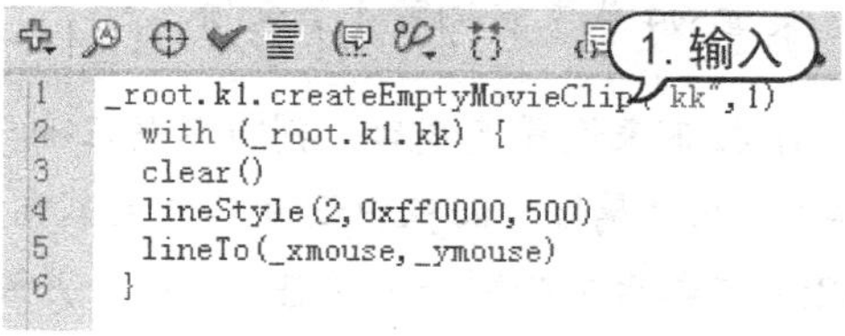

```
_root.k1.createEmptyMovieClip("kk",1)
  with (_root.k1.kk) {
  clear()
  lineStyle(2,0xff0000,500)
  lineTo(_xmouse,_ymouse)
 }
```

图 7-262　添加帧代码

(20) 双击 l 影片剪辑元件，进入其编辑界面，选中图层中的按钮，打开”动作”面板，设置其代码如图 7-263 所示。选中“图层 2”的第 2 帧，设置其代码如图 7-264 所示。

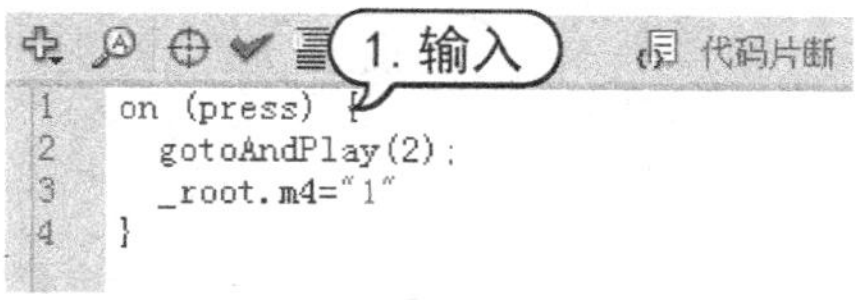

```
on (press) {
  gotoAndPlay(2);
  _root.m4="1"
}
```

图 7-263　添加按钮代码

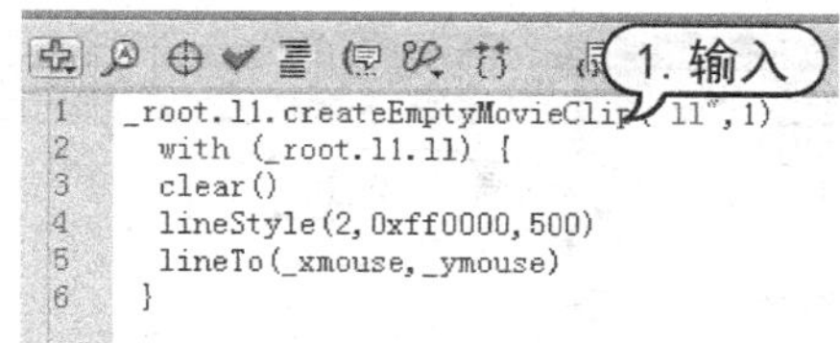

图 7-264　添加帧代码

(21) 接下来设置按钮动作。返回“场景 1”，选中文本“坦荡开阔，草原荒漠。”前方的按钮，打开“动作”面板，添加如图 7-265 所示的代码。

(22) 选中文本“多山，有喀斯特地形。”前方的按钮，打开”动作”面板，添加如图 7-266 所示的代码。

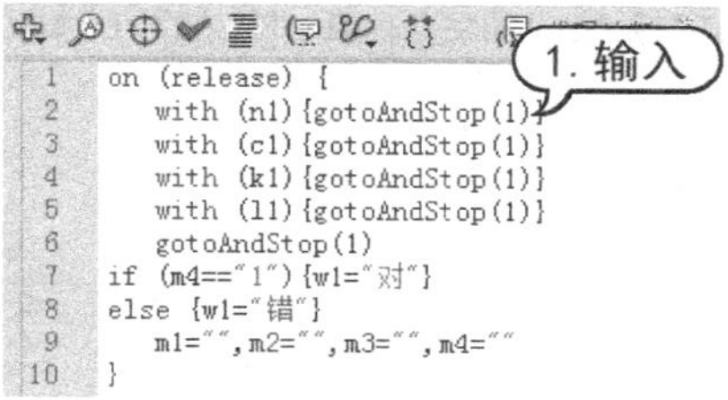

```
on (release) {
   with (n1){gotoAndStop(1)}
   with (c1){gotoAndStop(1)}
   with (k1){gotoAndStop(1)}
   with (l1){gotoAndStop(1)}
   gotoAndStop(1)
if (m4=="1"){w1="对"}
else {w1="错"}
   m1="",m2="",m3="",m4=""
}
```

图 7-265　添加按钮代码

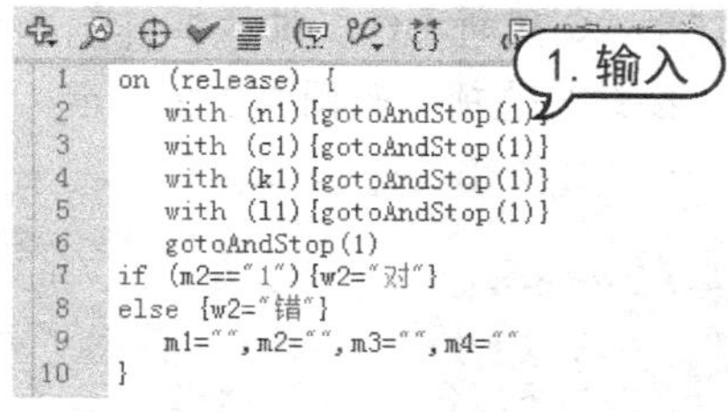

图 7-266　添加按钮代码

(23) 选中文本“水土流失，沟壑纵横。”前方的按钮，打开“动作”面板，添加如图 7-267 所示的代码。选中文本“世界最高，多雪山，冰川。”前方的按钮，打开“动作”面板，添加如图 7-268 所示的代码。

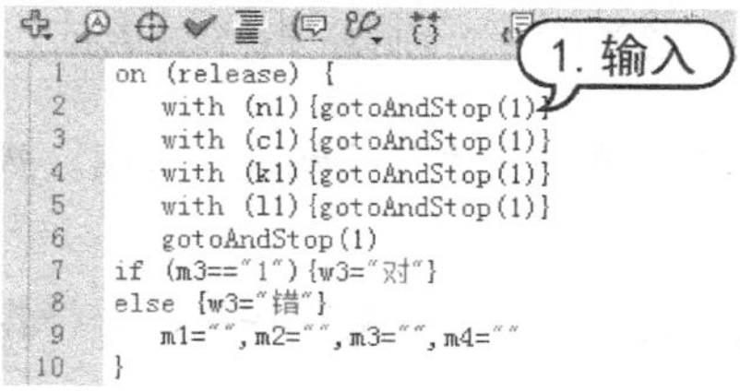

```
on (release) {
   with (n1){gotoAndStop(1)}
   with (c1){gotoAndStop(1)}
   with (k1){gotoAndStop(1)}
   with (l1){gotoAndStop(1)}
   gotoAndStop(1)
if (m3=="1"){w3="对"}
else {w3="错"}
   m1="",m2="",m3="",m4=""
}
```

图 7-267　添加按钮代码

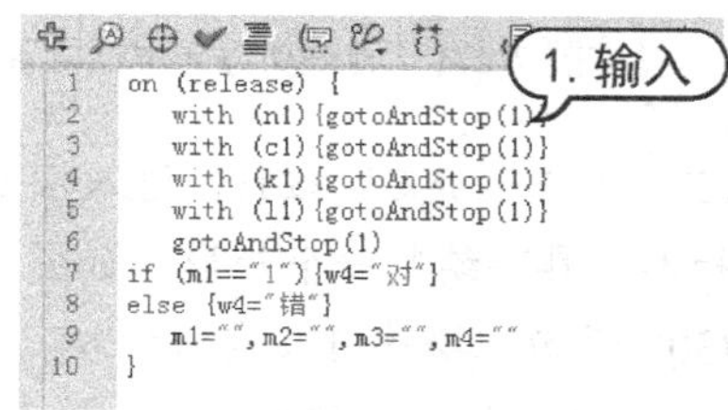

图 7-268　添加按钮代码

提示：

变量 w1 代表右侧第 1 个选项；变量 w2 代表右侧第 2 个选项；变量 w3 代表右侧第 3 个选项；变量 w4 代表右侧第 4 个选项。

(24) 接下来设置连线后，判断答案正确与否的动态文本框。新建“图层 3”，选中“文本工具”，在“属性”面板中设置其“文本类型”为“动态文本”，如图 7-269 所示。

(25) 在舞台中绘制一个动态文本框，并设置其“实例名称”为 a1，“系列”为“华文琥珀”，“大小”为 30 点，“颜色”为“红色”，如图 7-270 所示。

图 7-269　设置文本类型

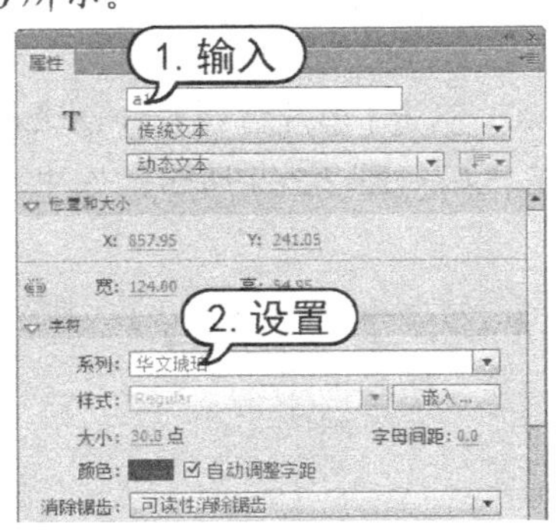

图 7-270　设置动态文本框属性

(26) 复制刚刚绘制的文本框，在舞台中粘贴 3 份，然后调整各个文本框的大小和位置，效果如图 7-271 所示。

(27) 调整完成后，设置粘贴的 3 个文本框“实例名称”分别为 a2、a3、a4。

(28) 接下来制作“确定”和“重做”两个隐形动作按钮。选择“插入”|“新建元件”命令，打开“创建新元件”对话框，在“名称”文本框中输入“确定”，在“类型”下拉列表中选择“按钮”选项，如图 7-272 所示。

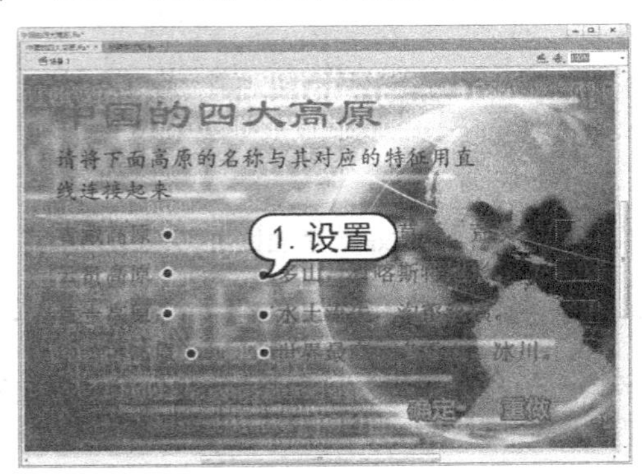

图 7-271　调整动态文本框位置

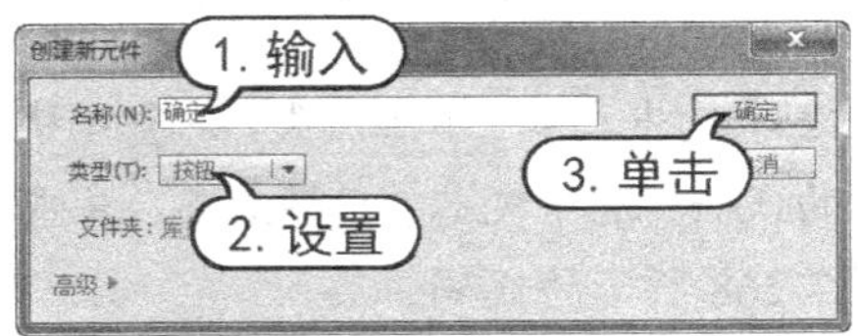

图 7-272　“创建新元件”对话框

(29) 单击“确定”按钮，进入按钮元件的编辑界面，在“点击”帧插入关键帧，然后使用“矩形工具”绘制一个矩形，如图 7-273 所示。

(30) 返回“场景 1”，打开“库”面板，然后直接复制一个“确定”按钮，并将其重命名为“重做”，如图 7-274 所示。

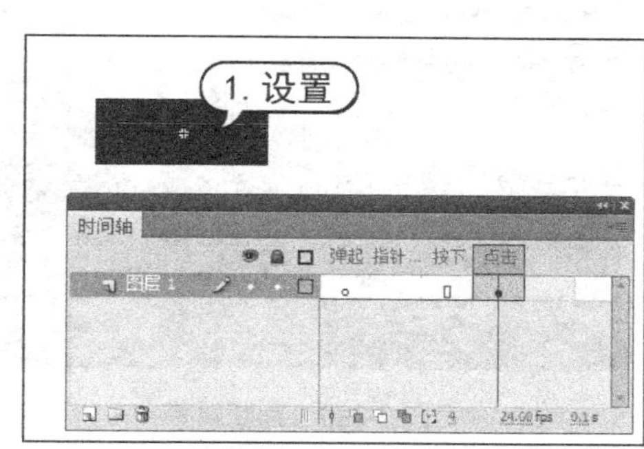

图 7-273　绘制按钮

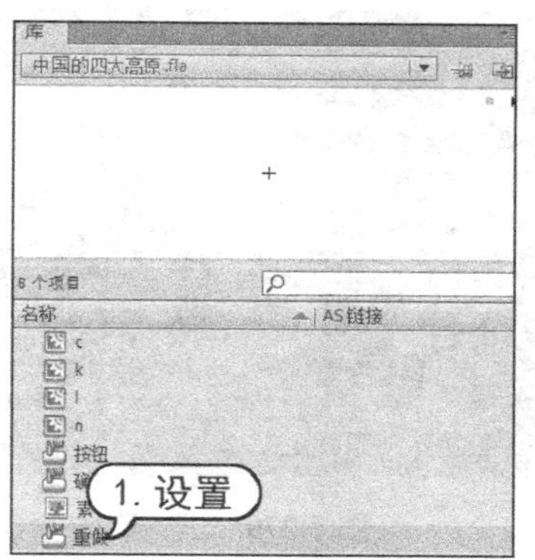

图 7-274　“库”面板

(31) 将“确定”按钮和“重做”按钮分别加入到舞台中，并调整它们的大小和位置，使其分别和素材图片中的“确定”文本和“重做”文本重合，效果如图 7-275 所示。

(32) 在舞台中单击“确定”按钮，打开“动作-按钮”按钮面板，输入如图 7-276 所示的动作代码。

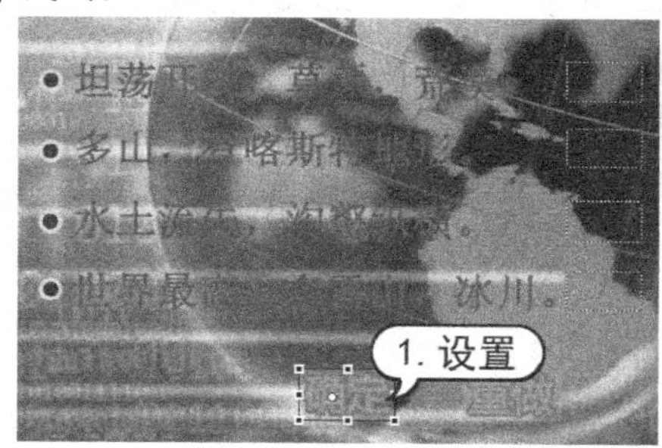

图 7-275　调整隐形按钮位置

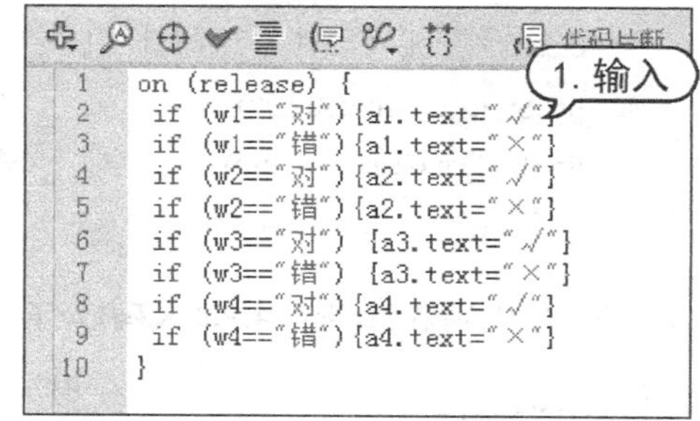

图 7-276　添加动作代码

(33) 在舞台中单击“重做”按钮，打开“动作-按钮”按钮面板，输入如图 7-277 所示的动作代码。

(34) 选择“文件”|“保存”命令，保存“中国的四大高原”课件，如图 7-278 所示。

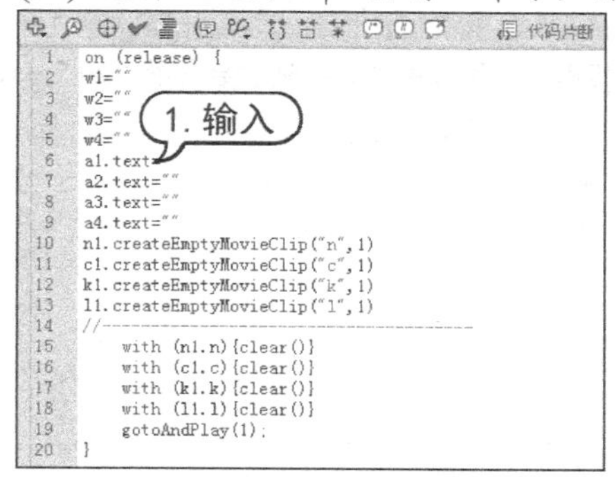

图 7-277　调整隐形按钮位置

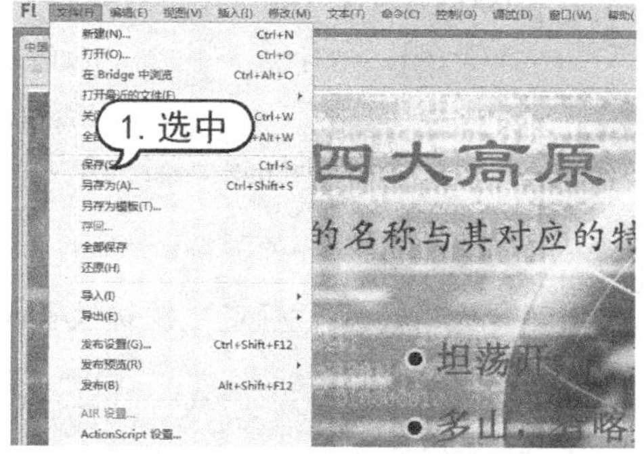

图 7-278　添加动作代码

(35) 到此为止课件制作完毕，按下 Ctrl+Enter 组合键即可测试课件的运行效果。用户可从左至右自由进行连线，如图 7-279 所示，单击“确定”按钮可判断对错，如图 7-280 所示。

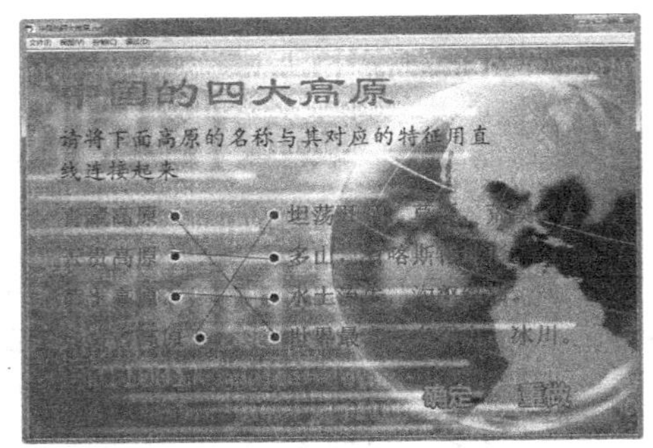

图 7-279　进行连线

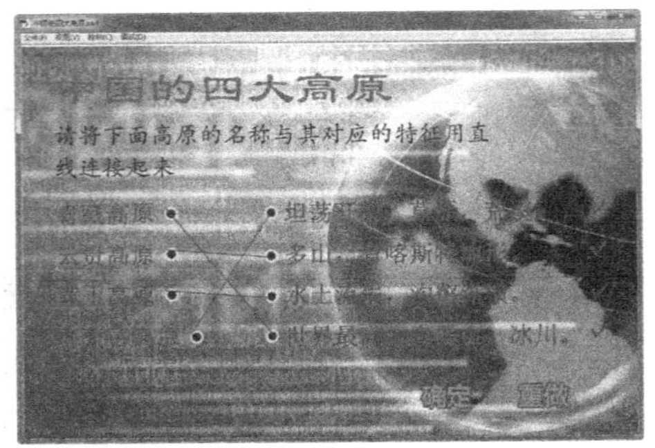

图 7-280　判断对错

(36) 单击“重做”按钮，可清除所有连接的线条和动态文本框中的内容。另外用户还可参考本章第 7.1.3 小节中的实例，为本课件添加评分机制。

本例部分代码解析(影片剪辑元件“图层 2”的第 2 帧代码)如下。

```
_root.n1.createEmptyMovieClip("nn",1)   //在影片剪辑元件“n1”中创建影片剪辑元件“nn”
  with (_root.n1.nn) {                  //调用场景/n1 影片剪辑元件/nn 影片剪辑元件
  clear()                               //删除与影片剪辑元件相关联的绘图命令
  lineStyle(2,0xff0000,500)             //设置线粗为 2，颜色为红色，透明度为 500
  lineTo(_xmouse,_ymouse)               //线段终点
  }
```

本例部分代码解析(选项按钮代码)如下。

```
on (release) {
  with (n1){gotoAndStop(1)}        //进入影片剪辑元件 n1 并跳转至第 1 帧
  with (c1){gotoAndStop(1)}        //进入影片剪辑元件 c1 并跳转至第 1 帧
  with (k1){gotoAndStop(1)}        //进入影片剪辑元件 k1 并跳转至第 1 帧
  with (l1){gotoAndStop(1)}        //进入影片剪辑元件 l1 并跳转至第 1 帧
  gotoAndStop(1)
if (m4=="1"){w1="对"}              //如果 m4 与其相连，那么将“对”赋值给变量“w1”
  else {w1="错"}                   //否则将“错”赋值给变量“w1”
  m1="",m2="",m3="",m4=""
}
```

本例部分代码解析(“确定”按钮代码)如下。

```
on (release) {
  if (w1=="对"){a1.text="√"} //如果“w1”的值为“对”，动态文本框“a1”为“√”
  if (w1=="错"){a1.text="×"} //如果“w1”的值为“错”，动态文本框“a1”为“×”
  if (w2=="对"){a2.text="√"} //如果“w2”的值为“对”，动态文本框“a2”为“√”
  if (w2=="错"){a2.text="×"} //如果“w2”的值为“错”，动态文本框“a2”为“×”
  if (w3=="对") {a3.text="√"} //如果“w3”的值为“对”，动态文本框“a3”为“√”
```

```
    if (w3=="错") {a3.text="×"} //如果"w3"的值为"错"，动态文本框"a3"为"×"
    if (w4=="对"){a4.text=" √"} //如果"w4"的值为"对"，动态文本框"a4"为" √"
    if (w4=="错"){a4.text="×"} //如果"w4"的值为"错"，动态文本框"a4"为"×"
}
```

7.5.2　日全食现象

本节使用几何画板制作一个课件"日全食现象"，具体操作步骤如下。

(1) 单击"开始"按钮，选择"所有程序"|"几何画板 5.06 最强中文版"|"几何画板 V5.06"命令，打开几何画板操作界面。

(2) 选择"文件" | "新建文件"命令，建立一个新的画板，然后选择"文件"|另存为"命令，将其保存为"日全食现象"。

(3) 选择"线段直尺工具"，在画板内画出 j、k、l、m、n 五条水平线段，并隐藏线段的端点，如图 7-281 所示。

(4) 选择"点工具"，在画板里画一点 O，同时选中点 O 和线段 n，选择"构造" | "以圆心和半径作圆"命令，构造圆 O。

(5) 选中圆 O，选择"构造" | "圆内部"命令，构造出圆 O 的内部，并把圆 O 内部的颜色设为"红色"，如图 7-282 所示。

图 7-281　绘制 5 条线段　　　　图 7-282　构造圆 O 和圆内部

(6) 选中点 O 和线段 m，构造大圆 O，选中大圆 O 的圆周，选择"显示" | "线型" | "虚线"命令，将圆周设为"虚线"，如图 7-283 所示。

(7) 选择"点工具"，在大圆 O 上画一点 A，同时选中点 A 和线段 l，选择"构造" | "以圆心和半径作圆"命令，构造圆 A。

(8) 选中圆 A 的圆周，设置其显示线型为"实线"，然后选择"构造" | "圆内部"命令，构造出圆 A 的内部，并把圆 A 内部的颜色设为"蓝色"，如图 7-284 所示。

(9) 同时选中点 A 和线段 k，选择"构造" | "以圆心和半径作圆"命令，构造大圆 A，并把圆周设为"虚线"，如图 7-285 所示。

(10) 选择"点工具"，在大圆 A 上画一点 B，同时选中点 B 和线段 j，选择"构造" | "以圆心和半径作圆"命令，构造圆 B。

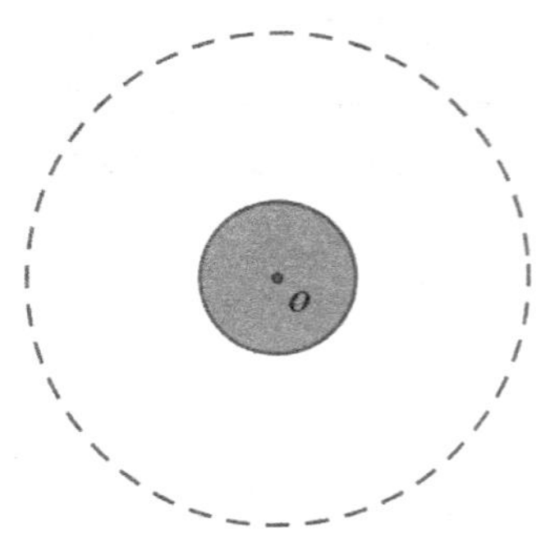

图 7-283　构造大圆 O

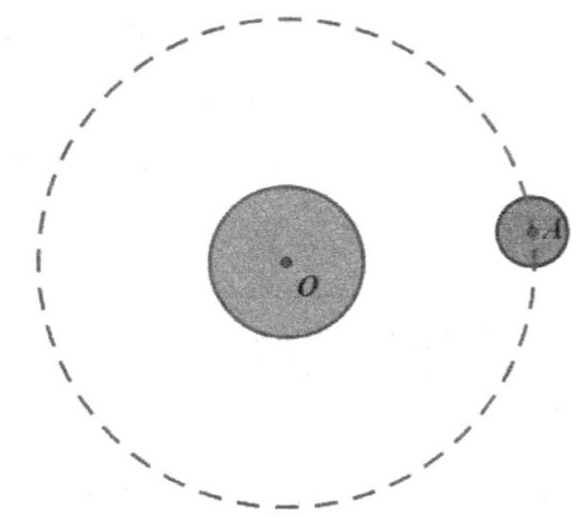

图 7-284　构造小圆 A 和圆内部

(11) 选中圆 B 的圆周，选择“构造”|“圆内部”命令，构造出圆 B 的内部，把圆 B 内部的颜色设为黄色，并隐藏线段 j、k、l、m、n，如图 7-286 所示。

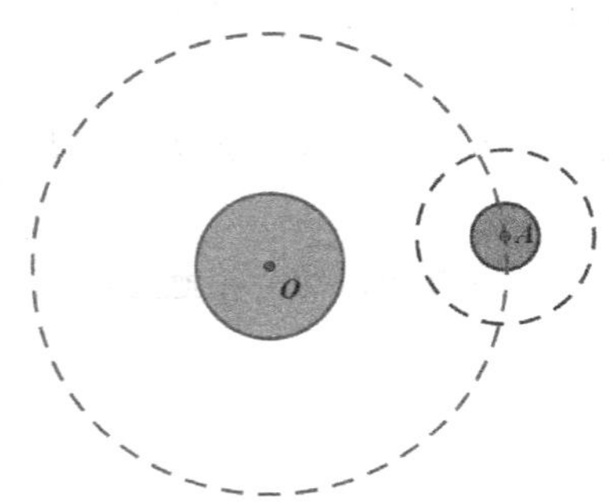

图 7-285　构造大圆 A

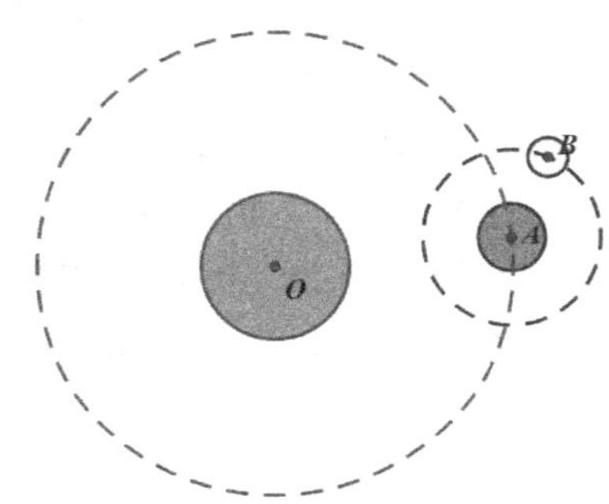

图 7-286　构造小圆 B 和圆内部

(12) 同时选中点 A 和点 B，选择“编辑”|“操作类按钮”|“动画”命令，打开“操作类按钮 动画点”对话框，选择“标签”选项卡，在“标签”文本框内输入文字“开始演示”，如图 7-287 所示，然后单击“确定”按钮，做出[开始演示]按钮。

(13) 选择”线段直尺工具”，画出线段 EF。

(14) 选择“点工具”，在线段 EF 上画一点 G，并把 G 设为标记中心。

(15) 选中点 E，选择“变换”|“旋转”命令，打开“旋转”对话框，在对话框中的文本框内输入 15.0，如图 7-288 所示。然后单击“旋转”按钮，得到点 E'。

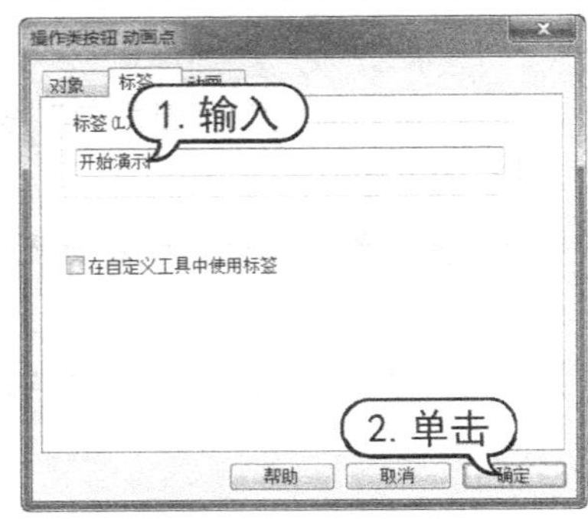

图 7-287　设置按钮标签

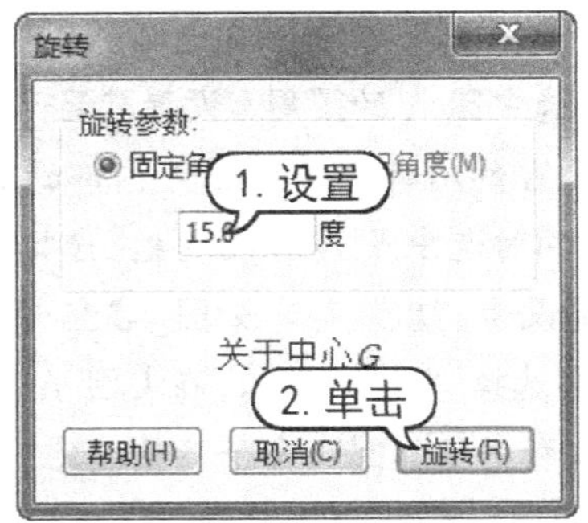

图 7-288　设置旋转角度

(16) 参照步骤(15)，在“旋转”文本框内输入-15.0，单击“旋转”按钮，得到点 E"。

(17) 依次选中点 E'和点 G，选择“构造”|“射线”命令，构造射线 E'G，再依次选中点 E"和点 G，构造射线 E"G，如图 7-289 所示。

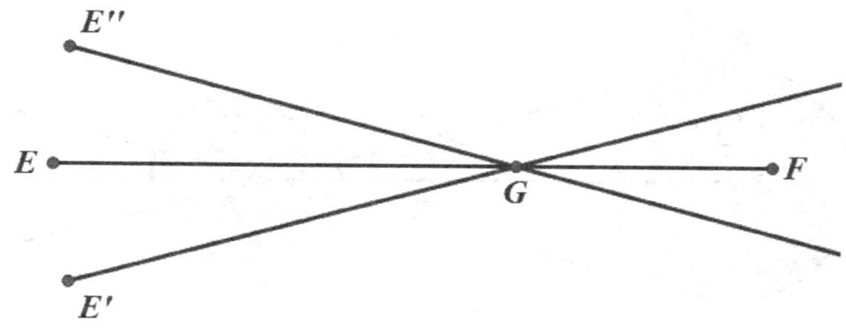

图 7-289　构造射线

(18) 同时选中点 E 和射线 E"G，选择“构造”|“垂线”命令，构造垂线 o，与射线 E"G 交于点 I。

(19) 依次选中点 E 和点 I，选择“构造”|“以圆心和圆周上点作圆”命令，构造圆 E。

(20) 选中圆 E 的圆周，选择“构造”|“圆内部”命令，构造出圆 E 的内部，并把颜色设为红色，如图 7-290 所示。

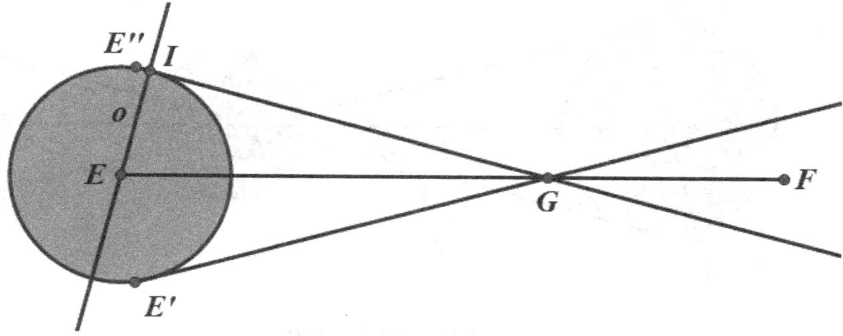

图 7-290　构造圆 E 的内部

(21) 选择“点工具”，在线段 EF 上画一点 H，参照步骤(17)~(19)，构造出圆 H 的内部，并把颜色设为黄色，如图 7-291 所示。

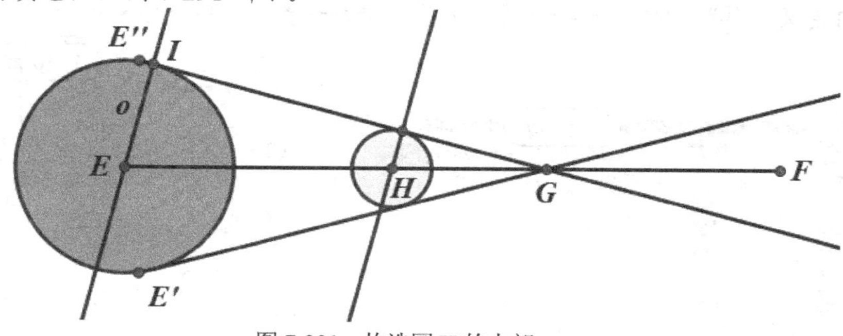

图 7-291　构造圆 H 的内部

(22) 选择“点工具”，在线段 EF 上画一点 J，在画板其他位置画一点 K，依次选中点 J

和点 K，选择“构造”|“以圆心和圆周上点作圆”命令，构造圆 J，圆 J 与射线 E'G、E''G 和线段 EF 分别交于点 X、Y、Z。

(23) 选中圆 J 的圆周，构造圆的内部，并将其颜色设置为“蓝色”，如图 7-292 所示。

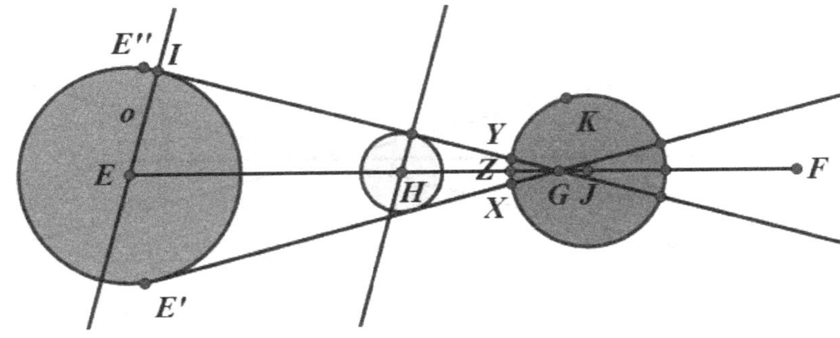

图 7-292　构造圆 J 内部

(24) 依次选中点 X、Z、Y，选择“构造”|“过三点的弧”命令，构造劣弧 XZY。

(25) 选中劣弧，选择“构造”|“弧内部”|“扇形内部”命令，构造劣弧 XZY 的扇形内部，并将颜色设为紫色，然后隐藏一些不必要的对象，如图 7-293 所示。

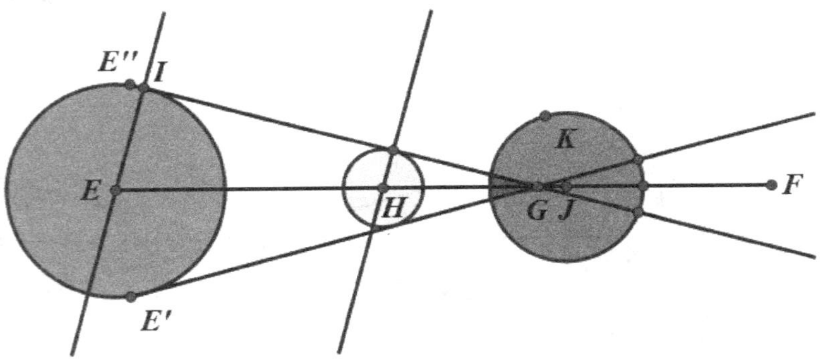

图 7-293　构造扇形内部

(26) 选择“文本工具”，在画板的适当位置输入说明性文字，并再次隐藏不必要的对象。(注意：标注的字体可通过“显示”|“文本”菜单来进行设置，如图 7-294 所示；箭头工具可单击“自定义工具”按钮，选择“箭头工具”进行设置，如图 7-295 所示。)

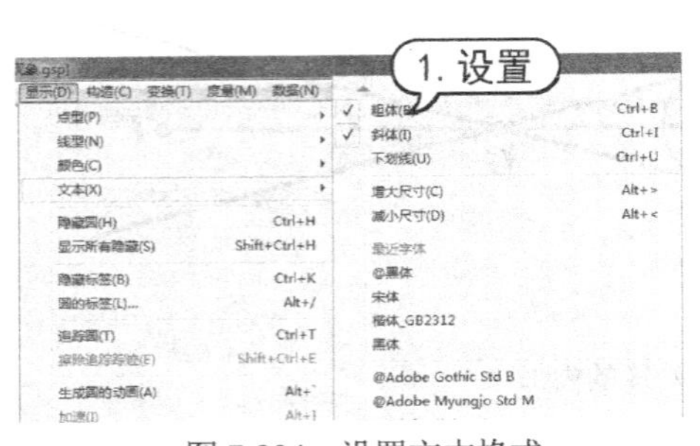

图 7-294　设置文本格式

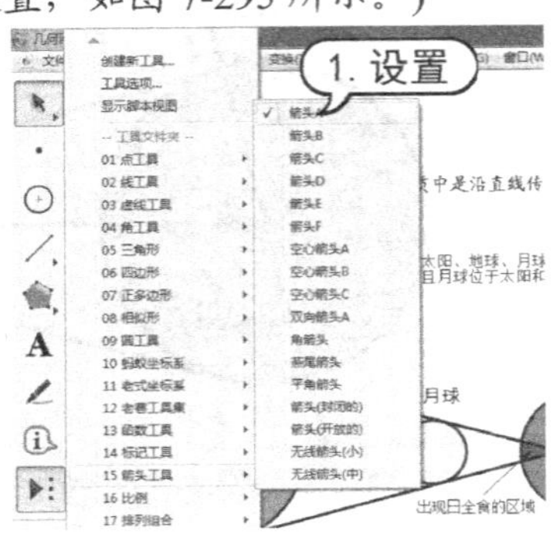

图 7-295　使用箭头工具

(27) 课件制作完成后，选择“文件”|“保存”命令，保存“日全食现象”课件。课件最终效果如图 7-296 所示。

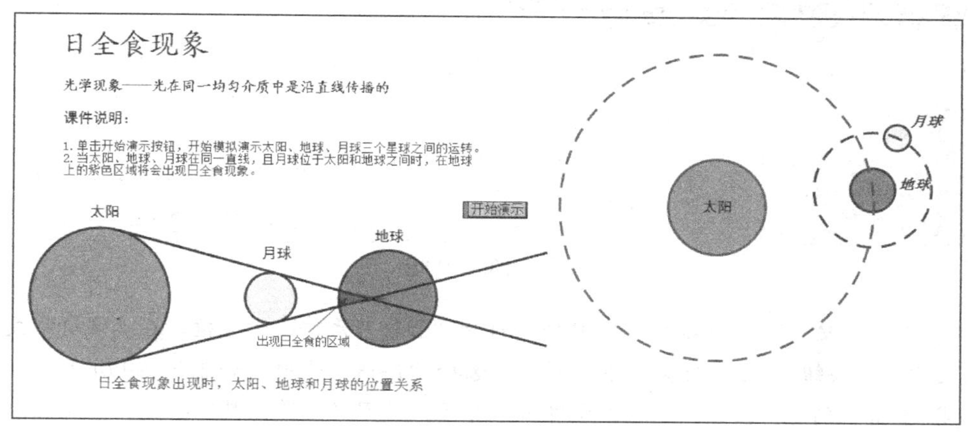

图 7-296　课件最终效果

7.6　制作历史课件

本节主要使用 Flash 和 Dreamweaver 来制作与历史相关的教学课件，通过对本节的学习，读者应进一步掌握这两个软件的基本用法。

7.6.1　春秋战国史(单选题)

本节使用 Flash 来制作一个历史课件“春秋战国史(单选题)”，课件效果要求每道题有若干个备选答案，单击某个答案后，在答案前面会出现一个选中的标记，并且出现对应的反馈。

(1) 启动 Flash CS6，新建一个 ActionScript 2.0 类型的 Flash 文档，并将其保存为“春秋战国史(单选题)”。

(2) 在“图层 1”的前 3 帧分别导入素材图片，前 2 帧效果如图 7-297 所示。此时的时间轴如图 7-298 所示。

图 7-297　前 2 帧的效果展示

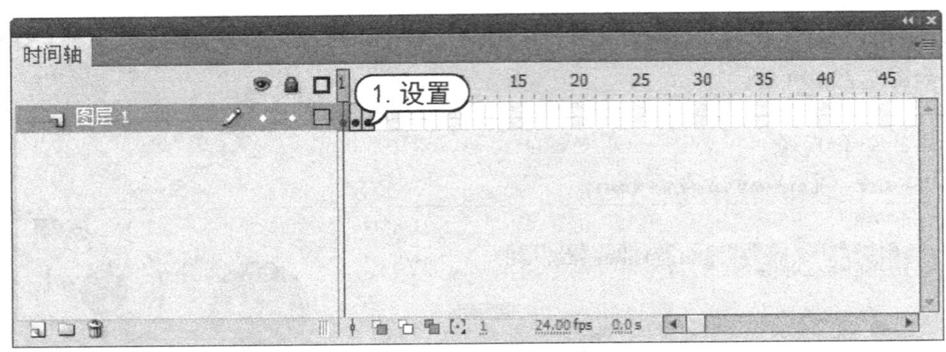

图 7-298　时间轴

(3) 选择“插入”|“新建元件”命令，打开“创建新元件”对话框，在“名称”文本框中输入“选择按钮”，在“类型”下拉列表中选择“按钮”选项，如图 7-299 所示。

(4) 单击“确定”按钮，进入到元件编辑界面，使用“椭圆工具”绘制一个正圆形，如图 7-300 所示。

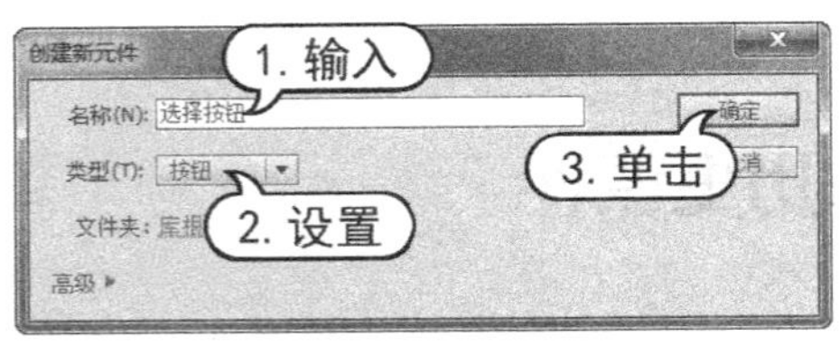

图 7-299　“创建新元件”对话框

图 7-300　绘制“选择按钮”

(5) 再次打开“创建新元件”对话框，在“名称”文本框中输入“隐形按钮”，在“类型”下拉列表中选择“按钮”选项，如图 7-301 所示。单击“确定”按钮，进入元件编辑界面，然后在“点击”帧中绘制一个矩形热区，创建一个隐形按钮元件，如图 7-302 所示。

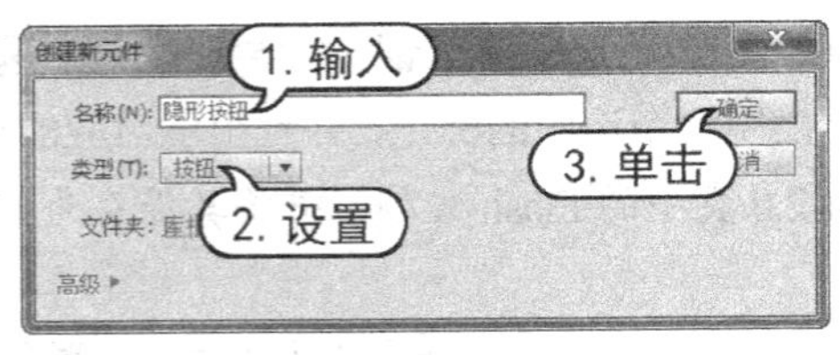

图 7-301　“创建新元件”对话框

图 7-302　绘制“隐形按钮”

(6) 按照步骤(3)和步骤(4)的方法，创建一个名为“选中标记”的“影片剪辑”元件，如图 7-303 和图 7-304 所示。注意该元件的填充颜色应和“选择按钮”的填充颜色有较大反差。

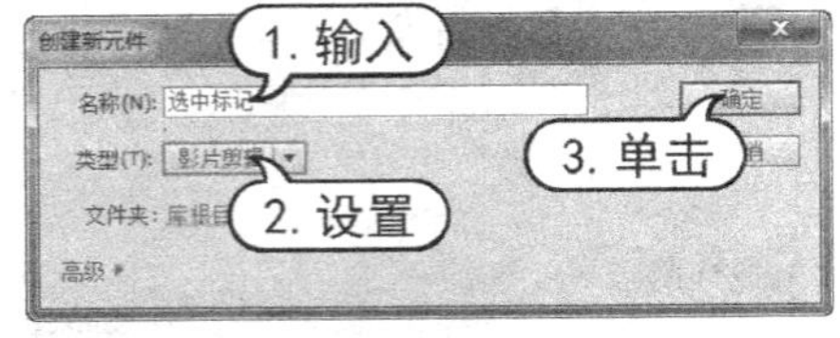

图 7-303　“创建新元件”对话框

图 7-304　绘制“选中标记”

(7) 继续创建两个影片剪辑元件“正确反馈”和“错误反馈”并在其中导入相应的图片，如图 7-305 和图 7-306 所示。

图 7-305　正确反馈

图 7-306　错误反馈

(8) 返回“场景 1”，新建“图层 2”，将“图层 1”锁定。打开“库”面板，然后在“图层 2”的第 1 帧拖入 4 个“选择按钮”元件和一个“透明按钮”元件，并分别调整其大小和位置，效果如图 7-307 所示。

(9) 返回“场景 1”，新建“图层 3”，将“图层 2”锁定。打开“库”面板，然后在“图层 3”的第 1 帧拖入 4 个“选中标记”元件、一个“正确反馈”元件和一个“错误反馈”元件，并分别调整其大小和位置，效果如图 7-308 所示。

图 7-307　图层 2 第 1 帧

图 7-308　图层 3 第 1 帧

(10) 在“图层 3”的第 1 帧，选中选项 A 前方的“选中标记”实例，在“属性”面板中设置其“实例名称”为 a，如图 7-309 所示。

(11) 根据步骤(10)的方法设置其他 3 个“选中标记”的实例名称分别为 b、c 和 d。

(12) 在“图层 3”的第 1 帧，选中“正确反馈”实例，在“属性”面板中设置其“实例名称”为 right，如图 7-310 所示。

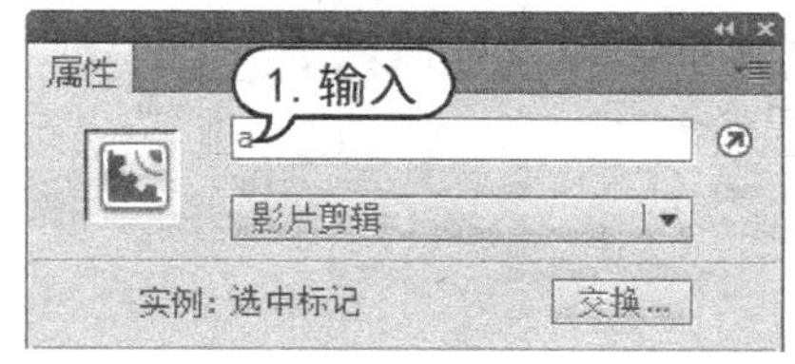

图 7-309　设置实例名称

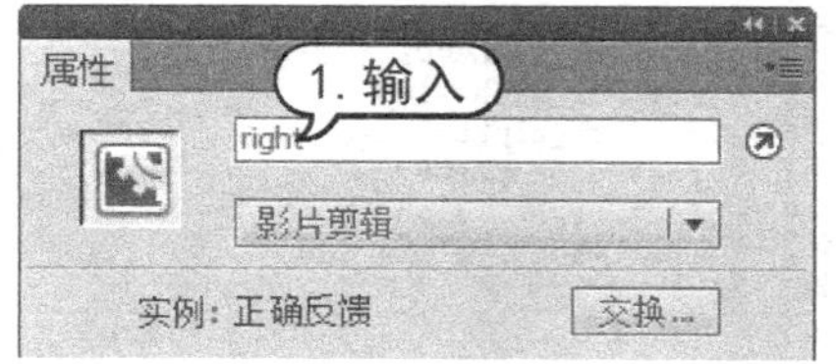

图 7-310　设置实例名称

(13) 根据步骤(12)的方法设置“错误反馈”实例的实例名称为 wrong，如图 7-311 所示。

然后将“正确反馈”和“错误反馈”两个实例调整位置和大小使它们在同一位置并重合，如图7-312所示。

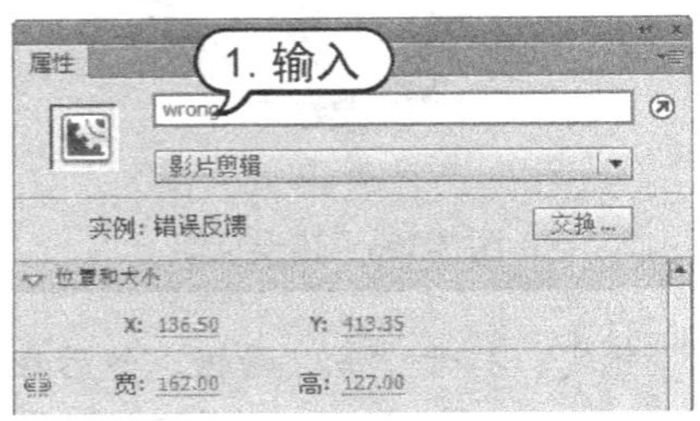

图7-311　设置实例名称

图7-312　效果展示

(14) 选中“图层3”的第1帧，选择“窗口”|“动作”命令，打开”动作”面板，在其中添加如图7-313所示的帧代码。

(15) 选中选项A前方的“选中标记”实例，打开“动作”面板，在其中添加如图7-314所示的动作代码。

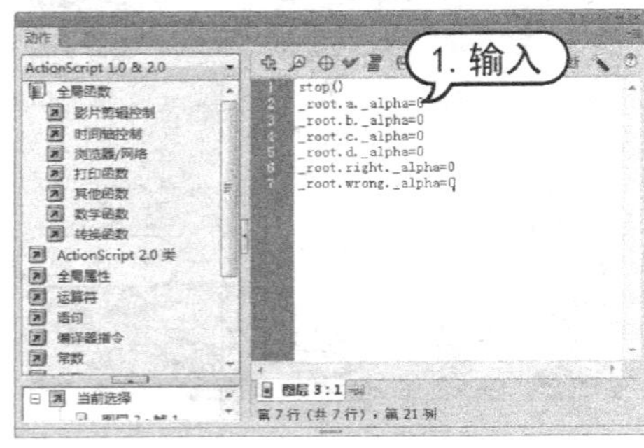

图7-313　添加帧代码

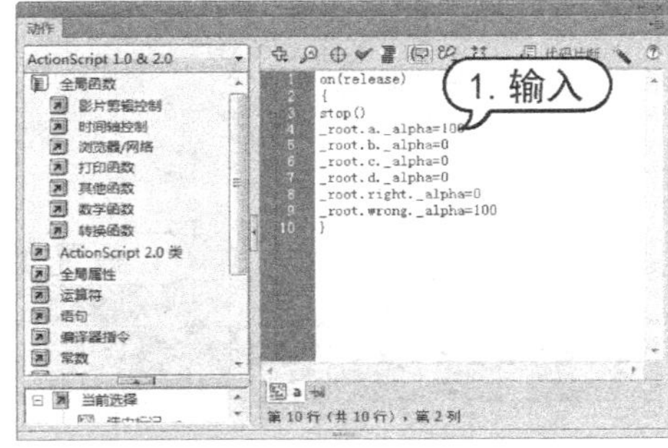

图7-314　添加动作代码

(16) 按照步骤(15)的方法，分别为其他3个“选中标记”实例添加动作代码，如图7-315所示。

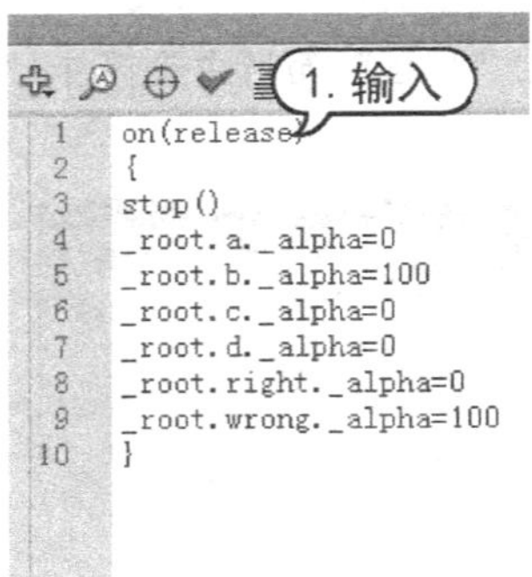

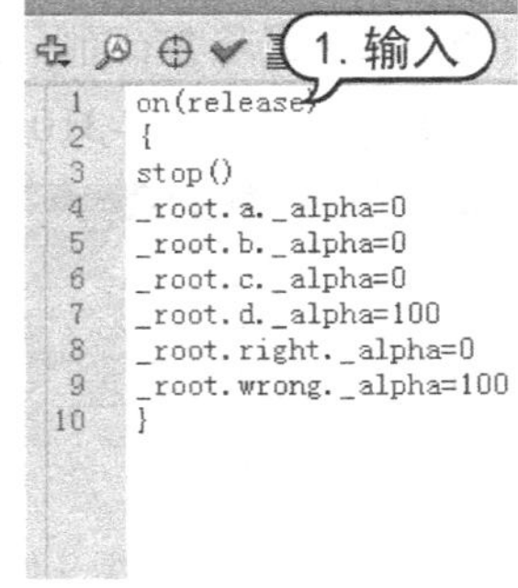

图7-315　为实例添加代码

(17) 选中“下一题”隐形按钮，打开“动作”面板，为该按钮添加如图 7-316 所示的动作代码。

(18) 到此为止，“第 1 题”的相关动作按钮已设置完毕，按下 Ctrl+Enter 组合键，测试动画效果，如图 7-317 所示。

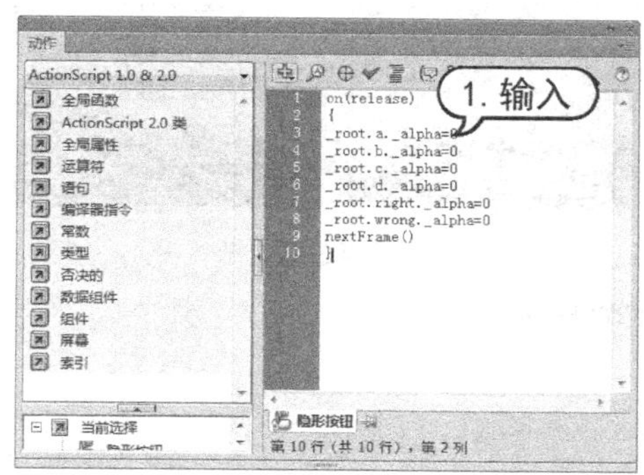

图 7-316　添加隐形按钮代码

图 7-317　测试动画效果

(19) 接下来为其他几道题添加相应的动作按钮和代码。在“图层 3”的第 2 帧和第 3 帧分别插入空白关键帧。然后复制“图层 3”第 1 帧中的 4 个“选中标记”实例、“正确反馈”实例和“错误反馈”实例，将其分别粘贴在第 2 帧和第 3 帧中，并将第 1 帧中的帧代码分别粘贴在第 2 帧和第 3 帧中。此时的时间轴如图 7-318 所示。

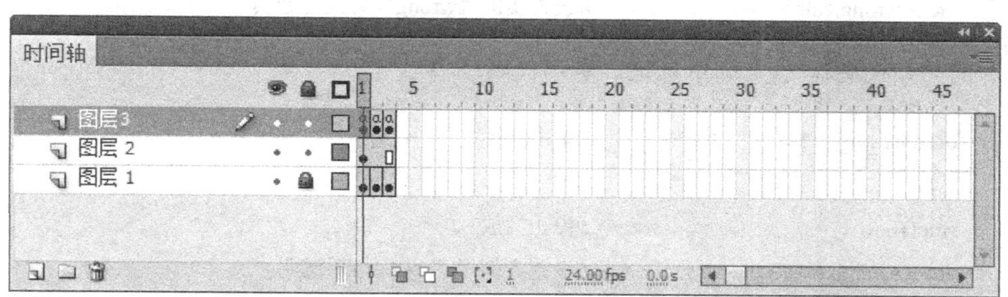

图 7-318　时间轴

(20) 分别选择第 2 帧和第 3 帧中的“选中标记”实例，修改其代码，修改方法如下。

- 正确答案前面的“选中标记”实例，将代码中的最后两行(大括号除外)改为如下代码。

```
_root.right._alpha=100
_root.wrong._alpha=0
```

- 错误答案前面的“选中标记”实例，将代码中的最后两行(大括号除外)改为如下代码。

```
_root.right._alpha=0
_root.wrong._alpha=100
```

(21) 修改完成后，整个课件制作完毕，按下 Ctrl+Enter 组合键，第 2 题和第 3 题的运行效果如图 7-319 所示。

第 2 题

第 3 题

图 7-319　运行效果展示

本例部分代码释义(帧代码)如下。

```
stop()                        //停止播放
_root.a._alpha=0              //设置实例“a”为完全透明
_root.b._alpha=0              //设置实例“b”为完全透明
_root.c._alpha=0              //设置实例“c”为完全透明
_root.d._alpha=0              //设置实例“d”为完全透明
_root.right._alpha=0          //设置实例“right”为完全透明
_root.wrong._alpha=0          //设置实例“wrong”为完全透明
```

本例部分代码释义(“选中标记”实例代码)如下。

```
on(release)                   //单击鼠标
{
stop()                        //停止播放
_root.a._alpha=100            //设置实例“a”为完全不透明
_root.b._alpha=0              //设置实例“b”为完全透明
_root.c._alpha=0              //设置实例“c”为完全透明
_root.d._alpha=0              //设置实例“d”为完全透明
_root.right._alpha=100        //设置实例“right”为完全不透明
_root.wrong._alpha=0          //设置实例“wrong”为完全透明
}
```

本例部分代码释义(“下一题”隐形按钮代码)如下。

```
on(release)                   //单击鼠标
{
_root.a._alpha=0              //设置实例“a”为完全透明
_root.b._alpha=0              //设置实例“b”为完全透明
_root.c._alpha=0              //设置实例“c”为完全透明
```

```
_root.d._alpha=0                //设置实例“d”为完全透明
_root.right._alpha=0            //设置实例“right”为完全透明
_root.wrong._alpha=0            //设置实例“wrong”为完全透明
nextFrame()                     //跳转到下一帧
}
```

7.6.2　唐朝的兴衰史

本节使用 Dreamweaver 来制作一个历史课件“唐朝的兴衰史”具体操作步骤如下。

(1) 在 Dreamweaver CS6 中新建站点“唐的兴衰史”。将为课件准备的文本、图片和动画素材文件复制到站点根目录中。

(2) 在“文件”面板中右击，在弹出的快捷菜单中选择“新建文件”命令，新建一个文件 untitled. html，如图 7-320 所示。

(3) 双击该文件，将其在文档窗口中打开。在“文档工具栏”的“标题”文本框中输入文档标题“初唐时期”，如图 7-321 所示。

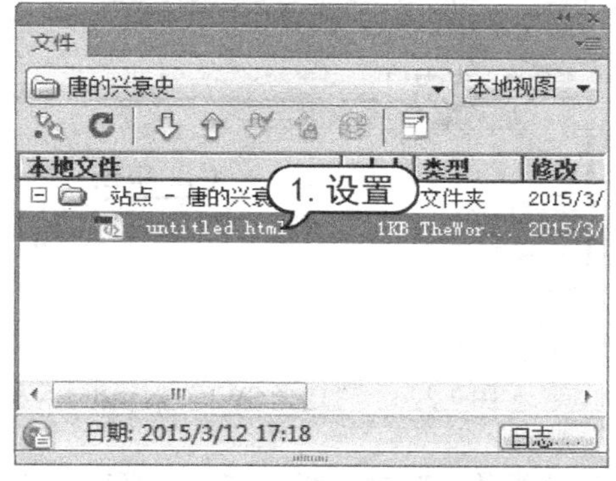

图 7-320　“文件”面板

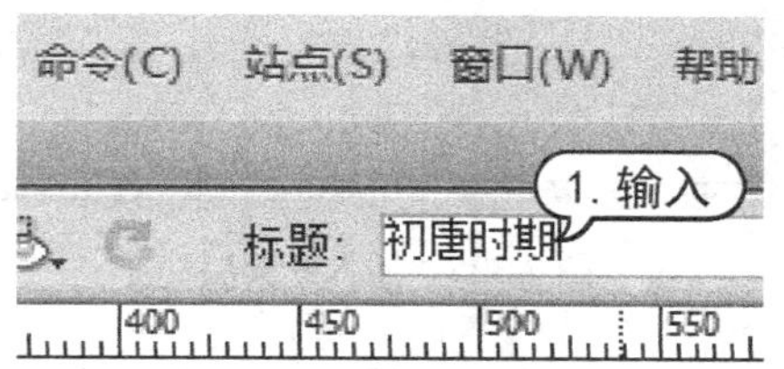

图 7-321　输入标题

(4) 在文档页面中右击，在弹出的快捷菜单中选择“页面属性”命令，打开“页面属性”对话框，如图 7-322 所示。在“分类”列表中选择“外观(HTML)”选项，单击“浏览”按钮，在“选择图像源文件”文本框中指定背景图片的路径。单击“确定”按钮，关闭对话框，插入背景图片，如图 7-323 所示。

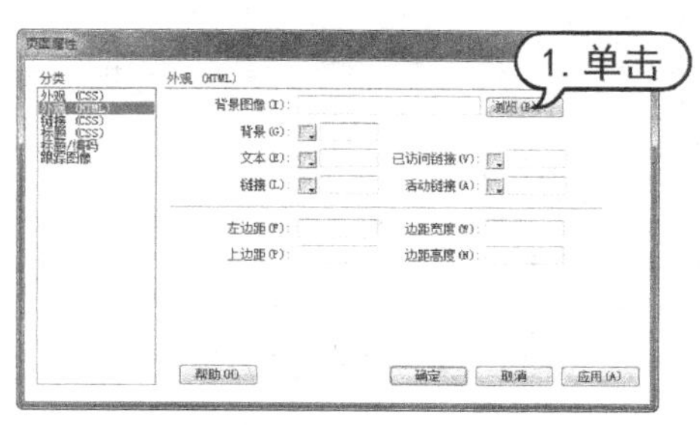

图 7-322　“页面属性”对话框

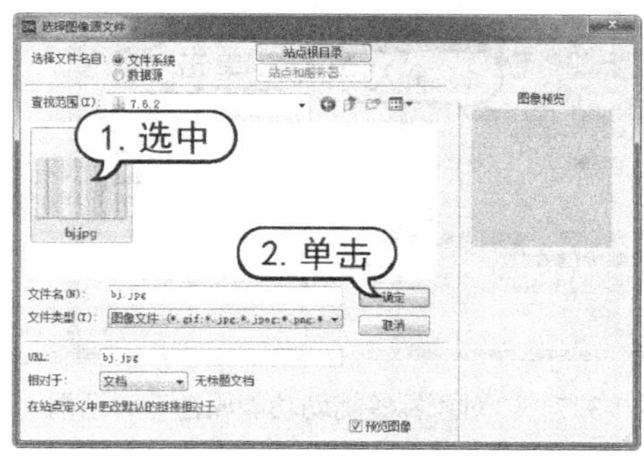

图 7-323　“选择图像源文件”对话框

(5) 选择“插入”|“布局对象”|AP Div 命令，插入 apDiv1 层，在“属性”面板中设置层的大小为 1260×800 像素，左边距为 317px，上边距为 17px，如图 7-324 所示。

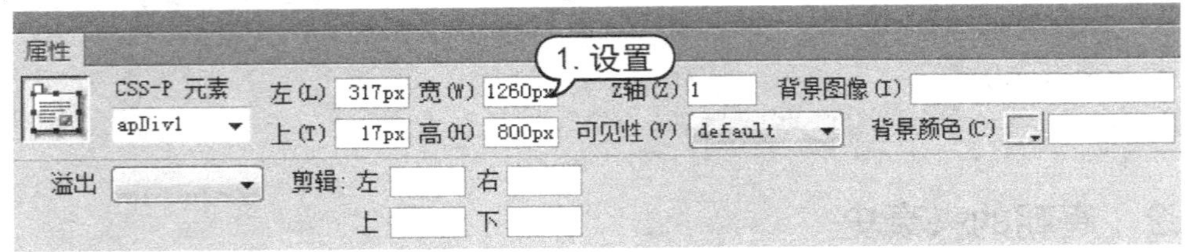

图 7-324　“属性”面板

(6) 将光标移至 apDiv1 层中，选择“插入”|“布局对象”|AP Div 命令，插入 apDiv2 嵌套层，设置层的左边界距离为 20 像素，上边界距离为 10 像素，大小先自定，如图 7-325 所示。

(7) 将光标定位在 apDiv2 嵌套层中，选择“插入” | “媒体”| SWF 命令，打开“选择 SWF”对话框，选择要插入的 Flash 文件，如图 7-326 所示。

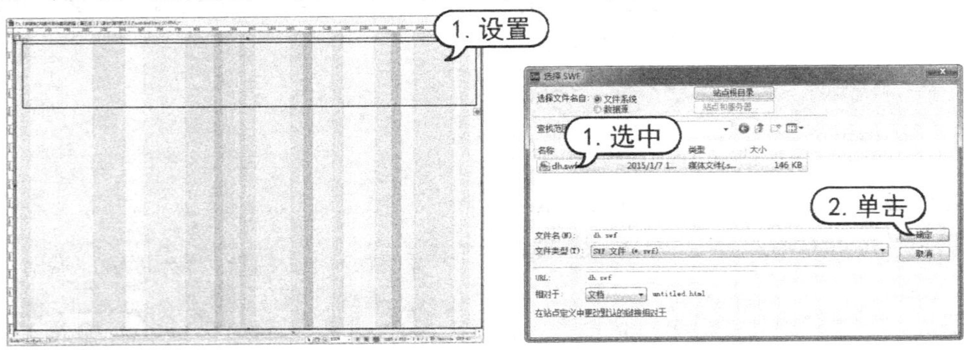

图 7-325　插入嵌套层　　图 7-326　“选择 SWF”对话框

(8) 单击“确定”按钮，打开“对象标签辅助功能属性”对话框，在“标题”文本框中输入文本“网站标题”，如图 7-327 所示。

(9) 单击“确定”按钮，插入 Flash 对象，然后调整 apDiv2 嵌套层和 Flash 的大小，“实时视图”效果如图 7-328 所示。

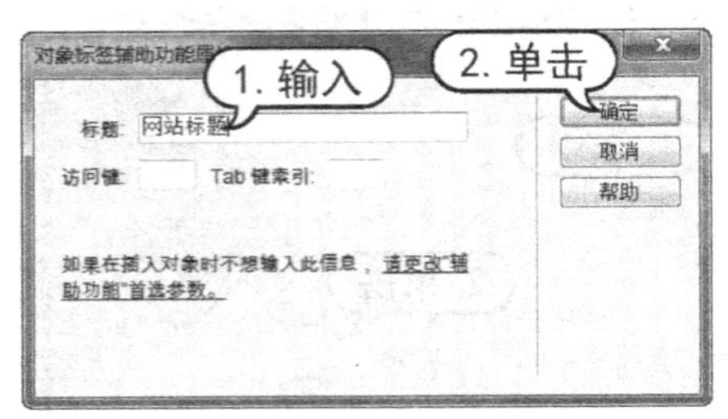

图 7-327　“对象标签辅助功能属性”对话框

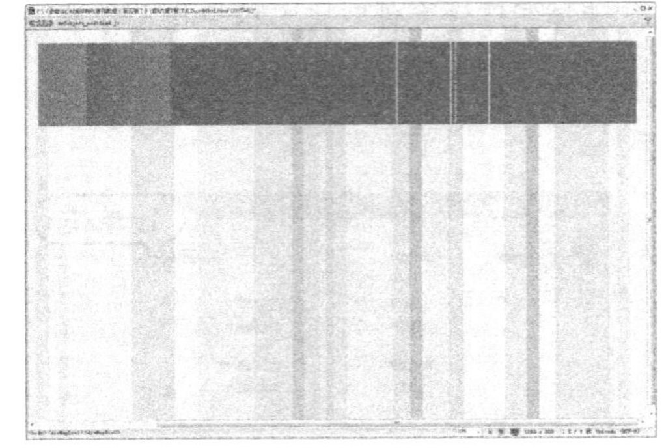

图 7-328　实时视图效果

(10) 在 apDiv2 嵌套层中插入一个 apDiv3 嵌套层，然后在 apDiv3 嵌套层中插入文本内容，如图 7-329 所示。

(11) 设置文本的字体为“华文楷体”，大小为 24、颜色为“白色”，然后调整文本的位置和排列方式。

(12) 按照同样的方法，在 apDiv2 嵌套层中插入另一个嵌套层 apDiv4 并输入文本，最终“实时视图”效果如图 7-330 所示。

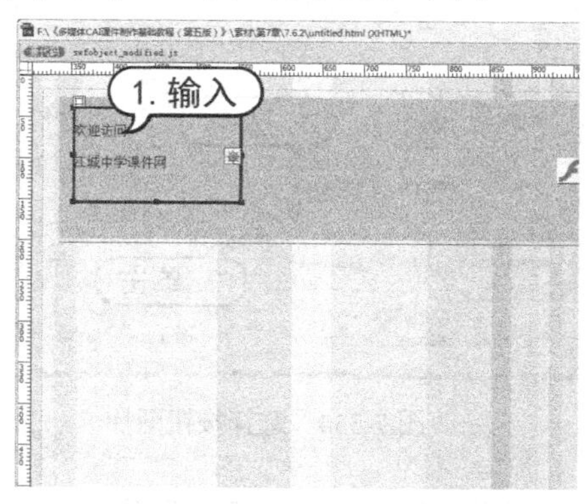

图 7-329　在层中输入文本

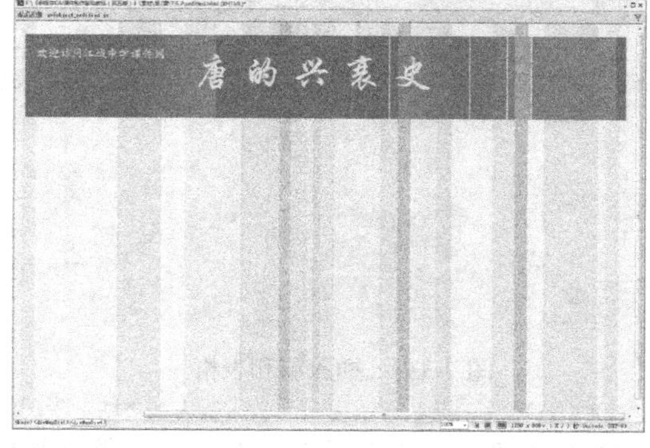

图 7-330　实时视图效果

(13) 在 apDiv1 层中插入 apDiv5 嵌套层，如图 7-331 所示。单击“拆分”按钮，切换到“拆分”视图中，在拆分视图中输入如下代码，如图 7-332 所示。其中 marquee 滚动条代码，<script>标记内容是插入即时更新时间代码。

```
<marquee>欢迎访问本课件        当前时间是:<script>
document.write("<span id=time></span>")        //输出显示时间日期的容器
setInterval(function(){
with(new Date)
time.innerText =getFullYear()+"年"+(getMonth()+1)+"月"+getDate()+"日 星期"+"日一二三四五六
".charAt(getDay())+" "+getHours()+":"+getMinutes()+":"+getSeconds()
                    //设置 id 为 time 的对象内的文本为当前日期时间
},1000)             //每 1000 毫秒(即 1 秒) 执行一次本段代码
</script>
</marquee>
```

图 7-331　插入层

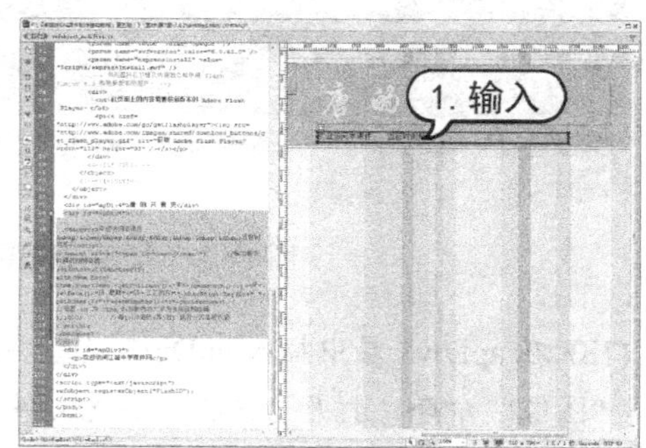

图 7-332　输入代码

(14) 切换回“设计”视图，在 apDiv1 层中插入 apDiv6 嵌套层，在 apDiv6 嵌套层中插入一个 1 行 8 列表格，如图 7-333 所示。

(15) 将光标移至表格的 1 行 1 列单元格中，选择“插入”|“图像”命令，打开“选择图像源文件”对话框，然后选择一个按钮图片，如图 7-334 所示。

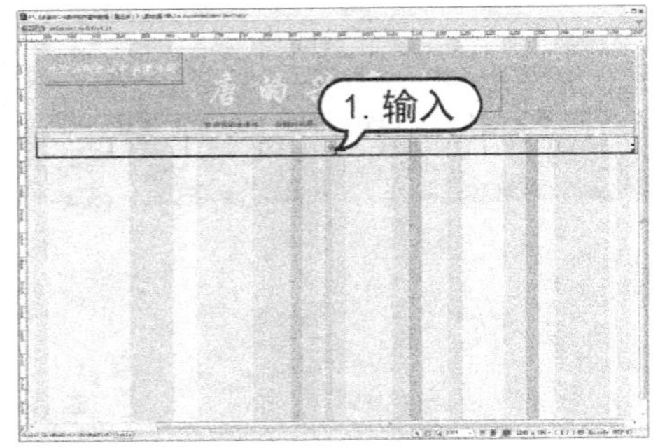

图 7-333　插入层和表格

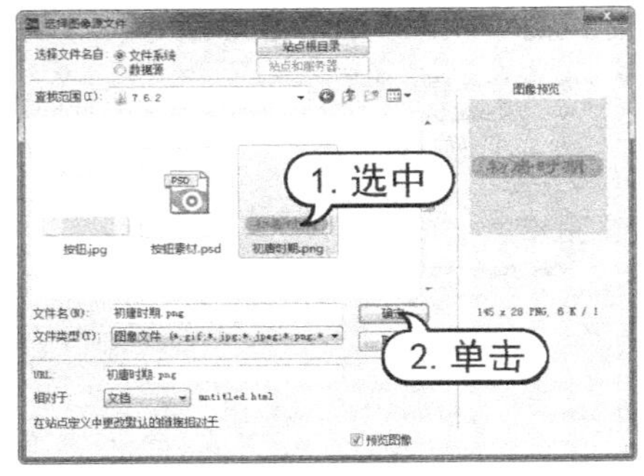

图 7-334　选择按钮图片

(16) 单击“确定”按钮，打开“图像标签辅助功能属性”对话框，在“替换文本”文本框中输入文本“初唐时期”，如图 7-335 所示。单击“确定”按钮，效果如图 7-336 所示。

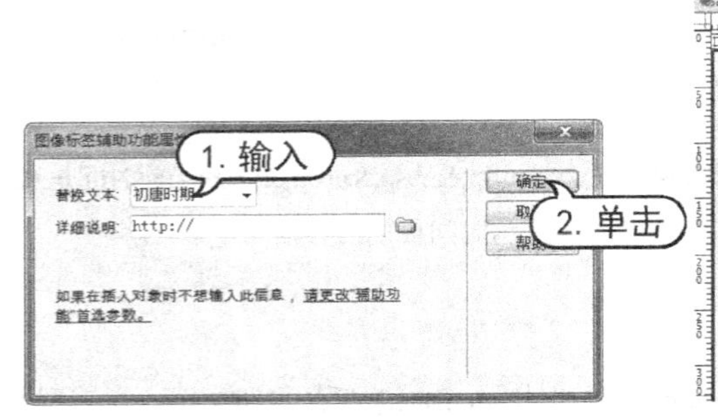

图 7-335　设置替换文本

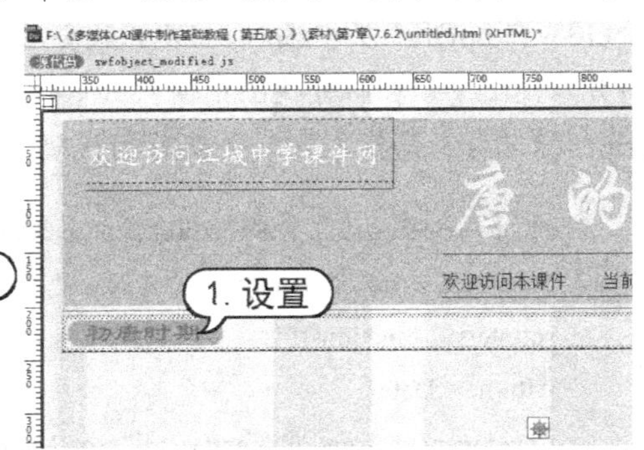

图 7-336　插入按钮后的效果

(17) 使用同样的方法插入其他按钮图像，然后调整表格、层以及按钮图像的大小，最终“实时视图”效果如图 7-337 所示。

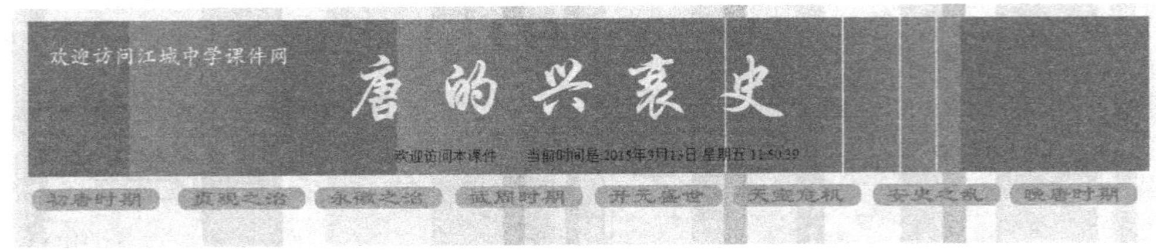

图 7-337　插入按钮图片后的“实时视图”效果

(18) 在 apDiv1 层中插入 apDiv7 嵌套层，调整层合适位置，将光标移至层中，选择“插入”|“图像”命令，打开“选择图像源文件”对话框，然后选择“背景素材”，如图 7-338 所示。

(19) 单击“确定”按钮，打开“图像标签辅助功能属性”对话框，然后直接单击“确定”按钮，插入图像并调整图像的大小，“实时视图”效果如图 7-339 所示。

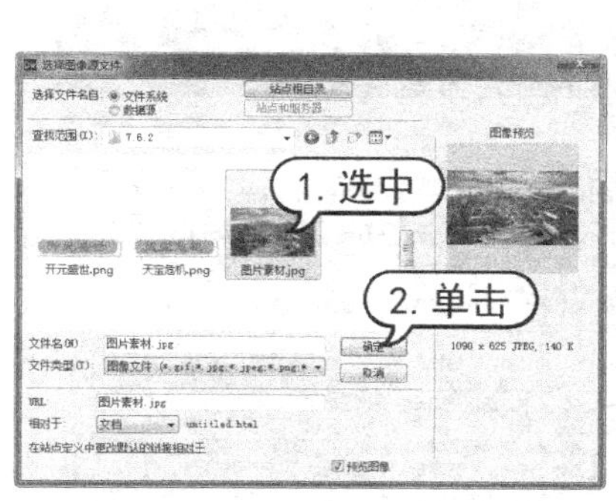

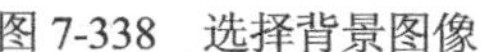

图 7-338　选择背景图像　　图 7-339　“实时视图”效果

(20) 新建一个网页文档，保存为 iframe-1，右击文档空白位置，在弹出的快捷菜单中选择“页面属性”命令，打开“页面属性”对话框，设置背景颜色为#33FFFF，如图 7-340 所示。

(21) 在网页中插入一个 3 行 1 列的表格，在表格的各个单元格中插入文本内容，设置文本内容合适属性，如图 7-341 所示。

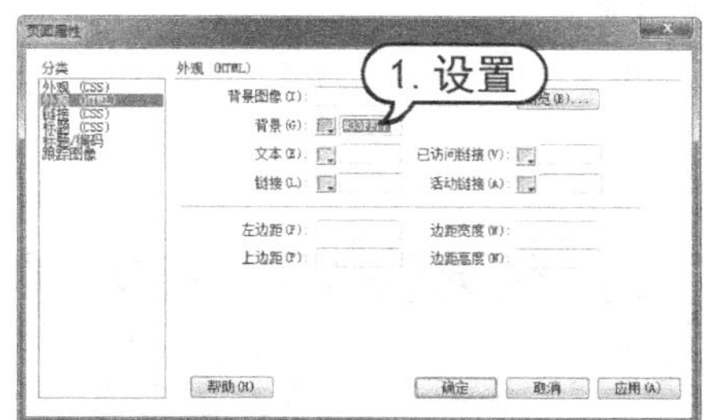

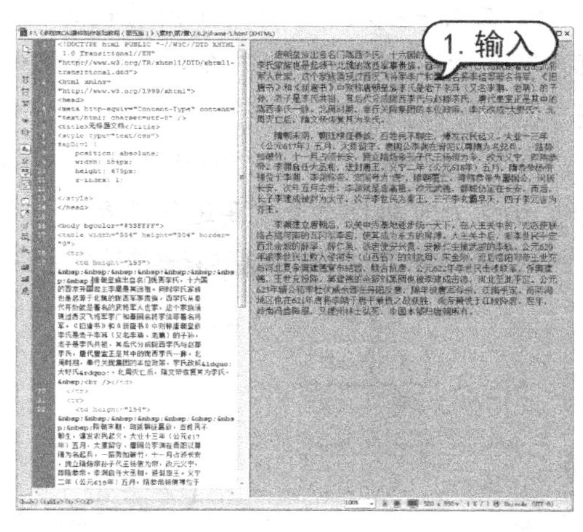

图 7-340　设置背景颜色　　图 7-341　在表格中插入文本

(22) 保存网页文档，返回“唐朝的兴衰史”课件主页。

(23) 在 apDiv1 层中插入 apDiv8 嵌套层，手动调整层合适位置和大小，切换到“拆分”视图中，输入如下代码。该段代码是插入 iframe－1 元素，iframe 是一个浮动的框架元素。

```
<iframe frameborder="0"  src="iframe-1.html"
width="600px"  height="390px"></iframe>
```

(24) 返回“设计”视图，插入的 iframe－1 元素，切换至“实时视图”，效果如图 7-342 所示。

欢迎访问江城中学课件网
唐的兴衰史

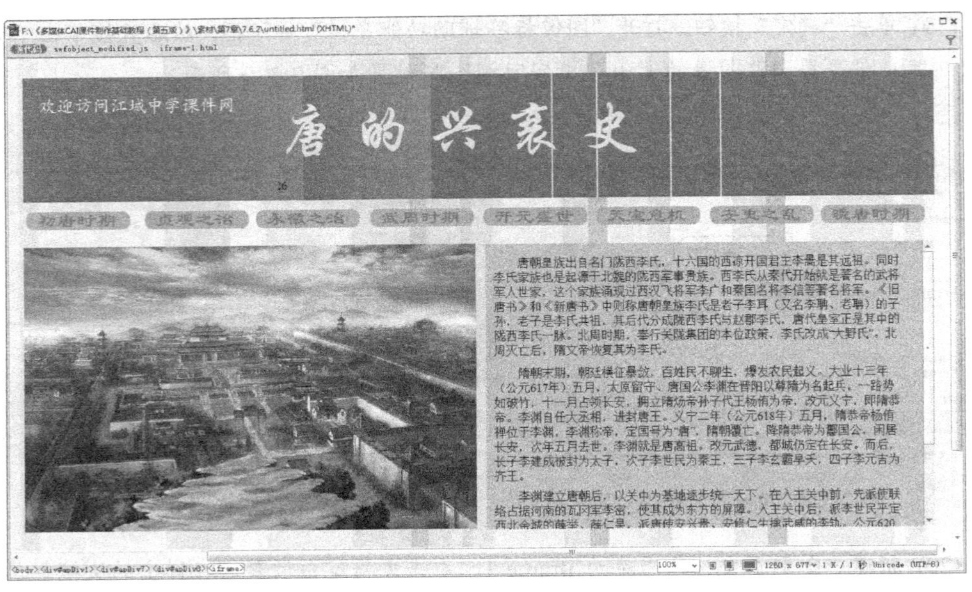

图 7-342　“实时视图”效果

(25) 在 apDiv1 层中插入 apDiv9 嵌套层，手动调整层合适位置和大小。

(26) 在层中插入一个 2 行 1 列的表格，将光标定位在表格的 1 行 1 列单元格中，选择“插入” | “媒体” | “SWF” 命令，打开“选择 SWF”对话框，选择要插入的 Flash 文件，如图 7-343 所示。

(27) 单击“确定”按钮，打开“对象标签辅助功能属性”对话框，在“标题”文本框中保持空白(用户可根据自身需要进行设置)，如图 7-344 所示。

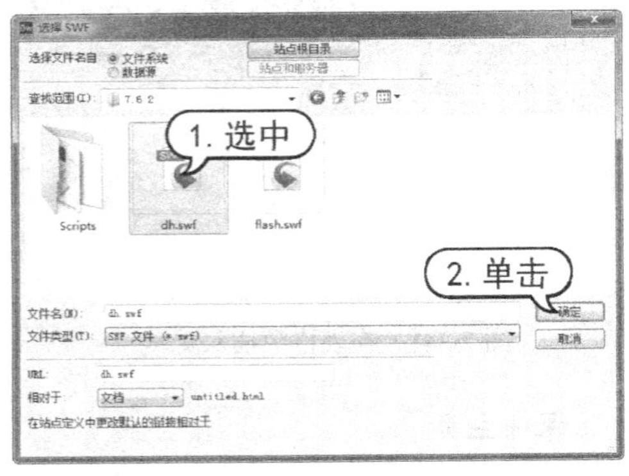

1. 选中
2. 单击
Scripts
dh.swf
flash.swf

图 7-343　“选择 SWF”对话框

对象标签辅助功能属性
标题:
访问键:
Tab 键索引:
1. 单击
帮助

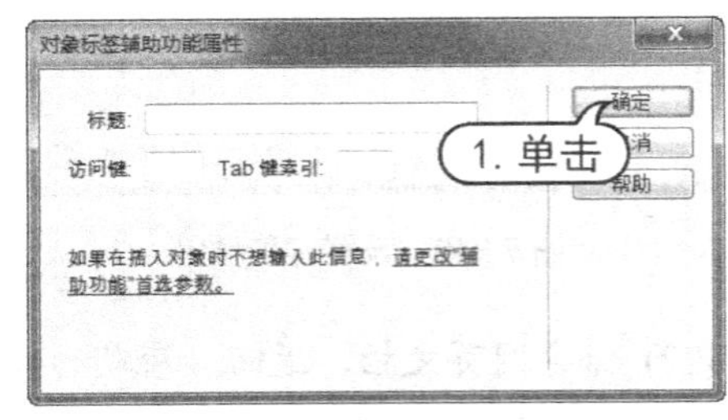

图 7-344　“对象标签辅助功能属性”对话框

(28) 单击“确定”按钮，插入 Flash 对象，然后调整 apDiv9 嵌套层、表格和 Flash 的大小。调整完成后，在第 2 行第 1 列中插入版权信息并调整其格式，如图 7-345 所示。

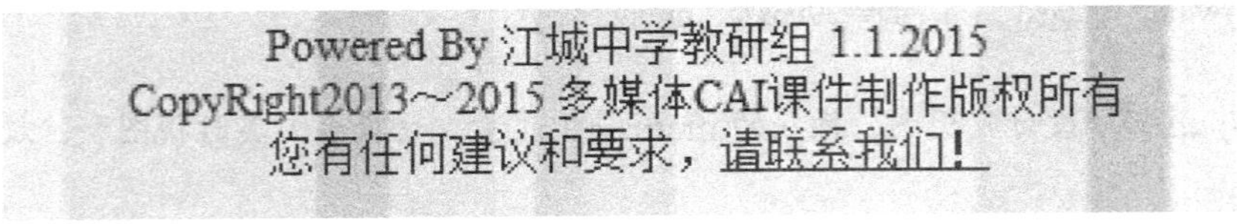

Powered By 江城中学教研组 1.1.2015
CopyRight2013～2015 多媒体CAI课件制作版权所有
您有任何建议和要求，请联系我们!

图 7-345　版权信息

其中电子邮件代码如下。

```
<a href="mailto:llhui2003@163.com">请联系我们！</a>
```

(29) 到此为止，“中国古代艺术”课件的主页制作完毕。保存网页文档，然后按下 F12 键，在浏览器中预览网页文档，如图 7-346 所示。

图 7-346　预览网页文档

提示：

本例仅制作了课件的主页，用户可练习制作其他页面，将课件补充完整，以巩固本章所学的内容。